Vorwort

Das RÄG 2014 stellt die umfassendste Novellierung der Vorschriften über die Rechnungslegung seit dem EU-GesRÄG 1996 dar. Zahlreiche vertraute Bilanzierungs- und Bewertungsregelungen haben sich geändert, die Gliederung sowie die Darstellung einzelner Posten von Bilanz und GuV wurden geändert, Ausschüttungssperren fielen teilweise weg und wurden durch das AbgÄG 2015 neu geschaffen, Anhang und Lagebericht bekamen partiell neue Inhalte und eine neue Größenklasse die Kleinstkapitalgesellschaft, wurde geschaffen. Auch steuerliche Vorschriften wurden im Rahmen des RÄG 2014 geändert.

Folgende Änderungen seien in diesem Zusammenhang erwähnt:

- Änderung des Mindestansatzes der Herstellungskosten
- Abschaffung der unversteuerten Rücklagen
- Änderung der Bilanzierung von latenten Steuern
- Verpflichtung zur Zuschreibung
- Bewertung von Rückstellungen
- Definition des beizulegenden Werts
- Definition der Umsatzerlöse
- Änderung der Größenklassen
- Einführung der Kleinstkapitalgesellschaft
- Veränderung des Anlagespiegels
- Wegfall des ao Ergebnisses
- Änderung der Ausschüttungssperren
- Änderungen Anhang
- Änderung Lagebericht
- Zusätzliche Berichtspflicht über Zahlungen an staatliche Stellen
- Änderung einzubeziehender Unternehmen in den Konzernabschluss
- Änderung Konsolidierungsmethode
- Änderung Bestätigungsvermerk
- Änderung Zwangsstrafen
- Steuerliche Begleitmaßnahmen zur Nachholung von Zuschreibungen und Wegfall der Bilanzierung unversteuerter Rücklagen

Mit dem vorliegenden SWK-Sonderheft, das neben dem RÄG 2014 auch insbesondere die erste Novellierung durch das APRÄG 2016 umfasst, soll ein erster umfassender Überblick über die neuen Rechnungslegungsvorschriften gegeben werden, wobei Wert auf eine kurze und prägnante Erläuterung der Änderungen gelegt wurde.

Die Erläuterungen wurden mit Unterstützung durch Frau MMag. Katharina *Haselsteiner* (§§ 189, 212, 216, 221, 236, 237, 238, 239, 240, 241, 242, 277), Herrn MMag. Jürgen *Reinold* (§§ 205, 207, 209, 245a, 249, 251, 254 255 256, 259, 260, 261, 265, 266), Herrn Mag. Dr. Christoph *Schimmer* (§§ 204, 211, 222, 223, 224, 225, 226, 229, 269, 270, 274, 277, 278, 279) und Herrn Mag. Karl *Stückler* (§§ 196a, 198, 203, 208, 227, 235, 243, 243a, 243c, 244, 245, 246, 253, 257, 258, 263, 264, 267, 267a, 267b, 268, 280, 281, 282, 283, 284, 285) verfasst.

Inhaltsverzeichnis

Drittes Buch
Rechnungslegung

Erster Abschnitt
Allgemeine Vorschriften

Erster Titel
Buchführung, Inventarerrichtung

Zweiter Titel
Eröffnungsbilanz, Jahresabschluß

Dritter Titel
Ansatz und Bewertung

Vierter Titel
Aufbewahrung und Vorlage von Unterlagen

Inhaltsverzeichnis

Zweiter Abschnitt
Ergänzende Vorschriften für Kapitalgesellschaften

Erster Titel
Größenklassen

Zweiter Titel
Allgemeine Vorschriften über den Jahresabschluss, den Lagebericht
sowie den Corporate Governance-Bericht und den Bericht über Zahlungen
an staatliche Stellen

Dritter Titel
Bilanz

Vierter Titel
Gewinn- und Verlustrechnung

Fünfter Titel
Anhang und Lagebericht

Dritter Abschnitt
Konzernabschluss, Konzernlagebericht, konsolidierter Corporate Governance-Bericht
und konsolidierter Bericht über Zahlungen an staatliche Stellen

Erster Titel
Anwendungsbereich

Inhaltsverzeichnis

Abkürzungsverzeichnis

Abs	Absatz
aF	alte Fassung
AG	Aktiengesellschaft
Anm	Anmerkung/-en
Art	Artikel
BGBl	Bundesgesetzblatt
BM	Bundesminister
bspw	beispielsweise
bzw	beziehungsweise
dh	das heißt
dHGB	deutsches Handelsgesetzbuch
EB	Erläuternde Bemerkungen zur Regierungsvorlage
ErlRV	Erläuternde Bemerkungen zur Regierungsvorlage
ErläutRV	Erläuternde Bemerkungen zur Regierungsvorlage
EStG	Einkommensteuergesetz
etc	et cetera
f	und der, die folgende
ff	und der, die folgenden
gem	gemäß
GmbH	Gesellschaft mit beschränkter Haftung
GoB	Grundsätze ordnungsgemäßer Buchführung
GP	Gesetzgebungsperiode
GuV	Gewinn- und Verlustrechnung
Hrsg	Herausgeber
IAS	International Accounting Standards
idF	in der Fassung
idR	in der Regel
IFRS	International Financial Reporting Standards
iHv	in Höhe von
insbes	insbesondere
iSd	im Sinne des/der
iSv	im Sinne von/vom
KG	Kapitalgesellschaft
lit	litera
mHa	mit Hinweisen auf
mwN	mit weiteren Nachweisen
nF	neue Fassung
OECD	Organisation for Economic Co-operation and Development
OG	Offene Gesellschaft
OGH	Oberster Gerichtshof
RÄG	Rechnungslegungsänderungsgesetz 2014
RL	Richtlinie

Rz	Randziffer
s	siehe
sog	sogenannte/-r/-s
uÄ	und Ähnliche/-s
UGB	Unternehmensgesetzbuch
usw	und so weiter
vgl	vergleiche
VO	Verordnung
Z	Ziffer
zB	zum Beispiel

Verzeichnis abgekürzt zitierter Literatur

Adler/Düring/Schmaltz, Rechnungslegung und Prüfung der Unternehmen, 6. Auflage, Stuttgart 1994 (zitiert: *ADS*[6])

Bertl/Deutsch/Hirschler, Buchhaltungs- und Bilanzierungshandbuch, 9. Auflage, Wien 2015 (zitiert: *Bertl/Deutsch/Hirschler*[9])

Bertl/Eberhartinger/Egger/Kalss/Lang/Nowotny/Riegler/Schuch/Staringer (Hrsg), Reform der Rechnungslegung in Österreich – Wiener Bilanzrechtstage 2015, Wien 2015 (zitiert: *Bearbeiter* in Bilanzrechtstage 2015)

Bertl/Mandl, Handbuch zum Rechnungslegungsgesetz, Loseblattausgabe, Wien (zitiert: *Bearbeiter* in *Bertl/Mandl*)

Blocher/Gelter/Pucher, Festschrift Christian Nowotny, Wien 2015 (zitiert: *Bearbeiter* in FS Nowotny)

Doralt/Nowotny/Kalss, Kommentar zum Aktiengesetz, 2. Auflage, Wien 2012 (zitiert: *Bearbeiter* in *Doralt/ Nowotny/Kalss*)

Egger/Samer/Bertl, Der Jahresabschluss nach dem Unternehmensgesetzbuch, Band 1, 15. Auflage, Wien 2015 (zitiert: *E/S/B*[15])

Egger/Samer/Bertl, Der Jahresabschluss nach dem Unternehmensgesetzbuch, Band 2, 7. Auflage, Wien 2013 (zitiert: *E/S/B*[7])

Förschle/Grottel/Schmidt/Schubert/Winkeljohann, Beck'scher Bilanzkommentar, 10. Auflage, München 2016 (zitiert: *Bearbeiter* in Beck Bil-Komm[10])

Hirschler, Bilanzrecht – Einzelabschluss, 1. Auflage, Wien 2009 (zitiert: *Bearbeiter* in *Hirschler*)

Hirschler, Bilanzrecht – Konzernabschluss, 1. Auflage, Wien 2013 (zitiert: *Bearbeiter* in *Hirschler*)

Institut Österreichischer Wirtschaftsprüfer (Hrsg), Wirtschaftsprüferjahrbuch 2016, Wien 2016 (zitiert *Bearbeiter* in IWP 2016)

Kofler/Nadvornik/Pernsteiner/Vodrazka, Handbuch Bilanz und Abschlussprüfung, Loseblattausgabe, Wien (zitiert: *Bearbeiter* in HBA[3])

Küting/Pfitzer/Weber, Handbuch der Rechnungslegung, 5. Auflage, Stuttgart 2014 (zitiert: *Bearbeiter* in HdR[5])

Ludwig/Hirschler, Bilanzierung und Prüfung von Umgründungen, 2. Auflage, Wien 2012 (zitiert *Bearbeiter* in Umgründungen[2])

Torggler, Unternehmensgesetzbuch – Kommentar, 2. Auflage, Wien 2016 (zitiert: *Bearbeiter* in *Torggler*[2])

Straube, Wiener Kommentar zum Unternehmensgesetzbuch, Band II (Rechnungslegung), 3. Auflage, Wien 2011 (zitiert: *Bearbeiter* in *Straube*[3])

Straube, Wiener Kommentar zum Unternehmensgesetzbuch, Band II, 4. Auflage, Wien 2014 (zitiert: *Bearbeiter* in *Straube*[4], UGB I)

Urnik/Fritz-Schmied, Jahrbuch Bilanzsteuerrecht 2015, Wien 2015 (zitiert: *Bearbeiter* in Bilanzsteuerrecht 2015)

Zib/Dellinger, Großkommentar UGB, Band III – Teil 1 und 2, Wien 2013 und 2015 (zitiert: *Bearbeiter* in *Zib/Dellinger*)

Bundesgesetz über besondere zivilrechtliche Vorschriften für Unternehmen (Unternehmensgesetzbuch – UGB)

Drittes Buch

Rechnungslegung

Erster Abschnitt

Allgemeine Vorschriften

Erster Titel

Buchführung, Inventarerrichtung

Anwendungsbereich

§ 189.

(1) Soweit in der Folge nichts anderes bestimmt wird, ist das Dritte Buch anzuwenden auf:

1. Kapitalgesellschaften;

2. *eingetragene* Personengesellschaften, bei denen

  a. alle unmittelbaren oder mittelbaren Gesellschafter mit ansonsten unbeschränkter Haftung tatsächlich nur beschränkt haftbar sind, weil sie entweder Kapitalgesellschaften im Sinn des Anhangs I der Richtlinie 2013/34/EU über den Jahresabschluss, den konsolidierten Abschluss und damit verbundene Berichte von Unternehmen bestimmter Rechtsformen und zur Änderung der Richtlinie 2006/43/EG des Europäischen Parlaments und des Rates und zur Aufhebung der Richtlinien 78/660/EWG und 83/349/EWG, ABl. Nr. L 182 vom 29. 6. 2013 S. 19, *in der Fassung der Richtlinie 2014/102/EU des Rates vom 7. November 2014, ABl. Nr. L 334 vom 21. 11. 2014, S. 86* (im Folgenden: Bilanz-Richtlinie), sind oder Gesellschaften sind, die nicht dem Recht eines Mitgliedstaats der Europäischen Union oder eines Vertragsstaats des Abkommens über den Europäischen Wirtschaftsraum unterliegen, aber über eine Rechtsform verfügen, die einer in Anhang I der Richtlinie 2013/34/EU genannten vergleichbar ist; *als Kapitalgesellschaften im Sinn des Anhangs I der Bilanz-Richtlinie gelten auch solche, die mittels delegierter Rechtsakte der Kommission im Sinn des Art. 1 Abs. 2 dieser Richtlinie als solche erklärt werden;* oder

  b. kein unbeschränkt haftender Gesellschafter eine natürliche Person *oder eine Personengesellschaft mit einer natürlichen Person als unbeschränkt haftendem Gesellschafter* ist *oder bei denen sich die Verbindung von Gesellschaften in dieser Art fortsetzt,* und die unternehmerisch tätig sind;

3. alle anderen mit Ausnahme der in Abs. 4 genannten Unternehmer, die hinsichtlich der einzelnen einheitlichen Betriebe jeweils mehr als 700 000 Euro Umsatzerlöse im Geschäftsjahr erzielen.

(2) Die Rechtsfolgen des Schwellenwertes (Abs. 1 Z 3) treten ein:

1. ab dem zweitfolgenden Geschäftsjahr, wenn der Schwellenwert in zwei aufeinanderfolgenden Geschäftsjahren überschritten wird;

  sie entfallen ab dem folgenden Geschäftsjahr, wenn er in zwei aufeinanderfolgenden Geschäftsjahren nicht mehr überschritten wird;

2. jedoch schon ab dem folgenden Geschäftsjahr, wenn der Schwellenwert um mindestens 300 000 Euro überschritten wird oder wenn bei Gesamt- oder bei

Einzelrechtsnachfolge in den Betrieb oder Teilbetrieb eines Unternehmens der Rechtsvorgänger zur Rechnungslegung verpflichtet war, es sei denn, dass der Schwellenwert für den übernommenen Betrieb oder Teilbetrieb in den letzten zwei aufeinanderfolgenden Geschäftsjahren nicht erreicht wurde; sie entfallen ab dem folgenden Geschäftsjahr, wenn er bei Aufgabe eines Teilbetriebs um mindestens die Hälfte unterschritten wird.

(3) Rechnungslegungsrechtliche Sonderbestimmungen gehen der Anwendung dieses Gesetzes vor.

(4) Das Dritte Buch ist nicht anzuwenden auf Angehörige der freien Berufe, Land- und Forstwirte sowie Unternehmer, deren Einkünfte im Sinne des § 2 Abs. 4 Z 2 EStG 1988 im Überschuss der Einnahmen über die Werbungskosten liegen, auch wenn ihre Tätigkeit im Rahmen einer eingetragenen Personengesellschaft ausge- übt wird, es sei denn, dass es sich um eine Personengesellschaft im Sinn des Abs. 1 Z 2 handelt.

- *ErlRV zu § 189 Abs 1*

  Da die Beschränkung der Bestimmungen über die Rechnungslegung auf „unternehmerisch tätige" Personengesellschaften der Richtlinie fremd ist, schlägt der Entwurf vor, die bisherige Z 1 in Kapi- talgesellschaften und Personengesellschaften (neue Z 2) aufzugliedern. Die kapitalistischen Perso- nengesellschaften sollen wiederum in jene Personengesellschaften aufgegliedert werden, die in den Anwendungsbereich der Richtlinie fallen (lit. a), und in jene, die – wie bisher – zusätzlich die Bestimmungen über die Kapitalgesellschaften anzuwenden haben (lit. b, siehe den Verweis in § 221 Abs. 5). Das betrifft unternehmerisch tätige Personengesellschaften, deren Komplementär etwa eine Genossenschaft oder ein Verein ist. Die Wortfolge „unmittelbar oder mittelbar" ist aus der Richtlinie entlehnt und bedeutet, dass nicht alle an einer Personengesellschaft unmittelbar beteilig- ten Gesellschafter Kapitalgesellschaften sein müssen; es können vielmehr auch Personengesell- schaften sein, die wiederum letzten Endes nur von Kapitalgesellschaften beherrscht werden. Die stärkere Anlehnung an den Wortlaut der Richtlinie bewirkt damit, dass nur mehrstöckige Personen- gesellschaften umfasst werden, die letzten Endes wieder nur von Kapitalgesellschaften beherrscht werden (s. zur teleologischen Reduktion des bisherigen Wortlauts *Nowotny* in *Straube*, UGB II/ RichtlinieG[3], § 221 Rz 9).

- *ErlRV zum APRÄG 2016*

  Zu Z 2 (§ 189 Abs. 1 Z 2):

  Dass eine Gesellschaft bürgerlichen Rechts nicht unter diejenigen Personengesellschaften fallen kann, die nach § 189 Abs. 1 Z 1 ungeachtet ihrer Umsatzerlöse rechnungslegungspflichtig ist, wurde schon bisher aus ihrer mangelnden Rechtsfähigkeit abgeleitet. Da das Kriterium der unternehmeri- schen Tätigkeit aus der lit. a entfernt wurde und sich Anhang II der Bilanz-RL zudem ausdrücklich nur auf offene Gesellschaften und Kommanditgesellschaften bezieht, soll der Anwendungsbereich klar- stellend auf „eingetragene Personengesellschaften" beschränkt werden.

  Zu Z 3 und 4 (§ 189 Abs. 1 Z 2 lit. a):

  Um keine Zweifel aufkommen zu lassen, dass der Anhang I der Bilanz-RL auch die Rechtsformen der Republik Kroatien umfasst, soll die Änderung der Bilanz-RL durch die Richtlinie 2014/102/EU zur Än- derung der Richtlinie 2013/34/EU über den Jahresabschluss, den konsolidierten Abschluss und damit verbundene Berichte von Unternehmen bestimmter Rechtsformen aufgrund des Beitritts der Republik Kroatien, ABl. Nr. L 334 vom 21.11.2014 S. 86 ausdrücklich im Text verankert werden. Allfällige wei- tere Anpassungen erfolgen mit delegierten Rechtsakten der Kommission im Sinn des Art. 1 Abs. 2 der Bilanz-RL, die der Klarheit halber ebenfalls zu erwähnen sind.

  Zu Z 5 (§ 189 Abs. 1 Z 2 lit. b):

  Dem Wortlaut nach erfasst der Tatbestand der lit. b sogenannte „mehrstöckige" offene Gesellschaften oder Kommanditgesellschaften, bei welchen nur weitere offene Gesellschaften oder Kommanditge- sellschaften unbeschränkt haften, unabhängig davon, ob diese Personengesellschaften ihrerseits na- türliche Personen als unbeschränkt haftende Gesellschafter aufweisen. Darin wird in der Literatur ein gesetzgeberisches Versehen geortet, wenn insgesamt gerade keine Haftungsbeschränkung auf das Vermögen einer juristischen Person vorliegt (*Schiebel/Six* in *Straube*, UGB II/RLG[3] § 189 Rz 26 mwN). Es wird daher vorgeschlagen, nach dem Vorbild des § 264a dHGB klarzustellen, dass nur sol- che mehrstöckigen Personengesellschaften erfasst sind, bei denen ultimativ keine natürliche Person als unbeschränkt haftender Gesellschafter beteiligt ist. Andere Personengesellschaften sollen nur nach Maßgabe der Z 3 bilanzierungspflichtig sein.

Kommentierung

I. Übersicht, Änderungen im Vergleich zum bisherigen Recht

Nach § 189 Abs 1 Z 1 UGB idF vor dem RÄG 2014 waren Kapitalgesellschaften und unternehmerisch tätige Personengesellschaften, bei denen kein unbeschränkt haftender Gesellschafter eine natürliche Person ist, rechnungslegungspflichtig (vgl *Marschner* in *Hirschler*, Bilanzrecht, § 189 Rz 7 ff). Im Rahmen des RÄG 2014 wurde die Rechnungslegungspflicht teilweise neu geregelt. Entsprechend der Z 1 sind Kapitalgesellschaften, wie auch schon bisher, von der Rechnungslegungspflicht unabhängig von einer unternehmerischen Tätigkeit erfasst. Z 2 regelt ausschließlich die Rechnungslegungspflicht von Personengesellschaften bei Vorliegen bestimmter Gesellschafterstrukturen und ist in zwei Literae unterteilt. Die Rechnungslegungspflicht in Abhängigkeit von der Umsatzgrenze iHv EUR 700.000 verschob sich von Z 2 in Z 3, erfuhr aber inhaltlich keine Änderung. Ebenso wurden die Verweisregelungen in Abs 2 und 4 angepasst. Auch hier ist es zu keiner inhaltlichen Änderung gekommen.

Im Zuge des APRÄG 2016 kommt es zu geringfügigen Änderungen sowie Anpassungen iZm der Rechnungslegungspflicht bei Personengesellschaften. So etwa in § 189 Abs 1 Z 2, welcher auf „eingetragene" Personengesellschaften eingeschränkt wurde. Diese Regelung soll klarstellen, dass GesbR mangels Rechtsfähigkeit von der Rechnungslegungspflicht nicht umfasst sind. Dies gilt auch dann, wenn an der GesbR ausschließlich Kapitalgesellschaften beteiligt sind (vgl *Haselsteiner/Reinold/Stückler*, SWK 2016, 577). Selbiges gilt auch für die ARGE (vgl *Haselsteiner/Reinold/Stückler*, RWZ 2016, 235).

Da es zu Zweifeln hinsichtlich der Reichweite des Anhangs I der Bilanz-RL 2013/34/EU gekommen ist, konkret iZm den Rechtsformen der Republik Kroatien, wurde in § 189 Abs 1 Z 2 lit a klargestellt, dass auch solche Gesellschaften in den Anwendungsbereich fallen, die von der Europäischen Kommission mittels delegiertem Rechtsakt nach Art 1 Abs 2 iVm Art 49 der RL 2013/34/EU zu solchen Gesellschaften erklärt werden.

Die bedeutendste Änderung des § 189 durch das APRÄG 2016 erfolgte in Abs 1 Z 2 lit b. Bereits im Rahmen des RÄG 2014 wurde darauf hingewiesen, dass die Z 2 lit b dem Wortlaut nach auch doppelstöckige Personengesellschafter erfasst, selbst wenn an ihrer Spitze eine natürliche Person als Vollhafter steht. Diese Interpretation wurde mit dem APRÄG 2016 beseitigt.

II. Rechnungslegungspflicht für kapitalistische Personengesellschaften (Z 2 lit a)

Der in der Bilanzrichtlinie geforderten Rechnungslegungspflicht für bestimmte Personengesellschaften wird Abs 1 Z 2 lit a gerecht. Für jene Personengesellschaften, die im Anhang II genannt werden (das sind für Österreich die OG und die KG), wird dann eine Rechnungslegungspflicht gefordert, wenn die unmittelbaren oder mittelbaren Gesellschafter tatsächlich nur beschränkt haftbar sind. Hinsichtlich der Gesellschafter stellt die Richtlinie auf den Anhang I ab, in dem für Österreich die AG und die GmbH genannt sind. Die Regelung des Abs 1 Z 2 lit a umfasst entsprechend der Wortfolge „unmittelbar oder mittelbar" sowohl doppelstöckige Personengesellschaften als auch („die klassische") GmbH & Co KG. Sind an einer OG zB unmittelbar wieder nur (unbeschränkt haftende) OG beteiligt, sind jedoch deren Gesellschafter AG oder GmbH, unterliegen sowohl die unterste als auch alle dazwischen liegenden OG der Rechnungslegungspflicht.

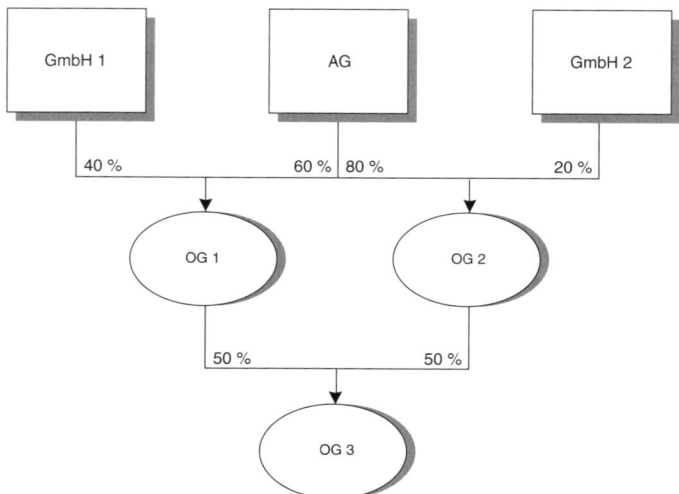

In diesem Fall ist sowohl die OG 1, die OG 2 als auch die OG 3 rechnungslegungspflichtig, weil jede dieser Gesellschaften nur unmittelbare oder mittelbare Gesellschafter hat, die beschränkt haften und eine Kapitalgesellschaft sind. Sollte es sich bei der GmbH 1 um eine zB deutsche GmbH handeln, ändert dies nichts an der Lösung, weil sämtliche in Anhang I der Bilanzrichtlinie genannten Gesellschaften, wozu zB auch die deutsche GmbH zählt, von Abs 1 Z 2 lit a erfasst werden. Darüber hinaus werden auch vergleichbare Gesellschaften in Drittstaaten von dieser Bestimmung erfasst.

Ist anstelle der GmbH 2 eine natürliche Person Gesellschafter der OG 2, besteht nur mehr für die OG 1 Rechnungslegungspflicht nach Abs 1 Z 2 lit a. Da sowohl die OG 2 unmittelbar und die OG 3 mittelbar einen Gesellschafter haben, der unbeschränkt haftet, kommt für diese beiden die Rechnungslegungspflicht nach Abs 1 Z 2 lit a nicht zu tragen und es wäre die Rechnungslegungspflicht nach Abs 1 Z 2 lit b oder 3 zu prüfen.

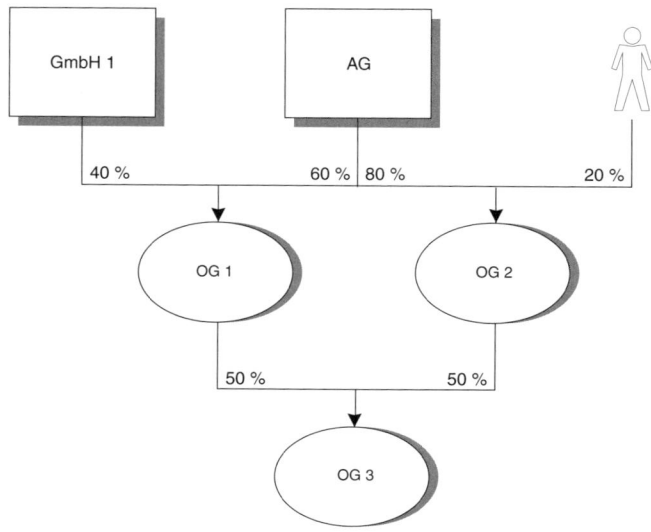

Die Regelung der unbeschränkten Haftung bezieht sich nur auf jene Gesellschafter, die grundsätzlich eine unbeschränkte Haftung haben. Das ist bei der OG jeder Gesellschafter, bei der KG hingegen nur der Komplementär. Da sich die Haftsumme des Kommanditisten ohnehin nur auf seine Einlage beschränkt, darf der Kommanditist nicht fälschlicherweise dem Prüfungsschema der lit a unterzogen werden. In diesem Fall würde nämlich die KG nie vom Anwendungsbereich der lit a erfasst sein. Da lit a nun nicht mehr zwischen unternehmerischen und nicht unternehmerischen Tätigkeit unterscheidet, ist jede GmbH & Co KG, bei der ausschließlich die GmbH Komplementär ist, von der Rechnungslegungspflicht erfasst.

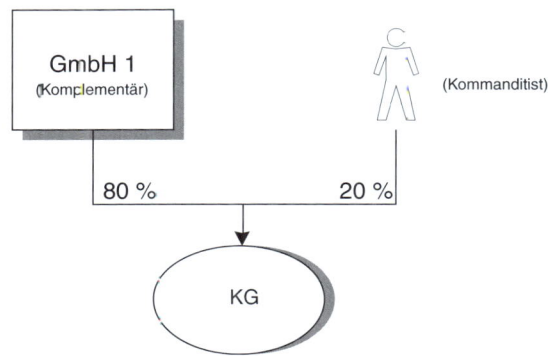

Wesentlich ist, dass es im Anwendungsbereich des Abs 1 Z 2 lit a nicht auf das Vorliegen einer unternehmerischen Tätigkeit ankommt und es somit insoweit zum Gleichklang mit Z 1 kommt. Insoweit erübrigt sich daher auch die Judikatur des OGH (vgl insbesondere die Urteile OGH 24.10.2013, 6 Ob 110/13i und OGH 28.8.2013, 6 Ob 112/13h) zur Rechnungslegungspflicht einer GmbH & Co KG in Abhängigkeit vom Vorliegen einer unternehmerischen Tätigkeit.

III. Rechnungslegungspflicht für sonstige Personengesellschaften (Z 2 lit b)

All jene Konstellationen in denen am Ende der Gesellschafterkette keine AG oder GmbH steht, aber der Gesellschafter dennoch keine unbeschränkte Haftung hat, werden in der Richtlinie nicht geregelt. Lit b sieht in diesen Fällen nur dann eine Rechnungslegungspflicht vor, wenn die Personengesellschaft unternehmerisch tätig ist (insoweit kommt den oben genannten Urteilen des OGH daher unverändert Bedeutung zu). Darunter wird etwa die Verein & Co KG oder Genossenschaft & Co KG fallen. Diese Regelung geht über die Vorgaben der Richtlinie hinaus (vgl *Weber*, NZ 2014/2, 19).

Mit dem APRÄG 2016 wurde eine Klarstellung vorgenommen: Bisher war der Wortlaut der Bestimmung insoweit missglückt, als es ausreichend für die Anwendung des Abs 1 Z 2 lit b war, dass kein Vollhafter eine natürliche Person ist. Dies wäre aber bereits dann nicht der Fall, wenn an einer KG als Komplementär nur eine andere Personengesellschaft beteiligt ist, selbst wenn diese eine OG ist, an der eine natürliche Person beteiligt wäre.

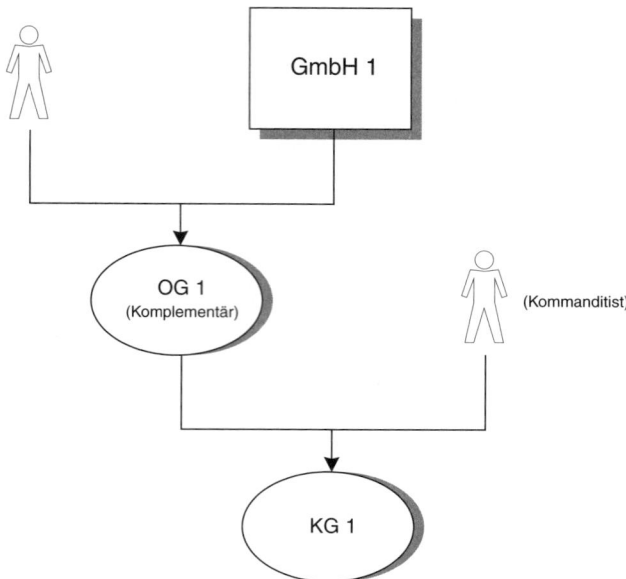

Mit dem APRÄG 2016 wurde klargestellt, dass weder unmittelbar noch mittelbar eine natürliche Person Vollhafter ist. Die Anwendungsvoraussetzungen des nunmehrigen § 189 Abs 2 lit b liegen bereits dann nicht vor, wenn entweder

- ein unbeschränkt haftender Gesellschafter eine natürliche Person ist oder
- wenn der unbeschränkt haftende Gesellschafter zwar eine Personengesellschaft ist, aber deren unbeschränkt haftender Gesellschafter wiederum nur eine natürliche Person ist (doppelstöckige Personengesellschaft mit natürlicher Person als Vollhafter an der Spitze).

Die Wendung „oder wenn sich die Verbindung von Gesellschaften in dieser Art fortsetzt" stellt klar, dass auch drei-, vier- oder vielfachstöckige Personengesellschaften nicht schädlich sind, solange nur an der Spitze letztlich eine natürliche Person steht.

Es sollten daher letztlich nur Sachverhalte wie der vorliegende unter lit b fallen:

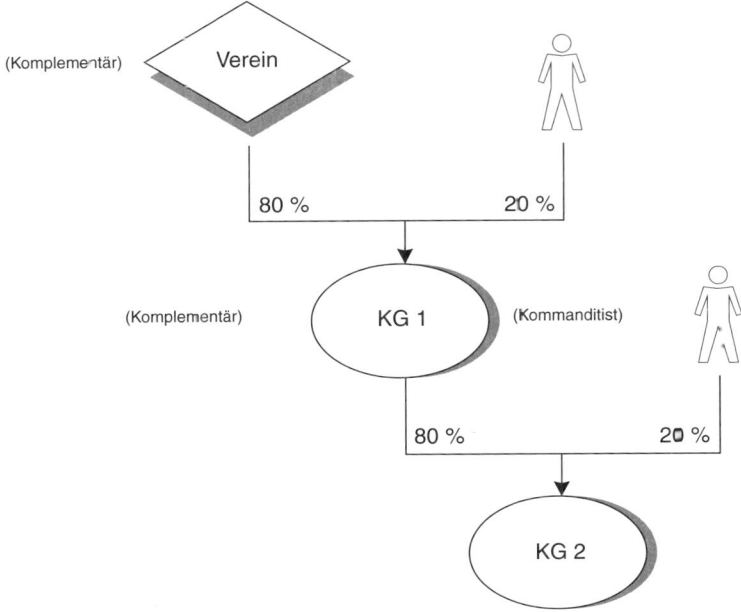

Abhängig von der unternehmerischen Tätigkeit werden die KG 1 und KG 2 rechnungs-legungspflichtig oder eben nicht rechnungslegungspflichtig sein.

Begriffsbestimmungen

§ 189a.

Für das Dritte Buch gelten folgende Begriffsbestimmungen:

1. Unternehmen von öffentlichem Interesse:

   a. Unternehmen, deren übertragbare Wertpapiere zum Handel an einem ge-regelten Markt eines Mitgliedstaats der Europäischen Union oder eines Vertragsstaats des Abkommens über den Europäischen Wirtschaftsraum im Sinn des Art. 4 Abs. 1 Nr. 21 der Richtlinie 2014/65/EU über Märkte für Finanzinstrumente sowie zur Änderung der Richtlinien 2002/92/EG und 2011/61/EU, ABl. Nr. L 173 vom 12. 6. 2014 S. 349, zugelassen sind;

   b. Kapitalgesellschaften, die Kreditinstitute im Sinn des Art. 4 Abs. 1 Nr. 1 der Verordnung (EU) Nr. 575/2013 über Aufsichtsanforderungen an Kredit-institute und Wertpapierfirmen und zur Änderung der Verordnung (EU) Nr. 646/2012, ABl. Nr. L 176 vom 27. 6. 2013 S. 1 – mit Ausnahme der in Ar-tikel 2 Abs. 5 der Richtlinie 2013/36/EU über den Zugang zur Tätigkeit von Kreditinstituten und die Beaufsichtigung von Kreditinstituten und Wertpa-pierfirmen, zur Änderung der Richtlinie 2002/87/EG und zur Aufhebung der Richtlinien 2006/48/EG und 2006/49/EG, ABl. Nr. L 176 vom 27. 6. 2013 S. 338, genannten Kreditinstitute – sind;

   c. Kapitalgesellschaften, die Versicherungsunternehmen im Sinn des Art. 2 Abs. 1 der Richtlinie 91/674/EWG über den Jahresabschluss und den kon-solidierten Abschluss von Versicherungsunternehmen, ABl. Nr. L 374 vom 31. 12. 1991 S. 7, sind oder

    d. Unternehmen, die ungeachtet ihrer Rechtsform in einem Bundesgesetz unter Verweis auf diese Bestimmung als solche bezeichnet werden;

2. Beteiligung: Anteile an einem anderen Unternehmen, die dazu bestimmt sind, dem eigenen Geschäftsbetrieb durch Herstellung einer dauernden Verbindung zu diesem Unternehmen zu dienen; dabei ist es gleichgültig, ob die Anteile in Wertpapieren verbrieft sind oder nicht; es wird eine Beteiligung an einem anderen Unternehmen vermutet, wenn der Anteil am Kapital 20 % beträgt oder darüber liegt; § 244 Abs. 4 und 5 über die Berechnung der Anteile ist anzuwenden; die Beteiligung als unbeschränkt haftender Gesellschafter an einer Personengesellschaft gilt stets als Beteiligung;

3. beizulegender Wert: der Betrag, den ein Erwerber des gesamten Unternehmens im Rahmen des Gesamtkaufpreises für den betreffenden Vermögensgegenstand oder die betreffende Schuld ansetzen würde; dabei ist davon auszugehen, dass der Erwerber das Unternehmen fortführt;

4. beizulegender Zeitwert: der Börsenkurs oder Marktwert; im Fall von Finanzinstrumenten, deren Marktwert sich als Ganzes nicht ohne weiteres ermitteln lässt, der aus den Marktwerten der einzelnen Bestandteile des Finanzinstruments oder dem Marktwert für ein gleichartiges Finanzinstrument abgeleitete Wert; falls sich ein verlässlicher Markt nicht ohne weiteres ermitteln lässt, der mit Hilfe allgemein anerkannter Bewertungsmodelle und -methoden bestimmte Wert, sofern diese Modelle und Methoden eine angemessene Annäherung an den Marktwert gewährleisten;

5. Umsatzerlöse: die Beträge, die sich aus dem Verkauf von Produkten und der Erbringung von Dienstleistungen nach Abzug von Erlösschmälerungen und der Umsatzsteuer sowie von sonstigen direkt mit dem Umsatz verbundenen Steuern ergeben;

6. Mutterunternehmen: ein Unternehmen, das ein oder mehrere Tochterunternehmen im Sinn des § 244 beherrscht;

7. Tochterunternehmen: ein Unternehmen, das von einem Mutterunternehmen im Sinn des § 244 unmittelbar oder mittelbar beherrscht wird;

8. verbundene Unternehmen: zwei oder mehrere Unternehmen innerhalb einer Gruppe, wobei eine Gruppe das Mutterunternehmen und alle Tochterunternehmen bilden;

9. assoziiertes Unternehmen: ein Unternehmen, an dem ein anderes Unternehmen eine Beteiligung hält und dessen Geschäfts- und Finanzpolitik durch das andere Unternehmen maßgeblich beeinflusst wird; es wird vermutet, dass ein Unternehmen einen maßgeblichen Einfluss auf ein anderes Unternehmen ausübt, sofern jenes Unternehmen 20 % oder mehr der Stimmrechte der Aktionäre oder Gesellschafter dieses Unternehmens besitzt;

10. wesentlich: der Status von Informationen, wenn vernünftigerweise zu erwarten ist, dass ihre Auslassung oder fehlerhafte Angabe Entscheidungen beeinflusst, die Nutzer auf der Grundlage des Jahres- oder Konzernabschlusses treffen. Die Wesentlichkeit ist von der Größe oder der spezifischen Eigenschaft des Postens oder der Fehlerhaftigkeit der Angabe abhängig. Selbst wenn ein einzelner Posten für sich genommen als unwesentlich angesehen werden kann, können mehrere unwesentliche gleichartige Posten zusammen als wesentlich gelten;

11. Investmentunternehmen:

    a. Unternehmen, deren einziger Zweck darin besteht, ihre Mittel in Wertpapieren oder Immobilien verschiedener Art oder in anderen Werten anzulegen mit dem einzigen Ziel, das Risiko der Investitionen zu verteilen und ihre Aktionäre oder Gesellschafter an dem Gewinn aus der Verwaltung ihres Vermögens zu beteiligen;

b. Unternehmen, die mit Unternehmen nach lit. a mit festem Kapital verbunden sind, sofern der einzige Zweck dieser verbundenen Unternehmen darin besteht, voll eingezahlte Anteile, die von den Unternehmen nach lit. a ausgegeben worden sind, zu erwerben, unbeschadet des Artikels 22 Absatz 1 Buchstabe h der Richtlinie 2012/30/EU zur Koordinierung der Schutzbestimmungen, die in den Mitgliedstaaten den Gesellschaften im Sinne des Artikels 54 Absatz 2 des Vertrages über die Arbeitsweise der Europäischen Union im Interesse der Gesellschafter sowie Dritter für die Gründung der Aktiengesellschaft sowie für die Erhaltung und Änderung ihres Kapitals vorgeschrieben sind, um diese Bestimmungen gleichwertig zu gestalten, ABl. Nr. L 315 vom 14. 11. 2012 S. 74;

12. Beteiligungsgesellschaft: Unternehmen, deren einziger Zweck darin besteht, Beteiligungen an anderen Unternehmen zu erwerben sowie die Verwaltung und Verwertung dieser Beteiligungen wahrzunehmen, ohne dass sie unmittelbar oder mittelbar in die Verwaltung dieser Unternehmen eingreifen, unbeschadet der Rechte, die ihnen in ihrer Eigenschaft als Anteilsinhaber zustehen.

- *ErlRV zu § 189a*

Es wird vorgeschlagen, nach dem Vorbild der Richtlinie jene Begriffsdefinitionen, die mehr als eine Bestimmung betreffen und einheitlich anzuwenden sind, in einen eigenen Paragrafen vorzuziehen. Als Folge entfallen die Begriffsbestimmungen an anderer Stelle (z. B. § 228, § 232 Abs. 1).

Zu Z 1: setzt Art. 2 Z 1 der Richtlinie um. Die lit. d entspricht im Wesentlichen dem Art. 2 Abs. 1 lit. d der Richtlinie und soll klarstellen, dass die Anführung eines „öffentlichen Interesses" in anderen Bundesgesetzen nicht ausreicht, um ein Unternehmen als eines von öffentlichem Interesse zu behandeln, sondern dass zusätzlich ein expliziter Verweis auf die vorgeschlagene Bestimmung im UGB notwendig ist, um die spezifischen Rechtsfolgen nach dem dritten Buch eintreten zu lassen. Als Unternehmen von öffentlichem Interesse können nach der Richtlinie beispielsweise solche bestimmt werden, die aufgrund der Art ihrer Tätigkeit, ihrer Größe oder der Zahl ihrer Beschäftigten von erheblicher öffentlicher Bedeutung sind.

Zu Z 2: setzt Art. 2 Z 2 der Richtlinie um und entspricht dem bisherigen § 228 Abs. 1 und 2.

Zu Z 3: Im UGB gab es bisher keine Definition des Begriffs „beizulegender Wert". Der Begriff kommt – richtlinienrechtlich vorgegeben – in § 204 Abs. 2 und § 207 vor, wo es um die außerplanmäßige Abschreibung auf den niedrigeren Wert geht. In der Richtlinie (Art. 12 Abs. 6) werden diese Werte, ohne dass sie definiert werden, als „niedrigerer Wert, der (...) ihnen am Bilanzstichtag beizulegen ist" (bzw. engl. „the lower figure ... attributed to them") umschrieben, im Gegensatz zum „fair value", der für Finanzinstrumente zur Anwendung kommt und als „beizulegender Zeitwert" übersetzt wird. Schließlich wird der Begriff – ohne dass dies in der Richtlinie eine Entsprechung hätte – auch in § 202 Abs. 1 genannt. In der Literatur besteht Einigkeit, dass der „beizulegende Wert" dem Begriff des „Teilwerts" in § 6 Z 1 bzw. Z 2 lit. a EStG entspricht (*Ludwig/Strimitzer* in *Hirschler* [Hrsg.], Bilanzrecht, § 202 Rz 12; *Bertl/Fraberger*, Der beizulegende Wert, RWZ 1999, 376). Er unterscheidet sich vom Verkehrswert durch die Berücksichtigung von persönlichen oder betriebsbezogenen Einflüssen (*Ludwig/Strimitzer* in *Hirschler* [Hrsg.], Bilanzrecht, § 202 Rz 12), wodurch auch auf die konkreten Nutzungsmöglichkeiten im Unternehmen Bedacht zu nehmen ist. Um einen Gleichlauf zwischen UGB- und Steuerbilanz herzustellen und die Unternehmen nicht vor Zweifelsfragen zu stellen, ob die steuerrechtliche Bewertung auch für das UGB zulässig ist, wird vorgeschlagen, die Definition des Teilwerts ins UGB zu übernehmen. Der beizulegende Wert kann zwar auch höher als die kostendeckenden Werte sein, die Formulierung der §§ 204 und 207 im Zusammenhang mit § 203 Abs. 1 bis 3 stellt aber sicher, dass die Anschaffungs- oder Herstellungskosten nicht überschritten werden dürfen. Schließlich wird der „beizulegende Wert" auch in § 254 Abs. 1 Z 2 (Neubewertungsmethode bei der Kapitalkonsolidierung) verwendet und lautet in Art. 24 Abs. 3 lit. b der Richtlinie schlicht „Werte der feststellbaren Aktiva und Passiva" („values"). Da damit eher der Verkehrswert („beizulegender Zeitwert") gemeint ist, wird vorgeschlagen, sich in § 254 zukünftig auf diesen zu beziehen.

Zu Z 4: Die Definition des „beizulegenden Zeitwerts" für Finanzinstrumente wurde aus Art. 8 Abs. 7 der Richtlinie übernommen. Sie hatte bisher nur für die Anhangangabe nach § 237a (§ 238 Abs. 1 Z 1 und 2 in der Fassung des Vorschlags) eine eigenständige Bedeutung. Allerdings nimmt auch der geltende § 207 auf einen Marktpreis oder Börsenkurs Bezug, sodass es sinnvoll erscheint, den beizulegenden Zeitwert generell als Verkehrswert, also als Börsenkurs oder Marktwert zu definieren, und für Finanzinstrumente die speziellen Regeln der Richtlinie zu übernehmen.

Zu Z 5: setzt Art. 2 Z 5 der Richtlinie um und ersetzt die bisherige Definition in § 232 Abs. 1. Anders als die Vierte Richtlinie nimmt die Bilanz-Richtlinie nicht mehr Bezug darauf, dass es sich bei den Umsatzerlösen um für die gewöhnliche Geschäftstätigkeit typische Erlöse handelt. In Zukunft werden daher auch solche Erlöse zu den Umsatzerlösen zu zählen sein, die nicht für die gewöhnliche Geschäftstätigkeit typisch sind.

Zu Z 6: setzt Art. 2 Z 9 der Richtlinie um. Wie bisher nach § 228 Abs. 3 kommt es darauf an, ob ein Beherrschungstatbestand des § 244 vorliegt, auch wenn die Aufstellung eines Konzernabschlusses unterbleibt. Ein Mutterunternehmen kann seinen Sitz auch im Ausland haben. Auch die „Großmutter" ist ein Mutterunternehmen im Sinn der Bestimmung. Das „Beherrschen" im Sinne dieser Definition (in der Richtlinie „kontrolliert"; im engl. Wortlaut „control") beschränkt sich nicht allein auf das „Kontroll"-Konzept im engeren Sinn, sondern umfasst jede Art der Beziehung, die eine Einbeziehungspflicht nach § 244 auslöst, also auch die einheitliche Leitung nach § 244 Abs. 1.

Zu Z 7: setzt Art. 2 Z 10 der Richtlinie um. Als Tochterunternehmen gelten auch Enkelunternehmen, und zwar auch dann, wenn sie gem § 249 nicht einbezogen werden, sofern nur ein Beherrschungstatbestand des § 244 vorliegt.

Zu Z 8: setzt Art. 2 Z 12 der Richtlinie um und entspricht dem Inhalt des bisherigen § 228 Abs. 3.

Zu Z 9: setzt Art. 2 Z 13 der Richtlinie um und entspricht dem bisherigen § 263 Abs. 1. Nach der neuen Begriffsbestimmung wird auf die zusätzliche Anführung des Begriffs des „angeschlossenen" Unternehmens verzichtet (siehe die Änderungen in den §§ 263 und 264).

Zu Z 10: setzt Art. 2 Z 16 der Richtlinie um. Der zweite Satz der Definition in der Richtlinie („Die Wesentlichkeit einzelner Posten wird im Zusammenhang mit anderen ähnlichen Posten bewertet") ist etwas missverständlich, da angenommen werden könnte, dass nur die Zusammenschau mit „ähnlichen" Posten zur Beurteilung eines Postens als „wesentlich" den Ausschlag gibt. Gemeint ist aber viel eher, dass selbst dann, wenn ein Posten für sich genommen unwesentlich erscheint, sich seine Wesentlichkeit aus dem Gesamtzusammenhang ergeben kann. Um dies besser auszudrücken, wird zunächst klargestellt, dass die Wesentlichkeit von der spezifischen Eigenschaft oder der Größe abhängig ist (siehe IAS-Rahmenkonzept Rz 30). Sodann wird der zweite Satz des Erwägungsgrundes 17 übernommen, der das Gemeinte anders und unmissverständlicher formuliert.

Zu Z 11 und 12: setzen Art. 2 Z 14 und 15 um. Diese beiden Definitionen haben nur Bedeutung für die vorgeschlagene Ausnahme von Kleinstgesellschaften (§ 221 Abs. 1a). Österreich hat zwar von der Option, dass so bezeichnete „Investmentgesellschaften" mit fixem Kapital (vgl. Art. 17 Abs. 7 der Richtlinie 2012/30/EU) Ausschüttungen über Gewinnausschüttungen hinaus vornehmen und eigene Aktien erwerben können, nicht Gebrauch gemacht. Dem Wortlaut der Bilanz-Richtlinie nach müssen aber dennoch alle so definierten „Investmentgesellschaften" von der Micro-Regelung ausgenommen werden. Es wird daher direkt auf die Bestimmung des Art. 22 Abs. 1 lit. h der Richtlinie 2012/30/EU verwiesen, obwohl dieser Verweis in Österreich ins Leere geht, da diese Bestimmung nicht umgesetzt wurde.

Kommentierung

I. Unternehmen von öffentlichem Interesse (Z 1)

Unternehmen, von denen übertragbare Wertpapiere zum Handel am geregelten Markt einer Börse der EU bzw EWR zugelassen sind (kapitalmarktorientierte Unternehmen, lit a) sowie Kapitalgesellschaften, die Kreditinstitute (lit b) und Versicherungsunternehmen (lit c) iSd der genannten Richtlinien sind sowie Unternehmen, die ungeachtet ihrer Rechtsform in einem Bundesgesetz als Unternehmen von öffentlichem Interesse bezeichnet werden (lit d), gelten als Unternehmen im öffentlichen Interesse. Daraus ergibt sich als Konsequenz, dass, sofern es sich um Kapitalgesellschaften iSd zweiten Abschnitts handelt, sie als **große Kapitalgesellschaften** gelten (§ 221 Abs 3 idF RÄG 2014). Damit besteht für diese Unternehmen vor allem auch die Verpflichtung zur Erstellung eines Anhangs entsprechend § 240 und die Verpflichtung, im Lagebericht entsprechend § 243 Abs 5 auch nichtfinanzielle Leistungsindikatoren in der Analyse des Geschäftsverlaufs zu berücksichtigen, einschließlich Informationen über Umwelt- und Arbeitnehmerbelange. Ebenso gilt für Unternehmen im öffentlichen Interesse (allerdings nur für solche, die in den genannten Wirtschaftszweigen tätig sind) prinzipiell der neue § 243c über den Bericht von Zahlungen an staatliche Stellen. Eine größenabhängige Befreiung von der Aufstellung eines Konzernabschlusses ist nach § 246 Abs 3 ausgeschlossen, wenn ein verbundenes Unternehmen (Mutter- oder Tochterunternehmen) ein Unternehmen von öffentlichem Interesse ist.

Neu im Vergleich zum bisherigen Recht (§ 221 Abs 3 aF) ist die Aufnahme von Kreditinstituten und Versicherungsunternehmen. Auf der anderen Seite werden Unternehmen, deren Aktien oder andere von ihr ausgegebene Wertpapiere an einem Wertpapiermarkt außerhalb des EU-/EWR-Raums in einem Vollmitgliedstaat der OECD zum Handel zugelassen sind, nicht mehr als Unternehmen von öffentlichem Interesse behandelt.

Das UGB behandelt nicht alle Kategorien der Unternehmen von öffentlichem Interesse gleich; insbesondere die kapitalmarktorientierten Unternehmen (lit a) werden in einigen Fällen **strenger** als die Unternehmen der übrigen Kategorien behandelt. So gilt nach § 245 Abs 3 UGB die Befreiung von der Erstellung eines Teilkonzernabschlusses nicht für die kapitalmarktorientierten Unternehmen, wohl aber für die übrigen Unternehmen von öffentlichem Interesse (nach den lit b, c und d). Nur für kapitalmarktorientierte Unternehmen nach lit a gilt weiters nach § 243a Abs 2 die Verpflichtung, die wichtigsten Merkmale des internen Kontroll- und Risikomanagementsystems im Hinblick auf den Rechnungslegungsprozess sowie die Grundsätze der Vergütungspolitik zu beschreiben (gilt nach § 267 Abs 3b auch für den Konzernabschluss). Innerhalb der Gruppe der kapitalmarktorientierten Unternehmen wird eine weitere Gruppe, nämlich jene der **börsenotierten** Unternehmen, mit Beziehung auf bestimmte Angaben im Lagebericht (§ 243a Abs 1) und die Pflicht zur Aufstellung eines Corporate-Governance-Berichts (§ 243b) strenger behandelt. Das lässt die Richtlinie zu: Nach Art 20 Abs 4 sind von den kapitalmarktorientierten Unternehmen jene nicht börsenotiert (und können daher von der Verpflichtung zur Erstellung eines Corporate-Governance-Berichts ausgenommen werden), die ausschließlich andere Wertpapiere als zum Handel an einem geregelten Markt zugelassene Aktien emittiert haben. Zur Gruppe der börsenotierten Unternehmen gehören allerdings auch jene, deren Aktien über ein multilaterales Handelssystem gehandelt werden.

II. Beteiligung (Z 2)

Der bisherige Beteiligungsbegriff des § 228 Abs 1 und 2 UGB wird im Wesentlichen unverändert in § 189a Z 2 fortgeführt, weshalb die Bestimmung des § 228 einschließlich Abs 3 (dieser wird durch die Bestimmungen der Z 6–8 ersetzt) aufgehoben wird. Es wird allgemein von einem Anteil an einem anderen Unternehmen gesprochen, somit gilt dies für Anteile an Kapitalgesellschaften genauso wie für Anteile an Personengesellschaften. Unverändert bedarf es daher einer Gesellschafterstellung, sodass die bisherigen Abgrenzungen des Beteiligungsbegriffs unverändert gelten (vgl dazu zB *Janschek* in *Hirschler*, Bilanzrecht, § 228 Rz 6 ff mwN). Auch die **Zweifelsregel** von 20 % des Kapitals ist unverändert, genauso die Tatsache, dass Anteile eines unbeschränkt haftenden Gesellschafters einer Personengesellschaft jedenfalls als Beteiligung gelten. Neu ist, dass für die Berechnung des Kapitals und damit des Erfüllens der Zweifelsregel **§ 244 Abs 4 und 5** anzuwenden sind. Wenngleich dies bereits bisher in der Literatur empfohlen wurde (vgl *Janschek* in *Hirschler*, Bilanzrecht, § 228 Rz 36 f mwN), fehlte eine ausdrückliche Regelung. Damit sind auch von Tochterunternehmen, somit Unternehmen, die mit dem Mutterunternehmen nach § 244 verbunden sind (und damit grundsätzlich in einen vollkonsolidierten Konzernabschluss einzubeziehen sind), gehaltene Anteile oder von einem Treuhänder gehaltene Anteile für die Ermittlung der Höhe des Kapitalanteils zu berücksichtigen. Umgekehrt sind von der Mutter- oder Tochtergesellschaft treuhändig für andere gehaltene Anteile sowie als Sicherheit gehaltene Anteile, bei denen die Rechte aus dem Anteil auf Weisung des Sicherungsgebers auszuüben sind, nicht zu berücksichtigen und von der Kapitalanteilsquote abzuziehen. Ebenso sind bei Ermittlung der Kapitalanteilsquote eigene Anteile abzuziehen, die von dem Tochterunternehmen selbst oder einem ihrer Tochterunternehmen oder einem anderen für deren Rechnung gehalten werden.

III. Beizulegender Wert (Z 3)

Der beizulegende Wert war bisher im UGB nicht ausdrücklich normiert. Bei der Kodifikation der Z 3 hat man sich am Begriff des **steuerlichen Teilwerts** iSd § 6 Z 1 EStG angelehnt und nur die Begriffe „des ganzen Betriebes" durch „des ganzen Unternehmens", „das einzelne Wirtschaftsgut" durch „den betreffenden Vermögensgegenstand oder die betreffende Schuld" sowie „den Betrieb fortführt" durch „das Unternehmen fortführt" ersetzt. Augenscheinlich sollte daher der steuerliche Teilwertbegriff und dessen Ermittlungsmethode Maßstab für die Ermittlung des „beizulegenden Wertes" sein. Gedanklich hat daher entsprechend dem Wortlaut dieser Regelung zukünftig bei jeder Bewertung eines Vermögensgegenstandes oder einer Schuld ein **fiktiver Unternehmenserwerb** zu erfolgen und es wäre jener Betrag zu ermitteln, der im Rahmen des Gesamtkaufpreises, der seinerseits zu ermitteln wäre, auf den einzelnen Vermögensgegenstand entfällt. Ist es bereits beim Unternehmenskauf nicht immer einfach, den betraglich definierten Kaufpreis zutreffend auf die einzelnen Vermögensgegenstände und Schulden aufzuteilen, wird dies durch diese Regelung noch komplexer, da es keinen betraglich definierten Gesamtkaufpreis gibt, sondern dieser zu ermitteln und damit zu schätzen ist, wobei sich hinsichtlich der Ermittlung die Frage stellt, ob ein im Sinne einer Unternehmensbewertung subjektiver oder objektivierter Wert zugrunde zu legen ist. Allerdings stellt sich die Frage, ob nicht wie im Steuerrecht eine Ermittlung des Gesamtkaufpreises unterbleiben kann und die Ermittlung eines betriebsbezogenen Wiederbeschaffungswerts entsprechend dem Einzelbewertungsgebot des § 201 Abs 2 Z 3 UGB erfolgt. Eingedenk dieser methodischen Schwierigkeiten sowie der mit dieser Definition verbundenen Befürchtung des Vorliegens einer zumindest materiellen umgekehrten Maßgeblichkeit der Auslegung dieser Bestimmung durch Anwendung steuerrechtlicher Maßstäbe wurde auch in den Stellungnahmen zum Begutachtungsentwurf des UGB vorgebracht, eine Begriffsdefinition zu unterlassen und so wie bisher, insbesondere auch unter Bezugnahme auf das Verständnis des § 202 Abs 1, als beizulegenden Wert einen Marktwert oder auf andere Art und Weise bestimmten Wiederbeschaffungswert, gegebenenfalls unter Berücksichtigung der Nutzungsmöglichkeit im Unternehmen, zu verstehen.

Da die Definition des beizulegenden Werts die Fiktion eines Erwerbs des gesamten Unternehmens enthält, stellt sich die Frage, wie ein beizulegender Wert bei jenen Rechnungslegungspflichtigen zu ermitteln ist, die **kein Unternehmen haben** und damit auch keines fiktiv erwerben können, zB eine rein vermögensverwaltende Holdinggesellschaft. Gerade hier zeigt sich die Schwäche des Konzepts der Z 3: In diesen Fällen ist wohl nichts anderes als der Einzelmarktwert oder sonst ermittelte Wiederbeschaffungswert als beizulegender Wert heranzuziehen, will man vermeiden, dass eine Abschreibung mit dem Argument unterlassen wird, mangels Unternehmen könne es keinen vom Buchwert abweichenden beizulegenden Wert geben (vgl *Hirschler/Krainz/Dizdarevic/Höltschl* in IWP 2016, 235 f).

IV. Beizulegender Zeitwert (Z 4)

Der beizulegende Zeitwert war als Begriff bisher in § 237a UGB normiert und hatte Bedeutung im Zusammenhang mit Anhangangaben zu Finanzinstrumenten. § 237a UGB aF normierte, dass der beizulegende Zeitwert dem Marktwert entspricht, sofern ein solcher feststellbar ist. In gleicher Weise bestimmt § 189a Z 4, dass der beizulegende Zeitwert der **Börsenkurs** oder der **Marktwert** ist. Durch das Abstellen auf Börsenkurs oder Marktwert wird die Nähe des Marktwertes zum Börsenkurs augenscheinlich, sodass der Marktwert in seiner Ermittlung und Bedeutung dem Börsenkurs nahekommen muss. Da der Börsenkurs aufgrund der Kleinheit der einzelnen gehandelten Einheit keinerlei Paketzuschläge beinhaltet, wird auch der Marktwert keinerlei Paketzuschläge beinhalten. Damit es insbesondere einen Marktwert gibt, muss es einen Markt geben, dh einen Umschlag von Vermögenswerten. Dabei muss es sich um einen „verlässlichen" Markt handeln, somit einen Markt, auf dem sich der Marktpreis, vergleichbar dem Börsenkurs, einfach und ohne weiteres feststellen lässt. **Verlässlich** wird der Markt regelmäßig dann sein, wenn es sich um einen sog aktiven Markt handelt, dh es muss regelmäßig auftretende Markttransaktionen zwischen unabhängigen Dritten geben, wobei sich der Markt durch die Homogenität der gehandelten Produkte, die Möglichkeit, jederzeit potentielle Käufer und Verkäufer zu finden sowie öffentlichen Zugang zu Preisinformationen auszeichnet (vgl *Schubert/Pastor* in Beck Bilanz-Komm[10], § 255 Rz 515).

Sollte ein derartiger verlässlicher Markt nicht ohne weiteres ermittelt werden können, weil zB nur ein sehr geringes Volumen gehandelt wird oder aufgrund der Enge des Marktes keine aktuellen Marktpreise verfügbar sind, daher gerade nicht jederzeit Käufer und Verkäufer auftreten, soll der beizulegende Zeitwert mit Hilfe allgemein anerkannter Bewertungsmodelle und -methoden bestimmt werden, sofern diese Modelle und Methoden eine angemessene Annäherung an den Marktwert gewährleisten. So können vergleichbare Geschäfte in zeitlicher Nähe zum Jahresabschlussstichtag ein Bewertungsverfahren darstellen, das eine Annäherung an den Marktwert des Jahresabschlussstichtages gewährleistet. Anerkannte Bewertungsmodelle im Bereich von Finanzinstrumenten sind Optionspreismodelle wie das Black-Scholes-Modell. Gibt es keine **allgemein anerkannten Bewertungsmodelle oder -methoden**, die eine Annäherung an den Marktwert vor allem mangels Homogenität des Vermögenswerts, die eine allgemein anerkannte Bewertung ermöglicht, gewährleisten, gibt es letztlich auch keinen beizulegenden Zeitwert.

Bedeutung hat der beizulegende Zeitwert einerseits im Zusammenhang mit der Bewertung von **Umlaufvermögen**. Für dieses stellt der beizulegende Zeitwert gem § 207 den primären Vergleichswert im Rahmen der Bewertung dar. Sollte es keinen beizulegenden Zeitwert geben, hat die Bewertung des Umlaufvermögens mit dem beizulegenden Wert gem § 189a Z 3 zu erfolgen. Gegenüber der bisherigen Bewertung von Umlaufvermögen stellt dies praktisch keinen Unterschied dar, sah doch bereits bisher § 207 primär einen Vergleichswert vor, der dem niedrigeren Börsenkurs oder Marktpreis entsprach. Sofern ein solcher Börsenkurs oder Marktpreis nicht festzustellen war, galt sekundär der beizulegende Wert als Wertansatz. Durch die Neuregelung des § 189a Z 4 wurde vor allem die Frage, wie und unter welchen Bedingungen von einem Marktwert gesprochen werden kann und dieser zu ermitteln ist, präzisiert, für die meisten Vermögensgegenstände wird sich dadurch keine Veränderung in der Wertermittlungsmethode ergeben. Neben dem Umlaufvermögen kommt dem beizulegenden Zeitwert gem § 204 Abs 2 erster Satz andererseits Bedeutung zu bei der Bewertung von **Finanzanlagevermögen**, wobei allerdings ausdrücklich Beteiligungen iSd § 189a Z 2 ausgenommen sind. Dies deshalb, da hier aufgrund des Anteilsvolumens bei der Preisfindung jedenfalls Paketzu- oder -abschläge zu berücksichtigen wären, was dem Verständnis des Börsenkurses diametral entgegensteht. Dieses Abstellen der Bewertung des Finanzanlagevermögens auf den beizulegenden Zeitwert setzt aber voraus, dass es einen ermittelbaren Marktwert gibt. Sollte eine solche Ermittlung im Einzelfall nicht möglich sein, ist auch das betreffende Finanzanlagevermögen mit dem beizulegenden Wert zu bewerten (vgl *Hirschler/Krainz/Dizdarevic/Höltschl* in IWP 2016, 237 f).

Es gibt somit insoweit eine Bewertungshierarchie, als der beizulegende Zeitwert stets als Bewertungsmaßstab für Finanzanlagevermögen, abgesehen von Beteiligungen, sowie für Umlaufvermögen heranzuziehen ist, sofern sich ein solcher entsprechend den Kriterien des § 189a Z 4 ermitteln lässt. In allen anderen Fällen ist der beizulegende Wert iSd § 189a Z 3 der Bewertungsmaßstab.

V. Umsatzerlöse (Z 5)

Der bisherige Umsatzerlösbegriff des § 232 Abs 1 wird ersetzt durch § 189a Z 5. Die Neuregelung führt zu einer Verbreiterung des Erlösbegriffs, da nicht mehr auf die für die gewöhnliche Geschäftstätigkeit des Unternehmens **typischen Erlöse** aus dem Verkauf, der Nutzungsüberlassung von Erzeugnissen und Waren sowie aus Dienstleistungen abgestellt wird. Nunmehr fällt unter den Umsatzerlös jeder Betrag, der sich aus dem Verkauf von Produkten und der Erbringung von Dienstleistungen ergibt. Somit fallen auch einzelne, bisher **sonstige betriebliche Erträge**, soweit es sich um Beträge aus dem Verkauf von Produkten oder der Erbringung einer Dienstleistung handelt, unter den Begriff des Umsatzerlöses. Denkbar ist dies für gelegentliche Erlöse aus Vermittlungsleistungen, Einkünfte aus betrieblichen Erholungsheimen sowie Patent- und Lizenzeinnahmen, aber auch für Zuschüsse im Zusammenhang mit einer betrieblichen Leistungserbringung (vgl *Auer/Rohatschek*, SWK 2015, 795 [797 ff]). Mangels Vorliegens eines Produktes, dies sind Erzeugnisse und Handelswaren, werden Erlöse aus dem Verkauf von Anlagevermögen unverändert keinen Umsatzerlös darstellen. Gesetzlich ausdrücklich geregelt wird, dass mit dem Umsatz direkt verbundene Steuern (idR Verkehr- oder Verbrauchsteuern) nicht zu den Umsatzerlösen zählen. Daher stellen zB die Tabaksteuer, Biersteuer, Schaumweinsteuer und Mineralölsteuer keine Umsatzerlöse dar (differenzierend *Stückler*, SWK 2016, 487, wonach eine direkt mit dem Umsatz verbundene sonstige Steuer nur dann vorliegt, wenn die unternehmensrechtliche Umsatzrealisation mit der Entstehung der Steuerschuld der sonstigen Steuer zeitlich [nahezu] zusammenfällt).

Für die Beurteilung der Größenklasse des § 221 hat die Neudefinition der Umsatzerlöse insoweit eine Auswirkung, als damit ab Anwendung des RÄG 2014 tendenziell ein etwas höherer Umsatzerlös erzielt wird. Für die konkrete Beurteilung des Wechsels der Größenklasse bedarf es für die Jahre vor Anwendung des RÄG 2014 keiner Neuberechnung der Umsatzerlöse entsprechend § 189a Z 5 (aA *Müller*, RWZ 2015, 229).

VI. Mutterunternehmen (Z 6)

Jede Kapitalgesellschaft, die durch § 244 Abs 1 ein anderes Unternehmen aufgrund tatsächlich ausgeübter einheitlicher Leitung iSd § 15 AktG beherrscht oder einen der in § 244 Abs 2 genannten Tatbestände (Vorliegen der Stimmrechtsmehrheit oder als Gesellschafter das Recht hat, die Mehrheit der Mitglieder des Verwaltungs-, Leitungs- oder Aufsichtsorgans zu bestellen oder abzuberufen, oder das Recht hat, einen beherrschenden Einfluss auszuüben oder auf Grund eines Vertrages mit einem oder mehreren Gesellschaftern das Recht zur Entscheidung zusteht, wie Stimmrechte bei der Tochtergesellschaft ausgeübt werden) verwirklicht, gilt als Mutterunternehmen. Irrelevant für den Begriff Mutterunternehmen ist die tatsächliche Aufstellung eines Konzernabschlusses.

VII. Tochterunternehmen (Z 7)

Die Z 7 ergänzt systematisch die Z 6, indem die Tochtergesellschaft als Gesellschaft, die von einem Mutternehmen aufgrund eines der Tatbestände des § 244 beherrscht wird, definiert wird. Ob das Tochterunternehmen tatsächlich in einen Konzernabschluss des Mutterunternehmens einbezogen wird, spielt für den Begriff der Z 7 keine Rolle.

VIII. Verbundene Unternehmen (Z 8)

Der gesamte bisherige § 228 Abs 3 wird durch das RÄG 2014 aufgehoben, sodass der Begriff des „verbundenen Unternehmens" nicht mehr definiert wäre. Diese Definition der verbundenen Unternehmen übernimmt nunmehr die Z 8 auf sehr einfache und klare Weise, indem alle Unternehmen einer „Gruppe" als verbundene Unternehmen bezeichnet werden. Die „Gruppe" selbst setzt sich aus dem Mutterunternehmen iSd Z 6 und allen ihren Tochterunternehmen iSd Z 7 zusammen, sodass wie bisher alle dem Grunde nach vollkonsolidierten Unternehmen iSd § 244 als verbundene Unternehmen gelten. Somit hat sich am Verständnis der „verbundenen Unternehmen" gegenüber der bisherigen Rechtslage nichts geändert. Ob tatsächlich alle Unternehmen der Gruppe auch in einem Konzernabschluss konsolidiert enthalten sind, spielt für das Vorliegen „verbundener Unternehmen" wie bereits bisher keine Rolle.

IX. Assoziiertes Unternehmen (Z 9)

Die Definition des assoziierten Unternehmens weicht gegenüber der bisherigen Definition dadurch ab, dass bisher in § 263 Abs 1 iVm § 244 Abs 6 UGB bei Anteilen an Kapitalgesellschaften und Genossenschaften auf eine Beteiligungsquote von zumindest 20 % abgestellt wurde. Nunmehr ist in Z 9 gefordert, dass eine Beteiligung vorliegt, die ihrerseits in Z 2 definiert ist und nur als Zweifelsregel einen Anteil von zumindest 20 % vorsieht, sodass auch Anteile von weniger als 20 % einen solchen an einem assoziierten Unternehmen darstellen können, wenn es sich, neben den übrigen Voraussetzungen der Z 9, um eine Beteiligung handelt. Unverändert Voraussetzung für das Vorliegen eines assoziierten Unternehmens ist, dass das beteiligte Unternehmen die Geschäfts- und Finanzpolitik des anderen Unternehmens tatsächlich maßgeblich beeinflusst (vgl dazu *Ascal* in *Hirschler* § 263 Rz 20 ff). Dieser maßgebliche Einfluss liegt im Zweifel dann vor, wenn das beteiligte Unternehmen zumindest 20 % der Stimmrechte am anderen Unternehmer hat.

Zusammengefasst setzt daher das Vorliegen eines assoziierten Unternehmens Folgendes voraus:

- Beteiligung iSd Z 2 eines Unternehmens an einem anderen Unternehmen und
- Ausübung eines maßgeblichen Einflusses des beteiligten Unternehmens auf das andere Unternehmen.

X. Wesentlichkeit (Z 10)

Der Grundsatz der Wesentlichkeit war ein bisher unkodifizierter GoB. Nunmehr bringt § 189 Z 10 eine Begriffsdefinition und damit Anhaltspunkte für die qualitative Beurteilung von Wesentlichkeit, ohne die in der Literatur und Praxis bestehenden quantitativen Kriterien zu regeln. **Qualitatives Beurteilungskriterium** ist die Möglichkeit, dass die Auslassung einer Angabe oder die Fehlerhaftigkeit einer Angabe Entscheidungen Dritter beeinflusst und sie dadurch Entscheidungen treffen, die sie bei Angabe (bzw richtiger Angabe in anderer Form) getroffen hätten. Mit dieser Definition der Wesentlichkeit wird auch ausdrücklich die „Fehlerhaftigkeit" einer Angabe angesprochen, somit die Thematik „falscher" Jahresabschlüsse. Als abstrakte **quantitative Umschreibung** der Frage der Wesentlichkeit wird ausgeführt, dass diese von der Größe oder der spezifischen Eigenschaft des Postens oder der Fehlerhaftigkeit der Angabe abhängt (wobei die „spezifische Eigenart" wiederum ein typisches qualitatives Kriterium darstellt). Dementsprechend werden die bisher für die Wesentlichkeit entwickelten, insbesondere prozentuellen Grenzwerte weiterhin ein üblicher Richtwert sein, da auch bisher die inhaltliche Entscheidung über die Frage der Wesentlichkeit auch von qualitativen Überlegungen wie die nunmehr ausdrücklich angesprochene Beeinflussung von Entscheidungen durch Nutzer des Jahres- oder Konzernabschlusses getragen war.

Gemäß *Winkeljohann/Schellhorn* (in Beck Bilanz-Komm[10], § 264 Anm 57) können im Allgemeinen Abweichungen dann als wesentlich bezeichnet werden, wenn dadurch insgesamt

a) der Jahresüberschuss bzw -fehlbetrag um mindestens 10 % (bzw das Vorsteuerergebnis um 5 %) und außerdem um mindestens 0,25 % der Bilanzsumme verändert wird,

b) die Bilanzsumme um mindestens 5 % verändert wird,

c) für die Beurteilung des Unternehmens oder seiner Organe besonders wichtige sonstige Einzelposten des Jahresabschlusses um mindestens 10 % verändert werden oder

d) eine Überschreitung gesellschaftsrechtlich relevanter Grenzen vereitelt wird.

Ganz allgemein wird in der Literatur gefordert, dass bei Beurteilung unter Berücksichtigung der Wesentlichkeit eine Gesamtbetrachtung erforderlich ist (vgl *Hoffmann/Lüdenbach*, Haufe IFRS Kommentar[10], § 1 Rz 63).

Hinsichtlich der **spezifischen Eigenschaft** des Postens können auch größenunabhängige Sachverhalte nach dem Kriterium der Wesentlichkeit beurteilt werden, insbesondere zB die Frage, ob aufgrund eines Fehlers ein positives Ergebnis vor Steuern gezeigt wird und ohne diesen Fehler ein negatives Ergebnis vor Steuern vorläge oder Trendänderungen der Ergebnisentwicklung verschleiert werden (vgl *Hoffmann/Lüdenbach*, Haufe IFRS Kommentar[10], § 1 Rz 63).

Bedeutung hat die Frage der Wesentlichkeit insbes für die **Darstellung** und Offenlegung einzelner Posten und Bewertungsvorschriften, wobei gerade die Frage der Reichweite der Wesentlichkeit im Zusammenhang mit Bewertungsvorschriften nicht unumstritten ist. Im Rahmen der Darstellung und Offenlegung wird regelmäßig zu beachten sein, dass qualitative Informationen nicht mit der Argumentation der Wesentlichkeit unterlassen werden dürfen, wie dies zB für Aufwendungen für den Wirtschaftsprüfer oder die Beziehungen zu nahestehenden Personen der Fall sein wird (vgl *Rohatschek/Schiemer*, Generalnorm und GoB – im UGB nichts Neues? in Bilanzrechtstage 2015, 36). Aufgrund des Vollständigkeitsgebots stellt sich die Frage der Wesentlichkeit nicht hinsichtlich der Erfassung sämtlicher Geschäftsfälle als solcher im Rechnungswesen und den Ansatz aller Vermögensgegenstände und Schulden. Nur auf Basis des Vollständigkeitsgebots kann die Wesentlichkeit als Entscheidungsgrundlage Anwendung finden.

Infolge der Definition der Wesentlichkeit in § 189a Z 10 sind in zahlreichen Bestimmungen des UGB die bisher durchaus synonym verwendeten Begriffe wie „unerheblich" uÄ vereinheitlicht worden.

XI. Investmentunternehmen (Z 11)

Damit ein Investmentunternehmen vorliegt, müssen drei Bedingungen kumulativ erfüllt werden: Erstens muss der einzige Zweck des Unternehmens in der Anlage der Mittel in verschiedenen Wertpapieren, Immobilien oder anderen Werten liegen. Zweitens muss das einzige Ziel verfolgt werden, durch die Vermögensveranlagung das Risiko der Investitionen zu verteilen und drittens ihre Gesellschafter am Gewinn aus der Verwaltung des Vermögens zu beteiligen.

Zweck des Investmentunternehmens muss daher eine breiter gestreute Vermögensveranlagung, vergleichbar einem Investmentfonds, mit dem Ziel sein, gerade durch die breiter gestreute Vermögensveranlagung eine Risikostreuung zu erreichen. Werden neben der Vermögensveranlagung auch andere wirtschaftliche Zwecke verfolgt, insbesondere Produktion von Gütern oder Erbringung von Dienstleistungen (abgesehen von solchen im unmittelbaren Zusammenhang mit den erworbenen oder zu erwerbenden/veräußernden Vermögensgegenständen) oder auch die Ausübung einheitlicher Leistung bei anderen Unternehmen, liegt kein Investmentunternehmen vor. Ebenso wenig liegt ein solches vor, wenn das **Ziel einer Risikoverteilung** nicht verfolgt wird, da nur in wenige gleichartige Vermögensgegenstände investiert wird. Fraglich ist, wann das Ziel der Beteiligung der Gesellschafter am Gewinn aus der Verwaltung des Vermögens nicht verfolgt wird. Dies kann dann der Fall sein, wenn die erwirtschafteten Gewinne nicht ausgeschüttet, sondern regelmäßig thesauriert werden.

Ebenso ist ein Investmentunternehmen ein Unternehmen, das an einem Investmentunternehmen Anteile hält, wenn der einzige Zweck dieser Verbindung darin besteht, selbst wieder voll eingezahlte Anteile, die von anderen Investmentunternehmen begeben wurden, zu erwerben.

Bedeutung hat die Definition des Investmentunternehmens nur insoweit, als ein solches Unternehmen keinesfalls eine **Kleinstkapitalgesellschaft** iSd § 221 Abs 1a sein kann.

XII. Beteiligungsgesellschaft (Z 12)

Eine Beteiligungsgesellschaft ist vom Typ her eine vermögensverwaltende Holdinggesellschaft, die Anteile (keinesfalls nur Beteiligungen iSd Z 2, auch wenn der Begriff „Beteiligung" in Z 12 verwendet wird, wie der englische Text der Richtlinie in Art 2 Abs 15 zeigt) an anderen Gesellschaften erwirbt und hält, gegebenenfalls auch veräußert, allerdings weder unmittelbar noch mittelbar in die Verwaltung dieser Gesellschaften eingreift, dh gerade nicht wie bei zB assoziierten Unternehmen auf dessen Geschäfts- und Finanzpolitik erheblichen Einfluss nimmt. Das Ausüben von den Gesellschaftern zustehenden Rechten wie insbes die Teilnahme an der Gesellschafterversammlung und die Wahrnehmung damit verbundener Rechte ist allerdings unschädlich hinsichtlich des Vorliegens einer Beteiligungsgesellschaft.

Bedeutung hat die Definition der Beteiligungsgesellschaft nur insoweit, als ein solches Unternehmen keinesfalls eine **Kleinstkapitalgesellschaft** iSd § 221 Abs 1a sein kann.

Führung der Bücher

§ 190.

(1) Der Unternehmer hat Bücher zu führen und in diesen seine unternehmensbezogenen Geschäfte und die Lage seines Vermögens nach den Grundsätzen ordnungsmäßiger Buchführung ersichtlich zu machen. Die Buchführung muss so beschaffen sein, dass sie einem sachverständigen Dritten innerhalb angemessener Zeit einen Überblick über die Geschäftsvorfälle und über die Lage des Unternehmens vermitteln kann. Die Geschäftsvorfälle müssen sich in ihrer Entstehung und Abwicklung verfolgen lassen.

(2) Bei der Führung der Bücher und bei den sonst erforderlichen Aufzeichnungen hat sich der Unternehmer einer lebenden Sprache zu bedienen. Werden Abkürzungen, Zahlen, Buchstaben oder Symbole verwendet, so muss im Einzelfall deren Bedeutung eindeutig festliegen.

(3) Die Eintragungen in Büchern und die sonst erforderlichen Aufzeichnungen müssen vollständig, richtig, zeitgerecht und geordnet vorgenommen werden.

(4) Eine Eintragung oder eine Aufzeichnung darf nicht in einer Weise verändert werden, dass der ursprüngliche Inhalt nicht mehr feststellbar ist. Auch darf durch eine Veränderung keine Ungewissheit darüber entstehen, ob eine Eintragung oder Aufzeichnung ursprünglich oder zu einem späteren Zeitpunkt gemacht wurde.

(5) Der Unternehmer kann zur ordnungsmäßigen Buchführung und zur Aufbewahrung seiner Geschäftsbriefe (§ 212 Abs. 1) Datenträger benützen. Hierbei muss die inhaltsgleiche, vollständige und geordnete, hinsichtlich der in § 212 Abs. 1 genannten Schriftstücke auch die urschriftgetreue Wiedergabe bis zum Ablauf der gesetzlichen Aufbewahrungsfristen jederzeit gewährleistet sein. Werden solche Schriftstücke auf elektronischem Weg übertragen, so muss ihre Lesbarkeit in geeigneter Form gesichert sein. Soweit die Schriftstücke nur auf Datenträgern vorliegen, entfällt das Erfordernis der urschriftgetreuen Wiedergabe.

Inventar

§ 191.

(1) Der Unternehmer hat zu Beginn seines Unternehmens die diesem gewidmeten Vermögensgegenstände und Schulden genau zu verzeichnen und deren Wert anzugeben (Inventar).

(2) Er hat für den Schluß eines jeden Geschäftsjahrs ein solches Inventar aufzustellen.

Inventurverfahren

§ 192.

(1) Die Vermögensgegenstände sind im Regelfall im Weg einer körperlichen Bestandsaufnahme zu erfassen.

(2) Bei der Inventur für den Schluß eines Geschäftsjahrs bedarf es einer körperlichen Bestandsaufnahme der Vermögensgegenstände für diesen Zeitpunkt nicht, soweit durch Anwendung eines den Grundsätzen ordnungsmäßiger Buchführung entsprechenden anderen Verfahrens gesichert ist, daß der Bestand der Vermögensgegenstände nach Art, Menge und Wert auch ohne die körperliche Bestandsaufnahme für diesen Zeitpunkt festgestellt werden kann.

(3) In dem Inventar für den Schluß eines Geschäftsjahrs müssen Vermögensgegenstände nicht verzeichnet werden, wenn

1. der Unternehmer ihren Bestand auf Grund einer körperlichen Bestandsaufnahme oder auf Grund eines gemäß Abs. 2 zulässigen anderen Verfahrens nach Art, Menge und Wert in einem besonderen Inventar verzeichnet hat, das für einen Tag innerhalb der letzten drei Monate vor oder der ersten beiden Monate nach dem Schluß des Geschäftsjahrs aufgestellt ist, und

2. auf Grund des besonderen Inventars durch Anwendung eines den Grundsätzen ordnungsmäßiger Buchführung entsprechenden Fortschreibungs- oder Rückrechnungsverfahrens gesichert ist, daß der am Schluß des Geschäftsjahrs vorhandene Bestand der Vermögensgegenstände für diesen Zeitpunkt ordnungsgemäß bewertet werden kann.

(4) Bei der Inventur darf der Bestand von Vermögensgegenständen nach Art, Menge und Wert auch mit Hilfe anerkannter mathematischstatistischer Methoden auf Grund von Stichproben ermittelt werden. Das Verfahren muß den Grundsätzen ordnungsmäßiger Buchführung entsprechen. Der Aussagewert des auf diese Weise aufgestellten Inventars muß dem Aussagewert eines auf Grund einer körperlichen Bestandsaufnahme aufgestellten Inventars gleichkommen.

Zweiter Titel

Eröffnungsbilanz, Jahresabschluß

Pflicht zur Aufstellung

§ 193.

(1) Der Unternehmer hat zu Beginn seines Unternehmens eine Eröffnungsbilanz nach den Grundsätzen ordnungsmäßiger Buchführung aufzustellen.

(2) Er hat sodann für den Schluß eines jeden Geschäftsjahrs in den ersten neun Monaten des Geschäftsjahrs für das vorangegangene Geschäftsjahr einen Jahresabschluß aufzustellen.

(3) Die Dauer des Geschäftsjahrs darf zwölf Monate nicht überschreiten.

(4) Der Jahresabschluß besteht aus der Bilanz und der Gewinn- und Verlustrechnung; er ist in Euro und in deutscher Sprache unbeschadet der volksgruppenrechtlichen Bestimmungen in der jeweils geltenden Fassung aufzustellen.

Unterzeichnung

§ 194.

Der Jahresabschluß ist vom Unternehmer unter Beisetzung des Datums zu unterzeichnen. Sind mehrere unbeschränkt haftende Gesellschafter vorhanden, so haben sie alle zu unterzeichnen.

Inhalt des Jahresabschlusses

§ 195.

Der Jahresabschluß hat den Grundsätzen ordnungsmäßiger Buchführung zu entsprechen. Er ist klar und übersichtlich aufzustellen. Er hat dem Unternehmer ein möglichst getreues Bild der Vermögens- und Ertragslage des Unternehmens zu vermitteln.

Vollständigkeit, Verrechnungsverbot

§ 196.

(1) Der Jahresabschluß hat sämtliche Vermögensgegenstände, Rückstellungen, Verbindlichkeiten, Rechnungsabgrenzungsposten, Aufwendungen und Erträge zu enthalten, soweit gesetzlich nichts anderes bestimmt ist.

(2) Posten der Aktivseite dürfen nicht mit Posten der Passivseite, Aufwendungen dürfen nicht mit Erträgen, Grundstücksrechte nicht mit Grundstückslasten verrechnet werden.

Wirtschaftlicher Gehalt, Wesentlichkeit

§ 196a.

(1) Die Posten des Jahresabschlusses sind unter Berücksichtigung des wirtschaftlichen Gehalts der betreffenden Geschäftsvorfälle oder der betreffenden Vereinbarungen zu bilanzieren und darzustellen.

(2) Die Anforderungen an den Jahresabschluss in Bezug auf Darstellung und Offenlegung müssen nicht erfüllt werden, wenn die Wirkung ihrer Einhaltung unwesentlich ist.

- *ErlRV zu § 196a*

  Zu § 196a Abs. 1: Die Richtlinie sieht in Art. 6 lit. h den Grundsatz des wirtschaftlichen Gehalts vor. Nach hM ist dieser Grundsatz schon bisher als nicht gesetzlich kodifizierter GoB anerkannt (vgl. *Nowotny* in *Straube*, UGB II/RichtlinieG[3], § 221 Rz 9; *Lüdenbach/Christian* in *Hirschler* [Hrsg.], Bilanzrecht, § 169 Rz 23), sodass eine explizite Verankerung dieses Prinzips vorgeschlagen wird.

  Zu § 196a Abs. 2 und den übrigen Bestimmungen: Gemäß Art. 6 lit. j der Richtlinie ist der Grundsatz der Wesentlichkeit zumindest für Darstellung und Offenlegung umzusetzen (Art. 6 Abs. 4 der Richtlinie). Der Entwurf schlägt vor, nach den Richtlinienvorgaben (Art. 6 Abs. 1 lit. j in Verbindung mit Abs. 4) jedenfalls mit Blick auf Darstellung und Offenlegung den Wesentlichkeitsgrundsatz als allgemeinen Grundsatz zu postulieren. Als Ausfluss des Wesentlichkeitsgrundsatzes bei der Darstellung kann zB die Angabe der Vorjahresbeträge in vollen 1.000 Euro (§ 223 Abs. 2) angesehen werden. Im Bereich des Ansatzes, der Bewertung und der Konsolidierung soll es dabei bleiben, dass die Möglichkeiten der Anwendung des Wesentlichkeitsgrundsatzes einzelfallbezogen im Gesetz geregelt werden: das ist im Bereich des Ansatzes beispielsweise § 198 Abs. 8 Z 3 für Rückstellungen, im Bereich der Bewertung § 209 Abs. 1 und im Bereich der Konsolidierung § 249 Abs. 2, § 255 Abs. 2, § 256 Abs. 2 Z 2, § 257, Abs. 2 § 258, § 260 Abs. 2, § 263 Abs. 2, § 265 Abs. 2 Z 4, § 267 Abs. 3 Z 4 ua. In diesen Bestimmungen soll jeweils die Begrifflichkeit an die neue Definition angepasst werden.

Kommentierung

I. Wirtschaftlicher Gehalt

Nach Art 6 Abs 1 lit h der EU-Bilanzrichtlinie werden *„Posten der Gewinn- und Verlustrechnung sowie der Bilanz [...] unter Berücksichtigung des wirtschaftlichen Gehalts des betreffenden Geschäftsvorfalls oder der betreffenden Vereinbarung bilanziert und dargestellt"*. Mit dem RÄG 2014 wurde dieser Grundsatz ausdrücklich in § 196a Abs 1 verankert, der schon vor dem RÄG 2014 anerkannt war und zu den nicht positivierten GoB zählte (vgl *Fraberger/Petritz/Walter-Gruber* in *Hirschler* § 195 Rz 14; *B/D/H*[9], 242). Der Grundsatz der wirtschaftlichen Betrachtungsweise bringt zum Ausdruck, dass bei der Zurechnung nicht auf formelle juristische Gestaltungen, sondern auf die entsprechend dem Normzweck gebotene wirtschaftliche Zuordnung abzustellen ist (vgl *Nowotny* in *Straube*[3], § 195 Rz 14). Der Gesetzeswortlaut bezieht sich auf alle Posten des Jahresabschlusses. Da die wirtschaftliche Betrachtungsweise bei Schulden nach hA idR nicht anwendbar ist (vgl *Lüdenbach/Christian* in *Hirschler* § 196 Abs 1 Rz 26), erfolgt die Zuordnung von Verbindlichkeiten wohl auch weiterhin nach rechtlichen Gesichtspunkten (so auch *Rohatschek/Schiemer* in Bilanzrechtstage 2015, 34 f). Mit der Kodifizierung des Grundsatzes des wirtschaftlichen Gehalts existiert für die Beurteilung von zu bilanzierenden Sachverhalten eine explizite Regelung im UGB. Daher ist es fraglich, ob die bisherige Bilanzierungspraxis, nämlich der Rückgriff auf das steuerliche Prinzip der wirtschaftlichen Betrachtungsweise (§ 24 BAO), beibehalten werden kann. Jedenfalls ist künftig kritisch zu hinterfragen, ob bzw inwieweit die unternehmensrechtliche Regelung auf Grund ihrer zugrunde liegenden Prämisse, der Vermittlung eines möglichst getreuen Bildes der Vermögens-, Ertrags- und Finanzlage, eine andere Zielsetzung als die steuerrechtliche Regelung, die Ermittlung der richtigen Besteuerungsgrundlage, verfolgt (vgl *Rohatschek/Schiemer* in Bilanzrechtstage 2015, 35 f). Sofern eine Abweichung festgestellt werden sollte, ist für Zwecke der Bilanzierung § 196a Abs 1 maßgebend. Da § 196a Abs 1 aus der EU-Bilanzrichtlinie entspringt, könnte auch die Auslegung der Parallelbestimmungen in den anderen Mitgliedstaaten sowie eine allfällige dazu ergehende Rechtsprechung des EuGH für Österreich relevant sein. Die weitere Entwicklung zur Auslegung des § 196a Abs 1 und ob sich an der bisherigen Praxis der Bilanzierung etwas ändern wird, bleibt abzuwarten (vgl dazu *Hilber* in *Torggler*[2] § 196a Rz 7, der an der bisherigen Bilanzierungspraxis festhält).

II. Wesentlichkeit

Nach Art 6 Abs 1 lit j der EU-Bilanzrichtlinie müssen *„die Anforderungen in dieser Richtlinie in Bezug auf Ansatz, Bewertung, Darstellung, Offenlegung und Konsolidierung [...] nicht erfüllt werden, wenn die Wirkung ihrer Einhaltung unwesentlich ist"* (zur Legaldefinition der Wesentlichkeit siehe § 189a Z 10). Weiters wird in Art 6 Abs 4 der EU-Bilanzrichtlinie den Mitgliedstaaten das Wahlrecht eingeräumt, den Anwendungsbereich der Wesentlichkeit auf die „Darstellung" und „Offenlegung" zu begrenzen. Dass auch § 196a Abs 2 die Wesentlichkeit nur in Bezug auf **Darstellung** und **Offenlegung** ausdrücklich im Gesetz verankert, wirft die Frage auf, ob die Anwendung des Wesentlichkeits-Grundsatzes nun e contrario auf diese beiden Bereiche beschränkt ist. Das ist nicht unmittelbar aus dem Gesetz abzuleiten, denn eine explizite Begrenzung auf diese beiden Bereiche (die Art 6 Abs 4 der Richtlinie an sich zuließe), wird in § 196a Abs 2 gerade nicht vorgenommen. Aus den Erläuterungen (ErläutRV 367, XXV. GP, 4) kann nur der Schluss gezogen werden, dass der Grundsatz „jedenfalls" mit Blick auf Darstellung und Veröffentlichung als allgemeiner Grundsatz postuliert, im Übrigen aber die bisherige Rechtslage (gesetzliche Einzelfallregelung bei Ansatz, Bewertung und Konsolidierung) beibehalten werden sollte (*Dokalik*, SWK 2015, 14; *Hilber* in *Torggler*[2] § 196a Rz 8).

Prinzipiell ist aber weiterhin jeder Vermögensgegenstand, jede Schuld und jeder Geschäftsfall zu erfassen. Eine Abwertung eines Vermögensgegenstandes im Anlagevermögen bei Vorliegen einer dauernden Wertminderung ist auch dann vorzunehmen, wenn es sich um unwesentliche Beträge handelt. Das ändert nichts daran, dass unwesentliche Fehler zu keiner Nichtigkeit des Jahresabschlusses führen (vgl *Moser*, SWK 2014, 761). Somit bleibt es auch nach dem RÄG 2014 durch die Ausübung des Wahlrechts in Art 6 Abs 4 EU-Bilanzrichtlinie dabei, dass die Möglichkeit der Anwendung des Wesentlichkeitsgrundsatzes in Bezug auf die in § 196a nicht genannten Punkte nicht aus § 196a selbst, sondern einzelfallbezogen aus dem Gesetz abzuleiten sind (vgl ErläutRV 367, XXV. GP, 4). Diese einzelfallbezogenen Bestimmungen wurden aber jeweils an die Begrifflichkeit der neuen Definition der Wesentlichkeit in § 189a Z 10 angepasst.

§ 196a Abs 2 bezieht sich auf die Darstellung und Offenlegung. Der **Zweck des Anhangs** ist die Erläuterung (Darstellung) der Posten der Bilanz und der GuV. Für die Beurteilung der Wesentlichkeit bei den Anhangsangaben steht § 196a Abs 2 subsidiär neben der Vielzahl von einzelfallbezogenen Regelungen der Wesentlichkeit, dh § 196a Abs 2 kommt uE als lex generalis erst zur Anwendung, wenn vom Gesetzgeber zur entsprechenden Anhangsangabe keine Regelung zur Wesentlichkeit getroffen wurde. In diesen Fällen ist – wie bei den einzelfallbezogenen Regelungen der Wesentlichkeit – die Legaldefinition der Wesentlichkeit in § 189a Z 10 maßgebend. Dabei sind neben den quantitativen Kriterien auch qualitative Kriterien zu berücksichtigen. So kann bspw die Angabe zu Beziehungen mit nahestehenden Personen nicht deshalb unterbleiben, weil die Beträge aus quantitativer Sicht von untergeordneter Bedeutung sind. Denn für den Adressaten des Jahresabschlusses ist auch die qualitative Information, dass eine derartige Nahebeziehung besteht, wesentlich. Bei Anwendung des § 196a Abs 2 ist daher stets aus qualitativer und quantitativer Sicht zu prüfen, ob durch Weglassen der Anhangsangabe eine für den Adressaten des Jahresabschlusses wesentliche Information verloren geht (idS auch *Rohatschek/Schiemer* in Bilanzrechtstage 2015, 35 f).

Durch die Kodifikation der Wesentlichkeit in § 196a Abs 2 steht diese nur in gleichem Rang wie alle anderen bereits kodifizierten GoB. Demzufolge bleibt für eine rechtsformdifferenzierte Interpretation (wie es zB *Nowotny* in *Straube*[3] § 195 Rz 14 vertritt, wonach *„wegen der unterschiedlichen Gewichtung der Informationszwecke der Jahresabschlüsse von Kapitalgesellschaften* [dies] *in Zweifel zu ziehen"* ist) des Wesentlichkeitsgrundsatzes uE kein Raum mehr (so auch *Rohatschek/Schiemer* in Bilanzrechtstage 2015, 36 f). § 196a Abs 2 erstreckt sich vielmehr auf alle nach § 189 Abs 2 UGB rechnungslegungspflichtigen Unternehmen.

Bilanzierungsverbote

§ 197.

(1) Aufwendungen für die Gründung des Unternehmens und für die Beschaffung des Eigenkapitals dürfen nicht als Aktivposten in die Bilanz eingestellt werden.

(2) Für immaterielle Gegenstände des Anlagevermögens, die nicht entgeltlich erworben wurden, darf ein Aktivposten nicht angesetzt werden.

Inhalt der Bilanz

§ 198.

(1) In der Bilanz sind das Anlage- und das Umlaufvermögen, das Eigenkapital, ~~die unversteuerten Rücklagen~~, die Rückstellungen, die Verbindlichkeiten sowie die Rechnungsabgrenzungsposten gesondert auszuweisen und unter Beachtnahme auf die Grundsätze des § 195 aufzugliedern.

(2) Als Anlagevermögen sind die Gegenstände auszuweisen, die bestimmt sind, dauernd dem Geschäftsbetrieb zu dienen.

(3) *(Anm.: aufgehoben durch BGBl. I Nr. 140/2009)*

(4) Als Umlaufvermögen sind die Gegenstände auszuweisen, die nicht bestimmt sind, dauernd dem Geschäftsbetrieb zu dienen.

(5) Als Rechnungsabgrenzungsposten sind auf der Aktivseite Ausgaben vor dem Abschlußstichtag auszuweisen, soweit sie Aufwand für eine bestimmte Zeit nach diesem Tag sind.

(6) Als Rechnungsabgrenzungsposten sind auf der Passivseite Einnahmen vor dem Abschlußstichtag auszuweisen, soweit sie Ertrag für eine bestimmte Zeit nach diesem Tag sind.

(7) Ist der Rückzahlungsbetrag einer Verbindlichkeit zum Zeitpunkt ihrer Begründung höher als der Ausgabebetrag, so ist der Unterschiedsbetrag in den Rechnungsabgrenzungsposten auf der Aktivseite aufzunehmen und gesondert auszuweisen. Der eingesetzte Betrag ist durch planmäßige jährliche Abschreibung zu tilgen.

(8) Für Rückstellungen gilt folgendes:

1. Rückstellungen sind für ungewisse Verbindlichkeiten und für drohende Verluste aus schwebenden Geschäften zu bilden, die am Abschlußstichtag wahrscheinlich oder sicher, aber hinsichtlich ihrer Höhe oder des Zeitpunkts ihres Eintritts unbestimmt sind.

2. Rückstellungen dürfen außerdem für ihrer Eigenart nach genau umschriebene, dem Geschäftsjahr oder einem früheren Geschäftsjahr zuzuordnende Aufwendungen gebildet werden, die am Abschlußstichtag wahrscheinlich oder sicher, aber hinsichtlich ihrer Höhe oder des Zeitpunkts ihres Eintritts unbestimmt sind. Derartige Rückstellungen sind zu bilden, soweit dies den Grundsätzen ordnungsmäßiger Buchführung entspricht.

3. Andere Rückstellungen als die gesetzlich vorgesehenen dürfen nicht gebildet werden. Eine Verpflichtung zur Rückstellungsbildung besteht nicht, soweit es sich um <u>nicht wesentliche Beträge</u> handelt.

4. Rückstellungen sind insbesondere zu bilden für

   a) Anwartschaften auf Abfertigungen,

   b) laufende Pensionen und Anwartschaften auf Pensionen,

   c) Kulanzen, nicht konsumierten Urlaub, Jubiläumsgelder, Heimfalllasten und Produkthaftungsrisiken,

   d) auf Gesetz oder Verordnung beruhende Verpflichtungen zur Rücknahme und Verwertung von Erzeugnissen.

<u>(9) Bestehen zwischen den unternehmensrechtlichen und den steuerrechtlichen Wertansätzen von Vermögensgegenständen, Rückstellungen, Verbindlichkeiten und Rechnungsabgrenzungsposten Differenzen, die sich in späteren Geschäftsjahren voraussichtlich abbauen, so ist bei einer sich daraus insgesamt ergebenden Steuerbelastung diese als Rückstellung für passive latente Steuern in der Bilanz anzusetzen. Sollte sich eine Steuerentlastung ergeben, so haben mittelgroße und große Gesellschaften im Sinn des § 189 Abs. 1 Z 1 und 2 lit. a diese als aktive latente Steuern (§ 224 Abs. 2 D) in der Bilanz anzusetzen; kleine Gesellschaften im Sinn des § 189 Abs. 1 Z 1 und 2 dürfen dies nur tun, soweit sie die unverrechneten Be- und Entlastungen im Anhang aufschlüsseln. Für künftige steuerliche Ansprüche aus steuerlichen Verlustvorträgen können aktive latente Steuern in dem Ausmaß angesetzt werden, in dem ausreichende passive latente Steuern vorhanden sind oder soweit überzeugende substantielle Hinweise vorliegen, dass ein ausreichendes zu versteuerndes Ergebnis in Zukunft zur Verfügung stehen wird; diesfalls sind in die Angabe nach § 238 Abs. 1 Z 3 auch die substantiellen Hinweise, die den Ansatz rechtfertigen, aufzunehmen.</u>

<u>(10) Die Bewertung der Differenzen nach Abs. 9 ergibt sich aus der Höhe der voraussichtlichen Steuerbe- und -entlastung nachfolgender Geschäftsjahre; der Betrag ist nicht abzuzinsen. Eine Saldierung aktiver latenter Steuern mit passiven latenten Steuern ist nicht vorzunehmen, soweit eine Aufrechnung der tatsächlichen Steuererstattungsansprüche mit den tatsächlichen Steuerschulden rechtlich nicht möglich ist. Latente Steuern sind nicht zu berücksichtigen, soweit sie entstehen</u>

1. aus dem erstmaligen Ansatz eines Geschäfts(Firmen)werts; oder
2. aus dem erstmaligen Ansatz eines Vermögenswerts oder einer Schuld bei einem Geschäftsvorfall, der
   a) keine Umgründung im Sinn des § 202 Abs. 2 oder Übernahme im Sinn des § 203 Abs. 5 ist, und
   b) zum Zeitpunkt des Geschäftsvorfalls weder das bilanzielle Ergebnis vor Steuern noch das zu versteuernde Ergebnis (den steuerlichen Verlust) beeinflusst;
3. in Verbindung mit Anteilen an Tochterunternehmen, assoziierten Unternehmen oder Gemeinschaftsunternehmen im Sinn des § 262 Abs. 1, wenn das Mutterunternehmen in der Lage ist, den zeitlichen Verlauf der Auflösung der temporären Differenzen zu steuern, und es wahrscheinlich ist, dass sich die temporäre Differenz in absehbarer Zeit nicht auflösen wird.

Die ausgewiesenen Posten sind aufzulösen, soweit die Steuerbe- oder -entlastung eintritt oder mit ihr nicht mehr zu rechnen ist. Der Aufwand oder Ertrag aus der Veränderung bilanzierter latenter Steuern ist in der Gewinn- und Verlustrechnung gesondert unter dem Posten „Steuern vom Einkommen und vom Ertrag" auszuweisen.

- *ErlRV zu § 198*

  Zu Abs 1:

  Aufgrund der Vollharmonisierung von Angaben für kleine Unternehmen könnte fraglich sein, inwieweit der Ausweis unversteuerter Rücklagen noch vorgesehen werden kann. Dies wird zum Anlass genommen, auf die Ausweispflicht unversteuerter Rücklagen zur Gänze zu verzichten, wie dies auch vom AFRAC empfohlen wurde. Soweit in unversteuerten Rücklagen passive latente Steuern enthalten sind, sind diese in einer entsprechenden Rückstellung auszuweisen

  Diese Änderung bedingt auch eine Änderung in den Gliederungsschemen: auf der Passivseite der Bilanz (§ 224 Abs. 3) entfällt der Posten B, die nachfolgenden Poster rücken um einen Großbuchstaben im Alphabet vor. In der GuV (§ 232 Abs. 2 und 3) entfällt die Auflösung von und die Zuweisung zu unversteuerten Rücklagen. Das Übergangsrecht (§ 906 Abs. 31) sieht vor, dass bestehende unversteuerte Rücklagen unmittelbar in die Gewinnrücklagen einzustellen sind, soweit nicht darin enthaltene passive latente Steuern den Rückstellungen zuzuführen sind. Die Änderung braucht nicht über die GuV geführt werden, zumal in der Bilanz zum 31.12.2016 auch die entsprechenden Positionen (bisher § 231 Abs. 1 Z 23 und Z 26 bzw. Abs. 2 Z 22 und Z 25) in der GuV entfallen. Siehe auch die Erläuterungen zu § 906 Abs. 36. Sollten Investitionszuschüsse unter den unversteuerten Rücklagen ausgewiesen sein, sind diese von der Umgliederung ins Eigenkapital nicht betroffen, sondern passivseitig in die passiven Rechnungsabgrenzungsposten umzugliedern (vgl. *Hirschler/Sulz/Schaffer* in *Hirschler* [Hrsg.], Bilanzrecht, § 224 Rz 79).

  Zu Abs 3 Z 3:

  Siehe die ErlRV zu § 196a.

  Zu Abs. 7:

  Es hat nach dem bisherigen Wortlaut des Art. 41 der Vierten Richtlinie Zweifel gegeben, ob die Aktivierung des Disagios ins Ermessen der Unternehmen gestellt werden muss. Art. 12 Abs. 10 der Bilanz-Richtlinie stellt nun klar, dass die Aktivierung verpflichtend gestaltet werden kann. Weiterhin bleibt es dabei, dass die Abschreibung des aktiven Rechnungsabgrenzungspostens sowohl linear als auch nach der Effektivzinsmethode erfolgen kann.

  § 906 Abs. 30 sieht vor, dass für bestehende Verbindlichkeiten, für die das Disagio nicht als aktiver Rechnungsabgrenzungsposten bilanziert wurde (sondern etwa bereits als Aufwand im Zeitpunkt des Entstehens der Verbindlichkeit gebucht wurde), nicht nachträglich ein Disagio zu bilden ist.

  Zu Abs. 9 und 10:

  Die Bildung von latenten Steuern soll nach dem Vorbild des § 274 dHGB an das bilanzorientierte „temporary concept" angepasst werden (statt wie bisher am GuV-orientierten „timing concept" festzuhalten). Demnach sind „temporary differences", also Unterschiede zwischen den unternehmensrechtlichen und steuerrechtlichen Wertansätzen zu berücksichtigen, die sich zu einem späteren Zeitpunkt ausgleichen, wobei es in Zukunft keine Rolle spielen soll, ob diese ergebniswirksam entstanden sind oder nicht. Entsprechend der international üblichen Praxis sind auch quasi-permanente Differenzen in die Ermittlung der latenten Steuern einzubeziehen.

Mittelgroße und große Kapitalgesellschaften sind darüber hinaus verpflichtet, auch aktive Steuerlatenzen zu berücksichtigen, wobei diese (wie bisher) mit den passiven Steuerlatenzen zu verrechnen sind, um die Bilanz nicht unnötig zu verlängern. Auch Art. 17 Abs. 1 lit. f der Bilanz-Richtlinie spricht für eine Saldierung dieser Beträge. Eine Saldierung soll aber in Anlehnung an IAS 12.17 nur dann möglich sein, wenn die latenten Steuern in Verbindung mit Ertragssteuern stehen, die von der gleichen Steuerbehörde erhoben werden. Die unterschiedliche Fristigkeit soll hingegen einer Saldierung nicht entgegenstehen. Für einen verbleibenden aktiven Saldo wird eine Ausschüttungssperre vorgeschlagen, um dem Vorsichtsprinzip Genüge zu tun (§ 235 Abs. 2). Ein verbleibender Aktivüberhang ist im neuen Posten „Aktive latente Steuern" auszuweisen (siehe den Vorschlag zur Änderung von § 224 Abs. 2).

Bei der Berücksichtigung steuerlicher Verlustvorträge soll hingegen ein Ansatzwahlrecht bestehen. Die Kriterien für die Bilanzierung latenter Steueransprüche aus steuerlichen Verlustvorträgen sind im Prinzip die gleichen wie für die Bilanzierung von latenten Steueransprüchen aus abzugsfähigen temporären Differenzen. Allerdings spricht das Vorhandensein noch nicht genutzter steuerlicher Verluste deutlich dafür, dass ein künftiges zu versteuerndes Ergebnis möglicherweise nicht mehr zur Verfügung steht. Weist ein Unternehmen in der näheren Vergangenheit eine Reihe von Verlusten auf, kann es daher latente Steueransprüche aus ungenutzten steuerlichen Verlusten nur in dem Maß bilanzieren, als es über ausreichende passive Steuerlatenzen verfügt oder soweit überzeugende substantielle Hinweise dafür vorliegen, dass ein ausreichendes zu versteuerndes Ergebnis zur Verfügung stehen wird, gegen das die Verlustvorträge verrechnet werden können (IAS 12.35). Bei der Beurteilung der Wahrscheinlichkeit, ob ein zu versteuerndes Ergebnis zur Verfügung stehen wird, können die in IAS 12.36 angeführten Kriterien herangezogen werden.

Wesentlich für das Verständnis des Abgrenzungspostens ist die Erläuterung im Anhang, welche Beträge aufgrund welcher Differenzen angesetzt worden sind. Da kleine Unternehmen zu einer solchen Erläuterung nicht verhalten werden können, soll es für diese Unternehmen bei einem Ansatzwahlrecht für aktive latente Steuern bleiben. Wenn sie es aber ausüben, so müssen sie im Anhang die entsprechenden Angaben machen.

Die anerkannten Ausnahmen von der Bilanzierung latenter Steuern (Abs. 10) wurden aus IAS 12.15 (für passive latente Steuern) bzw. IAS 12.24 (für aktive latente Steuern, hier ist nur die Z 2 relevant) entnommen („initial recognition exemption"). Das Ansatzverbot latenter Steuern für so genannte „Outside-Basis-Differenzen" (Unterschied zwischen steuerlichem Beteiligungsansatz und unternehmensrechtlichen Buchwerten des Tochterunternehmens) ist primär bei der Konsolidierung von Bedeutung und findet sich daher in § 258 dritter Satz. Es kann jedoch auch Anwendungsfälle beim Einzelabschluss geben, wenn anlässlich der Verschmelzung zweier Tochtergesellschaften die Beteiligung eines dieser Gesellschaften an einer dritten Gesellschaft auf den beizulegenden Zeitwert aufgewertet wird, in der Steuerbilanz aber mit dem Buchwert fortgeführt wird. Nach dem bisherigen GuV-orientierten Konzept wurden keine passiven latenten Steuern gebildet, da die Aufwertung nicht GuV-wirksam war. Das neue, bilanzorientierte Konzept würde hier die Bildung einer passiven Steuerlatenz vorsehen, weshalb die Regelung der vorgeschlagenen Z 3 es ermöglichen soll, von der Bildung einer passiven Steuerlatenz abzusehen. Zu den Übergangsvorschriften siehe § 906 Abs. 31 zweiter Satz.

Kommentierung

I. Disagio

In Zukunft muss das Disagio (wie bereits bisher im Steuerrecht – § 6 Z 3 EStG) verpflichtend als aktiver Rechnungsabgrenzungsposten ausgewiesen werden, während bisher unternehmensrechtlich ein Wahlrecht bestand. Bei Verbindlichkeiten, bei denen nach bisheriger Rechtslage kein Disagio bilanziert wurde, unterbleibt die Bildung eines aktiven Rechnungsabgrenzungspostens auch in Zukunft, bis die Verbindlichkeit nicht mehr ausgewiesen wird (§ 906 Abs 30). Das aktivierte Disagio ist durch planmäßige jährliche Abschreibungen zu tilgen. Die in den IFRS übliche Effektivzinsmethode ist zulässig.

II. Latente Steuern

Mit dem RÄG 2014 wird im Rahmen der Umsetzung der EU-Bilanzrichtlinie die Ermittlung und Bilanzierung latenter Steuern im Jahresabschluss in § 198 Abs 9 und 10 geändert. Nach dem Vorbild des § 274 dHGB soll das GuV-orientierte „timing concept" durch das bilanzorientierte „temporary concept" abgelöst werden (ErläutRV 367, BlgNR 25. GP, 5). Demnach sind grundsätzlich sämtliche Ansatz- und Bewertungsdifferenzen zwischen Unternehmens- und Steuerbilanz, die keine permanenten Differenzen sind, unabhängig von deren Entstehung in der Vergangenheit, bei der Steuerabgrenzung zu berücksichtigen. Nicht mehr erforderlich ist, dass sich die jeweilige Differenz im Zeitpunkt ihrer Entstehung erfolgswirksam auswirken muss.

A. Ansatz latenter Steuern (Abs 9)

1. Allgemeines

Nach § 198 Abs 9 sind latente Steuern auf Unterschiede *„zwischen den Unternehmens-rechtlichen und den steuerrechtlichen Wertansätzen von Vermögensgegenständen, Rückstellungen, Verbindlichkeiten und Rechnungsabgrenzungsposten"* zu bilden, so-weit sich die Differenzen in späteren Geschäftsjahren voraussichtlich wieder abbauen. Während nach dem bisherigen „timing concept" die Unterlagen für die Berechnung der laufenden Steuerrückstellung genügten, so muss nach dem **„temporary concept"** schon bei Aufstellung des unternehmensrechtlichen Jahresabschlusses idR die ent-sprechende Steuerbilanz sowie gegebenenfalls der Stand der steuerlichen Verlustvor-träge als Basis für die Ermittlung der latenten Steuern feststehen (vgl *Stückler*, RdW 2015, 258).

Wie schon nach bisheriger Rechtslage sind gem § 198 Abs 9 die aktiven und die passi-ven latenten Steuern zu **saldieren** (vgl *Schiebel/Altenburger/Rohatschek* in *Zib/Dellin-ger*, § 198 Rz 205 f). Ein Überhang an passiven latenten Steuern ist verpflichtend einer Rückstellung zuzuführen, während die Rechtsfolgen bei einem Überhang an aktiven la-tenten Steuern von der jeweiligen Größenklasse iSd § 221 abhängt. Mittelgroße und große Kapitalgesellschaften sind verpflichtet, den sich aus der Saldierung ergebenden Überhang an aktiven latenten Steuern gesondert in der Bilanz auszuweisen und gem § 238 Abs 1 Z 3 im Anhang aufzuschlüsseln, während für kleine Gesellschaften gem § 198 Abs 9 ein Ansatzwahlrecht besteht. Bei Ausübung des Wahlrechts sind jedoch die unverrechneten Be- und Entlastungen im Anhang aufzuschlüsseln.

Nach überwiegender Ansicht zur Rechtslage vor dem RÄG 2014 waren Ansatzwahlrech-te vom **Stetigkeitsgebot** nicht erfasst (vgl *Fraberger/Petritz* in *Hirschler* § 201 Rz 12; *Hirschler/Christian/Hohensinner/Petutschnig* in *Hirschler* § 198 Abs 9 und Abs 10 Rz 219 mwN), weshalb grundsätzlich jedes Jahr neu über dessen Ausübung entschie-den werden konnte. Entsprechend Art 6 Abs 1 lit b EU-Bilanzrichtlinie wurde in § 201 Abs 2 Z 1 der Begriff „Bewertungsmethoden" durch den weiteren Begriff „Bilanzierungs-und Bewertungsmethoden" ersetzt. Die Neufassung des Stetigkeitsgrundsatzes umfasst auch Ansatzwahlrechte, weshalb auch Wahlrechte im Zusammenhang mit der Aktivie-rung latenter Steuern erfasst sind (vgl *Stückler*, RdW 2015, 258).

2. Verlustvorträge

Entgegen der bisherigen Rechtslage wurde in § 198 Abs 9 **ein Ansatzwahlrecht** für die Aktivierung latenter Steuern auf steuerliche Verlustvorträge eingeführt, das ausgeübt werden darf, soweit entweder ausreichend passive latente Steuern vorhanden sind oder überzeugende substantielle Hinweise vorliegen, dass ein ausreichendes zu versteuern-des Ergebnis vorhanden sein wird. Im letzteren Fall sind die substanziellen Hinweise gem § 238 Abs 1 Z 3 im Anhang aufzunehmen.

Im UGB gilt das Vorsichtsprinzip, weshalb an die Aktivierung latenter Steuern auf steu-erliche Verlustvorträge strenge Anforderungen zu stellen sind. Der erste Fall des § 198 Abs 9 Satz 3 lässt den Ansatz aktiver latenter Steuern auf Verlustvorträge im Ausmaß der vorhandenen **passiven latenten Steuern** zu. Der Zweck der Regelung besteht da-rin, dass eine künftige Steuerbelastung wegen der vorhandenen steuerlicher Verlust-vorträge nicht eintreten kann, weshalb die Aktivierung bis zur Höhe der vorhandenen passiven latenten Steuern zulässig ist. Fraglich ist, ob darunter der mit aktiven latenten Steuern saldierte Überhang an passiven latenten Steuern oder noch der Betrag vor Sal-dierung zu verstehen ist. Es könnte die Ansicht vertreten werden, den unsaldierten Be-trag heranzuziehen, weil es darauf ankommen könnte, inwieweit die spätere Auflösung der passiven latenten Steuer isoliert betrachtet zu einer Verlustverwertung führen würde. Andererseits spricht das Vorsichtsprinzip und die Formulierung in § 198 Abs 9 S 3 dafür, auf den Überhang an passiven latenten Steuern abzustellen (vgl *Stückler*, RdW 2015, 260). Der erste Fall des § 198 Abs 9 Satz 3 soll vor dem Hintergrund des Vorsichtsprinzips nicht zum Ausweis einer aktiven latenten Steuer auf Verlustvorträge führen. Stattdessen soll durch die Saldierung mit dem Überhang an passiven latenten Steuern lediglich die Verpflichtung zur Dotierung einer Rückstellung entfallen. Eine darüber hinaus gehende Aktivierung latenter Steuern auf Verlustvorträge ist nur dann möglich, soweit überzeugende substanzielle Hinweise vorliegen, dass in Zukunft ein ausreichendes zu versteuerndes Ergebnis vorliegen wird.

Ein die passiven latenten Steuern übersteigender Betrag darf nach dem zweiten Fall des § 198 Abs 9 Satz 3 nur dann aktiviert werden, soweit „überzeugende **substantielle Hinweise**" vorliegen, dass ein ausreichendes Ergebnis in Zukunft zu Verfügung stehen wird. Als Anhaltspunkt für die Beurteilung der Wahrscheinlichkeit, ob künftig ein ausreichendes Ergebnis vorliegt, verweist die ErläutRV zum RÄG 2014 auf IAS 12.36. Die Voraussetzungen sind erfüllt, wenn zum Bilanzstichtag konkrete Maßnahmen im Hinblick auf die Verlustverwertung ergriffen wurden bzw die Umsetzung dieser Maßnahmen mit hoher Wahrscheinlichkeit zu erwarten sind (vgl *Grottel/Larenz*, Beck Bilanz-Komm[9], § 274 Rn 43 mwN). Erforderlich ist eine aus der Unternehmensplanung abgeleitete **Steuerplanung**, aus der die wahrscheinliche Verlustverwertung in den nächsten Jahren hervorgeht. Die Verlässlichkeit einer Planungsrechnung nimmt mit steigendem Planungshorizont tendenziell ab, weshalb für die Beurteilung des maßgeblichen Zeitraums der zu erwarteten Verlustverwertung als Anhaltspunkt die deutsche Parallelbestimmung des § 274 Abs 1 Satz 4 dHGB herangezogen werden könnte (vgl *Risse*, MünchKomm zum Bilanzrecht § 274 Rz 68 ff). § 274 Abs 1 Satz 4 dHGB sieht einen fünfjährigen Planungshorizont vor, dh lediglich für diesen Zeitraum ist zu prüfen, ob und in welchem Ausmaß mit einer Verlustverwertung zu rechnen ist. Eine derartige Einschränkung fehlt in der österreichischen Bestimmung, weshalb sich im Einzelfall kürzere oder längere Beobachtungszeiträume ergeben können. Dabei wird auf die speziellen Gegebenheiten des Unternehmens, insbesondere die Ergebnislage der vorherigen Jahre, sowie die Branchenzugehörigkeit Rücksicht zu nehmen sein (vgl *Stückler*, RdW 2015, 260; *Eberhartinger/Petutschnig*, RWZ 2015, 252).

B. Bewertung und Ansatzverbote (Abs 10)

§ 198 Abs 10 enthält ein explizites Abzinsungsverbot, das dem Kosten-Nutzen-Prinzip entspricht, weil anderenfalls für jede temporäre Differenz gesonderte Annahmen hinsichtlich des Diskontierungszinssatzes und des künftigen Auflösungszeitpunktes zu treffen wären (vgl *Hirschler/Christian/Hohensinner/Petutschnig* in *Hirschler* § 198 Abs 9 und Abs 10 Rz 276 f mwN).

Die Saldierung von passiven und aktiven latenten Steuern soll nur dann möglich sein, wenn die latenten Steuern in Verbindung mit Ertragsteuern stehen, die von der gleichen Steuerbehörde erhoben werden. Diesbezüglich nimmt die ErläutRV auf IAS 12.17 Bezug, worin die Behandlung der zu versteuernden temporären Differenzen, aber nicht die Saldierung latenter Steuern geregelt ist. Die Saldierung von Steuerbeträgen ist in IAS 12.71 geregelt. Der Verweis auf IAS 12.17 dürfte ein Redaktionsversehen sein. Unterschiedliche Fristigkeiten stehen einer Saldierung nicht entgegenstehen.

Die latenten Steuern sind aufzulösen, soweit die Steuerbe- oder -entlastung eintritt oder mit ihr nicht mehr zu rechnen ist. Der Aufwand aus der Veränderung bilanzierter latenter Steuer ist in der Gewinn- und Verlustrechnung unter dem Posten „Steuern vom Einkommen und vom Ertrag" auszuweisen. Sollte von Anfang an mit keiner Steuerbelastung zu rechnen sein, ist eine Rückstellung nicht zu bilden.

Weiters enthält § 198 Abs 10 folgende **Ausnahmen** vom Ansatz latenter Steuern:

1. Geschäfts- und Firmenwert

Latente Steuern, die aus dem erstmaligen Ansatz eines „Geschäfts(Firmen)werts" entstehen, sind gem § 198 Abs 10 Z 1 nicht zu berücksichtigen. Erfasst sind somit Geschäfts- und Firmenwerte aus einem entgeltlichen Erwerb in Form eines „asset deals". Aber auch die Einlage oder Zuwendung eines Betriebs oder Teilbetriebs unter Ansatz des beizulegenden Wertes gem § 202 Abs 1 kann zur Aktivierung eines Firmenwerts führen (*Hirschler*, RWZ 2012, 181). Firmenwerte, die aus der Anwendung der modifizierten Buchwertmethode des § 202 Abs 2 Z 3 resultierten, sollen von der Befreiung ebenfalls erfasst sein, während ein aktivierter Umgründungsmehrwert hingegen nicht darunter fällt (vgl *Stückler*, RdW 2015, 260).

2. Umgründungen

Temporäre Differenzen aus dem erstmaligen Ansatz eines Vermögensgegenstandes oder einer Schuld aus einem Geschäftsfall, dem keine Umgründung iSd § 202 Abs 2 oder Übernahme eines Betriebes iSd § 203 Abs 5 zugrunde liegt und zum Zeitpunkt des Geschäftsvorfalls weder das bilanzielle Ergebnis vor Steuern noch das zu versteuernde Ergebnis beeinflusst wird, sind bei der Ermittlung der latenten Steuern nicht zu berücksichtigen. Demgegenüber sind temporäre Differenzen, die aus einer Umgründung oder durch die Übernahme eines Betriebes iSd § 203 Abs 5 entstanden sind, bei der Ermittlung der latenten Steuern zu berücksichtigen. § 198 Abs 10 Z 2 verweist hinsichtlich der Definition der Umgründung auf § 202 Abs 2, worunter die Verschmelzung, die Umwandlung, die Einbringung, der Zusammenschluss, die Realteilungen und die Spaltung zu verstehen sind.

Auf Umgründungen entfallende temporäre Differenzen, die durch die Ausübung des Wahlrechts auf Neubewertung des übertragenen Vermögens und der steuerrechtlichen Fortführung der Buchwerte nach den Vorschriften des UmgrStG entstanden sind, sind bei der Ermittlung der latenten Steuern zu berücksichtigen. Abweichendes soll lediglich für den erstmaligen Ansatz eines umgründungsbedingten Firmenwerts gelten, der gem § 198 Abs 10 Z 1 bei der Ermittlung der latenten Steuern ausscheidet (vgl *Stückler*, RdW 2015, 261 f; aA *Eberhartinger/Petutschnig*, RWZ 2015, 254).

3. Konzern

Grundsätzlich sind quasi-permanente Differenzen bei der Ermittlung der latenten Steuern einzubeziehen. Übersteigt der unternehmensrechtliche den steuerrechtlichen Beteiligungsbuchwert und stehen für die Saldierung der passiven latenten Steuern nicht ausreichend aktive latente Steuern zu Verfügung, so ist gem § 198 Abs 9 eine Rückstellung für passive latente Steuern zu bilden. Sofern die Anteile im Konzern gehalten werden, sind solche temporäre Differenzen bei der Ermittlung der latenten Steuern gem § 198 Abs 10 Z 3 solange nicht zu berücksichtigen, als das Mutterunternehmen den zeitlichen Verlauf der Auflösung steuern kann und es wahrscheinlich ist, dass sich die Differenz in absehbarer Zeit nicht auflösen wird. Dies wird regelmäßig dann der Fall sein, wenn das Mutterunternehmen aufgrund der Stimmrechte zumindest verhindern kann, dass es zu einer Realisation der Beteiligung und damit der Steuerlatenz kommt. Sobald dieser Grund wegfällt, ist die latente Steuer bilanziell zu berücksichtigen.

Haftungsverhältnisse

§ 199.

Unter der Bilanz sind Verbindlichkeiten aus der Begebung und Übertragung von Wechseln, Bürgschaften, Garantien sowie sonstigen vertraglichen Haftungsverhältnissen, soweit sie nicht auf der Passivseite auszuweisen sind, zu vermerken, auch wenn ihnen gleichwertige Rückgriffsforderungen gegenüberstehen.

Kommentierung

Neu im Vergleich zum bisherigen Recht ist, dass die Angabe der **Haftungsverhältnisse** bei Kapitalgesellschaften und kapitalistischen Personengesellschaften in der Anhangangabe nach § 237 Abs 1 Z 2 UGB aufgegangen ist und nicht mehr unter der Bilanz zu machen ist.

Inhalt der Gewinn- und Verlustrechnung

§ 200.

In der Gewinn- und Verlustrechnung sind die Erträge und Aufwendungen unter Bedachtnahme auf die Grundsätze des § 195 aufzugliedern. Der Jahresüberschuß (Jahresfehlbetrag) und der Bilanzgewinn (Bilanzverlust) sind gesondert auszuweisen.

Dritter Titel

Ansatz und Bewertung

- *ErlRV zur Überschrift des dritten Titels*

  Da der dritte Titel nicht allein „Bewertungsvorschriften" umfasst, wird die Überschrift auf „Ansatz und Bewertung" geändert. Auch die GoB beziehen sich nicht nur auf die Bewertung, weshalb der entsprechend einschränkende Hinweis entfallen soll.

Allgemeine Grundsätze der Bewertung

§ 201.

(1) Die Bewertung hat den Grundsätzen ordnungsmäßiger Buchführung zu entsprechen.

(2) Insbesondere gilt folgendes:

1. **Die auf den vorhergehenden Jahresabschluß angewendeten Bilanzierungs- und Bewertungsmethoden sind beizubehalten.**

2. **Bei der Bewertung ist von der Fortführung des Unternehmens auszugehen, solange dem nicht tatsächliche oder rechtliche Gründe entgegenstehen.**

3. **Die Vermögensgegenstände und Schulden sind zum Abschlußstichtag einzeln zu bewerten.**

4. **Der Grundsatz der Vorsicht ist einzuhalten, insbesondere sind**

   a) **nur die am Abschlußstichtag verwirklichten Gewinne auszuweisen,**

   b) **erkennbare Risiken und drohende Verluste, die in dem Geschäftsjahr oder einem früheren Geschäftsjahr entstanden sind, zu berücksichtigen, selbst wenn die Umstände erst zwischen dem Abschlußstichtag und dem Tag der Aufstellung des Jahresabschlusses bekannt geworden sind,**

   c) **Wertminderungen unabhängig davon zu berücksichtigen, ob das Geschäftsjahr mit einem Gewinn oder einem Verlust abschließt.**

5. **Aufwendungen und Erträge des Geschäftsjahrs sind unabhängig vom Zeitpunkt der entsprechenden Zahlungen im Jahresabschluß zu berücksichtigen.**

6. **Die Eröffnungsbilanz des Geschäftsjahrs muß mit der Schlußbilanz des vorhergehenden Geschäftsjahrs übereinstimmen.**

7. **Ist die Bestimmung eines Wertes nur auf Basis von Schätzungen möglich, so müssen diese auf einer umsichtigen Beurteilung beruhen. Liegen statistisch ermittelbare Erfahrungswerte aus gleich gelagerten Sachverhalten vor, so sind diese zu berücksichtigen.**

~~Ein Abweichen von diesen Grundsätzen ist nur bei Vorliegen besonderer Umstände zulässig.~~

(3) Ein Abweichen von diesen Grundsätzen ist nur bei Vorliegen besonderer Umstände und unter Beachtung der in § 195 dritter Satz beschriebenen Zielsetzung, bei Gesellschaften im Sinn des § 189 Abs. 1 Z 1 und 2 nur unter Beachtung der in § 222 Abs. 2 erster Satz umschriebenen Zielsetzung zulässig.

Die angeführten Gesellschaften haben die Abweichung im Anhang anzugeben, zu begründen und ihren Einfluss auf die Vermögens-, Finanz- und Ertragslage des Unternehmens darzulegen.

- *ErlRV zu § 201*

  Zur Überschrift des § 201:

  Siehe ErlRV zur Überschrift des dritten Titels

  Zu Abs. 2 Z 1:

  Entsprechend Art. 6 Abs. 1 lit. b wird der weitere Begriff „Bilanzierungs- und Bewertungsmethoden" (im deutschen Text „Rechnungslegungsmethoden", engl. „accounting policies", vgl auch den dem Art. 16 Abs. 1 lit. a entsprechenden § 36 und den Erwägungsgrund 24) verwendet. Dieser Begriff schließt die Bewertungsgrundlagen ein (vgl. IAS 1.117).

  Zu Abs. 2 Z 7:

  Mit dieser Bestimmung wird vorgeschlagen, den in Erwägungsgrund 22 der Bilanz-Richtlinie zum Ausdruck kommenden Grundsatz als allgemeinen Bewertungsgrundsatz zu verankern. Das soll dabei helfen, insbesondere die Bildung von Pauschalrückstellungen und Pauschalwertberichtigungen so vorhersehbar zu machen, dass sie in weiterer Folge steuerlich anerkannt werden können.

  Zu Abs. 3:

  Nach Art. 31 Abs. 2 der Vierten Richtlinie war eine Abweichung von den GoB „in Ausnahmefällen" zulässig. In der Bilanz-Richtlinie fehlt eine solche Bestimmung; nach der Entsprechungstabelle soll sie in der allgemeinen Bestimmung des Art. 4 Abs. 4 der Bilanz-Richtlinie (so genannter „true and fair view-override", dessen Umsetzung in § 222 vorgeschlagen wird) aufgegangen sein. Die Abweichung von konkreten Anforderungen der Richtlinie (bzw. des UGB) ist aber wesensmäßig etwas anderes als die Abweichung von allgemeinen Grundsätzen, weshalb vorgeschlagen wird, den Schlusssatz des bisherigen § 201 Abs. 2 als ersten Satz des vorgeschlagenen Abs. 3 im Wesentlichen unverändert beizubehalten. Damit sind Abweichungen vor konkreten Anforderungen nur nach Maßgabe des vorgeschlagenen § 222 Abs. 3 zulässig, die Abweichung von einem einzelnen GoB (etwa wegen Widerspruchs im Einzelfall zu einem anderen GoB) wie bisher nur bei Vorliegen besonderer Umstände und unter Beachtung des Grundsatzes des „true and fair view". Anwendungsfälle sind denkbar beim Grundsatz der Stetigkeit (vgl. § 223 Abs. 1 und § 237 Abs. 1 Z 1 id Vorschlags). Um den Anforderungen des Art. 4 Abs. 4 zu genügen (insbesondere Angabe im Anhang), wird ein weiterer Satz in Abs. 3 angefügt. Unternehmen, die nicht in den Anwendungsbereich der Richtlinie fallen (insbesondere Personalgesellschaften und Einzelunternehmer), brauchen keine zusätzlichen Angaben zu machen, da sie über keinen Anhang verfügen.

Kommentierung

I. Stetigkeit (Abs 2 Z 1)

Vor dem RÄG 2014 hat der Dritte Teil des Dritten Buches des UGB die Bewertungsvorschriften geregelt (vgl *Hirschler/Neugschwandtner* in *Hirschler* § 201 Rz 1). Dieser Teil erfährt durch das RÄG 2014 insofern eine Änderung, als er in „Ansatz und Bewertung" geändert wird und dadurch einen weiteren Bereich umfassen soll. Auch der Titel des § 201 UGB wird durch die Umbenennung erweitert und enthält nicht nur die spezifischen allgemeinen Grundsätze der Bewertung, sondern regelt nun die allgemeinen Grundsätze an sich. Dies spiegelt sich auch in Abs 2 Z 1 wider. Zusätzlich zu den Bewertungsmethoden wird nun in Z 1 auch die Beibehaltung der **Bilanzierungsmethoden** des vorherigen Jahresabschlusses verlangt. Unter „Bilanzierungsmethode" wird die Entscheidung über den Ansatz eines Vermögensgegenstandes, sonstigen Aktivpostens oder einer Schuld in der Bilanz verstanden, dh die Bilanzierungsmethode bezieht sich auf den Bilanzansatz dem Grunde nach (vgl *Müller* in *Hirschler* § 236 Rz 37 mwN). Das Stetigkeitsgebot umfasst somit zukünftig nicht nur Bewertungsmethoden, sondern auch ausdrücklich Bilanzansatzwahlrechte. Derartige Bilanzansatzwahlrechte bestehen insbesondere bei aktiven latenten Steuern, Aufwandsrückstellungen, Rückstellungen von untergeordneter Bedeutung, aber auch hinsichtlich des Wertansatzes im Zusammenhang mit Umgründungen. Ob allerdings in jedem dieser Fälle tatsächlich über den Einzelfall hinaus Ansatzstetigkeit besteht, ist fraglich. Stetigkeit ist nämlich nur dann und insoweit möglich, als ein gleichartiger Sachverhalt vorliegt. Dies wird hinsichtlich der Aktivierung latenter Steuern dem Grunde nach insbesondere für die Grundsatzentscheidung bei einer kleinen Gesellschaft, den Saldoüberhang aus aktiven und passiven Steuerlatenzen sowie die grundsätzliche Entscheidung zur Verrechnung von Verlustvorträgen mit einem Überhang passiver latenter Steuern sowie die Aktivierung von steuerlichen Verlustvorträgen bei Vorliegen der entsprechenden hinreichenden substanziellen Gründe gegeben sein, hinsichtlich einer Umgründung und den damit verbundenen Ansatzwahlrechten wird dies aufgrund der unterschiedlichen Typen von Umgründungen (Tausch, Einlage, Umgründung eines Kapitalanteils, Umgründung eines ganzen Betriebes) nicht so eindeutig sein (vgl dazu insgesamt *Rohatschek/Schiemer* in Bilanzrechtstage 2015, 31 ff).

II. Verlässliche Schätzung (Abs 2 Z 7)

Neu in Abs 2 hinzugekommen ist die Z 7. Demnach muss die Schätzung eines Wertes auf einer umsichtigen Beurteilung beruhen, wenn die Bestimmung dieses Wertes nur auf Basis von Schätzungen möglich ist. Weiters verlangt Z 7 eine Berücksichtigung von gleich gelagerten Sacherhalten, wenn statistisch ermittelte Erfahrungswerte vorliegen. Die Neuregelung bringt nicht wirklich etwas Neues zum Ausdruck, es wird nur gesetzlich verdeutlicht, dass im Rahmen der Bilanzierung zahlreiche Schätzungen, Annahmen uÄ im Zuge der Bestimmung eines Wertansatzes eines Vermögensgegenstandes oder einer Schuld erforderlich sind. Was allerdings unter einer „umsichtigen Beurteilung" zu verstehen ist, lässt der Gesetzgeber offen (*Petutschnig/Schallmeiner*, RWZ 2014, 331). Es müssen sämtliche zur Verfügung stehenden Informationen unter Beachtung des Vorsichtsprinzips abgewogen werden, insbesondere auch werterhellende Umstände, worauf ausdrücklich auch der Erwägungsgrund 22 der Bilanzrichtlinie hinweist. Dementsprechend werden insbesondere auch unternehmensindividuelle Erfahrungswerte und Branchenerkenntnisse heranzuziehen sein. Selbst wenn der Gesetzeswortlaut davon spricht, dass die umsichtige Beurteilung der Schätzung voraussetzt, dass die Bestimmung eines Wertes „nur auf Basis von Schätzungen" möglich ist, wird die Z 7 wohl auch dann Bedeutung haben, wenn die Ermittlung eines Wertes „auch" auf Basis von Schätzungen erfolgt. Da mit der Formulierung der Z 7 eine methodische Vorgehensweise durch umsichtige Beurteilung aller Umstände ausdrücklich normiert ist, wird seitens des UGB-Gesetzgebers in den EB erwartet, dass die steuerlichen Sondervorschriften der Unzulässigkeit pauschaler Wertberichtigungen und pauschaler Rückstellungen aufgrund der Nachvollziehbarkeit der Schätzung nicht mehr erforderlich sind und abgeschafft werden können.

III. Abweichen von GoB (Abs 3)

Der letzte Satz des bisherigen Abs 2 wird in einen neuen Abs 3 verschoben. Allerdings kommt es auch hier zu einer Erweiterung. Nach dem RÄG 2014 ist ein Abweichen von den allgemeinen Grundsätzen weiterhin möglich, allerdings ausdrücklich unter Beachtung der Generalnorm in § 195 bzw § 222 UGB. Damit wird noch mehr als bisher die Bedeutung der Generalnorm als eigenständiges Prinzip der Rechnungslegung betont und dem Grundsatz des, in der Literatur nicht unumstrittenen, „overriding principle" Ausdruck verliehen. Es muss somit bei Änderung eines der kodifizierten GoB des § 201 Abs 2 UGB auch geprüft werden, ob diese Änderung mit dem Grundsatz der Vermittlung eines möglichst getreuen Bildes der Vermögens-, Finanz- und Ertragslage vereinbar ist. Kommt es tatsächlich zu Abweichungen, sind diese im Anhang anzugeben (soweit ein solcher aufzustellen ist, womit fraglich ist, ob und welche Informationen bei jenen Unternehmen zu machen sind, die keinen Anhang aufzustellen haben – vgl *Rohatschek/Schiemer* in Bilanzrechtstage 2015, 34; *Hirschler/Krainz/Dizdarevic/Höltschl* in IWP 2016, 235) und deren Einfluss auf die Vermögens-, Finanz- und Ertragslage darzulegen.

Bewertung von Einlagen und Zuwendungen sowie Entnahmen

§ 202.

(1) Einlagen und Zuwendungen sowie Entnahmen sind mit dem Wert anzusetzen, der ihnen im Zeitpunkt ihrer Leistung beizulegen ist, soweit sich nicht aus der Nutzungsmöglichkeit im Unternehmen ein geringerer Wert ergibt. Werden Betriebe oder Teilbetriebe eingelegt oder zugewendet, so gilt § 203 Abs. 5 sinngemäß.

(2) Bei Umgründungen (Verschmelzungen, Umwandlungen, Einbringungen, Zusammenschlüssen, Realteilungen und Spaltungen) gilt folgendes:

1. Abweichend von Abs. 1 dürfen die Buchwerte aus dem letzten Jahresabschluß oder einer Zwischenbilanz, die nach den auf den letzten Jahresabschluß angewandten Bilanzierungs- und Bewertungsmethoden zu erstellen ist, fortgeführt werden. Der Stichtag der zugrunde gelegten Bilanz darf höchstens neun Monate vor der Anmeldung zum Firmenbuch liegen; ist eine Anmeldung zum Firmenbuch nicht vorgesehen, so ist der Tag des Abschlusses der zugrundeliegenden Vereinbarung maßgeblich. War der Rechtsvorgänger (der Übertragende) zur Führung von Büchern nicht verpflichtet, dürfen die steuerrechtlichen Werte angesetzt werden.

2. Übersteigt der Gesamtbetrag der Gegenleistung die fortgeführten Werte nach Z 1, so darf der Unterschiedsbetrag unter die Posten des Anlagevermögens aufgenommen werden; der Gesamtbetrag der Gegenleistung ergibt sich aus dem Gesamtausgabebetrag der neuen Anteile, dem Buchwert eigener oder untergehender Anteile und den baren Zuzahlungen.

3. Jener Teil des Unterschiedsbetrags, der den Aktiven und Passiven des übertragenen Vermögens zugeordnet werden kann, ist als Umgründungsmehrwert gesondert auszuweisen; auf diesen Wert sind die für Vermögensgegenstände und Schulden geltenden Bestimmungen anzuwenden. Ein danach verbleibender Restbetrag darf als Firmenwert angesetzt werden.

Kommentierung

§ 202 wurde nicht geändert. Zu bedenken ist, dass der hier verwendete Begriff des beizulegenden Werts nach seiner bisherigen Auslegung wohl nicht mit dem des § 189a Z 3 übereinstimmt (vgl KFS/RL 25 idF September 2014 Rz 87). Nach den neuen Begriffsbestimmungen (§ 189a Z 3 und 4) müssten Einlagen, Zuwendungen und Entnahmen eigentlich mit dem beizulegenden Zeitwert (Marktwert) bewertet werden, es sei denn, der beizulegende Wert (subjektiver Wert unter Einschluss der Nutzungsmöglichkeiten) liegt darunter; in letzterem Fall hat die Bewertung mit dem beizulegenden Wert iSd § 189a Z 3 zu erfolgen. Es bleibt abzuwarten, ob die Wortwahl des § 202 zukünftig im Verständnis des § 189a Z 3 ausgelegt wird.

Wertansätze für Gegenstände des Anlagevermögens; Anschaffungs- und Herstellungskosten

§ 203.

(1) Gegenstände des Anlagevermögens sind mit den Anschaffungs- oder Herstellungskosten, vermindert um Abschreibungen gemäß § 204, anzusetzen.

(2) Anschaffungskosten sind die Aufwendungen, die geleistet werden, um einen Vermögensgegenstand zu erwerben und ihn in einen betriebsbereiten Zustand zu versetzen, soweit sie dem Vermögensgegenstand einzeln zugeordnet werden können. Zu den Anschaffungskosten gehören auch die Nebenkosten sowie die nachträglichen Anschaffungskosten. Anschaffungspreisminderungen sind abzusetzen.

(3) Herstellungskosten sind die Aufwendungen, die für die Herstellung eines Vermögensgegenstandes, seine Erweiterung oder für eine über seinen ursprünglichen Zustand hinausgehende wesentliche Verbesserung entstehen. **Bei der Berechnung der Herstellungskosten sind auch angemessene Teile dem einzelnen Erzeugnis nur mittelbar zurechenbarer fixer und variabler Gemeinkosten in dem Ausmaß, wie sie auf den Zeitraum der Herstellung entfallen, einzurechnen.** Sind die Gemeinkosten durch offenbare Unterbeschäftigung überhöht, so dürfen nur die einer durchschnittlichen Beschäftigung entsprechenden Teile dieser Kosten eingerechnet werden. Aufwendungen für Sozialeinrichtungen des Betriebes, für freiwillige Sozialleistungen, für betriebliche Altersversorgung und Abfertigungen dürfen eingerechnet werden. Kosten der allgemeinen Verwaltung und des Vertriebes dürfen nicht in die Herstellungskosten einbezogen werden.

(4) Zinsen für Fremdkapital, das zur Finanzierung der Herstellung von Gegenständen des Anlage- oder des Umlaufvermögens verwendet wird, dürfen im Rahmen der Herstellungskosten angesetzt werden, soweit sie auf den Zeitraum der Herstellung entfallen. Die Anwendung dieses Wahlrechts ist im Anhang anzugeben; mittelgroße und große Gesellschaften (§ 221 Abs. 2 und 3) haben außerdem im Anhang den insgesamt nach dieser Bestimmung im Geschäftsjahr aktivierten Betrag anzugeben.

(5) Als Geschäfts(Firmen)wert ist der Unterschiedsbetrag anzusetzen, um den die Gegenleistung für die Übernahme eines Betriebes die Werte der einzelnen Vermögensgegenstände abzüglich der Schulden im Zeitpunkt der Übernahme übersteigt. Die Abschreibung des Geschäfts(Firmen)werts ist planmäßig auf die Geschäftsjahre, in denen er voraussichtlich genutzt wird, zu verteilen. **In Fällen, in denen die Nutzungsdauer des Geschäfts(Firmen)werts nicht verlässlich geschätzt werden kann, ist der Geschäfts(Firmen)wert über 10 Jahre gleichmäßig verteilt abzuschreiben. Im Anhang ist der Zeitraum zu erläutern, über den der Geschäfts(Firmen)wert abgeschrieben wird.**

- *ErlRV zu § 203*

Zu Abs. 3:

Das Mitgliedstaatenwahlrecht nach Art. 2 Z 7 der Bilanz-Richtlinie wird in die Richtung ausgeübt, dass das bisherige Aktivierungswahlrecht in Bezug auf angemessene Anteile der Gemeinkosten in eine Pflicht umgewandelt wird. Damit wird die Ausdehnung des Aktivierungswahlrechts auf alle Material- und Fertigungsgemeinkosten durch das EU-GesRÄG 1996 wieder zurückgenommen.

In der Literatur wurde diese Regelung nicht nur in Hinblick auf die in den Erläuterungen zum Ausdruck gebrachte Zielsetzung, einen Nachteil für österreichische Unternehmen insbesondere bei Börsegängen zu vermeiden, sondern auch in Hinblick auf die mangelnde Konformität mit dem „true and fair view" kritisiert (*Egger/Samer/Bertl*, Jahresabschluss I[14], S 63f.). Überdies führt das Ansatzwahlrecht zu einem Auseinanderfallen von Handels- und Steuerbilanz. Auch im deutschen HGB wurde mit dem BilMOG das bisher bestehende Ansatzwahlrecht in eine Ansatzpflicht umgewandelt. Dieser Schritt soll nun auch wieder im österreichischen UGB nachvollzogen werden. Gleichzeitig wird – durch wortgleiche Übernahme der Formulierung in der RL – klargestellt, dass auch fixe Produktionsgemeinkosten anzusetzen sind (vgl. auch IAS 2.12), allerdings nur auf der Basis der normalen Kapazität der Produktionsanlagen (vgl. IAS 2.13). Damit wird auch in diesem Bereich der Gleichklang mit dem Einkommensteuerrecht hergestellt (vgl. EStR Rz 2228). Zum Übergangsrecht siehe § 906 Abs. 30 zweiter Satz.

Zu Abs. 4:

Die Möglichkeit der Aktivierung von Fremdkapitalzinsen wird durch Art. 12 Abs. 8 der Richtlinie gestattet. Die Anhangangabe (bisher § 236 Z 2) soll direkt in Abs. 4 geregelt werden, für kleine Unternehmen aber auf das durch die Richtlinie erlaubte Maß eingeschränkt werden. Nachdem nur Kapitalgesellschaften und Gesellschaften im Sinn des § 189 Abs. 1 Z 2 idF des Entwurfs einen Anhang aufstellen müssen, trifft die Pflicht der Anhangangabe nicht Einzelunternehmer oder sonstige Unternehmer (etwa nicht Personengesellschaften, die über eine natürliche Person als persönlich haftenden Gesellschafter verfügen).

Zu Abs. 5:

Die Abschreibung des Firmenwerts ist nach Art. 12 Abs. 11 der Richtlinie um einen höchstzulässigen Zeitraum zu ergänzen. Es bleibt jedoch dabei, dass dann, wenn die Nutzungsdauer des Firmenwerts verlässlich geschätzt werden kann oder wenn Regelungen zur Bestimmung der Nutzungsdauer existieren, eine abweichende Nutzungsdauer gewählt werden kann. Die Anhangangabe des bisherigen § 236 Z 3 soll in diese Bestimmung übernommen werden, wobei die Pflicht nur Kapitalgesellschaften und Gesellschaften im Sinn des § 189 Abs. 1 Z 2 idF des Entwurfs trifft.

Kommentierung

I. Herstellungskosten (Abs 3)

Nach § 203 Abs 3 sind als Herstellungskosten Aufwendungen zu aktivieren, die für die Herstellung eines Vermögensgegenstandes, seine Erweiterung oder für eine über seinen ursprünglichen Zustand hinausgehende wesentliche Verbesserung entstehen (vgl *Janschek/Jung* in *Hirschler* § 203 Rz 6 und 73 mwN). Hinsichtlich der Definition des Begriffes „Herstellung" ergeben sich durch das RÄG 2014 keine Änderungen.

§ 203 Abs 3 Satz 2 idF vor dem RÄG 2014 enthielt seit dem EU-GesRÄG 1996 ein Aktivierungswahlrecht für „angemessene Teile" der Material- und Fertigungsgemeinkosten (vgl *Rohatschek*, SWK 1996, D 10 ff). Bei einer offenbaren Unterbeschäftigung ist eine Aktivierung gem § 203 Abs 3 Satz 3 jedoch unzulässig. Mit dem RÄG 2014 wurde das Mitgliedstaatenwahlrecht des Art 2 Z 7 EU-Bilanzrichtlinie ausgeübt, wodurch das bisherige Aktivierungswahlrecht in Bezug auf **angemessene Anteile der Gemeinkosten** in eine Aktivierungspflicht umgewandelt wurde (vgl ErläutRV 367, XXV. GP, 6). Damit ist der Gesetzgeber den vom Schrifttum vorgebrachten Argumenten, dass das Wahlrecht nicht dem „true and fair view" entspricht und es dadurch darüber hinaus zu einem Auseinanderfallen von Unternehmens- und Steuerbilanz kommt gefolgt (vgl ErläutRV 367, XXV. GP, 6 mHa *E/S/B*[14], 63 f); *Urnik/Urtz*, ÖStZ 2015, 153 [157]). Der Entfall des Aktivierungswahlrechtes wird im Schrifttum teilweise kritisch gesehen, weil die verpflichtende Aktivierung variabler und fixer Gemeinkosten zu einer „Überbewertung" der Herstellungskosten führen kann (vgl *Altenburger*, RWZ 2015, 206 f; *Baumüller*, BÖB 2015, 58).

Nach dem Wortlaut des § 203 Abs 3 Satz 2 aF bezog sich das Aktivierungswahlrecht auf „angemessene Teile der Materialgemeinkosten und der Fertigungsgemeinkosten". Der Gemeinkostenbegriff war im Schrifttum umstritten: Sofern die Einzelkosten die Untergrenze für die Herstellungskosten bilden, sind unter Gemeinkosten die variablen und fixen Gemeinkosten zu verstehen (vgl *Urnik/Urtz* in *Straube*[3] § 203 Rz 81 mwN). Demgegenüber beziehen Vertreter der weiten Interpretation des Gemeinkostenbegriffs unter die „angemessene Teile" nur die fixen Gemeinkosten ein, da die variablen Gemeinkosten bereits gem § 203 Abs 1 Satz 1 aF der Aktivierungspflicht unterliegen (vgl *Janschek/Jung* in *Hirschler* § 203 Rz 86, 99 ff mwN). Mit dem RÄG 2014 wurde durch die wortgleiche Übernahme der Formulierung des Art 2 Z 7 der EU-Bilanzrichtlinie klargestellt, dass auch fixe Gemeinkosten auf Basis der normalen Kapazität der Produktionsanlagen anzusetzen sind. Weiterhin nicht zu berücksichtigen sind Kosten der Verwaltung und des Vertriebs (vgl *Konezny* in *Torggler*[2], § 203 Rz 32). Damit wird auch in diesen Bereichen der Gleichklang mit dem EStG hergestellt (vgl EStR 2000 Rz 2228 und 2199). Folgende Tabelle zeigt die Unterschiede:

	§ 203 aF	§ 203 nF	EStG
Materialeinzelkosten	Pflicht	Pflicht	Pflicht
Fertigungseinzelkosten			
Sondereinzelkosten der Fertigung			
Materialgemeinkosten	Wahlrecht		
Fertigungsgemeinkosten			
Aufwendungen für betriebliche Sozial-einrichtungen etc		Wahlrecht	Wahlrecht
Zinsen für Fremdkapital			
Kosten der allgemeinen Verwaltung	Verbot	Verbot	Verbot
Kosten des Vertriebes			

Nach der **Übergangsregelung** tritt § 203 Abs 3 mit 20. Juli 2015 in Kraft und ist erstmals auf Herstellungsvorgänge anzuwenden, die nach dem 31. Dezember 2015 beginnen (§ 906 Abs 30). Die Herstellung eines Vermögensgegenstandes beginnt entweder mit dem ersten Fertigungsschritt oder mit den dafür notwendigen Vorbereitungsmaßnahmen und den dadurch verursachten Aufwendungen (vgl *Janschek/Jung* in *Hirschler*, § 203 Rz 74). Als Beispiele für Kosten der Vorbereitung können Architektenhonorare, auftragsbezogene Planung oder Kosten im Zusammenhang mit der Erlangung von Baubewilligungen genannt werden.

Die Übergangsregelung führt im Ergebnis dazu, dass zu unterscheiden ist, ob Herstellungsvorgänge vor oder nach dem 31.12.2015 beginnen bzw begonnen wurden. Soweit die Herstellung vor dem 31.12.2015 begann, muss für die Bewertung die vor dem Inkrafttreten des RÄG 2014 geltende Rechtslage weiter angewendet werden. Für die Bewertung dieser Vermögensgegenstände kann es sohin zwei Bewertungsmethoden geben, worauf im Anhang hinzuweisen ist.

Unternehmen, die schon bisher den steuerrechtlichen Mindestansatz für hergestellte Wirtschaftsgüter in der Unternehmensbilanz angewendet haben, betrifft die Änderung des § 203 durch das RÄG 2014 nicht. Sofern jedoch das unternehmensrechtliche Wahlrecht auf Einbeziehung von Material- und Fertigungsgemeinkosten in die Herstellungskosten bislang nicht ausgeübt wurde, besteht für das erste Geschäftsjahr, auf das § 203 Abs 3 nF erstmals anzuwenden ist, Handlungsbedarf. Eine praktikable Lösung könnte darin bestehen, bei erstmaliger Aufstellung des Jahresabschlusses nach den Vorschriften des RÄG 2014 die steuerlich ermittelten Werte für selbst hergestellte Wirtschaftsgüter zu übernehmen. Dabei ist zu beachten, dass § 203 Abs 3 nF nur für Herstellungsvorgänge anwendbar ist, die nach dem 31. Dezember 2015 beginnen. Für davor begonnene Herstellungsvorgänge besteht weiterhin das bisherige Aktivierungswahlrecht.

Zulässig ist auch ein freiwilliges Vorziehen der durch das RÄG 2014 bedingten Anpassungen an die neue Bewertungsvorschrift, weil es sich insoweit um einen Fall einer begründeten Durchbrechung des Stetigkeitsgrundsatzes iSd § 201 Abs 2 Z 1 handelt (vgl § 906 Abs 36).

II. Zinsen für Fremdkapital (Abs 4)

Nach § 203 Abs 4 dürfen Zinsen für Fremdkapital, das zur Finanzierung der Herstellung von Gegenständen des Anlage- oder des Umlaufvermögens verwendet wird, im Rahmen der Herstellungskosten angesetzt werden, soweit sie auf den Zeitraum der

Herstellung entfallen. In § 203 Abs 4 Satz 2 wurde die vormals in § 236 Z 2 aF geregelte Verpflichtung, bei Inanspruchnahme des Aktivierungswahlrechts Anhangangaben vorzunehmen, sinngemäß übernommen. Da nur Kapitalgesellschaften und kapitalistische Personengesellschaften iSd § 189 Abs 1 Z 2 UGB verpflichtet sind, einen Anhang aufzustellen, betrifft die Verpflichtung weder Einzelunternehmen noch (nicht kapitalistische) Personengesellschaften.

Die Anwendung des Wahlrechts ist gem § 203 Abs 4 Satz 2 im Anhang anzugeben. Jede Gesellschaft ist gem § 226 Abs 1 Z 6 dazu verpflichtet, wie auch schon nach der Rechtslage vor dem RÄG 2014 (vgl § 242 Abs 2 iVm § 236 Z 2 aF), den im Laufe des Geschäftsjahrs aktivierten Betrag im Anlagespiegel anzugeben. Darüber hinaus haben mittelgroße und große Gesellschaften iSd § 221 Abs 2 und 3 den im Geschäftsjahr insgesamt aktivierten Betrag im **Anhang** anzugeben. Im Umkehrschluss folgt daraus, dass kleine Gesellschaften diesen Betrag nicht angeben müssen (vgl ErläutRV 367, XXV. GP, 7, wonach die Anhangangabe *„für kleine Unternehmen [...] auf das durch die Richtlinie erlaubte Maß eingeschränkt“* wird).

III. Geschäfts- und Firmenwert (Abs 5)

Nach § 203 Abs 5 ist als Geschäfts- bzw Firmenwert der Unterschiedsbetrag anzusetzen, um den die Gegenleistung für die Übernahme eines Betriebes die Werte der einzelnen Vermögensgegenstände abzüglich der Schulden im Zeitpunkt der Übernahme übersteigt. Erfasst ist der entgeltlich, derivativ im Rahmen eines asset deals erworbene Geschäfts- und Firmenwert, während der originäre Geschäfts- und Firmenwert nicht aktivierungsfähig ist (*Konezny* in *Torggler* § 203 Rz 43). Die bisherige Regelung über die Berechnung des Geschäfts- oder Firmenwerts bleibt durch das RÄG 2014 unberührt. Allerdings wurde in § 203 Abs 5 eine Präzisierung des **höchstzulässigen Zeitraums** der Abschreibung für Fälle, in denen die Nutzungsdauer des Geschäfts- oder Firmenwerts ausnahmsweise nicht verlässlich geschätzt werden kann, vorgenommen. Als Spielraum gibt Art 12 Abs 11 EU-Bilanzrichtlinie einen Zeitraum zwischen fünf und zehn Jahren vor, wobei sich der österreichische Gesetzgeber bei der Umsetzung der Richtlinie für den höchstzulässigen Zeitraum von zehn Jahren entschieden hat, über den der Firmenwert gleichmäßig, dh linear, abzuschreiben ist. Die Vornahme einer freiwillig schnelleren Abschreibung ist unzulässig. Sofern der Geschäfts- oder Firmenwert verlässlich geschätzt werden kann, ist wie nach bisheriger Rechtslage eine planmäßige Abschreibung des Geschäfts- und Firmenwerts auf die Geschäftsjahre, in denen dieser voraussichtlich genutzt wird, vorzunehmen. Steuerrechtlich hat die Abschreibung eines Geschäfts- oder Firmenwertes gem § 8 Abs 3 EStG über den Zeitraum von 15 Jahren zu erfolgen, weshalb sich die Abschreibungsdauer im UGB vom Steuerrecht unterscheidet (vgl *Urnik/Urtz*, ÖStZ 2015, 157 f). Die Anpassung des UGB an die steuerrechtliche Abschreibungsdauer ist aufgrund der Vorgabe in Art 12 Abs 11 EU-Bilanzrichtlinie nicht möglich. Zur Verwirklichung der Zielsetzung der Einheitsbilanz müsste daher die steuerrechtliche Nutzungsdauer in § 8 Abs 3 EStG an das UGB angepasst werden (so auch *Zaminer* in Jahrbuch Bilanzsteuerrecht 2015, 29).

Die verpflichtende **Anhangangabe** des bisherigen § 236 Z 3 aF wird in § 203 Abs 5 letzter Satz sinngemäß übernommen. Während nach alter Rechtslage die Angabe der Gründe im Anhang für die gewählte Abschreibungsmethode noch im Gesetzeswortlaut des § 236 Z 3 aF ausdrücklich erwähnt wurde, verlangt § 203 Abs 5 letzter Satz lediglich die Erläuterung des Zeitraums, über den der Geschäfts- oder Firmenwert abgeschrieben wird. Daraus könnte geschlossen werden, dass gem § 203 Abs 5 letzter Satz lediglich die gewählte Abschreibungsdauer, nicht jedoch die Abschreibungsmethode im Anhang zu erläutern ist. Allerdings wird die Erläuterung der Methode unter § 237 Abs 1 Z 1 zu subsumieren sein („Bilanzierungs- und Bewertungsmethoden“) (so auch *Konezny* in *Torggler*[2] § 203 Rz 51). Überdies werden in der Regel Ausführungen zur Abschreibungsmethode im

Anhang für eine getreue Darstellung der Vermögens- und Ertragslage essenziell sein, weshalb auch für Jahresabschlüsse, die nach den Vorschriften des RÄG 2014 aufgestellt werden, weiterhin die Angabe der Abschreibungsmethode erforderlich sein wird.

Die Pflicht zur Anhangangabe betrifft nur Kapitalgesellschaften und kapitalistische Personengesellschaften iSd § 189 Abs 1 Z 2 (vgl ErläutRV 367, BlgNR 25. GP, 7).

Abschreibungen im Anlagevermögen

§ 204.

(1) Die Anschaffungs- oder Herstellungskosten sind bei den Gegenständen des Anlagevermögens, deren Nutzung zeitlich begrenzt ist, um planmäßige Abschreibungen zu vermindern. Der Plan muß die Anschaffungs- oder Herstellungskosten auf die Geschäftsjahre verteilen, in denen der Vermögensgegenstand voraussichtlich wirtschaftlich genutzt werden kann.

(1a) Anschaffungs- oder Herstellungskosten geringwertiger Vermögensgegenstände des abnutzbaren Anlagevermögens dürfen im Jahr ihrer Anschaffung oder Herstellung voll abgeschrieben werden.

(2) Gegenstände des Anlagevermögens sind bei voraussichtlich dauernder Wertminderung ohne Rücksicht darauf, ob ihre Nutzung zeitlich begrenzt ist, außerplanmäßig auf den niedrigeren am Abschlussstichtag beizulegenden Wert abzuschreiben; bei Finanzanlagen, die keine Beteiligungen sind, erfolgt die Abschreibung auf den niedrigeren beizulegenden Zeitwert. Bei Finanzanlagen dürfen solche Abschreibungen auch vorgenommen werden, wenn die Wertminderung voraussichtlich nicht von Dauer ist.

(3) (Anm.: aufgehoben durch BGBl. Nr. 304/1996)

- *ErlRV zu § 204*

  Zu Abs. 1a:

  Da vorgeschlagen wird, § 205 zu streichen (s. die Erläuterungen dort), soll die Sofortabschreibung von geringwertigen Wirtschaftsgütern (GWG) an dieser Stelle geregelt werden. Weiterhin soll es allerdings nicht möglich sein, von der Aktivierung von GWG schlechthin abzusehen, damit diese auch in den Anlagespiegel aufzunehmen sind. Gemäß § 226 Abs. 3 können sie sodann weiterhin sofort als Abgang behandelt werden. GWG können prinzipiell auch dann sofort abgeschrieben werden, wenn sie insgesamt einen wesentlichen Umfang erreichen. Dies entspricht dem Vorsichtsprinzip; überdies sind die abgeschriebenen GWG aus dem Anlagespiegel ersichtlich, sodass das Informationsbedürfnis des Bilanzlesers nicht leidet. Allerdings darf der Ansatz von GWG in der Bilanz nicht in einem solchen Umfang unterbleiben, dass der „true and fair view" leidet. In einem solchen Fall müsste das Wahlrecht der Sofortabschreibung in einem solchen Sinne ausgeübt werden, dass der „true and fair view" nicht getrübt wird, etwa durch Unterlassung der Abschreibung und Ausweis einer Rückstellung für passive latente Steuern.

  Für den Begriff des geringwertigen Vermögensgegenstandes gilt auch die Einschränkung, dass Vermögensgegenstände, die aus Teilen bestehen, als Einheit aufzufassen sind, wenn sie nach ihrem wirtschaftlichen Zweck oder nach der Verkehrsauffassung eine Einheit bilden (vgl. § 13 EStG).

  Zu Abs. 2:

  Hier erfolgt eine Anpassung an die Definitionen in § 189a Z 3 und 4. Die Praxis ging schon bisher davon aus, dass bei Wertpapieren des Anlagevermögens, die keine Beteiligungen sind, der beizulegende Wert dem beizulegenden Zeitwert entspricht (AFRAC-Stellungnahme „Grundsatzfragen der unternehmensrechtlichen Bilanzierung von Finanzanlage- und Finanzumlaufvermögen", Tz 22). Dies soll nun klarstellend im Gesetz verankert werden, wobei natürlich die Anschaffungsobergrenze nicht überschritten werden darf (arg. „Abschreibung auf den niedrigeren beizulegenden Zeitwert").

Kommentierung

I. Geringwertige Vermögensgegenstände (Abs 1a)

Gemäß § 204 Abs 1a dürfen die Anschaffungs- oder Herstellungskosten geringwertiger Vermögensgegenstände im Jahr ihrer Anschaffung oder Herstellung voll abgeschrieben werden. Die Nichtaktivierung solcher Vermögensgegenstände stellt aufgrund der explizit im Gesetz normierten Bestimmung **keine Verletzung des Vollständigkeitsgebotes** dar (vgl *Hirschler/Krainz/Dizdarevic/Höltschl* in IWP 2016, 232). Eine Legaldefinition des geringwertigen Vermögensgegenstandes enthält § 204 nicht. Interessant ist, dass die ErlRV nicht vom Begriff des „geringwertigen Vermögengsgegenstandes", sondern vom Begriff des „geringwertigen Wirtschaftsgutes" ausgehen (vgl ErlRV 367, BlgNR 25. GP, 7). Der Begriff „geringwertiges Wirtschaftsgut" ist in § 13 EStG definiert und umfasst abnutzbare Anlagegüter, deren Kosten für das einzelne Anlagegut EUR 400 nicht übersteigen. Der Verweis der ErlRV auf die steuerliche Terminologie wirft die Frage auf, ob eine Identität zwischen dem Begriff des „geringwertigen Vermögensgegenstandes" nach dem UGB und dem „geringwertigen Wirtschaftsgut" nach dem Einkommensteuergesetz vom Gesetzgeber angenommen wird.

Mit dem RÄG 2014 wurde der **Grundsatz der Stetigkeit**, der die Beibehaltung der auf den vorhergehenden Jahresabschluss angewendeten Bewertungsmethoden regelt, auf die Bilanzierungsmethoden ausgedehnt (vgl *Hirschler/Höltschl*, VWT 2016, 87). Im Zusammenhang mit § 204 Abs 1a ist fraglich, ob das Ansatzwahlrecht für jedes geringwertige Wirtschaftsgut einzeln anzuwenden ist oder ob die einmalige Aktivierung für die Zukunft dem Stetigkeitsprinzip in § 201 Abs 2 Z 1 unterliegt. Nach *Rohatschek/Schiemer* unterliegt das Wahlrecht des § 204 Abs 1a nicht dem Stetigkeitsprinzip. Dies resultiere aus der teleologischer Interpretation des Ansatzwahlrechts. Würde die einmalige Aktivierung eines geringwertigen Wirtschaftsgutes dazu führen, dass zukünftig alle geringwertigen Wirtschaftsgüter aktiviert werden müssen, würde dies zu einer Konterkarierung des Gesetzeszweckes iS einer Erleichterungsbestimmung führen (vgl *Rohatschek/Schiemer* in Bilanzrechtstage 2015, 33).

Vor dem RÄG 2014 war die Sonderabschreibung von Gegenständen des Anlagevermögens, die aufgrund steuerlicher Vorschriften vorgenommen worden sind, in § 205 Abs 1 geregelt. Sonderabschreibungen waren als **Bewertungsreserve** zu qualifizieren, wenn die Abschreibung wesentlich war. Bei Übersteigen der Wesentlichkeitsgrenze war der betroffene Vermögensgegenstand nach den Vorschriften des UGB zu aktivieren und planmäßig abzuschreiben (vgl *Fraberger/Petritz* in *Hirschler*, § 205 Rz 17). Die Wesentlichkeit war unter Berücksichtigung der Relation des Sonderabschreibungsbetrages zu sämtlichen planmäßigen Abschreibungen des abnutzbaren Anlagevermögens zu prüfen (vgl *Fraberger/Petritz* in *Hirschler* § 205 Rz 16). Die Wesentlichkeitsgrenze wurde im Schrifttum bei 10 % angenommen (vgl *Feichtner/Haslinger/Strimitzer*, RWZ 1994, 212; *Bertl/Fraberger*, RWZ 1996, 16).

Im Gegensatz zur Bestimmung in § 205 Abs 1 zweiter Satz idF vor dem RÄG 2014 differenziert § 204 Abs 1a nun nicht mehr nach der **Wesentlichkeit** der Sonderabschreibung. Geringwertige Vermögensgegenstände dürfen nun auch dann sofort abgeschrieben werden, wenn die Wesentlichkeitsgrenze überschritten wird (vgl ErlRV 367, BlgNR 25. GP, 7). Nach den ErlRV ist die sofortige Abschreibungsmöglichkeit jedoch insoweit eingeschränkt, als der Ansatz von GWG in der Bilanz den true and fair view trübt (vgl ErlRV 367, BlgNR 25. GP, 7). In diesem Fall ist das Wahlrecht der Sofortabschreibung nach den ErlRV gegebenenfalls nicht auszuüben und der betroffene Vermögensgegenstand zu aktivieren. Zusätzlich ist eine Rückstellung für passive latente Steuern auszuweisen.

Ab welcher betragsmäßigen Grenze das **Unterbleiben des Ansatzes** der geringwertigen Vermögensgegenstände in der Bilanz zu einer **Trübung des true and fair view** nach der Neuregelung führt, ist dem Gesetzestext selbst und auch den Gesetzesmaterialien nicht zu entnehmen. Eine Trübung des true and fair view kann sich wohl daraus ergeben, dass ein Vermögensgegenstand zwar sofort abgeschrieben, aber über mehrere Perioden genutzt wird. Jedoch wird sinnvoll sein, wie auch schon nach der Regelung vor dem RÄG 2014 auf die Relation der Sofortabschreibungen zu sämtlichen planmäßigen Abschreibungen des Anlagevermögens abzustellen, um festzustellen, ob eine Trübung des „true and fair view" gegeben ist. Die Ausführungen der ErlRV geben den Anschein, dass die Trübung des „true and fair view" nicht mit dem Überschreiten der Wesentlichkeitsgrenze gleichzusetzen, sondern erst bei einer höheren Relation anzunehmen ist (vgl ErlRV 367, BlgNR 25. GP 7 *Bertl/Deutsch/Hirschler*[9], 409).

II. Außerplanmäßige Abschreibung (Abs 2)

§ 204 Abs 2 regelt die außerplanmäßige Abschreibung von Anlagevermögen. Mit der Neufassung erfolgte eine begriffliche Anpassung der Vergleichswerte, an welchen eine Wertminderung zu messen ist, an die Definitionen in § 189a Z 3 und 4. Keine Änderung erfolgte im Hinblick auf die Voraussetzungen, in denen eine außerplanmäßige Abschreibung erfolgen muss bzw darf.

Wie schon nach § 204 Abs 2 idF vor dem RÄG 2014 ist eine außerplanmäßige Abschreibung weiterhin jedenfalls vorzunehmen, wenn die Wertminderung des betroffenen Vermögensgegenstandes **voraussichtlich von Dauer** ist. Bei **Finanzanlagen** dürfen außerplanmäßige Abschreibungen weiterhin auch dann vorgenommen werden, wenn die Wertminderung voraussichtlich nicht von Dauer ist.

Bei der voraussichtlich dauernden Wertminderung handelt es sich um einen unbestimmten Gesetzesbegriff (vgl *Janschek/Jung* in *Hirschler* § 204 Rz 61; *Dieter/Hohensinner* in *Zib/Dellinger* § 204 Rz 111). Hinsichtlich der Dauerhaftigkeit soll zwischen abnutzbaren und nicht abnutzbaren Vermögensgegenständen zu unterscheiden sein (vgl *Döring* in HdR § 253 Rz 147).

Bei **abnutzbaren Vermögensgegenständen** soll jedenfalls dann von Dauerhaftigkeit auszugehen sein, wenn die voraussichtliche Wertminderung absolut gesehen über einen Zeitraum von mehr als fünf Jahren besteht oder wenn der Wert des Vermögensgegenstandes auf weniger als 50 % des Restbuchwerts nach planmäßiger Abschreibung gesunken ist, sodass unter Beibehaltung der bisherigen (linearen) Abschreibungsmethode der Vergleichswert durch planmäßige Abschreibungen erst nach mehr als der halben Restnutzungsdauer erreicht würde (vgl *Schubert/Andrejewski/Roscher* in Beck Bil-Komm[10], § 253 Rz 312).

Bei **nicht abnutzbaren Vermögensgegenständen** wird ein strengerer Maßstab angelegt. Eine bloß vorübergehende Wertminderung soll nur angenommen werden können, wenn sich eine künftige Werterhöhung bereits aufgrund konkreter Anhaltspunkte abzeichnet oder sich der Wert bis zum Erstellungszeitpunkt des Jahresabschlusses bereit erholt hat (vgl *Schubert/Andrejewski/Roscher* in Beck Bil-Komm[10], § 253 Rz 312 f). Gegen diese strengere Auffassung wird vorgebracht, dass auch bei abnutzbaren Vermögensgegenständen nicht unerhebliche Umstände vorliegen müssen, um von Dauerhaftigkeit sprechen zu können. Dementsprechend soll es auch bei nicht abnutzbaren Vermögensgegenständen nicht erforderlich sein, bereits dann von Dauerhaftigkeit zu sprechen, wenn bei Bilanzerstellung noch keine Wertsteigerung eingetreten ist. Eine dauerhafte Wertminderung soll erst dann gegeben sein, wenn über einen länger beobachteten Zeitraum keine Wertsteigerung zu erwarten ist, wobei auch hier ein Zeitraum von längstens fünf Jahren als Grenze herangezogen werden kann (vgl *Hirschler* in Bilanzrechtstage 2015, 146).

Festzuhalten bleibt jedenfalls, dass sowohl die Bewertungsmethode als auch die Beurteilung der Dauerhaftigkeit von der Art des jeweiligen Anlagevermögens abhängen, sodass die Beurteilung wohl vom Einzelfall abhängt (so wird die Frage der Dauerhaftigkeit der Wertminderung einer Beteiligung anders zu ermitteln und zu beurteilen sein als die einer festverzinslichen Schuldverschreibung – zur Bewertung von Beteiligungen siehe die AFRAC-Stellungnahme „Die Folgebewertung von Beteiligungen im Jahresabschluss nach dem UGB", November 2014).

Liegen die Voraussetzungen einer außerplanmäßigen Abschreibung vor, so sind die betroffenen Gegenstände des Anlagevermögens auf den niedrigeren am Abschlussstichtag **beizulegenden Wert** abzuschreiben. Bei Finanzanlagen – ausgenommen Beteiligungen – erfolgt die Abschreibung auf den niedrigeren **beizulegenden Zeitwert**. Der beizulegende Wert sowie der beizulegende Zeitwert sind in § 189a Z 3 und 4 definiert. Zur Bestimmung dieser Werte darf auf die Ausführungen zu den einschlägigen Rechtsnormen verwiesen werden.

Die nachstehende Tabelle gibt für die Vermögensgegenstände des Anlagevermögens den jeweiligen maßgeblichen Wert wieder, an dem eine Wertminderung zu messen ist:

Anlagevermögen	Wertmaßstab
Sachanlagevermögen	Beizulegender Wert iSd § 189a Z 3
Finanzanlagevermögen außer Beteiligungen	1) Beizulegender Zeitwert iSd § 189a Z 4 2) Sofern sich der beizulegende Zeitwert iSd § 189a Z 4 nicht ermitteln lässt, ist auf den beizulegenden Wert gem § 189a Z 3 abzustellen
Beteiligungen	Beizulegender Wert iSd § 189a Z 3

Unversteuerte Rücklagen

§ 205.

(1) Sonderabschreibungen von Vermögensgegenständen des Anlagevermögens, die auf Grund steuerlicher Vorschriften vorgenommen worden sind (Bewertungsreserve), und sonstige unversteuerte Rücklagen sind unter Angabe der Vorschriften, nach denen sie gebildet sind, auf der Passivseite auszuweisen. Bei Vollabschreibung geringwertiger Vermögensgegenstände des Anlagevermögens ist nur dann entsprechend diesen Bestimmungen eine Rücklage zu bilden, wenn die Abschreibung betragsmäßig von wesentlichem Umfang ist.

(2) Die Bewertungsreserve ist insoweit aufzulösen, als die Vermögensgegenstände, für die sie gebildet wurde, aus dem Vermögen ausscheiden oder die steuerliche Wertminderung durch unternehmensrechtliche Abschreibungen zu ersetzen ist.

- *ErlRV zu § 205*
  Siehe ErlRV zu § 198 Abs 1.

Wertansätze für Gegenstände des Umlaufvermögens

§ 206.

(1) Gegenstände des Umlaufvermögens sind mit den Anschaffungs- oder Herstellungskosten, vermindert um Abschreibungen gemäß § 207, anzusetzen.

(2) Auf die Feststellung der Anschaffungs- und Herstellungskosten ist § 203 Abs. 2 bis 4 sinngemäß anzuwenden.

(3) Führt in Ausnahmefällen das Verbot der Einbeziehung von Kosten der allgemeinen Verwaltung und des Vertriebs (§ 203 Abs. 3 letzter Satz) dazu, dass ein möglichst getreues Bild der Vermögens-, Finanz- und Ertragslage auch mit zu-

sätzlichen Anhangangaben (§ 222 Abs. 2) nicht vermittelt werden kann, so können bei Aufträgen, deren Ausführung sich über mehr als zwölf Monate erstreckt, angemessene Teile der Verwaltungs- und Vertriebskosten angesetzt werden, falls eine verlässliche Kostenrechnung vorliegt und soweit aus der weiteren Auftragsabwicklung keine Verluste drohen. Die Anwendung dieser Bestimmung ist im Anhang anzugeben und zu begründen und ihr Einfluss auf die Vermögens-, Finanz- und Ertragslage der Gesellschaft darzulegen; gleichzeitig ist der insgesamt über die Herstellungskosten hinaus angesetzte Betrag anzugeben.

- *ErlRV zu § 206 Abs 3*
  Nachdem der Ansatz der Vertriebskosten bei Langfristfertigung durch die Richtlinie nicht gestattet ist, wird vorgeschlagen, diesen Ansatz als „true and fair view-override" nach Art. 4 Abs. 4 auszugestalten.

Kommentierung

Die Bewertung von Vermögensgegenständen des Umlaufvermögens erfolgt gem § 203 mit den Anschaffungs- oder Herstellungskosten. Nach alter Rechtslage gestattete § 206 Abs 3 die wahlweise Aktivierung von angemessenen Teilen der Verwaltungs- und Vertriebsgemeinkosten, wenn die Ausführung eines Auftrags sich über einen Zeitraum von mehr als zwölf Monaten erstreckt, eine verlässliche Kostenrechnung vorliegt und aus der weiteren Auftragsabwicklung keine Verluste drohen. Bereits nach alter Rechtslage war fraglich, ob das Aktivierungswahlrecht den Vorgaben der 4. EG-Richtlinie (Bilanz-RL) entsprach (zur Diskussion siehe zB *Niedermoser/Urnik/Urtz* in *Straube*[3] § 206 Rz 7 mwN).

Unabhängig von der Diskussion der Richtlinienwidrigkeit nach alter Rechtslage spricht der Gesetzgeber in den ErläutRV zu § 206 Abs 3 ausdrücklich davon, dass der Ansatz von Vertriebskosten bei Langfristfertigung durch die Richtlinie nicht vorgesehen ist (Art 2 Abs 7 Bilanz-RL 2013/34/EU). Der Gesetzgeber möchte dieses Wahlrecht allerdings augenscheinlich nicht aufgeben und übernimmt diese Bestimmung in modifizierter Form. Wie auch die ErläutRV festhalten, soll § 206 Abs 3 iSe overriding principles weiterhin gelten. Dies steht im Einklang mit der Bilanz-RL 2013/34/EU (Art 4 Abs 4). Der Gesetzgeber greift die im Endbericht des AFRAC zur Modernisierung und Vereinheitlichung der Rechnungslegung empfohlene Umstellung auf die Percentage-of-completion-Methode (Teilgewinnrealisierung), verbunden mit einer Ausschüttungssperre für Kapitalgesellschaften, nicht auf (vgl *AFRAC*, Diskussionspapier [Juni 2008], Rz 30; siehe auch *Urnik/Fritz-Schmied*, ÖStZ 2008, 501 f).

Der Gesetzgeber hält es offenbar für notwendig, das Aktivierungswahlrecht unter dem Gesichtspunkt beizubehalten, ein möglichst getreues Bild der Vermögens-, Finanz- und Ertragslage für den Bilanzadressaten zu gewährleisten. Wären nämlich Verwaltungs- und Vertriebskosten bei langfristiger Auftragsfertigung nicht aktivierbar, so könnte dies eine verzerrte Darstellung der Ertrags- und auch der Vermögenslage bewirken (so zB *Bertl/Fraberger*, RWZ 1994, 188; *Müller/Stelzmüller* in *Hirschler* § 206 Rz 4), weil es ohne die (fakultative) Aktivierung lediglich zur Aktivierung der Herstellungskosten ieS kommen würde und andere Kosten im Zusammenhang mit der Fertigung während des Herstellungsprozesses das Ergebnis (mitunter erheblich) belasten könnten. Erst im Jahr der Auftragslieferung würde es zum Gesamtgewinnausweis kommen. Diesbezüglich ergibt sich die Verzerrung des Jahresergebnisses (Ertragslage) sowie der Vermögenslage (Aufbau der Bildung von stillen Reserven).

Der Wortlaut beginnt einleitend mit „Ausnahmefällen" und führt weiters aus, dass das Wahlrecht nur anwendbar ist, wenn mit (zusätzlichen) Anhangangaben ein möglichst getreues Bild der Vermögens-, Finanz- und Ertragslage nicht vermittelt werden kann. Dies impliziert die Absicht des Gesetzgebers, dass das Wahlrecht grundsätzlich **restriktiv** zu handhaben ist und nur ausnahmsweise zur Anwendung kommen soll, wenn trotz zusätzlicher Anhangangaben der Informationswert für den Bilanzadressaten in Bezug auf Vermögen, Finanzen und Ertrag eingeschränkt wird. Im Gegensatz zur alten Rechtslage (§ 236 Z 4 a=) ist die Trennung in den im Geschäftsjahr und den insgesamt aktivierten Betrag nicht mehr vorgesehen, sodass nur mehr der insgesamt akt vierte Betrag von Verwaltungs- und Vertriebsgemeinkosten anzugeben ist. Damit geht augenscheinlich ein Informationsverlust einher. Denn durch die Trennung war sowohl ersichtlich, welcher Betrag an Verwaltungs- und Vertriebskosten im laufenden Jahr aktiviert wurde, als auch das Ausmaß der in den Vorräten enthaltenen Verwaltungs- und Vertriebsgemeinkosten (vgl *Petutschnig/Schallmeiner*, RWZ 2014, 332 mit Verweis auf *Müller* in *Hirschler* § 236 Rz 78).

Unklarheiten könnten sich im Rahmen der **Reichweite des Wahlrechtes** ergeben. Mit den zusätzlichen Anhangangaben iSd § 222 Abs 2 kann der Betrag der aktivierbaren Verwaltungs- und Vertriebskosten offengelegt und die Höhe der stillen Reserven dem Bilanzadressaten aufgezeigt werden. Die Ratio des Gesetzes lässt vermuten, dass das Wahlrecht speziell für Unternehmen gelten soll, die im großen Ausmaß von der Langfristfertigung „leben"; zu denken wäre bspw an die Bauindustrie (= Großaufträge; Schlussrechnung darf erst nach erfolgter Fertigstellung des Gesamtprojektes gelegt werden). Allerdings ist einschränkend darauf hinzuweisen, dass in der Praxis Bauprojekte oftmals in der Form einer (Bau-)ARGE durchgeführt werden. Eine ARGE, die aber nur für eine bestimmte Projektdauer besteht, ist als solche nicht rechnungslegungspflichtig (kein dauerhafter Auftritt als Marktanbieter); vgl nunmehr die Einschränkung in § 189 Abs 1 Z 2 auf „eingetragene" Personengesellschaften). Hier ergibt sich bereits die anschließende Frage, ob rechnungslegungspflichtige Personengesellschaften von der Anwendbarkeit des Wahlrechtes ausgeschlossen sind, weil nur Kapitalgesellschaften einen Anhang aufzustellen haben. Eine solche Auslegung wird wohl nicht iSd Gedankens der Regelung sein. Die Regelung müsste folglich dahingehend interpretiert werden, dass sofern überhaupt ein Anhang gem § 222 aufzustellen ist, vorab zu überprüfen ist, ob durch zusätzliche Anhangangaben gem § 222 Abs 2 ein möglichst getreues Bild der Vermögens-, Finanz- und Ertragslage vermittelt werden kann (= Offenlegung der stillen Reserven für den Bilanzadressaten im Anhang). Erst wenn diese vorgelagerte Prüfung zu verneinen ist (wobei die Thematik offen bleibt, wann dies konkret der Fall ist), kann das Wahlrecht ausgeübt werden, wobei wiederum die entsprechenden Anhangangaben zu machen sind (§ 206 Abs 3 letzter Satz). Auf den Punkt gebracht besteht das Wahlrecht für rechnungslegungspflichtige Personengesellschaften, Einzelunternehmen sowie Kleinstkapitalgesellschaften (Kleinstkapitalgesellschaften müssen gem § 242 Abs 1 keinen Anhang aufstellen) unabhängig von der Aufstellung eines Anhangs (zustimmend *Urnik/Urtz*, Bilanzrechtstage 2015, 175 f). Ab der Größe einer „kleinen Kapitalgesellschaft" ist ein Anhang aufzustellen. Je höher die Ansprüche an die Rechnungslegungspflicht (bzw Anhangangabepflichten) sind, desto schwieriger wird offenbar die Ausübung des Wahlrechtes sein.

Die Handhabung der neuen Bestimmung wird sich wohl erst aufgrund konkreter Praxisfälle bewahrheiten. Aufgrund der aufkommenden Unklarheiten erscheint es diskussionswürdig, ob die vom AFRAC vorgeschlagene Percentage-of-completion-Methode (bei Langfristfertigung wird eine Gewinnrealisierung entsprechend dem Fertigstellungsgrad/Leistungsfortschritt erreicht, dh Aufwendungen und Erträge werden entsprechend dem Fertigstellungsgrad des Gesamtauftrages anteilig den einzelnen Perioden zugeordnet), verbunden mit einer Ausschüttungssperre für Kapitalgesellschaften, nicht die zweckmäßigere Lösung für die Aktivierung von Verwaltungs- und Vertriebskosten wäre, wenn der Gesetzgeber an der Aktivierbarkeit (weiterhin) festhalten will, mit dem Zweck, ein möglichst getreues Bild der Vermögens-, Finanz- und Ertragslage darzustellen.

Unverändert ist das Wahlrecht nur dann anwendbar, wenn folgende Voraussetzungen (kumulativ) erfüllt sind:

- Es liegt ein Drittauftrag vor,
- die Ausführung des Auftrags erstreckt sich über einen Zeitraum von mehr als zwölf Monaten,
- es liegt eine verlässliche Kostenrechnung vor und
- aus der weiteren Auftragsabwicklung drohen keine Verluste (= verlustfreie Bewertung).

Neu hinzugekommen ist die Anforderung, dass die Ausübung des Wahlrechts im Anhang anzugeben und zu begründen ist. Ein reiner Verweis auf die Anwendbarkeit der Vorschrift des § 206 Abs 3 ist demnach unzulässig; das Wahlrecht muss ausdrücklich begründet und der Einfluss auf die wirtschaftliche Lage zum Ausdruck gebracht werden (mit anderen Worten muss zum Ausdruck kommen, wieso die Aktivierung zu einem „getreueren" Bild der Vermögens-, Finanz- und Ertragslage führt bzw umgekehrt, warum die Nichtaktivierung zu einer Verzerrung des Bildes geführt hätte). Zudem ist der insgesamt über die Herstellungskosten hinaus angesetzte Betrag anzugeben. Für den Bilanzadressaten soll demnach ersichtlich sein, wie hoch der Betrag der vorgenommenen Aktivierung (der Verwaltungs- und Vertriebskosten) ist. Wie bereits oberhalb ausgeführt, müssen nur Kapitalgesellschaften (mit Ausnahme von Kleinstkapitalgesellschaften iSd § 242 Abs 1) einen Anhang erstellen.

Abschreibungen auf Gegenstände des Umlaufvermögens

§ 207.

Bei Gegenständen des Umlaufvermögens sind Abschreibungen vorzunehmen, um sie mit dem niedrigeren Zeitwert anzusetzen, der ihnen am Abschlussstichtag beizulegen ist. Ist der beizulegende Zeitwert nicht festzustellen und übersteigen die Anschaffungs- oder Herstellungskosten den beizulegenden Wert, so ist der Vermögensgegenstand auf diesen Wert abzuschreiben.

- *ErlRV zu § 207*

  Hier erfolgt eine Anpassung an die Definitionen in § 189a Z 3 und 4; eine inhaltliche Änderung ist damit nicht verbunden. § 207 erster Satz ordnet an, dass Gegenstände des Umlaufvermögens auf den niedrigeren Börsekurs oder Marktpreis abzuschreiben sind. Nachdem der beizulegende Zeitwert gemäß § 189a Z 4 dem Börsekurs oder Marktwert entspricht, soll nun vom beizulegenden Zeitwert gesprochen werden. Wenn dieser nicht festzustellen ist, ist wie bisher auf den niedrigeren beizulegenden Wert nach 189a Z 3 abzuschreiben.

Kommentierung

Gegenstände des Umlaufvermögens sind mit den Anschaffungs- und Herstellungskosten zu bewerten (§ 206 Abs 1 iVm § 203 Abs 2 bis 4). § 207 regelt die Abschreibung von Gegenständen des Umlaufvermögens. Nach der Vorschrift des § 207 sind Gegenstände des Umlaufvermögens zwingend mit einem Vergleichswert am Abschlussstichtag anzusetzen, unabhängig davon, ob die Wertminderung dauerhaft ist oder nicht („**strenges Niederstwertprinzip**").

§ 207 Satz 1 führt als maßgebenden Vergleichswert grundsätzlich den **beizulegenden Zeitwert** an. Der beizulegende Zeitwert ist in § 189a Z 4 definiert und spricht vom Börsenkurs oder Marktwert. Vorrangig ist daher der Börsenkurs oder Marktwert relevant. Der **Börsenkurs** ist der Preis, mit dem der Vermögensgegenstand an einer amtlich anerkannten Börse oder im Freiverkehr notiert ist, unabhängig davon, ob es sich um eine in- oder ausländische Börse handelt (vgl stellvertretend *Walter* in *Hirschler* § 207 Rz 9). Als **Marktwert** ist jener Wert heranzuziehen, der an einem Handelsplatz für Waren von durchschnittlicher Art und Güte zu einem bestimmten Zeitpunkt oder Zeitraum im Durchschnitt gewährt wird (vgl *A/D/S*[6] § 253 Rz 508). Sind ein Börsenkurs oder ein Marktwert am Abschlussstichtag nicht festzustellen oder nicht vorhanden, kommt es gem § 207 Satz 2 subsidiär auf den **beizulegenden Wert** an (kritisch zum Begriff des beizulegenden Werts siehe *Altenburger*, RWZ 2015, 207). Zur Bestimmung des beizulegenden Wertes für Vermögensgegenstände des Umlaufvermögens ist auf den Wiederbeschaffungswert, den Reproduktionswert oder den Verkaufswert abzustellen (siehe die Kommentierung zu § 189a Z 3). Es sei darauf hingewiesen, dass die Definition des beizulegenden Wertes gem UGB weitgehend der Definition des für steuerliche Zwecke maßgebenden Teilwert gem § 6 Z 1 EStG entspricht (siehe dazu *Mayr* in *Doralt/Kirchmayr/Mayr/Zorn*, EStG[13] § 6 Rz 132 ff; *Walter* in *Hirschler*, Bilanzrecht § 207 Rz 49), womit letztlich ein Gleichschritt zwischen unternehmens- und steuerrechtlicher Bewertung erreicht wäre. Allerdings deckt sich der Wortlaut nach UGB nicht in allen Bereichen mit dem des EStG; folgende Unterschiede bestehen: „Betrieb" statt „Unternehmen" und „einzelnes Wirtschaftsgut" statt „betreffenden Vermögensgegenstand". Es erscheint daher zweifelhaft, ob durch die gesetzliche Verankerung der Begriffsbestimmung tatsächlich eine Vereinheitlichung der Begriffsdefinition erreicht worden ist (vgl *Moser*, taxlex 2015, 86). Selbst wenn von einer einheitlichen Definition ausgegangen wird, können die im UGB zu beachtenden GoBs (bspw Vorsichtsprinzip, Grundsatz der Unternehmenswertfortführung) einen gänzlichen Gleichschritt zwischen Unternehmensrecht und Steuerrecht in Einzelfällen vereiteln (vgl *Hirschler* in Bilanzrechtstage 2015, 45).

Wie die ErlRV zum RÄG 2014 ausführen, ergeben sich durch die Anpassung der Begriffsdefinitionen in § 207 keine inhaltlichen Auswirkungen, weil – auch nach alter Rechtslage – gem § 207 Satz 1 auf den niedrigeren Börsenkurs oder Marktpreis am Abschlussstichtag abzustellen (nunmehr definiert in § 189a Z 4) oder subsidiär auf den unbestimmten Begriff des „beizulegenden Wertes" gem § 207 Satz 2 (nunmehr gesetzlich definiert in § 189a Z 3) zurückzugreifen war.

Wertaufholung

§ 208.

(1) Wird bei einem Vermögensgegenstand eine Abschreibung gemäß § 204 Abs. 2 oder § 207 vorgenommen und stellt sich in einem späteren Geschäftsjahr heraus, daß die Gründe dafür nicht mehr bestehen, so ist der Betrag dieser Abschreibung im Umfang der Werterhöhung unter Berücksichtigung der Abschreibungen, die inzwischen vorzunehmen gewesen wären, zuzuschreiben.

(2) Abs. 1 gilt nicht bei Abschreibungen des Geschäfts(Firmen)werts.

~~(3) Im Anhang ist der Betrag der im Geschäftsjahr aus steuerrechtlichen Gründen unterlassenen Zuschreibungen anzugeben und hinreichend zu begründen. Ferner ist das Ausmaß erheblicher künftiger steuerlicher Belastungen, die sich aus einer solchen Bewertung ergeben, anzuführen.~~

- *ErlRV zu § 208 Abs 2 und 3*

  Die Möglichkeit, von der Zuschreibung abzusehen, ist nach Art. 12 Abs. 6 lit. d der Richtlinie nicht mehr erlaubt und ist daher aufzugeben. Stattdessen wird – wie in der Richtlinie und in § 253 Abs. 5 dHGB – klargestellt, dass die Zuschreibung nicht für den Geschäfts(Firmen)wert gilt.

  § 906 Abs. 32 ordnet die Nachholung bisher unterlassener Zuschreibungen an. Die vorgeschlagene Übergangsbestimmung im EStG (Art. 9) soll sicherstellen, dass nachgeholte Zuschreibungen nicht sofort steuerwirksam sind.

Kommentierung

I. Zuschreibung

Nach § 208 Abs 1 besteht bei Wegfall der Gründe einer vorhergehenden außerplanmäßigen Abschreibung und der damit einhergehenden Wertsteigerung eine Verpflichtung zur Wertaufholung für Gegenstände des Anlage- und Umlaufvermögens (vgl *Eberhartinger/Plassak* in *Hirschler* § 208 Rz 4). Die Obergrenze der Zuschreibung ist der beizulegende Wert und die (gegebenenfalls fortgeschriebenen) Anschaffungs- und Herstellungskosten des betreffenden Vermögensgegenstandes (bei Abweichungen zwischen unternehmens- und steuerrechtlichen Werten vgl *Fritz-Schmied* in Jahrbuch Bilanzsteuerrecht 2015, 52 ff). Aufgrund des in Österreich geltenden Maßgeblichkeitsprinzips gilt die in § 208 Abs 1 normierte Zuschreibungspflicht auch für die steuerrechtliche Gewinnermittlung. Eine solche steuerwirksame Zuschreibungsverpflichtung war unerwünscht, weshalb es in § 208 Abs 2 idF vor dem RÄG 2014 ein Wertbeibehaltungswahlrecht gab. Demnach konnte die Vornahme einer Zuschreibung im Jahresabschluss unterlassen werden, wenn der steuerrechtlich Wertansatz beibehalten wurde. Somit wirkte die Ausübung eines steuerrechtlichen Wahlrechts über die umgekehrte Maßgeblichkeit auch auf das Unternehmensrecht (vgl *Eberhartinger/Plassak* in *Hirschler* § 208 Rz 5).

Die überwiegende Ansicht im Schrifttum vertrat bereits zu § 208 Abs 2 aF, dass eine derartige Ausnahme von der Zuschreibungspflicht nicht der 4. Richtlinie entspricht (vgl *Urnik/Urtz* in *Straube*[3] § 208 Rz 2 mwN). Mit dem RÄG 2014 hat der Gesetzgeber dieser Kritik aufgegriffen und die Möglichkeit der Unterlassung einer Zuschreibung im Jahresabschluss abgeschafft. Diese Sichtweise kommt auch in den ErläutRV zum Ausdruck, wonach das Wertbeibehaltungsrecht gem Art 12 Abs 6 lit d EU-Bilanzrichtlinie nicht erlaubt und deshalb aufzugeben ist (vgl ErläutRV 367, BlgNR 25. GP, 8). Eine Ausnahme gilt lediglich in Bezug auf den Geschäfts- und Firmenwert, für den gem § 208 Abs 2 nF niemals eine Zuschreibungspflicht bestehen kann.

Steuerrechtlich beschränkt sich die verpflichtende Zuschreibung auf die Gewinnermittlung nach § 5 EStG, während für die Gewinnermittler nach § 4 Abs 1 EStG grundsätzlich ein Zuschreibungswahlrecht besteht. Davon abweichend soll aufgrund der in § 6 Z 13 EStG weiterhin normierten Zuschreibungspflicht für Anlagevermögen eine Zuschreibungspflicht auch für Gewinnermittler nach § 4 Abs 1 EStG bestehen, weshalb eine in der Unternehmensbilanz vorgenommene Zuschreibung selbst dann steuerwirksam ist, wenn der Steuerpflichtige den Gewinn nach § 4 Abs 1 EStG ermittelt (vgl *Urnik/Urtz*, ÖStZ 2015, 153; *Fritz-Schmied* in Jahrbuch Bilanzsteuerrecht 2015, 51). Davon erfasst sind insbesondere land- und forstwirtschaftliche oder freiberufliche GmbH & Co KGs.

II. Übergangsrecht

Nach der Übergangsregelung (§ 906 Abs 32) sind bisher nach § 208 Abs 2 aF unterlassene Zuschreibungen im Geschäftsjahr, das nach dem 31. Dezember 2015 beginnt, nachzuholen, sofern die Gründe für die Abschreibung nicht mehr bestehen. Aufgrund des Maßgeblichkeitsprinzips würde die Nachholung bisher unterlassener Zuschreibungen zu einer erhöhten Steuerbelastung führen, die jedoch unerwünscht ist, weshalb der Gesetzgeber parallel zu den Übergangsbestimmungen im UGB auch im EStG, konkret in § 124b Z 270 EStG, eine Übergangsregelung vorgesehen hat. Demnach wird dem Steuerpflichtigen ein Wahlrecht eingeräumt, den nachgeholten Zuschreibungsbetrag entweder sofort zu versteuern oder aufgrund eines Antrags in der Steuererklärung einer **Zuschreibungsrücklage** zuzuführen.

Lagen im Zeitpunkt der **Umgründungen** unterlassene Zuschreibungen vor, ist zu prüfen, ob die Bewertung der Einlage oder Zuwendung mit dem beizulegenden Wert oder unter Fortführung der bisherigen Buchwerte erfolgt ist. Bei Bewertung mit dem beizulegenden Wert stellt dieser Wert die neuen Anschaffungskosten dar; die Nachholung der Zuschreibung erfolgte damit, wenngleich erfolgsneutral, mittelbar (vgl *Hirschler* in FS Nowotny 567). Soweit die Umgründung unter Buchwertfortführung durchgeführt wurde, wird nach der vom VwGH vertretenen Auffassung (VwGH 22.5.2014, 2010/15/0127), wonach der beizulegende Wert im Zeitpunkt der Umgründung die neuen Anschaffungskosten darstellt, eine Zuschreibungsverpflichtung hinsichtlich der vor der Umgründung unterlassenen Zuschreibung bestehen (vgl *Wurm*, SWK 2014, 1024; *Marchgraber*, RWZ 2014, 293; *Hebenstreit/Stückler*, GesRZ 2015, 115). Da somit der umgründungsbedingt fortgeführte Buchwert geringer ist als die neuen Anschaffungskosten, liegt insoweit auch nach der Umgründung unverändert eine unterlassene Zuschreibung vor (vgl *Hirschler* in FS Nowotny 568). Somit besteht beim übernehmenden Rechtsträger eine mit dem Betrag der außerplanmäßig vorgenommenen Abschreibung begrenzte Zuschreibungsverpflichtung. Nach dem Zeitpunkt der Umgründung entstandene Wertsteigerungen sind aufgrund des mit dem beizulegenden Wertes verknüpften Anschaffungskostenprinzips jedoch nicht nachzuholen. Die gleichen Grundsätze wie für Einlagen und Zuwendungen gelten auch für jene Umgründungen, die als tauschähnliche Vorgänge (Up-stream-Umgründung) angesehen werden (vgl *Hirschler* in FS Nowotny 568).

In den nachfolgenden Wirtschaftsjahren ist der Zuschreibungsrücklage der Teilwert des betreffenden Wirtschaftsgutes gegenüberzustellen. Sinkt der Teilwert des Wirtschaftsgutes unter den für die Bildung der Zuschreibungsrücklage maßgeblichen Teilwert ab, ist die Zuschreibungsrücklage steuerwirksam aufzulösen. In Geschäftsjahren ab Anwendbarkeit des RÄG 2014 (somit ab Geschäftsjahren, die nach dem 31.12.2015 beginnen) vorgenommene Zuschreibungen berühren die Zuschreibungsrücklage nicht, sondern sind gem § 208 Abs 1 iVm § 6 Z 13 EStG steuerwirksam. Die Zuschreibungsrücklage ist spätestens im Zeitpunkt des Ausscheidens des betreffenden Wirtschaftsgutes aus dem Betriebsvermögen steuerwirksam aufzulösen.

Unternehmensrechtlich besteht gem § 906 Abs 32 letzter Satz die Möglichkeit, für nachgeholte Zuschreibungen eine passive Rechnungsabgrenzung zu bilden. Die Regelung sieht eine umgekehrte Maßgeblichkeit vor, weil für die Bildung der passiven Rechnungsabgrenzung die Dotierung einer steuerlichen Zuschreibungsrücklage iSd § 124b Z 270 EStG erforderlich ist (vgl *Bertl/Hirschler*, RWZ 2014, 360). Die Höhe der unternehmensrechtlichen und steuerrechtlichen Zuschreibung müssen nicht zwingend übereinstimmen (vgl *Fritz-Schmied* in Jahrbuch Bilanzsteuerrecht 2015, 52 ff). Die Abbildung einer nachgeholten Zuschreibung in einer passiven Rechnungsabgrenzung setzt jedenfalls voraus, dass der eingestellte Betrag die Höhe der Zuschreibungsrücklage nicht übersteigen darf; ein überschießender Betrag muss unternehmensrechtlich ergebniswirksam aufgelöst werden (vgl *Bertl/Hirschler*, RWZ 2014, 359). Ist hingegen der unternehmensrechtliche Zuschreibungsbetrag geringer als der steuerliche, kann von der Möglichkeit seiner Passivierung als Rechnungsabgrenzung ausgegangen werden (vgl *Fritz-Schmied* in Jahrbuch Bilanzsteuerrecht 2015, 59). Die ertragswirksame Auflösung des passiven Rechnungsabgrenzungspostens hat nach Maßgabe der Übergangsvorschrift des § 124b Z 270 EStG zu erfolgen. Unterbleibt die Bildung eines passiven Rechnungsabgrenzungspostens, so ist die daraus resultierende temporäre Differenz gem § 198 Abs 9 als passive latente Steuer zu berücksichtigen.

Bewertungsvereinfachungsverfahren

§ 209.

(1) Gegenstände des Sachanlagevermögens sowie Roh-, Hilfs- und Betriebsstoffe können, wenn sie regelmäßig ersetzt werden und ihr Gesamtwert nicht wesentlich ist, mit einem gleichbleibenden Wert angesetzt werden, sofern ihr Bestand voraussichtlich in seiner Größe, seinem Wert und seiner Zusammensetzung nur geringen Veränderungen unterliegt. Jedoch ist mindestens alle fünf Jahre eine Bestandsaufnahme durchzuführen. Ergibt sich dabei eine wesentliche Änderung des mengenmäßigen Bestandes, so ist insoweit der Wert anzupassen.

(2) Gleichartige Gegenstände des Finanzanlage- und des Vorratsvermögens, Wertpapiere (Wertrechte) sowie andere gleichartige oder annähernd gleichwertige be-

wegliche Vermögensgegenstände können jeweils zu einer Gruppe zusammengefaßt und mit dem gewogenen Durchschnittswert angesetzt werden. Soweit es den
Grundsätzen ordnungsmäßiger Buchführung entspricht, kann für den Wertansatz
gleichartiger Vermögensgegenstände des Vorratsvermögens unterstellt werden,
daß die zuerst oder zuletzt angeschafften oder hergestellten Vermögensgegenstände zuerst oder in einer sonstigen bestimmten Folge verbraucht oder veräußert
worden sind.

- *ErlRV zu § 209 Abs 1*
  Siehe die ErlRV zu § 196a.

Kommentierung

§ 209 enthält zwei Erleichterungen (als Wahlrechtsbestimmung konzipiert) bei der Ver-
mögensbewertung, wobei hierbei jeweils der Grundsatz der Einzelbewertung iSd Wirtschaftlichkeit und unter Wesentlichkeitsgedanken durchbrochen wird. Abs 1 regelt die
Möglichkeit des **Festwertverfahrens**. Nach diesem Verfahren können Vermögensgegenstände des Sachanlagevermögens sowie Roh-, Hilfs- oder Betriebsstoffe unter bestimmten Voraussetzungen mit einem gleichbleibenden Wert angesetzt werden. Abs 2
dieser Bestimmung regelt die **Gruppenbewertung**, die eine zusammengefasste Bewertung von bestimmten Vermögensgegenständen des Vorrats und des Finanzanlagevermögens gestattet.

Durch das RÄG 2014 erfolgt in § 209 Abs 1 lediglich eine begriffliche, aber keine inhaltliche Änderung. Die Wortfolge gem § 209 Abs 1 Satz 1 aF *„ihr Gesamtwert **von untergeordneter Bedeutung** ist“* wird – in Anpassung an die Begriffsdefinition der Wesentlichkeit gem § 196a – durch die Wortfolge *„ihr Gesamtwert **nicht wesentlich** ist“* ersetzt.
Für die Anwendbarkeit des Festwertverfahrens bestehen drei Voraussetzungen:

- Regelmäßiger Ersatz der Gegenstände,
- Gesamtwert von unwesentlicher Bedeutung und
- geringe Veränderungen des Bestands hinsichtlich Größe, Wert und Zusammensetzung.

Nicht wesentlich ist der Gesamtwert dann, wenn der Wert der Gegenstände 2–3 % des
Gesamtvermögens nicht überschreitet (so zB *Egger* in HBA[3], § 209 Abs 1 Rz 5; *E/S/B*[15],
266). Der Großteil der Literatur steht der Wesentlichkeitsgrenze „toleranter“ gegenüber
und spricht sich für eine Grenze von 5 % aus (vgl bspw *Winkeljohann/Philipps* in Beck
Bil-Komm[10], § 240 Rz 87; *A/D/S*[6] § 240 Rz 74; *Geist* in *Jaborneg* § 209 Rz 4 mwN;
Feichtner, RWZ 1993, 232). Die Wesentlichkeit/Unwesentlichkeit ist somit durch einen
Vergleich mit dem Gesamtvermögen und nicht etwa zur Bilanzposition festzustellen
(siehe dazu die ErläutRV zum RLG, 1270 BlgNR 17. GP, 52). Maßgebend für die Beurteilung ist der Gesamtwert aller zu Festwerten bewerteten Vermögensgegenstände, unabhängig davon, ob sie zum Anlage- oder Umlaufvermögen zählen.

Der bilanzierte Festwert ist gem § 209 Abs 1 Satz 2 mindestens alle fünf Jahre mit Hilfe
einer Bestandsaufnahme zu überprüfen. Allerdings geht das Schrifttum davon aus,
dass bei wesentlicher Änderung der dem Festwert zugrundeliegenden Einflussfaktoren
wie zB anlässlich von Betriebserweiterungen oder Neuerungen im betrieblichen Leis-
tungsprogramm schon früher eine Bestandsaufnahme erforderlich werden kann (siehe
dazu *Urnik/Urtz* in *Straube*[3] § 209 Rz 9; *Winkeljohann/Philipps* in Beck Bil-Komm[10]
§ 240 Rz 89).

In § 209 Abs 1 letzter Satz idF vor dem RÄG 2014 ist die Wortfolge *„wesentliche Änderung“* angeführt. Da bereits nach alter Rechtslage auf die Wesentlichkeit abgestellt worden ist, erübrigt sich eine begriffliche Änderung. Ergibt sich demnach aus der – generell

alle fünf Jahre durchzuführenden – Bestandsaufnahme eine wesentliche Mengenänderung, ist der Festwert entweder durch Aktivierung der Zugänge des letzten Geschäftsjahres entsprechend zu erhöhen oder auf den neuen Bestand durch Abschreibung oder Ausweis eines Abganges zu vermindern. Eine wesentliche Änderung wird nach hM bei Überschreiten von 10 % angenommen (*Platzer/Kros*, ÖStZ 1976, 239; *Fröhlich* in *Hirschler* § 209 Rz 13; *Winkeljohann/Philipps* in Beck Bil-Komm[10] § 240 Rz 105; *Feichtner*, RWZ 1993, 232).

Wertansätze von Passivposten

§ 211.

(1) Verbindlichkeiten sind zu ihrem Erfüllungsbetrag, Rentenverpflichtungen zum Barwert der zukünftigen Auszahlungen anzusetzen. Rückstellungen sind mit dem Erfüllungsbetrag anzusetzen, der bestmöglich zu schätzen ist. Rückstellungen für Abfertigungsverpflichtungen, Pensionen, Jubiläumsgeldzusagen oder vergleichbare langfristig fällige Verpflichtungen sind mit dem sich nach versicherungsmathematischen Grundsätzen ergebenden Betrag anzusetzen.

(2) Rückstellungen mit einer Restlaufzeit von mehr als einem Jahr sind mit einem marktüblichen Zinssatz abzuzinsen. Bei Rückstellungen für Abfertigungsverpflichtungen, Pensionen, Jubiläumsgeldzusagen oder vergleichbare langfristig fällige Verpflichtungen kann ein durchschnittlicher Marktzinssatz angewendet werden, der sich bei einer angenommenen Restlaufzeit von 15 Jahren ergibt, sofern dagegen im Einzelfall keine erheblichen Bedenken bestehen.

- *ErlRV zu § 211*

In § 211 Abs. 1 soll – wie in § 253 Abs. 2 erster Satz dHGB – klargestellt werden, dass Verbindlichkeiten und Rückstellungen mit dem Erfüllungsbetrag anzusetzen sind. Der Begriff „Erfüllungsbetrag" weist klarer als der bisherige „Rückzahlungsbetrag" darauf hin, dass nicht nur Geldleistungsverpflichtungen, sondern auch Sachleistungs- oder Sachwertverpflichtungen umfasst sind (*Kozikowski/Schubert* in Beck Bil-Komm[7] § 253 Rz 51). Mit dem Begriff soll außerdem klargestellt werden, dass in die Betrachtung – unter Einschränkung des Stichtagsprinzips – künftige Preis- und Kostensteigerungen einzubeziehen sind. Bei den Altersversorgungsverpflichtungen soll es bei der Bewertung aufgrund versicherungsmathematischer Grundsätze bleiben; diese bisher in Abs. 2 geregelte Bewertungsvorschrift soll in Abs. 1 übernommen werden. Der Ansatz eines um einen fixen Prozentsatz gekürzten Betrags soll hingegen nicht mehr zulässig sein.

Bei der Bestimmung der Marktüblichkeit des zur Abzinsung gewählten Zinssatzes kann man sich entweder an den deutschen Kundmachungen der Rechtsverordnungen nach § 253 Abs. 2 vierter Satz dHGB orientieren oder den Durchschnittszinssatz in § 9 Abs. 5 EStG heranziehen. Bei den Personalrückstellungen soll den Unternehmen ermöglicht werden, eine Abzinsung mit einem gewichteten Durchschnittszinssatz bei einer angenommenen Restlaufzeit von 15 Jahren vorzunehmen.

Nach den Übergangsregeln ist eine Neubewertung der Rückstellungen und Anpassung ab der Bilanz für das Geschäftsjahr 2016 notwendig. § 906 Abs. 33 und 34 ermöglicht eine auf längstens fünf Jahre verteilte Zuführung bzw. Abstockung des erforderlichen Betrags.

Kommentierung

I. Wertansätze von Passivposten (Abs 1)

A. Allgemeines

Wie auch schon vor dem RÄG 2014 regelt § 211 die Wertansätze von Passivposten. Während Renten weiterhin zum Barwert der zukünftigen Auszahlungen anzusetzen sind, gibt es beim Ansatz von Verbindlichkeiten und Rückstellungen begriffliche Änderungen. § 211 Abs 1 idF vor dem RÄG 2014 sah für Verbindlichkeiten den Rückzahlungsbetrag als Wertansatz vor. Rückstellungen waren gem § 211 Abs 1 idF vor dem RÄG 2014 in der Höhe anzusetzen, die nach vernünftiger unternehmerischer Beurteilung notwendig war. In der Neuformulierung sieht § 211 Abs 1 nun vor, dass Verbindlichkeiten und Rückstellungen mit dem Erfüllungsbetrag anzusetzen sind, wobei die *„vernünftige unternehmerische Beurteilung"* über die neue Bestimmung des § 201 Abs 2 Z 7 („umsichtige Beurteilung") wieder ins Spiel kommt.

B. Verbindlichkeiten

Nach den ErlRV handelt es sich bei der Neuformulierung des Wertansatzes von Verbindlichkeiten um eine Begriffsänderung, mit der klargestellt werden soll, dass der Wertansatz nicht nur Geldleistungsverpflichtungen, sondern auch Sachleistungs- und Sachwertverpflichtungen und auch zukünftige Preis- und Kostensteigerungen umfasst (vgl ErläutRV 367, BlgNr 25. GP, 8). Der **Erfüllungsbetrag** entspricht dabei jenem Betrag, der zur Erfüllung der Verpflichtung aufgewendet werden muss (vgl *Schubert* in Beck Bil-Komm[10], § 253 Rz 51). Liegen keine im- oder expliziten Zinsen vor, ist bei Geldverbindlichkeiten der Nominalwert als Erfüllungsbetrag und bei Sachleistungsverpflichtungen der nominale Euro-Gegenwert zur Erfüllung der Verpflichtung anzusetzen (vgl *Ballwieser* in MünchKomm zum HGB[3] § 253 Rz 66).

Die Antizipation künftiger Preis- und Kostensteigerungen im Erfüllungsbetrag betrifft vor allem langfristige Verbindlichkeiten. Die Berücksichtigung zukünftiger Preis- und Kostensteigerungen setzt ausreichende objektive Hinweise bzw hinreichend sichere Erwartungen für deren Eintritt voraus. Zur Bestimmung von erwarteten zukünftigen Preis- und Kostensteigerungen kann grundsätzlich auf (statistische) Erfahrungswerte (vgl § 201 Abs 2 Z 7), Inflationserwartungen oder Eintrittswahrscheinlichkeiten zurückgegriffen werden (vgl *Schubert* in Beck Bil-Komm[10] § 253 Rz 158). Nach dem deutschen IDW kann sich die Schätzung künftiger Preisentwicklungen nach dem aktuellen Inflationsziel der Europäischen Zentralbank richten (vgl IDW RS HFS 34 Rz 27).

C. Rückstellungen

Gemäß der Neufassung des § 211 Abs 1 ist die Höhe der Rückstellung nun nicht mit jener Höhe anzusetzen, die nach vernünftiger unternehmerischer Beurteilung notwendig ist, sondern ebenfalls mit dem Erfüllungsbetrag, der bestmöglich zu schätzen ist. Hinsichtlich des Umfangs des Begriffs „Erfüllungsbetrag" darf auf die Ausführungen zum Erfüllungsbetrag von Verbindlichkeiten verwiesen werden. Aus der Tatsache, dass der Erfüllungsbetrag nun **bestmöglich zu schätzen** ist und nicht wie gem § 211 Abs 1 idF vor dem RÄG 2014 nach vernünftiger unternehmerischer Beurteilung zu ermitteln ist, lässt sich kein Unterschied ableiten. Schon die alte Formel wurde als Schätzmaßstab, der zu einer Objektivierung und zu einer gesteigerten Sorgfalt bei der Bewertung von Rückstellungen anhält, angesehen (vgl *Konezny* in *Hirschler* § 211 Rz 38). Auch der Neuformulierung, nach der eine bestmögliche Schätzung durchzuführen ist, ist keine bestimmte Bewertungsmethode zu entnehmen, allerdings sind nach § 201 Abs 2 Z 7 statistisch ermittelbare Erfahrungswerte aus gleich gelagerten Sachverhalten zu berücksichtigen, wenn solche Erfahrungswerte vorliegen. Bei Schätzung des Erfüllungsbetrages von Rückstellungen sind daher weiterhin alle objektiven Informationen über die tatsächlichen Verhältnisse zum Bilanzstichtag zu berücksichtigen (vgl *Konezny* in *Hirschler* § 211 Rz 38).

Wie sich zeigt, ist für den Ansatz von Verbindlichkeiten und Rückstellungen derselbe Wert, nämlich der Erfüllungsbetrag maßgeblich. Bei Rückstellungen kann eine Änderung des Erfüllungsbetrages betragsmäßig in jede Richtung berücksichtigt werden. Fraglich erscheint, ob dies auch auf den Ansatz von Verbindlichkeiten zutrifft. Praktische Relevanz hätte dies im Fall von **Fremdwährungsverbindlichkeiten**. Nach hM wird jedoch das aktivseitige Anschaffungskostenprinzip sinngemäß auf die Bewertung von Verbindlichkeiten übertragen, wonach der historische Zugangswert die Wertobergrenze darstellt. Die spiegelbildliche Übertragung des Anschaffungskostenprinzips auf Verbindlichkeiten bedeutet, dass der historische Zugangswert die Wertuntergrenze bildet (vgl *Konezny* in *Hirschler* § 211 Rz 17).

Rückstellungen für Abfertigungsverpflichtungen, Pensionen, Jubiläumsgeldzusagen oder vergleichbare langfristig fällige Verpflichtungen sind mit dem sich nach **versiche-rungsmathematischen Grundsätzen** ergebenden Betrag anzusetzen. Diese bisher in Abs 2 geregelte versicherungsmathematische Bewertung wurde in Abs 1 vorgezogen und ausdrücklich um die Jubiläumsgeldrückstellung erweitert; das Vereinfachungsver-fahren hinsichtlich der Abfertigungsverpflichtung wurde gestrichen.

II. Abzinsung (Abs 2)

Gemäß § 211 Abs 2 sind Rückstellungen mit einer Restlaufzeit von mehr als einem Jahr mit einem marktüblichen Zinssatz abzuzinsen. Da bei Rückstellungen häufig ein Fällig-keitszeitpunkt nicht besteht, ist auf den Zeitpunkt der voraussichtlichen Inanspruchnahme abzustellen (vgl *Schubert* in Beck Bil-Komm[10] § 253 Rz 180).

Nach den ErlRV sollen bei Bestimmung des marktüblichen Zinssatzes entweder die deutschen Kundmachungen der Rechtsordnungen nach § 253 Abs 2 vierter Satz dHGB oder den Durchschnittssatz in § 9 Abs 5 EStG herangezogen werden können (vgl ErläutRV 367, BlgNR 25. GP, 8).

Der Abzinsungssatz wird gem § 253 Abs 2 vierter Satz dHGB von der Deutschen Bundes-bank nach Maßgabe einer Rechtsverordnung ermittelt und monatlich bekannt gegeben. Die Abzinsungssätze werden für ganzjährige Laufzeiten von 1–50 Jahre auf der Website https://www.bundesbank.de/Redaktion/DE/Downloads/Statistiken/Geld_Und_Kapitalmaerkte/Zinsaetze_Renditen/abzinsungszinssaetze.pdf?_blob=pulbicationFile veröffentlicht (vgl *Schubert* in Beck Bil-Komm[10] § 253 Rz 188). Da die Abzinsungssätze jeweils für ganzjähri-ge Laufzeiten bis zu 50 Jahren angegeben werden, stellt sich die Frage, welcher Zinssatz für Laufzeiten herangezogen werden soll, die 50 Jahre übersteigen. Hilfsweise ist wohl auf die in § 5 der Deutschen Verordnung über die Ermittlung und Bekanntgabe der Sätze zur Abzinsung von Rückstellungen beschriebene Interpolation zurückzugreifen.

Für unterjährige Restlaufzeiten kann die Ermittlung des anzuwendenden Diskontie-rungssatzes nach verschiedenen Vorgehensweisen erfolgen. Der zu verwendende Zinssatz kann durch lineare Interpolation ausgehend von den Zinssätzen für die nächst-kürzere und nächstlängere Restlaufzeit ermittelt werden. Alternativ kann jener Zinssatz für die ganzjährige Restlaufzeit verwendet werden, die dem Erfüllungszeitpunkt am nächsten liegt. Im Fall einer normalen Zinsstruktur soll die Verwendung des für die nächstkürzere, ganzjährige Restlaufzeit bekanntgegebenen Zinssatzes zulässig sein (vgl *Schubert* in Beck Bil-Komm[10] § 253 Rz 188).

§ 9 Abs 5 EStG sieht einen Zinssatz von 3,5 % für die Abzinsung von Zinsen vor. Es ist jedoch zu hinterfragen, ob der im Ertragsteuerrecht festgelegte laufzeitunabhängige Zinssatz von 3,5 % als marktüblicher Zinssatz iSd § 211 Abs 2 herangezogen werden kann (vgl dazu schon *Amberger/Petutschnig*, ÖStZ 2014, 72 f; *Plott*, taxlex 2014, 97). Es ist vielmehr von einem gesetzlichen „Fixzinssatz", der abweichende Zinsentwicklun-gen am Markt nicht berücksichtigt und in einzelnen Jahren dem Marktzins entsprechen kann, auszugehen (vgl *Hirschler/Krainz/Dizdarevic/Höltschl* in IWP 2016, 246). Zudem ist unter Bedachtnahme des derzeitigen Zinsniveaus fraglich, ob eine Abzinsung von Rückstellungen mit Restlaufzeit von mehr als einem Jahr mit einem steuerlichen Fest-zinssatz von 3,5 % nicht überhöht ist und gegen den Grundsatz der Vorsicht verstößt (vgl *Hirschler/Höltschl*, VWT 2016, 91; *Velte*, RWZ 2015, 269).

Ganz allgemein kann unter einem Marktzins ein Zinssatz verstanden werden, der dem Zinssatz für Anleihen von Unternehmen mit hochklassiger Bonitätseinstufung bei mit der Fristigkeit der Rückstellung übereinstimmender Restlaufzeit und Währung entspricht.

Alternativ dürfen Rückstellungen für Abfertigungsverpflichtungen, Pensionen, Jubiläumsgeldzusagen oder vergleichbare langfristig fällige Verpflichtungen mit einem durchschnittlichen Marktzinssatz abgezinst werden, der sich bei einer angenommenen Restlaufzeit von 15 Jahren ergibt, sofern dagegen keine erheblichen Bedenken bestehen. Dieser durchschnittliche Marktzinssatz stellt auf eine vergangenheitsorientierte Betrachtungsweise der Stichtagszinssätze der vorangegangenen vier bis neun Abschlussstichtage ab (vgl AFRAC 27, Rz 40). Damit kann die Schwankung in den Anspruchslaufzeiten der jeweiligen Rückstellung ausgeglichen werden. Sollten aus welchen Gründen auch immer die Auszahlungszeitpunkte deutlich von der 15-jährigen durchschnittlichen Restlaufzeit abweichen, wird ein anderer laufzeitabhängiger Zinssatz zu bestimmen sein. Der jeweils gewählte Zinssatz und seine Ermittlung sind stetig anzuwenden.

Vierter Titel

Aufbewahrung und Vorlage von Unterlagen

Aufbewahrungspflicht, Aufbewahrungsfrist

§ 212.

(1) Der Unternehmer hat seine Bücher, Inventare, Eröffnungsbilanzen, Jahresabschlüsse samt den Lageberichten, Konzernabschlüsse samt den Konzernlageberichten, empfangene Geschäftsbriefe, Abschriften der abgesendeten Geschäftsbriefe und Belege für Buchungen in den von ihm gemäß § 190 zu führenden Büchern (Buchungsbelege) sieben Jahre lang geordnet aufzubewahren; darüber hinaus noch solange, als sie für ein anhängiges gerichtliches oder behördliches Verfahren, in dem der Unternehmer Parteistellung hat, von Bedeutung sind.

(2) Die Frist läuft vom Schluß des Kalenderjahrs an, für das die letzte Bucheintragung vorgenommen, das Inventar aufgestellt, die Eröffnungsbilanz und der Jahresabschluß festgestellt, der Konzernabschluß aufgestellt oder der Geschäftsbrief empfangen oder abgesendet worden ist.

- *ErlRV zu § 212*
  Diese Änderungen betreffen Verweiskorrekturen.

Kommentierung

Sinn und Zweck dieser Regelung ist die Aufbewahrungspflicht der Rechnungslegungspflichtigen anzuordnen (vgl *Torggler* in *Straube*[3] § 212 Rz 1). Diese umfasst neben den Büchern weitere wichtige Geschäftsunterlagen. Ohne entsprechende Aufbewahrung ist die Dokumentation und der Beweis für eine spätere Nachprüfung nicht möglich (vgl *Fraberger/Petritz* in *Hirschler* § 212 Rz 2 mwN), was sie zu einem unverzichtbaren Bestandteil der Rechnungslegungspflichten macht. Die Änderung durch das RÄG 2014 betrifft eine bloße Verweiskorrektur und es kommt zu keinen inhaltlichen Änderungen.

Durch das APRÄG 2016 kommt es zu keiner Änderung des § 212.

Vorlage im Rechtsstreit

§ 213.

(1) Im Laufe eines Rechtsstreits kann das Gericht auf Antrag oder von Amts wegen die Vorlage der Bücher einer Partei anordnen.

(2) Die Vorschriften der Zivilprozeßordnung über die Verpflichtung des Prozeßgegners zur Vorlage von Urkunden bleiben unberührt.

Auszug bei Vorlage im Rechtsstreit

§ 214.

Werden in einem Rechtsstreit Bücher vorgelegt, so ist in sie, soweit sie den Streitpunkt betreffen, unter Zuziehung der Parteien Einsicht zu nehmen und geeignetenfalls ein Auszug davon anzufertigen. Der übrige Inhalt der Bücher ist dem Gericht insoweit offenzulegen, als es zur Prüfung ihrer ordnungsmäßigen Führung notwendig ist.

Vorlage bei Vermögensauseinandersetzungen

§ 215.

Bei Vermögensauseinandersetzungen, insbesondere in Erbschafts-, Gütergemeinschafts- und Gesellschaftsteilungssachen, darf das Gericht die Vorlage der Bücher zur Kenntnisnahme von ihrem ganzen Inhalt anordnen.

Vorlage von Unterlagen auf Datenträgern

§ 216.

Wer Eintragungen oder Aufbewahrungen in der Form des § 190 Abs. 5 vorgenommen hat muß, soweit er zur Einsichtgewährung verpflichtet ist, auf seine Kosten innerhalb angemessener Frist diejenigen Hilfsmittel zur Verfügung stellen, die notwendig sind, um die Unterlagen lesbar zu machen, und, soweit erforderlich, die benötigte Anzahl ohne Hilfsmittel lesbarer, dauerhafter Wiedergaben beibringen.

- *ErlRV zu § 216*
  Siehe ErlRV zu § 212.

Kommentierung

Durch das APRÄG 2016 kommt es zu keiner Änderung des § 216.

Zweiter Abschnitt

Ergänzende Vorschriften für Kapitalgesellschaften

~~(Aktiengesellschaften und Gesellschaften mit beschränkter Haftung)~~ |

- *ErlRV zur Überschrift des zweiten Abschnitts*
  Der Klammerausdruck soll entfernt werden, da der Begriff „Kapitalgesellschaften" nicht nur AG und GmbH umfasst, sondern auch SE.

Erster Titel

Größenklassen

Umschreibung

§ 221.

(1) Kleine Kapitalgesellschaften sind solche, die mindestens zwei der drei nachstehenden Merkmale nicht überschreiten:

1. 5 Millionen Euro Bilanzsumme;
2. 10 Millionen Euro Umsatzerlöse in den zwölf Monaten vor dem Abschlussstichtag; |
3. im Jahresdurchschnitt 50 Arbeitnehmer.

(1a) Kleinstkapitalgesellschaften sind kleine Kapitalgesellschaften, die keine Investmentunternehmen oder Beteiligungsgesellschaften sind und mindestens |

zwei der drei nachstehenden Merkmale nicht überschreiten:

1. 350.000 Euro Bilanzsumme;
2. 700.000 Euro Umsatzerlöse in den zwölf Monaten vor dem Abschlussstichtag;
3. im Jahresdurchschnitt 10 Arbeitnehmer.

(2) Mittelgroße Kapitalgesellschaften sind solche, die mindestens zwei der drei in Abs. 1 bezeichneten Merkmale überschreiten und mindestens zwei der drei nachstehenden Merkmale nicht überschreiten:

1. 20 Millionen Euro Bilanzsumme;
2. 40 Millionen Euro Umsatzerlöse in den zwölf Monaten vor dem Abschlussstichtag;
3. im Jahresdurchschnitt 250 Arbeitnehmer.

(3) Große Kapitalgesellschaften sind solche, die mindestens zwei der drei in Abs. 2 bezeichneten Merkmale überschreiten. Ein Unternehmen von öffentlichem Interesse (§ 189a Z 1) gilt stets als große Kapitalgesellschaft.

(4) Die Rechtsfolgen der Größenmerkmale (Abs. 1 bis Abs. 3 erster Satz) treten ab dem folgenden Geschäftsjahr ein, wenn diese Merkmale an den Abschlussstichtagen von zwei aufeinanderfolgenden Geschäftsjahren überschritten beziehungsweise nicht mehr überschritten werden. Im Falle der Neugründung und Umgründung (Verschmelzung, Umwandlung, Einbringung, Zusammenschluss, Realteilung oder Spaltung) außer bei einer rechtsformwechselnden Umwandlung treten die Rechtsfolgen bereits ein, wenn die Größenmerkmale am ersten Abschlussstichtag nach der Neugründung oder Umgründung vorliegen; dies gilt auch bei der Aufgabe eines Betriebes oder eines Teilbetriebes, wenn die Größenmerkmale um mindestens die Hälfte unterschritten werden.

(4a) Aktiengesellschaften, die Mutterunternehmen (§ 189a Z 6) sind, haben die Schwellenwerte nach den Abs. 1 bis 2 auf konsolidierter oder aggregierter Basis zu berechnen.

(5) Eine Personengesellschaft im Sinn des § 189 Abs. 1 Z 2 unterliegt hinsichtlich der in den §§ 222 bis 227, § 229 Abs. 1 bis 3, *§§ 231 bis 243c* und §§ 268 bis 285 geregelten Tatbestände den der Rechtsform ihres unbeschränkt haftenden Gesellschafters entsprechenden Rechtsvorschriften; ist dieser keine Kapitalgesellschaft, so gelten die Vorschriften für Gesellschaften mit beschränkter Haftung. *Dies gilt bei Unternehmen von öffentlichem Interesse im Sinn des § 189a Z 1 lit. a und d auch für die Einrichtung eines Aufsichtsrates sowie eines Prüfungsausschusses. Die Einordnung in die Größenklassen nach Abs. 1 bis 4a, 6 und 7 erfolgt nach den maßgeblichen Kennzahlen der Personengesellschaft selbst.*

(6) Der Durchschnitt der Arbeitnehmeranzahl bestimmt sich nach der Arbeitnehmeranzahl an den jeweiligen Monatsletzten innerhalb des Geschäftsjahrs.

(7) Der Bundesminister für Justiz wird ermächtigt, in Umsetzung von Rechtsvorschriften der Europäischen Union durch Verordnung an Stelle der in Abs. 1 bis 2 angeführten Merkmale andere Zahlen festzusetzen.

- *ErlRV zu § 221*

    Zu Abs. 1:

    Im Kommissionsvorschlag für die Bilanz-Richtlinie wurde vorgeschlagen, die Schwellenwerte für kleine Unternehmen inflationsbedingt von 4,84 Mio. Euro Bilanzsumme und 9,68 Mio Euro Umsatzerlösen auf 5 und 10 Mio. Euro anzuheben; die Schwellenwerte sollten europaweit einheitlich sein. Im Verlauf der Verhandlungen konnten sich die Mitgliedstaaten jedoch nicht auf einheitliche Schwellenwerte einigen. Im Austausch für die Möglichkeit der Staaten, die Schwellenwerte auf 4 und 8 Mio. Euro absenken zu können, wurde die Möglichkeit eingeführt, sie auch auf 6 und 12 Mio. Euro anzuheben. Der Entwurf schlägt vor, beim ursprünglichen Vorschlag der Kommission im Mitte feld zu bleiben und die Schwellenwerte nur an die zwischenzeitige Inflation anzupassen.

Zu Abs. 1a und 7:

Der Entwurf schlägt vor, in Übereinstimmung mit Art. 3 Abs. 1 der Richtlinie eine neue Kategorie Kleinstkapitalgesellschaften einzuführen, für die wahlweise alle oder einzelne der in Art. 36 angeführten Erleichterungen vorgesehen werden können. Hier schlägt der Entwurf die Befreiung von den Anhangangaben (Art. 36 Abs. 1 lit. b – s. § 242 Abs. 1) und bestimmte Erleichterungen beim Zwangsstrafverfahren vor (s. § 283). In Abs. 7 wird die Verordnungsermächtigung auch auf den neuen Abs. 1a ausgedehnt.

Zu Abs. 2:

Die Schwellenwerte für mittlere Unternehmen sind nach Art. 3 Abs. 3 der Richtlinie zwingend auf 20 Mio. Euro Bilanzsumme und 40 Mio. Euro Umsatzerlöse zu ändern.

Zu Abs. 3:

Mit dieser Bestimmung soll Art. 40 Bilanz-Richtlinie umgesetzt werden. Inhaltlich wird der Kreis von Unternehmen, die per se als groß gelten, über die kapitalmarktorientierten Unternehmen hinaus auf Banken und Versicherungen ausgedehnt (im Einklang mit den Richtlinien-Vorgaben und die vorgeschlagene Definition in § 189a Z 1).

Zu Abs. 4:

Die Anordnung, dass die Rechtsfolgen der Größenmerkmale auch im Fall einer Umgründung oder Neugründung erst ab dem folgenden Geschäftsjahr eintreten, kann als Redaktionsversehen angesehen werden, zumal sich die Erläuternden Bemerkungen zum EU-GesRÄG an § 267 Abs. 4 zweiter Satz dHGB orientieren (vgl. *Nowotny* in *Straube*, UGB II/RichtlinieG[3] [2011] § 221 Rz 30, der einen sofortigen Eintritt der Rechtsfolgen für rechtspolitisch für geboten erachtet). Damit soll auch klargestellt werden, dass eine Gesellschaft nicht in jedem Fall bei einer Neugründung als Kleinstkapitalgesellschaft (Abs. 1a idF des Entwurfs) einzustufen ist. Vom Begriff der „Umgründung" soll allerdings der bloße Rechtsformwechsel ausgenommen werden.

Nach § 906 Abs. 28 ist § 221 Abs. 4 erstmalig auf Unterlagen der Rechnungslegung für Geschäftsjahre anzuwenden, die nach dem 31. Dezember 2015 beginnen. Unterschreitet die Gesellschaft durch eine Spaltung im Geschäftsjahr 2016 die Schwellenwerte einer mittelgroßen Gesellschaft, so kann sie den Jahresabschluss für 2016 bereits für eine kleine Gesellschaft erstatten. Überschreitet die Gesellschaft aufgrund einer Verschmelzung die Schwellenwerte einer mittelgroßen Gesellschaft, so hat sie den Jahresabschluss für 2016 als große Gesellschaft aufzustellen.

Zu Abs. 4a:

Die Richtlinie gestattet es, Mutterunternehmen vorzuschreiben, ihre Schwellenwerte auf konsolidierter oder aggregierter Basis zu berechnen (Art. 3 Abs. 12 in Verbindung mit Erwägungsgrund 12 zweiter Satz). Von dieser Option wird Gebrauch gemacht, um zu verhindern, dass Mutterunternehmen, die über eine sehr hohe Bilanzsumme, aber über wenige Mitarbeiter verfügen und selbst nur sehr geringe Umsatzerlöse erzielen, nur einen sehr eingeschränkten Anhang offenlegen müssen. Das betrifft insbesondere Aktiengesellschaften, die Holding-Gesellschaften sind, die ohne Umsatzung dieser Ausnahme wesentliche Angaben zur Eigenkapitalstruktur (§ 241 idF des Entwurfs) nicht mehr machen müssten. Eine Gesellschaft gilt auch dann als Mutterunternehmen, wenn aufgrund der Anwendung der §§ 246 oder 249 im Einzelfall kein Konzernabschluss aufgestellt wird.

Nach § 906 Abs. 28 ist § 221 Abs. 4a erstmalig auf Unterlagen der Rechnungslegung für Geschäftsjahre anzuwenden, die nach dem 31. Dezember 2015 beginnen. Ein Mutterunternehmen, das bisher als klein gegolten hat, hat daher für das Geschäftsjahr 2016 bereits den Jahresabschluss für eine große Gesellschaft aufzustellen, wenn die Schwellenwerte auf konsolidierter oder aggregierter Basis jene einer mittelgroßen Gesellschaft übersteigen.

Zu Abs. 5:

Mit dem AktRÄG 2009, BGBl. I Nr. 71/2009, wurden die Abs. 4 bis 7 über gebundene Rücklagen aus dem AktG übernommen, ohne dass in § 221 klargestellt wurde, dass diese Bestimmungen wie bis zur Änderung nicht für kapitalistische Personengesellschaften anzuwenden sind. Da eine Ausweitung der Regelung über gebundene Rücklagen für kapitalistische Personengesellschaften nicht beabsichtigt war, soll diese Klarstellung nun nachgeholt werden.

- ***ErlRV zum APRÄG 2016 (Abs. 5)***

Die Ergänzung stellt klar, dass auch kapitalistische Personengesellschaften, die die Voraussetzungen des § 189a Z 1 lit a oder d erfüllen, einen Aufsichtsrat und Prüfungsausschuss einzurichten haben. Da die Möglichkeit, börsenotierte Wertpapiere zu begeben, nicht an eine bestimmte Rechtsform gebunden ist, soll zur Vermeidung einer Umsetzungslücke auch für diesen – äußerst unwahrscheinlichen – Fall (vgl. auch § 24 Abs. 4 SCE-Gesetz) vorgesorgt werden. Zu denken wäre hier insbesondere an eine GmbH & Co KG oder an eine offene Gesellschaft, bei der kein unbeschränkt haftender Gesellschafter eine natürliche Person ist.

Abgesehen von der Erweiterung des Verweises (richtlinienbedingt) auch auf den neuen § 243c soll durch Einfügung eines weiteren Satzes eine technische Unklarheit beseitigt werden: Da dem Wortlaut des Abs. 5 nach auf die Rechtsvorschriften des persönlich haftenden Gesellschafters abzustellen ist, könnte bei der Einordnung in die Größenklassen angenommen werden, es käme auf die Klassifizierung des persönlich haftenden Gesellschafters an. Wenn bei einer an sich großen GmbH & Co KG die Komplementär-GmbH selbst nur klein wäre, hätte diese Ansicht zur Folge, dass die große KG nur wie eine kleine GmbH offenlegen müsste. Dies ließe die Bilanz-Richtlinie allerdings nicht zu (so schon zur Rechtslage vor dem RÄG 2014 *Nowotny* in *Straube*, UGB II/RLG[3] § 221 Rz 38a), weshalb klargestellt werden soll, dass sich die Größenklassifizierung nach den Kennzahlen der Personengesellschaft selbst richtet.

Kommentierung

I. Anhebung der Schwellenwerte

Mit dem RÄG 2014 wurden die Schwellenwerte nur geringfügig um rund 5 % gegenüber dem Wert vor dem RÄG 2014 angehoben, um sie an die zwischenzeitige Inflation anzupassen (vgl *Besser*, PSR 2014, 160 [162]). Dadurch wurde die in der Bilanz-RL zulässige Obergrenze für kleine Kapitalgesellschaften durch den österreichischen Gesetzgeber, im Gegensatz zu Deutschland, nicht genutzt (*Dokalik/Kerschbaumer/Buchberger* in IWP 2015, 249). Allerdings können sämtliche Schwellenwerte in Zukunft durch delegierte Rechtsakte der Kommission an die Inflation angepasst werden (Art 3 Abs 13 Bilanz-RL). Die neuen Schwellenwerte sind bereits bei der erstmaligen Anwendung des RÄG 2014 anzuwenden (vgl insbesondere die Anm zu § 906 Abs 29).

II. Kleinstkapitalgesellschaften (Abs 1a)

Die Bilanz-RL lässt es zu, dass für Kleinstkapitalgesellschaften (sog Micros) wahlweise alle oder einzelne der in Art 36 Bilanz-RL angeführten Erleichterungen vorgesehen werden (sog „cherry-picking", vgl *Winkeljohann/Lawall* in Beck Bil-Komm[10] § 267a Rz 5). Von diesen Erleichterungen können alle in Art 1 Abs 1 der Bilanz-RL genannten Rechtsformen Gebrauch machen, sofern diese nicht von öffentlichem Interesse (§ 189a Z 1), Investment- oder Beteiligungsgesellschaften (§ 189a Z 11 bzw Z 12) sind. Davon profitieren insbesondere Kleinstkapitalgesellschaften in der Rechtsform einer GmbH oder GmbH & Co KG, die an zwei aufeinanderfolgenden Abschlussstichtagen zwei der drei angeführten Merkmale nicht überschreiten (zu den Rechtsfolgen bei Gründung einer „Kleinstkapitalgesellschaft" im Jahr 2015 und später siehe Kommentierung zu Abs 4). Allerdings können auch Aktiengesellschaften die Erleichterungen für Kleinstkapitalgesellschaften in Anspruch nehmen, was dazu führt, dass solche Gesellschaften zwar geprüft werden, aber keinen Anhang aufstellen müssen.

* *Beispiel 1*

	Bilanzsumme	Umsatzerlöse	Arbeitnehmer
2015 (und davor)	EUR 300.000	EUR 800.000	8
2016	EUR 450.000	EUR 750.000	9

Erreichte Schwellenwerte der A-GmbH

A ist als Kleinstkapitalgesellschaft zu qualifizieren, weil zwei von drei Schwellenwerten iSd § 221 Abs 1a an zwei aufeinanderfolgenden Stichtagen nicht überschritten wurden. Nach der Übergangsbestimmung (§ 906 Abs 29) können für die Beurteilung als Kleinstkapitalgesellschaft im Jahr 2016 (§ 221 Abs 1a) bereits die Schwellenwerte gem § 221 Abs 1a auf die Geschäftsjahre 2014 und 2015 rückwirkend angewandt werden.

Die österreichische Regelung im UGB befreit Kleinstkapitalgesellschaften davon, einen Anhang aufstellen zu müssen, vorausgesetzt, sie führen den Gesamtbetrag der Haftungsverhältnisse (§ 199), sonstige wesentliche finanzielle Verpflichtungen, Art und Form jeder gewährten dinglichen Sicherheit und alle Verpflichtungen gegenüber verbundenen oder assoziierten Unternehmen (§ 237 Abs 1 Z 2) unter der Bilanz an. Ebenso müssen Angaben über Beträge der den Mitgliedern des Vorstands und des Aufsichtsrats gewährten Vorschüsse und Kredite unter Angabe der Zinsen, der wesentlichen Bedingungen und der gegebenenfalls zurückgezahlten oder erlassenen Beträge sowie die zugunsten dieser Personen eingegangenen Haftungsverhältnisse (§ 237 Abs 1 Z 3) unter der Bilanz gemacht werden (vgl Kommentierung zu § 242). Außerdem wurden für Kleinstkapitalgesellschaften Erleichterungen im Zwangsstrafverfahren vorgesehen (nur halbe Zwangsstrafen bei Nichteinreichung des Jahresabschlusses beim Firmenbuch, siehe § 283).

Zu den Erleichterungen für Kleinstkapitalgesellschaften zählen – vorbehaltlich entgegenstehender Regelungen – außerdem diejenigen, die auch für kleine Kapitalgesellschaften vorgesehen sind (Art 36 Abs 6 Bilanz-RL 2013/34/EU; vgl *Winkeljohann/Lawall* in Beck Bil-Komm[10] § 267a Rz 5).

III. Wechsel der Größenklassen (Abs 4)

Hinsichtlich des ersten Satzes des § 221 Abs 4 ist durch das RÄG 2014 keine Änderung eingetreten. Die Rechtsfolgen der Größenmerkmale treten nach wie vor ab dem folgenden Geschäftsjahr ein, wenn diese Merkmale an den zwei aufeinanderfolgenden Geschäftsjahren überschritten bzw nicht überschritten werden. Wurde eine Gesellschaft 2015 gegründet, können bei wortgetreuer Anwendung des § 221 Abs 4 erst dann die Erleichterungen für Kleinstkapitalgesellschaften eintreten, wenn die Merkmale des § 221 Abs 1a an zwei aufeinanderfolgenden Geschäftsjahren nicht überschritten wurden. Somit würde die Gesellschaft im Jahr 2016 noch als kleine Kapitalgesellschaft und erst ab 2017 als Kleinstkapitalgesellschaft gelten können, vorausgesetzt, in den Jahren 2015 und 2016 wurden mindestens zwei der drei Merkmale gem § 221 Abs 2 nicht überschritten. Dieses Ergebnis ist allerdings nicht mit dem Telos der Regelung vereinbar (und dem Grundsatz der Bilanz-RL „Verwaltungskosten zu reduzieren"), sodass die Gesellschaft bereits ab 2016 als Kleinstkapitalgesellschaft anzuerkennen ist (*Müller*, RWZ 2015, 229).

- *Beispiel 2*

Jahr	Bilanzsumme	Umsatzerlöse	Arbeitnehmer
2016 (und davor)	EUR 4 Mio	EUR 8 Mio	51
2017	EUR 18 Mio	EUR 35 Mio	270
2018	EUR 19 Mio	EUR 41 Mio	250

Erreichte Schwellenwerte der B-GmbH

Im Beispiel 2 handelt es sich bei der B-GmbH im Jahr 2016 um eine kleine Kapitalgesellschaft, weil zwei der drei qualifizierenden Merkmale des § 221 Abs 1 nicht überschritten werden. Zum Abschlussstichtag 31.12.2017 wird die Grenze zur mittelgroßen Kapitalgesellschaft erstmals erreicht. Die zweite Überschreitung am Abschlussstichtag 31.12.2018 führt dazu, dass ab dem Jahr 2019 die B-GmbH die Vorschriften für mittelgroße Kapitalgesellschaften anzuwenden hat.

Hinsichtlich des generellen Eintritts der Rechtsfolgen der Größenmerkmale erfolgte keine Übereinstimmung mit der deutschen Rechtslage. Nach § 267 Abs 1 erster Satz dHGB treten die Rechtsfolgen der Merkmale nur ein, wenn sie an den Abschlussstichtagen von zwei aufeinanderfolgenden Geschäftsjahren über- oder unterschritten werden. Diese Bestimmung wird durch die deutsche Kommentarliteratur so ausgelegt, dass die Rechtsfolgen der Größenmerkmale bereits am zweiten Abschlussstichtag eintreten, da ein Jahr früher als nach § 221 Abs 4 UGB.

Das Gesetz lässt nunmehr allerdings sowohl bei Um- und Neugründungen als auch bei der Aufgabe eines Betriebes oder Teilbetriebes die Rechtsfolgen der Größenmerkmale gegenüber der allgemeinen Regelung schneller eintreten (§ 221 Abs 4), nämlich bereits am ersten Abschlussstichtag nach der Um- bzw Neugründung und nicht mehr wie bisher ab dem Geschäftsjahr, das auf den ersten Abschlussstichtag der Umgründung folgt.

● *Beispiel 3*

Jahr	Bilanzsumme	Umsatzerlöse	Arbeitnehmer
2016 (und davor)	EUR 5 Mio	EUR 10 Mio	8
2017 – Umgründung	EUR 20 Mio	EUR 35 Mio	270

Erreichte Schwellenwerte der C-GmbH

Im Beispiel 3 liegt zum Abschlussstichtag 31.12.2016 eine kleine Kapitalgesellschaft vor, weil zwei der drei Schwellenwerte des § 221 Abs 1 nicht überschritten werden. Im Jahr 2017 erfolgt eine Umgründung (Rechtsfolgen bei jeder Art von Umgründung gleich, ausgenommen ist dabei die rechtsformwechselnde Umwandlung; eine solche liegt vor beim Wechsel der Rechtsform von einer AG in eine GmbH und umgekehrt oder von einer OG in eine KG und umgekehrt, wodurch es aber zu keiner Übertragung von Vermögen kommt), wobei die Schwellenwerte für eine mittelgroße Kapitalgesellschaft erreicht werden. Zum Abschlussstichtag 31.12.2017 liegt daher eine mittelgroße Kapitalgesellschaft vor. Eine zweimalige Überschreitung der Schwellenwerte muss daher – im Gegensatz zu Beispiel 2 – nicht vorliegen.

Für den Eintritt der Rechtsfolgen des § 221 Abs 1 und 1a sind gem § 906 Abs 29 die geänderten Größenmerkmale auch für Beobachtungszeiträume nach § 221 Abs 4 und § 246 Abs 2 anzuwenden, die vor dem 1.1.2016 liegen.

Entsprechend § 206 Abs 29 gelten die neuen Größenmerkmale bereits für Jahresabschlüsse 2016.

● *Beispiel 4*

Jahr	Bilanzsumme	Umsatzerlöse	Arbeitnehmer
2015 (und davor)	EUR 4,9 Mio	EUR 11 Mio	5
2016	EUR 5,2 Mio	EUR 8 Mio	12

Erreichte Schwellenwerte der D-GmbH

Aufgrund der Übergangsbestimmung sind für die Beurteilung der Schwellenwerte für 2016 bereits die erhöhten Schwellenwerte maßgebend. Im Beispiel 4 ist die D-GmbH im Jahr 2016 (und auch jedenfalls 2017 und 2018) eine kleine Kapitalgesellschaft, weil zwei von drei Schwellenwerten iSd § 221 Abs 1 idF RÄG 2014 an zwei aufeinanderfolgenden Stichtagen nicht überschritten werden.

IV. Berechnung bei Mutterunternehmen (Abs 4a)

Die Größenklasse eines Mutterunternehmens, das in Form einer AG geführt wird, hängt nunmehr für Zwecke der Erstellung des Jahresabschlusses von den Schwellenwerten auf konsolidierter oder aggregierter Basis ab, wobei ein Wahlrecht besteht, auf welcher Basis die Berechnung erfolgt. Wenn eine AG andere Unternehmen iSd § 244 beherrscht, sind für die Einordnung der Größenklasse daher auch die Werte der Tochterunternehmen zu berücksichtigen. Da nur AG davon betroffen sind, ergeben sich für Holdinggesellschaften in der Rechtsform einer GmbH, welche zwar eine hohe Bilanzsumme, aber wenige Mitarbeiter und wenige Umsatzerlöse haben, keine Auswirkungen. Diese Unternehmen sind üblicherweise als kleine Kapitalgesellschaften einzuordnen: Folglich müssen sie nach wie vor nur einen eingeschränkten Anhang, jedoch keinen Lagebericht aufstellen und sind darüber hinaus nicht prüfungspflichtig. Von der Möglichkeit, anstelle der Nettoumsatzerlöse die Beteiligungserträge als Bezugsgröße zu verwenden, wurde kein Gebrauch gemacht (vgl *Dokalik*, RWZ 2013, 298).

- *Beispiel 5*

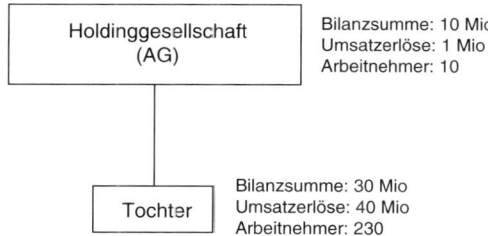

Holdinggesellschaft (AG) — Bilanzsumme: 10 Mio / Umsatzerlöse: 1 Mio / Arbeitnehmer: 10

Tochter — Bilanzsumme: 30 Mio / Umsatzerlöse: 40 Mio / Arbeitnehmer: 230

Holding-AG – aggregierte Basis

Im Beispiel 5 wird die Holdinggesellschaft in Form einer AG geführt. Es handelt sich dabei für sich allein betrachtet um eine kleine AG, weil sie die Schwellenwerte hinsichtlich der Umsatzerlöse und der Anzahl der Arbeitnehmer (§ 221 Abs 1) nicht überschreitet. Die Tochter ist hingegen eine mittelgroße Gesellschaft, weil sie weder die Grenze von 40 Mio Umsatzerlöse noch jene von 250 Arbeitnehmern überschreitet (§ 221 Abs 2). Die Größenklasse der Holding-AG hängt allerdings für Zwecke der Erstellung des Jahresabschlusses von den Schwellenwerten auf aggregierter oder konsolidierter Basis ab. Ermittelt die AG die Schwellenwerte auf aggregierter Basis, ist sie – die Schwellenwerte der Tochter müssen berücksichtigt werden – eine große AG, weil die Bilanzsumme in Summe 40 Mio (= 10 Mio + 30 Mio) und die Umsatzerlöse in Summe 41 Mio (= 40 Mio + 1 Mio) betragen.

- *Beispiel 6*

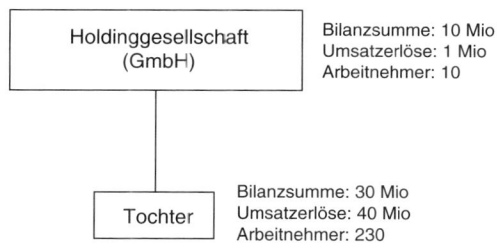

Holdinggesellschaft (GmbH) — Bilanzsumme: 10 Mio / Umsatzerlöse: 1 Mio / Arbeitnehmer: 10

Tochter — Bilanzsumme: 30 Mio / Umsatzerlöse: 40 Mio / Arbeitnehmer: 230

Holding-GmbH – aggregierte Basis

Im Beispiel 6 wird die Holdinggesellschaft in Form einer GmbH geführt. Die Schwellenwerte sind gleich wie in Beispiel 5. Da § 221 Abs 4a auf die GmbH jedoch keine Anwendung findet, bleibt die GmbH eine kleine Kapitalgesellschaft, obwohl ihre Tochter eine mittelgroße Gesellschaft ist.

V. Anwendbarkeit auf Personengesellschaften (Abs 5)

Durch § 221 Abs 5 wird das Ziel der RL umgesetzt, dass eingetragene Personengesellschaften, bei denen jeweils sämtliche voll haftende Gesellschafter keine natürlichen Personen sind, den in dieser RL vorgesehenen Koordinierungsmaßnahmen unterliegen sollen (Erwägungsgrund 5 der RL). All diese Personengesellschaften iSd § 189 Abs 1 Z 2 unterliegen den Vorschriften des 2. Abschnitts (§§ 222 ff), wobei die konkret anzuwendenden Vorschriften taxativ aufgezählt wurden. Dabei wurde klargestellt, dass bei diesen Gesellschaften die Regelungen über die gebundenen Rücklagen nicht mehr gelten, weil § 221 Abs 5 nicht auf den § 229 Abs 4–7 verweist.

Durch das APRÄG 2016 erfolgte in Abs 5 eine Ergänzung, wonach kapitalistische Personengesellschaften, welche die Voraussetzungen iSd § 189a Z 1 lit a und d UGB (Unternehmen von öffentlichem Interesse außer Banken und Versicherungen) erfüllen, einen Prüfungsausschuss iSv § 92 Abs 4a AktG bzw § 30g Abs 4a GmbHG idF APRÄG 2016 einzurichten haben, weil die Begebung von börsenotierten Wertpapieren nicht an eine bestimmte Rechtsform gebunden ist (so kann etwa auch eine GmbH & Co KG Anleihen emittieren). Bei der Einordnung in die Größenklassen gem § 221 Abs 1 bis 4a, Abs 6 und Abs 7 UGB soll es bei kapitalistischen Personengesellschaften nicht auf die Klassifizierung des persönlich haftenden Gesellschafters, sondern auf die Größenklassifizierung nach den Kennzahlen der Personengesellschaft selbst ankommen. Somit kommt es zu keiner Prägung der Kapitalgesellschaft für die Personengesellschaft (*Haselsteiner/Reinold/Stückler*, SWK 2016, 578).

Ferner erfolgte durch das APRÄG 2016 insofern eine Verweiskorrektur, als dass für Personengesellschaften auch auf § 243c verwiesen wird (Bericht über Zahlung an staatliche Stellen).

Zweiter Titel

Allgemeine Vorschriften über den Jahresabschluss, den Lagebericht sowie den Corporate Governance-Bericht und den Bericht über Zahlungen an staatliche Stellen

- *ErlRV zur Überschrift zweiter Titel*
  Mit diesen Änderungen wird der Bericht über Zahlungen an staatliche Stellen eingeführt.

Inhalt des Jahresabschlusses

§ 222.

(1) Die gesetzlichen Vertreter einer Kapitalgesellschaft haben in den ersten fünf Monaten des Geschäftsjahrs für das vorangegangene Geschäftsjahr den um den Anhang erweiterten Jahresabschluss, einen Lagebericht sowie gegebenenfalls (§ 243b) einen Corporate Governance-Bericht und einen Bericht über Zahlungen an staatliche Stellen aufzustellen und den Mitgliedern des Aufsichtsrats vorzulegen. Der Jahresabschluss, der Lagebericht sowie der Corporate Governance-Bericht und der Bericht über Zahlungen an staatliche Stellen sind von sämtlichen gesetzlichen Vertretern zu unterzeichnen.

(2) Der Jahresabschluß hat ein möglichst getreues Bild der Vermögens-, Finanz- und Ertragslage des Unternehmens zu vermitteln. Wenn dies aus besonderen Umständen nicht gelingt, sind im Anhang die erforderlichen zusätzlichen Angaben zu machen.

(3) Führt in Ausnahmefällen die Anwendung einer in diesem Bundesgesetz festgelegten Rechnungslegungsvorschrift dazu, dass ein möglichst getreues Bild der Vermögens-, Finanz- und Ertragslage des Unternehmens auch mit zusätzlichen Angaben nach Abs. 2 nicht vermittelt werden kann, so kann durch Verordnung angeordnet werden, dass die betreffende Bestimmung insoweit nicht anzuwenden ist, als dies erforderlich ist, um ein möglichst getreues Bild der Vermögens-, Finanz- und Ertragslage des Unternehmens zu vermitteln. Eine solche Verordnung ist vom Bundesminister für Justiz im Einvernehmen mit dem Bundesminister für Finanzen zu erlassen; sie hat die Ausnahmefälle zu definieren und vorzugeben, in welcher Art und welchem Ausmaß von der Bestimmung abgewichen werden muss, sowie die erforderlichen Anhangangaben zu regeln.

- *ErlRV zu § 222*
  Zu Abs. 1: Siehe ErlRV zu § 243c.
  Zu Abs. 3:
  Diese Bestimmung soll Art. 4 Abs. 4 der Richtlinie umsetzen, wobei es nicht den Unternehmen selbst überlassen werden soll, ob sie von den Regelungen des Dritten Buches abweichen müssen. Dazu

wird von der Option des zweiten Unterabsatzes in Art. 4 Abs. 4 der Richtlinie Gebrauch gemacht, der es den Mitgliedstaaten ermöglicht, die Ausnahmefälle festzulegen und die entsprechenden Ausnahmeregelungen zu treffen. Dies soll mit einer Verordnung geschehen, die vom Bundesminister für Justiz im Einvernehmen mit dem Bundesminister für Finanzen zu erlassen ist.

Kommentierung

I. Frist zur Aufstellung des Jahresabschlusses und anderer Berichte (Abs 1)

§ 222 Abs 1 enthält weiterhin eine Anordnung an die gesetzlichen Vertreter von Kapitalgesellschaften zur Erstellung bestimmter Berichte. Wie auch schon vor dem RÄG 2014 haben die gesetzlichen Vertreter einer Kapitalgesellschaft in den ersten fünf Monaten des Geschäftsjahres für das vorangegangene Geschäftsjahr den um den Anhang erweiterten Jahresabschluss, einen Lagebericht sowie gegebenenfalls einen Corporate-Governance-Bericht zu erstellen und den Mitgliedern des Aufsichtsrates vorzulegen.

§ 222 Abs 1 führt nun zusätzlich zu den erwähnten Berichten den Bericht über Zahlungen an staatliche Stellen an, welcher ebenfalls von den Vertretern einer Kapitalgesellschaft aufzustellen ist und den Mitgliedern des Aufsichtsrats vorzulegen ist. Der Bericht über Zahlungen an staatliche Stellen ist in § 243c geregelt. Zur Pflicht zur Aufstellungen und den Bestandteilen dieses Berichts darf auf die Ausführungen zu § 243c verwiesen werden.

II. True and fair view override (Abs 3)

§ 222 Abs 3 setzt Art 4 Abs 4 der Bilanz-Richtlinie um. Art 4 Abs 4 der Bilanz-Richtlinie bestimmt, dass in Ausnahmefällen, in denen die Anwendung einer Bestimmung der Bilanz-Richtlinie mit der Vermittlung eines den tatsächlichen Verhältnissen entsprechenden Bildes der Vermögens-, Finanz-, und Ertragslage des Unternehmens auch mit zusätzlichen Angaben im Anhang nicht vereinbar ist, die betreffende Bestimmung nicht angewandt wird. Grundsätzlich weist die Bilanz-Richtlinie die Entscheidung, ob von Bestimmungen abgewichen werden muss, dem jeweiligen Unternehmen zu. Nach Art 4 Abs 4 letzter Satz der Bilanz-Richtlinie können jedoch die Mitgliedstaaten die Ausnahmefälle selbst festlegen und die entsprechenden Ausnahmeregelungen vorgeben, die in diesen Fällen zur Anwendung kommen.

§ 222 Abs 3 überlässt die Entscheidung über das Abweichen von einzelnen Bestimmungen nicht dem Unternehmen, sondern sieht eine Festlegung jener Ausnahmefälle, in denen von einzelnen Bestimmungen abzuweichen ist, mittels Verordnung vor. Zu diesem Zweck enthält § 222 Abs 3 eine Verordnungsermächtigung für den BM für Justiz, wonach dieser im Einvernehmen mit dem BM für Finanzen eine solche Verordnung erlassen kann. Durch die Verordnung kann angeordnet werden, dass die betreffende Bilanzierungsbestimmung so weit nicht anzuwenden ist, als dies erforderlich ist, um ein möglich getreues Bild der Vermögens-, Finanz-, und Ertragslage des Unternehmens zu vermitteln. In der Verordnung sind die Ausnahmefälle zu definieren und vorzugeben, in welcher Art und welchem Ausmaß von der Bestimmung abgewichen werden muss sowie die erforderlichen Anhangangaben zu regeln.

Der Erlass einer solchen Verordnung und die beinhalteten Fälle bleiben abzuwarten.

Allgemeine Grundsätze für die Gliederung

§ 223.

(1) Die einmal gewählte Form der Darstellung, insbesondere die Gliederung der aufeinanderfolgenden Bilanzen und Gewinn- und Verlustrechnungen, ist beizubehalten. Ein Abweichen von diesem Grundsatz ist nur unter Beachtung der im

§ 222 Abs. 2 umschriebenen Zielsetzung zulässig. Die Abweichungen sind im Anhang anzugeben und zu begründen.

(2) Im Jahresabschluß ist zu jedem Posten der entsprechende Betrag des vorangegangenen Geschäftsjahrs zumindest in vollen 1 000 Euro anzugeben; dies gilt auch für die gesondert anzumerkenden Posten. Sind die Beträge nicht vergleichbar, so ist dies im Anhang anzugeben und zu erläutern. Wird der Vorjahresbetrag angepaßt, so ist auch dies im Anhang anzugeben und zu erläutern.

(3) Betreibt eine Gesellschaft mehrere Geschäftszweige und bedingt dies die Gliederung des Jahresabschlusses nach verschiedenen Gliederungsvorschriften, so hat die Gesellschaft den Jahresabschluß nach der für den wirtschaftlich bedeutendsten Geschäftszweig vorgeschriebenen Gliederung aufzustellen und nach der für seine anderen Geschäftszweige jeweils vorgeschriebenen Gliederung zu ergänzen. ~~dies ist zu begründen.~~ Gesellschaften, die nicht klein sind, haben die Ergänzung im Anhang anzugeben und zu begründen.

(4) Eine weitere Untergliederung der Posten ist zulässig; dabei ist jedoch die vorgeschriebene Gliederung zu beachten. Zusätzliche Posten und Zwischensummen dürfen hinzugefügt werden, wenn ihr Inhalt nicht von einem vorgeschriebenen Posten gedeckt wird. Die Aufnahme weiterer zusätzlicher Posten ist geboten, soweit es zur Erreichung der im § 222 Abs. 2 umschriebenen Zielsetzung erforderlich ist. Die Postenbezeichnungen sind auf die tatsächlichen Inhalte zu verkürzen.

(5) Fällt ein Vermögensgegenstand oder eine Verbindlichkeit unter mehrere Posten der Bilanz, so ist die Zugehörigkeit auch zu anderen Posten bei dem Posten, unter dem der Ausweis erfolgt ist, zu vermerken oder im Anhang anzugeben, wenn dies zur Aufstellung eines klaren und übersichtlichen Jahresabschlusses erforderlich ist.

(6) Die mit arabischen Zahlen versehenen Posten der Bilanz und die mit Buchstaben gekennzeichneten Posten der Gewinn- und Verlustrechnung können zusammengefaßt werden, wenn

1. sie einen Betrag enthalten, der für die Vermittlung eines möglichst getreuen Bildes der Vermögens-, Finanz- und Ertragslage der Gesellschaft nicht wesentlich ist, oder

2. dadurch die Klarheit der Darstellung verbessert wird; in diesem Fall müssen die zusammengefaßten Posten jedoch im Anhang ausgewiesen werden.

(7) Ein Posten der Bilanz oder der Gewinn- und Verlustrechnung, der keinen Betrag ausweist, braucht nicht angeführt zu werden, es sei denn, daß im vorangegangenen Geschäftsjahr unter diesem Posten ein Betrag ausgewiesen wurde.

(8) Gliederung und Bezeichnung der mit arabischen Zahlen versehenen Posten der Bilanz und der Gewinn- und Verlustrechnung sind zu ändern, wenn dies wegen Besonderheiten der Kapitalgesellschaft zur Aufstellung eines klaren und übersichtlichen Jahresabschlusses erforderlich ist. Der Bundesminister für Justiz kann im Einvernehmen mit dem in seinem Wirkungsbereich berührten Bundesminister verbindliche Formblätter durch Verordnung festlegen.

- *ErlRV zu § 223*
  Zu Abs. 3:
  Mit dieser Bestimmung soll für kleine Unternehmen die Pflicht beseitigt werden, die Abweichung von der Gliederung im Anhang zu begründen. Art. 9 Abs. 3 der Richtlinie sieht keine solche Anhangangabe vor.
  Zu Abs. 4
  Art. 9 Abs. 2 zweiter Satz der Richtlinie verpflichtet die Mitgliedstaaten, neben dem Hinzufügen neuer Posten auch das Hinzufügen von Zwischensummen zu gestatten.

Kommentierung

§ 223 Abs 3 sieht eine besondere Gliederungsvorschrift für Gesellschaften vor, die mehrere Geschäftszweige betreibt und dadurch die Gliederung des Jahresabschlusses nach verschiedenen Gliederungsvorschriften bedingt wird. Dies ist dann der Fall, wenn aufgrund gesetzlicher Normen für mindestens einen Geschäftszweig andere als die im UGB vorgeschriebenen Gliederungsvorschriften anwendbar sind (vgl *Hofians* in *Straube*[3], § 223 Rz 16). Insbesondere auf Kreditinstitute und Versicherungen sind die Bestimmungen des UGB weitgehend nicht anzuwenden (vgl *Hirschler/Sulz/Schaffer* in *Hirschler*, § 223 Rz 23).

Wie auch schon vor dem RÄG 2014 haben betroffene Gesellschaften den Jahresabschluss nach der für den wirtschaftlich bedeutendsten Geschäftszweig vorgeschriebene Gliederung aufzustellen und nach der für seine anderen Geschäftszweige jeweils vorgeschriebenen Gliederung zu ergänzen. Grundsätzlich haben die Gesellschaften die Ergänzungen im Anhang anzugeben und zu begründen. Auch Abweichungen sind im Anhang anzugeben und zu begründen. Ausgenommen von dieser Pflicht sind nach der Neufassung des § 223 Abs 3 Gesellschaften, die klein sind.

Die übrigen Gesellschaften haben anzuführen, welches Hauptschema aus welchem Grund verwendet wurde, warum gegebenenfalls von der Gliederung des UGB abgewichen wurde und welche Ergänzungen des Hauptschemas nach welchen Kriterien vorgenommen wurden (*A/D/S*[6] § 265 Rz 52; *Küting/Weber*, Der Konzernabschluss[5] § 265 Rz 64; *Winkeljohann/Büssow* in Beck Bil-Komm[10] § 265 Rz 13).

Dritter Titel

Bilanz

Gliederung

§ 224.

(1) In der Bilanz sind, unbeschadet einer weiteren Gliederung, die in den Abs. 2 und 3 angeführten Posten gesondert und in der vorgeschriebenen Reihenfolge auszuweisen.

(2) Aktivseite:

A. Anlagevermögen:

    I. Immaterielle Vermögensgegenstände:

        1. Konzessionen, gewerbliche Schutzrechte und ähnliche Rechte und Vorteile sowie daraus abgeleitete Lizenzen;

        2. Geschäfts(Firmen)wert;

        3. geleistete Anzahlungen;

    II. Sachanlagen:

        1. Grundstücke, grundstücksgleiche Rechte und Bauten, einschließlich der Bauten auf fremdem Grund;

        2. technische Anlagen und Maschinen;

        3. andere Anlagen, Betriebs- und Geschäftsausstattung;

        4. geleistete Anzahlungen und Anlagen in Bau;

    III. Finanzanlagen:

        1. Anteile an verbundenen Unternehmen;

        2. Ausleihungen an verbundene Unternehmen;

        3. Beteiligungen;

    4. Ausleihungen an Unternehmen, mit denen ein Beteiligungsverhältnis besteht;

    5. Wertpapiere (Wertrechte) des Anlagevermögens;

    6. sonstige Ausleihungen.

B. Umlaufvermögen:

  I. Vorräte:

    1. Roh-, Hilfs- und Betriebsstoffe;

    2. unfertige Erzeugnisse;

    3. fertige Erzeugnisse und Waren;

    4. noch nicht abrechenbare Leistungen;

    5. geleistete Anzahlungen;

  II. Forderungen und sonstige Vermögensgegenstände:

    1. Forderungen aus Lieferungen und Leistungen;

    2. Forderungen gegenüber verbundenen Unternehmen;

    3. Forderungen gegenüber Unternehmen, mit denen ein Beteiligungsverhältnis besteht;

    4. sonstige Forderungen und Vermögensgegenstände;

  III. Wertpapiere und Anteile:

    1. Anteile an verbundenen Unternehmen;

    2. sonstige Wertpapiere und Anteile;

  IV. Kassenbestand, Schecks, Guthaben bei Kreditinstituten.

C. Rechnungsabgrenzungsposten.

D. Aktive latente Steuern.

(3) Passivseite:

A. Eigenkapital:

  I. *eingefordertes* Nennkapital (Grund-, Stammkapital);

  II. Kapitalrücklagen:

    1. gebundene;

    2. nicht gebundene;

  III. Gewinnrücklagen:

    1. gesetzliche Rücklage;

    2. satzungsmäßige Rücklagen;

    3. andere Rücklagen (freie Rücklagen);

  IV. Bilanzgewinn (Bilanzverlust),

davon Gewinnvortrag/Verlustvortrag.

B. ~~Unversteuerte Rücklagen:~~

    ~~1. Bewertungsreserve auf Grund von Sonderabschreibungen;~~

    ~~2. sonstige unversteuerte Rücklagen.~~

B. Rückstellungen:

    1. Rückstellungen für Abfertigungen;

    2. Rückstellungen für Pensionen;

    3. Steuerrückstellungen;

    4. sonstige Rückstellungen.

C. Verbindlichkeiten:

    1. Anleihen, davon konvertibel;

2. Verbindlichkeiten gegenüber Kreditinstituten;

3. erhaltene Anzahlungen auf Bestellungen;

4. Verbindlichkeiten aus Lieferungen und Leistungen;

5. Verbindlichkeiten aus der Annahme gezogener Wechsel und der Ausstellung eigener Wechsel;

6. Verbindlichkeiten gegenüber verbundenen Unternehmen;

7. Verbindlichkeiten gegenüber Unternehmen, mit denen ein Beteiligungsverhältnis besteht;

8. sonstige Verbindlichkeiten,

   davon aus Steuern,

   davon im Rahmen der sozialen Sicherheit.

D. Rechnungsabgrenzungsposten.

- *ErlRV zu § 224*
  Zu Abs 2:
  Siehe ErlRV zu § 198 Abs 9 und 10.
  Zu Abs 3:
  Siehe ErlRV zu § 198 Abs 1.

- *ErlRV zum APRÄG 2016*
  Siehe ErlRV zu § 229.

Kommentierung

§ 224 UGB enthält die Gliederung der Bilanz. Entsprechend dem Wegfall von unversteuerten Rücklagen in § 205 UGB entfallen diese auch im Gliederungsschema. Für die aktiven latenten Steuern wurde ein eigener Posten D geschaffen; sie sind nun nicht mehr Bestandteil der ARA. Abs 3 A I. verlangt ausdrücklich den Ausweis des eingeforderten Nennkapitals.

Vorschriften zu einzelnen Posten der Bilanz

§ 225.

(1) Ist das Eigenkapital durch Verluste aufgebraucht, so lautet dieser Posten „negatives Eigenkapital". Im Anhang ist zu erläutern, ob eine Überschuldung im Sinne des Insolvenzrechts vorliegt.

(2) Forderungen und Verbindlichkeiten gegenüber verbundenen Unternehmen und gegenüber Unternehmen, mit denen ein Beteiligungsverhältnis besteht, sind in der Regel als solche jeweils gesondert auszuweisen. Werden sie unter anderen Posten ausgewiesen, so ist dies zu vermerken.

(3) Der Betrag der Forderungen mit einer Restlaufzeit von mehr als einem Jahr ist bei jedem gesondert ausgewiesenen Posten in der Bilanz anzumerken. Sind unter dem Posten „sonstige Forderungen und Vermögensgegenstände" Erträge enthalten, die erst nach dem Abschlussstichtag zahlungswirksam werden, so haben Gesellschaften, die nicht klein sind, diese Beträge im Anhang zu erläutern, wenn diese Information wesentlich ist.

(4) Wechsel dürfen als Wertpapiere nur ausgewiesen werden, wenn dem Unternehmen nicht die der Ausstellung zugrunde liegende Forderung zusteht; anderenfalls haben Gesellschaften, die nicht klein sind, bei Forderungen die wechselmäßige Verbriefung im Anhang anzugeben.

(5) Anteile an Mutterunternehmen sind je nach ihrer Zweckbestimmung im Anlagevermögen oder im Umlaufvermögen in einem gesonderten Posten „Anteile

an Mutterunternehmen" auszuweisen. In gleicher Höhe ist auf der Passivseite eine Rücklage gesondert auszuweisen. Diese Rücklage darf durch Umwidmung frei verfügbarer Kapital- und Gewinnrücklagen gebildet werden, soweit diese einen Verlustvortrag übersteigen. Sie ist insoweit aufzulösen, als diese Anteile aus dem Vermögen ausscheiden oder für sie ein niedrigerer Betrag angesetzt wird.

(6) Der Betrag der Verbindlichkeiten mit einer Restlaufzeit von bis zu einem Jahr und der Betrag der Verbindlichkeiten mit einer Restlaufzeit von mehr als einem Jahr sind bei den Posten C 1 bis 8 jeweils gesondert und für diese Posten insgesamt anzugeben. Erhaltene Anzahlungen auf Bestellungen sind, soweit Anzahlungen auf Vorräte nicht von einzelnen Posten der Vorräte offen abgesetzt werden, unter den Verbindlichkeiten gesondert auszuweisen. Sind unter dem Posten „sonstige Verbindlichkeiten" Aufwendungen enthalten, die erst nach dem Abschlussstichtag zahlungswirksam werden, so haben Gesellschaften, die nicht klein sind, diese Beträge im Anhang zu erläutern, wenn diese Information wesentlich ist.

(7) Gesellschaften, die nicht klein sind, haben bei Grundstücken den Grundwert in der Bilanz anzumerken oder im Anhang anzugeben.

- *ErlRV zu § 225*

Zu Abs. 3:

Die Forderungen mit einer Restlaufzeit von mehr als einem Jahr sind nach der Bilanz-Richtlinie bei jedem Posten der Bilanz anzumerken (Anhang III der Richtlinie); ein allgemeines Wahlrecht zur Darstellung des „Forderungsspiegels" im Anhang scheint damit nicht mehr zulässig zu sein. Allerdings können die Forderungen nach § 223 Abs. 6 Z 2 zur Verbesserung der Klarheit der Darstellung zusammengefasst ausgewiesen werden, wenn sie im Anhang aufgeschlüsselt werden. Die Erläuterung von aktiven Antizipationen darf von kleinen Unternehmen nicht verlangt werden.

Zu Abs. 5:

Da die Bilanzierung für eigene Anteile in § 229 geregelt wird (s. die Erläuterungen dort), ist die Bestimmung des § 225 Abs. 5 auf Anteile an Mutterunternehmen einzuschränken.

Zu Abs. 6:

Die Änderung im ersten Satz soll die in Anhang III der Richtlinie bei Punkt C. der Passiva vorgesehene Aufgliederungsverpflichtung umsetzen. Unmittelbar in der Bilanz – und nicht mehr wahlweise im Anhang – sind Verbindlichkeiten unter und über einem Jahr ersichtlich zu machen; Verbindlichkeiten mit einer Restlaufzeit von mehr als fünf Jahren sind hingegen im Anhang darzustellen (Art. 16 Abs. 1 lit. g). Die Änderung im dritten Satz trägt der Vollharmonisierung der Anhangangaben bei kleinen Unternehmen Rechnung.

Zu Abs 4 und 7: siehe bei § 236

Siehe bei § 236.

Kommentierung

I. Ausweis von Forderungen (Abs 3)

§ 225 Abs 3 idF vor dem RÄG 2014 sah das Wahlrecht vor, Forderungen mit einer Restlaufzeit von mehr als einem Jahr bei jedem gesondert ausgewiesenen Posten in der Bilanz anzumerken oder im Anhang anzugeben. Der Vermerk konnte in der Bilanz als sogenannter „Davon"-Vermerk oder im Anhang erfolgen.

Nach Anhang III der Bilanz-Richtlinie ist bei Forderungen jeweils gesondert anzugeben, in welcher Höhe Forderungen mit einer Restlaufzeit von mehr als einem Jahr enthalten sind. Dementsprechend sieht § 225 Abs 3 nun vor, dass der Betrag der Forderungen mit einer Restlaufzeit von mehr als einem Jahr bei jedem gesondert ausgewiesenen Posten in der Bilanz anzumerken ist. Das Wahlrecht, die langfristigen Forderungen im Anhang auszuweisen, fällt somit weg. Die Forderungen sind somit wie folgt wiederzugeben:

II. Forderungen
1. Forderungen aus Lieferungen und Leistungen
davon mit einer Lfz von mehr als einem Jahr
2. Forderungen gegenüber verbundenen Unternehmen
davon mit einer Lfz von mehr als einem Jahr
3. Forderungen gegenüber Unternehmen, mit denen ein Beteiligungsverhältnis besteht
davon mit einer Lfz von mehr als einem Jahr
4. sonstige Forderungen und Vermögensgegenstände
davon mit einer Lfz von mehr als einem Jahr

Sind unter dem Posten „sonstige Forderungen und Vermögensgegenstände" Erträge enthalten, die erst nach dem Abschlussstichtag zahlungswirksam werden so haben mittelgroße und große Gesellschaften diese Beträge im Anhang zu erläutern, wenn diese Information wesentlich ist.

Nach bisheriger Formulierung bezog sich die Wesentlichkeit, die die Erläuterungspflicht auslöst, auf die Beträge die erst nach dem Abschlussstichtag zahlungswirksam werden, und nicht auf die Information an sich. Wesentlichkeit der Beträge wurde angenommen, wenn der Gesamtbetrag oder die Einzelbeträge größeren Umfang annehmen (vgl *Hofians/Ressler* in *Straube*[3] § 225 Rz 15). Die Bezugsgröße war jedoch strittig (vgl *Hofians/Ressler* in *Straube*[c] § 225 Rz 15). Aus der Formulierungsänderung ergibt sich jedoch keine inhaltliche Abweichung zum bisherigen Recht, da die Wesentlichkeit der Information mit der Wesentlichkeit des Betrages korrelieren wird. Ausgenommen von der Erläuterungspflicht sind kleine Gesellschaften.

II. Wechsel (Abs 4)

§ 225 Abs 4 sieht weiterhin vor, dass Wechsel nur dann als Wertpapiere ausgewiesen werden dürfen, wenn dem Unternehmen nicht die der Ausstellung zugrunde liegende Forderung zusteht. Andernfalls haben mittelgroße und große Gesellschaften bei Forderungen die wechselmäßige Verbriefung im Anhang anzugeben.

III. Anteile an Mutterunternehmen (Abs 5)

Die Bestimmung in § 225 Abs 5 bezieht sich nun nur noch auf Anteile an Mutterunternehmen (zur Definition des Mutterunternehmens vgl § 189a Z 6). Dies ist dem Umstand geschuldet, dass die Bilanzierung eigener Anteile nun in § 229 Abs 1a und 1b geregelt ist. Inhaltlich hat sich dadurch hinsichtlich der Bilanzierung derartiger Anteile nichts geändert, allerdings ist die Definition des Mutterunternehmens nicht deckungsgleich mit der bisherigen Formulierung der Anteile an herrschenden oder mit Mehrheit beteiligten Gesellschaften, da nunmehr ausdrücklich auf Tochterunternehmen iSd § 244 abgestellt wird, wenngleich der größte Teil der Fälle auch bisher solche im Anwendungsbereich des § 244 waren.

IV. Ausweis von Verbindlichkeiten (Abs 6)

Gemäß § 225 Abs 6 idF vor dem RÄG 2014 war der Betrag von Verbindlichkeiten mit einer Restlaufzeit von bis zu einem Jahr bei jedem gesondert ausgewiesenen Posten in der Bilanz anzumerken oder im Anhang anzugeben. Hinsichtlich des Ortes des Ausweises bestand somit ein Wahlrecht.

Art III der Bilanz-Richtlinie sieht vor, dass bei Verbindlichkeiten jeweils gesondert und für die Posten insgesamt angegeben wird, in welcher Höhe Verbindlichkeiten mit einer Restlaufzeit von bis zu einem Jahr und Verbindlichkeiten mit einer Restlaufzeit von mehr als einem Jahr enthalten sind. Dementsprechend sieht § 225 Abs 6 nun vor, dass der Betrag von Verbindlichkeiten mit einer Restlaufzeit von bis zu einem Jahr und der

Betrag von Verbindlichkeiten mit einer Restlaufzeit von mehr als einem Jahr bei den Posten C 1–8 jeweils gesondert in der Bilanz und für diese Posten insgesamt anzugeben sind, wobei diesbezüglich nicht klar ist, wo der Ausweis dieses „insgesamt" erfolgt. Wie oben angeführt ist bei Forderungen keine Angabe des insgesamt vorliegenden Betrages von langfristigen Forderungen zu machen. Bei den Verbindlichkeiten ist keine gesonderte Angabe auf Verbindlichkeiten mit einer Restlaufzeit von mehr als fünf Jahren zu machen. Solche Verbindlichkeiten sind jedoch gem § 237 Abs 1 Z 5 im Anhang anzugeben.

Die Verbindlichkeiten sind somit wie folgt wiederzugeben:

C. Verbindlichkeiten

1. Anleihen

   davon mit einer Restlaufzeit von bis zu einem Jahr

   davon mit einer Restlaufzeit von mehr als einem Jahr

   davon konvertibel

       davon mit einer Restlaufzeit von bis zu einem Jahr

       davon mit einer Restlaufzeit von mehr als einem Jahr

2. Verbindlichkeiten gegenüber Kreditinstituten

   davon mit einer Restlaufzeit von bis zu einem Jahr

   davon mit einer Restlaufzeit von mehr als einem Jahr

3. erhaltene Anzahlungen auf Bestellungen

   davon mit einer Restlaufzeit von bis zu einem Jahr

   davon mit einer Restlaufzeit von mehr als einem Jahr

4. Verbindlichkeiten aus Lieferungen und Leistungen

   davon mit einer Restlaufzeit von bis zu einem Jahr

   davon mit einer Restlaufzeit von mehr als einem Jahr

5. Verbindlichkeiten aus der Annahme gezogener Wechsel und der Ausstellung eigener Wechsel

   davon mit einer Restlaufzeit von bis zu einem Jahr

   davon mit einer Restlaufzeit von mehr als einem Jahr

6. Verbindlichkeiten gegenüber verbundenen Unternehmen

   davon mit einer Restlaufzeit von bis zu einem Jahr

   davon mit einer Restlaufzeit von mehr als einem Jahr

7. Verbindlichkeiten gegenüber Unternehmen, mit denen ein Beteiligungsverhältnis besteht

   davon mit einer Restlaufzeit von bis zu einem Jahr

   davon mit einer Restlaufzeit von mehr als einem Jahr

8. sonstige Verbindlichkeiten

   davon mit einer Restlaufzeit von bis zu einem Jahr

   davon mit einer Restlaufzeit von mehr als einem Jahr

   davon aus Steuern

       davon mit einer Restlaufzeit von bis zu einem Jahr

       davon mit einer Restlaufzeit von mehr als einem Jahr

   davon im Rahmen der sozialen Sicherheit

       davon mit einer Restlaufzeit von bis zu einem Jahr

       davon mit einer Restlaufzeit von mehr als einem Jahr

Fraglich ist die Sinnhaftigkeit dieses doppelten Fristenausweises, ausreichend wäre wohl wie bei den Forderungen der Ausweis einer der beiden Fristen in der Bilanz; die vollständige Aufgliederung könnte dem Anhang im Rahmen des Verbindlichkeitenspiegels vorbehalten bleiben.

Nach hM ist hinsichtlich der Fälligkeit der Verbindlichkeit nicht auf den beabsichtigten Zahlungstermin, sondern auf den vertraglich festgelegten Zahlungstermin abzustellen (A/D/S[6] § 268 Rz 111; Dörner/S. Hayn/Knop/Lorson/Wirth in HdR[5] § 268 Rz 209).

Entwicklung des Anlagevermögens, Pauschalwertberichtigung

§ 226.

(1) Im Anhang ist die Entwicklung der einzelnen Posten des Anlagevermögens darzustellen. Dabei sind für die verschiedenen Posten des Anlagevermögens jeweils gesondert anzugeben:

1. die Anschaffungs- oder Herstellungskosten zum Beginn und Ende des Geschäftsjahrs;

2. die Zu- und Abgänge sowie Umbuchungen im Laufe des Geschäftsjahrs;

3. die kumulierten Abschreibungen zu Beginn und Ende des Geschäftsjahrs;

4. die Ab- und Zuschreibungen des Geschäftsjahrs;

5. die Bewegungen in Abschreibungen im Zusammenhang mit Zu- und Abgängen sowie Umbuchungen im Laufe des Geschäftsjahrs und

6. der im Laufe des Geschäftsjahrs aktivierte Betrag, wenn Zinsen gemäß § 203 Abs. 4 aktiviert werden.

~~(2) Gewinne dürfen im Fall eines Abgrenzungspostens gemäß § 198 Abs. 10 nur ausgeschüttet werden, soweit die danach verbleibenden jederzeit auflösbaren Rücklagen zuzüglich eines Gewinnvortrags und abzüglich eines Verlustvortrags dem ausgewiesenen Betrag mindestens entsprechen.~~

(3) Werden Vermögensgegenstände des Anlagevermögens im Hinblick auf ihre Geringwertigkeit im Jahre ihrer Anschaffung oder Herstellung vollständig abgeschrieben ~~und ist gemäß § 205 Abs. 1 diesbezüglich kein Ausweis einer unversteuerten Rücklage notwendig,~~ **dann dürfen diese Vermögensgegenstände als Abgang behandelt werden.**

(4) Ein Geschäfts(Firmen)wert ist in die Darstellung der Entwicklung des Anlagevermögens aufzunehmen. Ein voll abgeschriebener Geschäfts(Firmen)wert ist als Abgang zu behandeln.

(5) Gesellschaften, die nicht klein sind, haben den Betrag einer Pauschalwertberichtigung zu Forderungen für den entsprechenden Posten der Bilanz im Anhang anzugeben. Einzelwertberichtigungen zum Umlaufvermögen sind vom entsprechenden Aktivposten abzusetzen.

- *ErlRV zu § 226*
  Zu Abs 1 und 2:
  Abs. 1 wird an Art. 17 Abs. 1 lit. a der Bilanz-Richtlinie angepasst, wobei von dem Wahlrecht gemäß Art. 16 Abs. 2 Gebrauch gemacht wird, den Anlagespiegel auch für kleine Unternehmen vorzusehen. Der Inhalt des bisherigen § 226 Abs. 2 (Ausschüttungssperre bei aktiven Steuerlatenzen) soll in die systematisch passendere Bestimmung des § 235 eingefügt werden.
  Zu Abs 3:
  Siehe ErlRV zu § 198 Abs 1.
  Zu Abs 5:
  Der erste Satz (Angabe der Pauschalwertberichtigung im Anhang) ist an die Vollharmonisierung der Anhangangaben bei kleinen Unternehmen anzupassen.

Kommentierung

I. Entwicklung des Anlagevermögens (Abs 1)

Mit der Formulierung des § 226 Abs 1 werden die Angaben über Anlagevermögen den Vorgaben in Art 17 Abs 1 lit a der Bilanz-Richtlinie angepasst. Art 16 Abs 2 der Bilanz-Richtlinie überlässt den Mitgliedstaaten die Wahl, zu verlangen, dass kleine Unternehmen die in Art 17 Abs 1 lit a der Bilanz-Richtlinie determinierten Angaben machen. Von diesem Wahlrecht wird in § 226 Abs 1 Gebrauch gemacht, der die Angaben für alle rechnungslegungspflichtigen Kapitalgesellschaften, abgesehen von Kleinstgesellschaften, erfordert.

Die Regelung in § 226 Abs 1 über die Darstellung der Entwicklung des Anlagevermögens entspricht im Wesentlichen der Regelung vor dem RÄG 2014. Neue Informationspflichten resultieren aus § 226 Abs 1 Z 3, 5 und 6.

Gemäß § 226 Abs 1 idF vor dem RÄG 2014 waren als kumulierte Abschreibungen sämtliche in vorausgegangenen Geschäftsjahren und im laufenden Geschäftsjahr angefallenen planmäßigen und außerplanmäßigen Abschreibungen für bis zum jeweiligen Bilanzstichtag noch im Unternehmen befindliche Aktiva anzugeben (vgl *Hamerle*, FJ 1988, 141 f). Nach § 226 Abs 1 Z 3 sind die kumulierten Abschreibungen nunmehr zu Beginn und Ende des Geschäftsjahres anzugeben. Dies erfordert somit zwei Angaben zu den kumulierten Abschreibungen.

Nach § 226 Abs 1 Z 5 sind in Zukunft Bewegungen in kumulierten Abschreibungen im Zusammenhang mit Zu- und Abgängen sowie Umbuchungen im Laufe des Geschäftsjahres für die Posten des Anlagevermögens anzugeben. Dazu könnte ein eigener Spiegel in Form eines Abschreibungsgitters angegeben werden. Darin werden die kumulierten Abschreibungen entsprechend den enthaltenen einzelnen Komponenten aus Zugängen, Zuschreibungen, Umbuchungen und Abgängen dargestellt (vgl *Grottel/F. Huber* in Beck Bil-Komm[9] § 268 Rz 17 ff).

Gemäß § 226 Abs 1 Z 6 ist nun ebenfalls der im Laufe des Geschäftsjahres aktivierte Betrag für die Posten des Anlagevermögens anzugeben, wenn Zinsen gem § 203 Abs 4 aktiviert wurden. Um dieser Anordnung nachzukommen, empfiehlt es sich, die aktivierten Zinsen in einer eigenen Spalte des Anlagespiegels darzustellen, oder zumindest einen Davon-Vermerk im Rahmen der Zugänge anzuführen.

Insgesamt hat der Anlagenspiegel daher ab 2016 folgendes Aussehen:

Anschaffungs- und Herstellungskosten	Kumulierte Wertberichtigungen	Nettobuchwerte
Stand 1.1.	Stand 1.1.	Buchwert 1.1.
Zugänge	laufende Abschreibungen des Geschäftsjahres	Buchwert 31.12.
davon aktivierte Zinsen für Fremdkapital	laufende Zuschreibungen des Geschäftsjahres	
Umbuchungen	Zugänge	
Abgänge	Umbuchungen	
Stand 31.12.	Abgänge	
	Stand 31.12.	

II. Geringwertige Vermögensgegenstände (Abs 3)

Geringwertige Vermögensgegenstände können gem § 204 Abs 1a sofort abgeschrieben werden, sofern dies nicht mit einer Trübung des true and fair view verbunden ist (vgl dazu die Ausführungen zu § 204 Abs 1a). Es ist es jedoch nicht möglich, von der Aktivierung von geringwertigen Vermögensgegenständen schlechthin abzusehen. Somit sind diese in den Anlagespiegel aufzunehmen. Gemäß § 226 Abs 3 dürfen die geringwertigen Vermögensgegenstände als Abgang behandelt werden.

III. Pauschalwertberichtigung (Abs 5)

Wie auch schon vor dem RÄG 2014 normiert § 226 Abs 5 die Verpflichtung, den Betrag einer Pauschalwertberichtigung zu Forderungen für den entsprechenden Posten der Bilanz im Anhang anzugeben. Wie bisher (§ 242 Abs 2 aF) sind von dieser Verpflichtung kleine Gesellschaften ausgenommen.

Ausleihungen

§ 227.

Forderungen mit einer Laufzeit von mindestens fünf Jahren sind jedenfalls als Ausleihungen auszuweisen. Gesellschaften, die nicht klein sind, haben Ausleihungen mit einer Restlaufzeit bis zu einem Jahr im Anhang anzugeben.

- *ErlRV zu § 227*
  Siehe bei § 236.

Kommentierung

Die Anpassung des § 227 S 2 war erforderlich, weil mit dem RÄG 2014 die Anhangangaben neu strukturiert wurden. Inhaltlich ergeben sich bei der Bilanzierung von Ausleihungen keine Änderungen. Wie schon bisher sind kleine Kapitalgesellschaften von der Angabe von Ausleihungen mit einer Restlaufzeit von mindestens einem Jahr im Anhang gem § 227 S 2 ausgenommen (so auch § 242 Abs 2 aF).

Beteiligungen, verbundene Unternehmen

§ 228.

(1) Beteiligungen sind Anteile an anderen Unternehmen, die bestimmt sind, dem eigenen Geschäftsbetrieb durch eine dauernde Verbindung zu diesen Unternehmen zu dienen. Dabei ist es unerheblich, ob die Anteile in Wertpapieren verbrieft sind oder nicht. Als Beteiligungen gelten im Zweifel Anteile an einer Kapitalgesellschaft oder an einer Genossenschaft, die insgesamt den fünften Teil des Nennkapitals dieser Gesellschaft erreichen.

(2) Die Beteiligung als unbeschränkt haftender Gesellschafter an einer unternehmerisch tätigen eingetragenen Personengesellschaft gilt stets als Beteiligung; für andere Beteiligungen an unternehmerisch tätigen eingetragenen Personengesellschaften gilt Abs. 1 sinngemäß.

(3) Verbundene Unternehmen im Sinne dieser Vorschriften sind solche Unternehmen, die nach den Vorschriften über die vollständige Zusammenfassung der Jahresabschlüsse verbundener Unternehmen (Vollkonsolidierung) in den Konzernabschluß eines Mutterunternehmens gemäß § 244 einzubeziehen sind, das als oberstes Mutterunternehmen den am weitestgehenden Konzernabschluß gemäß §§ 244 bis 267 aufzustellen hat, auch wenn die Aufstellung unterbleibt. Dies gilt

~~sinngemäß, wenn das oberste Mutterunternehmen seinen Sitz im Ausland hat. Tochterunternehmen, die gemäß § 249 nicht einbezogen werden, sind ebenfalls verbundene Unternehmen.~~

- *ErlRV zu § 228*
  Siehe ErlRV zu § 189a.

Eigenkapital

§ 229.

(1) *Beim eingeforderten Nennkapital sind auch der Betrag der übernommenen Einlagen ("Nennkapital") und das einbezahlte Nennkapital anzugeben.* Gesellschaften, die eine Gründungsprivilegierung in Anspruch nehmen (§ 10b GmbHG), haben zusätzlich jenen Betrag auszuweisen, den die Gesellschafter nach § 10b Abs. 4 GmbHG nicht zu leisten verpflichtet sind. Der eingeforderte, aber noch nicht einge-zahlte Betrag ist unter den Forderungen gesondert auszuweisen und entsprechend zu bezeichnen.

(1a) Der Nennbetrag oder, falls ein solcher nicht vorhanden ist, der rechnerische Wert von erworbenen eigenen Anteilen ist *offen vom Nennkapital abzuziehen.* Der Unterschiedsbetrag zwischen dem Nennbetrag oder dem rechnerischen Wert dieser Anteile und ihren Anschaffungskosten ist mit den nicht gebundenen Kapitalrücklagen und den freien Gewinnrücklagen (§ 224 Abs. 3 A II Z 2 und III Z 3) zu verrechnen. Aufwendungen, die Anschaffungsnebenkosten sind, sind Aufwand des Geschäftsjahrs. In die gebundenen Rücklagen ist ein Betrag einzustellen, der dem Nennbetrag beziehungsweise dem rechnerischen Wert der erworbenen eigenen Anteile entspricht. § 192 Abs. 5 AktG ist anzuwenden.

(1b) Nach der Veräußerung der eigenen Anteile entfällt der *Abzug* nach Abs. 1a erster Satz. Ein den Nennbetrag oder den rechnerische n Wert übersteigender Differenzbetrag aus dem Veräußerungserlös ist bis zur Höhe des mit den frei verfügbaren Rücklagen nach Abs. 1a zweiter Satz verrechneten Betrags in die jeweiligen Rücklagen einzustellen. Ein darüber hinausgehender Differenzbetrag ist in die Kapitalrücklage gemäß Abs. 2 Z 1 einzustellen. Die Nebenkosten der Veräußerung sind Aufwand des Geschäftsjahrs. Die Rücklage nach Abs. 1a vierter Satz ist aufzulösen.

(2) Als Kapitalrücklage sind auszuweisen:

1. der Betrag, der bei der ersten oder einer späteren Ausgabe von Anteilen für einen höheren Betrag als den Nennbetrag oder den dem anteiligen Betrag des Grundkapitals entsprechenden Betrag über diesen hinaus erzielt wird;

2. der Betrag, der bei der Ausgabe von Schuldverschreibungen für Wandlungsrechte und Optionsrechte zum Erwerb von Anteilen erzielt wird;

3. der Betrag von Zuzahlungen, die Gesellschafter gegen Gewährung eines Vorzugs für ihre Anteile leisten;

4. die Beträge, die bei der Kapitalherabsetzung gemäß den §§ 185, 192 Abs. 5 AktG und § 59 GmbHG zu binden sind;

5. der Betrag von sonstigen Zuzahlungen, die durch gesellschaftsrechtliche Verbindungen veranlaßt sind.

(3) Als Gewinnrücklagen dürfen nur Beträge ausgewiesen werden, die im Geschäftsjahr oder in einem früheren Geschäftsjahr aus dem Jahresüberschuß ~~nach Berücksichtigung der Veränderung unversteuerter Rücklagen~~ gebildet worden sind.

(4) Aktiengesellschaften und große Gesellschaften mit beschränkter Haftung (§ 221 Abs. 3) haben gemäß den folgenden Abs. 5 bis 7 gebundene Rücklagen aus- ▌ zuweisen, die aus der gebundenen Kapitalrücklage und der gesetzlichen Rücklage bestehen.

(5) In die gebundene Kapitalrücklage sind die in Abs. 2 Z 1 bis 4 genannten Beträge einzustellen. Der Gesamtbetrag der gebundenen Teile der Kapitalrücklage ist in dieser gesondert auszuweisen.

(6) In die gesetzliche Rücklage ist ein Betrag einzustellen, der mindestens dem zwanzigsten Teil des um einen Verlustvortrag geminderten Jahresüberschusses ~~nach Berücksichtigung der Veränderung unversteuerter Rücklagen~~ entspricht, ▌ bis der Betrag der gebundenen Rücklagen insgesamt den zehnten oder den in der Satzung bestimmten höheren Teil des Nennkapitals erreicht hat.

(7) Die gebundenen Rücklagen dürfen nur zum Ausgleich eines ansonsten auszuweisenden Bilanzverlustes aufgelöst werden. Der Verwendung der gesetzlichen Rücklage steht nicht entgegen, dass freie, zum Ausgleich von Wertminderungen und zur Deckung von sonstigen Verlusten bestimmte Rücklagen vorhanden sind.

- *ErlRV zu § 229*
  Zu Abs 1 bis 1b:
  Zu Abs. 1: Mit dem neu eingefügten dritten Satz (seit dem APRÄG 2016: zweiter Satz) soll die Bilanzierung des Eigenkapitals einer GmbH, die die Gründungsprivilegierung nach § 10b GmbHG in Anspruch nimmt, geregelt werden.
  Beispiel:
  Die Gesellschafter einer GmbH vereinbaren eine gründungsprivilegierte Stammeinlage in Höhe von 10.000 Euro, und zahlen 5.000 Euro ein. Der Ausweis lautet wie folgt:

I. Stammkapital	35.000
abzüglich nach § 10b Abs. 4 GmbHG nicht einforderbare ausstehende Stammeinlagen	-25.000
gründungsprivilegierte Stammeinlagen	10.000
abzüglich sonstige nicht eingeforderte ausstehende Stammeinlagen	-5.000
	5.000

Zu Abs. 1a und 1b: Es wird vorgeschlagen, den Ausweis der eigenen Aktien, wie es international üblich und auch in § 272 dHGB geregelt ist, beim Eigenkapital vorzusehen. Der Nennbetrag oder der rechnerische Wert eigener Anteile ist in einer Vorspalte offen vom gezeichneten Kapital abzusetzen.
Beispiel:

Grundkapital	100.000
abzüglich Nennbetrag eigener Aktien	-5.000
ausgegebenes Grundkapital	95.000

Würde allerdings – wie dies im dHGB geschehen ist – auch die Bildung einer Rücklage nicht mehr vorgesehen werden, so würde dies dazu führen, dass ein Betrag in Höhe des vom gezeichneten Kapital abgesetzten Betrages (im Beispiel: 5.000) potentiell für Ausschüttungen zur Verfügung steht, was nach der bisherigen Rechtslage nicht der Fall war (siehe dazu *Förschle/Hofmann* in Beck Bil-Komm[7], § 272 Rz 134).
Beispiel: Das Nettoaktivvermögen (§ 65 Abs. 2 AktG) einer AG beträgt 500.000, das Grundkapital 100.000, gebundene Rücklagen 350.000 und freie Rücklagen 50.000. Wenn die AG eigene Aktien im Nennbetrag von 5.000 um einen Betrag von 50.000 zurückkauft, waren diese auf der Aktivseite zu bilanzieren, während auf der Passivseite die freien Rücklagen von 50.000 in eine gebundene Rücklage nach § 225 Abs. 5 umzuwandeln waren. Nach der neuen Rechtslage wäre der Unterschiedsbetrag zwischen Nennbetrag und Anschaffungskosten (45.000) mit den freien Rücklagen zu verrechnen. Ohne eine Verpflichtung zur Bildung einer Rücklage könnten jedoch 5.000 ausgeschüttet werden.

Die Verweise auf die Rücklage in § 65 Abs. 2 AktG, § 66a AktG und § 192 Abs. 3 AktG haben in Zukunft auf § 229 Abs. 1a vierter Satz zu lauten.

Zu Abs 3 und Abs 6:

Siehe ErlRV zu § 198 Abs 1.

Zu Abs 4:

Diese Einfügung soll klarstellen, dass die Abs. 5 und 7 nur eine nähere Determinierung der Pflicht nach Abs. 6 darstellen und daher nur für Aktiengesellschaften und große GmbH gelten.

- *ErlRV zum APRÄG 2016*

  Anhang III der Bilanz-Richtlinie lässt zwei Arten des Ausweises des Nennkapitals zu: Entweder wird auf der Passivseite unter A. I. das „Gezeichnete Kapital" ausgewiesen; dann müssen unter A. der Aktiva zwingend die ausstehenden Einlagen auf das gezeichnete Kapital ausgewiesen werden. Oder – wie die jeweiligen Klammerausdrücke deutlich machen – man verzichtet auf den Ausweis der ausstehenden Einlagen unter A. der Aktiva; dann darf aber unter A. I. der Passiva nicht das gesamte gezeichnete Kapital, sondern nur das eingeforderte Kapital ausgewiesen werden. Dass sich das UGB für die zweitgenannte Lösung entschieden hat, ergibt sich aus § 229 Abs. 1 zweiter Satz: Diese Bestimmung ordnet an, dass die nicht eingeforderten ausstehenden Einlagen von dem gezeichneten Kapital „offen abzusetzen" sind, was nichts anderes bedeutet, als dass sie abgezogen werden. Dass der so entstehende Hauptposten, mit dem dann für die Bildung des Eigenkapitals weitergerechnet ist, als „eingefordertes Nennkapital" zu bezeichnen ist, wird im UGB nicht angeordnet, obwohl das die Bilanz-Richtlinie vorsehen würde (vgl. dem gegenüber § 272 dHGB). Überdies müssten nach der Bilanz-Richtlinie sowohl das gezeichnete als auch das eingezahlte Kapital gesondert ausgewiesen werden; letzteres sieht § 229 Abs. 1 ebenfalls nicht vor.

  Um diese Inkonsistenzen zu beseitigen, soll bereits in § 224 Abs. 3 klargestellt werden, dass in der Hauptspalte zu A. I. der Passiva das eingeforderte Kapital auszuweisen ist. Neben dem eingeforderten Kapital sollen – wie das die Bilanz-Richtlinie vorsieht – auch das gezeichnete Kapital und das eingezahlte Kapital angegeben werden. Ob dabei vom gezeichneten Kapital ausgegangen wird und wie bisher unter Abzug der nicht eingeforderten ausstehenden Einlagen der Posten „eingefordertes Nennkapital" gebildet wird, oder ob beim eingeforderten Kapital (als Unterposten) ohne Ausweis der nicht eingeforderten Einlagen einfach das (gezeichnete) Nennkapital und das eingezahlte Kapital angeführt werden, soll der Praxis überlassen bleiben. Auch eine Gliederung in „Vorspalte" und „Hauptspalte" soll nicht mehr vorgegeben werden. Wenn – was die Regel sein wird – sich das eingeforderte Kapital mit dem eingezahlten Kapital deckt, besteht auch kein Einwand dagegen, den Posten als „eingefordertes und eingezahltes Nennkapital" zu bezeichnen.

  In Abs. 1a und 1b wird eine korrespondierende Anordnung vorgeschlagen, nach der der Nennbetrag der eigenen Anteile vom Nennkapital abzuziehen ist bzw. der Abzug entfällt. Da eigene Anteile in der Regel nur bei Aktiengesellschaften vorkommen, bei denen überdies das Grundkapital in der Regel voll eingefordert ist (§ 65 Abs. 2 letzter Satz AktG lässt den Erwerb eigener Aktien nur zu, wenn der Ausgabebetrag voll geleistet ist), wird dieser Abzug vom Nennkapital auch einen entsprechenden Abzug vom neu bezeichneten Hauptposten „eingefordertes Nennkapital" bedingen.

Kommentierung

I. Nennkapital und Gründungsprivilegierung (Abs 1)

Mit dem APRÄG 2016 wurde in § 229 Abs 1 erster Satz eine Neuformulierung vorgenommen, die im Zusammenhang mit der Klarstellung in § 224 Abs 3 steht, wonach unter dem Posten „Nennkapital (Grund-, Stammkapital)" nicht das gezeichnete, sondern (nur) das eingeforderte Nennkapital anzuführen ist. Die Bilanz-RL verlangt in einem solchen Fall allerdings (Anhang III Posten A. I. der Passiva), dass auch das gezeichnete Kapital (entspricht dem Betrag der übernommenen Einlagen, kann weiterhin als „Nennkapital" bezeichnet werden) und das einbezahlte Nennkapital angegeben werden. Eine Differenz zwischen dem Nennkapital und dem tatsächlich eingezahlten Kapital kann sich insbesondere dann ergeben, wenn die Gesellschaft gem § 28a Abs 1 AktG bzw § 10 Abs 1 GmbHG nicht zur Gänze sofort einfordert. Zum Ausweis schlagen die ErlRV drei verschiedene Alternativen vor (ErlRV 1109 BlgNR 25. GP 6; siehe dazu eingehend auch *Haselsteiner/Reinold/Stückler*, RWZ 2016, 236 f).

Nach einer Möglichkeit wird vom gezeichneten Kapital unter Abzug der nicht eingeforderten ausstehenden Einlagen der Posten eingefordertes Nennkapital gebildet:

A. Eigenkapital

   I. eingefordertes Nennkapital

eingezahltes Nennkapital	17 500,00
gezeichnetes Nennkapital	35 000,00
– nicht eingeforderte ausstehende Einlage	−17 500,00
	17.500,00

Eine weitere Darstellungsmöglichkeit besteht darin, das gezeichnete Nennkapital und das eingezahlte Kapital beim eingeforderten Kapital als Unterposten ohne Ausweis der nicht eingeforderten Einlagen anzugeben:

A. Eigenkapital

   I. eingefordertes Nennkapital   **17.500,00**

gezeichnetes Nennkapital	35.000,00
eingezahltes Nennkapital	17.500,00

Nach den ErlRV besteht kein Einwand, den Posten als eingefordertes und eingezahltes Nennkapital zu bezeichnen, wenn sich das eingeforderte Kapital mit dem eingezahlten Kapital deckt:

A. Eigenkapital

   I. eingefordertes und eingezahltes Nennkapital   **17.500,00**

gezeichnetes Nennkapital	35.000,00

§ 229 Abs 1 wurde mit dem RÄG 2014 um eine eigene Regelung über die Darstellung der Inanspruchnahme von Gründungsprivilegierungen im Eigenkapital erweitert. § 229 Abs 1 spricht zwar von Gründungsprivilegierungen allgemein, adressiert jedoch durch seinen Klammerausdruck die gründungsprivilegierte GmbH nach § 10b GmbHG.

Gemäß § 10b Abs 4 GmbHG sind die Gesellschafter einer gründungsprivilegierten GmbH während der aufrechten Gründungsprivilegierung nur insoweit zu weiteren Einzahlungen auf die von ihnen übernommenen Stammeinlagen verpflichtet, als die bereits geleisteten Einzahlungen hinter den gründungsprivilegierten Stammeinlagen zurückbleiben. Dies gilt auch für den Fall, dass während aufrechter Gründungsprivilegierung ein Insolvenzverfahren über das Vermögen der Gesellschaft eröffnet wird

Nach der gesetzlichen Anordnung in § 229 Abs 1 zweiter Satz haben Gesellschaften, die eine Gründungsprivilegierung in Anspruch nehmen, in der Bilanz zusätzlich jenen Betrag auszuweisen, den die Gesellschafter nach § 10b Abs 4 GmbHG nicht zu leisten verpflichtet sind. In der in den ErlRV enthaltenen Gliederung werden die Beträge iSd § 10b Abs 4 GmbHG vom gesetzlichen Stammkapital abgesetzt (vgl Er RV 367 BlgNR 25. GP, 10). Dieses Schema entspricht der schon in der KWT Stellungnahme KFS/RL 27 vorgeschlagenen Gliederung, wonach die nicht einforderbaren ausstehenden Stammeinlagen offen abzusetzen sind. Der verbleibende Betrag wird ohne Bezeichnung ausgewiesen.

Die Darstellung des Eigenkapitals erfolgt nach der UGB Formblatt-V wie folgt (Beispiel: gründungsprivilegierte GmbH mit gründungsprivilegierter Stammeinlage von EUR 10.000, davon EUR 5.000 eingefordert und eingezahlt):

A. Eigenkapital/Negatives Eigenkapital

I. eingefordertes Stammkapital:	5.000
Stammkapital	35.000
abzüglich nach § 10b Abs 4 GmbHG derzeit nicht einforderbare Einlagen	–25.000
abzüglich sonstige nicht eingeforderte ausstehende Einlagen	–5.000
davon eingezahlt	5.000

II. Kapitalrücklagen

III. Gewinnrücklagen

IV. Bilanzgewinn (Bilanzverlust),
  davon Gewinnvortrag/Verlustvortrag

II. Ausweis eigener Anteile (Abs 1a)

Der Ausweis eigener Anteile findet seit dem RÄG 2014 seine Regelung in § 229 Abs 1a und 1b. Eigene Anteile sind demnach im Eigenkapital auszuweisen. Der Nennbetrag bzw der rechnerische Wert der erworbenen eigenen Anteile ist offen vom Nennkapital abzuziehen (zur deutschen Rechtslage siehe *Reiner* in MünchKomm HGB[3] § 272 Anm 27; *Förschle/K. Hofmann*, Beck Bil-Komm[10] § 272 Rz 131).

Der dem Nennbetrag bzw dem rechnerischen Wert der erworbenen eigenen Anteile entsprechende Betrag ist in die **gebundenen Rücklagen** einzustellen, wobei je nach Herkunft der dazu aufgelösten freien Rücklage diese gebundene Rücklage in den Kapitalrücklagen oder Gewinnrücklagen auszuweisen ist. Durch die Pflicht zur Bildung einer gebundenen Rücklage soll verhindert werden, dass der vom Nennkapital abgesetzte Betrag potentiell für Ausschüttungen zur Verfügung steht (vgl ErlRV 367 BlgNR 25. GP, 10).

Der **Unterschiedsbetrag** zwischen dem Nennbetrag bzw dem rechnerischen Wert dieser Anteile und ihren **Anschaffungskosten** ist mit den nicht gebundenen Kapitalrücklagen und den freien Gewinnrücklagen zu verrechnen. Übersteigen die Anschaffungskosten den Nennbetrag bzw rechnerischen Wert, so reduzieren sich die nicht gebundenen Kapitalrücklagen bzw freien Gewinnrücklagen. Liegen die Anschaffungskosten unter dem Nennbetrag bzw rechnerischen Wert, so erhöht sich insoweit die nicht gebundene Kapitalrücklage bzw freie Gewinnrücklage. Sind am nach dem Erwerb der Anteile keine ausreichenden nicht gebundenen Kapitalrücklagen oder freien Gewinnrücklagen für eine Verrechnung des Unterschiedsbetrages verfügbar, führt dies zu einer Schmälerung des Bilanzgewinns (vgl *Reiner* in MünchKomm HGB[3] § 272 Rz 27 und 29).

- *Beispiel*
  Eine AG erwirbt eigene Aktien mit einem Nennbetrag bzw rechnerischen Wert von 500 zu einem Preis von 600.
  Variante: Die eigenen Aktien werden zu einem Preis von 400 erworben.
  Vereinfachend wird davon ausgegangen, dass keine Anschaffungsnebenkosten vorliegen.

		Bilanz der AG vor dem Erwerb	
Aktiva	130.000,00	A. Eigenkapital	
		I. eigenfordertes und eingezahltes Nennkapital	70.000,00
		II. Kapitalrücklagen	
		1. nicht gebundene	10.000,00
		III. Gewinnrücklagen	
		1. andere Rücklagen	20.000,00
		B. Verbindlichkeiten	30.000,00
	130.000,00		**130.000,00**

Bilanz der AG nach dem Erwerb

Aktiva	129.400,00	A.	Eigenkapital		
			I. eigenfordertes und eingezahltes Nennkapital	70.000,00	
			Nennbetrag eigener Anteile	500,00	
			ausgegebenes Kapital		69.500,00
			II. Kapitalrücklagen		
			1. nicht gebundene		10.000,00
			III. Gewinnrücklagen		
			1. andere Rücklagen		19.400,00
			2. Rücklage wegen eigener Anteile		500,00
		B.	Verbindlichkeiten		30.000,00
	129.400,00				129.400,00

Der Nennbetrag der eigenen Anteile iHv 500 wird vom eingeforderten und eingezahlten Kapital abgesetzt. Die Veränderung der Gewinnrücklage setzt sich aus der Verrechnung der Differenz iHv –100 zwischen dem Nennbetrag der eigenen Anteile (500) und deren Kaufpreis (600) sowie der Abnahme aufgrund der Umbuchung in die Rücklage wegen eigener Anteile zusammen.

VARIANTE: Bilanz der AG nach dem Erwerb

Aktiva	129.600,00	A.	Eigenkapital		
			I. eigenfordertes und eingezahltes Nennkapital	70.000,00	
			Nennbetrag eigener Anteile	500,00	
			ausgegebenes Kapital		69.500,00
			II. Kapitalrücklagen		
			1. nicht gebundene		10.000,00
			III. Gewinnrücklagen		
			1. andere Rücklagen		19.600,00
			2. Rücklage wegen eigener Anteile		500,00
		B.	Verbindlichkeiten		30.000,00
	129.600,00				129.600,00

In der Variante wird der Nennbetrag der eigenen Aktien iHv 500 vom eingeforderten und eingezahlten Kapital abgesetzt. Die Veränderung der Gewinnrücklage setzt sich aus der Verrechnung der Differenz iHv +100 zwischen dem Nennbetrag der eigenen Anteile (500) und deren Kaufpreis (600) sowie der Abnahme aufgrund der Umbuchung in die Rücklage wegen eigener Anteile zusammen.

III. Veräußerung eigener Anteile (Abs 1b)

§ 229 Abs 1b regelt den Fall der Veräußerung eigener Anteile. Nach der Veräußerung eigener Anteile entfällt der Abzug nach § 229 Abs 1a. Werden sämtliche eigenen Anteile veräußert, ist das Nennkapital vorbehaltlich anderer Bestimmungen wieder in voller Höhe auszuweisen (vgl *Reiner* in MünchKomm HGB[3] § 272 Rz 37).

Ein den Nennbetrag oder den rechnerischen Wert der eigenen Anteile übersteigender Differenzbetrag aus dem Veräußerungserlös ist bis zur Höhe des mit den frei verfügbaren Rücklagen nach § 229 Abs 1a zweiter Satz verrechneten Betrags in die jeweiligen Rücklagen einzustellen. Es ist daher der Anschaffungspreis der eigenen Anteile ohne Anschaffungsnebenkosten ebenso evident zu halten in der Buchhaltung wie die konkrete Auflösung der ungebundenen Kapitalrücklage bzw freien Gewinnrücklage, um in dieser Höhe wiederum eine Dotierung dieser Rücklage vornehmen zu können. Ein darüber hinausgehender Differenzbetrag ist in die (bei AG und großer GmbH gebundenen) Kapitalrücklage gem § 229 Abs 2 Z 1 einzustellen. Dies ist dann der Fall, wenn der Verkaufserlös höher ist, als der ursprüngliche Kaufpreis der eigenen Anteile (vgl *Winkeljohann/K. Hofmann* in Beck Bil-Komm[10] § 272 Rz 141). Dazu ist die nach § 229 Abs 1a vierter Satz gebildete gebundene Kapitalrücklage aufzulösen.

Das Gesetz lässt offen, ob der Verkauf der eigenen Anteile als Bestandteil der Ergebnisverwendung zu erfassen ist. Da der Erwerb eigener Anteile wie die Einziehung derselben als Ergebnisverwendung erfasst wird, spricht viel dafür, auch diesen Fall als Ergebnisverwendung zu erfassen (vgl *Winkeljohann/K. Hofmann* in Beck Bil-Komm[10] § 272 Rz 143).

Sollte der Verkaufspreis der eigenen Anteile unter dem Anschaffungspreis liegen, wäre das Minderergebnis zu Lasten einer freien Rücklage zu verrechnen. Mangels ausdrücklicher gesetzlicher Regelung wird in der Literatur aber auch eine ergebniswirksame Verrechnung vertreten, was allerdings dem Wesen der Kapitalausgabe als erfolgsneutralem Vorgang widerspricht (vgl *Winkeljohann/K. Hofmann* in Beck Bil-Komm[10] § 272 Rz 144).

- *Beispiel*

Eine AG verkauft sämtliche eigene Aktien mit einem Nennbetrag bzw rechnerischen Wert von 500 zu einem Preis von 700. Die Aktien wurden ursprünglich um 600 gekauft.
Variante: Die eigenen Aktien werden zu einem Preis von 400 verkauft.
Vereinfachend wird davon ausgegangen, dass keine Veräußerungsnebenkosten vorliegen.

Bilanz der AG vor dem Verkauf

Aktiva	129.400,00	A.	Eigenkapital		
			I. eigenfordertes und eingezahltes Nennkapital	70.000,00	
			Nennbetrag eigener Anteile	500,00	
			ausgegebenes Kapital		69.500,00
			II. Kapitalrücklagen		
			1. nicht gebundene		10.000,00
			III. Gewinnrücklagen		
			1. andere Rücklagen		19.400,00
			2. Rücklage wegen eigener Anteile		500,00
		B.	Verbindlichkeiten		30.000,00
	129.400,00				**129.400,00**

Bilanz der AG nach dem Verkauf

Aktiva	130.100,00	A.	Eigenkapital	
			I. eigenfordertes und eingezahltes Nennkapital	70.000,00
			II. Kapitalrücklagen	
			1. gebundene	100,00
			2. nicht gebundene	10.000,00
			III. Gewinnrücklagen	
			1. andere Rücklagen	20.000,00
		B.	Verbindlichkeiten	30.000,00
	130.100,00			**130.100,00**

Da sämtliche eigene Anteile veräußert wurden, ist der Absetzposten zu eliminieren und die Rücklage wegen eigener Anteile aufzulösen. Die Veränderung der Gewinnrücklage iHv +600 setzt sich aus der Zunahme der Gewinnrücklage um 100 aufgrund der ursprünglichen Verrechnung der Differenz zwischen dem Nennbetrag der eigenen Anteile (500) und deren Kaufpreis (600) sowie der Umbuchung von 500 aus der Rücklage wegen eigener Anteile zusammen. Die Kapitalrücklage wird um die Differenz iHv 100 zwischen dem Veräußerungserlös für die eigenen Anteile (700) und dem ursprünglichen Kaufpreis (600) erhöht.

VARIANTE: Bilanz der AG nach dem Verkauf

Aktiva	129.800,00	A.	Eigenkapital	
			I. eigenfordertes und eingezahltes Nennkapital	70.000,00
			II. Kapitalrücklagen	
			1. nicht gebundene	10.000,00
			III. Gewinnrücklagen	
			1. andere Rücklagen	19.800,00
		B.	Verbindlichkeiten	30.000,00
	129.800,00			**129.800,00**

In der Variante ist der Absetzposten aufgrund der Veräußerung sämtlicher eigenen Anteile zu eliminieren und die Rücklage wegen eigener Anteile aufzulösen. Die Veränderung der Gewinnrücklage iHv +400 setzt sich aus der Zunahme der Gewinnrücklage um 100 aufgrund der ursprünglichen Verrechnung der Differenz zwischen dem Nennbetrag der eigenen Anteile (500) und deren Kaufpreis (600) sowie der Umbuchung von 500 aus der Rücklage wegen eigener Anteile zusammen. Hinzu kommt die Verrechnung des Mindererlöses gegenüber den ursprünglichen Anschaffungskosten der eigenen Anteile (200).

IV. Bildung der Rücklagen (Abs 3 und 6)

Aufgrund des Wegfallers der unversteuerten Rücklagen ändert sich auch die „Formel" für die Bildung der Gewinnrücklage und der gesetzlichen Rücklage. Die bisher jeweils zu berücksichtigenden Effekte aufgrund der Veränderung (Bildung oder Auflösung) unversteuerter Rücklagen entfallen durch das RÄG 2014.

Ausweis unversteuerter Rücklagen

§ 230.

(1) Die Bewertungsreserve auf Grund steuerlicher Sonderabschreibungen ist entsprechend den Posten des Anlagevermögens aufzugliedern.

(2) In der Bilanz oder im Anhang sind die Zuweisung und die Auflösung entsprechend den Posten des Anlagevermögens gesondert anzuführen.

- *ErlRV zu § 230*
  Siehe ErlRV zu § 198 Abs 1.

Vierter Titel

Gewinn- und Verlustrechnung

Gliederung

§ 231.

(1) Die Gewinn- und Verlustrechnung ist in Staffelform nach dem Gesamtkostenverfahren oder dem Umsatzkostenverfahren aufzustellen. In ihr sind unbeschadet einer weiteren Gliederung die nachstehend bezeichneten Posten in der angegebenen Reihenfolge gesondert auszuweisen, sofern nicht eine abweichende Gliederung vorgeschrieben ist.

(2) Bei Anwendung des Gesamtkostenverfahrens sind auszuweisen:

1. Umsatzerlöse;
2. Veränderung des Bestands an fertigen und unfertigen Erzeugnissen sowie an noch nicht abrechenbaren Leistungen;
3. andere aktivierte Eigenleistungen;
4. sonstige betriebliche Erträge, wobei Gesellschaften, die nicht klein sind, folgende Beträge aufgliedern müssen:
   a) Erträge aus dem Abgang vom und der Zuschreibung zum Anlagevermögen mit Ausnahme der Finanzanlagen;
   b) Erträge aus der Auflösung von Rückstellungen,
   c) übrige;
5. Aufwendungen für Material und sonstige bezogene Herstellungsleistungen:
   a) Materialaufwand,
   b) Aufwendungen für bezogene Leistungen;
6. Personalaufwand:
   a) Löhne und Gehälter, wobei Gesellschaften, die nicht klein sind, Löhne und Gehälter getrennt voneinander ausweisen müssen;
   b) soziale Aufwendungen, davon Aufwendungen für Altersversorgung, wobei Gesellschaften, die nicht klein sind, folgende Beträge zusätzlich gesondert ausweisen müssen:
      aa) Aufwendungen für Abfertigungen und Leistungen an betriebliche Mitarbeitervorsorgekassen;

bb) Aufwendungen für gesetzlich vorgeschriebene Sozialabgaben sowie vom Entgelt abhängige Abgaben und Pflichtbeiträge;

7. Abschreibungen:

a) auf immaterielle Gegenstände des Anlagevermögens und Sachanlagen,

b) auf Gegenstände des Umlaufvermögens, soweit diese die im Unternehmen üblichen Abschreibungen überschreiten;

8. sonstige betriebliche Aufwendungen, wobei Gesellschaften, die nicht klein sind, Steuern, soweit sie nicht unter Z 18 fallen, gesondert ausweisen müssen;

9. Zwischensumme aus Z 1 bis 8;

10. Erträge aus Beteiligungen,

davon aus verbundenen Unternehmen;

11. Erträge aus anderen Wertpapieren und Ausleihungen des Finanzanlagevermögens,

davon aus verbundenen Unternehmen;

12. sonstige Zinsen und ähnliche Erträge,

davon aus verbundenen Unternehmen;

13. Erträge aus dem Abgang von und der Zuschreibung zu Finanzanlagen und Wertpapieren des Umlaufvermögens;

14. Aufwendungen aus Finanzanlagen und aus Wertpapieren des Umlaufvermögens, davon haben Gesellschaften, die nicht klein sind, gesondert auszuweisen:

a) Abschreibungen

b) Aufwendungen aus verbundenen Unternehmen;

15. Zinsen und ähnliche Aufwendungen, davon betreffend verbundene Unternehmen;

16. Zwischensumme aus Z 10 bis 15;

17. Ergebnis vor Steuern (Zwischensumme aus Z 9 und Z 16);

18. Steuern vom Einkommen und vom Ertrag;

19. Ergebnis nach Steuern;

20. sonstige Steuern, soweit nicht unter den Posten 1 bis 19 enthalten;

21. Jahresüberschuss/Jahresfehlbetrag;

22. Auflösung von Kapitalrücklagen;

23. Auflösung von Gewinnrücklagen;

24. Zuweisung zu Gewinnrücklagen;

25. Gewinnvortrag/Verlustvortrag aus dem Vorjahr;

26. Bilanzgewinn (Bilanzverlust).

27. ~~Zuweisung zu Gewinnrücklagen. Die Auflösungen und Zuweisungen gemäß Z 23 bis 27 sind entsprechend den in der Bilanz ausgewiesenen Unterposten aufzugliedern;~~

28. ~~Gewinnvortrag/Verlustvortrag aus dem Vorjahr;~~

29. ~~Bilanzgewinn/Bilanzverlust.~~

(3) Bei Anwendung des Umsatzkostenverfahrens sind auszuweisen:

1. Umsatzerlöse;

2. Herstellungskosten der zur Erzielung der Umsatzerlöse erbrachten Leistungen;

3. Bruttoergebnis vom Umsatz;

4. Vertriebskosten;

5. allgemeine Verwaltungskosten;

6. sonstige betriebliche Erträge, wobei Gesellschaften, die nicht klein sind, folgende Beträge aufgliedern müssen:

   a) Erträge aus dem Abgang vom und der Zuschreibung zum Anlagevermögen mit Ausnahme der Finanzanlagen,

   b) Erträge aus der Auflösung von Rückstellungen,

   c) übrige;

7. sonstige betriebliche Aufwendungen;

8. Zwischensumme aus Z 1 bis 7;

9. Erträge aus Beteiligungen,
   davon aus verbundenen Unternehmen;

10. Erträge aus anderen Wertpapieren und Ausleihungen des Finanzanlagevermögens,
    davon aus verbundenen Unternehmen;

11. sonstige Zinsen und ähnliche Erträge,
    davon aus verbundenen Unternehmen;

12. Erträge aus dem Abgang von und der Zuschreibung zu Finanzanlagen und Wertpapieren des Umlaufvermögens;

13. Aufwendungen aus Finanzanlagen und aus Wertpapieren des Umlaufvermögens, davon haben Gesellschaften, die nicht klein sind, gesondert auszuweisen:

    a) Abschreibungen

    b) Aufwendungen aus verbundenen Unternehmen;

14. Zinsen und ähnliche Aufwendungen, davon betreffend verbundene Unternehmen;

15. Zwischensumme aus Z 9 bis 14;

16. Ergebnis vor Steuern (Zwischensumme aus Z 8 und Z 15);

17. Steuern vom Einkommen und vom Ertrag;

18. Ergebnis nach Steuern;

19. sonstige Steuern, soweit nicht unter den Posten 1 bis 18 enthalten;

20. Jahresüberschuss/Jahresfehlbetrag;

21. Auflösung von Kapitalrücklagen;

22. Auflösung von Gewinnrücklagen;

23. Zuweisung zu Gewinnrücklagen;

24. Gewinnvortrag/Verlustvortrag aus dem Vorjahr;

25. Bilanzgewinn (Bilanzverlust).

26. ~~Zuweisung zu Gewinnrücklagen. Die Auflösungen und Zuweisungen gemäß Z 22 bis 26 sind entsprechend den in der Bilanz ausgewiesenen Unterposten aufzugliedern;~~

27. ~~Gewinnvortrag/Verlustvortrag aus dem Vorjahr;~~

28. ~~Bilanzgewinn/Bilanzverlust.~~

(4) Die Bildung von Zwischensummen (mit Ausnahme jener nach Abs. 2 Z 19 beziehungsweise Abs. 3 Z 18) darf bei kleinen Gesellschaften unterbleiben.

(5) Alternativ zum Ausweis in der Gewinn- und Verlustrechnung können Veränderungen der Kapital- und Gewinnrücklagen auch im Anhang ausgewiesen werden. In diesem Fall endet die Gewinn- und Verlustrechnung mit dem Posten Jahresüberschuss/Jahresfehlbetrag.

- *ErlRV zu § 231*

  Aufgrund der Vollharmonisierung für kleine Unternehmen können diese nicht mehr dazu verhalten werden, in der GuV die vom UGB vorgeschriebene Aufgliederung der „sonstigen betrieblichen Erträge" (§ 231 Abs. 2 Z 4) und des Personalaufwands vorzunehmen (§ 231 Abs. 2 Z 4, hier ist nur die Aufgliederung in Löhne und Gehälter einerseits und soziale Aufwendungen, davon für Altersversorgung andererseits vorgesehen). Auch der gesonderte Ausweis von Steuern in „sonstige betriebliche Aufwendungen" (§ 231 Abs. 2 Z 8) sowie eine detailliertere Aufgliederung der Aufwendungen aus Finanzanlagen und Wertpapieren des Umlaufvermögens (§ 231 Abs. 2 Z 14) darf für kleine Unternehmen nicht mehr zwingend vorgeschrieben werden.

  Die Eigenkapitalverwendung (bisher Posten 23 bis 27) ist kein Bestandteil der GuV im engeren Sinn und findet sich auch nicht im Gliederungsschema der Bilanz-Richtlinie (Anhang V und VI). Allerdings gestattet Art. 9 Abs. 6 die Adaptierung der Gliederung der GuV für den Ausweis der Verwendung der Ergebnisse, weshalb der Ausweis der Eigenkapitalverwendung in der GuV prinzipiell für alle Gesellschaften beibehalten werden kann. Optional können die Gesellschaften – wie nach dHGB – in Zukunft die Eigenkapitalverwendung auch im Anhang darstellen (s. den neuen Abs. 5). Dafür kann auch die neue Anhangangabe nach dem vorgeschlagenen § 238 Abs. 1 Z 9 verwendet werden.

  Für alle Unternehmen entfällt in der GuV der Ausweis von außerordentlichen Erträgen und Aufwendungen; diese Beträge sind den „ordentlichen" Positionen zuzuordnen, wobei der Betrag und die Wesensart von einzelnen Ertrags- oder Aufwandsposten von außerordentlicher Größenordnung in Zukunft im Anhang anzugeben ist (Art. 16 Abs. 1 lit. f). Das hat zur Folge, dass die Ergebnisgröße „Ergebnis der gewöhnlichen Geschäftstätigkeit (EGT)" zu entfallen hat; für mittlere und große Unternehmen wird vorgesehen, dass als Zwischensumme noch das „Ergebnis vor Steuern" gebildet wird.

Kommentierung

Die Gliederung der GuV wird zum Teil für sämtliche Gesellschaften verändert, zum Teil kommt es zu einer Vereinfachung in der Gliederung für kleine Gesellschaften.

I. Allgemeine Änderungen

Der Begriff des „Ergebnis der gewöhnlichen Geschäftstätigkeit" (EGT) entfällt, da es zukünftig keine **außerordentlichen Erträge und Aufwendungen**, somit auch kein „außerordentliches Ergebnis" mehr gibt und wird durch den Begriff „Ergebnis vor Steuern" ersetzt. Die bisherigen außerordentlichen Erträge und Aufwendungen werden vielfach im sonstigen betrieblichen Ertrag bzw Aufwand ausgewiesen werden. Im Anschluss an den Posten „Steuern vom Einkommen und Ertrag" gibt es den neuen Zwischenposten **„Ergebnis nach Steuern"**. Diesem folgt der vermutlich in der Praxis nicht vorkommende Posten „sonstige Steuern, soweit nicht unter den Posten 1 bis 19 enthalten". Da es abgesehen von den im Betriebsergebnis enthaltenen sonstigen Steuern und der Körperschaftsteuer (und allfälligen anderen ausländischen Ertragsteuern) regelmäßig keine anderen Steuern gibt, wird der „Jahresüberschuss/Jahresfehlbetrag" typischerweise mit dem „Ergebnis nach Steuern" betragsident sein. Aufgrund der Aufhebung des § 205 bedarf es auch keines Postens für die Auflösung bzw Zuweisung unversteuerter Rücklagen.

Im Gesamtkostenverfahren wird der Posten **„Personalaufwand"** neu gegliedert. Gab es bisher sechs Subpunkte (lit a–f), reduziert sich das in der Mindestgliederung auf zwei Subpunkte, nämlich lit a „Löhne und Gehälter" und lit b „soziale Aufwendungen, davon Aufwendungen für Altersversorgung", zu denen es für mittelgroße und große Gesellschaften noch zusätzliche Verpflichtungen gibt: Diese müssen die Löhne und Gehälter getrennt ausweisen und im Rahmen der sozialen Aufwendungen zusätzlich die bisherigen Posten lit c (Aufwendungen für Abfertigungen und Leistungen an betriebliche Mitarbeitervorsorgekassen) und lit e (Aufwendungen für gesetzlich vorgeschriebene Sozialabgaben sowie vom Entgelt abhängige Abgaben und Pflichtbeiträge) gesondert angeben. Ersatzlos entfallen als eigener Posten ist die bisherige lit f (sonstige Sozialaufwendungen), zu denen insbes freiwillige oder durch Betriebsvereinbarung oder Kollektivvertrag vorgesehene, nicht unter lit a–e fallende Aufwendungen fallen (zB Zuwendungen an Betriebsratfonds; Kantinenzuschüsse etc – vgl *Hirschler/Sulz/Schaffer* in *Hirschler*, § 231 Rz 146 ff).

Im Umsatzkostenverfahren wird noch deutlicher die Kostenstellenrechnung betont, indem die Reihenfolge der Z 4–6 insoweit geändert wird, als die nunmehrige Z 4 (sonstige betriebliche Erträge) hinter die Posten „Vertriebskosten" und „allgemeine Verwaltungskosten" gereiht wird.

Neu ist, dass die GuV gem Abs 5 grundsätzlich beim Posten „Jahresüberschuss/Jahresfehlbetrag" enden darf. In diesem Fall sind die Veränderungen der Kapital- und Gewinnrücklagen im Anhang anzugeben. Ein Hinweis auf den Gewinn- oder Verlustvortrag oder den Bilanzgewinn ist nicht erforderlich, da dies unmittelbar aus der Bilanz ersichtlich ist. Da Kleinstgesellschaften keinen Anhang aufstellen müssen, ist für diese Abs 5 nicht anwendbar.

II. Größenabhängige Erleichterungen

Für kleine Gesellschaften gibt es durch das RÄG 2014 die allgemeine Erleichterung, dass gem Abs 4 die **Bildung von Zwischensummen** hinsichtlich des Betriebserfolgs (Zwischensumme 1–8 beim Gesamtkostenverfahren bzw Zwischensumme 1–7 beim Umsatzkostenverfahren), des Finanzerfolgs (Zwischensumme 10–15 beim Gesamtkostenverfahren bzw Zwischensumme 9–14 beim Umsatzkostenverfahren) sowie des Ergebnisses vor Steuern nicht erforderlich ist. Lediglich das „Ergebnis nach Steuern" muss auch von kleinen Gesellschaften eigens ausgewiesen werden sowie selbstverständlich, da es sich um keine „Zwischensumme" handelt, der „Jahresüberschuss/Jahresfehlbetrag".

Im Übrigen sieht § 231 vor, dass die **sonstigen betrieblichen Erträge** nur mehr bei mittelgroßen und großen Gesellschaften zu untergliedern sind. Weiters ist der gesonderte Ausweis für die **betrieblichen Steuern** in Z 8 des Gesamtkostenverfahrens für kleine Gesellschaften nicht mehr erforderlich. Ebenso ist die Untergliederung der Aufwendungen aus Finanzanlagen und aus Wertpapieren des Umlaufvermögens hinsichtlich Abschreibungen und Aufwendungen aus verbundenen Unternehmen nur noch für mittelgroße und große Gesellschaften erforderlich.

Hinsichtlich des **Personalaufwands** bedarf es für kleine Gesellschaften keiner Untergliederung der Z 6a in Löhne und Gehälter, diese können als Summe ausgewiesen werden. Bei den sozialen Aufwendungen bedarf es bei kleinen Gesellschaften nur eines gesonderten Ausweises der Aufwendungen für Altersversorgung.

Da § 231 stets auch das Vorbild für die Gliederung der GuV für alle rechnungslegungspflichtigen Unternehmen ist, die keine Kapitalgesellschaft iSd zweiten Abschnitts (§ 221 ff) sind, wird die modifizierte Mindestgliederung zukünftig auch für diese Unternehmen (Einzelunternehmen, Personengesellschaften) Bedeutung haben, wobei ein freiwilliges Mehr an Gliederungsposten iSd § 231 für jeden rechnungslegungspflichtigen Unternehmer unter Beachtung der Darstellungsstetigkeit zulässig ist, sodass auch zB kleine Gesellschaften das Mindestgliederungsschema der mittelgroßen und großen Gesellschaften anwenden dürfen.

Vorschriften zu einzelnen Posten der Gewinn- und Verlustrechnung

§ 232.

(1) Als Umsatzerlöse sind die für die gewöhnliche Geschäftstätigkeit des Unternehmens typischen Erlöse aus dem Verkauf und der Nutzungsüberlassung von Erzeugnissen und Waren sowie aus Dienstleistungen nach Abzug von Erlösschmälerungen und Umsatzsteuer auszuweisen.

(2) Als Bestandsveränderungen sind außer Änderungen der Menge auch solche des Wertes zu berücksichtigen. letztere jedoch nur, soweit sie nicht unter § 233 fallen.

(3) Ist die Gesellschaft vertraglich verpflichtet, ihren Gewinn oder Verlust ganz oder teilweise an andere Personen zu überrechnen, so ist der überrechnete Betrag unter entsprechender Bezeichnung vor dem Posten gemäß § 231 Abs. 2 Z 25 oder § 231 Abs. 3 Z 24 gesondert auszuweisen.

~~(4) In der Gewinn- und Verlustrechnung oder im Anhang sind die gemäß § 205 Abs. 1 notwendigen Zuführungen zu unversteuerten Rücklagen sowie die Erträge aus deren Auflösung unter Hinweis auf die maßgebliche steuerliche Rechtsgrundlage gesondert anzuführen. Umgliederungen innerhalb der unversteuerten Rücklagen dürfen verrechnet werden.~~

(5) Außerplanmäßige Abschreibungen gemäß § 204 Abs. 2 sind gesondert auszuweisen.

- *ErlRV zu § 232*

  Zu Abs 1:

  Siehe ErlRV zu § 189a.

  Zu Abs 2:

  Die Richtlinie lässt einen Ausweis von außerordentlichen Erträgen und Aufwendungen in der GuV nicht mehr zu (s. bereits die Erläuterungen zu § 231), weshalb die darauf Bezug nehmenden Bestimmungen anzupassen (§ 232 Abs. 2) bzw. aufzuheben sind (§ 233). Die Erläuterung von wesentlichen Beträgen im Anhang findet sich in § 237 Abs. 1 Z 4.

  Zu Abs 3:

  Siehe ErlRV zu § 231.

  Zu Abs 4:

  Siehe ErlRV zu § 198 Abs 1.

Kommentierung

Die Umsatzerlöse werden nunmehr in § 189a Z 5 neu definiert, sodass Abs 1 entfällt. Abs 4 wurde mangels zukünftiger Zuführung/Auflösung oder Umbuchung unversteuerter Rücklagen ebenso aufgehoben.

Mangels Vorliegens eines außerordentlichen Ergebnisses ab Anwendung des RÄG 2014 gibt es im Rahmen der Bestandsveränderung keine Einschränkung hinsichtlich außerordentlicher Bestandsveränderung mehr.

~~Außerordentliche Erträge und Aufwendungen~~

~~**§ 233.**~~

~~Unter den Posten „außerordentliche Erträge" (§ 231 Abs. 2 Z 18 und Abs. 3 Z 17) und „außerordentliche Aufwendungen" (§ 231 Abs. 2 Z 19 und Abs. 3 Z 18) sind Erträge und Aufwendungen auszuweisen, die außerhalb der gewöhnlichen Geschäftstätigkeit des Unternehmens anfallen. Sind diese Beträge für die Beurteilung der Ertragslage nicht von untergeordneter Bedeutung, so sind sie hinsichtlich ihres Betrages und ihrer Art im Anhang zu erläutern. Dies gilt auch für Erträge und Aufwendungen, die einem anderen Geschäftsjahr zuzurechnen sind.~~

- *ErlRV zu § 233*

  Siehe ErlRV zu § 232 Abs 2.

Kommentierung

Die Posten ao Aufwand und ao Ertrag werden gestrichen. Im Einzelfall kann im Anhang entsprechend § 237 Abs 1 Z 4 eine gesonderte Angabepflicht bestehen, wenn ein Ertrags- oder Aufwandsposten entweder von außerordentlicher Größenordnung oder von außerordentlicher Bedeutung ist. Es sind demnach sowohl Posten im Anhang zu erläutern, die eine außerordentliche Größenordnung aufweisen, als auch solche, die von außerordentlicher Bedeutung sind; die beiden Voraussetzungen müssen nicht kumulativ vorliegen. Bei diesen im Anhang zu erläuternden Ertrags- oder Aufwandsposten kann es sich um jeden Posten der GuV handeln, nicht nur um die vor dem RÄG 2014 als außerordentlicher Aufwand oder Ertrag ausgewiesenen Sachverhalte. Die Schwelle der „Außerordentlichkeit" wird jedenfalls höher anzusetzen sein als die „Wesentlichkeit" (§ 189a Z 10).

Steuern

§ 234.

Im Posten „Steuern vom Einkommen und vom Ertrag" sind die Beträge auszuweisen, die das Unternehmen als Steuerschuldner vom Einkommen und Ertrag zu entrichten hat. Gesellschaften, die nicht klein sind, haben Erträge aus Steuergutschriften und aus der Auflösung von nicht bestimmungsgemäß verwendeten Steuerrückstellungen gesondert auszuweisen, soweit sie wesentlich (§ 189a Z 10) sind.

- *ErlRV zu § 234*
  Siehe bei § 236.

Kommentierung

Ein gesonderter Ausweis der Erträge aus Steuergutschriften, zB in einer Vorspalte oder als Davon-Vermerk, und der Auflösung nicht bestimmungsgemäß verwendeter Steuerrückstellungen ist nur bei mittelgroßen und großen Gesellschaften erforderlich und auch bei diesen nur dann, wenn die sich daraus ergebenden Erträge wesentlich sind. Hinsichtlich dieser Erträge kann es sich auch um Erträge im Zusammenhang mit latenten Steuern handeln.

Beschränkung der Ausschüttung

§ 235.

(1) Gewinne dürfen nicht ausgeschüttet werden, soweit sie *durch Umgründungen unter Ansatz des beizulegenden Wertes entstanden sind und*

1. *aus der Auflösung von Kapitalrücklagen stammen,*

2. *nicht als Kapitalrücklage ausgewiesen werden können, oder*

3. *der beizulegende Wert für eine Gegenleistung angesetzt wurde.*

Dies gilt sinngemäß für einen Übergang des Gesellschaftsvermögens gemäß § 142. Die ausschüttungsgesperrten Beträge vermindern sich insoweit, als *der* Unterschiedsbetrag *zwischen Buchwert und dem höheren beizulegenden Wert* in der Folge insbesondere durch planmäßige oder außerplanmäßige Abschreibungen gemäß den §§ 204 und 207 oder durch Buchwertabgänge vermindert wird. *Dies gilt* unabhängig von der Auflösung der zugrunde liegenden Kapitalrücklage.

(2) Bei Aktivierung latenter Steuern gemäß § 198 Abs. 9 dürfen außerdem Gewinne nur ausgeschüttet werden, soweit die danach verbleibenden jederzeit auflösbaren Rücklagen zuzüglich eines Gewinnvortrags und abzüglich eines Verlustvortrags dem aktivierten Betrag mindestens entsprechen.

- *ErlRV zu § 235*
  In § 235 entfällt wegen der Aufhebung des Zuschreibungswahlrechts (bisher § 208 Abs. 2) das sich auf die Zuschreibung beziehende Ausschüttungsverbot (bisher § 235 Z 1) und wegen der Beseitigung der unversteuerten Rücklagen die entsprechende Ausschüttungssperre (bisher § 235 Z 2). Stattdessen wird im neuen Abs. 2 die bisher in § 226 Abs. 2 geregelte Ausschüttungssperre für den Aktivüberhang bei latenten Steuern normiert.

  Die neue Gliederung in zwei Absätzen folgt dem Gedanken, dass die bisherige Z 3 (nunmehr Abs. 1; Umgründungsrücklage) vom Geschäftsjahr ausgehend auch Folgejahre betrifft. Die Ausschüttungssperre für den Aktivüberhang bei latenten Steuern hingegen soll völlig unabhängig von den Ergebniswirkungen im Geschäftsjahr gelten.

  Bei der Ausschüttungssperre nach Abs. 1 wird der bisherige Fehlverweis auf § 202 Abs. 2 Z 1 korrigiert (vgl. bereits 6 Ob 103/03w). Zusätzlich wird ein weiterer Satz angefügt, der im Begutachtungsverfahren zum RÄG 2010 von der Kammer der Wirtschaftstreuhänder angeregt wurde (12/SN-100/ME 24. GP).

Danach soll sich die Ausschüttungssperre insoweit vermindern, als in den Folgejahren nach der umgründungsbedingten Bildung der Kapitalrücklage das Jahresergebnis der übernehmenden Gesellschaft durch die Abschreibung der aufgewerteten Vermögensgegenstände einschließlich eines Firmenwertes vermindert wird. Eine weitergehende Reform der Ausschüttungssperren muss weiteren Diskussionen vorbehalten werden.

- *ErlRV zum AbgÄG 2015*

  Die Entscheidung für eine Umgründungsrichtung kann verschiedene Ursachen haben, insbesondere verkehrssteuerliche (es wird zur Vermeidung der Grunderwerbsteuer jene Gesellschaft übertragen, die keine Immobilien besitzt) oder gesellschaftsrechtliche Gründe (zur Vermeidung des kapitalherabsetzenden Effekts wird jene Gesellschaft übertragen, die das geringere gebundene Kapital aufweist); aus Gläubigersicht besteht aber meist kein wesentlicher Unterschied, welche Umgründungsrichtung gewählt wird, daher ist es erforderlich, die Ausschüttungssperre auf alle Umgründungstypen mit Neubewertung auszudehnen.

  Mit der vorgesehenen Änderung soll daher der Geltungsbereich des Abs. 1 in § 235 erweitert werden. Die Ausschüttungsbeschränkung soll umfassend auf alle im Bilanzgewinn enthaltenen Gewinnteile ausgedehnt werden, die sich bei einer übernehmenden Kapitalgesellschaft durch die Bewertung des Vermögens mit dem beizulegenden Wert gegenüber dem Buchwert ergeben; dies unabhängig davon, ob es sich um down-stream bzw. side-stream (Z 1) oder up-stream Vorgänge (Z 2), einschließlich einer Anwachsung nach § 142, handelt.

  Ebenso sollen jene Gewinne, die sich bei einer übertragenden Kapitalgesellschaft auf Grund der Bewertung der umgründungsveranlassten Gegenleistung mit dem beizulegenden Wert gegenüber dem Buchwert des übertragenen Vermögens ergeben, von der Ausschüttungssperre zukünftig erfasst werden (Z 3).

  Aufgrund des Abstellens auf den Gewinn kürzen insbesondere umgründungsveranlasste Rückstellungen für latente Steuern den ausschüttungsgesperrten Betrag.

  Unverändert zur bisherigen Rechtslage reduziert sich der ausschüttungsgesperrte Betrag, als er in der Folge durch planmäßige oder außerplanmäßige Abschreibungen oder durch Buchwertabgänge unabhängig von der Auflösung der zugrunde liegenden Kapitalrücklage vermindert wird. Buchwertabgänge im Rahmen von Folgeumgründungen führen nicht zu einer Verminderung des ausschüttungsgesperrten Betrages.

  Die Neuregelung tritt mit 1. Jänner 2016 in Kraft und ist bei nach dem 31. Mai 2015 beschlossenen Umgründungen für Ausschüttungsbeschlüsse nach dem 31. Dezember 2015 erstmals anzuwenden.

Kommentierung

I. Allgemeines

Der Aufbau der in § 235 geregelten Ausschüttungssperren hat sich mit dem RÄG 2014 grundlegend geändert. Aufgrund der Aufhebung des in § 208 Abs 2 aF geregelten Zuschreibungswahlrechts und der Abschaffung der unversteuerten Rücklagen waren die damit zusammenhängenden Ausschüttungssperren (§ 235 Z 1 und Z 2 aF) nicht mehr erforderlich (vgl *Ludwig/Strimitzer* in *Hirschler* § 235 Rz 3, wonach § 235 Z 1 und 2 aF schon nach alter Rechtslage nicht zweckmäßig waren).

Mit dem AbgÄG 2015 wurde § 235 Abs 1 noch einmal wesentlich überarbeitet, indem die Ausschüttungsbeschränkungen auf alle im Bilanzgewinn enthaltenen Gewinnteile ausgedehnt wurden, die sich bei einer **übernehmenden Kapitalgesellschaft** (einschließlich einer kapitalistischen Personengesellschaft iSd § 221 Abs 5) durch die Bewertung des Vermögens mit dem beizulegenden Wert gegenüber dem Buchwert ergeben; dies unabhängig davon, ob es sich um Down-stream- bzw Side-stream- (Z 1) oder Up-stream-Vorgänge (Z 2), einschließlich einer Anwachsung nach § 142, handelt. Zusätzlich wurden jene Gewinne, die sich bei einer **übertragenden Kapitalgesellschaft** (einschließlich einer kapitalistischen Personengesellschaft iSd § 221 Abs 5) auf Grund der Bewertung der umgründungsveranlassten Gegenleistung mit dem beizulegenden Wert gegenüber dem Buchwert des übertragenen Vermögens ergeben, von der Ausschüttungssperre erfasst (Z 3).

Nicht ausdrücklich angesprochen sind in den Erläuterungen Gewinne in Folge einer Umgründung, die beim Gesellschafter einer übertragenden oder übernehmenden Kapitalgesellschaft entstehen, zB bei einer Muttergesellschaft im Falle der Verschmelzung zweier Tochtergesellschaften. Da der Wortlaut des § 235 Abs 1 durchaus auch die Gewinnrealisierung als mittelbare Folge der Umgründung umfasst, werden auch beim Gesellschafter, der weder übertragende noch übernehmende Kapitalgesellschaft ist, entstehende umgründungsbedingte Gewinne ausschüttungsgesperrt sein.

Durch das Abstellen auf den Begriff „Gewinn" ist klargestellt, dass es sich bei der Ausschüttungssperre um einen „Nettobetrag" handelt, in dem die mit Umgründungen im Zusammenhang stehenden Aufwendungen wie Buchwertabgänge und latente Steuern zu berücksichtigen sind.

II. Umgründungen (Abs 1)

Mit dem EU-GesRÄG 1996 wurde in § 235 Z 3 aF eine Ausschüttungssperre für Auflösungsbeträge von umgründungsbedingten Kapitalrücklagen eingeführt, die im Schrifttum und in der Praxis heftig diskutiert wurde. Einer der umstrittenen Punkte war der Verweis in § 235 Z 3 auf § 202 Abs 2 Z 1 anstatt auf § 202 Abs 1, wenngleich der OGH im Urteil vom 11.10.2003, 6 Ob 103/03w klarstellte, dass es sich hierbei um ein Redaktionsversehen handelte (vgl für viele *Ludwig/Strimitzer* in *Hirschler* § 235 Rz 12 ff mwN). Bei der Ausschüttungssperre nach § 235 Abs 1 wird der bisherige Fehlverweis auf § 202 Abs 2 Z 1 korrigiert.

Die **Auflösung einer solchen Rücklage** zur Vermeidung eines sonst auszuweisenden Bilanzverlustes oder zum Ausgleich mit laufenden Verlusten war bereits nach alter Rechtslage zulässig. Im Schrifttum wurde zudem gefordert, § 235 Z 3 aF insoweit teleologisch zu reduzieren, als das Jahresergebnis auf Grund der Abschreibung der durch den Ansatz des beizulegenden Wertes aktivierten stillen Reserven oder eines aktivierten Umgründungsmehrwertes und eines allfälligen Firmenwertes bereits belastet ist (vgl *Bertl/Hirschler*, RWZ 2001, 126 [127]; *Ludwig/Strimitzer* in *Hirschler* § 235 Rz 26; kritisch *Platzer*, RdW 2007, 622 [623]).

Andernfalls würde sich eine wirtschaftlich doppelte Ausschüttungssperre ergeben, die den Zweck des Gläubigerschutzes übererfüllen würde (vgl *Lechner*, RWZ 1997, 322 [324]). Diesem Gedanken hat der Gesetzgeber im RÄG 2014 aufgegriffen und in § 235 Abs 1 Satz 2 gesetzlich verankert (vgl ErläutRV 367, 25. GP, 11).

Nach dem Gesetzeswortlaut vor dem AbgÄG 2015 setzte eine Ausschüttungssperre nach § 235 Abs 1 das Vorliegen und die nachfolgende Auflösung einer umgründungsbedingten Kapitalrücklage voraus. Dies hatte bereits vor dem RÄG 2014 zur Frage geführt, ob der Anwendungsbereich der Bestimmungen somit **auf Umgründungen in Form einer Einlage beschränkt** ist (vgl *Ludwig/Hirschler*, Umgründungen[2], 79 f). Bereits damals wurde die analoge Anwendung des § 235 Z 3 aF auf umgründungsbedingte Gewinne, denen keine Einlage zugrunde liegt, vertreten (vgl *Reich-Rohrwig*, Kapitalerhaltung, 319 f). Als Argument wurde vorgebracht, dass der Gesetzgeber die Ausdehnung der Gewinnausschüttungsbeschränkung auf Aufwertungsgewinne, die nicht aus einer Einlage resultieren, nicht bedacht hat, weshalb eine mittels Analogie zu schließende planwidrige Lücke vorliegt.

Mit dem AbgÄG 2015 wurde § 235 Abs 1 neu gefasst. Gewinne dürfen nicht ausgeschüttet werden, soweit sie durch Umgründungen unter Ansatz des beizulegenden Wertes entstanden sind und

1. aus der Auflösung von Kapitalrücklagen stammen,
2. nicht als Kapitalrücklage ausgewiesen werden können, oder
3. der beizulegende Wert für eine Gegenleistung angesetzt wurde.

Die ErläutRV zum AbgÄG 2015 begründen die Ausdehnung der Ausschüttungssperre auf alle Umgründungstypen mit Neubewertung damit, dass die gewählte Umgründungsrichtung aus Gläubigersicht keinen wesentlichen Unterschied mache (vgl *Kreuch/Vilk*, RWZ 2016, 9; *Bergmann*, ecolex 2016, 314 f). Aus steuerrechtlicher Sicht sollen mit der Neufassung des § 235 Abs 1 unerwünschte Gestaltungen im Zusammenhang mit Umgründungen verhindert werden (*Zöchling/Trenkwalder*, SWK 2015, 873; *Rzepa/Titz* in *Mayr/Lattner/Schlager*, Steuerreform 2015/16, 52; *Rzepa*, RdW 2016, 62; *Schlager*, RWZ 2015, 224; *Stanek*, ÖStZ 2016, 168; *Stückler/Wytrzens*, ÖStZ 2016, 177). Folglich sollen alle im Bilanzgewinn enthaltenen Gewinnanteile, die bei einer Gesellschaft durch Aufwertung des umgründungsbedingt erworbenen Vermögens entstanden sind, ausschüttungsgesperrt sein (vgl *Weninger/Winkler* in *Torggler*[2] § 235 Rz 12; *Rzepa*, RdW 2016, 62).

Nach § 235 Abs 1 Z 1 sind Gewinne aus der Auflösung von Kapitalrücklagen ausschüttungsgesperrt, wenn die betreffende Kapitalrücklage durch eine Umgründung unter Ansatz des beizulegenden Wertes entstanden ist (vgl *Bergmann*, ecolex 2016, 315). Der Tatbestand setzt voraus, dass die Umgründung bei der übernehmenden Körperschaft als außenfinanzierte Einlage bzw Zuwendung erfasst wird (vgl zB *Bergmann* in *Straube*[3] § 235 Rz 18; *Ludwig/Strimitzer* in *Hirschler* § 235 Rz 15).

Nach § 235 Abs 1 Z 2 unterliegen Gewinne im Zusammenhang mit Umgründungen der Ausschüttungssperre, die nicht als Kapitalrücklage ausgewiesen werden können. Die Z 2 umfasst daher auch Umgründungsgewinne, die nicht als Kapitalrücklage ausgewiesen werden, etwa weil die übertragende Gesellschaft bereits zu 100 % im Eigentum der übernehmenden Gesellschaft liegt (up-stream-merger) und damit die „Zuzahlung", die sonst nach § 229 Abs 2 Z 5 als Kapitalrücklage ausgewiesen werden müsste, nicht vom Gesellschafter der übernehmenden Gesellschaft, sondern von der Tochtergesellschaft erhält, an der sie selbst beteiligt ist, sodass es sich um einen Gewinn aus einem Tausch bzw tauschähnlichen Vorgang handelt.

Schließlich wurde die Ausschüttungssperre auch auf Gewinne ausgeweitet, die sich bei einer **übertragenden Gesellschaft** auf Grund der Bewertung der umgründungsveranlassten Gegenleistung mit dem beizulegenden Wert gegenüber dem Buchwert des übertragenen Vermögens ergeben (Z 3). Damit ist nunmehr auch die übertragende Kapitalgesellschaft vom Konzept der Ausschüttungssperre betroffen.

Die ausschüttungsgesperrten Beträge werden in Folge insbesondere durch planmäßige oder außerplanmäßige Abschreibungen gemäß den §§ 204 und 207 oder durch Buchwertabgänge vermindert. Dies gilt unabhängig von der Auflösung einer zugrunde liegenden Kapitalrücklage. Aufgrund des Abstellens auf den Gewinn kürzen insb umgründungsveranlasste Rückstellungen für latente Steuern den ausschüttungsgesperrten Betrag (vgl *Bergmann*, ecolex 2016, 317; *Kreuch/Vlk*, RWZ 2016, 8 f; *Weninger/Winkler* in *Torggler*[2], UGB § 235 Rz 12). Buchwertabgänge im Rahmen von Folgeumgründungen sollen jedoch nicht zu einer Verminderung des ausschüttungsgesperrten Betrags führen (vgl *Weninger/Winkler* in *Torggler*[2] § 235 Rz 12), was allerdings nicht unbestritten ist (vgl *Hirschler/Strimitzer* in Einlagenrückzahlung,164 f). Mit der Neufassung des § 235 Abs 1 im Zuge des RÄG 2014 und AbgÄG 2015 liegt der Zweck der Regelung verstärkt im Gläubigerschutz, weshalb Verstöße gegen die Ausschüttungssperre künftig zur absoluten Nichtigkeit des Gewinnausschüttungsbeschlusses führen sollen (so auch *Weninger/Winkler* in *Torggler*[2] § 235 Rz 8; *Bergmann*, ecolex 2016, 317).

III. Aktive latente Steuern (Abs 2)

Die bisher in § 226 Abs 2 aF geregelte Ausschüttungssperre für den Aktivüberhang an aktiven latenten Steuern wurde inhaltlich unverändert in § 235 Abs 2 überführt, weshalb § 226 Abs 2 aF aufgegeben werden konnte.

IV. Inkrafttreten

Nach der Übergangsregelung trat § 235 idF RÄG 2014 mit 20.7.2015 in Kraft und war erstmals auf Geschäftsjahre anzuwenden, die nach dem 31.12.2015 begannen. Allfällige bis zur erstmaligen Anwendung des RÄG 2014 bestehende Ausschüttungssperren entsprechend § 235 Z 1 und 2 aF sind daher letztmalig in dem der Aufstellung des letzten Jahresabschlusses vor Anwendung des RÄG 2014 folgenden Geschäftsjahr wirksam und ab erstmaliger Aufstellung eines Jahresabschlusses nach den Vorschriften des RÄG 2014 nicht mehr wirksam.

§ 235 Abs 1 idF AbgÄG 2015 ist mit 1.1.2016 in Kraft getreten. Die „neuen" Ausschüttungssperren nach § 235 Abs 1 Z 2 und 3 sind dabei auf nach dem 31.5.2015 beschlossene Umgründungsvorgänge anzuwenden und gelten für Ausschüttungsbeschlüsse nach dem 31.12.2015. Auch die Ausschüttungssperre aufgrund der „Anwachsung" nach § 142 ist auf Übergänge des Gesellschaftsvermögens anzuwenden, die nach dem 31.5.2015 stattfinden, wenn der Ausschüttungsbeschluss nicht bereits vor dem 31.12.2015 gefasst wurde.

Fünfter Titel

Anhang und Lagebericht

Erläuterung der Bilanz und der Gewinn- und Verlustrechnung

§ 236.

Im Anhang sind die Bilanz und die Gewinn- und Verlustrechnung sowie die darauf angewandten Bilanzierungs- und Bewertungsmethoden so zu erläutern, dass ein möglichst getreues Bild der Vermögens-, Finanz- und Ertragslage des Unternehmens vermittelt wird. Eine kleine Gesellschaft braucht keine über die Anforderungen in diesem Bundesgesetz hinausgehenden Anhangangaben zu machen, soweit auf sie keine Rechnungslegungsvorschriften für Unternehmen bestimmter Rechtsformen anwendbar sind, die auf Rechtsakten der Europäischen Union beruhen. Die Anhangangaben sind in der Reihenfolge der Darstellung der Posten in der Bilanz und in der Gewinn- und Verlustrechnung zu machen.

- *ErlRV zu § 236*

  Zur Regelungstechnik der Anhangangaben:

  Art. 4 Abs. 5 der Richtlinie schreibt eine Vollharmonisierung von Angaben kleiner Unternehmen fest. Dies folgt dem „think small first"-Ansatz der Richtlinie (siehe Erwägungsgrund 10), aus dem auch eine Änderung des Regelungskonzepts vom Top-Down Konzept zu einem Bottom-Up Konzept resultiert: anders als nach bisherigem Recht werden nicht die Angaben für eine große Gesellschaft als Ausgangspunkt genommen, und fakultative Abweichungen für mittlere und kleine Gesellschaften für zulässig erklärt („Top-Down") Vielmehr statuiert Art. 16 ein Set von Anhangangaben für alle Unternehmen, die in den folgenden Artikeln um Zusätze für mittlere und große Unternehmen erweitert werden (*Dokalik*, Die neue Bilanz-Richtlinie 2013/34/EU und ihre Umsetzung im österreichischen Recht, RWZ 10/2013, 297 [298]). Es wird vorgeschlagen, diese Regelungstechnik auch im UGB abzubilden und die Anhangangaben für kleine Unternehmen in einem Paragrafen (§ 237) zusammenzufassen.

  Die Anhangangaben, die zusätzlich an übrigen Stellen der Richtlinie zu finden sind und auch für kleine Unternehmen beibehalten werden, werden bei der jeweiligen Bestimmung geregelt. Die Ausnahmebestimmung des bisherigen § 242 Abs. 2 wird damit obsolet; an ihrer Stelle werden bei den einzelnen Bestimmungen, die Anhangangaben vorsehen, diese auf mittlere und große Unternehmen beschränkt (§§ 225 Abs. 4 und 7, 226 Abs. 5, 227, 234). Die Bestimmung des § 225 Abs. 1 die kein explizites Vorbild in der Richtlinie hat, wird allerdings auch für kleine Unternehmen beibehalten. Dies ist von der Richtlinie gedeckt, da bei einer nominellen Überschuldung in der Regel schon nach Art. 4 Abs. 3 der Richtlinie (bzw. nach § 222 Abs. 2 UGB) zusätzliche Angaben zu machen sind, um den true and fair view herzustellen. § 225 Abs. 1 ist daher als Konkretisierung dieser in der Richtlinie grundgelegten Angabepflicht zu verstehen.

  Zu § 236:

  Der Einleitungssatz führt den Grundsatz des „true and fair view" näher aus (siehe bereits § 222 Abs. 2 und Art. 4 Abs. 3 der Richtlinie) und kann daher beibehalten werden. Es handelt sich um einen programmatischen Satz und keine eigene Angabepflicht, die über § 222 Abs. 2 und § 237 Abs. 1 Z 1 idF des Entwurfs hinausginge. Darüber hinaus muss dem Umstand Rechnung getragen werden, dass von kleinen Gesellschaften keine zusätzlichen Anhangangaben verlangt werden dürfen. Dies gilt auch für Anhangangaben, die in anderen Bundesgesetzen geregelt sind, was durch den zweiten Satz klargestellt wird. Ausgenommen sind allerdings Anhangangaben, die für Unternehmen spezifischer Rechtsformen aufgrund von Rechtsvorschriften der Europäischen Union gefordert werden (siehe dazu Erwägungsgrund 7: diese Rechtsvorschriften gelten als lex specialis). Solche Sondervorschriften existieren für Kreditinstitute und Versicherungsunternehmen (die als Unternehmen öffentlichen Interesses allerdings ohnedies nicht als „klein" gelten), aber auch etwa für OGAWs (Richtlinie 2009/65/EG) oder Verwalter alternativer Investmentfonds (Richtlinie 2011/61/EU).

Die bisher in der Z 1 angeführte Anhangangabe wird in den neu formulierten § 237 übernommen. Die bisherige Z 2 soll dem § 203 Abs. 4 angefügt werden, die bisherige Z 3 dem § 203 Abs. 5. Die bisherige Z 4 wurde in § 206 Abs. 3 übernommen.

Kommentierung

Die bisherigen Z 1–4 wurden im neuen § 236 komplett gestrichen. Während die Z 1 in § 237 Abs 1 Z 1 transferiert wurde, wurde die Z 2 dem § 203 Abs 4, die Z 3 dem § 203 Abs 5 und die Z 4 dem § 206 Abs 3 angefügt. Die Angaben zu den Bilanzierungs- und Bewertungsmethoden ergeben sich aus Art 16 Abs 1 lit a Bilanz-RL (ehemalige Z 1), jene zu den Zinsen für Fremdkapital, die im Rahmen der Herstellungskosten angesetzt werden (dürfen, § 203 Abs 4), aus Art 12 Abs 8 (ehemalige Z 2). Die Angaben zu den Abschreibungen des Geschäfts(Firmen)werts (§ 203 Abs 5) folgt aus Art 12 Abs 11 erster Unterabsatz BilanzRL (ehemalige Z 3), wobei die RL im Falle der nicht verlässlichen Schätzung des Firmenwerts einen höchstzulässigen Zeitraum von 5–10 Jahren vorschreibt. Österreich hat sich dabei für die maximale Abschreibungsdauer von 10 Jahren entschieden. Ob das Aktivierungswahlrecht von angemessenen Teilen der Verwaltungs- und Vertriebsgemeinkosten vom Anwendungsbereich der Bilanz-RL erfasst war, ist fraglich (siehe dazu Kommentierung § 206). Folglich sind die erforderlichen Anhangangaben der §§ 236 ff nicht taxativ aufgezählt, weil sich auch an anderen Stellen des UGB erforderliche Angaben befinden, und zwar über die oben erwähnten Stellen hinaus noch an folgenden:

Für alle Unternehmen § 201 Abs 3 und § 222 Abs 2 (true and fair view, Art 4 Abs 3 der Bilanz-RL), § 223 Abs 1 (Abweichen von der Gliederung, s Art 9 Abs 1 der RL), § 223 Abs 2 (Vorjahresbeträge, s Art 9 Abs 5 der RL), § 223 Abs 5 (Zugehörigkeit zu mehreren Posten, s Art 12 Abs 1 der RL), § 225 Abs 1 (negatives Eigenkapital, ohne explizites Vorbild in der RL), § 226 Abs 1 (Anlagespiegel, Art 16 Abs 1 lit b der RL); darüber hinaus für Unternehmen, die nicht klein sind (und daher ohne RL-Vorbild): § 223 Abs 3 (Gliederung nach verschiedenen Geschäftszweigen), § 225 Abs 3, 4, 6 und 7 (aktive und passive Antizipationen, wechselmäßige Verbriefung, Grundwert), § 227 (Ausleihungen), § 234 (Steuern).

Angaben für kleine Unternehmen, die kein explizites Vorbild in der Bilanz-RL haben, sind jene nach § 206 Abs 3 (Langfristfertigung) und § 225 Abs 1 (negatives Eigenkapital). Dass im Falle des Ansatzes von Verwaltungs- und Vertriebskosten bei der Langfristfertigung auch kleine Unternehmen eine Anhangangabe machen müssen, ergibt sich daraus, dass diese Bestimmung als „true and fair view override" konzipiert ist (siehe die Kommentierung zu § 206), in welchem Fall Art 4 Abs 4 zweiter Satz eine Anhangangabe verlangt.

Zu § 225 Abs 1 (negatives Eigenkapital) führen die EB zu § 236 aus, dass diese Bestimmung durch Art 4 Abs 3 Bilanz-RL gedeckt ist (*„Reicht die Anwendung dieser Richtlinie nicht aus, um ein den tatsächlichen Verhältnissen entsprechendes Bild der Vermögens-, Finanz und Ertragslage des Unternehmens zu vermitteln so sind im Anhang zum Abschluss alle zusätzlichen Angaben zu machen, die erforderlich sind, um dieser Anforderung nachzukommen"*). Der Gesetzgeber geht daher davon aus, dass ein negatives Eigenkapital stets der Erläuterung bedarf, warum keine Überschuldung iSd Insolvenzrechts vorliegt, um den true and fair view herzustellen. Da Kleinstkapitalgesellschaften keinen Anhang aufstellen müssen, ist bei diesen § 225 Abs 1 unbeachtlich; bei ihnen wird allerdings stets davon ausgegangen, dass sie keine zusätzlichen Anhangangaben brauchen, um den true and fair view herzustellen (§ 222 Abs 2 zweiter Satz ist gem § 242 Abs 1 zweiter Satz nicht anzuwenden).

Durch das APRÄG 2016 kommt es zu keiner Änderung des § 236.

§ 237.

(1) Jede Gesellschaft hat im Anhang zusätzlich zu den aufgrund anderer Bestimmungen in diesem Bundesgesetz vorgesehenen Angaben folgende Angaben zu machen:

1. die Bilanzierungs- und Bewertungsmethoden; diese umfassen insbesondere die Bewertungsgrundlagen für die verschiedenen Posten, eine Angabe zur Übereinstimmung dieser Bilanzierungs- und Bewertungsmethoden mit dem Konzept der Unternehmensfortführung und wesentliche Änderungen der Bilanzierungs- und Bewertungsmethoden; diese Angaben enthalten auch die Grundlagen für die Umrechnung in Euro, soweit den Posten Beträge zugrunde liegen, die auf eine andere Währung lauten oder ursprünglich gelautet haben;

2. an Stelle des Vermerks unter der Bilanz der Gesamtbetrag der Haftungsverhältnisse (§ 199) sowie sonstiger wesentlicher finanzieller Verpflichtungen, die nicht auf der Passivseite auszuweisen sind, auch wenn ihnen gleichwertige Rückgriffsforderungen gegenüberstehen,

   sowie Art und Form jeder gewährten dinglichen Sicherheit; etwaige Pensionsverpflichtungen und Verpflichtungen gegenüber verbundenen oder assoziierten Unternehmen sind gesondert zu vermerken;

3. die Beträge der den Mitgliedern des Vorstands und des Aufsichtsrats gewährten Vorschüsse und Kredite unter Angabe der Zinsen, der wesentlichen Bedingungen und der gegebenenfalls zurückgezahlten oder erlassenen Beträge sowie die zugunsten dieser Personen eingegangenen Haftungsverhältnisse. Diese Angaben sind zusammengefasst für jede dieser Personengruppen zu machen;

4. der Betrag und die Wesensart der einzelnen Ertrags- oder Aufwandsposten von außerordentlicher Größenordnung oder von außerordentlicher Bedeutung;

5. der Gesamtbetrag der Verbindlichkeiten mit einer Restlaufzeit von mehr als fünf Jahren sowie der Gesamtbetrag der Verbindlichkeiten, für die dingliche Sicherheiten bestellt sind, unter Angabe von Art und Form der Sicherheit;

6. die durchschnittliche Zahl der Arbeitnehmer während des Geschäftsjahrs;

7. Name und Sitz des Mutterunternehmens der Gesellschaft, das den Konzernabschluss für den kleinsten Kreis von Unternehmen aufstellt.

(2) Kleine Aktiengesellschaften haben zusätzlich die Angabe nach § 238 Abs. 1 Z 11 im Anhang zu machen.

- *ErlRV zu § 237*

  Diese Bestimmung fasst – nach dem Vorbild des Art. 16 der Richtlinie – jene Anhangangaben zusammen, die für alle Unternehmen zu machen sind. Z 1 entspricht dem bisherigen § 236 Z 1, wobei – im Gegensatz zum in der deutschen Sprachfassung der Richtlinie verwendeten Begriff „Bewertungsmethoden" – der Begriff „Bilanzierungs- und Bewertungsmethoden" beibehalten wird, da er dem in der englischen Sprachfassung verwendeten Begriff „accounting policies" besser entspricht. Dieser Begriff wird überdies in Erwägungsgrund 24 der deutschen Sprachfassung abweichend mit „Rechnungslegungsmethoden" übersetzt. Die nähere Erläuterung der Anhangangabe wurde aus dem Text des Erwägungsgrundes 24 übernommen. Dass wesentliche Änderungen der Bilanzierungs- und Bewertungsmethoden auch zu begründen und ihr Einfluss auf die Vermögens-, Finanz- und Ertragslage gesondert darzustellen ist sowie wesentliche Unsicherheiten im Hinblick auf die Anwendung des Grundsatzes der Unternehmensfortführung anzugeben sind, ergibt sich nunmehr aus § 201 Abs. 3 in der Fassung des Entwurfs.

  Z 2 setzt Art. 16 Abs. 1 lit. d um und entspricht dem bisherigen § 237 Z 3 und 8, wobei die Pflicht zur Aufgliederung nicht für kleine Unternehmen vorgesehen werden kann, weshalb sie in § 238 Abs. 1 Z 14 verschoben wurde.

  Z 3 setzt Art. 16 Abs. 1 lit. e um und entspricht dem bisherigen § 239 Z 2.

Z 4 setzt Art. 16 Abs. 1 lit. f um und ist ein Ersatz für den Entfall der Beträge von außerordentlicher Größenordnung und/oder Bedeutung in der GuV.

Z 5 setzt Art. 16 Abs. 1 lit. g um und entspricht im Wesentlichen dem bisherigen § 237 Z 1, wobei die Verbindlichkeiten mit einer Restlaufzeit vom mehr als einem Jahr nunmehr unmittelbar in der Bilanz anzugeben sind.

Z 6 setzt Art. 16 Abs. 1 lit. h um; eine Aufgliederung der Zahl der Arbeitnehmer darf von kleinen Unternehmen nicht verlangt werden und wird daher weiterhin in § 239 Abs. 1 Z 1 geregelt.

Z 7 macht von der Option nach Art. 16 Abs. 2 der Richtlinie Gebrauch und übernimmt die Anhangangabe des Art. 17 Abs. 1 lit. m auch für kleine Unternehmen.

Abs. 2 macht von der Option nach Art. 16 Abs. 2 der Richtlinie Gebrauch und übernimmt die Anhangangabe des Art. 17 Abs. 1 lit. q (wesentliche Ereignisse nach dem Bilanzstichtag, § 238 Abs. 1 Z 11) auch für kleine Aktiengesellschaften, die diese Angabe schon bisher in ihren Lagebericht aufnehmen mussten.

Kommentierung

Bisher waren im UGB die Anhangbestimmungen nach einem „top-down"-Ansatz kodifiziert, dh die Anhangbestimmungen galten für große Unternehmen und es gab partielle Ausnahmen für mittlere und kleine Unternehmen. Nunmehr werden die Angaben nach dem einfacheren „bottom-up"-Ansatz aufgelistet *(Dokalik/Kerschbaumer/Buchberger* in IWP 2015, 247), sodass Ausgangspunkt die Regelung für alle Unternehmen ist (§ 237 UGB), die um zusätzliche Anhangangaben für mittlere und große Unternehmen ergänzt werden (§ 238 ff UGB). Insgesamt wurde dadurch eine übersichtlichere Gliederung geschaffen.

Die Anhangangaben werden für kleine Unternehmen aufgrund der RL von bisher rund 24 (nach der Formblatt-VO) auf ca 14 Angaben reduziert.

Für **Kleinstkapitalgesellschaften** kommt es grundsätzlich zu einem gänzlichen Entfall des Anhangerfordernisses (zu den Regelungen der Kleinstkapitalgesellschaft sowie den Ausnahmen siehe § 242).

Die zunächst geplante Vollharmonisierung der Anhangangaben wird dadurch durchbrochen, dass Art 16 Abs 2 den Mitgliedstaaten gestattet, kleinen Unternehmen fünf zusätzliche Anhangangaben vorzuschreiben. Österreich hat von dieser Möglichkeit Gebrauch gemacht, indem es die Regelung über den Anlagespiegel gem § 226 UGB und die Angabe von Name und Sitz des Mutterunternehmens (jetzt § 237 Abs 1 Z 7) weiterhin auf kleine Gesellschaften anwendet. Für kleine Unternehmen nicht vorgesehen hingegen sind die Angaben zu außerbilanziellen Geschäften (Art 17 Abs 1 lit p Bilanz-RL), zu Geschäften mit nahestehenden Personen (Art 17 Abs 1 lit r) und zu wesentlichen Ereignissen nach dem Bilanzstichtag (Art 17 Abs 1 lit q), wobei letztere von der kleinen AG aufgrund der ausdrücklichen Anordnung in § 237 Abs 2 anzuführen sind (vgl *Dokalik*, RWZ 2013, 299 f).

Neben diesen, sich aus § 237 ergebenden Anhangangaben, gibt es aber weitere Angaben, die ein kleines Unternehmen anführen muss; es sind dies jene, die „aufgrund anderer Bestimmungen dieser Richtlinie" (Art 16 Abs 1) vorgeschrieben sind. Dabei handelt es sich um die Einbeziehung von Fremdkapitalzinsen in die Herstellungskosten (§ 203 Abs 4), Abschreibungen des GoF (§ 203 Abs 5), Abweichungen von true and fair view (§ 222 Abs 2), Abweichung vom Stetigkeitsgrundsatz bei der Darstellung (§ 223 Abs 1), Erläuterungen nicht vergleichbarer Vorjahresbeträge (§ 223 Abs 2) und die Mitzugehörigkeit eines Betrags zu mehreren Posten (§ 223 Abs 5) (vgl Dokalik, RWZ 2013, 300). Außerdem hat eine kleine Kapitalgesellschaft auch die Angaben gem § 201 Abs 3 (Abweichen von GoB) § 206 Abs 3, § 225 Abs 1 (siehe dazu die Anm zu § 236) und § 226 Abs 1 (Anlagespiegel) sowie die fakultativen Angaben nach § 198 Abs 10 und § 223 Abs 6 Z 2 anzuführen.

Die bisherige Z 12 findet sich nunmehr systemkonform einerseits in § 237 Abs 1 Z 7 bzgl des Konzernabschlusses für den kleinsten Kreis der Unternehmen, andererseits in

§ 238 Abs 1 Z 7 hinsichtlich des Konzernabschlusses für den größten Kreis der Unternehmer.

Durch das APRÄG 2016 kommt es zu keiner Änderung des § 237.

Anhangangaben für mittelgroße und große Gesellschaften

§ 238.

(1) Mittelgroße und große Gesellschaften haben im Anhang zusätzlich anzugeben:

1. für jede Kategorie derivativer Finanzinstrumente:
   a) Art und Umfang der Finanzinstrumente,
   b) den beizulegenden Zeitwert der betreffenden Finanzinstrumente, soweit sich dieser gemäß § 189a Z 4 verlässlich ermitteln lässt, unter Angabe der angewandten Bewertungsmethode sowie eines gegebenenfalls vorhandenen Buchwertes und des Bilanzpostens, in welchem der Buchwert erfasst ist;

2. für zum Finanzanlagevermögen gehörende Finanzinstrumente, die über ihrem beizulegenden Zeitwert ausgewiesen werden, wenn eine außerplanmäßige Abschreibung gemäß § 204 Abs. 2 zweiter Satz unterblieben ist:
   a) den Buchwert und den beizulegenden Zeitwert der einzelnen Vermögensgegenstände oder angemessener Gruppierungen sowie
   b) die Gründe für das Unterlassen einer Abschreibung gemäß § 204 Abs. 2 und jene Anhaltspunkte, die darauf hindeuten, dass die Wertminderung voraussichtlich nicht von Dauer ist;

3. auf welchen Differenzen oder steuerlichen Verlustvorträgen die latenten Steuern beruhen und mit welchen Steuersätzen die Bewertung erfolgt ist; weiters sind die im Laufe des Geschäftsjahrs erfolgten Bewegungen der latenten Steuersalden anzugeben;

4. Name und Sitz anderer Unternehmen, an denen die Gesellschaft oder für deren Rechnung eine andere Person eine Beteiligung (§ 189a Z 2) hält; außerdem sind die Höhe des Anteils am Kapital, das Eigenkapital und das Ergebnis des letzten Geschäftsjahrs dieser Unternehmen anzugeben, für das ein Jahresabschluss vorliegt;

5. das Bestehen von Genussscheinen, Genussrechten, Wandelschuldverschreibungen, Optionsscheinen, Optionen, Besserungsscheinen oder vergleichbaren Wertpapieren oder Rechten, unter Angabe der Zahl und der Rechte, die sie verbriefen;

6. Name, Sitz und Rechtsform der Unternehmen, deren unbeschränkt haftender Gesellschafter die Gesellschaft ist;

7. Name und Sitz des Mutterunternehmens der Gesellschaft, das den Konzernabschluss für den größten Kreis von Unternehmen aufstellt;

8. im Fall der Offenlegung der von den Mutterunternehmen nach *Z 7* und § 237 Abs. 1 Z 7 aufgestellten Konzernabschlüsse die Orte, wo diese erhältlich sind;

9. den Vorschlag zur Verwendung des Ergebnisses oder gegebenenfalls die Verwendung des Ergebnisses;

10. Art, Zweck und finanzielle Auswirkungen der nicht in der Bilanz enthaltenen und auch nicht gemäß § 237 Abs. 1 Z 2 anzugebenden Geschäfte, sofern die Risiken und Vorteile, die aus solchen Geschäften entstehen, wesentlich sind und die Offenlegung derartiger Risiken und Vorteile für die Beurteilung der Finanzlage der Gesellschaft notwendig ist;

11. Art und finanzielle Auswirkungen wesentlicher Ereignisse nach dem Abschlussstichtag, die weder in der Gewinn- und Verlustrechnung noch in der Bilanz berücksichtigt sind;

12. Geschäfte der Gesellschaft mit nahe stehenden Unternehmen und Personen im Sinn der gemäß der Verordnung (EG) Nr. 1606/2002 des Europäischen Parlaments und des Rates vom 19. Juli 2002 betreffend die Anwendung internationaler Rechnungslegungsstandards, ABl. Nr. L 2002/243, S. 1, übernommenen internationalen Rechnungslegungsstandards, einschließlich Angaben zu deren Wertumfang, zu der Art der Beziehung mit den nahe stehenden Unternehmen und Personen sowie weiterer Angaben zu den Geschäften, die für die Beurteilung der Finanzlage der Gesellschaft notwendig sind, sofern diese Geschäfte wesentlich und unter marktunüblichen Bedingungen abgeschlossen worden sind. Angaben über Einzelgeschäfte können nach Geschäftsarten zusammengefasst werden, sofern für die Beurteilung der Auswirkungen dieser Geschäfte auf die Finanzlage der Gesellschaft keine getrennten Angaben benötigt werden. Geschäfte zwischen verbundenen Unternehmen sind ausgenommen, wenn die an den Geschäften beteiligten Tochterunternehmen unmittelbar oder mittelbar in hundertprozentigem Anteilsbesitz ihres Mutterunternehmens stehen;

13. bei Anwendung des Umsatzkostenverfahrens (§ 231 Abs. 3) die Aufwendungen des Geschäftsjahrs für Material und sonstige bezogene Herstellungsleistungen, gegliedert gemäß § 231 Abs. 2 Z 5, und den Personalaufwand des Geschäftsjahrs, gegliedert gemäß § 231 Abs. 2 Z 6;

14. die Aufgliederung der nach § 237 Abs. 1 Z 2 anzugebenden Haftungsverhältnisse und Erläuterungen dazu; überdies sind wesentliche Verpflichtungen aus der Nutzung von in der Bilanz nicht ausgewiesenen Sachanlagen (§ 224 Abs. 2 A II) gesondert anzugeben, wobei der Betrag der Verpflichtungen des folgenden Geschäftsjahrs und der Gesamtbetrag der folgenden fünf Jahre anzugeben ist;

15. Rückstellungen, die in der Bilanz nicht gesondert ausgewiesen werden, wenn sie einen erheblichen Umfang haben; diese Rückstellungen sind zu erläutern;

16. den in der Bilanz nicht gesondert ausgewiesenen Betrag der Einlagen von stillen Gesellschaftern;

17. bei der Anwendung einer Bewertungsmethode gemäß § 209 Abs. 2 die Unterschiedsbeträge für die jeweilige Gruppe, wenn die Bewertung im Vergleich zu einer Bewertung auf der Grundlage des letzten vor dem Abschlussstichtag bekannten Börsenkurses oder Marktpreises einen wesentlichen Unterschied aufweist;

18. die auf das Geschäftsjahr entfallenden Aufwendungen für den Abschlussprüfer, aufgeschlüsselt nach den Aufwendungen für die Prüfung des Jahresabschlusses, für andere Bestätigungsleistungen, für Steuerberatungsleistungen und für sonstige Leistungen. Diese Angabe kann unterbleiben, wenn das Unternehmen in einen Konzernabschluss einbezogen und eine derartige Information darin enthalten ist;

19. in der Bilanz ausgewiesene immaterielle Vermögensgegenstände, die von einem verbundenen Unternehmen oder von einem Gesellschafter mit einer Beteiligung (§ 189a Z 2) erworben wurden;

20. die Beziehungen zu verbundenen Unternehmen; hiebei ist auch über Verträge zu berichten, die die Gesellschaft verpflichten, ihren Gewinn oder Verlust

ganz oder teilweise an andere Personen zu überrechnen oder einen solchen von anderen Personen zu übernehmen;

21. die im § 231 Abs. 2 Z 10 und Abs. 3 Z 9 enthaltenen Erträge sowie die im § 231 Abs. 2 Z 14 und Abs. 3 Z 13 enthaltenen Aufwendungen aus Gewinngemeinschaften.

(2) Als derivative Finanzinstrumente im Sinn des Abs. 1 Z 1 gelten auch Verträge über den Erwerb oder die Veräußerung von Waren, bei denen jede der Vertragsparteien zur Abgeltung in bar oder durch ein anderes Finanzinstrument berechtigt ist, es sei denn, der Vertrag wurde geschlossen, um einen für den Erwerb, die Veräußerung oder den eigenen Gebrauch erwarteten Bedarf abzusichern, sofern diese Zweckwidmung von Anfang an bestand und nach wie vor besteht und der Vertrag mit der Lieferung der Ware als erfüllt gilt. Bei der Anwendung allgemein anerkannter Bewertungsmodelle und -methoden (§ 189a Z 4) sind die zentralen Annahmen anzugeben, die jeweils der Bestimmung des beizulegenden Zeitwertes zugrunde gelegt wurden.

(3) Mittelgroße Gesellschaften dürfen die Angaben gemäß Abs. 1 Z 12 auf diejenigen Geschäfte beschränken, die mit ihren Gesellschaftern, die eine Beteiligung (§ 189a Z 2) halten, mit Unternehmen, an denen die Gesellschaft selbst beteiligt ist, oder mit den Mitgliedern des Vorstands oder des Aufsichtsrats geschlossen werden.

- *ErlRV zu § 238*

  Diese Bestimmung fasst – nach dem Vorbild des Art. 17 der Richtlinie – jene Anhangangaben zusammen, die für mittlere und große Unternehmen zu machen sind. Art. 17 Abs. 1 lit. a (Anlagespiegel) ist in § 226 geregelt. Art. 17 Abs. 1 lit. b bedarf keiner Umsetzung, weil es nach dem UGB (abgesehen von § 208 Abs. 2 idgF, dessen Aufhebung vorgeschlagen wird) keine Möglichkeit gibt, Wertberichtigungen allein für die Anwendung von Steuervorschriften auch mit Wirkung für die UGB-Bilanz vorzunehmen. Sehen die Steuervorschriften besondere Abschreibungszeiträume vor, die den GoB nicht entsprechen, so sind die von den unternehmensrechtlichen Wertansätzen abweichenden Beträge im Rahmen der Mehr-Weniger-Rechnung zu berücksichtigen und finden keinen Eingang in die UGB-Bilanz.

  Der Text der Z 1 und 2 entspricht im Wesentlichen dem Text des bisherigen § 237a; die Definition derivativer Finanzinstrumente findet sich in Abs. 2.

  Z 3 regelt die Anhangangabe für latente Steuern in Anlehnung an § 285 Z 29 dHGB

  Z 4 setzt Art. 17 Abs. 1 lit. g und Z 5 Art. 17 Abs. 1 lit. l um; die Angaben entsprechen dem bisherigen § 238 Z 2. Die Erleichterungen nach dem bisherigen § 241 Abs. 2 finden sich nunmehr in § 242 Abs. 2.

  Z 5 setzt Art. 17 Abs. 1 lit. j um. Im Vergleich zum Ministerialentwurf und in Übereinstimmung mit der Richtlinie wird vorgeschlagen, diese Angabe (bisher § 240 Z 6 und 7) für alle Kapitalgesellschaften (daher auch für GmbH) zu regeln, da auch von Aktiengesellschaften verschiedene Kapitalgesellschaften Genussrechte oder ähnliche Rechte auf Gewinnbezug einräumen können.

  Z 7 setzt Art. 17 Abs. 1 lit. l und Z 8 Art. 17 Abs. 1 lit. n um; die Angaben entsprechen dem bisherigen § 237 Z 12.

  Z 9 setzt Art. 17 Abs. 1 lit. o um; diese Bestimmung war bisher in § 277 Abs. 1 geregelt.

  Z 10 setzt Art. 17 Abs. 1 lit. p um und entspricht dem bisherigen § 237 Z 8a.

  Z 11 setzt Art. 17 Abs. 1 lit. q um; diese Angabe war bisher Bestandteil des Lageberichts (§ 243 Abs. 3 Z 1).

  Z 12 setzt Art. 17 Abs. 1 lit. r um und war bisher in § 237 Z 8b geregelt. Die Erleichterungen für mittelgroße Unternehmen wurden vom bisherigen § 242 Abs. 1 in § 238 Abs. 3 übernommen.

  Z 13 entspricht dem bisherigen § 237 Z 4 und setzt zum Teil Art. 17 Abs. 1 lit. e um (Aufgliederung des Personalaufwands nach Löhnen und Gehältern).

  Zu Z 14: s. die Erläuterungen zu § 237 Abs. 1 Z 2.

  Z 15 entspricht dem bisherigen § 237 Z 7. Personalrückstellungen, die in der Bilanz nicht gesondert ausgewiesen werden, sind im Anhang anzugeben und zu erläutern, wenn sie einen erheblichen Umfang haben.

  Z 16 entspricht dem bisherigen § 237 Z 10.

  Z 17 entspricht dem bisherigen § 237 Z 11.

  Z 18 entspricht dem bisherigen § 237 Z 14.

Z 19 entspricht dem bisherigen § 238 Z 1.

Z 20 entspricht dem bisherigen § 238 Z 3. Die Erleichterungen nach dem bisherigen § 241 Abs. 3 finden sich nunmehr in § 242 Abs. 3.

Z 21 entspricht dem bisherigen § 238 Z 4.

Kommentierung

I. Allgemeines

§ 238 fasst jene Anhangangaben zusammen, die mittelgroße und große Gesellschaften zusätzlich zu den Angaben nach § 237 zu machen haben. Neu im Vergleich zum bisherigen Recht ist, dass die Angabe nach Z 5 (Genussrechte, Wandelschuldverschreibungen uÄ) auch von GmbH zu machen sind, dass der Vorschlag zur Verwendung des Ergebnisses bereits im Anhang zu machen ist (Z 9) sowie über wesentliche Ereignisse nach dem Abschlussstichtag anstatt im Lagebericht nun im Anhang zu berichten ist (Z 11).

§ 237a idF vor dem RÄG 2014 ist nunmehr in § 238 Abs 1 Z 1 und 2 bzw in § 238 Abs 2 geregelt. § 237a Abs 3 befindet sich nun in der Begriffsdefinition des § 189a Z 4. § 237 Abs 1 Z 12 idF vor dem RÄG 2014 (Angabe von Name und Sitz des Mutterunternehmens der Gesellschaft, das den Konzernabschluss für den kleinsten Kreis von Unternehmen aufzustellen hat) ist nun in § 238 Abs 1 Z 7 geregelt (siehe auch Anm zu § 237).

II. Latente Steuern (Z 3)

Z 3 lehnt sich an § 285 Z 29 dHGB an. Die Vorschrift bestimmt, dass zu den latenten Steuern anzugeben ist, auf welchen Differenzen oder steuerlichen Verlustvorträgen sie beruhen und mit welchen Steuersätzen die Bewertung erfolgt ist. Die Angabepflicht wird immer dann ausgelöst, wenn Differenzen zwischen UGB-Werten und den Steuerbilanz-Werten zum Abschlussstichtag bestehen, die sich in späteren Geschäftsjahren abbauen. Da permanente Differenzen nicht zu latenten Steuern führen, kommen für die Angabepflicht nur die zeitlich befristeten und quasi-permanenten Differenzen in Frage. Es sind Angaben zu sämtlichen passiven latenten Steuern sowie zu den in den Saldierungsbereich einbezogenen aktiven latenten Steuern zu machen (uU auch Angaben zu den aktiven latenten Steuern, siehe § 198 Abs 9 und 10). Die Bestimmung verlangt die Angabe, auf welchen Differenzen die latenten Steuern beruhen. Damit sind positive oder negative Differenzen zwischen unternehmensrechtlichem und steuerrechtlichem Bilanzansatz der Vermögensgegenstände, Rückstellungen, Verbindlichkeiten und Rechnungsabgrenzungsposten gemeint und ob diese Differenzen zu einer aktiven oder passiven latenten Steuer führen. Die Angabe, in welcher Höhe die Differenzen bestehen, wird vom Gesetz nicht verlangt. Ferner ist anzugeben, auf welchen steuerlichen Verlustvorträgen die latenten Steuern beruhen. Ihr wertmäßiger Umfang ist nicht anzugeben. Z 3 verlangt außerdem die Angabe, mit welchen Steuersätzen die Differenzen und steuerlichen Verlustvorträge bewertet wurden. Gemäß § 274 Abs 2 S 1 dHGB hat die Bewertung mit den unternehmensindividuellen Steuersätzen im Zeitpunkt des Abbaus zu erfolgen. Sind diese nicht bekannt, sind die am Abschlussstichtag gültigen Steuersätze anzuwenden (vgl *Grottel* in Beck Bil-Komm[10] § 285 Rz 830–834). Diese Auslegung ist wohl auch für die österreichische Regelung heranzuziehen. Vgl auch die Anm zu § 198 Abs 9 und 10.

III. Neue Anhangangaben (Z 9, Z 11)

Mittelgroße und große Gesellschaften haben erstmals die vorgeschlagene Ergebnisverwendung (Z 9) sowie wesentliche Ereignisse nach Ende des Jahres, die weder in der GuV noch in der Bilanz widergespiegelt sind, und deren finanzielle Auswirkungen (Z 11) im Anhang anzugeben. Die Angabe der Z 11 war früher im Lagebericht vorgesehen, den auch kleine Aktiengesellschaften aufstellen mussten. Damit für kleine Aktiengesellschaften die Pflicht, derartige Ereignisse im Anhang anzugeben, nicht entfällt, normiert § 237 Abs 2 nunmehr eine ausdrückliche Verpflichtung dazu. Der Vorschlag zur Ergebnisverwendung musste bisher erst anlässlich der Offenlegung des Jahresabschlusses eingereicht werden.

IV. Erleichterungen und deren Wegfall

Für die Anhangangaben nach Abs 1 Z 4 (Beteiligungsspiegel) besteht in § 242 Abs 2, für die Angabe nach Abs 1 Z 20 (Beziehungen zu verbundenen Unternehmen) in § 242 Abs 3 eine Erleichterung.

Für mittlere Unternehmen sind in Zukunft die Anhangangaben über außerbilanzielle Geschäfte (§ 238 Abs 1 Z 10) und Geschäfte mit nahestehenden Personen (§ 238 Abs 1 Z 12) verpflichtend. Die diesbezüglichen bestehenden (teilweisen) Erleichterungen für mittlere Unternehmen (§ 242 Abs 1 UGB idF vor dem RÄG 2014) können daher nicht beibehalten werden (vgl *Dokalik*, RWZ 2013, 300). Nach Z 18 haben mittelgroße und große Gesellschaften die auf das Geschäftsjahr entfallenen Aufwendungen für den Abschlussprüfer in ihrem Anhang anzuführen. Die Bilanz-RL (Art 18 Abs 1 lit b) würde an sich eine Einschränkung dieser Angabepflicht auf große Gesellschaften sowie von Unternehmen in öffentlichem Interesse erlauben. Der Gesetzgeber hat sich aber im Rahmen des RÄG 2014 dazu entschieden, diese Angabe weiterhin auch von mittelgroßen Gesellschaften zu verlangen. Das ist deshalb zulässig, weil die Angaben der mittelgroßen Unternehmen (anders als die Angaben kleiner Unternehmen) nicht vollharmonisiert sind.

V. Änderungen durch das APRÄG 2016

Der Verweisfehler in § 233 Abs 1 Z 8 auf Z 6 anstelle auf Z 7 wird im Rahmen des APRÄG 2016 berichtigt. Zu inhaltlichen Änderungen kommt es dabei nicht.

Pflichtangaben über Organe und Arbeitnehmer

§ 239.

(1) Der Anhang von mittelgroßen und großen Gesellschaften hat über Organe und Arbeitnehmer insbesondere anzuführen:

1. **die Aufgliederung der durchschnittlichen Zahl der Arbeitnehmer während des Geschäftsjahrs nach Arbeitern und Angestellten;**

2. **die im Posten § 231 Abs. 2 Z 6 lit. b sublit. aa oder in der entsprechenden Angabe gemäß § 238 Abs. 1 Z 13 enthaltenen Aufwendungen für Abfertigungen oder einen Hinweis, dass der Betrag nur mehr aus Leistungen an betriebliche Mitarbeitervorsorgekassen besteht;**

3. **die Aufwendungen für Abfertigungen und Pensionen, getrennt nach solchen für Vorstandsmitglieder und leitende Angestellte gemäß § 80 Abs. 1 AktG 1965 und für andere Arbeitnehmer;**

4. **die Bezüge der Mitglieder des Vorstands, des Aufsichtsrats oder ähnlicher Einrichtungen gesondert für jede Personengruppe, und zwar:**

   a) **die für die Tätigkeit im Geschäftsjahr gewährten Gesamtbezüge (Gehälter, Gewinnbeteiligungen, Aufwandsentschädigungen, Versicherungsentgelte, Provisionen und Nebenleistungen jeder Art). In die Gesamtbezüge sind auch Bezüge einzurechnen, die nicht ausgezahlt, sondern in Ansprüche anderer Art umgewandelt oder zur Erhöhung anderer Ansprüche verwendet werden. Erhalten Mitglieder des Vorstands von verbundenen Unternehmen für ihre Tätigkeit für das Unternehmen oder für ihre Tätigkeit als** gesetzliche Vertreter oder Angestellte des verbundenen Unternehmens Bezüge, so sind diese Bezüge gesondert anzugeben;

b) die Gesamtbezüge (Abfindungen, Ruhegehälter, Hinterbliebenenbezüge und Leistungen verwandter Art) der früheren Mitglieder der bezeichneten Organe und ihrer Hinterbliebenen; lit. a ist entsprechend anzuwenden.

5. a) Anzahl und Aufteilung der insgesamt und der im Geschäftsjahr eingeräumten Optionen auf Arbeitnehmer und leitende Angestellte sowie auf die namentlich anzuführenden Organmitglieder; anzugeben sind die jeweils beziehbare Anzahl an Aktien sowie der Ausübungspreis oder die Grundlagen oder die Formel seiner Berechnung, die Laufzeit sowie zeitliche Ausübungsfenster, die Übertragbarkeit der Optionen, eine allfällige Behaltefrist für bezogene Aktien und die Art der Bedienung der Optionen;

b) Anzahl, Aufteilung und Ausübungspreis der im Geschäftsjahr ausgeübten Optionen auf Arbeitnehmer und leitende Angestellte sowie auf die namentlich anzuführenden Organmitglieder;

c) bei Gesellschaften nach § 189a Z 1 lit. a überdies den jeweiligen Schätzwert (allenfalls Bandbreite des Schätzwerts) der eingeräumten Optionen zum Bilanzstichtag sowie den Wert der im Geschäftsjahr ausgeübten Optionen zum Zeitpunkt der Ausübung.

(2) Im Anhang einer großen oder mittelgroßen Gesellschaft sind alle im Geschäftsjahr tätigen Mitglieder des Vorstands und des Aufsichtsrats, auch wenn sie im Geschäftsjahr oder später ausgeschieden sind, mit dem Familiennamen und mindestens einem ausgeschriebenen Vornamen anzugeben. Der Vorsitzende des Aufsichtsrats, seine Stellvertreter und ein etwaiger Vorsitzender des Vorstands sind als solche zu bezeichnen.

- *ErlRV zu § 239*

  In § 239 werden – wie bisher – alle Pflichtangaben über Organe und Arbeitnehmer zusammengefasst, wobei sich nur geringfügige Veränderungen zum bisherigen Text ergeben. Die Angabe der durchschnittlichen Zahl der Arbeitnehmer wird in § 237 Abs. 1 Z 6 geregelt, weshalb in § 239 Abs. 1 Z 1 nur die Verpflichtung zur Aufgliederung für mittelgroße und große Unternehmen erhalten bleiben soll.

  Die bisherige Z 2 soll als Pflichtangabe auch für kleine Unternehmen in § 237 übernommen werden. An die frei werdende Stelle soll die bisher in § 237 Z 13 geregelte Anhangangabe verschoben werden.

Kommentierung

Die Pflichtangaben über Organe und Arbeitnehmer nach § 239 werden auf mittelgroße und große Gesellschaften beschränkt. Dadurch entfallen für kleine Gesellschaften die Aufgliederung der Arbeitnehmer nach Arbeitern und Angestellten (Z 1) und die namentliche Angabe der Organe (Abs 2). § 239 Abs 1 Z 2 idF vor dem RÄG 2014 ist nunmehr in § 237 Abs 1 Z 3 geregelt. § 239 Abs 1 Z 1 idF vor dem RÄG 2014 ist einerseits für kleine Gesellschaften in § 237 Abs 1 Z 6 und für mittelgroße bzw große Unternehmen in § 239 Z 1 geregelt.

Durch das APRÄG 2016 kommt es zu keiner Änderung des § 239.

Anhangangaben für große Gesellschaften

§ 240.

Große Gesellschaften haben im Anhang zusätzlich die Aufgliederung der Umsatzerlöse nach Tätigkeitsbereichen sowie nach geographisch bestimmten Märkten anzugeben, soweit sich, unter Berücksichtigung der Organisation des

Verkaufs von Erzeugnissen und der Erbringung von Dienstleistungen, die Tätigkeitsbereiche und geographisch bestimmten Märkte untereinander erheblich unterscheiden. Die Umsatzerlöse brauchen jedoch nicht aufgegliedert zu werden, soweit die Aufgliederung nach vernünftiger unternehmerischer Beurteilung geeignet ist, dem Unternehmen einen erheblichen Nachteil zuzufügen; die Anwendung dieser Ausnahmeregelung ist im Anhang zu erwähnen.

- *ErlRV zu § 240*
  Diese Bestimmung setzt Art. 18 der Richtlinie um.

Kommentierung

Bei großen Unternehmen ist die Aufgliederung der Umsatzerlöse nach Tätigkeitsbereichen bzw nach geographisch bestimmten Merkmalen im Falle einer erheblichen Nachteilszufügung nicht notwendig. Eine derartige Nachteilszufügung muss mit großer Wahrscheinlichkeit gegeben oder zumindest plausibel sein, jedoch reicht eine Eignung dafür aus. Das Eintreten eines tatsächlichen Nachteils ist daher nicht Voraussetzung. Hierbei kommt es auf die **vernünftige unternehmerische Beurteilung** an. Die gesetz nicht näher präzisierte Textierung (siehe diese Formulierung auch im § 211 Abs 1 idF vor dem RÄG 2014) ist nach überwiegender Ansicht ein bloßer Schätzmaßstab, der zur Objektivierung und zur gesteigerten Sorgfalt verpflichtet (vgl *Konezny* in *Torggler* § 211 Rz 12). Die Angaben müssen für das *Unternehmen, das den Anhang erstellt*, nachweisbar von erheblichem Nachteil sein und müssen ihm einen fühlbaren, konkreten geschäftlichen Schaden zufügen können. Es ist nicht erforderlich, dass der Schaden bezifferbar ist, auch immaterielle Nachteile kommen in Betracht. Geringe Nachteile sind jedoch in Kauf zu nehmen. Die Anwendung der Ausnahmeregelung ist im Anhang zu erwähnen, eine Begründung ist hingegen nicht anzuführen (vgl *Grottel* in Beck Bil-Komm[1C] § 286 Rz 37).

Durch das APRÄG 2016 kommt es zu keiner Änderung des § 240.

Pflichtangaben bei Aktiengesellschaften

§ 241.

Im Anhang von großen oder mittelgroßen Aktiengesellschaften sind auch Angaben zu machen über

1. den auf jede Aktiengattung entfallenden Betrag des Grundkapitals, bei Nennbetragsaktien die Nennbeträge und die Zahl der Aktien jedes Nennbetrags, bei Stückaktien deren Zahl sowie, wenn mehrere Gattungen bestehen, die Zahl der Aktien jeder Gattung;

2. den Bestand und den Zugang an Aktien, die ein Aktionär für Rechnung der Gesellschaft oder eines verbundenen Unternehmens oder ein verbundenes Unternehmen als Gründer oder Zeichner oder in Ausübung eines bei einer bedingten Kapitalerhöhung eingeräumten Umtausch- oder Bezugsrechts übernommen hat; sind solche Aktien im Geschäftsjahr verwertet worden, so ist auch über die Verwertung unter Angabe des Erlöses und der Verwendung des Erlöses zu berichten;

3. Aktien, die aus einer bedingten Kapitalerhöhung oder einem genehmigten Kapital im Geschäftsjahr gezeichnet wurden;

4. das genehmigte Kapital;

5. den Betrag des unter den Verbindlichkeiten ausgewiesenen nachrangigen Kapitals;

6. das Bestehen einer wechselseitigen Beteiligung (§ 189a Z 2) unter Angabe des beteiligten Unternehmens.

- *ErlRV zu § 241*

  In dieser Bestimmung werden – wie bisher in § 240 – die Pflichtangaben für Aktiengesellschaften zusammengefasst, die allerdings nicht für kleine Aktiengesellschaften gelten. Aus diesem Grund sind auch – wie es Art. 19 Abs. 2 lit. c der Richtlinie vorsieht – die Angaben über eigene Aktien (bisher Z 3) in den Lagebericht aufzunehmen. Die bisherigen Angaben nach Z 6 und 7 finden sich nunmehr in § 238 Abs. 1 Z 5.

Kommentierung

§ 241 übernimmt größtenteils die Bestimmungen des § 240 idF vor dem RÄG 2014.

Da § 241 allerdings nicht für kleine Aktiengesellschaften gilt, wurden die Angaben über eigene Aktien (§ 240 Z 3 idF vor dem RÄG 2014) in den Lagebericht gem § 243 Abs 3 Z 3 transferiert. Auch kleine Aktiengesellschaften haben dadurch den Bestand an eigenen Aktien zu erläutern.

§ 240 Z 6 (Zahl der Wandelschuldverschreibungen) und Z 7 (Genussscheine) idF vor dem RÄG 2014 wurden vom neuen § 241 nicht übernommen. Diese beiden Ziffern befinden sich nunmehr in § 238 Abs 1 Z 5. Die Angaben zu Wandelschuldverschreibungen und Genussscheinen sind nun auch von mittelgroßen bzw großen Gesellschaften im Anhang anzuführen und nicht mehr lediglich von Aktiengesellschaften (vgl *Dokalik/ Kerschbaumer/Buchberger* in IWP 2014, 263).

Durch das APRÄG 2016 kommt es zu keinen Änderungen des § 241.

Unterlassen von Angaben

§ 242.

(1) Kleinstkapitalgesellschaften brauchen keinen Anhang aufzustellen, wenn sie die nach § 237 Abs. 1 Z 2 und 3 geforderten Angaben unter der Bilanz machen. Bei Kleinstkapitalgesellschaften wird davon ausgegangen, dass der nach den Bestimmungen dieses Bundesgesetzes erstellte Jahresabschluss ein möglichst getreues Bild der Vermögens-, Finanz- und Ertragslage gemäß § 222 Abs. 2 vermittelt, weshalb § 222 Abs. 2 zweiter Satz und § 222 Abs. 3 keine Anwendung finden.

(2) Bei allen anderen Kapitalgesellschaften können die Angaben gemäß § 238 Abs. 1 Z 4 unterbleiben, soweit sie

1. nicht wesentlich (§ 189a Z 10) sind oder

2. nach vernünftiger unternehmerischer Beurteilung geeignet sind, dem Unternehmen oder dem anderen Unternehmen einen erheblichen Nachteil zuzufügen, wobei in diesem Fall die Anwendung dieser Ausnahmeregelung im Anhang erwähnt werden muss.

Die Angabe des Eigenkapitals und des Jahresergebnisses kann unterbleiben, wenn das Unternehmen, über das gemäß § 238 *Abs 1* Z 4 zu berichten ist, seinen Jahresabschluss nicht offenzulegen hat und es von der berichtenden Gesellschaft nicht beherrscht wird.

(3) Bei der Berichterstattung gemäß § 238 Abs. 1 Z 20 brauchen Einzelheiten nicht angegeben zu werden, soweit die Angaben nach vernünftiger unternehmerischer Beurteilung geeignet sind, dem Unternehmen oder einem verbundenen Unternehmen einen erheblichen Nachteil zuzufügen. Die Anwendung der Ausnahmeregelung ist im Anhang anzugeben.

(4) Betreffen die Aufschlüsselungen gemäß § 239 Abs. 1 Z 3 und 4 weniger als drei Personen, so dürfen sie außer in den Fällen des § 243b Abs. 2 Z 3 unterbleiben.

- *ErlRV zu § 242*

  In dieser Bestimmung werden – wie bisher in § 241 – die Fälle zusammengefasst, in denen von Angaben abgesehen werden kann, wobei die Abs. 2 bis 4 den Abs. 2 bis 4 des bisherigen § 241 entsprechen.

  In Abs. 1 soll die Option nach Art. 36 Abs. 1 lit. b der Richtlinie wahrgenommen werden, Kleinstkapital-gesellschaften von den Anhangangaben zu befreien. Die in Art. 24 Abs. 2 der Richtlinie 2012/30/EU geforderten Angaben über eigene Aktien brauchen nicht unter der Bilanz angegeben zu werden, da auch Aktiengesellschaften, die Kleinstkapitalgesellschaften sind, einen Lagebericht mit diesen Anga-ben (§ 243 Abs. 3 Z 3 idF des Vorschlags) zu erstellen haben. Bei Kleinstkapitalgesellschaften wird davon ausgegangen, dass der ohne Anhang erstellte Jahresabschluss ein möglichst getreues Bild der Vermögens-, Finanz- und Ertragslage vermittelt, weshalb nicht „über die Hintertür" des § 222 Abs. 2 zweiter Satz doch wieder weitere Anhangangaben zu machen sind. Dass die Richtlinie nur Art. 4 Abs. 4 von der Anwendung ausnimmt (und nicht auch Art. 4 Abs. 3 zweiter Satz), kann als offenkun-diges Redaktionsversehen gewertet werden, weil Art. 4 Abs. 3 der Richtlinie die bisherigen Bestim-mungen des Art. 2 Abs. 3 und 4 der Vierten Richtlinie übernommen hat und die Richtlinie 2012/6/EU zur Änderung der Vierten Richtlinie hinsichtlich Kleinstbetrieben im neu eingefügten Art. 1a Abs. 5 ex-plizit auch Art. 2 Abs. 4 der Vierten Richtlinie ausnimmt.

Kommentierung

Abs 1 ordnet für Kleinstkapitalgesellschaften (auch für Aktiengesellschaften) an, dass die Aufstellung des Anhangs unterbleiben kann. Abs 2 bis 4 entsprechen im Wesent-lichen den bisherigen § 241 Abs 2 bis 4.

Für **Kleinstkapitalgesellschaften** kommt es grundsätzlich zu einem gänzlichen Entfall des Anhangerfordernisses (zu den Ausnahmen siehe § 242), vorausgesetzt, sie führen den Gesamtbetrag der Haftungsverhältnisse (§ 199), sonstige wesentliche finanzielle Ver-pflichtungen, Art und Form jeder gewährten dinglichen Sicherheit und Verpflichtungen ge-genüber verbundenen oder assoziierten Unternehmen (§ 237 Abs 1 Z 2) unter der Bilanz an. Ebenso müssen Angaben über Beträge der den Mitgliedern des Vorstands und des Aufsichtsrats gewährten Vorschüsse und Kredite unter Angabe der Zinsen, der wesent-lichen Bedingungen und der gegebenenfalls zurückgezahlten oder erlassenen Beträge sowie die zugunsten dieser Personen eingegangenen Haftungsverhältnisse (§ 237 Abs 1 Z 3) unter der Bilanz gemacht werden. Diese Angaben sind zusammengefasst für jede dieser Personengruppen zu machen.

Zur „Nachteilszufügung" (Abs 2 und 3) siehe Anm zu § 240. Ein erheblicher Nachteil liegt im Fall des Abs 2 dann vor, wenn durch das Bekanntwerden des Anteilsbesitzverhältnis-ses oder der Stimmrechte erhebliche Umsatzeinbußen oder Wettbewerbsnachteile zu er-warten sind oder bei Unternehmen im Ausland aus politischen Gründen mit erheblichen wirtschaftlichen Nachteilen gerechnet werden muss. Die Angaben müssen für *eines der beiden Unternehmen* nachweisbar von erheblichem Nachteil sein und mindestens einem von ihnen einen fühlbaren, konkreten geschäftlichen Schaden zufügen können. Bei An-wendung dieser Ausnahme besteht die Pflicht zur Offenlegung der Inanspruchnahme im Anhang. Eine Begründung für das Unterlassen der Angaben oder die erwarteten Nachtei-le sind dem Gesetz nicht zu entnehmen – sie würde auch dem Schutzcharakter der Vor-schrift widersprechen (vgl *Grottel* in Beck Bil-Komm[10] § 286 Rz 37).

Durch das APRÄG 2016 kam es in § 242 Abs 2 letzter Satz zu einer Verweiskorrektur auf § 238 Abs 1 Z 4. Da sich in § 238 aber nur Abs 1 in mehrere Ziffern untergliedert, hat die Korrektur bloß klarstellenden Charakter und es kommt zu keinen inhaltlichen Än-derungen.

Lagebericht

§ 243.

(1) Im Lagebericht sind der Geschäftsverlauf, einschließlich des Geschäftsergeb-nisses, und die Lage des Unternehmens so darzustellen, dass ein möglichst ge-

treues Bild der Vermögens-, Finanz- und Ertragslage vermittelt wird, und die wesentlichen Risiken und Ungewissheiten, denen das Unternehmen ausgesetzt ist, zu beschreiben.

(2) Der Lagebericht hat eine ausgewogene und umfassende, dem Umfang und der Komplexität der Geschäftstätigkeit angemessene Analyse des Geschäftsverlaufs, einschließlich des Geschäftsergebnisses, und der Lage des Unternehmens zu enthalten. Abhängig von der Größe des Unternehmens und von der Komplexität des Geschäftsbetriebs hat die Analyse auf die für die jeweilige Geschäftstätigkeit wichtigsten finanziellen Leistungsindikatoren einzugehen und sie unter Bezugnahme auf die im Jahresabschluss ausgewiesenen Beträge und Angaben zu erläutern.

(3) Der Lagebericht hat auch einzugehen auf

1. die voraussichtliche Entwicklung des Unternehmens;

2. Tätigkeiten im Bereich Forschung und Entwicklung;

3. den Bestand an eigenen Anteilen der Gesellschaft, die sie, ein verbundenes Unternehmen oder eine andere Person für Rechnung der Gesellschaft oder eines verbundenen Unternehmens erworben oder als Pfand genommen hat; dabei sind die Zahl dieser Anteile, der auf sie entfallende Betrag des Grundkapitals sowie ihr Anteil am Grundkapital, für erworbene Anteile ferner der Zeitpunkt des Erwerbs und die Gründe für den Erwerb anzugeben. Sind solche Anteile im Geschäftsjahr erworben oder veräußert worden, so ist auch über den Erwerb oder die Veräußerung unter Angabe der Zahl dieser Anteile, des auf sie entfallenden Betrags des Grundkapitals, des Anteils am Grundkapital und des Erwerbs- oder Veräußerungspreises sowie über die Verwendung des Erlöses zu berichten;

4. bestehende Zweigniederlassungen der Gesellschaft;

5. die Verwendung von Finanzinstrumenten, sofern dies für die Beurteilung der Vermögens-, Finanz- und Ertragslage wesentlich ist; diesfalls sind anzugeben

   a) die Risikomanagementziele und -methoden, einschließlich der Methoden zur Absicherung aller wichtigen Arten geplanter Transaktionen, die im Rahmen der Bilanzierung von Sicherungsgeschäften angewandt werden, und

   b) bestehende Preisänderungs-, Ausfall-, Liquiditäts- und Cashflow-Risiken.

(4) Kleine Gesellschaften mit beschränkter Haftung (§ 221 Abs. 1) brauchen den Lagebericht nicht aufzustellen.

(5) Für große Kapitalgesellschaften umfasst die Analyse nach Abs. 2 letzter Satz auch die wichtigsten nichtfinanziellen Leistungsindikatoren, einschließlich Informationen über Umwelt- und Arbeitnehmerbelange. Abs. 3 bleibt unberührt.

- *ErlRV zu § 243*

  In Abs. 3 soll die bisherige Z 1 entfallen, da deren Inhalt als Anhangangabe nach dem vorgeschlagenen § 238 Z 11 vorzusehen ist. Im Gegenzug wird die Angabe über eigene Aktien (bisher § 240 Z 3) in den Lagebericht eingefügt.

Kommentierung

Nach § 222 Abs 1 haben alle Kapitalgesellschaften mit Ausnahme der kleinen GmbH (§ 243 Abs 4) einen Lagebericht zu erstellen. Die Erleichterung für die kleine GmbH umfasst auch die Kleinstkapitalgesellschaft, nicht aber die Kleinstaktiengesellschaft; Letztere hat einen Lagebericht aufzustellen (vgl *Papst*, ÖStZ 2015, 167; *Geirhofer* in *Torggler*[2] § 243 Rz 1).

§ 243 Abs 3 Z 1 aF, wonach über „Vorgänge von besonderer Bedeutung, die nach dem Schluss des Geschäftsjahrs eingetreten sind" im Lagebericht einzugehen ist, wurde mit dem RÄG 2014 in § 238 Z 11 zu den Anhangangaben verlagert.

Die vormals in § 240 Z 3 aF geregelten Angaben in Bezug auf den Bestand eigener Aktien der Gesellschaft wurden nach § 243 Abs 3 Z 3 verschoben. Dabei wurde die Formulierung der Bestimmung dahingehend geändert, dass nach neuer Rechtslage nicht mehr auf ein „abhängiges oder im Mehrheitsbesitz der Gesellschaft stehendes Unternehmen", sondern auf ein „verbundenes Unternehmen" abgestellt wird. Nach bisheriger Rechtslage wurden unter abhängigen Unternehmen und im Mehrheitsbesitz stehenden Unternehmen regelmäßig Tochtergesellschaften iSd § 228 Abs 3 aF verstanden (vgl *Nowotny* in *Straube*[3] § 240 Rz 7). Die Änderung des Wortlauts auf verbundene Unternehmen, dessen Definition sich nunmehr in § 189a Z 8 findet, hat nur klarstellende Wirkung.

§ 243a.

(1) Eine Aktiengesellschaft, deren Aktien zum Handel auf einem geregelten Markt im Sinn des § 1 Abs. 2 BörseG zugelassen sind oder die ausschließlich andere Wertpapiere als Aktien auf einem solchen Markt emittiert und deren Aktien mit Wissen der Gesellschaft über ein multilaterales Handelssystem im Sinn des § 1 Z 9 WAG 2007 gehandelt werden, hat im Lagebericht überdies anzugeben:

1. die Zusammensetzung des Kapitals einschließlich der Aktien, die nicht auf einem geregelten Markt im Sinne des § 1 Abs. 2 BörseG gehandelt werden, sowie gegebenenfalls die Angabe der verschiedenen Aktiengattungen und zu jeder Aktiengattung die Angabe der mit dieser Gattung verbundenen Rechte und Pflichten sowie des Anteils dieser Gattung am Gesellschaftskapital;

2. alle Beschränkungen, die Stimmrechte oder die Übertragung von Aktien betreffen, auch wenn sie in Vereinbarungen zwischen Gesellschaftern enthalten sind, soweit sie dem Vorstand der Gesellschaft bekannt sind;

3. direkte oder indirekte Beteiligungen am Kapital, die zumindest 10 vom Hundert betragen;

4. die Inhaber von Aktien mit besonderen Kontrollrechten und eine Beschreibung dieser Rechte;

5. die Art der Stimmrechtskontrolle bei einer Kapitalbeteiligung der Arbeitnehmer, wenn sie das Stimmrecht nicht unmittelbar ausüben;

6. die sich nicht unmittelbar aus dem Gesetz ergebenden Bestimmungen über die Ernennung und Abberufung der Mitglieder des Vorstands und des Aufsichtsrats und über die Änderung der Satzung der Gesellschaft;

7. die sich nicht unmittelbar aus dem Gesetz ergebenden Befugnisse der Mitglieder des Vorstands, insbesondere hinsichtlich der Möglichkeit, Aktien auszugeben oder zurückzukaufen;

8. alle bedeutenden Vereinbarungen, an denen die Gesellschaft beteiligt ist und die bei einem Kontrollwechsel in der Gesellschaft infolge eines Übernahmeangebots wirksam werden, sich ändern oder enden, sowie ihre Wirkungen; ausgenommen hiervon sind Vereinbarungen, deren Bekanntmachung der Gesellschaft erheblich schaden würde, es sei denn, die Gesellschaft ist zur Bekanntgabe derartiger Informationen aufgrund anderer Rechtsvorschriften ausdrücklich verpflichtet;

9. Bestand und wesentlicher Inhalt von Entschädigungsvereinbarungen zwischen der Gesellschaft und ihren Vorstands- und Aufsichtsratsmitgliedern oder Arbeitnehmern für den Fall eines öffentlichen Übernahmeangebots.

(2) Eine Gesellschaft nach § 189a Z 1 lit. a hat im Lagebericht darüber hinaus die wichtigsten Merkmale des internen Kontroll- und des Risikomanagementsystems im Hinblick auf den Rechnungslegungsprozess zu beschreiben.

Corporate Governance-Bericht

§ 243b.

(1) Eine Aktiengesellschaft, deren Aktien zum Handel auf einem geregelten Markt im Sinn des § 1 Abs. 2 BörseG zugelassen sind oder die ausschließlich andere Wertpapiere als Aktien auf einem solchen Markt emittiert und deren Aktien mit Wissen der Gesellschaft über ein multilaterales Handelssystem im Sinn des § 1 Z 9 WAG 2007 gehandelt werden, hat einen Corporate Governance-Bericht aufzustellen, der zumindest die folgenden Angaben enthält:

1. die Nennung eines in Österreich oder am jeweiligen Börseplatz allgemein anerkannten Corporate Governance Kodex;
2. die Angabe, wo dieser öffentlich zugänglich ist;
3. soweit sie von diesem abweicht, eine Erklärung, in welchen Punkten und aus welchen Gründen diese Abweichung erfolgt;
4. wenn sie beschließt, keinem Kodex im Sinn der Z 1 zu entsprechen, eine Begründung hiefür.

(2) In diesem Bericht sind anzugeben:

1. die Zusammensetzung und die Arbeitsweise des Vorstands und des Aufsichtsrats sowie seiner Ausschüsse;
2. welche Maßnahmen zur Förderung von Frauen im Vorstand, im Aufsichtsrat und in leitenden Stellungen (§ 80 AktG) der Gesellschaft gesetzt wurden;
3. die Gesamtbezüge der einzelnen Vorstandsmitglieder (§ 239 Abs. 1 Z 4 lit. a) und die Grundsätze der Vergütungspolitik.

Bericht über Zahlungen an staatliche Stellen

§ 243c.

(1) Große Gesellschaften und Unternehmen von öffentlichem Interesse, die in der mineralgewinnenden Industrie oder auf dem Gebiet des Holzeinschlags in Primärwäldern tätig sind, haben jährlich einen Bericht über Zahlungen an staatliche Stellen zu erstellen. Gesellschaften, bei denen die Zahlungen an staatliche Stellen im konsolidierten Bericht eines Mutterunternehmens mit Sitz in einem Mitgliedstaat der Europäischen Union oder einem Vertragsstaat des Abkommens über den Europäischen Wirtschaftsraum enthalten sind, der nach den Anforderungen des Art. 44 der Bilanz-Richtlinie erstellt und offengelegt wurde, sind davon befreit, wenn sie im Anhang des Jahresabschlusses angeben, bei welchem Unternehmen sie in den konsolidierten Bericht einbezogen sind und wo dieser erhältlich ist.

(2) Als Tätigkeit in der mineralgewinnenden Industrie ist eine Tätigkeit auf dem Gebiet der Exploration, Prospektion, Entdeckung, Weiterentwicklung und Gewinnung von Mineralien, Erdöl- oder Erdgasvorkommen oder anderen Stoffen in den Wirtschaftszweigen zu verstehen, die in Abschnitt B Abteilungen 05 bis 08 von Anhang I der Verordnung (EG) Nr. 1893/2006 des Europäischen Parlaments und des Rates vom 20. Dezember 2006 zur Aufstellung der statistischen Systematik der Wirtschaftszweige NACE Revision 2 und zur Änderung der Verordnung (EWG) Nr. 3037/90 des Rates sowie einiger Verordnungen der EG über bestimmte Bereiche der Statistik, ABl. Nr. L 393 vom 30. 12. 2006 S. 1, aufgeführt sind. Primärwälder sind natürlich regenerierte Wälder mit einheimischen Arten, in denen es keine deutlich sichtbaren Anzeichen für menschliche Eingriffe gibt und die ökologischen Prozesse nicht wesentlich gestört sind.

(3) Im Bericht sind Geld- und Sachleistungen auszuweisen, die für die Tätigkeit in der mineralgewinnenden Industrie oder auf dem Gebiet des Holzeinschlags in Primärwäldern an eine staatliche Stelle je Geschäftsjahr geleistet werden. Staatliche Stellen sind nationale, regionale oder lokale staatliche Behörden oder von solchen kontrollierte Abteilungen, Agenturen oder im Sinn des § 244 beherrschte Unternehmen. Es ist der Gesamtwert der Leistungen im Geschäftsjahr je staatlicher Stelle anzugeben und zusätzlich aufzugliedern, welcher Gesamtbetrag jeweils entfällt auf

1. Produktionszahlungsansprüche,

2. Steuern, die auf die Erträge, die Produktion oder die Gewinne von Unternehmen erhoben werden, ausgenommen Steuern, die auf den Verbrauch erhoben werden (wie etwa Umsatzsteuern), Lohnsteuern oder vom Umsatz abhängige Steuern,

3. Nutzungsentgelte,

4. Dividenden,

5. Unterzeichnungs-, Entdeckungs- und Produktionsboni,

6. Lizenz-, Miet- und Zugangsgebühren sowie sonstige Gegenleistungen für Lizenzen und/oder Konzessionen und

7. Beiträge für die Verbesserung der Infrastruktur.

(4) Wenn die Leistungen für ein bestimmtes Projekt gewidmet sind, ist anzugeben, welcher Teil der gemäß Abs. 3 anzugebenden Beträge auf das Projekt entfällt. Zusätzlich ist der Gesamtwert der Leistungen für das Projekt anzugeben. Als Projekt ist die Gesamtheit der operativen Tätigkeiten anzusehen, die sich nach einer einzigen Vereinbarung oder nach mehreren inhaltlich miteinander verbundenen Vereinbarungen richten, welche die Grundlage für die Leistungen nach Abs. 3 bildet oder bilden.

(5) Leistungen, deren Gegenwert im Geschäftsjahr unter 100.000 Euro liegt, müssen nicht ausgewiesen werden. Im Falle einer bestehenden Vereinbarung über regelmäßige Leistungen ist auf den Gesamtbetrag der verbundenen regelmäßigen Leistungen im Berichtszeitraum abzustellen. Wenn bei einer Aufgliederung nach Art der Leistung und nach Projekten einzelne Leistungen wegen Unterschreitens der Grenze von 100.000 Euro nicht ausgewiesen werden, sodass die Summe der aufgegliederten Einzelleistungen den anzugebenden Gesamtbetrag nicht erreicht, so ist gesondert auf die Inanspruchnahme dieser Erleichterung hinzuweisen. Hat eine zur Erstellung eines Berichts verpflichtete Gesellschaft in einem Berichtszeitraum an keine staatliche Stelle berichtspflichtige Zahlungen geleistet, so hat sie im Bericht nur anzugeben, dass eine Geschäftstätigkeit in der mineralgewinnenden Industrie oder auf dem Gebiet des Holzeinschlags in Primärwäldern ausgeübt wurde, ohne dass berichtspflichtige Zahlungen geleistet wurden.

(6) Bei der Angabe der Leistungen wird auf den Inhalt der betreffenden Zahlung oder Tätigkeit und nicht auf deren Form Bezug genommen. Zahlungen und Tätigkeiten dürfen nicht künstlich mit dem Ziel aufgeteilt oder zusammengefasst werden, die Anwendung dieser Bestimmung zu umgehen. Soweit Sachleistungen erbracht werden, sind ihr Wert und, wenn möglich, ihr Umfang anzugeben. Ergänzende Erläuterungen sind beizufügen, um darzulegen, wie ihr Wert festgelegt worden ist.

(7) Ist eine staatliche Stelle stimmberechtigter Anteilsinhaber der Gesellschaft, so müssen gezahlte Dividenden oder Gewinnanteile nur berücksichtigt werden, wenn sie

1. **nicht unter denselben Bedingungen wie an andere Anteilsinhaber mit vergleichbaren Anteilen gleicher Gattung gezahlt wurden oder**

2. **anstelle von Produktionsrechten oder Nutzungsentgelten gezahlt wurden.**

(8) Unternehmen, die einen Bericht nach gleichwertigen Berichtspflichten eines Drittlands erstellen und gemäß § 277 offenlegen, sind von der Erstellung eines Berichts nach Abs. 1 ausgenommen. Ob die Berichtspflichten eines Drittlands gleichwertig sind, ist nach den aufgrund des Art. 47 der Bilanz-Richtlinie ergangenen Durchführungsrechtsakten zu beurteilen.

- *ErlRV zu § 243c*

Mit diesen Änderungen wird der Bericht über Zahlungen an staatliche Stellen eingeführt.

Zu Abs. 1: Diese Bestimmung setzt Art. 42 Abs. 1 der Richtlinie um. Dass der Bericht für ein Geschäftsjahr gleichzeitig mit dem Jahresabschluss aufzustellen, dem Aufsichtsrat vorzulegen und von sämtlichen gesetzlichen Vertretern zu unterzeichnen ist, ergibt sich aus dem vorgeschlagenen § 222 Abs. 1.

Zu Abs. 2: Die Definitionen wurden aus Art. 41 Z 1 und 2 der Richtlinie übernommen. Die Definition der Richtlinie über die Tätigkeit des Holzeinschlags in Primärwäldern (Art. 41 Z 2) bringt keinen zusätzlichen Erkenntnisgewinn, weil der zitierte Wirtschaftszweig in der VO Nr. 1893/2006 bloß „Holzeinschlag" heißt. Die Definition des Begriffs „Primärwald" wurde aus der Richtlinie 2009/28/EG übernommen.

Zu Abs. 3: Abs. 3 regelt im Einklang mit Art. 43 Abs. 2 den Inhalt des Berichts. Andere Leistungen als diejenigen, die im Zusammenhang mit der Tätigkeit in der mineralgewinnenden Industrie oder mit dem Holzeinschlag in Primärwäldern stehen, dürfen in den Bericht nicht einbezogen werden, um die Zahlungsberichte verschiedener Unternehmen vergleichbar zu machen. Die Zahlungen sind zunächst je staatlicher Stelle anzugeben; es ist also anzugeben, was einer einzelnen Behörde oder einer von einer Behörde kontrollierten Abteilung oder einem solchen Unternehmen geleistet wurde. Zusätzlich ist die Art der Leistung anzugeben. Getrennte Angaben für unterschiedliche Rohstoffe sind nicht erforderlich.

Der Begriff der Zahlung wird gemäß Art. 41 Abs. 5 der Richtlinie synonym für Leistungen nach dem vorgeschlagenen Abs. 3 verwendet, schließt also Zahlungen im engeren Sinn und Sachleistungen ein.

Zu Abs. 4: Diese Bestimmung regelt die Aufgliederung der Leistungen (Zahlungen) nach Projekten (Art. 43 Abs. 2 lit. c der Richtlinie) und die Projektdefinition (Art. 41 Z 4). Für die weitere Aufgliederung auf Projektebene ist zunächst erforderlich, dass die Zahlungen einem bestimmten Projekt gewidmet wurden. Zahlungen ohne eine spezifische Widmung müssen nicht einem bestimmten Projekt zugeordnet werden. Dasselbe ist auch mit dem eher unklar formulierten Art. 43 Abs. 2 zweiter Unterabsatz gemeint, weshalb dieser Text nicht übernommen werden soll.

Abs. 5 setzt die Bagatellgrenze von Art. 43 Abs. 1 um. Der zweite Satz stellt entsprechend Erwägungsgrund 46 der Richtlinie klar, dass bei einer bestehenden Vereinbarung über verbundene Zahlungen der Gesamtbetrag der Zahlungen zu berücksichtigen ist. Der dritte Satz stellt klar, dass auch eine Aufgliederung nicht gemacht zu werden braucht, wenn die aufgegliederte Leistung unter 100.000 Euro liegt. Da aber dann der anzugebende Gesamtbetrag unter Umständen der Summe der aufgegliederten Einzelbeträge nicht entspricht, ist die weitere Unterlassung der Aufgliederung zusätzlich anzugeben.

Beispiel: Ein Unternehmen bezahlt an eine nationale Behörde pro Jahr 200.000 Euro, davon 150.000 an Steuern und 50.000 für die Verbesserung der Infrastruktur, und an eine regionale Behörde 300.000 Euro, davon 150.000 an Produktionszahlungen für ein bestimmtes Projekt, 100.000 Euro an Lizenzzahlungen für dieses Projekt und 50.000 an (unspezifischen) Boni. Offenzulegen ist die Gesamtzahlung an die nationale Behörde von 200.000 Euro, davon 150.000 an Steuern, wobei anzugeben ist, dass die Restzahlung gem § 243c Abs. 5 UGB nicht weiter aufgeschlüsselt wird. Ebenso ist die Gesamtzahlung an die regionale Behörde von 300.000 Euro anzugeben, davon entfallen 250.000 auf das anzugebende Projekt, und zwar 150.000 an Produktionszahlungen und 100.000 an Lizenzzahlungen. Die Restsumme wird gem. § 243c Abs. 5 UGB nicht weiter aufgeschlüsselt.

Sollte schließlich der Fall eintreten, dass überhaupt keine Zahlungen die Grenze von 100.000 Euro erreicht, so beschränkt sich der Bericht auf diese Angabe. Ein Entfall von der Verpflichtung, einen Bericht zu erstatten, sieht die Richtlinie nicht vor.

Abs. 6 setzt Art. 43 Abs. 4 der Richtlinie um. In Abs. 7 findet sich eine Einschränkung der Pflicht zur Berichterstattung über Dividendenzahlungen im Einklang mit Erwägungsgrund 48 der Richtlinie.

Kommentierung

I. Allgemeines

Große Gesellschaften und Unternehmen von öffentlichem Interesse iSd § 189a Z 1 sind verpflichtet, jährlich einen Bericht über die Zahlung an staatliche Stellen zu erstellen, wenn sie in der mineralgewinnenden Industrie tätig sind oder Holzeinschlag in Primär-wäldern betreiben (vgl dazu *Heber*, IStR 2013, 522). Zweck dieser Regelung ist, anhand der Einnahmen von besonders ressourcenreichen Ländern eine Transparenz gegen-über der Öffentlichkeit über die Nutzung und Ausbeutung von Naturressourcen zu schaffen (*Dokalik*, RWZ 2013, 301; *Guggenberger*, RWZ 2014, 152).

II. Anwendungsbereich

Große Gesellschaften sind Unternehmen, bei denen am Bilanzstichtag des Geschäfts-jahres mindestens zwei der folgenden Merkmale überschritten werden:

Bilanzsumme	EUR 20.000.000
Umsatzerlöse	EUR 40.000.000
Durchschnittliche Anzahl der Beschäftigten	250

Unter Unternehmen von öffentlichem Interesse sind gem § 189a Z 1 neben kapitalmarkt-orientierten Unternehmen auch Kreditinstitute, Versicherungen und in anderen Bundes-gesetzen so bezeichnete Unternehmen zu verstehen. Weitere Voraussetzung ist, dass diese Unternehmen in der mineralgewinnenden Industrie oder auf dem Gebiet des Holz-einschlags in Primärwäldern tätig sind. Die ursprüngliche Forderung des Europäischen Parlaments, den Anwendungsbereich auf weitere Sektoren auszudehnen, fand letztlich lediglich nur Eingang in die Revisionsklausel des Art 48 EU-Bilanzrichtlinie, wonach die Kommission bis 21.7.2018 in einem Bericht auf die Frage der Ausdehnung der Berichts-pflichten auf zusätzliche Wirtschaftszweige eingehen soll (*Dokalik*, RWZ 2013, 301). Die Definitionen dieser Begriffe finden sich in Art 41 EU-Bilanzrichtlinie und wurden in § 243c Abs 2 UGB ins innerstaatliche Recht übernommen:

> Unter einem mineralgewinnenden Unternehmen ist ein Unternehmen zu verstehen, dass auf dem Ge-biet der Exploration, Prospektion, Entdeckung, Weiterentwicklung und Gewinnung von Mineralien, Erdöl-, Erdgasvorkommen oder anderen Stoffen in den Wirtschaftszweigen tätig ist und in Abschnitt B Abteilungen 05 bis 08 von Anhang I der VO (EG) Nr. 1893/2006 aufgeführt werden

> „Unternehmen des Holzeinschlags in Primärwäldern" sind Unternehmen, die auf den Zweigen, die in Abschnitt A Abteilung 02 Gruppe 02.2 von Anhang I der Verordnung (EG) Nr. 1893/2006 aufgeführt sind, in Primärwäldern tätig sind. Demnach sind Primärwälder natürlich regenerierte Wälder mit ein-heimischen Arten, in denen es keine deutlich sichtbaren Anzeichen für menschliche Eingriffe gibt und die ökologischen Prozesse nicht wesentlich gestört sind.

> Unter Primärwälder sind gemäß § 243c Abs 2 letzter Satz natürlich regenerierte Wälder mit einheimi-schen Arten, in denen es keine deutlich sichtbaren Anzeichen für menschliche Eingriffe gibt und die ökologischen Prozesse nicht wesentlich gestört sind, zu verstehen (so auch *Geirhofer* in *Torggler*[2] § 243c Rz 3 mHa auf die deutsche Parallelbestimmung § 341r Nr 2 dHGB idF BilRUG).

In § 243c Abs 1 letzter Satz wurde durch Umsetzung von Art 42 Abs 2 EU-Bilanzricht-linie eine Befreiung normiert. Die Aufstellung des Berichts kann unterbleiben, wenn die Zahlungen an staatliche Stellen im konsolidierten Bericht eines Mutterunternehmens mit Sitz in einen Mitgliedstaat der EU oder des EWR, der nach den Anforderungen des Art 44 EU-Bilanzrichtlinie erstellt wurde, erfolgt. Somit sind Tochterunternehmen von der Berichtspflicht befreit. Nach Art 45 EU-Bilanzrichtlinie ist der befreiende Bericht des Mutterunternehmens im Firmenbuch offenzulegen; eine Prüfung ist jedoch nicht erfor-derlich (*Dokalik*, RWZ 2013, 301).

III. Inhalt des Berichts

Im Bericht sind Geld- und Sachleistungen der betreffenden Unternehmen auszuweisen, die an eine staatliche Stelle geleistet werden. Die Definition der staatlicher Stelle wurde aus Art 41 Z 3 EU-Bilanzrichtlinie inhaltsgleich in § 243c Abs 3 übernommen. Demnach gelten als staatliche Stellen iSd § 243c Abs 3 UGB *„nationale, regionale oder lokale* *staatliche Behörden oder von solchen kontrollierte Abteilungen, Agenturen oder im Sinn des § 244 beherrschte Unternehmen".* Der Hinweis, dass unter diese Definition sowohl Behörden eines Mitgliedstaates als auch eines Drittstaates fallen, wurde nicht in den Wortlaut der Bestimmung übernommen. In richtlinienkonformer Interpretation ist jedoch vom umfassenden Begriff der staatlichen Stelle auszugehen (idS auch *Geirhofer* in *Torggler*[2] § 243c Rz 4, wonach „staatl Stellen in allen Staaten gleichermaßen erfasst werden" sollen).

Im Bericht ist der Gesamtwert der Leistungen je staatliche Stelle anzugeben und zusätzlich wie folgt aufzugliedern:

1. Produktionszahlungsansprüche,
2. Steuern, die auf die Erträge, die Produktion oder die Gewinne von Unternehmen erhoben werden, ausgenommen Steuern, die auf den Verbrauch erhoben werden (wie etwa Umsatzsteuern), Lohnsteuern oder vom Umsatz abhängige Steuern,
3. Nutzungsentgelte,
4. Dividenden,
5. Unterzeichnungs-, Entdeckungs- und Produktionsboni,
6. Lizenz-, Miet- und Zugangsgebühren sowie sonstige Gegenleistungen für Lizenzen und/oder Konzessionen,
7. Zahlungen für die Verbesserung der Infrastruktur.

Nach § 243c Abs 3 ist über Zahlungen in Form von Geld- oder Sachleistungen zu berichten, wenn sie auf einem der in Abs 3 genannten Gründe beruhen. Maßgebend ist der tatsächliche Zahlungs- oder Leistungsabfluss im Geschäftsjahr; eine Periodenabgrenzung ist daher nicht vorzunehmen (vgl *Keller/Schmid*, BB 2014, 2285; *Papst*, ÖStZ 2015, 167). Auch etwaige spätere Rückzahlungen sind grundsätzlich weder zu berichtigen noch bei der Prüfung des Schwellenwerts zu berücksichtigen (vgl *Geirhofer* in *Torggler*[2] § 243c Rz 6).

Sofern Leistungen für ein bestimmtes Projekt gewidmet sind, ist anzugeben, welcher Teil der gem § 243c Abs 3 anzugebenden Beträge auf das Projekt entfällt. Darüber hinaus ist auch der Gesamtwert der Leistung für das jeweilige Projekt anzugeben. Nicht erforderlich ist eine Aufgliederung nach unterschiedlichen Rohstoffen, Mineralgewinnung oder Holzeinschlag (vgl *Keller/Schmid*, BB 2014, 2285; *Geirhofer* in *Torggler*[2] § 243c Rz 7). Unter „Projekt" werden gem § 243c Abs 4 iVm Art 41 Z 4 EU-Bilanzrichtlinie die operativen Tätigkeiten zusammengefasst, die sich nach einem einzigen Vertrag, einer Lizenz, einem Bestandverhältnis, einer Konzession oder ähnlichen rechtlichen Vereinbarungen richten und die Grundlage für Zahlungsverpflichtungen gegenüber einer staatlichen Stelle bilden (*Dokalik*, RWZ 2013, 301).

Nicht auszuweisen sind Leistungen, deren Gegenwert im Geschäftsjahr unter EUR 100.000 liegen. Auf die Inanspruchnahme dieser Erleichterung ist gem § 243c Abs 4 letzter Satz gesondert hinzuweisen. Voraussetzung ist, dass aufgrund des Unterschreitens der Grenze von EUR 100.000 einzelne Leistungen nicht ausgewiesen werden und die Summe der aufgegliederten Einzelleistungen den anzugebenden Gesamtbetrag nicht erreicht. Sind Zahlungen in einer Fremdwährung geleistet worden, dürfte für den Schwellenwert auf den Wechselkurs im Zeitpunkt der Zahlung abzustellen sein (vgl *Geirhofer* in *Torggler*[2] § 243c Rz 10). Werden Leistungen generell, ohne Aufschlüsselung nach Projekten, dem Unternehmen überbunden (was zB bei Steuern der Fall sein könnte), müssen diese Zahlungen vom Unternehmen nicht nachträglich einzelnen Projekten zugeordnet werden (*Dokalik*, RWZ 2013, 301).

In § 243c Abs 6 wird Art 43 Abs 4 EU-Bilanzrichtlinie umgesetzt, wonach bei der Angabe von Zahlungen auf den Inhalt der betreffenden Zahlung oder Tätigkeit und nicht auf deren Form Bezug zu nehmen ist (zu einer möglichen Gliederung sie-e *Geirhofer* in *Torggler*² § 243c Rz 8 f). Bei Sachleistungen ist der Wert und, sofern möglich, der Umfang anzugeben. Insbesondere dürfen Zahlungen und Tätigkeiten nicht künstlich mit dem Ziel aufgeteilt oder zusammengefasst werden, um dadurch eine Umgehung dieser Bestimmung zu erzielen. Nicht einzubeziehen sind andere, nicht vom Tatbestand des § 243a Abs 1 erfasste Zahlungen an staatliche Stellen. Soweit eine Zahlung ausnahmsweise eine Tätigkeit nach § 243c oder eine sonstige Tätigkeit betrifft wird auf den Schwerpunkt abzustellen sein (vgl *Geirhofer* in *Torggler*² § 243c Rz 7).

§ 243c Abs 7 sieht eine Erleichterung für die Berichterstattung über Dividendenzahlungen bzw Gewinnansprüche vor, wenn die staatliche Stelle stimmberechtigter Anteilsinhaber ist.

Nach § 243c Abs 8 sind Unternehmen, die einen Bericht nach gleichwertigen Berichtspflichten eines Drittlandes erstellen und gem § 277 offenlegen, von der Erstellung eines Berichts gem § 243c Abs 1 ausgenommen. Der Kommission obliegt nach Art 47 EU-Bilanzrichtlinie die Gleichwertigkeit der Berichtspflichten eines Drittlandes zu beurteilen.

Die Vorschrift tritt gem § 906 Abs 28 am 20.7.2015 in Kraft und ist erstmals für Geschäftsjahre anzuwenden, die nach dem 31.12.2015 beginnen. Nach § 906 Abs 28 letzter Satz kann der Bericht bereits für Geschäftsjahre, die nach dem 31.12.2014 beginnen, erstellt werden. In diesem Fall ist § 243c UGB idF RÄG 2014 entsprechend anzuwenden.

Dritter Abschnitt

Konzernabschluss, Konzernlagebericht, konsolidierter Corporate Governance-Bericht und konsolidierter Bericht über Zahlungen an staatliche Stellen

Erster Titel

Anwendungsbereich

Pflicht zur Aufstellung

§ 244.

(1) Stehen Unternehmen unter der einheitlichen Leitung einer Kapitalgesellschaft (Mutterunternehmen) mit Sitz im Inland, so haben die gesetzlichen Vertreter des Mutterunternehmens einen Konzernabschluss, einen Konzernlagebericht sowie gegebenenfalls einen konsolidierten Corporate Governance-Bericht und einen konsolidierten Bericht über Zahlungen an staatliche Stellen aufzustellen sowie dem Aufsichtsrat und der Hauptversammlung (Generalversammlung) des Mutterunternehmens innerhalb der für die Vorlage des Jahresabschlusses geltenden Fristen vorzulegen. Der Konzernabschluss, der Konzernlagebericht sowie der konsolidierte Corporate Governance-Bericht und der konsolidierte Bericht über Zahlungen an staatliche Stellen sind von sämtlichen gesetzlichen Vertretern zu unterzeichnen und der Haupt- oder Generalversammlung zusammen mit dem Jahresabschluss des Mutterunternehmens vorzulegen. Soweit in den folgenden Bestimmungen der Konzernlagebericht erwähnt wird, erfasst dieser Begriff gegebenenfalls auch den konsolidierten Corporate Governance-Bericht.

(2) Eine Kapitalgesellschaft mit Sitz im Inland ist stets zur Aufstellung eines Konzernabschlusses und eines Konzernlageberichtes verpflichtet (Mutterunternehmen), wenn ihr bei einem Unternehmen (Tochterunternehmen)

1. die Mehrheit der Stimmrechte der Gesellschafter zusteht,

2. das Recht zusteht, die Mehrheit der Mitglieder des Verwaltungs-, Leitungs- oder Aufsichtsorgans zu bestellen oder abzuberufen, und sie gleichzeitig Gesellschafter ist oder

3. das Recht zusteht, einen beherrschenden Einfluß auszuüben, oder

4. auf Grund eines Vertrages mit einem oder mehreren Gesellschaftern des Tochterunternehmens das Recht zur Entscheidung zusteht, wie Stimmrechte der Gesellschafter, soweit sie mit ihren eigenen Stimmrechten zur Erreichung der Mehrheit aller Stimmen erforderlich sind, bei Bestellung oder Abberufung der Mehrheit der Mitglieder des Leitungs- oder eines Aufsichtsorgans auszuüben sind.

(3) Eine Personengesellschaft im Sinn des § 189 Abs. 1 Z 2 unterliegt hinsichtlich der in den §§ 244 bis 267b geregelten Tatbestände den der Rechtsform ihres unbeschränkt haftenden Gesellschafters entsprechenden Rechtsvorschriften; ist dieser keine Kapitalgesellschaft, so gelten die Vorschriften für Gesellschaften mit beschränkter Haftung.

(4) Als Rechte, die einem Mutterunternehmen zustehen, gelten auch die Rechte eines anderen Tochterunternehmens oder von Personen, die für Rechnung des Mutterunternehmens oder eines anderen Tochterunternehmens handeln. Abzuziehen sind die Rechte, die mit Anteilen verbunden sind, die

1. vom Mutterunternehmen oder einem Tochterunternehmen für Rechnung einer anderen Person gehalten werden oder

2. als Sicherheit gehalten werden, sofern diese Rechte nach Weisung des Sicherungsgebers oder, wenn ein Kreditinstitut die Anteile als Sicherheit für eine Kreditgewährung hält, im Interesse des Sicherungsgebers ausgeübt werden.

(5) Bei Ermittlung der Mehrheit der Stimmrechte sind von der Zahl aller Stimmrechte die Stimmrechte aus eigenen Anteilen abzuziehen, die dem Tochterunternehmen selbst, einem seiner Tochterunternehmen oder einer anderen Person für Rechnung dieser Unternehmen gehören.

(6) ~~Beteiligungen im Sinn des Abs. 1 müssen bei Kapitalgesellschaften und Genossenschaften den fünften Teil des Nennkapitals erreichen.~~

(7) Bei Meinungsverschiedenheiten über das Vorliegen einer Verpflichtung zur Aufstellung des Konzernabschlusses *und des konsolidierten Berichts über Zahlungen an staatliche Stellen* des Konzernlageberichts, entscheidet der für den Sitz des Unternehmens zuständige, zur Ausübung der Gerichtsbarkeit in Handelssachen berufene Gerichtshof erster Instanz im Verfahren außer Streitsachen. Vom Mutter- als auch vom Tochterunternehmen sind antragsberechtigt: jedes Vorstands- und Aufsichtsratsmitglied, der Abschlußprüfer und eine Minderheit, deren Anteile den zwanzigsten Teil des Nennkapitals oder den anteiligen Betrag von 700 000 Euro erreichen. Diese Regelung gilt sinngemäß für Personengesellschaft*en* im Sinn des § 189 Abs. 1 Z 2.

- *ErlRV zu § 244*

  Zu Abs 1 und 6:

  Im Einklang mit den entsprechenden Vorschlägen der Arbeitsgruppe wird vorgeschlagen, das Beteiligungserfordernis bei der Beherrschung aufgrund einheitlicher Leitung zu entfernen. Der Begriff der einheitlichen Leitung liegt bereits dem § 15 Abs. 1 AktG und § 115 Abs. 1 GmbHG zu Grunde, sodass zu ihrer Auslegung auf diese Bestimmungen zurückgegriffen werden kann (*Nowotny* in *Straube*, UGB II/RichtlinieG[3], § 244 Rz 16). Damit soll verhindert werden, dass eine Konsolidierung dadurch umgangen wird, dass so genannte Zweckgesellschaften gebildet werden, die nicht durch eine Beteiligung, sondern etwa aufgrund personeller Verflechtungen (wenn Organe der Zweckgesellschaft mehrheitlich mit Organwaltern der Muttergesellschaft besetzt werden) beherrscht werden.

  Zu den weiteren Anpassungen in § 244 Abs. 1 siehe die Erläuterungen zu § 267a.

  Zu Abs 3 und 7:

  Siehe ErlRV zu § 189.

  Zu Abs 4:

  Die Zurechnungsbestimmung wird an den Richtlinien-Wortlaut (Art. 22 Abs. 3 und 4) angepasst. Im ersten Satz wird im Vergleich zum geltenden Text ein Redaktionsversehen berichtigt: Hinzuzuzählen sind die einem Tochterunternehmen zustehenden Rechte und die anderen Personen zustehenden Rechte (nicht: „anderer Personen zustehenden Rechte"), die für Rechnung des Mutter- oder eines Tochterunternehmens handeln (vgl. auch § 290 Abs. 3 dHGB). Im zweiten Satz wird in Z 1 klargestellt, dass auch Rechte abzuziehen sind, die von einem anderen Tochterunternehmen für Rechnung einer anderen Person gehalten werden („von einem Tochterunternehmen" statt bisher „vom Tochterunternehmen"). In Z 2 wird der Tatbestand des Art. 22 Abs. 4 lit. b sublit. ii näher ausgeführt.

Kommentierung

I. Einheitliche Leitung (Abs 1 und Abs 6)

Wird ein Unternehmen von einer Kapitalgesellschaft (Mutterunternehmen) mit Sitz im Inland einheitlich geleitet, so haben die gesetzlichen Vertreter des Mutterunternehmens gem § 244 Abs 1

- einen Konzernabschluss,
- einen Konzernlagebericht sowie gegebenenfalls
- einen konsolidierten Corporate-Governance-Bericht und/oder
- einen konsolidierten Bericht über Zahlungen an staatliche Stellen aufzustellen und
- die Berichte dem Aufsichtsrat und der Hauptversammlung (Generalversammlung) des Mutterunternehmens innerhalb der für die Vorlage des Jahresabschlusses geltenden Fristen vorzulegen.

Nach der Rechtslage vor dem RÄG 2014 war die Verpflichtung zur Konzernrechnungslegung nicht an die Unternehmenseigenschaft gebunden (vgl *Nowotny* in *Straube*[3] § 244 Rz 2; *Stückler* in *Zib/Dellinger* § 244 Rz 48; *Schiebel/Schlögel* in *Hirschler* § 244 Rz 9). Demgegenüber verweist der neue Wortlaut des § 244 Abs 1 auf das in § 189a Z 6 definierte Mutterunternehmen, woraus abgeleitet werden könnte, dass die den Konzernabschluss aufstellende Kapitalgesellschaft nunmehr unternehmerisch tätig sein muss. Eine solche Interpretation dürfte nicht dem Willen des Gesetzgebers entsprechen, da nach den ErläutRV zum RÄG 2014 keine Einschränkung, sondern vielmehr eine Ausweitung der Konsolidierungspflicht auf Zweckgesellschaften gewollt war (vgl *Reinold/Stückler*, RWZ 2015, 256; im Ergebnis auch *Fröhlich/Haberer* in *Torggler*[2] § 244 Rz 16; aA *Baumüller*, RWZ 2015, 101, wonach „die Unternehmenseigenschaft sowohl bei dem Mutter- *als auch bei dem Tochterunternehmen*" erfüllt sein muss, wenngleich „*dies im Falle des Mutterunternehmens idR unproblematisch sein wird*").

Nach der ErläutRV zum RÄG 2014 liegt dem **Begriff der einheitlichen Leitung** § 15 Abs 1 AktG und § 115 Abs 1 GmbHG zugrunde, sodass zur Auslegung dieser Bestimmungen darauf zurückgegriffen werden kann (vgl *Stückler* in *Zib/Dellinger* § 244 Rz 80 mwN). Die Leitungsfunktion muss – im Gegensatz zum Control-Konzept nach § 244 Abs 2 UGB – tatsächlich ausgeübt werden, die bloße rechtliche Möglichkeit der Ausübung erfüllt den Tatbestand nicht (vgl *Schiebel/Schlögel* in *Hirschler* § 244 Rz 16). Aufgrund des Entfalls des Beteiligungserfordernisses ist einheitliche Leitung ohne jeglichen Anteilsbesitz denkbar. Wenn zwei Unternehmen von derselben natürlichen Person beherrscht und geleitet werden, ist zu unterscheiden, ob die Leitung durch dieselbe natürliche Person ausgeübt wird oder das eine Unternehmen durch das andere geleitet wird. Letzteres ist anzunehmen, wenn das eine Unternehmen lediglich Funktionen für das andere Unternehmen (zB Vertriebs- oder Einkaufsgesellschaft) erfüllt (so auch *Fröhlich/Haberer* in *Torggler*[2] § 244 Rz 24; *Bertl/Fröhlich*, RWZ 2015, 150).

Zur Auslegung der einheitlichen Leitung kann nach den ErläutRV zum RÄG 2014 auf die gesellschaftsrechtlicher Tatbestände des § 15 Abs 1 AktG bzw § 115 Abs 1 GmbHG zurückgegriffen werden Im Schrifttum wird diskutiert, ob diese Aussage in den ErläutRV zum RÄG 2014 auch für die Interpretation des § 244 Abs 3 Z 2 herangezogen werden kann. Nach *Reinold/Stückler* ist „*es offenbar zu einer Annäherung des gesellschaftsrechtlichen und des bilanzrechtlichen Konzerntatbestands gekommen*", weshalb sie für die Interpretation des § 244 Abs 2 Z 3 den Rückgriff auf die gesellschaftsrechtlichen Tatbestände des § 15 Abs 2 AktG bzw § 115 Abs 2 GmbH als zulässig erachten (vgl *Reinold/Stückler*, RWZ 2015, 235). Demgegenüber teilt *Baumüller* diese Auffassung nicht, weil die Ausführungen in den ErläutRV zum RÄG 2014 lediglich missverständlich und verknappt wiedergegeben wurden, weshalb kein Abweichen von den im Zuge des RLG 1990 festgelegten Auslegungsgrundsätzen bezweckt scheint (vgl *Baumüller*, PSR 2015, 158; in diese Richtung auch *Fröhlich/Haberer* in *Torggler*[2] § 244 Rz 7).

Deutschland hat zur Angleichung an die internationale Praxis im Zuge des BilMoG das Konzept der einheitlichen Leitung durch Ausübung des Mitgliedstaatenwahlrechts des Art 22 Abs 2 EU-Bilanzrichtlinie komplett aufgegeben (vgl *Harter*, RWZ 2010, 75). Im Gegensatz dazu hat Österreich den Tatbestand der einheitlichen Leitung dem Grunde nach beibehalten, wobei im Speziellen auf das bisherige Beteiligungserfordernis verzichtet wurde. Nach der ErläutRV zum RÄG 2014 soll dadurch verhindert werden, dass die Konsolidierung von sog Zweckgesellschaften, die nicht durch eine Beteiligung, sondern anderwärtig (zB durch personelle Verflechtungen) einheitlich geleitet werden, nicht umgangen wird (vgl *Janschek* in *Bertl/Mandl*[11], B.IV./1.1, 28 f). Aufgrund des Wegfalls des Beteiligungserfordernisses konnte auch § 244 Abs 6 UGB aF entfallen, wonach der Konsolidierungstatbestand der einheitlichen Leitung eine Beteiligung in Höhe von mindestens 20 % am Nennkapital erforderte.

Aufgrund des fehlenden Beteiligungserfordernisses könnte fraglich sein, ob ein Mutterunternehmen (zB ein Stifter) auf eine **Privatstiftung**, an der definitionsgemäß keine Beteiligung bestehen kann, einheitliche Leitung iSd § 244 Abs 1 tatsächlich ausüben kann. Die bloße Ausübung von Kontrollfunktionen vermittelt noch keine einheitliche Leitung (vgl *Jabornegg* in *Jabornegg/Strasser*, AktG I[5], § 15 Rz 14), wobei das Bestehen eines Weisungsrechts nach hA nicht erforderlich ist (vgl *Schiebel/Schlögel* in *Hirschler* § 244 Rz 18). Im konkreten Fall wird es auf die Ausgestaltung der Stiftungsurkunde bzw auf die Intensität der personellen Verflechtungen zwischen dem Mutterunternehmen und der Privatstiftung ankommen. Es ist im Einzelfall denkbar, dass eine Privatstiftung von einem Mutterunternehmen einheitlich geleitet wird, woraus sich die Verpflichtung zur Einbeziehung der Privatstiftung in den Konzernabschluss und Konzernlagebericht ergeben kann (vgl *Baumüller*, RWZ 2012, 327 zur Einbeziehung einer Privatstiftung, auf die beherrschender Einfluss iSd § 244 Abs 2 Z 3 ausgeübt wird; so auch *Reinold/Stückler*, RWZ 2015, 238). Eine Voraussetzung für die Qualifikation einer Privatstiftung als Tochterunternehmen ist die Unternehmenseigenschaft, die jedoch aufgrund des in § 1 Abs 2 PSG angeordneten Verbots in Bezug auf die Ausübung gewerbsmäßiger Tätigkeiten, die über eine bloße Nebentätigkeit hinausgehen, regelmäßig nicht vorliegen wird (vgl *Stückler* in *Zib/Dellinger* § 244 Rz 69 und 76; *Reinold/Stückler*, RWZ 2015, 235; *Baumüller*, PSR 2015, 159).

Die Einbeziehung unternehmerisch tätiger **Vereine** aufgrund tatsächlich ausgeübter einheitlicher Leitung in den Konzernabschluss und Konzernlagebericht kommt aufgrund des Entfalls des Beteiligungserfordernisses ebenso in Betracht (vgl *Stückler* in *Zib/Dellinger* § 244 Rz 70 f; *Reinold/Stückler*, RWZ 2015, 237; vgl dazu auch *Baumüller*, RWZ 2015, 103; *ders*, RWZ 2012, 43).

II. Anwendung auf Personengesellschaften (Abs 3)

Die Rechnungslegungspflicht für Personengesellschaften wurde in § 189 Abs 1 Z 2 neu geregelt, weshalb in § 244 Abs 3 entsprechende Anpassungen erforderlich waren. In § 244 Abs 3 werden kapitalistische Personengesellschaften den Kapitalgesellschaften gleichgestellt. Rechtsfolgen ergaben sich nach bisheriger Rechtslage nur für als Mutterunternehmen fungierende kapitalistische Personengesellschaften, weil es nach Abs 1 und Abs 2 hinsichtlich der einzubeziehenden Tochterunternehmen nicht auf die Rechtsform ankommt (vgl *Schiebel/Schlögel* in *Hirschler* § 244 Rz 46). Hingegen war fraglich, ob lediglich unternehmerisch oder auch nicht unternehmerisch tätige kapitalistische Personengesellschaften Mutterunternehmen sein können. Mit dem RÄG 2014 wurde diese Frage beantwortet, da § 189 Abs 1 Z 2, auf den § 244 Abs 3 verweist, sowohl unternehmerische als auch nicht unternehmerische kapitalistische Personengesellschaften erfasst (vgl *Reinold/Stückler*, RWZ 2015, 237; *Stückler* in *Zib/Dellinger* § 244 Rz 166; *Fröhlich/Haberer* in *Torggler*[2] § 244 Rz 12).

III. Zurechnungsregeln (Abs 4)

Der Tatbestand des § 244 Abs 2 geht von einem unmittelbaren Recht des Mutterunternehmens gegenüber dem Tochterunternehmen aus. Um von dieser formalrechtlichen Betrachtung zu einer wirtschaftlichen Zuordnung von Rechten überzugehen, sieht § 244 Abs 4 entsprechende Zurechnungsregeln vor (vgl *Stückler* in *Zib/Dellinger*, § 244 Rz 139 ff.). Im Wesentlichen wurde neben den Korrekturen von Redaktionsversehen der Wortlaut der Bestimmung an die Formulierung des Art 22 Abs 3 und 4 EU-Bilanzrichtlinie angepasst. Inhaltliche Änderungen gegenüber der Rechtslage vor dem RÄG 2014 ergeben sich dadurch nicht.

IV. Meinungsverschiedenheiten (Abs 7)

Das APRÄG 2016 beseitigte in § 244 Abs 7 ein Redaktionsversehen und stellte klar, dass auch bei Meinungsverschiedenheiten über das Vorliegen einer Verpflichtung zur Aufstellung eines konsolidierten Berichts über die Zahlungen an staatliche Stellen der für den Sitz des Unternehmens zuständige Gerichtshof erster Instanz im außerstreitigen Verfahren zuständig ist (vgl *Haselsteiner/Reinold/Stückler*, SWK 2016, 579).

Befreiende Konzernabschlüsse und Konzernlageberichte

§ 245.

(1) **Ein Mutterunternehmen (§ 189a Z 6), das österreichischem Recht unterliegt, braucht bei Erfüllung der Voraussetzungen des Abs. 2 keinen Teilkonzernabschluss samt Konzernlagebericht aufzustellen (befreites Unternehmen), wenn es in den Konzernabschluss eines übergeordneten Mutterunternehmens (befreiender Konzernabschluss) einbezogen ist und**

1. **das übergeordnete Mutterunternehmen dem Recht eines Mitgliedstaats der Europäischen Union oder eines Vertragsstaats des Abkommens über den Europäischen Wirtschaftsraum unterliegt und entweder**

   a. **sämtliche Anteile am befreiten Unternehmen besitzt oder**

   b. **mindestens 90 % der Anteile am befreiten Unternehmen besitzt und die anderen Anteilsinhaber der Befreiung zugestimmt haben oder**

   c. **weder der Aufsichtsrat noch eine qualifizierte Minderheit, deren Anteile 10 % des Nennkapitals oder den anteiligen Betrag von 1 400 000 Euro erreichen, spätestens sechs Monate vor dem Ablauf des Konzerngeschäftsjahrs die Aufstellung des Teilkonzernabschlusses verlangen oder**

2. **das übergeordnete Mutterunternehmen nicht dem Recht eines Mitgliedstaats der Europäischen Union oder eines Vertragsstaats des Abkommens über den Europäischen Wirtschaftsraum unterliegt und weder der Aufsichtsrat noch eine qualifizierte Minderheit, deren Anteile 5 % des Nennkapitals oder den anteiligen Betrag von 700 000 Euro erreichen, spätestens sechs Monate vor dem Ablauf des Konzerngeschäftsjahres die Aufstellung des Teilkonzernabschlusses verlangen.**

(2) Der Konzernabschluss und der Konzernlagebericht des übergeordneten Mutterunternehmens haben nur befreiende Wirkung nach Abs. 1, wenn alle nachstehenden Voraussetzungen erfüllt sind:

1. das befreite Unternehmen sowie alle seine Tochterunternehmen sind unbeschadet des § 249 in den befreienden Konzernabschluss einbezogen;

2. Konzernabschluss und Konzernlagebericht wurden nach dem für das übergeordnete Mutterunternehmen maßgeblichen Recht im Einklang mit der Bilanz-Richtlinie oder nach den gemäß der Verordnung (EG) Nr. 1606/2002 angenommenen internationalen Rechnungslegungsstandards aufgestellt; im Fall des Abs. 1 Z 2 reicht es aus, wenn Konzernabschluss und Konzernlagebericht den nach der Bilanz-Richlinie erstellten Unterlagen oder internationalen Rechnungslegungsstandards, die gemäß der Verordnung (EG) Nr. 1569/2007 der Kommission über die Einrichtung eines Mechanismus zur Festlegung der Gleichwertigkeit der von Drittstaatemittenten angewandten Rechnungslegungsgrundsätze gemäß den Richtlinien 2003/71/EG und 2004/109/EG ABl. Nr. L 340 vom 22. 12. 2007 S. 66, festgelegt wurden, gleichwertig sind;

3. der befreiende Konzernabschluss eines übergeordneten Mutterunternehmens nach Abs. 1 Z 2 wurde von einem nach dem anzuwendenden Recht zugelassenen Abschlussprüfer geprüft;

4. der Anhang des Jahresabschlusses des befreiten Unternehmens enthält Angaben über den Namen und den Sitz des übergeordneten Mutterunternehmens, das den befreienden Konzernabschluss aufstellt, sowie einen Hinweis auf die Befreiung von der Verpflichtung, einen Konzernabschluss und einen Konzernlagebericht aufzustellen;

5. der befreiende Konzernabschluss und der Konzernlagebericht des übergeordneten Mutterunternehmens werden unverzüglich in deutscher Sprache oder in einer in internationalen Finanzkreisen gebräuchlichen Sprache beim Firmenbuchgericht offengelegt (§ 280 Abs. 2) und dem Aufsichtsrat sowie der nächsten ordentlichen Hauptversammlung (Generalversammlung) vorgelegt.

(3) Die Befreiung nach Abs. 1 darf nicht in Anspruch genommen werden, wenn das befreite Unternehmen eine Gesellschaft im Sinn des § 189a Abs. 1 lit. a ist.

- *ErlRV zu § 245*

  Diese Bestimmung wird an Art. 23 der Richtlinie angepasst. Anders als nach dem bisherigen Abs. 1 enthält Art. 23 Abs. 3 (wenn das Mutterunternehmen dem Recht eines Mitgliedstaates unterliegt) kein Recht des Aufsichtsrats, die Aufstellung eines Konzernabschlusses zu verlangen. In der neuen Z 1 lit. a und b soll daher Art. 23 Abs. 3 der Richtlinie umgesetzt werden (ohne „Vetorecht" des Aufsichtsrats), während Z 1 lit. c die Richtlinien-Option nach Art. 23 Abs. 5 wie bisher umsetzt (mit „Vetorecht" des Aufsichtsrats). Die neue Z 2 macht von der Option des Art. 23 Abs. 8 der Richtlinie Gebrauch.

  Abs. 2 konkretisiert die Voraussetzungen unmittelbar im Gesetz; diese waren bisher in der Befreiungsverordnung BGBl. Nr. 997/1994 geregelt. Der bisherige Abs. 2 kann entfallen, da dieser seit der Neufassung des § 252 UGB bedeutungslos ist (vgl. *Janschek* in *Bertl//Mandl* B.IV./1.1. S 35). Zu Z 5: der befreiende Konzernabschluss sollte in erster Linie in deutscher Sprache dem Aufsichtsrat und der Hauptversammlung vorgelegt und beim Firmenbuch offengelegt werden; es soll jedoch auch die Vorlage in einer „in internationalen Finanzkreisen gebräuchlichen Sprache" zulässig sein. Diese Formulierung ist aus § 85 BörseG entlehnt; darunter ist ausschließlich die englische Sprache zu verstehen.

  Die Anordnung des bisherigen Abs. 3, dass nach Wegfall der Befreiungsvoraussetzungen noch zwei weitere Jahre kein Teilkonzernabschluss erstellt zu werden braucht, entspricht nicht der Richtlinie und soll daher aufgehoben werden.

Kommentierung

I. Allgemeines

Ein Mutterunternehmen ist bei Erfüllung der Voraussetzungen des § 244 verpflichtet, einen Konzernabschluss und Konzernlagebericht aufzustellen. In mehrstufigen Konzernen ist nicht nur das oberste Mutterunternehmen (Konzernspitze) zur Aufstellung eines Konzernabschlusses verpflichtet, sondern auch jedes darunterliegende Tochterunternehmen, welches zugleich die Eigenschaften eines Mutterunternehmens erfüllt (vgl Stückler in Zib/Dellinger, § 245 Rz 51). Da der Mehraufwand, der mit der Aufstellung von Teilkonzernabschlüssen verbunden ist, oftmals in keiner Relation zur damit erzielten Informationswirkung steht, kann das zu befreiende (Mutter-)Unternehmen in einen übergeordneten Konzernabschluss einbezogen werden, wodurch die Verpflichtung zur Teilkonzernrechnungslegung entfällt.

Der bisherige § 245 Abs 3 aF, nach dem bei Wegfall der Befreiungsvoraussetzungen noch zwei weitere Jahre kein Teilkonzernabschluss zu erstellen war (vgl Stückler in Zib/Dellinger § 245 Rz 60), entsprach nicht der EU-Bilanzrichtlinie und wurde aufgehoben. Aufgrund der Streichung des entsprechenden Absatzes ist nunmehr davon auszugehen, dass bei Wegfall der Voraussetzungen die Verpflichtung zur Erstellung eines Konzernabschlusses bereits an dem Stichtag besteht, an dem die Voraussetzungen nicht mehr vorliegen (vgl Fröhlich/Haberer in Torggler[2] § 245 Rz 18).

II. Befreiungstatbestände (Abs 1)

Die Befreiung nach § 245 wurde mit dem RÄG 2014 an Art 23 EU-Bilanzrichtlinie angepasst. Demnach ist ein österreichisches Mutterunternehmen von der Teilkonzernrechnungslegung befreit, wenn es in den Konzernabschluss eines übergeordneten Mutterunternehmens einbezogen wird, wobei hinsichtlich der dafür erforderlichen Voraussetzungen danach unterschieden wird, ob der Sitz des befreienden Mutterunternehmens in der EU/EWR (Abs 1 Z 1) oder im Drittland (Abs 1 Z 2) liegt.

A. Sitz des übergeordneten Mutterunternehmens in der EU/EWR (Z 1)

Besitzt das übergeordnete Mutterunternehmen

– sämtliche Anteile am befreiten Unternehmen (Abs 1 Z 1 lit a) oder
– zumindest 90 % der Anteile und die anderen Anteilsinhaber haben der Befreiung zugestimmt (Abs 1 Z 1 lit b),

dann kann die Befreiung nach Maßgabe von § 245 Abs 2 und 3 in Anspruch genommen werden. Im Gegensatz zur Rechtslage vor dem RÄG 2014 kann in diesen beiden Fällen der Aufsichtsrat – in Entsprechung des Art 23 Abs 3 EU-Bilanzrichtlinie, der ein solches Verlangen nicht vorsieht – nicht die Aufstellung eines Teilkonzernabschlusses verlangen. Wird ein Minderheitsanteil iSd Abs 1 Z 1 lit b, dessen Gesellschafter der Befreiung zugestimmt hat, unterjährig abgetreten, ist fraglich, ob die Zustimmung auf den neuen Anteilsinhaber übergeht. Der Zweck der Bestimmung liegt im Minderheitenschutz, weshalb nach der hier vertretenen Auffassung der neue Anteilsinhaber schützenswert ist und der Befreiung auch dann zustimmen muss, wenn der alte Anteilsinhaber bereits zugestimmt hat; die Zustimmung des alten Anteilsinhabers entfaltet daher keine Bindungswirkung für den neuen Anteilsinhaber (so auch Reinold/Stückler, RWZ 2015, 238 f; Stückler in Zib/Dellinger § 245 Rz 68).

Sind hingegen die Voraussetzungen des § 245 Abs 1 Z 1 lit a oder b nicht erfüllt, ist nach § 245 Abs 1 Z 3 vorzugehen, wonach wie bisher der **Aufsichtsrat oder eine qualifizierte Mehrheit am Nennkapital** (10 % oder EUR 1.400.000) spätestens sechs Monate vor Ablauf des Konzerngeschäftsjahres die Aufstellung eines Teilkonzernabschlusses verlangen kann (vgl Stückler in Zib/Dellinger § 245 Rz 53 f). Somit hat sich der Gesetzgeber in derartigen Fällen dafür entschieden, das Mitgliedstaatenwahlrecht des Art 23 Abs 5 EU-Bilanzrichtlinie zugunsten des Minderheitenschutzes auszuüben. Die Aufstellungsverpflichtung bezieht sich uE auch auf den Teilkonzernlagebericht, da bei einem Verlangen nach Z 1 lit c, auch wenn es nur auf die Aufstellung des Teilkonzernabschlusses gerichtet ist, die Befreiung von Teilkonzernabschluss samt Konzernlagebericht (Abs 1 erster Halbsatz) wegfällt. Abgesehen von der Beschränkung der Minderheitenrechte wurden die Voraussetzungen bzw Kriterien für dessen Ausübung sinngemäß in § 245 Abs 1 Z 3 lit c übernommen, weshalb die bislang dazu ergangene Literatur grundsätzlich anwendbar bleibt.

B. Sitz des übergeordneten Mutterunternehmens im Drittland (Z 2)

Liegt der Sitz des übergeordneten Mutterunternehmens nicht in der EU/EWR, kommt § 245 Abs 1 Z 2 zur Anwendung. Demnach kann der Aufsichtsrat oder eine qualifizierte Mehrheit am Nennkapital (5 % oder EUR 700.000) spätestens sechs Monate vor Ablauf des Konzerngeschäftsjahres die Aufstellung eines Teilkonzernabschlusses verlangen. Somit gilt die Rechtslage vor dem RÄG 2014 unverändert fort, indem der Gesetzgeber das Mitgliedstaatenwahlrecht des Art 23 Abs 8 EU-Bilanzrichtlinie ausgeübt hat.

III. Befreiungsvoraussetzungen (Abs 2)

Nach alter Rechtslage waren die Kriterien, die an den befreienden Konzernabschluss gestellt wurden, in § 245 Abs 4 aF und teilweise in der Befreiungsverordnung (BGBl Nr 997/1994) geregelt. Mit dem RÄG 2014 werden die Kriterien einheitlich in § 245 Abs 2 normiert, wodurch die Befreiungsverordnung künftig ihre Funktion verliert.

Nach § 245 Abs 2 Z 1 sind in den übergeordneten Konzernabschluss das befreite Unternehmen sowie alle seine Tochterunternehmen unbeschadet des § 249 einzubeziehen. „Unbeschadet" bedeutet, dass § 249 weiterhin anwendbar bleibt, also die Ausnahme der in § 249 erwähnten Tochterunternehmen des befreiten Unternehmens (zB unwesentliche Tochterunternehmen) dem Konzernabschluss des übergeordneten Mutterunternehmens nicht die Befreiungswirkung nimmt. Damit ergibt sich kein Unterschied zu § 1 Abs 1 Z 1 bzw Abs 2 Z 1 BefreiungsVO, wonach *„alle gemäß § 247 Abs. 1 [U]GB zu erfassenden Tochterunternehmen einbeziehen"* waren (idS auch *Reinold/Stückler*, RWZ 2015, 239).

Der befreiende Konzernabschluss ist nach dem Recht des Mutterunternehmens aufzustellen und muss im Einklang mit der EU-Bilanzrichtlinie stehen oder nach den Vorschriften der IAS-VO aufgestellt worden sein. Für Mutterunternehmen mit Sitz im Drittland genügt es, wenn der Konzernabschluss und Konzernlagebericht den nach der EU-Bilanzrichtlinie erstellten Unterlagen gleichwertig sind oder internationalen Rechnungslegungsstandards, die den in der VO (EG) Nr 1569/2007 festgelegten Kriterien gleichwertig sind (vgl *Urlesberger*, wbl 2012, 315). Nach Art 1 der Entscheidung 2008/961/EG der Kommission (idF des Durchführungsbeschlusses 2012/194/EU der Kommission) sind das derzeit die IFRS sowie die GAAP Japan, USA, China, Kanada, Korea und Indien. Weiters muss der befreiende Konzernabschluss, der von einem Mutterunternehmen mit Sitz im Drittland aufgestellt wurde, gem § 245 Abs 2 Z 3 von einem nach dem anzuwendenden Recht zugelassenen Abschlussprüfer geprüft worden sein. Demgegenüber wird das Kriterium der Abschlussprüfung für Konzernabschlüsse, die von einem Mutterunternehmen mit Sitz in der EU/EWR aufgestellt wurden, nicht explizit in § 245 Abs 2 genannt. Die Pflicht zur Prüfung des befreienden Konzernabschlusses des Mutterunternehmens ergibt sich jedoch bereits aus § 245 Abs 2 Z 2 Satz 1 und 2 UGB, wonach der befreiende Konzernabschluss im Einklang mit der EU-Bilanzrichtlinie oder der VO (EG) Nr 1606/2002 aufzustellen ist (so auch *Reinold/Stückler*, RWZ 2015, 240).

Im Hinblick auf die Verpflichtung, gem § 245 Abs 2 Z 4 im Anhang des Jahresabschlusses des befreiten Unternehmens auf die Inanspruchnahme der Befreiung hinzuweisen, hat sich gegenüber der Rechtslage vor dem RÄG 2014 nichts geändert (vgl *Stückler* in *Zib/Dellinger* § 245 Rz 51 mwN). Weiters ist der befreiende Konzernabschluss und Konzernlagebericht des übergeordneten Mutterunternehmens in deutscher Sprache oder in einer in internationalen Finanzkreisen gebräuchlichen Sprache, worunter die ErläutRV ausschließlich Englisch versteht, beim Firmenbuchgericht offenzulegen (vgl *Bertl/Fröhlich*, RWZ 2015, 151, wonach „ausschließlich" Englisch in Betracht kommt; *Köll/Szaurer*, RWZ 2015, 247; *Loser*, ÖStZ 2015, 378). Weiters sind die Unterlagen auch dem Aufsichtsrat sowie der nächsten ordentlichen Haupt- bzw Generalversammlung vorzulegen.

IV. Ausnahme (Abs 3)

Die Befreiung darf nicht in Anspruch genommen werden, wenn das befreite Unternehmen eine Gesellschaft iSd § 189a Z 1 lit a ist (vgl dazu § 189a S Z 1).

Konzernabschlüsse nach international anerkannten Rechnungslegungsgrundsätzen

§ 245a.

(1) Ein Mutterunternehmen, das nach Art. 4 der Verordnung (EG) Nr. 1606/2002 betreffend die Anwendung internationaler Rechnungslegungsstandards dazu verpflichtet ist, den Konzernabschluss nach den internationalen Rechnungslegungsstandards aufzustellen, die nach Art. 3 der Verordnung übernommen wurden, hat dabei § 193 Abs. 4 zweiter Halbsatz und § 194 sowie von den Vorschriften des zweiten bis neunten Titels § 247 Abs. 3, § 265 Abs. 2 bis 4, § 267 und § 267a anzuwenden; der Konzernanhang ist außerdem um die Angaben nach § 237 Abs. 1 Z 6 in Verbindung mit § 266 Z 4, § 237 Abs. 1 Z 3 und § 239 Abs. 1 Z 4 in Verbindung mit § 266 Z 2 sowie § 238 Abs. 1 Z 10 und Z 18 zu ergänzen.

(2) Ein Mutterunternehmen, das nicht unter Abs. 1 fällt, kann den Konzernabschluss nach den Rechnungslegungsvorschriften in Abs. 1 aufstellen.

(3) Ein Mutterunternehmen, das einen Konzernabschluss nach den in Abs. 1 bezeichneten Rechnungslegungsstandards aufstellt, hat bei der Offenlegung ausdrücklich darauf hinzuweisen, dass es sich um einen nach den in Abs. 1 bezeichneten Rechnungslegungsstandards aufgestellten Konzernabschluss und Konzernlagebericht handelt.

- *ErlRV zu § 245a Abs 1*
  Siehe ErlRV zu § 266.

Kommentierung

I. Allgemeines

§ 245a wurde durch das Konzernabschlussgesetz (KonzaG, BGBl I 49/1999) erstmals im UGB kodifiziert. § 245a normiert iVm Art 4 und Art 5 der IAS-VO, (EG) Nr 1606/2002, (vom 19.7.2002, ABl Nr L 243, S 1), ob ein Konzernabschluss nach IFRS aufgestellt werden muss (Abs 1) oder kann (Abs 2). Unabhängig von einer verpflichtenden oder freiwilligen Aufstellung des Konzernabschlusses nach IFRS sind bestimmte Normen und Zusatzangaben gem den Bestimmungen des UGB zu beachten. Durch das RÄG 2014 wurde die Bestimmung gem Abs 1 für diese zu berücksichtigenden Normen und Zusatzangaben geändert. Dies betrifft vor allem die nach UGB zu machenden Anhangangaben, weil insbes § 266 grundlegend neu gefasst worden ist. Unverändert blieb der Verweis auf die Bestimmungen, wonach die Aufstellung in Euro und in deutscher Sprache zu erfolgen hat (§ 193 Abs 4), die Regelungen über die Unterzeichnung (§ 194), die Vorlage- und Auskunftspflichten von Tochterunternehmen (§ 247 Abs 3) sowie die Aufstellung eines Konzernlageberichts (§ 267). Zu diesen Regelungen iVm § 245a darf auf das Schrifttum verwiesen werden (*AFRAC*, Die Aufstellung von IFRS-Konzernabschlüssen nach § 245a; *Dam-Ratzesberger/Reinold* in *Hirschler* § 245a; *Schiebel* in *Zib/Dellinger* § 245a).

II. Konsolidierter Corporate-Governance-Bericht

Neu hinzugekommen ist die Regelung, dass ein Konzernabschluss nach IFRS nunmehr auch um einen konsolidierten Corporate-Governance-Bericht (§ 267a) erweitert werden muss. Die Regelung über den konsolidierten Corporate-Governance-Bericht ist erst durch das RÄG 2014 eingefügt worden. Die ErläutRV zu § 267a halten fest, dass nach der Richtlinie der Corporate-Governance-Bericht Teil des Lageberichts ist und ordnet durch den letzten Satz des § 244 Abs 1 an, dass sich Erwähnungen des Konzernlageberichts auch auf den konsolidierten Corporate Governance-Bericht beziehen. Nach den ErläutRV soll dadurch vermieden werden, dass an allen Stellen (zB §§ 245, 245a, 246, 247, 249) ein Verweis auf den konsolidierten Corporate-Governance-Bericht aufgenommen werden muss.

Gleichwohl sei angemerkt, dass der konsolidierte Corporate-Governance-Bericht nicht als Bestandteil eines IFRS-Konzernabschlusses zu werten ist. Er ist daher – analog und weil er gerade als Bestandteil des Konzernlageberichts gewertet werden kann – vom IFRS-Konzernabschluss abzugrenzen und darf daher auch nicht als IFRS-konform bezeichnet werden (gilt insbesondere für den Bestätigungsvermerk). Der Konzernlagebericht ist nämlich kein Bestandteil eines IFRS-Konzernabschlusses (vgl *Reinold/Stückler*, RWZ 2015, 240; siehe dazu auch nach alter Rechtslage *Dam-Ratzesberger/Reinold* in *Hirschler* § 245a Rz 29).

III. Konzernanhang

Neben diesen zu berücksichtigenden Regelungen verlangt § 245a zusätzlich zu den von den IFRS geforderten umfangreichen Anhangangaben bestimmte Angabepflichten nach UGB, wobei sich an der Auswahl der Anhangangaben nichts im Vergleich zum bisherigen Recht geändert hat. Wichtig dabei ist zu betonen, dass die erforderlichen Anhangangaben sich auf den aufzustellenden IFRS-Konzernabschluss beziehen. Es handelt sich dabei um:

- Anhangangaben zum Konsolidierungskreis und Anteilsbesitz (§ 265 Abs 2 bis 4),
- Anhangangaben zu Arbeitnehmern (§ 266 Z 4 iVm § 237 Abs 1 Z 6),
- Anhangangaben zu Bezügen und Kreditgewährung an Organe (§ 266 Z 2 iVm § 237 Abs 1 Z 3 und § 239 Abs 1 Z 4),
- Anhangangaben zu außerbilanziellen Geschäften (§ 238 Abs 1 Z 10),
- Anhangangaben zum Honorar des Abschlussprüfers (§ 238 Abs 1 Z 18).

Größenabhängige Befreiungen

§ 246.

(1) Ein Mutterunternehmen ist von der Pflicht, einen Konzernabschluß und einen Konzernlagebericht aufzustellen, befreit, wenn

1. **am Abschlußstichtag seines Jahresabschlusses und am vorhergehenden Abschlußstichtag mindestens zwei der drei nachstehenden Merkmale zutreffen:**

   a) **Die Bilanzsummen in den Bilanzen des Mutterunternehmens und der Tochterunternehmen, die in den Konzernabschluß einzubeziehen wären, übersteigen insgesamt nicht 24 Millionen Euro.**

   b) **Die Umsatzerlöse des Mutterunternehmens und der Tochterunternehmen, die in den Konzernabschluß einzubeziehen wären, übersteigen in den zwölf Monaten vor dem Abschlußstichtag insgesamt nicht 48 Millionen Euro.**

   c) **Das Mutterunternehmen und die Tochterunternehmen, die in den Konzernabschluß einzubeziehen wären, haben in den zwölf Monaten vor dem Abschlußstichtag im Jahresdurchschnitt nicht mehr als 250 Arbeitnehmer beschäftigt; oder**

2. am Abschlußstichtag eines von ihm aufzustellenden Konzernabschlusses und am vorhergehenden Abschlußstichtag mindestens zwei der drei nachstehenden Merkmale zutreffen:

   a) Die Bilanzsumme übersteigt nicht 20 Millionen Euro.

   b) Die Umsatzerlöse in den zwölf Monaten vor dem Abschlußstichtag übersteigen nicht 40 Millionen Euro.

   c) Das Mutterunternehmen und die in den Konzernabschluß einbezogenen Tochterunternehmen haben in den zwölf Monaten vor dem Abschlußstichtag im Jahresdurchschnitt nicht mehr als 250 Arbeitnehmer beschäftigt.

(2) Die Rechtsfolgen der Merkmale gemäß Abs. 1 Z 1 und 2 treten, wenn diese Merkmale an den Abschlußstichtagen von zwei aufeinanderfolgenden Geschäftsjahren zutreffen, ab dem folgenden Geschäftsjahr ein.

(3) Abs. 1 ist nicht anzuwenden, wenn eines der verbundenen Unternehmen ein Unternehmen von öffentlichem Interesse (§ 189a Z 1) ist.

(4) § 221 Abs. 7 gilt sinngemäß für die in Abs. 1 Z 1 und 2 angeführten Merkmale.

- *ErlRV zu § 246 Abs 1 und 3*
  Die Anpassung der Schwellenwerte in Abs. 1 folgt den Vorgaben in Art. 3 Abs. 6 der Richtlinie, die Ausnahme für PIEs in Abs. 3 folgt aus der entsprechenden Ausnahme in Art. 23 Abs. 1 und 2.

Kommentierung

Ein Mutterunternehmen ist gem § 246 UGB von der Verpflichtung, einen Konzernabschluss und Konzernlagebericht aufzustellen, befreit, wenn zwei von drei Größenmerkmalen (Bilanzsumme, Umsatzerlöse und durchschnittliche Arbeitnehmeranzahl) an zwei aufeinanderfolgenden Abschlussstichtagen unterschritten werden (vgl dazu auch § 221). Für die Berechnung der Größenmerkmale können alternativ die Bruttomethode oder die Nettomethode herangezogen werden (vgl *Stückler* in *Zib/Dellinger* § 246 Rz 12).

Die Schwellenwerte wurden in § 246 Abs 1 angepasst. Die Klammerwerte stellen die Schwellenwerte nach dem URÄG 2008 dar (zur Entwicklung der Schwellenwerte vgl *Stückler* in *Zib/Dellinger* § 246 Rz 5 mwN):

	Bruttomethode	Nettomethode
Bilanzsumme	< EUR 24 Mio (< EUR 21 Mio)	< EUR 20 Mio (< EUR 17,5 Mio)
Umsatzerlöse	< EUR 48 Mio (< EUR 42 Mio)	< EUR 40 Mio (< EUR 35 Mio)
Mitarbeiter	< 250	< 250

Nach § 246 Abs 3 UGB aF war die größenabhängige Befreiung nicht anwendbar, wenn eines der Konzernunternehmen Aktien oder andere Wertpapiere an einem geregelten Markt im Sinne des § 1 Abs 2 BörseG oder an einem anerkannten, für das Publikum offenen, ordnungsgemäß funktionierenden Wertpapiermarkt in einem Vollmitgliedstaat der OECD gehandelt hat (vgl *Stückler* in *Zib/Dellinger* § 246 Rz 51 ff). Mit dem RÄG 2014 wurde der Anwendungsbereich der Ausnahme auf verbundene Unternehmen von öffentlichen Interesse iSd § 189a Z 1 UGB festgelegt, wodurch die Drittstaaten-Listings vom Anwendungsbereich ausgenommen wurden. Das bedeutet, dass Unternehmen, deren Aktien oder Wertpapiere an einem Wertpapiermarkt außerhalb der EU oder des EWR gehandelt werden, die größenabhängige Befreiung in Anspruch nehmen können.

Die Neuregelung tritt gem § 906 Abs 28 mit 20.7.2015 in Kraft und ist erstmalig auf Geschäftsjahre anzuwenden, die nach dem 31.12.2015 beginnen. Für den Eintritt der Rechtsfolgen des § 246 Abs 1 ordnet § 906 Abs 29 an, dass die erhöhten Schwellenwerte bereits auf Beobachtungszeiträume iSd § 246 Abs 2 anzuwenden sind, die vor dem 1.1.2016 liegen. Dabei sind die maßgebenden Kennzahlen Umsatzerlöse und Bilanzsumme für die vor dem 1.1.2016 begonnenen Geschäftsjahre nicht neu zu berechnen; denn auf Unterlagen der Rechnungslegung dieser Geschäftsjahre sind die Bestimmungen des UGB idF vor dem RÄG 2014 weiterhin anzuwenden (vgl *Papst*, ÖStZ 2015, 161; aA *Müller*, RWZ 2015, 229)

- *Beispiel*

Aus den Einzelabschlüssen der konzernrechnungslegungspflichtigen X-GmbH können folgende Merkmale entnommen werden:

	2014	2015	2016	2017
Bilanzsumme	EUR 20 Mio	EUR 22 Mio	EUR 26 Mio	EUR 28 Mio
Umsatzerlöse	EUR 40 Mio	EUR 45 Mio	EUR 50 Mio	EUR 55 Mio
Mitarbeiter	170	170	170	170

Die Prüfung der größenabhängigen Befreiung soll gem § 246 Abs 1 nach der Bruttomethode erfolgen. Zunächst ist zu klären, in welchem Geschäftsjahr die Schwellenwerte erstmals erreicht wurden. Die größenabhängige Befreiung entfällt gem § 246 Abs 2 erst dann, wenn die Merkmale an den Abschlussstichtagen von zwei aufeinanderfolgenden Geschäftsjahren erreicht wurden, ab dem folgenden Geschäftsjahr (vgl OGH 18.12.2009, 6 Ob 134/09p). Am Abschlussstichtag 31.12.2015 übersteigen die Bilanzsumme und die Umsatzerlöse erstmals die Schwellenwerte gem § 246 Abs 1 aF. Nach der Übergangsvorschrift sind die erhöhten Schwellenwerte erstmals am Abschlussstichtag 31.12.2016 anzuwenden, wobei zu beachten ist, dass gemäß § 908 Abs 29 diese auch auf Beobachtungszeiträume vor dem 1.1.2016 anzuwenden sind. Im konkreten Fall gelten die Schwellenwerte aufgrund der rückwirkenden Anwendung der erhöhten Schwellenwerte auf vorangegangene Abschlussstichtage am Abschlussstichtag 31.12.2015 nicht als überschritten. Stattdessen werden die erhöhten Schwellenwerte erst in den Geschäftsjahren 2016 und 2017 überschritten, weshalb nach Ansicht des OGH die größenabhängige Befreiung erst ab dem Geschäftsjahr 2018 entfällt (vgl OGH 18.12.2009, 6 Ob 134/09p). Demgegenüber soll nach anderen Stimmen im Schrifttum die Konzernrechnungslegungspflicht bereits im Geschäftsjahr 2017 eintreten (zum Meinungsstand *Stückler* in Zib/Dellinger § 246 Rz 43 ff mwN; *Baumgartner*, RWZ 2013, 181). Der Grund für die unterschiedlichen Auffassungen besteht darin, dass § 246 Abs 1 einerseits den Entfall der größenabhängigen Befreiung vorsieht, wenn *„am Abschlußstichtag [...] und am vorhergehenden Abschlußstichtag mindestens zwei der drei nachstehenden Merkmale zutreffen"*, andererseits nach § 246 Abs 2 die Rechtsfolgen des zweimaligen Zutreffens der Merkmale erst ab dem folgenden Geschäftsjahr eintreten sollen. Es wäre wünschenswert gewesen, wenn der Gesetzgeber im RÄG 2014 eine Klarstellung vorgenommen hätte.

Zweiter Titel

Umfang der einzubeziehenden Unternehmen (Konsolidierungskreis)

Einzubeziehende Unternehmen, Vorlage- und Auskunftspflichten

§ 247.

(1) In den Konzernabschluß sind das Mutterunternehmen und alle Tochterunternehmen ohne Rücksicht auf den Sitz der Tochterunternehmen einzubeziehen, sofern die Einbeziehung nicht gemäß § 249 unterbleibt.

(2) Hat sich die Zusammensetzung der in den Konzernabschluß einbezogenen Unternehmen im Laufe des Geschäftsjahrs wesentlich geändert, so sind in den Konzernabschluß Angaben aufzunehmen, die es ermöglichen, die aufeinanderfolgenden Konzernabschlüsse sinnvoll zu vergleichen. Dieser Verpflichtung kann auch dadurch entsprochen werden, daß die entsprechenden Beträge des vorhergehenden Konzernabschlusses an die Änderung angepaßt werden.

(3) Die Tochterunternehmen haben dem Mutterunternehmen ihre Jahresabschlüsse, Lageberichte, Konzernabschlüsse, Konzernlageberichte und, wenn eine Prüfung des Jahresabschlusses oder des Konzernabschlusses stattgefunden hat, die Prüfungsberichte sowie, wenn ein Zwischenabschluß aufzustellen ist, einen auf den Stichtag des Konzernabschlusses aufgestellten Abschluß unverzüglich einzureichen. Das Mutterunternehmen kann von jedem Tochterunternehmen alle Aufklärungen und Nachweise verlangen, welche die Aufstellung des Konzernabschlusses und des Konzernlageberichts erfordert.

Verzicht auf die Einbeziehung

§ 249.

(1) Ein Tochterunternehmen braucht in den Konzernabschluss nicht einbezogen zu werden, wenn

1. die für die Aufstellung des Konzernabschlusses erforderlichen Angaben nicht ohne unverhältnismäßige Verzögerungen oder ohne unverhältnismäßig hohe Kosten zu erhalten sind, wobei auf die Größe des Unternehmens Bedacht zu nehmen ist; oder

2. die Anteile an dem Tochterunternehmen ausschließlich zum Zwecke ihrer Weiterveräußerung gehalten werden; oder

3. erhebliche und andauernde Beschränkungen die Ausübung der Rechte des Mutterunternehmens in Bezug auf das Vermögen oder die Geschäftsführung dieses Unternehmens nachhaltig beeinträchtigen.

(2) Wenn die Einbeziehung eines Tochterunternehmens nicht wesentlich ist, braucht es nicht in den Konzernabschluss einbezogen zu werden. Trifft dies auf mehrere Tochterunternehmen zu, so sind sie dann in den Konzernabschluss einzubeziehen, wenn sie zusammen wesentlich sind. Für ein Mutterunternehmen, das ausschließlich Tochterunternehmen hat, deren Einbeziehung entweder für sich und zusammengenommen nicht wesentlich ist oder die aufgrund von Abs. 1 nicht einbezogen zu werden brauchen, entfällt die Pflicht zur Aufstellung eines Konzernabschlusses und eines Konzernlageberichts.

(3) Der Ausschluss der in Abs. 1 bezeichneten Unternehmen ist im Konzernanhang, falls kein Konzernabschluss aufzustellen ist, im Anhang des Jahresabschlusses der Muttergesellschaft anzugeben und zu begründen.

- *ErlRV zu § 249*
  Zu Abs. 1:
  Abs. 1 soll an Art. 23 Abs. 9, Abs. 2 an Art. 23 Abs. 10 der Richtlinie angepasst werden.
  Zu Abs 2:
  Siehe ErlRV zu § 196a.
  Zu Abs 3:
  Nach Art. 28 Abs. 2 lit. a zweiter Unterabsatz der Richtlinie ist nur der Ausschluss der in Artikel 23 Abs. 9 bezeichneten Unternehmen im Konzernanhang zu begründen, nicht jedoch der Ausschluss der unwesentlichen Tochterunternehmen. Im Begutachtungsverfahren wurde aufgezeigt, dass eine Begründung der Weglassung unwesentlicher Unternehmen im Konzernanhang in der internationalen Praxis mit Unverständnis aufgenommen werde; teilweise würden diese Angaben als Hinweis auf fehlerhafte Abschlüsse verstanden. Von einer solchen Begründung soll daher im Einklang mit der Richtlinie Abstand genommen werden.

Kommentierung

I. Übersicht

§ 249 stellt eine Durchbrechung des Vollständigkeitsgebotes dar, weil durch die darin enthaltenen (taxativen) Einbeziehungswahlrechte (§ 249 Abs 1 und Abs 2) Ausnahmen von der Vollkonsolidierung von Tochterunternehmen bestehen. Über § 249 hinausgehende Ausnahmetatbestände von der Vollkonsolidierung existieren nicht (vgl stellvertretend *Reinold* in *Zib/Dellinger* § 249 Rz 1). Generell ist festzuhalten, dass die Wahlrechte restriktiv zu handhaben sind (vgl zB *Müller* in *Hirschler* § 249 Rz 3; OGH 7.8.2008, 6 Ob 157/08v, GesRZ 2009 mit Anmerkung *Zehetner* 39 ff).

Mit dem RÄG 2014 wurde § 249 neu gefasst. Das bisherige Wahlrecht gem § 249 Abs 1 Z 1 aF (erhebliche und andauernde Beschränkungen auf die Rechte des Mutterunternehmens in Bezug auf das Vermögen oder die Geschäftsführung) findet sich nunmehr in § 249 Abs 1 Z 3 nF. Das nach alter Rechtslage normierte Wahlrecht, wonach von der Vollkonsolidierung für ein Tochterunternehmen abgesehen werden kann, wenn die für die Aufstellung des Konzernabschlusses erforderlichen Angaben nicht ohne unverhältnismäßige Verzögerungen oder ohne unverhältnismäßig hohe Kosten zu erhalten sind, wurde von § 249 Abs 1 Z 2 aF in § 249 Abs 1 Z 1 verschoben. Diese beiden Wahlrechte wurden wortgleich aus der alten Rechtslage übernommen. Folglich ergeben sich keine inhaltlichen Auswirkungen für diese beiden Einbeziehungswahlrechte.

II. Anteile zum Zweck der Weiterveräußerung (Z 2)

Mit dem RÄG 2014 wurde allerdings ein weiteres Wahlrecht eingefügt. Gemäß § 249 Abs 1 Z 2 nF braucht ein Tochterunternehmen nicht einbezogen zu werden, wenn die Anteile an dem Tochterunternehmen **ausschließlich zum Zwecke ihrer Weiterveräußerung** gehalten werden. Erwähnenswert ist, dass dieses Wahlrecht bereits in der mittlerweile außer Kraft getretenen 7. EG-RL 1983/349/EWG (Art 13 Abs 3 lit c) enthalten war. Das österreichische Schrifttum sah im Fehlen dieses Wahlrechtes eine Gesetzeslücke (zur Diskussion ausführlich *Deutsch-Goldoni* in *Straube*[3] § 249 Rz 2b). Das Schrifttum ging, soweit ersichtlich, einhellig davon aus, dass dieses Wahlrecht trotz der Nichterwähnung im Gesetz Gültigkeit besaß (vgl *Reinold* in *Zib/Dellinger* § 249 Rz 2 mwN). Mit dem RÄG 2014 wurde das Wahlrecht nun auf ein gesetzliches „Standbein" gestellt. Auslegungsbedürftig bei dem Wahlrecht der Weiterveräußerungsabsicht ist das Kriterium der „Ausschließlichkeit" (ausschließlich zum Zwecke ihrer Weiterveräußerung). Ausschließliche Weiterveräußerungsabsicht besteht dann, wenn bereits zum Zeitpunkt des Erwerbes der Anteile die Absicht vorlag, diese wiederum zu verkaufen (vgl *Müller* in *Hirschler* § 249 Rz 18 mwN). Nach dem Schrifttum muss die Weiterveräußerungsabsicht (diese richtet sich nach dem subjektiven Willen des Mutterunternehmens) durch objektiv nachvollziehbare Maßnahmen dokumentiert werden können; zu denken wäre bspw an eingeleitete Verkaufsverhandlungen, Vorverträge, etc (vgl *Reinold* in *Zib/Dellinger*, § 249 Rz 40). In diesem Zusammenhang liegt „es auf der Hand", dass mit zunehmender zeitlicher Besitzdauer der Nachweis, wonach die Anteile ausschließlich in Weiterveräußerungsabsicht (und nicht reine Veräußerungsabsicht) gehalten werden, schwieriger wird (vgl zB *Claussen/Scherrer* in Kölner Kommentar § 296 Rz 31 f). Bei Inanspruchnahme des Wahlrechts sind die Anteile am Tochterunternehmen von Anfang an im Umlaufvermögen auszuweisen (vgl *Reinold/Stückler*, RWZ 2015, 242 mwN). Praktisch wird das Wahlrecht insbesondere für institutionelle Anleger und Kreditinstitute von Bedeutung sein (vgl *Reinold* in *Zib/Dellinger* § 249 Rz 44 mwN).

III. Keine Einbeziehung mangels Wesentlichkeit (Abs 2)

Sprachlich angepasst wurde § 249 Abs 2, wonach auf die Einbeziehung eines Tochterunternehmens verzichtet werden kann, wenn es nicht wesentlich ist (abgestellt wird folglich auf den Wesentlichkeitsbegriff). „Nicht wesentlich" bedeutet, dass es für die Vermögens-, Finanz- oder Ertragslage des Konzerns von untergeordneter Bedeutung ist, ob sich das Bild der Lage des Konzerns durch die Nichteinbeziehung wesentlich ändert (in Bezug auf die alte Rechtslage ergeben sich daher keine Änderungen). Die Beurteilung der Unwesentlichkeit hat nicht nur auf Ebene des einzelnen Tochterunternehmens, sondern auch auf Ebene aller Tochterunternehmen, die nicht einbezogen werden sollen, zu erfolgen (vgl zB *Deutsch-Goldoni* in *Straube* § 249 Rz 21). Starre Regeln, wann Wesentlichkeit/Unwesentlichkeit vorliegt, lassen sich aus dem Gesetzeswortlaut nicht ableiten; daher ist auf den jeweiligen Einzelfall und eine Beurteilung anhand des Gesamtbildes aller Umstände vorzunehmen (zur Diskussion, möglichen Kriterien und einem Versuch die Wesentlichkeit in der Praxis beurteilen zu können s stellvertretend *Reinold* in *Zib/Dellinger* § 249 Rz 51 ff mwN).

IV. Entfall der Konsolidierung (Abs 2 letzter Satz)

Gemäß § 249 Abs 2 letzter Satz entfällt die Verpflichtung zur Aufstellung eines Konzernabschlusses und Konzernlageberichts, wenn nach Ausübung der Wahlrechte iSd Abs 1 und Abs 2 kein konsolidierungspflichtiges Tochterunternehmen mehr verbleibt. Nach alter Rechtslage (§ 249 Abs 2 letzter Satz aF) entfiel – zumindest dem Gesetzeswortlaut nach – die Verpflichtung zur Aufstellung eines Konzernabschlusses und Konzernlageberichts (nur), wenn sämtliche Tochterunternehmen für sich und zusammengenommen von untergeordneter Bedeutung sind (somit wurde lediglich auf Abs 2, nicht aber auf Abs 1 Bezug genommen). Das Fachschrifttum ging jedoch davon aus, dass die Pflicht zur Aufstellung eines Konzernabschlusses stets entfällt, wenn alle Tochterunternehmen unter eines der Einbeziehungswahlrechte iSd § 249 Abs 1 sowie Abs 2 fallen und nach Ausübung der Wahlrechte kein vollkonsolidierungspflichtiges Tochterunternehmen mehr verbleibt (vgl zB *Deutsch-Goldoni* in *Straube*[3] § 249 Rz 27a; *Müller* in *Hirschler* § 249 Rz 2). Durch das RÄG 2014 wurde der hM entsprechend gesetzlich nachgebessert und klargestellt, dass sich die Nichtaufstellung eines Konzernabschlusses und Konzernlageberichtes auf nichtkonsolidierte Tochterunternehmen iSd Abs 1 und Abs 2 bezieht (vgl dazu auch *Reinold* in *Zib/Dellinger* § 249 Rz 67).

Der neue Wortlaut wirkt sich auch auf Konzernabschlüsse gem § 245a aus. Führt die Ausübung der Wahlrechte gem § 249 Abs 1 und Abs 2 dazu, dass überhaupt die UGB-Verpflichtung, einen Konzernabschluss aufzustellen wegfällt, gilt dies auch für einen Konzernabschluss gem § 245a. Die Konzernrechnungslegungspflicht (dh ob überhaupt ein Konzernabschluss aufzustellen ist) richtet sich nach nationalen Vorschriften und nicht nach den IFRS (vgl *Reinold* in *Zib/Dellinger* § 249 Rz 66). Nach alter Rechtslage war strittig, ob die Wahlrechtsausübung gem Abs 1 zur Nichtaufstellungspflicht führen konnte, wenn nach Ausübung kein konsolidierungspflichtiges Tochterunternehmen mehr verbleibt (vgl *Schiebel* in *Zib/Dellinger* § 245a Rz 19).

V. Angabe- und Begründungspflicht (Abs 3)

In § 249 Abs 3 erfolgte eine inhaltliche Änderung, wonach die Anwendung des Abs 1 – nach alter Rechtslage galt dies für Abs 1 und Abs 2 (kritisch zur Begründungspflicht für Abs 2 siehe *Fröhlich*, RWZ 2014, 355) – im Konzernanhang, falls kein Konzernanhang aufzustellen ist, **im Anhang** des Jahresabschlusses der Muttergesellschaft **anzugeben und zu begründen** ist. Die ErläutRV führen zur Streichung der Angabe- und Begründungspflicht für das Weglassen unwesentlicher Tochterunternehmen aus, dass eine Begründung der Weglassung unwesentlicher Unternehmen in der internationalen Praxis mit Unverständnis aufgenommen werde, weil dies als Hinweis auf fehlerhafte Abschlüsse gedeutet werden könnte. Daher beschränkt sich Abs 3 nur mehr auf die Konsolidierungswahlrechte iSd Abs 1. Wichtig ist zu erwähnen, dass ein reiner Verweis auf das jeweilige in Anspruch genommene Konsolidierungswahlrecht nicht ausreichend ist. Die Begründung muss Angaben über das jeweils genutzte Einbeziehungswahlrecht (Ausschlussgründe aus dem Konsolidierungskreis) enthalten und, damit einhergehend, warum die entsprechenden Voraussetzungen als erfüllt anzusehen sind (vgl dazu zB *Reinold* in *Zib/Dellinger* § 249 Rz 68 ff).

Dritter Titel

Inhalt und Form des Konzernabschlusses

Inhalt

§ 250.

(1) Der Konzernabschluss besteht aus der Konzernbilanz, der Konzern-Gewinn- und Verlustrechnung, dem Konzernanhang, der Konzernkapitalflussrechnung und einer Darstellung der Komponenten des Eigenkapitals und ihrer Entwicklung. Er kann um die Segmentberichterstattung erweitert werden.

(2) Der Konzernabschluß hat den Grundsätzen ordnungsmäßiger Buchführung zu entsprechen. Er ist klar und übersichtlich aufzustellen. Er hat ein möglichst getreues Bild der Vermögens-, Finanz- und Ertragslage des Konzerns zu vermitteln. Wenn dies aus besonderen Umständen nicht gelingt, sind im Konzernanhang die erforderlichen zusätzlichen Angaben zu machen.

(3) Im Konzernabschluß ist die Vermögens-, Finanz- und Ertragslage der einbezogenen Unternehmen so darzustellen, als ob diese Unternehmen insgesamt ein einziges Unternehmen wären. Die auf den vorhergehenden Konzernabschluß angewandten Zusammenfassungs(Konsolidierungs)methoden sind beizubehalten. Ein Abweichen von diesem Grundsatz ist nur bei Vorliegen besonderer Umstände und unter Beachtung der in Abs. 2 dritter Satz umschriebenen Zielsetzung zulässig; im Konzernanhang ist die Abweichung anzugeben, zu begründen und ihr Einfluss auf die Vermögens-, Finanz- und Ertragslage des Konzerns darzulegen.

- *ErlRV zu § 250 Abs 3*

  § 250 Abs. 3 dritter Satz (Abweichen vom Stetigkeitsgrundsatz beim Konzernabschluss) ist an die geänderte Formulierung der generellen Regel für Jahresabschlüsse in § 201 Abs. 3 (in der Fassung des Entwurfs) anzupassen; s. die Erläuterungen dort.

Kommentierung

Wie beim Einzelabschluss (siehe § 201 Abs 3) stellt der neue dritte Satz des § 250 Abs 3 UGB klar, dass eine Abweichung von GoB (in diesem Fall: vom Stetigkeitsgrundsatz, vgl § 260 Abs 2 im Hinblick auf den Grundsatz der einheitlichen Bewertung) unter Beachtung des Grundsatzes zulässig ist, ein möglichst getreues Bild der Vermögens-, Finanz- und Ertragslage des Konzerns zu vermitteln. Ebenfalls wie im Einzelabschluss und entsprechend der bisherigen Rechtslage ist die Abweichung im Anhang anzugeben, zu begründen und ihr Einfluss (nach bisherigem Recht: die Auswirkungen) auf die Vermögens-, Finanz- und Ertragslage des Konzerns darzulegen.

Anzuwendende Vorschriften; Erleichterungen

§ 251.

(1) Auf den Konzernabschluß sind, soweit seine Eigenart keine Abweichung bedingt oder in den folgenden Vorschriften nichts anderes bestimmt ist, § 193 Abs. 3 und 4 zweiter Halbsatz, §§ 194 bis 211, §§ 223 bis 227, § 229 Abs. 1 bis 3, §§ 231 bis 234 und §§ 237 bis 241 über den Jahresabschluß und die für die Rechtsform und den Geschäftszweig der in den Konzernabschluß einbezogenen Unternehmen mit dem Sitz im Geltungsbereich dieses Gesetzes geltenden Vorschriften entsprechend anzuwenden.

(2) In der Gliederung der Konzernbilanz dürfen die Vorräte in einem Posten zusammengefasst werden, wenn die Aufgliederung nicht wesentlich ist.

(3) Der Konzernanhang und der Anhang des Jahresabschlusses des Mutterunternehmens dürfen zusammengefaßt werden. In diesem Falle müssen der Konzernabschluß und der Jahresabschluß des Mutterunternehmens gemeinsam offengelegt und dürfen auch die Prüfungsberichte und die Bestätigungsvermerke zusammengefaßt werden.

- **ErlRV zu § 251**
  Siehe ErlRV zu § 266.
  Zu Abs 1:
  Siehe ErlRV zu § 221 Abs 5.
  Zu Abs 2:
  Die Bilanz-Richtlinie sieht eine dem Art. 17 Abs. 2 der Siebenten Richtlinie entsprechende Regelung, die die Zusammenfassung der Vorräte erlaubte, nicht mehr vor, weil sie Ausfluss des allgemeinen Wesentlichkeits-Grundsatzes ist. Da die Wesentlichkeit für die Konsolidierung nicht allgemein angeordnet wurde, ist die Bestimmung entsprechend anzupassen.

Kommentierung

I. Verweis auf den Einzelabschluss (Abs 1)

Generell gibt es im UGB keine Vorschriften zur Gliederung, Bilanzansatz sowie Bewertung im Konzernabschluss. Die Verweise in § 251 Abs 1 auf die Regelungen des Einzelabschlusses machen diese Bestimmungen auch für den Konzernabschluss anwendbar. § 251 Abs 1 verweist in der Neufassung abschließend auf folgende Bestimmungen des Einzelabschlusses, welche damit auch für den Konzernabschluss gelten:

§ 193 Abs 3	Dauer des Geschäftsjahres
§ 193 Abs 4 zweiter Halbsatz	Aufstellung in Euro und deutscher Sprache
§ 194	Unterzeichnung
§ 195	Inhalt des Jahresabschlusses
§ 196	Vollständigkeit, Verrechnungsverbot
§ 198	Inhalt der Bilanz
§ 199	Haftungsverhältnisse
§ 200	Inhalt der Gewinn- und Verlustrechnung
§§ 201–211	Bewertungsvorschriften
§ 223	Allgemeine Grundsätze für die Gliederung
§ 224	Bilanzgliederung
§ 225	Vorschriften zu einzelnen Posten der Bilanz
§ 226	Entwicklung des Anlagevermögens, Pauschalwertberichtigung
§ 227	Ausleihungen
§ 229 Abs 1–3	Eigenkapital
§§ 231–234	Vorschriften zur Gewinn- und Verlustrechnung
§§ 237–241	Anhangangaben

Im Gegensatz zur alten Rechtslage wurden die Verweise zum Teil erweitert. § 251 Abs 1 aF verwies lediglich auf § 193 Abs 3, §§ 194 bis 211 sowie auf §§ 223 bis 235. Dem Verweis auf § 193 Abs 4 zweiter Halbsatz, wonach der Jahresabschluss in Euro und in deutscher Sprache aufzustellen ist, kann lediglich klarstellende Wirkung beigemessen werden (siehe dazu zB *E/S/B*[7], 216; kritisch zum fehlenden Verweis nach alter Rechtslage *Deutsch-Goldoni* in *Straube*[3] § 251 Rz 4). Durch den Entfall von § 228 „Beteiligung, verbundene Unternehmen" wird auch der Verweis auf § 228 nach alter Rechtslage obsolet. Auch ein Verweis auf § 189a Z 2 zum Beteiligungsbegriff ist nicht erforderlich, weil § 244 Abs 1 (Pflicht zur Aufstellung eines Konzernabschlusses) nicht mehr am Beteiligungsbegriff festhält.

Während nach alter Rechtslage auf § 229 zur Gänze verwiesen wurde, wird nach neuer Rechtslage nur mehr auf § 229 Abs 1–3 verwiesen. Der Gesetzgeber hält es augenscheinlich für nicht (mehr) erforderlich, dass eine **Untergliederung der Kapitalrücklagen** entsprechend ihrem Zweck (gebundene versus nicht gebundene Kapitalrücklagen) **und Gewinnrücklagen** für den Konzernabschluss von Nöten sei (vgl *Ruzicka/Müller* in *Torggler*[2] § 251 Rz 5; dies wurde bereits nach alter Rechtslage so gesehen, vgl stellvertretend *E/S/B*[7], 271), weil der damit verbundenen Ausschüttungssperrfunktion im Rahmen der Konzernrechnungslegung keine Bedeutung zukommt (vgl *Deutsch-Goldoni* in *Straube*[3] § 251 Rz 18). Der Verweis auf § 235 ist entfallen. Offenbar hat der Gesetzgeber die Kritik in der Literatur aufgegriffen, wonach der Verweis auf § 235, der die **Beschränkung der Ausschüttung** regelt, als unverständlich zu werten ist, weil der Konzernabschluss lediglich eine Informationsfunktion übernimmt und daher nicht der Ausschüttung zugrunde gelegt werden kann (vgl *Deutsch-Goldoni* in *Straube*[3] § 251 Rz 5; *Ponesch-Urbanek/Rohatschek* in *Hirschler* § 251 Rz 3). Zudem ist der Verweis auf § 225 Abs 1 UGB (Erläuterung, ob eine Überschuldung iSd Insolvenzrechtes bei negativem Eigenkapital vorliegt) mangels Anwendbarkeit für den Konzernabschluss als entbehrlich zu werten (vgl *Leitner-Hanetseder* in *Zib/Dellinger* § 251 Rz 6).

Neu hinzugekommen ist der Verweis auf die **Anhangangaben** gem §§ 237–241. Damit wird klargestellt, dass diese Angaben grundsätzlich ebenso für den Konzernabschluss zu machen sind. Abweichungen davon ergeben sich unmittelbar aus den §§ 265 und 266. Dies geht bereits aus dem Einleitungssatz des § 251 Abs 1 hervor, wonach die Vorschriften des Einzelabschlusses nur dann zur Anwendung kommen, wenn keine zwingenden Regelungen für den Konzernabschluss dem entgegenstehen.

II. Zusammenfassung der Vorräte (Abs 2)

Gemäß dem Gliederungsschema des § 224 für den Jahresabschluss ist der Posten Vorräte in den Kategorien Roh-, Hilfs- und Betriebsstoffe, unfertige, fertige Erzeugnisse und Waren sowie noch nicht anrechenbare Leistungen darzustellen. Abs 2 bietet hierfür eine Erleichterung, wonach der Posten „Vorräte" zusammengefasst dargestellt werden kann. Nach dem Gesetzeswortlaut des § 251 Abs 2 aF wurde für die Zusammenfassung der Vorratsposten in einem einheitlichen Posten auf die Wortfolge *„wenn die Aufgliederung wegen besonderer Umstände mit einem unverhältnismäßigen Aufwand verbunden wäre"* abgestellt. Nunmehr wird im UGB einheitlich auf den Wesentlichkeitsbegriff abgestellt und folglich hat der Gesetzgeber die Formulierung entsprechend angepasst. Eine inhaltliche Änderung ist damit nicht verbunden. Demgemäß ist die Wortfolge „nicht wesentlich" iSv nicht erkenntniswertsteigernd für den Abschlussadressaten anzusehen. Die Untergliederung der Vorräte kann demnach dann unterbleiben, wenn der Aufwand (dies wird sich wohl auf den zeitlichen und finanziellen Aufwand beziehen) den Erkenntniswert der (vorzunehmenden) Untergliederung der Vorräte übersteigt. Es sei darauf hingewiesen, dass diese Bestimmung nach hM restriktiv auszulegen ist (vgl zB *Ruzicka/Müller* in *Torggler*[2] § 251 Rz 10). Kritisch darf angemerkt werden, dass bei Ausübung der zusammenfassenden Darstellung in der Bilanz davon eine unabhängige Darstellung in der GuV erfolgt. Zumindest das Gesamtkostenverfahren verlangt einen gesonderten Ausweis der „Veränderung des Bestands an fertigen und unfertigen Erzeugnisse sowie noch nicht anrechenbaren Leistungen" und „Aufwendungen für Material und sonstige bezogene Herstellungsleistungen" (vgl *Deutsch-Goldoni* in *Straube*[3] § 251 Rz 22; kritisch dazu im Hinblick auf den Erleichterungsgedanken des § 251 Abs 2 *Ponesch-Urbanek/Rohatschek* in *Hirschler* § 251 Rz 12).

Stichtag für die Aufstellung

§ 252.

(1) Der Konzernabschluß ist auf den Stichtag des Jahresabschlusses des Mutterunternehmens oder auf den hievon abweichenden Stichtag der Jahresabschlüsse der bedeutendsten oder der Mehrzahl der in den Konzernabschluß einbezogenen Unternehmen aufzustellen; die Abweichung vom Abschlußstichtag des Mutterunternehmens ist im Konzernanhang anzugeben und zu begründen.

(2) Die Jahresabschlüsse der in den Konzernabschluß einbezogenen Unternehmen sollen auf den Stichtag des Konzernabschlusses aufgestellt werden. Liegt der Abschlußstichtag eines Unternehmens um mehr als drei Monate vor oder nach dem Stichtag des Konzernabschlusses, so ist dieses Unternehmen auf Grund eines auf den Stichtag und den Zeitraum des Konzernabschlusses aufgestellten Zwischenabschlusses in den Konzernabschluß einzubeziehen.

(3) Wird bei abweichenden Abschlußstichtagen ein Unternehmen nicht auf der Grundlage eines auf den Stichtag und den Zeitraum des Konzernabschlusses aufgestellten Zwischenabschlusses einbezogen, so sind Vorgänge von besonderer Bedeutung für die Vermögens-, Finanz- und Ertragslage eines in den Konzernabschluß einbezogenen Unternehmens, die zwischen dem Abschlußstichtag dieses Unternehmens und dem Abschlußstichtag des Konzernabschlusses eingetreten sind, in der Konzernbilanz und der Konzern-Gewinn- und Verlustrechnung zu berücksichtigen oder im Konzernanhang anzugeben.

- *ErlRV zu § 252 Abs 2*

   Art. 24 Abs. 8 Unterabsatz 2 lit. c der Richtlinie hat die bisherige Rechtslage (Art. 27 Abs 2 der Siebenten Richtlinie) insofern geändert, als die Aufstellung eines Zwischenabschlusses nicht mehr nur dann gefordert wird, wenn der abweichende Bilanzstichtag eines Unternehmens der Gruppe um mehr als drei Monate vor dem Stichtag des Konzernabschlusses liegt, sondern auch dann, wenn er mehr als drei Monate danach liegt. Diese Änderung ist in § 252 Abs. 2 nachzuvollziehen.

Kommentierung

Die Neuregelung hinsichtlich des Nichterfordernisses eines Zwischenabschlusses entschärft die Zufälligkeit, ob der Abschlussstichtag des einzubeziehenden Unternehmens vor oder nach dem des Konzernabschlusses liegt. Nunmehr ist in beide Richtungen betrachtet ein Zwischenabschluss nicht erforderlich, wenn zeitlich der Abschlussstichtag des einzubeziehenden Unternehmens nicht mehr als drei Monate von dem des Konzernabschlusses abweicht. Für die Beurteilung der Dreimonatsfrist ist es irrelevant, ob der betreffende abweichende Monat mehr Tage hat als der Ultimo des Monats des Konzernabschlussstichtages.

- *Beispiel*

   Konzernabschlussstichtag ist der 31.8.; drei Monate danach ist der 30.11.

   Konzernabschlussstichtag ist der 30.9.; drei Monate danach ist der 31.12.

   Beide Male liegen am 30.11. und am 31.12. nicht mehr als drei Monate nach dem Konzernabschlussstichtag vor.

   Gleiches gilt umgekehrt für die Frage des vor dem Konzernabschlussstichtag liegenden Stichtags.

   Konzernabschlussstichtag ist der 30.11.; drei Monate davor ist der 31.8.

   Konzernabschlussstichtag ist der 31.12.; drei Monate davor ist der 30.9.

Vierter Titel

Vollständige Zusammenfassung der Jahresabschlüsse verbundener Unternehmen (Vollkonsolidierung)

Grundsätze, Vollständigkeitsgebot

§ 253.

(1) In dem Konzernabschluß ist der Jahresabschluß des Mutterunternehmens mit den Jahresabschlüssen der Tochterunternehmen zusammenzufassen. An die Stelle der dem Mutterunternehmen gehörenden Anteile an den einbezogenen Tochterunternehmen treten die Vermögensgegenstände, ~~unversteuerten Rücklagen,~~ Rückstellungen, Verbindlichkeiten und Rechnungsabgrenzungsposten der Tochterunternehmen, soweit sie nach dem Recht des Mutterunternehmens bilanzierbar sind und die Eigenart des Konzernabschlusses keine Abweichungen bedingt oder in den folgenden Vorschriften nichts anderes bestimmt ist.

(2) Die Vermögensgegenstände, ~~unversteuerten Rücklagen,~~ *aktiven latenten Steuern* Rückstellungen, Verbindlichkeiten und Rechnungsabgrenzungsposten sowie die Erträge und Aufwendungen der in den Konzernabschluß einbezogenen Unternehmen sind unabhängig von ihrer Berücksichtigung in den Jahresabschlüssen dieser Unternehmen vollständig aufzunehmen, soweit nach dem Recht des Mutterunternehmens nicht ein Bilanzierungsverbot oder ein Bilanzierungswahlrecht besteht. Nach dem Recht des Mutterunternehmens zulässige Bilanzierungswahlrechte dürfen im Konzernabschluß unabhängig von ihrer Ausübung in den Jahresabschlüssen der in den Konzernabschluß einbezogenen Unternehmen ausgeübt werden.

~~(3) Die unversteuerten Rücklagen gemäß § 205 dürfen nach Abzug der Steuerabgrenzung als Gewinnrücklagen ausgewiesen werden.~~

- *ErlRV zu § 253*
  Siehe ErlRV zu § 198 Abs 1.

- *ErlRV zum APRÄG 2016*
  Im Vollständigkeitsgebot des Konzernabschlusses sollen auch die aktiven latenten Steuern erwähnt werden, die eine Zwischenstellung zwischen Vermögensgegenstand und Rechnungsabgrenzungsposten einnehmen. Von einer Erwähnung der aktiven latenten Steuern beim Vollständigkeitsgebot in § 196 Abs. 1 wird hingegen Abstand genommen, da die Bildung eines Aktivpostens für kleine Kapitalgesellschaften nur fakultativ ist und weiters Personengesellschaften überhaupt keine latente Steuern bilanzieren.

Kommentierung

Aufgrund der Abschaffung der unversteuerten Rücklagen entfällt jeweils die Wendung „unversteuerten Rücklagen". Daraus ergeben sich keine materiellen Auswirkungen. Mangels weiterer Existenz unversteuerter Rücklagen im Konzernabschluss bedarf es auch nicht der Ausweisvorschrift über die Zuordnung zu den Gewinnrücklagen, die Eigenkapitalzugehörigkeit ergibt sich nunmehr bereits unter Berücksichtigung der latenten Steuern aus den allgemeinen Bilanzierungsgrundsätzen.

Mit dem APRÄG 2016 wurde in § 253 Abs 2 Satz 1 das Vollständigkeitsgebot um die „aktiven latenten Steuern" erweitert. Aktive latente Steuern sind daher unabhängig von ihrer Berücksichtigung in den Einzelabschlüssen der konsolidierungspflichtigen Tochterunternehmen verpflichtend im Konzernabschluss zu berücksichtigen (vgl *Haselsteiner/Reinold/Stückler*, SWK 2016, 579; *dies*, RWZ 2016, 241).

Zusammenfassung von Eigenkapital und Beteiligungen (Kapitalkonsolidierung)

§ 254.

(1) Der Wertansatz der dem Mutterunternehmen gehörenden Anteile an einem in den Konzernabschluss einbezogenen Tochterunternehmen wird mit dem auf diese Anteile entfallenden Betrag des Eigenkapitals des Tochterunternehmens verrechnet. Das Eigenkapital ist mit dem Betrag anzusetzen, der dem beizulegenden Zeitwert der in den Konzernabschluss aufzunehmenden Vermögensgegenstände, Rückstellungen, Verbindlichkeiten und Rechnungsabgrenzungsposten zu dem für die Verrechnung gemäß Abs. 2 gewählten Zeitpunkt entspricht. Das anteilige Eigenkapital darf nicht mit einem Betrag angesetzt werden, der die Anschaffungskosten des Mutterunternehmens für die Anteile an dem einbezogenen Tochterunternehmen überschreitet. Wenn die Anschaffungskosten den Buchwert des anteiligen Eigenkapitals unterschreiten, so ist der Buchwert anzusetzen.

(2) Die Verrechnung gemäß Abs. 1 wird auf der Grundlage der Wertansätze zum Zeitpunkt des Erwerbs der Anteile oder der erstmaligen Einbeziehung des Tochterunternehmens in den Konzernabschluß oder, beim Erwerb der Anteile zu verschiedenen Zeitpunkten, zu dem Zeitpunkt, zu dem das Unternehmen Tochterunternehmen geworden ist, durchgeführt. Der gewählte Zeitpunkt ist im Konzernanhang anzugeben.

(3) Ein bei der Verrechnung entstehender Unterschiedsbetrag ist in der Konzernbilanz, wenn er auf der Aktivseite entsteht, als Geschäfts(Firmen)wert und, wenn er auf der Passivseite entsteht, als Unterschiedsbetrag aus der Zusammenfassung von Eigenkapital und Beteiligungen (Kapitalkonsolidierung) auszuweisen. Dieser Posten und wesentliche Änderungen gegenüber dem Vorjahr sind im Anhang zu erläutern. Werden Unterschiedsbeträge der Aktivseite mit solchen der Passivseite verrechnet, so sind die verrechneten Beträge im Anhang anzugeben.

(4) Anteile an dem Mutterunternehmen, die diesem oder einem in den Konzernabschluß einbezogenen Tochterunternehmen gehören, sind in der Konzernbilanz als eigene Anteile *zu behandeln*.

- *ErlRV zu § 254*
  Zu Abs 1:
  Siehe ErlRV zu § 207.
  Zu Abs 1 und 3:
  Nach dem Vorschlag des AFRAC soll die Buchwertmethode zugunsten der Neubewertungsmethode aufgegeben werden. Die Neubewertungsmethode hat die besseren theoretischen und praktischen Argumente für sich (s. im Einzelnen bei *Rohatschek*, Reformbedarf der österreichischen Konzernrechnungslegung, RWZ Heft 5, 143 [146]). Der „pagatorische Deckel" wird jedoch beibehalter, da das Anschaffungswertprinzip auch für den Konzernabschluss gilt (*Egger/Samer/Bertl*, Der Jahresabschluss nach dem Unternehmensgesetzbuch II[7], 97). Wenn allerdings die Anschaffungskosten unter dem Buchwert des Eigenkapitals des Tochterunternehmens liegen, ist der Buchwert anzusetzen, sodass in einem solchen Fall ein passiver Unterschiedsbetrag entstehen kann.

  Da es keine Notwendigkeit zur Differenzierung zwischen Buchwert- und Neubewertungsmethode bei der Ermittlung des Anteils anderer Gesellschafter gibt, kann der zweite Satz des § 259 Abs. 1 entfallen (vgl. § 307 dHGB).

- *ErlRV zum APRÄG 2016 (Abs 4)*
  Seit dem RÄG 2014 sind eigene Anteile nicht mehr im Anlage- oder Umlaufvermögen zu bilanzieren, weshalb die entsprechende Anordnung für den Konzernabschluss angepasst werden muss. Diese Bestimmung soll auf die Aussage reduziert werden, dass von Tochterunternehmen gehaltene Rückbeteiligungen wie eigene Anteile zu behandeln sind. Dass diese vom gezeichneten Kapital des Mutterunternehmens abzuziehen sind, ergibt sich aus dem Verweis auf § 229 Abs 1 bis 3 in § 251 Abs 1, wobei gewisse Abweichungen aufgrund der Eigenart des Konzernabschlusses zu beachten sind (vgl Beck Bil-Komm[9] § 301 Rz 168): So ist etwa wegen der fehlenden Ausschüttungsbemessungsfunktion des Konzernabschlusses die Beschränkung der Verrechnungsmöglichkeit auf die gebundenen Kapitalrücklagen und die freien Gewinnrücklagen nicht erforderlich.

Kommentierung

Die Kapitalkonsolidierung besteht in der Verrechnung der Beteiligung mit dem anteiligen Eigenkapital und ist grundsätzlich im Rahmen der erstmaligen Aufnahme (Erstkonsolidierung) einer Tochtergesellschaft in den Konsolidierungskreis durchzuführen. Ein bei der Verrechnung auftretender Differenzbetrag (Beteiligungswert [= Anschaffungskosten vermehrt und vermindert durch nachträgliche Anschaffungspreisänderungen sowie Anschaffungsnebenkosten] abzüglich anteiliges Eigenkapital der Tochtergesellschaft) wird als **Unterschiedsbetrag** bezeichnet (§ 254 Abs 3). Gemäß § 254 Abs 1 aF ist das Eigenkapital entweder mit dem Buchwert (**Buchwertmethode** gem § 254 Abs 1 Z 1 aF) gem Jahresabschluss, gegebenenfalls nach Anpassung der Wertansätze gem § 260 Abs 2 Z 1 aF, oder mit jenem Wert anzusetzen, der dem Wert der in den Konzernabschluss aufzunehmenden Vermögensgegenstände, unversteuerten Rücklagen, Rückstellungen, Verbindlichkeiten und Rechnungsabgrenzungsposten entspricht (**Neubewertungsmethode** gem § 254 Abs 1 Z 2 aF).

Mit dem RÄG 2014 wurde die Buchwertmethode gem § 254 Abs 1 Z 1 aF abgeschafft. Dies entspricht der Empfehlung des AFRAC-Diskussionspapiers (vgl AFRAC, Diskussionspapier) Juni 2008, Rz 35). Entsprechend dem auch für den Konzernabschluss geltenden Anschaffungswertprinzip sollen die Anschaffungskosten für die Anteile am Tochterunternehmen weiterhin die Obergrenze für die Neubewertung darstellen (so ausdrücklich § 254 Abs 1 vorletzter Satz). Liegen die Anschaffungskosten unter dem Buchwert des Eigenkapitals des Tochterunternehmens, ist der Unterschiedsbetrag wie schon bisher auf der Passivseite auszuweisen (siehe auch § 259 Abs 3). Die Möglichkeit, einen passiven Unterschiedsbetrag – wenn er einem verwirklichten Gewinn entspricht – in die Rücklagen einzustellen, wurde mit dem RÄG 2014 gestrichen (§ 261 Abs 2). Bei der Neubewertungsmethode werden die stillen Reserven (und Lasten) zur Gänze (somit 100%ige Offenlegung) aufgedeckt und damit auch den anderen Gesellschaftern anteilig zugerechnet (siehe auch die Kommentierung zu § 259 Abs 1). Hinzuweisen ist darauf, dass § 205 „Unversteuerte Rücklagen" mit dem RÄG 2014 entfallen ist; folglich können unversteuerte Rücklagen bei der Berechnung des Eigenkapitals nicht mehr berücksichtigt werden (und deshalb auch nicht mehr im Gesetzestext Berücksichtigung finden). Durch die Aufdeckung der stillen Reserven (und Lasten) im vollen Ausmaß wird der Unterschiedsbetrag zwischen Beteiligung und Eigenkapital der Tochtergesellschaft kleiner und besteht folglich nur noch aus dem Firmenwert (vgl *E/S/B*[7] 103). Deshalb erfolgte hier auch eine entsprechende Anpassung in § 254 Abs 3, wonach ein aktiver Unterschiedsbetrag (nur mehr) als Geschäfts(Firmen)wert auszuweisen ist.

Die Bilanzierung eigener Anteile im Konzernabschluss regelt § 254 Abs 4. Nachdem mit dem RÄG 2014 im Einzelabschluss – entsprechend der internationalen Praxis – eigene Anteile vom Eigenkapital in Abzug zu bringen sind (§ 229 Abs 1a), wurde mit dem APRÄG 2016 im Konzernabschluss in § 254 Abs 4 nachgebessert. § 254 Abs 4 idF RÄG 2014 sah nämlich unverändert den Ausweis solcher Anteile im Konzernabschluss als eigene Anteile im Umlaufvermögen vor. Nunmehr ist der auf eigene Anteile entfallende Nennwert (bzw falls ein solcher nicht vorhanden ist der rechnerische Wert) offen vom gezeichneten Kapital des Mutterunternehmens im Konzernabschluss abzuziehen (§ 251 Abs 1 iVm § 229 Abs 1a UGB). Sollten sowohl eigene Anteile des Mutterunternehmens als auch Anteile aus Rückbeteiligungen durch Tochterunternehmen bestehen, erscheint ein Davon-Vermerk bei dem offen abzuziehenden Betrag („Davon aus von Tochterunternehmen gehaltenen Rückbeteiligungen") empfehlenswert (vgl *Haselsteiner/Reinold/Stückler*, RWZ 2016, 239 mwN).

Beim Einzelabschluss ist ein Unterschiedsbetrag (zwischen dem Nennbetrag/rechnerischen Wert dieser Anteile und ihren Anschaffungskosten) mit den nicht gebundenen Kapitalrücklagen und den freien Gewinnrücklagen zu verrechnen (§ 229a Abs 1). Da der Konzernabschluss eine andere Funktion (reine Informationsfunktion) als der Einzelabschluss (ua auch Ausschüttungsbemessungsfunktion) übernimmt, ist die Anwendung dieser Bestimmung beim Konzernabschluss nicht zweckmäßig. Wie auch die ErläutRV zum APRÄG 2016 festhalten, ist eine Differenzierung zw schen ausschüttungsgesperrten und frei verfügbaren Eigenkapitalteilen für Konzernrechnungslegungszwecke nicht notwendig. Folglich sollen im Konzernabschluss auch solche Rücklagen für die Verrechnung gem § 229 Abs 1a herangezogen werden können, für die im Einzelabschluss aus Sicht des Mutterunternehmens eine Ausschüttungssperre bestehen würde. Eine Rechtfertigung für diese Sichtweise kann aus § 251 Abs 1 abgeleitet werden, wonach die dort aufgezählten Bestimmungen (ua auch § 229 Abs 1 bis 3) auf den Konzernabschluss nur anzuwenden sind, soweit seine Eigenart (!) keine Abweichung bedingt (vgl auch *Haselsteiner/Reinold/Stückler*, RWZ 2016, 239 mwN).

Zusammenfassung von Forderungen und Schulden verbundener Unternehmen (Schuldenkonsolidierung)

§ 255.

(1) Ausleihungen und andere Forderungen, Rückstellungen und Verbindlichkeiten aus Beziehungen zwischen den in den Konzernabschluß einbezogenen Unternehmen sowie entsprechende Rechnungsabgrenzungsposten sind wegzulassen.

(2) Abs. 1 braucht nicht angewendet zu werden, soweit die wegzulassenden Beträge nicht wesentlich (§ 189a Z 10) sind.

- *ErlRV zu § 255 Abs 2*
  Siehe die ErlRV zu § 196a.

Kommentierung

ISd Einheitstheorie stellen Forderungen und Schulden zwischen zwei Kapitalgesellschaften interne Verrechnungsposten dar. Die wechselseitige Forderung und Schuld ist mittels der Schuldenkonsolidierung (Aufrechnung der betreffenden Aktiv- und Passivposten) zu eliminieren (§ 255 Abs 1).

Gemäß § 255 Abs 2 kann die Schuldenkonsolidierung unterbleiben, wenn die wegzulassenden Beträge nicht wesentlich sind. Der Abschlussersteller muss bei Inanspruchnahme der Erleichterungsbestimmung überprüfen, ob die wegzulassenden Beträge in Bezug auf die Aussagefähigkeit des Konzernabschlusses wesentlich oder unwesentlich sind. Die Literatur plädiert dafür, dass vor allem die Auswirkungen einer unterlassenen Schuldenkonsolidierung auf Bilanz- und Liquiditätskennzahlen aufgrund der Bilanzverlängerung mit einhergehender Verzerrung der Deckungsrelationen zu untersuchen sind (vgl *Mannsberger/Janschek* in *Hirschler* § 255 Rz 46). Auf jeden Fall soll immer eine Gesamtbetrachtung mehrerer Kriterien erfolgen. Nach § 255 Abs 2 aF wurde darauf abgestellt, ob die wegzulassenden Beträge für die Vermittlung eines möglichst getreuen Bildes der Konzernlage (Vermögen, Finanzen, Ertrag) von untergeordneter Bedeutung sind. Wie auch in anderen Bestimmungen wurden Begrifflichkeiten, die auf den Wesentlichkeitsgrundsatz abstellten, durch das RÄG 2014 vereinheitlicht. Eine inhaltliche Änderung tritt durch die Neufassung nicht ein. Wie bisher unterliegt die Ausübung des Wahlrechtes nach hM dem Stetigkeitsgebot (vgl stellvertretend für viele *Geist* in *Jabornegg* § 255 Rz 13).

Behandlung der Zwischenergebnisse

§ 256.

(1) In den Konzernabschluß zu übernehmende Vermögensgegenstände, die ganz oder teilweise auf Lieferungen oder Leistungen zwischen in den Konzernab-

schluß einbezogenen Unternehmen beruhen, sind in der Konzernbilanz mit dem Betrag anzusetzen, zu dem sie in der auf den Stichtag des Konzernabschlusses aufgestellten Bilanz dieses Unternehmens anzusetzen wären, wenn die in den Konzernabschluß einbezogenen Unternehmen auch rechtlich ein einziges Unternehmen bildeten.

(2) Abs. 1 braucht nicht angewendet zu werden, soweit die Behandlung der Zwischenergebnisse nicht wesentlich (§ 189a Z 10) ist.

- *ErlRV zu § 256*
  Zu Abs 2:
  Die bisher in § 256 Abs. 2 Z 1 vorgesehene Ausnahme von der Eliminierung der Gewinne und Verluste aus Geschäften zwischen den Unternehmen, die in den Buchwert der Aktiva eingehen (Art. 24 Abs. 7 lit. c der Bilanz-Richtlinie), findet in der Bilanz-Richtlinie keine Deckung. Nach dem Vorbild des § 304 dHGB soll daher die Ausnahme auf die Wesentlichkeit eingeschränkt werden.
  Zu Abs 2 Z 2:
  Siehe die ErlRV zu § 196a.

Kommentierung

ISd Einheitsgedankens im Konzernabschluss müssen Vermögensgegenstände des Anlagevermögens und Vorräte nach Maßgabe jener Bewertungsansätze erfasst werden, nach welchen die entsprechenden Vermögensgegenstände innerhalb des Konzerns erstmalig angesetzt worden sind. Um die Konzernanschaffungs- oder -herstellungskosten richtig darzustellen, müssen konzerninterne Lieferungs- und Leistungsbeziehungen eliminiert werden. Die Differenz zwischen den fakturierten Beträgen durch konzerninterne Verrechnungspreisvereinbarungen und den (Konzern-)Anschaffungs- oder -herstellungskosten ergeben die Zwischenergebnisse (vgl *Schreyvogl/Müller* in *Torggler*[2] § 256 Rz 1 f).

Abs 2 gewährt eine Erleichterung, wonach eine Zwischenergebniseliminierung unterlassen werden kann. Nach alter Rechtslage (idF vor dem RÄG 2014) konnte von der Zwischenergebniseliminierung Abstand genommen werden, wenn die Lieferung oder Leistung zwischen den Konzerngesellschaften zu üblichen Marktbedingungen stattgefunden hat und die Ermittlung des Wertansatzes aus Konzernsicht einen unverhältnismäßig hohen Aufwand erforderte (§ 256 Abs 2 Z 1 aF). Weiters konnte die Zwischenergebniseliminierung unterbleiben, wenn dies für die Vermittlung eines möglichst getreuen Bildes der Vermögens-, Finanz- und Ertragslage von untergeordneter Bedeutung war (§ 256 Abs 2 Z 2 aF).

Mit dem RÄG 2014 ist die Wahlrechtsbestimmung gem Abs 2 Z 1 aF entfallen. Die ErläutRV zu § 256 führen dazu aus, dass eine solche Bestimmung nicht von der Bilanz-RL gedeckt ist. Folglich sieht das RÄG 2014 vor, dass die Ausnahme von der Zwischenergebniseliminierung nur mehr aufgrund von Wesentlichkeitsüberlegungen zur Anwendung kommen soll. Schon nach alter Rechtslage wurde in Abs 2 Z 2 aF eine Ausprägung des Wesentlichkeitsgrundsatzes gesehen (vgl stellvertretend *Schreyvogl/Müller* in *Torggler* § 256 Rz 18; *Geist* in *Jabornegg*[2] § 256 Rz 13). Mit dem RÄG 2014 erfolgen nunmehr die Einschränkung und gleichzeitig die begriffliche Anpassung an den Wesentlichkeitsbegriff. Ein Verzicht auf die Zwischenergebniseliminierung ist demnach nur mehr dann zulässig, wenn die wegzulassenden Beträge nicht wesentlich sind. „Nicht wesentlich" bezieht sich dabei auf die Vermögens-, Finanz- und Ertragslage des Konzerns. Im deutschen HGB findet sich die Parallelbestimmung dazu in § 304 Abs 2 dHGB. Nach deutscher Auffassung ist das Wahlrecht restriktiv auszulegen (siehe zB *Senger* in MünchKomm Bilanzrecht, § 304 HGB Rz 78; für Österreich siehe zB *Steckel/Haid* in Zib/Dellinger § 256 Rz 84). Ob eine Inanspruchnahme des Wahlrechtes zulässig ist, muss anhand der Berücksichtigung aller Umstände in Form einer Gesamtbetrachtung der Auswirkungen aller zu konsolidierenden Sachverhalte (somit unter Berücksichtigung aller in den Konzernabschluss einbezogener Unternehmen) auf die Vermögens-, Finanz- und Ertragslage des Konzerns gewürdigt werden (vgl *Steckel/Haid* in *Zib/Dellinger* § 256 Rz 84 mwN). Allgemein gesprochen ist dies der Fall, wenn die aus den Eliminierungsvorgängen zu gewinnenden Informationen die Beurteilung und Entscheidung des Konzernabschlussadressaten nicht beeinträchtigen (siehe auch der Verweis von § 256 Abs 2 auf § 189a Z 10). Eine allgemein gültige Wesentlichkeitsgrenze existiert nicht. Für die Frage der Wesentlichkeit müssen die Zwischenergebnisse aus Lieferungen und Leistungen zwischen den in den Konzernabschluss einbezogenen Unternehmen bei allen Vermögensgegenständen ermittelt werden (somit kein Zwischenergebnis bei nur einzelnen Vermögensgegenständen). Erst aus der Summe der Zwischenergebnisse kann eine Aussage über die Wesentlichkeit getroffen werden (vgl dazu *Scherrer*, HGB[3], 259 f). Dies steht im Einklang mit dem (neuen) Wortlaut von Abs 2, der auf die Mehrzahl – *„Behandlung der Zwischenergebnisse"* – abstellt.

Zusammenfassung von Aufwendungen und Erträgen verbundener Unternehmen (Aufwands- und Ertragskonsolidierung)

§ 257.

(1) In der Konzern-Gewinn- und Verlustrechnung sind

1. **bei den Umsatzerlösen die Erlöse aus Lieferungen und Leistungen zwischen den in den Konzernabschluß einbezogenen Unternehmen mit den auf sie entfallenden Aufwendungen zu verrechnen, soweit sie nicht als Erhöhung des Bestands an fertigen und unfertigen Erzeugnissen oder als andere aktivierte Eigenleistungen auszuweisen sind,**

2. **andere Erträge aus Lieferungen und Leistungen zwischen den in den Konzernabschluß einbezogenen Unternehmen mit den auf sie entfallenden Aufwendungen zu verrechnen, soweit sie nicht als andere aktivierte Eigenleistungen auszuweisen sind.**

(2) Aufwendungen und Erträge brauchen nicht gemäß Abs. 1 weggelassen zu werden, soweit die wegzulassenden Beträge nicht wesentlich (§ 189a Z 10) sind.

- *ErlRV zu § 257 Abs 2*
  Siehe ErlRV zu § 196a.

Kommentierung

Nach bisheriger Rechtslage konnte auf die Erfolgskonsolidierung verzichtet werden, soweit die wegzulassenden Beträge für die Vermittlung eines möglichst getreuen Bildes der Vermögens-, Ertrags- und Finanzlage des Konzerns von untergeordneter Bedeutung waren (*Sutter/U. Zehetner* in *Straube* § 257 Rz 29 ff mwN). Nunmehr wurde in § 189a Z 10 eine Legaldefinition des Wesentlichkeitsgrundsatzes aufgenommen, weshalb § 254 Abs 2 auf diese Definition verweist. Auf die Erfolgskonsolidierung kann verzichtet werden, wenn die wegzulassenden Beträge nicht wesentlich iSd § 189a Z 10 sind.

Steuerabgrenzung

§ 258.

Führen Maßnahmen, die nach den Vorschriften des dritten Abschnitts durchgeführt worden sind, zu Differenzen zwischen den unternehmensrechtlichen und den steuerrechtlichen Wertansätzen der Vermögensgegenstände, Schulden oder Rechnungsabgrenzungsposten und bauen sich diese Differenzen in späteren Geschäftsjahren voraussichtlich wieder ab, so ist eine sich insgesamt ergebende

Steuerbelastung als Rückstellung für passive latente Steuern und eine sich insgesamt ergebende Steuerentlastung als aktive latente Steuern in der Konzernbilanz anzusetzen. Differenzen aus dem erstmaligen Ansatz eines nach § 254 Abs. 3 verbleibenden Unterschiedsbetrages bleiben unberücksichtigt. Unberücksichtigt bleiben auch Differenzen, die sich zwischen dem steuerrechtlichen Wertansatz einer Beteiligung an einem Tochterunternehmen, einem assoziierten Unternehmen oder einem Gemeinschaftsunternehmen im Sinn des § 262 Abs. 1 und dem unternehmensrechtlichen Wertansatz des im Konzernabschluss angesetzten Nettovermögens ergeben, wenn das Mutterunternehmen in der Lage ist, den zeitlichen Verlauf der Auflösung der temporären Differenzen zu steuern, und es wahrscheinlich ist, dass sich die temporäre Differenz in absehbarer Zeit nicht auflösen wird. Eine Saldierung ist nicht vorzunehmen, soweit eine Aufrechnung der tatsächlichen Steuererstattungsansprüche mit den tatsächlichen Steuerschulden rechtlich nicht möglich ist. § 198 Abs. 10 ist entsprechend anzuwenden. Die Posten dürfen mit den Posten nach § 198 Abs. 9 zusammengefasst werden. Die Steuerabgrenzung braucht nicht vorgenommen zu werden, soweit sie nicht wesentlich ist.

- *ErlRV zu § 258*
  Siehe ErlRV zu § 196a.
  Siehe ErlRV zu § 198 Abs 9 und 10.

Kommentierung

Die Ermittlung latenter Steuern im Konzernabschluss lässt sich in einen dreistufigen Prozess unterteilen. Auf der ersten Stufe werden die aufgrund nationaler Rechnungslegungsvorschriften ermittelten latenten Steuern zunächst übernommen. Auf der zweiten Stufe wird der nationale Jahresabschluss (einschließlich der darin enthaltenen latenten Steuern) in eine „HB II" nach UGB übergeleitet, wobei zusätzliche aus der Überleitung resultierende latente Steuern berücksichtigt werden. Auf der dritten Stufe werden dann die latenten Steuern Konsolidierungsmaßnahmen erfasst. Somit ergänzt § 258 die Steuerabgrenzung nach § 198 Abs 9 und 10 für Zwecke der Konsolidierung. Anders als im Einzelabschluss besteht für einen Aktivüberhang kein Ansatzwahlrecht, sondern Aktivierungspflicht.

Mit dem RÄG 2014 wird im Rahmen der Umsetzung der EU-Bilanzrichtlinie die Ermittlung und Bilanzierung latenter Steuern im Konzernabschluss in § 258 geändert. Nach dem Vorbild des § 274 dHGB wird das GuV-orientierte „timing concept" durch das bilanzorientierte „temporary concept" abgelöst (vgl oben zu § 198 Abs 9 und 10; *Ludwig* in *Hirschler* § 254 Rz 2 mwN). Hinsichtlich der Ermittlung latenter Steuern aus Differenzen zwischen unternehmensrechtlichen und steuerrechtlichen Wertansätzen der Vermögensgegenstände, Schulden oder Rechnungsabgrenzung wird auf die Kommentierung zu § 198 Abs 9 und 10 verwiesen. Ein aus der Erstkonsolidierung entstandener Geschäfts- oder Firmenwert ist gem § 245 Abs 3 nicht zu berücksichtigen. Mangels entsprechender ausdrücklicher Regelung in § 258 stellt sich die Frage der Berücksichtigung von steuerlichen Verlustvorträgen bei Ermittlung der Höhe einer zu bilanzierenden latenten Steuer. UE wird dies im Lichte des § 198 Abs 9 unter den dort genannten Voraussetzungen zulässig sein (so auch *Reinold/Stückler*, RWZ 2015, 274).

Differenzen, die zwischen dem steuerrechtlichen Wertansatz von gehaltenen Anteilen an Tochterunternehmen, assoziierten Unternehmen oder einem Gemeinschaftsunternehmen und dem Wertansatz des im Konzernabschluss angesetzten Nettovermögens bestehen (sog „outside basis differences") sind nicht bei der Ermittlung der latenten Steuern zu berücksichtigen, wenn das Mutterunternehmen den zeitlichen Verlauf der Auflösung der temporären Differenz steuern kann und es wahrscheinlich ist, dass sich die temporäre Differenz in absehbarer Zeit nicht auflösen wird.

Anteile anderer Gesellschafter

§ 259.

(1) In der Konzernbilanz ist für die nicht dem Mutterunternehmen oder einem einbezogenen Tochterunternehmen gehörenden Anteile an den in den Konzernabschluss einbezogenen Tochterunternehmen ein Ausgleichsposten für die Anteile der anderen Gesellschafter in Höhe ihres Anteils am nach den Vorschriften des § 254 Abs. 1 ermittelten Eigenkapital unter dem Posten „nicht beherrschende Anteile" innerhalb des Eigenkapitals gesondert auszuweisen.

(2) In der Konzern-Gewinn- und Verlustrechnung ist der im Jahresergebnis enthaltene, anderen Gesellschaftern zustehende Gewinn und der auf sie entfallende Verlust nach dem Posten „Jahresüberschuß/Jahresfehlbetrag" unter entsprechender Bezeichnung gesondert auszuweisen.

- *ErlRV zu § 259 Abs 1*
  Siehe ErlRV zu § 254 Abs 1 und 3.

Kommentierung

In § 259 Abs 1 wird der bilanzielle Ausweis von Anteilen anderer (konzernfremder) Gesellschafter am Eigenkapital eines im Konzernabschluss einbezogenen Tochterunternehmens geregelt. Die Regelung entspricht mit leichten Adaptierungen weitgehend der alten Rechtslage gem § 259 Abs 1 aF. Der Anteil anderer Gesellschafter ermittelt sich auf Basis des nach konzerneinheitlichen Bilanzierungs- und Bewertungsmethoden ermittelten Eigenkapitals des Tochterunternehmens.

In § 254 Abs 1 Z 1 ist die Buchwertmethode entfallen, daher ist nur noch die Neubewertungsmethode (§ 254 Abs 1 nF) anwendbar. Für den Ausgleichsposten bedeutet dies, dass dieser durch anteilige stille Reserven und Lasten beeinflusst wird (vgl *Müller/Schreyvogl* in *Torggler*[2] § 259 Rz 6). Der Ausgleichsposten für Anteile anderer Gesellschafter ist jedes Jahr neu zu ermitteln. Vor allem bei der Neubewertungsmethode wird der Ausgleichsposten durch die Fortschreibung der anteiligen stillen Reserven (und Lasten) beeinflusst. Während nach alter Rechtslage der Ausweis der Anteile anderer Gesellschafter nur gesondert innerhalb des Eigenkapitals zu erfolgen hatte, fordert § 259 Abs 1 nF, dass dieser Zwischenposten (einheitlich) mit „nicht beherrschende Anteile" zu bezeichnen ist.

Fünfter Titel
Bewertungsvorschriften

Einheitliche Bewertung

§ 260.

(1) Die in den Konzernabschluß gemäß § 253 Abs. 2 übernommenen Vermögensgegenstände und Schulden der in den Konzernabschluß einbezogenen Unternehmen sind nach den auf den Jahresabschluß des Mutterunternehmens anwendbaren Bewertungsmethoden einheitlich zu bewerten; zulässige Bewertungswahlrechte können im Konzernabschluß unabhängig von ihrer Ausübung in den Jahresabschlüssen der in den Konzernabschluß einbezogenen Unternehmen ausgeübt werden. Abweichungen von den auf den Jahresabschluß des Mutterunternehmens angewandten Bewertungsmethoden sind im Konzernanhang anzugeben und zu begründen.

(2) Sind in den Konzernabschluß aufzunehmende Vermögensgegenstände oder Schulden des Mutterunternehmens oder der Tochterunternehmen in den Jahresabschlüssen dieser Unternehmen nach Methoden bewertet worden, die sich von denen unterscheiden, die auf den Konzernabschluß anzuwenden sind oder die von

den gesetzlichen Vertretern des Mutterunternehmens in Ausübung von Bewertungswahlrechten auf den Konzernabschluß angewendet werden, so sind die abweichend bewerteten Vermögensgegenstände oder Schulden nach den auf den Konzernabschluß angewandten Bewertungsmethoden neu zu bewerten und mit den neuen Wertansätzen in den Konzernabschluß zu übernehmen. Wertansätze, die auf Sondervorschriften für Kreditinstitute oder Versicherungsunternehmen beruhen, sind beizubehalten; auf die Anwendung dieser Ausnahme ist im Konzernanhang hinzuweisen. **Eine einheitliche Bewertung nach dem ersten Satz braucht nicht vorgenommen zu werden, soweit ihre Auswirkungen nicht wesentlich (§ 189a Z 10) sind. Darüber hinaus ist ein Abweichen bei Vorliegen besonderer Umstände und unter Beachtung der in § 250 Abs. 2 dritter Satz umschriebenen Zielsetzung zulässig; im Konzernanhang ist die Abweichung anzugeben, zu begründen und ihr Einfluss auf die Vermögens-, Finanz- und Ertragslage des Konzerns darzulegen.**

(3) (Anm.: aufgehoben durch BGBl. I Nr. 161/2004)

- *ErlRV zu 260 Abs 2*
  Siehe ErlRV zu § 196a.

Kommentierung

§ 260 regelt iSd Einheitsgrundsatzes (Darstellung der Vermögens-, Finanz- und Ertragslage der einbezogenen Unternehmen, als wären diese ein einziges Unternehmen) die Einheitlichkeit der Bewertung im Konzernabschluss nach Maßgabe der Vorschriften für das Mutterunternehmen. Abs 1, wonach die durch Einbezug der Tochterunternehmen im Konzernabschluss enthaltenen Vermögensgegenstände und Schulden nach den Methoden zu bewerten sind, die für den Jahresabschluss des Mutterunternehmens anwendbar sind, blieb durch das RÄG 2014 unverändert.

Lediglich in Abs 2 erfolgte eine begriffliche Anpassung. Gemäß Abs 2 sind in den Konzernabschluss aufzunehmende Vermögenswerte und Schulden des Mutterunternehmen oder der Tochterunternehmen neu zu bewerten, wenn diese in ihren jeweiligen Jahresabschlüssen andere Bewertungsmethoden angewendet haben, als diese für Zwecke des Konzernabschlusses erforderlich sind. Die Vorschrift hat wohl nur deklaratorischen Charakter, weil anders eine Vereinheitlichung der Bewertungsmethoden (Abs 1) praktisch nicht vorstellbar ist (so *Senger* in MünchKomm Bilanzrecht, § 308 HGB Rz 24 mwN). Von diesem Grundsatz gebietet Abs 2 vorletzter Satz eine Ausnahme. Eine einheitliche Bewertung kann demnach unterbleiben, wenn ihre Auswirkungen **nicht wesentlich** iSd § 189a Z 10 sind. „Nicht wesentlich" bedeutet in diesem Zusammenhang, dass die Auswirkungen für die Vermittlung eines möglichst getreuen Bildes der Vermögens-, Finanz- und Ertragslage des Konzerns von untergeordneter Bedeutung sind. Damit entspricht die begriffliche Anpassung (abgestellt wird nunmehr auf den Wesentlichkeitsbegriff) der alten Rechtslage; denn schon in der Textierung der alten Fassung des § 260 Abs 2 vorletzter Satz wurde eine Konkretisierung des Wesentlichkeitsgrundsatzes gesehen (vgl zB *Fröhlich* in *Hirschler* § 260 Rz 31), wonach der Grundsatz der Wesentlichkeit auch für die Einheitlichkeit der Bewertung im Konzernabschluss anzuwenden ist. Unter die Ausnahme der Bewertung fallen bspw Jahresabschlussposten, die für den betreffenden Konzern zur Gänze unwesentlich sind. Die Wesentlichkeit ist im Zuge einer Gesamtbetrachtung auf Basis des Konzernabschlusses iSv § 189a Z 10 zu beurteilen und sollte zumindest überschlagsmäßig zu jedem Bilanzstichtag überprüft bzw quantifiziert werden (vgl *Müller/ Schreyvogl* in *Torggler*[2] § 260 Rz 9). Eine Ausübung des Wahlrechtes muss nicht im Konzernanhang angegeben werden.

Weiters kann von der einheitlichen Bewertung abgegangen werden, wenn – im Gesetz nicht näher definiert – **besondere Umstände** vorliegen (vgl auch zum Einzelabschluss die Bestimmung gem § 201 Abs 3 idF RÄG 2014). Ganz allgemein werden besondere Umstände dann angenommen, wenn sich aus äußeren Einflüssen Schwierigkeiten oder Verzögerungen bei der Neubewertung ergeben würden. Als besonderer Umstand wird zB der Zuerwerb eines Tochterunternehmens angeführt, bei dem die Buchhaltung oder die Kostenrechnung nicht so ausgestaltet ist, dass die notwendigen Daten verfügbar sind (vgl *Fröhlich* in *Hirschler* § 260 Rz 33). Wie beim Einzelabschluss, wenn von GoB im Fall besonderer Umstände abgewichen werden kann (§ 201 Abs 3), ist bei der Abweichung darauf zu achten, dass der Konzernabschluss ein möglichst getreues Bild der Vermögens-, Finanz- und Ertragslage des Konzerns vermittelt. Die Annahme besonderer Umstände ist restriktiv zu handhaben (*A/D/S*[6] § 308 Rz 49 mwN). Wird vom Wahlrecht Gebrauch gemacht und auf die einheitliche Bewertung verzichtet, ist dies im **Konzernanhang** anzugeben und zu begründen. Weiters sind die Auswirkungen auf die Vermögens-, Finanz- und Ertragslage anzugeben, um der Zielsetzung des § 250 Abs 2 gerecht zu werden, wobei nach bisheriger hM eine genaue Quantifizierung nicht notwendig war (vgl zB *Senger* in MünchKomm Bilanzrecht, § 308 HGB Rz 37); eine ungefähre Schätzung der Auswirkungen auf Ergebnis und Eigenkapital wurde aber zum Teil in der Literatur befürwortet (so *Fröhlich* in *Hirschler*, § 260 Rz 34).

Behandlung des Unterschiedsbetrags

§ 261.

(1) Die Abschreibung eines nach § 254 Abs. 3 auszuweisenden Geschäfts(Firmen)werts richtet sich nach § 203 Abs. 5.

(2) Ein gemäß § 254 Abs. 3 auf der Passivseite auszuweisender Unterschiedsbetrag darf ergebniswirksam aufgelöst werden, soweit

1. **eine zum Zeitpunkt des Erwerbs der Anteile oder der erstmaligen Zusammenfassung der Jahresabschlüsse verbundener Unternehmen (Konsolidierung) erwartete ungünstige Entwicklung der künftigen Ertragslage des Unternehmens eingetreten ist oder zu diesem Zeitpunkt erwartete Aufwendungen zu berücksichtigen sind oder**

2. **am Abschlußstichtag feststeht, daß er einem verwirklichten Gewinn entspricht.** ~~in diesem Fall darf der Unterschiedsbetrag auch in die Rücklagen eingestellt werden.~~

- *ErlRV zu § 261*
  Zu Abs 1:
  Siehe ErlRV zu § 203 Abs 5
  Zu § 261 Abs 2 Z 2:
  Der bisherige zweite Halbsatz, der eine Verrechnung des Unterschiedsbetrags mit den Rücklagen ermöglicht, widerspricht dem UGB-Konzept der Erfolgserfassung in der Konzernrechnungslegung und sollte ebenso entfallen, wie bereits die Rücklagenverrechnung in Abs. 1 mit dem RÄG 2010 (BGBl. I Nr. 140/2009) abgeschafft wurde.

Kommentierung

In § 261 wird die Behandlung eines aktiven Unterschiedsbetrags (Abs 1), der gem § 254 Abs 3 als Geschäfts(Firmen)wert auszuweisen ist, und eines passiven Unterschiedsbetrag geregelt (Abs 2). Die Bestimmungen des § 261 gelten für Unterschiedsbeträge, die sich aus der Vollkonsolidierung gem § 254 Abs 3 ergeben sowie gem §§ 262 und 264 Abs 2 für Unterschiedsbeträge aus der Quotenkonsolidierung und aus der Equity-Konsolidierung.

Ein **aktiver Unterschiedsbetrag**, welcher nunmehr ausdrücklich als Geschäfts(Firmen)wert auf der Aktivseite anzusetzen ist, ist die Residualgröße zwischen dem Wert des Tochterunternehmens im Zeitpunkt der Erstkonsolidierung und dem Beteiligungswert des anteiligen Eigenkapitals nach Aufdeckung der übernommenen stillen Reserven und Lasten (HB II). Die bilanzielle Behandlung des Geschäfts(Firmen)werts richtet sich entsprechend der Neufassung des § 261 Abs 1 nach § 203 Abs 5, wonach der Geschäfts(Firmen)wert grundsätzlich planmäßig auf die Geschäftsjahre, in denen er voraussichtlich genutzt wird, zu verteilen ist. Daher ist vorrangig auf die voraussichtliche Nutzungsdauer abzustellen und diese der Geschäfts(Firmen)wertabschreibung zugrunde zu legen. Dies sollte – wie nach alter Rechtslage – die Aufstellung eines Abschreibungsplanes erforderlich machen, der die Abschreibungsmethode und die Nutzungsdauer zu enthalten hat (vgl zB *Winkeljohann/K. Hoffmann* in Beck Bil-Komm[10] § 309 Rz 11; *Aschauer/Geißler* in *Hirschler* § 261 Rz 15). Die heterogene Zusammensetzung des Geschäfts(Firmen)wertes bringt es mit sich, dass die Festlegung der voraussichtlichen Dauer eine schwierige Herausforderung darstellt (siehe *Rohatschek*, RWZ 2012, 146). Als Bestimmungsfaktoren für die Nutzungsdauer werden oftmals genannt: die Laufzeit wichtiger Verträge, die Stabilität der Branche, der Lebenszyklus der Produkte etc (siehe zB *Winkeljohann/K. Hoffmann* in Beck Bil-Komm[10] § 309 Rz 12). Haben sich die für die Festlegung der Nutzungsdauer bestimmenden Faktoren schlechter entwickelt als geplant, ist bei dauernder Wertminderung der Geschäfts- bzw Firmenwert außerplanmäßig abzuschreiben (vgl *Müller/Schreyvogl* in *Torggler*[2] § 261 Rz 6; *Baumüller*, CFOaktuell, 113). Eine Zuschreibung eines außerplanmäßig abgeschriebenen Geschäfts- oder Firmenwertes ist jedenfalls ausgeschlossen (vgl *Müller/Schreyvogl* in *Torggler*[2] § 261 Rz 7; *Baumüller/Grbenic* in *Zib/Dellinger* § 261 Rz 98).

In jenen Fällen, in denen die Nutzungsdauer des Geschäfts(Firmen)werts nicht verlässlich geschätzt werden kann, ist der Geschäfts(Firmen)wert gem § 203 Abs 5 über 10 Jahre gleichmäßig verteilt abzuschreiben. Dies gilt durch den Verweis von § 261 Abs 1 auf § 203 Abs 5 dezidiert ebenso für den Konzernabschluss. Diese Bestimmung kann somit als „Auffangtatbestand" betrachtet werden und schränkt damit den Gestaltungsspielraum des bilanzierenden Unternehmens ein (vgl *Baumüller/Grbenic* in *Zib/Dellinger* § 261 Rz 96).

Die Übergangsbestimmung gem § 906 Abs 30 legt fest, dass die Neufassung des § 261 nur auf aktive Unterschiedsbeträge anzuwenden ist, die nach dem 31.12.2015 zu bilden sind. Auf Geschäfts- bzw Firmenwerte, die vor dem 1.1.2016 gebildet wurden, sind die Regelungen idF vor dem RÄG 2014 weiterhin anzuwenden.

Die bilanzielle Behandlung des **passiven Unterschiedsbetrags** (zB bei zukünftigen negativen Ertragserwartungen oder bei einem „lucky buy") gem Abs 2 idF RÄG 2014 sieht vor, dass ein passiver Unterschiedsbetrag gem § 254 Abs 3 erfolgswirksam aufgelöst werden darf, soweit die in § 261 Abs 2 Z 1 oder Z 2 genannten Voraussetzungen erfüllt sind. Nach alter Rechtslage konnte der Unterschiedsbetrag in Abhängigkeit von der Ursache erfolgswirksam aufgelöst oder in eine Rücklage eingestellt (ertragsneutral verrechnet) werden. Wie die ErläutRV zum RÄG 2014 festhalten, widerspricht dies dem UGB-Konzept der Erfolgserfassung in der Konzernrechnungslegung. Deshalb hat – mit dem RÄG 2010 wurde die Rücklagenverrechnung in Abs 1 für den aktiven Unterschiedsbetrag (Geschäfts-/Firmenwert) bereits abgeschafft – man mit dem RÄG 2014 für den passiven Unterschiedsbetrag gesetzlich nachgezogen und die Rücklagenverrechnung gestrichen. Unverändert spricht das Gesetz davon, dass der passive Unterschiedsbetrag aufgelöst werden „darf". Die in der Literatur zur alten Rechtslage geäußerte Kritik an der Bestimmung ist vom Gesetzgeber nicht aufgegriffen worden, wonach eine erfolgswirksame Auflösung des passiven Unterschiedsbetrages bei Vorliegen bestimmter Umstände zwingend vorzunehmen ist, weil nur so die tatsächliche Konzernlage (Vermögen, Finanzen und Ertrag) periodengerecht dargestellt wird (vgl stellvertretend: *Müller/Schreyvogl* in *Torggler*[2] § 261 Rz 9; *Fröhlich* in *Straube*[3] § 261 Rz 21). Auf jeden Fall sollte der passive Unterschiedsbetrag zur Gänze aufgelöst werden, spätestens dann, wenn die Gründe, die zur Bildung eines passiven Unterschiedsbetrages geführt haben, gänzlich weggefallen sind. Denn nur so kann der Generalnorm, ein möglichst getreues Bild der Konzernlage darzustellen, Rechnung getragen werden.

Aus der Streichung des Wahlrechtes zur Einstellung in die Rücklagen durch das RÄG 2014 leiten *Bertl/Fröhlich* (RWZ 2015, 152) ab, *„dass ein passiver Unterschiedsbetrag, soweit er noch nicht ergebniswirksam aufgelöst wurde, keinesfalls innerhalb des Eigenkapitals ausgewiesen werden darf"* (aM *Baumüller/Grbenic* in *Zib/Dellinger* § 261 Fz 99).

Für die Behandlung des passiven Unterschiedsbetrages fehlt – anders als für den aktiven Unterschiedsbetrag – eine Übergangsbestimmung. *Baumüller/Grbenic* (in *Zib/Dellinger* § 261 Rz 101) orientieren sich an der Übergangsbestimmung für den aktiven Unterschiedsbetrag, wonach bei bereits erfolgten Auflösungen keine nachträgliche Korrektur erforderlich ist.

Sechster Titel

Anteilmäßige Zusammenfassung der Jahresabschlüsse verbundener Unternehmen (anteilmäßige Konsolidierung)

Begriff

§ 262.

(1) Führt ein in einen Konzernabschluß einbezogenes Mutter- oder Tochterunternehmen ein anderes Unternehmen gemeinsam mit einem oder mehreren nicht in den Konzernabschluß einbezogenen Unternehmen, so darf das andere Unternehmen in den Konzernabschluß entsprechend den Anteilen am Kapital einbezogen werden, die dem Mutter- oder dem Tochterunternehmen gehören.

(2) Auf die anteilmäßige Zusammenfassung der Jahresabschlüsse verbundener Unternehmen (anteilmäßige Konsolidierung) sind die §§ 250 bis 258 260 und 261 entsprechend anzuwenden.

Siebenter Titel

Assoziierte Unternehmen

Begriff, Befreiung

§ 263.

(1) Die Beteiligung an einem assoziierten Unternehmen ist in der Konzernbilanz unter einem besonderen Posten mit entsprechender Bezeichnung auszuweisen.

(2) Auf eine Beteiligung an einem assoziierten Unternehmen brauchen Abs. 1 und § 264 nicht angewendet zu werden, wenn die Beteiligung nicht wesentlich (§ 189a Z 10) ist.

- *ErlRV zu § 263*
  Siehe ErlRV zu § 189a.
  Zu 263 Abs 2:
  Siehe ErlRV zu § 196a.

Kommentierung

Die vormals in § 263 Abs 1 aF befindliche Definition des „assoziierten Unternehmens" wurde nach § 189a Z 9 verlagert. Unter einem assoziierten Unternehmen ist ein Unternehmen zu verstehen, an dem ein anderes Unternehmen eine Beteiligung hält und dessen Geschäfts- und Finanzpolitik durch das andere Unternehmen maßgeblich beeinflusst wird. Der Ausweis als assoziiertes Unternehmen kommt nur für solche Beteiligungen in Betracht, die nicht gem § 244 Tochterunternehmen sind (*Nowotny* in *Straube*[3] § 263 Rz 5). Im Zweifel wird ab 20% der Stimmrechte ein maßgeblicher Einfluss auf das Unternehmen vermutet. Die Beweislast zur Widerlegung wird wohl das Mutterunternehmen, welches den Konzernabschluss aufstellt, treffen (*Aschl* in *Hirschler* § 263 Rz 11). Gegenüber der alten Rechtslage ist zu beachten, dass nicht mehr auf die Beteiligungsquote, sondern auf die Anzahl der Stimmrechte abgestellt wird (vgl *Fröhlich* in *Zib/Dellinger* § 263 Rz 34). Dies entspricht auch Art 2 Z 13 EU-Bilanzrichtlinie und § 311 dHGB (vgl dazu *Nowotny* in *Straube*[3] § 263 Rz 11 und 20).

Die von § 263 erfassten Beteiligungen sind in einem gesonderten Posten auszuweisen (*Nowotny* in *Straube*[3] § 263 Rz 27 mwN).

§ 263 Abs 2 wurde an die Legaldefinition des Wesentlichkeitsgrundsatzes angepasst (zu Wesentlichkeit siehe § 189a Z 10, S 27). Der Ausweis als assoziiertes Unternehmen kann unterbleiben, sofern die Beteiligung unwesentlich ist; dies ist gem § 265 Abs 2 Z 2 im Konzernanhang anzugeben und zu begründen.

Wertansatz der Beteiligung und Behandlung des Unterschiedsbetrags

§ 264.

(1) Eine Beteiligung an einem assoziierten Unternehmen ist in der Konzernbilanz beim erstmaligen Ansatz mit dem Buchwert gemäß den §§ 198 bis 242 anzusetzen. Der Unterschiedsbetrag zwischen dem Buchwert und dem anteiligen Eigenkapital des assoziierten Unternehmens ist bei erstmaliger Anwendung in der Konzernbilanz oder im Konzernanhang gesondert auszuweisen.

(2) Der Unterschiedsbetrag gemäß Abs. 1 zweiter Satz ist den Wertansätzen von Vermögensgegenständen und Schulden des assoziierten Unternehmens insoweit zuzuordnen, als deren beizulegender Zeitwert höher oder niedriger ist als ihr Buchwert. Der nach dem ersten Satz zugeordnete Unterschiedsbetrag ist entsprechend der Behandlung der Wertansätze dieser Vermögensgegenstände und Schulden im Jahresabschluss des assoziierten Unternehmens im Konzernabschluss fortzuführen, abzuschreiben oder aufzulösen. Auf einen nach Zuordnung nach dem ersten Satz verbleibenden Unterschiedsbetrag ist § 261 entsprechend anzuwenden.

(3) Der Wertansatz der Beteiligung und die Unterschiedsbeträge werden auf der Grundlage der Wertansätze zum Zeitpunkt des Erwerbs der Anteile oder der erstmaligen Einbeziehung des assoziierten Unternehmens in den Konzernabschluß oder beim Erwerb der Anteile zu verschiedenen Zeitpunkten zu dem Zeitpunkt, zu dem das Unternehmen assoziiertes Unternehmen geworden ist, ermittelt. Der gewählte Zeitpunkt ist im Konzernanhang anzugeben.

(4) Der gemäß Abs. 1 ermittelte Wertansatz einer Beteiligung ist in den Folgejahren um den Betrag der Eigenkapitalveränderungen, die den dem Mutterunternehmen gehörenden Anteilen am Kapital des assoziierten Unternehmens entsprechen, zu erhöhen oder zu vermindern; auf die Beteiligung entfallende Gewinnausschüttungen sind abzusetzen. In der Konzern-Gewinn- und Verlustrechnung ist das auf Beteiligungen an assoziierten Unternehmen entfallende Ergebnis unter einem gesonderten Posten auszuweisen.

(5) Wendet das assoziierte Unternehmen in seinem Jahresabschluß vom Konzernabschluß abweichende Bewertungsmethoden an, so können abweichend bewertete Vermögensgegenstände oder Schulden für die Zwecke der Abs. 1 bis 4 nach den auf den Konzernabschluß angewandten Bewertungsmethoden bewer-

tet werden. Wird die Bewertung nicht angepaßt, so ist dies im Konzernanhang anzugeben. § 256 über die Behandlung der Zwischenergebnisse ist entsprechend anzuwenden, soweit die für die Beurteilung maßgeblichen Sachverhalte bekannt oder zugänglich sind. Die Zwischenergebnisse dürfen auch anteilig entsprechend den dem Mutterunternehmen gehörenden Anteilen am Kapital des assoziierten Unternehmens weggelassen werden.

(6) Es ist jeweils der letzte Jahresabschluß des assoziierten Unternehmens zu Grunde zu legen. Stellt das assoziierte Unternehmen einen Konzernabschluß auf, so ist von diesem und nicht vom Jahresabschluß des assoziierten Unternehmens auszugehen.

- *ErlRV zu § 264*

  Siehe ErlRV zu § 189a.

  Nach dem Vorbild des deutschen BilMOG (§ 312 dHGB) wird vorgeschlagen, die Kapitalanteilsmethode bei der Equity-Bilanzierung aufzugeben, da sie ohnedies kaum Bedeutung hat.

  Art. 27 Abs. 7 der Richtlinie scheint sich seinem Wortlaut nach – anders als Art. 33 Abs. 7 der Konzern-Richtlinie – nicht mehr auf Weglassungen der Zwischenergebnisse zu beziehen, sondern verweist undifferenziert auf alle Weglassungen nach Art. 24 Abs. 7. Da aber eine Schulden- sowie Aufwands- und Ertragskonsolidierung nicht sinnvoll mit dem Konzept der Equity-Bilanzierung in Einklang zu bringen ist, ist dieser Verweis so zu interpretieren, dass er sich nur auf die Zwischenergebnisse bezieht. Eine Änderung im Vergleich zur Konzern-Richtlinie war nicht beabsichtigt und kann auch aus keiner der Unterlagen zur Beschlussfassung der Richtlinie abgeleitet werden.

Kommentierung

Die Equity-Methode ist ein Bewertungsverfahren für Beteiligungen, das im Konzernabschluss für alle Beteiligungen an Unternehmen vorgesehen ist, die weder voll- noch quotenkonsolidiert werden, auf die aber dennoch ein maßgeblicher Einfluss ausgeübt wird (*Fröhlich* in *Straube*[3] § 264 Rz 1). Ähnlich wie bei der Vollkonsolidierung kommt es auch bei der Anwendung der Equity-Methode zu einer Kapitalaufrechnung, wodurch sich ein Unterschiedsbetrag zwischen dem zu Anschaffungskosten bilanzierten Beteiligungsbuchwert aus dem Einzelabschluss und dem anteiligen Eigenkapital des assoziierten Unternehmens ergeben kann.

Bisher konnte dieser Unterschiedsbetrag wahlweise durch die Buchwertmethode oder der Kapitalanteilsmethode behandelt werden. Mit dem RÄG 2014 wurde die Kapitalanteilsmethode zugunsten der Buchwertmethode aufgegeben. Im Vergleich zur Rechtslage vor dem RÄG 2014 wurde die Buchwertmethode inhaltlich nicht verändert, weshalb die bisherigen Kommentierungen weiterhin anwendbar bleiben.

Achter Titel

Konzernanhang

Erläuterung der Konzernbilanz und der Konzern-Gewinn-und Verlustrechnung, Angaben zum Beteiligungsbesitz

§ 265.

(1) Im Konzernanhang sind die Konzernbilanz und die Konzern-Gewinn- und Verlustrechnung sowie die darauf angewandten Bilanzierungs- und Bewertungsmethoden so zu erläutern, daß ein möglichst getreues Bild der Vermögens-, Finanz- und Ertragslage des Konzerns vermittelt wird. Insbesondere sind anstelle der Angabe nach § 237 Abs. 1 Z 1 anzugeben:

1. die auf die Posten der Konzernbilanz und der Konzern-Gewinn- und Verlustrechnung angewandten Bilanzierungs- und Bewertungsmethoden;

2. die Grundlagen für die Umrechnung in Euro, sofern der Konzernabschluß Posten enthält, denen Beträge zugrunde liegen, die auf fremde Währung lauten oder ursprünglich auf fremde Währung lauteten;

3. Änderungen der Bilanzierungs-, Bewertungs- und Zusammenfassungs(Konsolidierungs)methoden; diese sind zu begründen und ihr Einfluß auf die Vermögens-, Finanz- und Ertragslage des Konzerns ist gesondert darzustellen.

(2) Im Konzernanhang sind ferner anstelle der Angabe nach § 238 Abs. 1 Z 4 anzugeben:

1. Name und Sitz der in den Konzernabschluß einbezogenen Unternehmen, der Anteil am Kapital der Tochterunternehmen, der dem Mutterunternehmen und den in den Konzernabschluß einbezogenen Tochterunternehmen gehört oder für Rechnung dieser Unternehmen von einer anderen Person gehalten wird, sowie der zur Einbeziehung in den Konzernabschluß verpflichtende Sachverhalt, sofern die Einbeziehung nicht auf einer der Kapitalbeteiligung entsprechenden Mehrheit der Stimmrechte beruht. Diese Angaben sind auch für Tochterunternehmen zu machen, die gemäß § 249 nicht einbezogen worden sind;

2. Name und Sitz der assoziierten Unternehmen, der Anteil am Kapital der assoziierten Unternehmen, der dem Mutterunternehmen und den in den Konzernabschluß einbezogenen Tochterunternehmen gehört oder für Rechnung dieser Unternehmen von einer anderen Person gehalten wird. Die Anwendung des § 263 Abs. 2 ist jeweils anzugeben und zu begründen;

3. Name und Sitz der Unternehmen, die gemäß § 262 nur anteilmäßig in den Konzernabschluß einbezogen worden sind, der Tatbestand, aus dem sich die Anwendung dieser Vorschrift ergibt, sowie der Anteil am Kapital dieser Unternehmen, der dem Mutterunternehmen und den in den Konzernabschluß einbezogenen Tochterunternehmen gehört oder für Rechnung dieser Unternehmen von einer anderen Person gehalten wird;

4. Name und Sitz anderer als der unter den Z 1 bis 3 bezeichneten Unternehmen, bei denen das Mutterunternehmen, ein Tochterunternehmen oder für Rechnung eines dieser Unternehmen eine andere Person eine Beteiligung (§ 189a Z 2) besitzt, unter Angabe des Anteils am Kapital sowie der Höhe des Eigenkapitals und des Ergebnisses des letzten Geschäftsjahrs, für das ein Abschluß aufgestellt worden ist. Diese Angaben brauchen nicht gemacht zu werden, wenn sie nicht wesentlich (§ 189a Z 10) sind. Das Eigenkapital und das Ergebnis brauchen nicht angegeben zu werden, wenn das in Anteilsbesitz stehende Unternehmen seinen Jahresabschluß nicht offenzulegen hat und das Mutterunternehmen, das Tochterunternehmen oder die andere Person weniger als die Hälfte der Anteile an diesem Unternehmen besitzt.

(3) Die in Abs. 2 verlangten Angaben können insoweit unterlassen werden, soweit die Angaben nach vernünftiger unternehmerischer Beurteilung geeignet sind, dem Mutterunternehmen, einem Tochterunternehmen oder einem anderen in Abs. 2 bezeichneten Unternehmen einen erheblichen Nachteil zuzufügen. Die Anwendung der Ausnahmeregelung ist im Konzernanhang anzugeben.

(4) Die Angaben gemäß Abs. 2 dürfen statt im Anhang auch in einer Aufstellung des Anteilsbesitzes gesondert gemacht werden. Die Aufstellung ist Bestandteil des Anhangs. Auf die besondere Aufstellung des Anteilsbesitzes und den Ort ihrer Hinterlegung ist im Anhang hinzuweisen.

- *ErlRV zu § 265*
  Zu Abs 1:
  Siehe ErlRV zu § 266.
  Zu Abs 2 Z 4:
  Siehe die ErlRV zu § 196a.
  Zu Abs 2 Z 4:
  Hier erfolgt eine Anpassung an Art. 28 Abs. 2 lit. d der Richtlinie.

Kommentierung

I. Allgemeines

Gemäß § 244 Abs 1 haben alle Kapitalgesellschaften den Konzernabschluss um einen Konzernanhang zu erweitern, wenn sie Mutterunternehmen sind und die Voraussetzungen der Konzernrechnungspflicht nach §§ 244, 245 und 246 gegeben sind. Der Konzernanhang ist neben Konzernbilanz und -GuV gleichwertiger Bestandteil der Konzernrechnungslegung eines Mutterunternehmens. Der Konzernanhang muss verpflichtend die Angaben der §§ 265 und 266 enthalten.

Generell gelten die Anhangangaben zum Einzelabschluss durch den Verweis von § 251 Abs 1 auf die §§ 237–241 auch für den Konzernabschluss, außer es ergeben sich Abweichungen unmittelbar aus den Bestimmungen für den Konzernabschluss. Daher sind die Änderungen in § 265 vorrangig klarstellender Natur.

II. Rechnungslegungsmethoden (Abs 1)

Gemäß § 265 Abs 1 ist die Konzernbilanz und die Konzern-GuV im Konzernanhang zu erläutern. Dabei sind insbesondere folgende Anhangangaben zu machen:

- Bilanzierungs- und Bewertungsmethoden für die Konzernbilanz und die Konzern-GuV (Z 1),
- Erläuterung der Währungsumrechnung (Z 2),
- Änderungen von Bilanzierungs-, Bewertungs- und Konsolidierungsmethoden (Z 3).

In Abs 1 erfolgt die Klarstellung dahingehend, dass diese Angaben anstelle der Einzelabschluss-Anhangangaben gem § 237 Abs 1 Z 1 zu machen sind.

III. Beteiligungen (Abs 2)

Selbiges erfolgt einleitend in Abs 2, wonach für den Konzernanhang die Angaben anstelle von § 238 Abs 1 Z 4 zu machen sind. § 265 Abs 2 ist in vier Teilziffern untergliedert, demgemäß folgende Angaben in den Konzernanhang aufzunehmen sind

- in den Konzernabschluss einbezogene Tochterunternehmen (Vollkonsolidierung Z 1),
- nicht in den Konzernabschluss einbezogene Tochterunternehmen (Z 1),
- assoziierte Unternehmen (Z 2),
- anteilsmäßig in den Konzernabschluss einbezogene Unternehmen (Z 3),
- andere Unternehmen, an denen Mutterunternehmen und sämtliche Tochterunternehmen direkt oder über Treuhänder zusammen eine Beteiligung iSd § 189a Z 2 (Vermutung bei 20%igen Beteiligungsausmaß) halten.

Innerhalb dieser Teilziffern erfolgen durch das RÄG 2014 ebenfalls geringfügige begriffliche Anpassungen. In § 265 Abs 2 Z 2 wird die Wortfolge *„angeschlossenen (assoziierten) Unternehmen"* durch die Wortfolge *„assoziierten Unternehmen"* ersetzt. Der Begriff *„assoziiertes Unternehmen"* ist in § 189a Z 9 definiert, wonach ein Unternehmen, an dem ein anderes Unternehmen eine **Beteiligung** hält und dessen Geschäfts- und Finanzpolitik durch das andere Unternehmen **maßgeblich beeinflusst** wird, als assoziiertes Unternehmen gilt. Demnach stellt § 189a Z 9 (zunächst) auf den Beteiligungsbegriff (iSd § 189a Z 2) ab (Beteiligungsvermutung ab 20%iger Kapitalbeteiligung). Der maßgebliche Einfluss als Zusatzerfordernis für die Klassifizierung als assoziiertes Unternehmen wird gem § 189a Z 9 ab einem **Stimmrechtsausmaß von 20 %** angenommen. Beide Kriterien (Beteiligungsvermutung ab 20 % Kapitalbeteiligung und maßgeblicher Einfluss ab 20 % Stimmrechtsanteil) sind nach dem Gesetzeswortlaut als widerlegbare Voraussetzung zu werten. Die Beweislast zur Widerlegung wird wohl das Mutterunternehmen, welches den Konzernabschluss aufstellt treffen (vgl *Aschl* in *Hirschler* § 263 Rz 11). Nach der ErläutRV zu § 189a Z 9 entspricht die Definition eines „assoziierten Unternehmens" der Rechtslage gem § 263 Abs 1 idF vor dem RÄG 2014. Allerdings ist darauf hinzuweisen, dass nach alter Rechtslage keine Assoziierungsvermutung ab einem Stimmrechtsausmaß iHv 20 % kodifiziert war (siehe § 263 Abs 1 aF). Dieses fehlende Assoziierungsvermutungskriterium wurde von Teilen des Schrifttums als richtlinienwidrig gewertet, zumal Art 33 Abs 1 der mittlerweile außer Kraft getretenen 7. EG-RL 1983 eine solche Vermutung vorsah (vgl zB *Geist* in *Jaborneg* § 263 Rz 3). Zudem wurde eine Beteiligung für Zwecke der Qualifizierung als assoziiertes Unternehmen nach alter Rechtslage (durch den Verweis von § 263 Abs 1 auf § 244 Abs 6 aF) ab einer nicht widerlegbaren Mindestbeteiligungsgrenze am Kapital iHv 20 % angenommen (vgl *Schiebel/Schlögel* in *Hirschler* § 244 Rz 54). Auch dieses Erfordernis wurde nach alter Rechtslage als richtlinienwidrig angesehen (vgl *Geist* in *Jaborneg* § 263 Rz 3; siehe auch *Nowotny* in *Straube*[3] § 263 Rz 11). Daher müssten die ErläutRV hinsichtlich dieser Gesichtspunkte relativiert werden (vgl *Reinold/Stückler*, RWZ 2015, 276 f; siehe auch *Dokalik* in *Torggler*[2] § 189a Rz 28). Demnach lassen sich die Kriterien wie folgt zusammenfassen (siehe auch die Kommentierung zu § 189a Z 9):

- Beteiligung gem § 189a Z 2 (widerlegbare Beteiligungsvermutung ab 20 % Anteil am Kapital),
- von einem in den Konzernabschluss einbezogenen Unternehmen,
- an einem Unternehmen, das nicht im Wege der Vollkonsolidierung einbezogen wird, und
- auf das Unternehmen ein maßgeblicher Einfluss tatsächlich ausgeübt wird (widerlegbare maßgebliche Einflussvermutung ab 20 % Anteile an den Stimmrechten).

Des Weiteren wurde § 265 Abs 2 Z 4 in adaptierter Form übernommen. Statt auf den maßgeblichen Anteilsbesitz iHv 20 % – wie bisher – in Z 4 aF abzustellen, erfolgt nunmehr ein Verweis auf die allgemeine Beteiligungsbegriffsdefinition in § 189a Z 2. Durch das Abstellen auf den Beteiligungsbegriff dürfte sich eine inhaltliche Änderung ergeben, weil nach alter Rechtslage nach hM nicht auf den Beteiligungsbegriff iSd § 228 Abs 1 und Abs 2 aF abzustellen war, sondern nur per-se auf die Anteilsquote (vgl *Hirschler/Raml/Reinold* in *Hirschler* § 265 Rz 33 mwN). Nunmehr wird ausdrücklich auf den Beteiligungsbegriff iSd § 189a Z 2 verwiesen. Daher besteht in Bezug auf Unternehmen, die unter den Beteiligungsbegriff iSd § 189a Z 2 fallen – neben Name, Sitz und Anteil am Kapital – das Erfordernis, dass zusätzlich das Eigenkapital und das Ergebnis des letzten Geschäftsjahres, für das ein Abschluss vorliegt, anzugeben sind. Analog zum Einzelanhang (§ 242 Abs 2) können die Angaben nach Satz 1 entfallen, wenn sie nicht wesentlich iSd § 189a Z 10 sind. „Nicht wesentlich" bedeutet dabei, dass die Angaben nur unterbleiben dürfen, wenn sie den Informationsadressaten bei seiner Entscheidung nicht beeinflussen. Demgemäß darf die Unterlassung der Angaben zu keiner Verzerrung eines möglichst getreuen Bildes der Vermögens-, Finanz- und Ertragslage führen (entspricht damit der alten Rechtslage, siehe dazu zB *Hirschler/Raml/Reinold* in *Hirschler* § 265 Rz 39 mwN).

Weitere Angaben

§ 266.

Bei den Angaben, die gemäß § 251 Abs. 1 in Verbindung mit den §§ 237 bis 240 zu machen sind, gelten folgende Besonderheiten:

1. *die Angabe nach § 238 Abs. 1 Z 9 hat sich auf das Ergebnis des Mutterunternehmens zu beziehen;*

2. bei den Angaben nach § 237 Abs. 1 Z 3 und nach § 239 Abs. 1 Z 4 ist nur die Höhe der Beträge anzugeben, die das Mutterunternehmen und seine Tochterunternehmen den Mitgliedern des Vorstands, des Aufsichtsrats oder ähnlicher Einrichtungen des Mutterunternehmens gewährt haben. § 239 Abs. 1 Z 4 lit. a dritter Satz bleibt unberücksichtigt. § 242 Abs. 4 ist sinngemäß anzuwenden. Außer den Bezügen für das Geschäftsjahr sind die weiteren Bezüge anzugeben, die im Geschäftsjahr gewährt, bisher aber in keinem Konzernabschluss angegeben worden sind;

3. bei der Angabe nach § 237 Abs. 1 Z 5 ist auf Verbindlichkeiten Bedacht zu nehmen, für die von den in den Konzernabschluss einbezogenen Unternehmen dingliche Sicherheiten bestellt sind;

4. bei den Angaben nach § 237 Abs. 1 Z 6 und § 239 Abs. 1 Z 1 und 3 ist auf die Beschäftigten der in den Konzernabschluss einbezogenen Unternehmen Bezug zu nehmen; die durchschnittliche Zahl der Arbeitnehmer von gemäß § 262 nur anteilig einbezogenen Unternehmen ist gesondert anzugeben;

5. bei der Angabe von Geschäften von in den Konzernabschluss einbezogenen Unternehmen und mit nahe stehenden Unternehmen und Personen (§ 238 Abs. 1 Z 12) werden Geschäfte, die bei der Konsolidierung weggelassen werden, nicht berücksichtigt; § 238 Abs. 3 ist nicht anzuwenden;

6. die Angaben nach § 238 Abs. 1 Z 15 bis 17 und 19 bis 21, § 239 Abs. 1 Z 2 und Z 5 und § 241 Z 2, 4, 5 und 6 können unterbleiben.

- *ErlRV zu § 266*

  Art. 28 Abs. 1 der Richtlinie sieht im Anhang zum Konzernabschluss die nach den Art 16, 17 und 18 geforderten Informationen vor. Diese Anforderung wird dadurch umgesetzt, dass § 251 auch auf die §§ 237 bis 241 verweist, die ihrerseits Art. 16 bis 18 umsetzen. Abweichungen davon sind direkt in § 266 geregelt.

  Die Angabe nach § 265 Abs. 1 tritt dabei an Stelle der Angabe nach § 237 Abs. 1 Z 1, die Angaben nach § 265 Abs. 2 treten an Stelle der Angabe nach § 238 Abs. 1 Z 4. Die Angaben nach § 238 Abs. 1 Z 15 bis 17 und 19 bis 21, § 239 Z 2 und Z 5 und § 241 Z 2, 4, 5 und 6, die nicht vor der Richtlinie gefordert sind, waren schon bisher nicht im Konzernanhang anzugeben und sollen daher auch zukünftig ausgenommen bleiben.

- *ErlRV zum APRÄG 2016 (§ 266 Z 1)*

  § 266 Z 1 in der Fassung des RÄG 2014 hat zu Missverständnissen Anlass gegeben. Da es bei Konzernen keine nach Größe des Konzerns abgestufte Angabepflichten gibt, geht diese Bestimmung ins Leere und kann entfaller. An der frei werdenden Stelle soll die Reichweite des Verweises auf § 238 Abs. 1 Z 9 geklärt werden: da die Ergebnisverwendung nur für den Jahresabschluss beschlossen wird, muss sich die Angabe auf das Ergebnis des Mutterunternehmens beziehen.

Kommentierung

I. Allgemeines

Gemäß § 251 Abs 1 nF gelten durch den Verweis auf die §§ 237–241 die Bestimmungen zu den Anhangangaben für den Einzelabschluss analog für den Konzernabschluss, soweit seine Eigenart keine Abweichungen bedingt oder in den Vorschriften für den Konzernrechnungslegung nichts anderes bestimmt ist. § 266 schränkt diese grundsätzliche Anwendbarkeit ein, wonach für bestimmte Anhangangaben die Eigenart des Konzernabschlusses zu berücksichtigen ist.

II. Ergebnisverwendung (Z 1)

Die in § 266 Z 1 idF RÄG 2014 getroffene Klarstellung, wonach die für den Konzern geforderten Anhangangaben unabhängig von der Größe des Konzerns iSv § 246 zu machen sind, wurde gestrichen. Die ErläutRV zum APRÄG 2016 begründen die Streichung damit, dass die Regelung zu Missverständnissen geführt hat. Statt der „Größenklarstellung" wurde mit dem APRÄG 2016 die Reichweite des § 238 Abs 1 Z 9 (Vorschlag zur Verwendung des Ergebnisses oder gegebenenfalls die Verwendung des Ergebnisses) konkretisiert. Gemäß § 266 Z 1 hat sich die Angabe nach § 238 Abs 1 Z 9 auf das Ergebnis des Mutterunternehmens zu beziehen, weil die Verwendung des durch den Einzelabschluss ermittelten Ergebnisses nur für das jeweilige Unternehmen beschlossen wird. Eine Angabepflicht besteht aber nur bei Verwendung des Ergebnisses bzw bei Vorschlag über die Ergebnisverwendung; so ist darzustellen, wie das gesamte Ergebnis verwendet werden soll: Wie viel wird ausgeschüttet, in die Rücklagen eingestellt und/ oder vorgetragen (vgl *Haselsteiner/Reinold/Stückler*, RWZ 2016, 239).

III. Angaben zu Krediten und Bezügen der Organe (Z 2)

Bei den Bestimmungen zum Einzelabschluss gem § 237 Abs 1 Z 3 (Angaben zur Kreditgewährung an Organe) und § 239 Abs 1 Z 4 (Angaben zu Organbezügen) ist für den Konzernabschluss zu beachten, dass nur die Höhe der Beträge anzugeben sind, die das Mutterunternehmen und seine Tochterunternehmen den Mitgliedern des Vorstands, des Aufsichtsrats oder ähnlicher Einrichtungen des Mutterunternehmens gewährt haben. Diese Bestimmung entspricht den alten Regelungen (§ 266 Z 5 und Z 7). Klarstellend bezieht sich nach dem Gesetzeswortlaut die Angabeverpflichtung nur mehr auf Organmitglieder des Mutterunternehmens (vgl *Hirschler/Raml/Reinold* in *Hirschler* § 266 Rz 41 zum unklaren Gesetzeswortlaut für die Angabe der Kreditgewährung und Haftungsverhältnisse an Organmitglieder). Darüber hinaus ist bei der Angabe zu den Organbezügen zu beachten, dass § 239 Abs 1 Z 4 lit a dritter Satz nicht anwendbar ist, sodass eine gesonderte Angabe für von Mitgliedern des Vorstands erhaltene Bezüge von verbundenen Unternehmen für ihre Tätigkeit für das Unternehmen oder für ihre Tätigkeit als gesetzliche Vertreter oder Angestellter des verbundenen Unternehmens zu unterbleiben hat. Des Weiteren gilt die **Schutzklausel** gem § 242 Abs 4 dezidiert für die Angabepflicht gem § 266 Z 2, wonach die Aufschlüsselung innerhalb einer Gruppe (Mitglieder des Vorstands, Aufsichtsrates sowie ähnliche Einrichtungen) bei weniger als drei Personen unterbleiben kann (diese Schutzklausel war auch nach alter Rechtslage anwendbar, siehe dazu *Hirschler/Raml/Reinold* in *Hirschler* § 266 Rz 59). Die Schutzklauselregelung gilt allerdings nur für die Angabe gem § 239 Abs 1 Z 4, somit nur für die Angaben zu den Organbezügen und demnach nicht für die Angabe zu Krediten und Haftungen. Zudem sind gem § 266 Z 2 letzter Satz außer den Bezügen für das Geschäftsjahr die weiteren Bezüge anzugeben, die im Geschäftsjahr gewährt, bisher aber in keinem Konzernabschluss angegeben worden sind. Dazu zählen bspw Nachvergütungen jeder Art (Tantiemen) für frühere Geschäftsjahre. Der Gesetzeswortlaut deutet darauf hin, dass für diese „weiteren Bezüge" eine gesonderte Angabepflicht besteht und daher nicht in die Gesamtbezüge einzurechnen sind (so zum gleichlautenden Satz nach alter Rechtslage *Hirschler/Raml/Reinold* in *Hirschler* § 266 Rz 54 vertretend).

IV. Verbindlichkeiten (Z 3)

§ 237 Abs 1 Z 5 sieht für den Einzelabschluss vor, dass der Gesamtbetrag der Verbindlichkeiten mit einer Restlaufzeit von mehr als fünf Jahren sowie der Gesamtbetrag der Verbindlichkeiten, für die dingliche Sicherheiten bestellt sind unter Angabe von Art und Form der Sicherheit zu machen sind. Z 3 des § 266 fordert nur, dass bei dieser (auch grundsätzlich) für den Konzern maßgebenden Anhangangabe auf Verbindlichkeiten Bedacht zu nehmen ist, für die von den in den Konzernabschluss einbezogenen Unternehmen dingliche Sicherheiten bestellt sind. Das bedeutet, dass die Verbindlichkeiten – analog zum Einzelabschluss – nach den Restlaufzeiten zu gliedern sind. Besonderheiten für den Konzernabschluss ergeben sich einerseits für den Gesamtbetrag der Verbindlichkeiten, andererseits bei der Angabe der Verbindlichkeiten, für die dingliche Sicherheiten bestellt worden sind. Der Gesamtbetrag der Verbindlichkeiten, für den die Angaben zu machen sind, ergibt sich aus der Konzernbilanz und umfasst somit die Verbindlichkeiten aller einbezogenen Unternehmen. Davon miterfasst sind auch Verbindlichkeiten gegenüber quotal konsolidierten Gemeinschaftsunternehmen. Nicht erfasst sind die Verbindlichkeiten der gem § 249 nicht konsolidierungspflichtigen Tochterunternehmen (siehe dazu zB auch *Fröhlich* in *Bertl/Mandl* § 266 Rz 5). § 266 Z 3 fordert dezidiert die Beachtung der Angabe der dinglichen Sicherheiten. Demnach sind alle Verbindlichkeiten zu berücksichtigen, für die ein in den Konzernabschluss einbezogenes Unternehmen (somit fallen darunter keine Tochterunternehmen, für die gem § 249 ein Konsolidierungswahlrecht in Anspruch genommen worden ist) Sicherheiten bestellt hat (siehe dazu zB auch *Fröhlich* in *Bertl/Mandl* § 266 Rz 7). Die Neutextierung durch das RÄG 2014 für die Angaben der Verbindlichkeiten entspricht der alten Rechtslage.

V. Zahl der Arbeitnehmer (Z 4)

Gemäß § 237 Abs 1 Z 6 ist für den Einzelabschluss die durchschnittliche Zahl der Arbeitnehmer während des Geschäftsjahrs anzugeben. Des Weiteren ordnet § 239 Abs 1 Z 1 (für mittelgroße und große Gesellschaften) an, dass eine Aufgliederung der durchschnittlichen Zahl der Arbeitnehmer in Arbeiter und Angestellte zu erfolgen hat. Nach § 239 Abs 1 Z 3 sind die Aufwendungen für Abfertigungen und Pensionen, getrennt nach solchen für Vorstandsmitglieder und leitende Angestellte gem § 80 AktG und für andere Arbeitnehmer zu machen. Diese Angabeverpflichtungen sind ebenfalls für den Konzernabschluss maßgebend, wobei gem Z 4 des § 266 zu berücksichtigen ist, dass die Angaben (bzw Aufgliederungen) nur für die Beschäftigten der in den Konzernabschluss einbezogenen Unternehmen zu erfolgen hat. Die Bestimmung gem § 266 Z 4 idF RÄG 2014 basiert auf den alten Regelungen gem § 266 Z 4 aF (Angaben zur Zahl der Arbeitnehmer) und § 266 Z 5 aF (Angaben zu Abfertigungen und Pensionen von Leistungsorganen). Eine gravierende inhaltliche Änderung ist durch die Neufassung nicht ersichtlich. Es wurde aber offensichtlich klargestellt, dass für die Angabeverpflichtung der Aufwendungen für Abfertigungen und Pensionen nur auf die einbezogenen Unternehmen (Mutter- und vollkonsolidierte Tochterunternehmen sowie Unternehmen, die gem der Quotenkonsolidierung einbezogen werden) Bezug zu nehmen ist (der Wortlaut der sinngemäßen Bestimmung idF vor dem RÄG 2014 stellte nicht auf „einbezogene Unternehmen" ab, vgl dazu *Hirschler/Raml/Reinold* in *Hirschler* § 266 Rz 47). Weiters ist zu berücksichtigen, dass bei der Angabe der durchschnittlichen Zahl der Arbeitnehmer von gem § 262 nur anteilig einbezogenen Unternehmen gesondert anzugeben ist. Dies entsprach auch der alten Rechtslage (vgl *Hirschler/Raml/Reinold* in *Hirschler* § 266 Rz 35). Leider hat der Gesetzgeber die Unklarheit durch das RÄG 2014 nicht beseitigt, ob die Berücksichtigung (Angabe) der konkreten Mitarbeiterzahlen der quotenkonsolidierten Gemeinschaftsunternehmen voll oder anteilig zu erfolgen hat. Wie bereits *Hirschler/Raml/Reinold* (in *Hirschler* § 266 Rz 36 mwN) ausgeführt haben, erscheint es demnach zweckmäßig, einen entsprechenden Hinweis aufzunehmen, ob die Mitarbeiteranzahl von anteilsmäßigen einbezogen Unternehmen voll oder entsprechend der Konsolidierungsquote erfolgt.

VI. Nahestehende Personen (Z 5)

Für die Angaben von Geschäften von in den Konzernabschluss einbezogenen Unternehmen und mit nahestehenden Unternehmen und Personen (§ 238 Abs 1 Z 12) ist für Zwecke des Konzernabschlusses zu beachten, dass Geschäfte nicht angabepflichtig sind, die bei der Konsolidierung eliminiert werden (im Anhang können nur solche Geschäfte erläutert werden, die in der Konzernbilanz und GuV enthalten sind). Für den Konzernabschluss sind Geschäfte zwischen konsolidierten Konzerngesellschaften und solche von nichtkonsolidierten Tochterunternehmen zu erfassen. Nicht konsolidierte Tochterunternehmen und assoziierte Unternehmen stellen „related parties" iSd § 266 Z 5 dar. Daher lösen Geschäfte des Mutterunternehmens oder eines einbezogenen Tochterunternehmens mit ihnen die Berichtspflicht aus (vgl *Milla/Vcelouch-Kimeswenger/Weber*, URÄG 2008, 67). Nach den ErläutRV 467, BlgNr 23. GP zu § 266 Z 2b aF ist allerdings für die Anhangangabepflicht für nichtkonsolidierte Tochterunternehmen zu differenzieren: Demnach besteht für Tochterunternehmen, die gem § 249 Abs 2 aF („untergeordnete Bedeutung" bzw nunmehr „nicht wesentlich") nicht in den Vollkonsolidierungskreis einbezogen worden sind, keine Anhangangabepflicht, weil (etwaige) Geschäfte iSd § 266 Z 2b aF für die Finanzlage unbedeutend sind (sonst wäre das Unternehmen wesentlich für die Finanzlage und müsste in den Vollkonsolidierungskreis einbezogen werden); erfolgt allerdings eine Einbeziehung in den Konzernabschluss wegen § 249 Abs 1 Z 1 oder Z 2 aF (nunmehr § 249 Abs 1 Z 1 und Z 3 nF) nicht, können trotzdem wesentliche Geschäfte, die für die Bedeutung der Finanzlage notwendig sind vorliegen, die – sofern sie marktunüblich sind – der Anhangangabepflicht unterliegen (so zumindest die ErläutRV 467, BlgNr 23. GP zu § 266 Z 2b, 16; aM *Milla/Vcelouch-Kimeswenger/Weber*, URÄG 2008, 67). Diese Grundsätze werden ebenso auf die Neufassung der Bestimmung (§ 266 Z 5) übertragbar sein, weil davon ausgegangen werden kann, dass der Gesetzgeber mit der Neutextierung keine inhaltlichen Änderungen eintreten lassen wollte. Klarstellend erfolgt der Verweis auf § 238 Abs 3, wonach dieser für den Konzernabschluss unberücksichtigt bleibt. Diese Erleichterungsregelung für den Einzelabschluss (für mittelgroße Unternehmen) wurde von § 242 Abs 1 aF in § 238 Abs 3 nF umgegliedert. § 266 Z 5 entspricht, abgesehen von den sprachlichen Änderungen, der Rechtslage gem § 266 Z 2b aF.

VII. Angaben, die unterbleiben können (Z 6)

§ 266 Z 6 normiert abschließend, dass die Angaben gem § 238 Abs 1

- Z 15 (Rückstellungen, die in der Bilanz nicht gesondert ausgewiesen werden),

- Z 16 (Einlagen von stillen Gesellschaftern),

- Z 17 (Unterschiedsbeträge, die sich aufgrund von der Anwendung einer Bewertungsmethode gem § 209 Abs 2 ergeben könnten),

- Z 19 (besondere Angaben zu immateriellen Vermögensgegenständen),

- Z 20 (Beziehungen zu verbundenen Unternehmen),

- Z 21 (Erträge und Aufwendungen aus Gewinngemeinschaften) sowie die Angaben gem

- § 239 Abs 1 Z 2 (die im Posten gem § 231 Abs 2 Z 6 lit b sublit aa oder in der entsprechenden Angabe gem § 238 Abs 1 Z 13 enthaltenen Aufwendungen für Abfertigungen),

- Z 5 (Angaben zu Mitarbeiteroptionsprogrammen),

- § 241 Z 2 (Bestand und Zugang an Aktien in bestimmten Fällen),

- Z 4 (genehmigtes Kapital),

- Z 5 (Betrag der unter den Verbindlichkeiten ausgewiesenen nachrangigen Kapitals) sowie
- Z 6 (Bestehen wechselseitiger Beteiligungen iSd § 189a Z 2)

für den Konzernabschluss unterbleiben können. Die Bestimmung gem Z 6 ist eine „Kann-Bestimmung", daher kann die Angabe unterbleiben, muss aber nicht.

Neunter Titel

Konzernlagebericht, konsolidierter Corporate Governance-Bericht

- *ErlRV zur Überschrift des neunten Titels*
  Siehe ErlRV zu § 267a und § 267b.

Konzernlagebericht

§ 267.

(1) Im Konzernlagebericht sind der Geschäftsverlauf, einschließlich des Geschäftsergebnisses, und die Lage des Konzerns so darzustellen, dass ein möglichst getreues Bild der Vermögens-, Finanz- und Ertragslage vermittelt wird, und die wesentlichen Risiken und Ungewissheiten, denen der Konzern ausgesetzt ist, zu beschreiben.

(2) Der Konzernlagebericht hat eine ausgewogene und umfassende dem Umfang und der Komplexität der Geschäftstätigkeit angemessene Analyse des Geschäftsverlaufs, einschließlich des Geschäftsergebnisses, und der Lage des Konzerns zu enthalten. Abhängig von der Größe des Konzerns und von der Komplexität des Geschäftsbetriebs der einbezogenen Unternehmen hat die Analyse auf die für die jeweilige Geschäftstätigkeit wichtigsten finanziellen und nichtfinanziellen Leistungsindikatoren, einschließlich Informationen über Umwelt- und Arbeitnehmerbelange, einzugehen und sie unter Bezugnahme auf die im Konzernabschluss ausgewiesenen Beträge und Angaben zu erläutern.

(3) Der Konzernlagebericht hat auch einzugehen auf

1. die voraussichtliche Entwicklung des Konzerns;
2. Tätigkeiten des Konzerns im Bereich Forschung und Entwicklung;
3. den Bestand an Aktien an dem Mutterunternehmen, die das Mutterunternehmen oder ein Tochterunternehmen oder eine andere Person für Rechnung eines dieser Unternehmen erworben oder als Pfand genommen hat; dabei sind die Zahl dieser Aktien, der auf sie entfallende Betrag des Grundkapitals sowie ihr Anteil am Grundkapital anzugeben. Sind solche Aktien im Geschäftsjahr erworben oder veräußert worden, so ist auch über den Erwerb oder die Veräußerung unter Angabe der Zahl dieser Aktien, des auf sie entfallenden Betrags des Grundkapitals, des Anteils am Grundkapital und des Erwerbs- oder Veräußerungspreises sowie über die Verwendung des Erlöses zu berichten;
4. für das Verständnis der Lage der in den Konzernabschluss einbezogenen Unternehmen wesentliche Zweigniederlassungen des Mutterunternehmens und der Tochterunternehmen;
5. die Verwendung von Finanzinstrumenten, sofern dies für die Beurteilung der Vermögens-, Finanz- und Ertragslage wesentlich (§ 189a Z 10) ist; diesfalls sind anzugeben
   a) die Risikomanagementziele und -methoden, einschließlich der Methoden zur Absicherung aller wichtigen Arten geplanter Transaktionen, die im

Rahmen der Bilanzierung von Sicherungsgeschäften angewandt werden, und

b) bestehende Preisänderungs-, Ausfall-, Liquiditäts- und Cashflow-Risiken.

(3a) Bei einem Mutterunternehmen, dessen Aktien zum Handel auf einem geregelten Markt im Sinn des § 1 Abs. 2 BörseG zugelassen sind oder das ausschließlich andere Wertpapiere als Aktien auf einem solchen Markt emittiert und dessen Aktien mit Wissen der Gesellschaft über ein multilaterales Handelssystem im Sinne des § 1 Z 9 WAG 2007 gehandelt werden, hat der Konzernlagebericht auch die Angaben nach § 243a Abs. 1 zu enthalten.

(3b) Bei einem Mutterunternehmen nach § 189a Z 1 lit. a hat der Konzernlagebericht auch die Angaben nach § 243a Abs. 2 zu enthalten. Diese haben sich auf das interne Kontroll- und das Risikomanagementsystem des Konzerns im Zusammenhang mit der Aufstellung des Konzernabschlusses zu beziehen.

(4) § 251 Abs. 3 über die Zusammenfassung von Konzernanhang und Anhang ist entsprechend anzuwenden.

- *ErlRV zu § 267*

  Zu Abs 3:

  Wie beim Einzelabschluss werden richtlinienkonform die Angabe über Vorgänge von besonderer Bedeutung (bisher Z 1) in den Anhang und die Anhangangabe über eigene Anteile in den Konzernlagebericht (als neue Z 3) verschoben.

  Zu Abs 3 Z 4:

  Siehe ErlRV zu § 196a.

Kommentierung

In § 267 Abs 3 wurde – analog zum Einzelabschluss – eine Umschichtung zwischen Konzernanhang und Konzernlagebericht vorgenommen: Vorgänge von besonderer Bedeutung, die nach dem Bilanzstichtag eintreten, sind nunmehr im Anhang anzugeben. Demgegenüber ist über eigene Aktien der Gesellschaft gem § 267 Abs 3 Z 3 im Konzernlagebericht zu berichten (vgl dazu auch Ausführungen in § 243).

Die Definition des kapitalmarktorientierten Unternehmens findet sich in § 189a Abs 1 Z 1 lit a wieder, worauf § 267 Abs 3b verweist.

Konsolidierter Corporate-Governance Bericht

§ 267a.

Ein Mutterunternehmen, dessen Aktien zum Handel auf einem geregelten Markt im Sinn des § 1 Abs. 2 BörseG zugelassen sind oder das ausschließlich andere Wertpapiere als Aktien auf einem solchen Markt emittiert und dessen Aktien mit Wissen des Unternehmens über ein multilaterales Handelssystem im Sinn des § 1 Z 9 WAG 2007 gehandelt werden, hat einen konsolidierten Corporate Governance-Bericht aufzustellen, der die in § 243b vorgeschriebenen Angaben enthält, wobei die erforderlichen Anpassungen vorzunehmen sind, um die Lage der insgesamt in die Konsolidierung einbezogenen Unternehmen bewerten zu können. § 251 Abs. 3 ist entsprechend anzuwenden.

- *ErlRV zu § 267a*

  Da Art. 29 der Richtlinie auf alle nach den Art. 19 und 20 geforderten Informationen verweist, müssen auch die Informationen im Corporate Governance-Bericht in die Konzernlageberichterstattung Eingang finden. Es wird daher vorgeschlagen, analog zum Corporate Governance-Bericht einen konsolidierten Corporate Governance-Bericht einzuführen. In § 244 Abs. 1 soll sich die Pflicht zur Aufstellung auch auf diesen Bericht beziehen. Da nach der Richtlinie der Corporate Governance-Bericht Teil des

Lageberichts ist, ordnet der vorgeschlagene letzte Satz des § 244 Abs. 1 an, dass sich Erwähnungen des Konzernlageberichts auch auf den konsolidierten Corporate Governance-Bericht beziehen. Damit wird vermieden, dass an allen Stellen (z. B. §§ 245, 245a, 246, 247, 249) auch ein Verweis auf den konsolidierten Corporate Governance-Bericht aufgenommen werden muss.

Kommentierung

Nach Art 29 Abs 1 iVm Art 19 und 20 EU-Bilanzrichtlinie sind die Informationen des Corporate-Governance-Berichts auch bei der Konzernlageberichterstattung zu berücksichtigen. Der Gesetzgeber hat sich daher entschieden, parallel zum Corporate-Governance-Bericht in § 267a einen konsolidierten Corporate-Governance-Bericht einzuführen.

Wie auch die Pflicht nach § 243b trifft die Aufstellungsverpflichtung nach § 267a börsenotierte Mutterunternehmen. Die „börsenotierten" Unternehmen stellen – entsprechend des Wahlrechts in Art 20 Abs 4 der EU-Bilanzrichtlinie – eine Teilmenge der „kapitalmarktorientierten" Unternehmen nach § 189a Z 1 lit a dar. Ausgenommen sind demnach Unternehmen, die nur andere Wertpapiere als Aktien auf einem geregelten Markt emittiert haben, allerdings mit der Gegenausnahme, dass solche Unternehmen ihre Aktien über ein multilaterales Handelssystem handeln lassen. Folgende Unternehmen fallen also unter den Begriff „börsenotiertes" Unternehmen:

1) Unternehmen, deren Aktien zum Handel an einem geregelten Markt iSd § 1 Abs 2 BörseG zugelassen sind.

2) Unternehmen, die an einem geregelten Markt zwar keine Aktien handeln, deren Aktien aber mit Wissen des Unternehmens über ein multilaterales Handelssystem iSd § 1 Z 9 WAG 2007 gehandelt werden.

Der konsolidierten Corporate-Governance-Bericht hat grundsätzlich die Angaben nach § 243b zu enthalten, wobei diese Bestimmung durch das RÄG 2014 nicht verändert wurde (vgl *Wiedermann-Ondrej* in *Hirschler* § 243b Rz 1 ff). Erforderliche Anpassungen sind gegebenenfalls vorzunehmen, um die Lage der insgesamt in die Konsolidierung einbezogenen Unternehmen bewerten zu können.

Nach § 267a letzter Satz ist § 251 Abs 3 sinngemäß anzuwenden, weshalb der Corporate-Governance-Bericht und der konsolidierten Corporate-Governance-Bericht in einem Bericht zusammengefasst werden dürfen.

Zehnter Titel

Konsolidierter Bericht über Zahlungen an staatliche Stellen

§ 267b.

(1) Die gesetzlichen Vertreter eines großen (§ 221 Abs. 3) Mutterunternehmens (§ 189a Z 6) haben, wenn es selbst oder eines seiner Tochterunternehmen in der mineralgewinnenden Industrie oder auf dem Gebiet des Holzeinschlags in Primärwäldern tätig ist, auch wenn die Aufstellung des Konzernabschlusses im Einzelfall wegen der Anwendung des § 249 unterbleibt, jährlich einen konsolidierten Bericht über Zahlungen an staatliche Stellen nach den Vorgaben des § 243c aufzustellen und dem Aufsichtsrat und der Hauptversammlung (Generalversammlung) des Mutterunternehmens innerhalb der für die Vorlage des Jahresabschlusses geltenden Fristen vorzulegen. Der konsolidierte Bericht ist von sämtlichen gesetzlichen Vertretern zu unterzeichnen und der Hauptversammlung zusammen mit dem Jahresabschluss des Mutterunternehmens vorzulegen. Er hat sich nur auf Leistungen zu erstrecken, die sich aus der Geschäftstätigkeit in der mineralgewinnenden Industrie oder auf dem Gebiet des Holzeinschlags in Primärwäldern ergeben.

(2) Von der Erstellung eines konsolidierten Berichts über Zahlungen an staatliche Stellen sind Mutterunternehmen befreit, die gemäß § 246 von der Aufstel-

lung eines Konzernabschlusses befreit sind oder Tochterunternehmen eines Unternehmens sind, das dem Recht eines anderen Mitgliedstaats der Europäischen Union oder eines Vertragsstaat des Abkommens über den Europäischen Wirtschaftsraum unterliegt. Von der Einbeziehung eines Tochterunternehmens in den konsolidierten Bericht über Zahlungen an staatliche Stellen kann unter den Voraussetzungen des § 249 Abs. 1 abgesehen werden, wenn das Tochterunternehmen aus diesen Gründen auch nicht in den Konzernabschluss einbezogen wird. Schließlich sind Mutterunternehmen befreit, die einen konsolidierten Bericht nach gleichwertigen Berichtspflichten eines Drittlands erstellen und gemäß § 277 offenlegen. Ob die Berichtspflichten eines Drittlands gleichwertig sind, ist nach den aufgrund des Art. 47 der Bilanz-Richtlinie ergangenen Durchführungsrechtsakten zu beurteilen.

- *ErlRV zu § 267b:*

  Zu Abs. 1:

  Diese Bestimmung setzt Art. 44 Abs. 1 um. Einen konsolidierten Bericht über Zahlungen an staatliche Stellen haben große Gesellschaften und Gesellschaften von öffentlichem Interesse zu erstellen, sobald sie selbst oder eines ihrer Tochterunternehmen in der mineralgewinnenden Industrie oder auf dem Gebiet des Holzeinschlags in Primärwäldern tätig sind und sobald sie nach § 244 einen Konzernabschluss aufzustellen haben, auch wenn die Aufstellung eines Konzernabschlusses im Einzelfall nach § 249 unterbleibt. Diese Anforderung ergibt sich aus der Richtlinie, die auf die Pflicht zur Konsolidierung nach Art. 22 Abs. 1 bis 6 verweist, nicht jedoch auf die Ausnahmen nach Art. 22 Abs. 9 und 10. Das ergäbe sich an sich bereits aus dem Begriff „Mutterunternehmen", da § 198a Z 6 nicht darauf abstellt, ob ein Konzernabschluss aufzustellen ist oder nicht, es soll aber dennoch der Klarheit halber explizit erwähnt werden.

  Zu Abs. 2:

  Die Befreiung kleiner und mittlerer Gruppen soll durch einen Verweis auf § 246 umgesetzt werden. Der Verweis inkludiert auch den Verweis auf § 246 Abs. 3, also die Ausnahme von Unternehmen von öffentlichem Interesse. Weiters sind gemäß Art. 44 Abs. 2 lit. c auch Tochterunternehmen von Unternehmen, die dem Recht eines anderen EU-Mitgliedstaates unterliegen, befreit; dass nur das oberste inländische Mutterunternehmen einen solchen Bericht zu erstatten hat, ergibt sich bereits aus § 243c Abs. 1 zweiter Satz.

Kommentierung

I. Aufstellungspflicht (Abs 1)

Die gesetzlichen Vertreter eines großen Mutterunternehmens iSd § 221 Abs 3 iVm § 189a Z 6 haben gem § 267b Abs 1 jährlich einen konsolidierten Bericht über Zahlungen an staatliche Stellen nach den Vorgaben des § 243c aufzustellen, wenn das Mutterunternehmen selbst oder eines seiner Tochterunternehmen in der mineralgewinnenden Industrie oder auf dem Gebiet des Holzeinschlags in Primärwäldern tätig ist. Die Aufstellung ist selbst dann verpflichtend, wenn die Aufstellung des Konzernabschlusses im Einzelfall wegen des § 249 unterbleibt (so auch *Geirhofer* in *Torggler*[2] § 267b Rz 3). Der Bericht ist dem Aufsichtsrat und der Hauptversammlung (Generalversammlung) des Mutterunternehmens innerhalb der für die Vorlage des Jahresabschlusses geltenden Fristen vorzulegen. Der konsolidierte Bericht ist von sämtlichen gesetzlichen Vertretern zu unterzeichnen und der Hauptversammlung zusammen mit dem Jahresabschluss des Mutterunternehmens vorzulegen. Er hat sich nur auf Leistungen zu erstrecken, die sich aus der Geschäftstätigkeit in der mineralgewinnenden Industrie oder auf dem Gebiet des Holzeinschlags in Primärwäldern ergeben (vgl dazu auch die Ausführungen zu § 243c).

II. Befreiungen (Abs 2)

§ 267b Abs 2 ordnet Befreiungen von der Berichtspflicht nach Abs 1 an:

Ist das Mutterunternehmen gem § 246 von der Aufstellung eines Konzernabschlusses und Konzernlageberichts befreit, dann gilt das auch für den konsolidierten Bericht über Zahlungen an staatliche Stellen. Diese Befreiung ergibt sich bereits aus der EU-Bilanzrichtlinie, ist aber eigentlich überflüssig, da nur große Mutterunternehmen der Berichtspflicht unterliegen. Wenn aber die Mutter bereits „groß" ist, kann die Gruppe nicht mehr „klein" oder „mittel" sein, da bereits die Schwellenwerte der Mutter dafür sorgen, dass die Schwellenwerte für eine große Gruppe überschritten werden.

Eine weitere Befreiung ergibt sich, soweit das inländische Mutterunternehmen ein Tochterunternehmen eines Unternehmen ist, das dem Recht eines EU-/EWR-Mitgliedstaates unterliegt. Somit hat lediglich das oberste Mutterunternehmen einen solchen Bericht zu erstellen.

Die Einbeziehung eines Tochterunternehmens in den konsolidierten Bericht über die Zahlung an staatliche Stellen kann aus den in § 249 Abs 1 genannten Gründen unterbleiben, wenn das betreffende Tochterunternehmen aus diesen Gründen auch nicht in den Konzernabschluss und Konzernlagebericht einbezogen wird. Wenn daher die für die Aufstellung des Konzernabschlusses erforderlichen Angaben (vom Tochterunternehmen) zu beschaffen sind (§ 249 Abs 1 Z 1), kann die Tatsache, dass die Angaben über den Zahlungsbericht nicht zu beschaffen sind (etwa weil das Tochterunternehmen im betreffenden Staat eine Geheimhaltungspflicht eingegangen ist), eine Nichteinbeziehung nicht rechtfertigen (vgl *Geirhofer* in *Torggler*² § 267b Rz 3).

Weiters sind Mutterunternehmen befreit, die einen konsolidierten Bericht nach gleichwertigen Berichtspflichten eines Drittlands erstellen und gem § 277 offenlegen. Hinsichtlich der Beurteilung der Vergleichbarkeit verweist § 267b Abs 2 auf die Durchführungsakte des Art 47 EU-Bilanzrichtlinie.

Die Vorschrift tritt gem § 906 Abs 28 am 20.7.2014 in Kraft und ist erstmals für Geschäftsjahre anzuwenden, die nach dem 31.12.2015 beginnen. Nach § 906 Abs 28 letzter Satz kann der Bericht bereits für Geschäftsjahre, die nach dem 31.12.2014 beginnen, erstellt werden. In diesem Fall ist § 267b UGB idF RÄG 2014 entsprechend anzuwenden.

Vierter Abschnitt

Vorschriften über die Prüfung, Offenlegung, Veröffentlichung und Zwangsstrafen

Erster Titel

Abschlußprüfung

Pflicht zur Abschlußprüfung

§ 268.

(1) Der Jahresabschluß und der Lagebericht von Kapitalgesellschaften sind durch einen Abschlußprüfer zu prüfen. Dies gilt nicht für kleine Gesellschaften mit beschränkter Haftung (§ 221 Abs. 1), sofern diese nicht auf Grund gesetzlicher Vorschriften einen Aufsichtsrat haben müssen. Hat die erforderliche Prüfung nicht stattgefunden, so kann der Jahresabschluß nicht festgestellt werden. Umstände, die in einem Verfahren nach § 270 Abs. 3 geltend gemacht werden können, hindern die Gültigkeit der Prüfung nur, wenn ein solches Verfahren zur Bestellung eines anderen Abschlussprüfers geführt hat.

(2) Der Konzernabschluß und der Konzernlagebericht von Gesellschaften sind durch einen Abschlußprüfer zu prüfen, bevor sie dem Aufsichtsrat der Muttergesellschaft vorgelegt werden.

(3) ~~Werden der Jahresabschluß, der Konzernabschluß, der Lagebericht oder der Konzernlagebericht nach Vorlage des Prüfungsberichts geändert, so ist die Änderung dem Abschlußprüfer bekanntzugeben, der sie mit ihren Auswirkungen zu~~

~~prüfen hat. Über das Ergebnis der Prüfung ist zu berichten; der Bestätigungsvermerk ist gemäß § 274 entsprechend zu ergänzen, erforderlichenfalls einzuschränken oder zu versagen.~~

(4) Abschlussprüfer (Konzernabschlussprüfer) können Wirtschaftsprüfer oder Wirtschaftsprüfungsgesellschaften sein.

- *ErlRV zu § 268 Abs 3*

  Der bisherige Abs. 3 des § 268 ist daran anzupassen, dass Art. 28 der geänderten AbschlussprüfungsRichtlinie (durch die Änderungs-Richtlinie 2014/56/EU) nicht den Begriff eines versagten Bestätigungsvermerks verwendet, sondern ein Prüfungsurteil entweder uneingeschränkt, eingeschränkt oder negativ erteilt wird (vgl. dementsprechend § 274 Abs. 1 Z 3 in der vorgeschlagenen Fassung). Aus systematischen Gründen soll Abs. 3 zugleich in § 269 (als neuer Abs. 4) verschoben werden, da er nicht die Pflicht zur Abschlussprüfung betrifft, sondern deren Gegenstand und Umfang.

  Der Bestätigungsvermerk nach Art. 28 der geänderten Abschlussprüfungs-Richtlinie unterscheidet zwischen der Prüfung des Jahresabschlusses und der Prüfung des Lageberichts, der daraufhin zu prüfen ist, ob er mit dem Abschluss in Einklang steht und ob die gesetzlichen Anforderungen eingehalten wurden. Um dies auch in § 269 zum Ausdruck zu bringen, soll der erste Absatz geteilt werden und die Regelung zur Prüfung des Lageberichts und des Konzernlageberichts nun in Abs. 3 geregelt werden. Zu diesem Absatz passt auch die Aussage, dass es weiters Gegenstand der Abschlussprüfung ist, die Aufstellung des Corporate Governance-Berichts zu prüfen, wobei hier auch auf den Bericht der Konzernmutter gemäß dem neuen § 267a verwiesen wird.

Kommentierung

Der bisherige § 268 Abs 3 aF entfällt aufgrund Art 28 der geänderten Abschlussprüfungs-Richtlinie (Änderungs-Richtlinie 2014/56/EU), die nicht den Begriff eines versagten Bestätigungsvermerks verwendet, sondern ein Prüfungsurteil entweder uneingeschränkt, eingeschränkt oder negativ erteilt. Aus systematischen Gründen wurde § 268 Abs 3 aF in § 269 Abs 4 verschoben.

Gegenstand und Umfang der Prüfung

§ 269.

(1) Die Prüfung des Jahresabschlusses und des Konzernabschlusses hat sich darauf zu erstrecken, ob die gesetzlichen Vorschriften und ergänzende Bestimmungen des Gesellschaftsvertrags oder der Satzung beachtet worden sind. In die Prüfung des Jahresabschlusses ist die Buchführung einzubeziehen.

(1a) Für die Abschlussprüfung von Gesellschaften von öffentlichem Interesse im Sinn des § 189a Z 1 lit. a und lit. d gelten die Bestimmungen des Ersten Titels des Vierten Abschnitts, soweit nicht die Verordnung (EU) Nr. 537/2014 über spezifische Anforderungen an die Abschlussprüfung bei Unternehmen von öffentlichem Interesse und zur Aufhebung des Beschlusses 2005/909/EG, ABl. Nr. L 158 vom 27.05.2014 S. 77, in der Fassung der Berichtigung ABl. Nr. L 170 vom 11.06.2014 S. 66, anzuwenden ist.

(2) Der Abschlussprüfer des Konzernabschlusses trägt die volle Verantwortung für den Bestätigungsvermerk zum Konzernabschluss *sowie gegebenenfalls für den zusätzlichen Bericht an den Prüfungsausschuss gemäß Art. 11 der Verordnung (EU) Nr. 537/2014.* **Er hat auch die im Konzernabschluss zusammengefassten Jahresabschlüsse daraufhin zu prüfen, ob sie den Grundsätzen ordnungsmäßiger Buchführung entsprechen und ob die für die Übernahme in den Konzernabschluss maßgeblichen Vorschriften beachtet worden sind. Wenn in den Konzernabschluss einbezogene Unternehmen von anderen Abschlussprüfern geprüft werden, hat der Konzernabschlussprüfer deren Tätigkeit in geeigneter Weise zu überwachen, soweit dies für die Prüfung des Konzernabschlusses maßgeblich ist.**

(3) Der Lagebericht und der Konzernlagebericht von Kapitalgese schaften sind darauf zu prüfen, ob der Lagebericht mit dem Jahresabschluss und der Konzernlagebericht mit dem Konzernabschluss in Einklang stehen und ob der Lagebericht und Konzernlagebericht nach den geltenden rechtlichen Anforderungen aufgestellt wurden. Gegenstand der Abschlussprüfung ist auch, ob ein nach § 243b oder § 267a erforderlicher Corporate Governance-Bericht a_fgestellt worden ist.

(4) Werden der Jahresabschluss, der Konzernabschluss, der Lagebericht oder der Konzernlagebericht nach Vorlage des Prüfungsberichts geändert, so ist die Änderung dem Abschlussprüfer bekanntzugeben, der sie mit ihren Auswirkungen zu prüfen hat. Über das Ergebnis der Prüfung ist zu berichten der Bestätigungsvermerk ist gemäß § 274 entsprechend zu ergänzen und erforderlichenfalls zu ändern.

(5) Die Abschlussprüfung umfasst keine Zusicherung des künftigen Fortbestands der geprüften Gesellschaft oder der Wirtschaftlichkeit oder Wirksamkeit der bisherigen oder zukünftigen Geschäftsführung.

- *ErlRV zu § 269*

  Siehe ErlRV zu § 268 Abs 3.

- *ErlRV zum APRÄG 2016*

  Zu Abs 1a:

  Ab dem 17. Juni 2016 ist die Verordnung (EU) Nr. 537/2014 unmittelbar anwendbar, sodass ab diesem Zeitpunkt die Anforderungen an die Abschlussprüfung von Unternehmen von öffentlichem Interesse weitgehend durch die Abschlussprüfungs-VO bestimmt werden. Dies wird in § 269 Abs. 1a klargestellt. Die Regelunger des Ersten Titels des Vierten Abschnitts des UGB sind bei diesen Unternehmen daher nur jenseits des Regelungsbereichs der Abschlussprüfungs-VO anzuwenden.

  Zu Abs 2:

  Die Änderungen in Abs. 2 dienen der Umsetzung von Art. 27 Abs. 1 lit. a der Abschlussprüfungs-RL. Damit wird die Verantwortlichkeit des Konzernabschlussprüfers festgelegt. Künftig werde bei Unternehmen von öffentlichem Interesse auch die besonderen Anforderungen an den Bestätigungsvermerk nach Art. 10 der Abschlussprüfungs-VO sowie bei diesen und fünffach großen Gesellschaften der zusätzliche Bericht an den Prüfungsausschuss nach Art. 11 der Abschlussprüfungs-VO zu beachten sein.

  Zu Abs 5:

  Mit dem neu eingefügten Abs. 5 wird Art. 25a Abschlussprüfungs-RL umgesetzt, mit dem die Reichweite der Abschlussprüfung abgesteckt wird. Es soll dabei der Verantwortungsbereich des Abschlussprüfers von jenem der Geschäftsführung abgegrenzt werden. Am Ende einer Abschlussprüfung steht die Beurteilung, ob der Abschluss des geprüften Unternehmens ein möglichst getreues Bild im Einklang mit dem maßgeblichen Regelwerk der Rechnungslegung vermittelt. Die Interessenträger sind sich aber möglicherweise nicht der Grenzen der Prüfung bewusst, z.B. hinsichtlich der Wesentlichkeit von Stichprobenverfahren oder der Rolle des Prüfers bei der Aufdeckung von Betrug und der Verantwortlichkeit des Managements, was zu Erwartungslücken führen kann. Um diese Erwartungslücke zu verkleinern, muss der Umfang einer Abschlussprüfung deutlicher gemacht werden (Erwägungsgrund 11 Abschlussprüfungs-RL). Es wird daher klargestellt, dass der Abschlussprüfer mit seinem Bestätigungsvermerk weder den künftigen Fortbestand des geprüften Unternehmens zusichert noch ein Urteil über die Wirksamkeit oder Wirtschaftlichkeit der Geschäftsführung abgibt. Die Abschlussprüfung ist damit, soweit nicht (wie etwa im Genossenschaftsbereich) anders vorgesehen, grundsätzlich keine Gebarungsprüfung. Dies ändert nichts daran, dass der Abschlussprüfer die Einschätzung der gesetzlichen Vertreter zur Annahme der Fortführung der Unternehmenstätigkeit zu beurteilen und zu erwägen hat, ob bestehende wesentliche Ungewissheiten hinsichtlich der Fähigkeit des Unternehmens, seine Tätigkeit fortzusetzen, im Bestätigungsvermerk zum Ausdruck kommen müssen (Going Concern-Prämisse).

Kommentierung

I. Jahres- und Konzernabschluss (Abs 1)

§ 269 Abs 1 bezieht sich auf den Gegenstand und Umfang der Prüfung des Jahresabschlusses und Konzernabschlusses. Die Prüfung des Lageberichts bzw Konzernlageberichts findet sich nun in § 269 Abs 3. Die Prüfung des Jahresabschlusses bzw Konzernabschlusses hat sich darauf zu erstrecken, ob die gesetzlichen Bestimmungen des Gesellschaftsvertrages oder der Satzung beachtet worden sind. Darüber hinaus ist die Prüfung des Jahresabschlusses die Buchführung einzubeziehen.

II. Anwendbarkeit der Abschlussprüfungs-VO (Abs 1a)

Ab dem 17. Juni 2016 ist die Verordnung (EU) Nr 537/2014 (Abschlussprüfungs-VO) unmittelbar anwendbar. Mit § 269 Abs 1a wird nunmehr klargestellt, dass die Anforderungen an die Abschlussprüfung von Unternehmen von öffentlichem Interesse durch die Abschlussprüfungs-VO bestimmt werden. Zum Begriff des Unternehmens von öffentlichem Interesse verweist die Abschlussprüfungs-VO auf die Bilanzrichtlinie, wobei die anzuwendende Begriffsdefinition in § 189a Z 1 in nationales Recht umgesetzt wurde. Auf § 189a Z 1 lit b (Kreditinstitute) und lit c (Versicherungsunternehmen) verweist § 269 Abs 1a nicht, da die Abschlussprüfung für diese Unternehmen im BWG (s dort § 60a) und VAG 2016 (s dort § 139) geregelt ist.

III. Verantwortlichkeit des Abschlussprüfers (Abs 2)

Nach § 269 Abs 2 trägt der Abschlussprüfer des Konzernabschlusses die volle Verantwortung für den Bestätigungsvermerk zum Konzernabschluss. Ebenso ist er für den gegebenenfalls zu erstellenden zusätzlichen Bericht an den Prüfungsausschuss gem Art 11 der Verordnung (EU) Nr 537/2014 verantwortlich. Nach dieser Bestimmung haben Abschlussprüfer oder Prüfungsgesellschaften, die bei Unternehmen von öffentlichem Interesse eine Abschlussprüfung durchführen, dem Prüfungsausschuss neben dem Bestätigungsvermerk einen zusätzlichen Bericht vorzulegen, der in schriftlicher Form zu verfassen ist. Art 11 Abs 2 der Verordnung (EU) Nr 537/2014 normiert dabei den Mindestinhalt dieses Berichts.

IV. Lage- und Konzernlagebericht (Abs 3)

§ 269 Abs 3 enthält Gegenstand und Umfang der Prüfung des Lageberichts, des Konzernlageberichts sowie eines etwaigen Corporate-Governance-Berichts. Der Lagebericht und der Konzernlagebericht sind darauf zu prüfen, ob sie mit dem Jahresabschluss bzw mit dem Konzernabschluss in Einklang stehen und ob der Lagebericht und der Konzernlagebericht nach den geltenden rechtlichen Bestimmungen aufgestellt wurden. Der Umfang der Prüfung des Corporate-Governance-Berichts beschränkt sich auf die Prüfung, ob dieser aufgestellt wurde.

V. Nachträgliche Änderungen (Abs 4)

§ 269 Abs 4 regelt – inhaltlich unverändert gegenüber § 268 Abs 3 aF –, wie vorzugehen ist, wenn der Jahresabschluss, der Konzernabschluss, der Lagebericht oder der Konzernlagebericht nach Vorlage des Prüfungsberichts geändert werden. In diesem Fall ist die Änderung dem Prüfer bekannt zu geben, der sie mit ihren Auswirkungen zu prüfen hat. Über das Ergebnis der Prüfung ist zu berichten. Der Bestätigungsvermerk ist entsprechend zu ergänzen bzw zu ändern.

VI. Reichweite der Abschlussprüfung (Abs 5)

Mit § 269 Abs 5 wird die inhaltliche Reichweite der Abschlussprüfung eingeschränkt. Nach dieser Bestimmung umfasst die Abschlussprüfung keine Zusicherung des künftigen Fortbestands der geprüften Gesellschaft, wenngleich es den Grundsatz der Going-concern-Bewertung in § 201 Abs 2 Z 2 gibt, oder der Wirtschaftlichkeit oder Wirksamkeit der bisherigen oder zukünftigen Geschäftsführung.

Internationale Prüfungsstandards

§ 269a.

Wenn und soweit die Europäische Kommission internationale Prüfungsstandards übernommen hat, sind Abschlussprüfungen und Konzernabschlussprüfungen unter Beachtung dieser Grundsätze durchzuführen.

Bestellung und Abberufung des Abschlußprüfers

§ 270.

(1) Der Abschlussprüfer des Jahresabschlusses wird von den Gesellschaftern gewählt; den Abschlussprüfer des Konzernabschlusses wählen die Gesellschafter des Mutterunternehmens. Wenn ein Aufsichtsrat besteht, hat dieser einen Vorschlag für die Wahl des Abschlussprüfers zu erstatten. *Eine Vereinbarung, die die Wahlmöglichkeiten auf bestimmte Kategorien oder Listen von Abschlussprüfern beschränkt, ist nichtig.* Die Aufsichtsratsmitglieder sind zur Teilnahme an der Hauptversammlung (Generalversammlung), die über die Bestellung des Abschlussprüfers zu entscheiden hat, einzuladen. Der Abschlussprüfer soll jeweils vor Ablauf des Geschäftsjahrs gewählt werden, auf das sich seine Prüfungstätigkeit erstreckt. Der Aufsichtsrat hat unverzüglich nach der Wahl mit dem gewählten Prüfer den Vertrag über die Durchführung der Abschlussprüfung abzuschließen und das Entgelt zu vereinbaren. Falls kein Aufsichtsrat besteht, wird die Gesellschaft durch ihre gesetzlichen Vertreter vertreten. Das Entgelt hat in einem angemessenen Verhältnis zu den Aufgaben des Prüfers und dem voraussichtlichen Umfang der Prüfung zu stehen. Der Prüfungsvertrag und die Höhe des vereinbarten Entgelts dürfen an keinerlei Voraussetzungen oder Bedingungen geknüpft werden und nicht davon abhängen, ob der Prüfer neben der Prüfungstätigkeit zusätzliche Leistungen für die geprüfte Gesellschaft erbringt.

(1a) Ein Wirtschaftsprüfer oder eine Wirtschaftsprüfungsgesellschaft, der oder die in einen Wahlvorschlag aufgenommen werden soll, hat vor Erstattung dieses Wahlvorschlags durch den Aufsichtsrat beziehungsweise vor der Wahl durch die Gesellschafter eine nach Leistungskategorien gegliederte Aufstellung über das für das vorangegangene Geschäftsjahr von der Gesellschaft erhaltene Entgelt vorzulegen und über seine (ihre) Einbeziehung in *das durch das Abschlussprüfer-Aufsichtsgesetz (BGBl I Nr. 43/2016) eingerichtete System der externen Qualitätssicherung und die aufrechte Registrierung* zu berichten. Darüber hinaus hat er (sie) alle Umstände darzulegen und zu dokumentieren, die seine (ihre) Befangenheit oder Ausgeschlossenheit begründen könnten sowie jene Schutzmaßnahmen, die getroffen worden sind, um eine unabhängige und unbefangene Prüfung sicherzustellen. Sofern aufgrund gesetzlicher Verpflichtung ein Prüfungsausschuss besteht, ist diesem schriftlich zu berichten.

(2) Als Abschlußprüfer des Konzernabschlusses gilt, wenn kein anderer Prüfer bestellt wird, der Prüfer als bestellt, der für die Prüfung des in den Konzernabschluß einbezogenen Jahresabschlusses des Mutterunternehmens bestellt worden ist, wenn er die Voraussetzungen gemäß § 268 Abs. 4 erfüllt. Erfolgt die Einbeziehung auf Grund eines Zwischenabschlusses, so gilt, wenn kein anderer Prüfer bestellt wird, der Prüfer als bestellt, der für die Prüfung des letzten vor dem Konzernabschlußstichtag aufgestellten Jahresabschlusses des Mutterunternehmens bestellt worden ist.

(3) Auf Antrag der gesetzlichen Vertreter, des Aufsichtsrats, von Gesellschaftern, deren Anteile zusammen *fünf Prozent der Stimmrechte oder des Nennkapitals* oder den anteiligen Betrag von 350 000 Euro erreichen, *oder der Abschlussprüferaufsichtsbehörde*, hat der zur Ausübung der Gerichtsbarkeit in Handelssachen be-

rufene Gerichtshof erster Instanz im Verfahren außer Streitsachen nach Anhörung der Beteiligten und des gewählten Prüfers einen anderen Abschlussprüfer zu bestellen, wenn dies aus einem in der Person des gewählten Prüfers liegenden wichtigen Grund geboten erscheint, insbesondere wenn ein Ausschlussgrund vorliegt oder sonst die Besorgnis einer Befangenheit besteht. Der Antrag ist binnen einem Monat nach dem Tag der Wahl des Abschlussprüfers zu stellen; Gesellschafter können den Antrag nur stellen, wenn sie gegen die Wahl des Abschlussprüfers bei der Beschlussfassung Widerspruch erklärt haben. Wird ein Ausschluss- oder Befangenheitsgrund erst nach der Wahl bekannt oder tritt er erst nach der Wahl ein, ist der Antrag binnen einem Monat nach dem Tag zu stellen, an dem der Antragsberechtigte Kenntnis davon erlangt hat oder ohne grobe Fahrlässigkeit hätte erlangen können. Stellen Aktionäre den Antrag, so haben sie glaubhaft zu machen, dass sie seit mindestens drei Monaten vor dem Tag der Hauptversammlung Inhaber der Aktien sind. Zur Glaubhaftmachung genügt eine eidesstättige Erklärung vor einem Notar. Unterliegt die Gesellschaft einer staatlichen Aufsicht, so kann auch die Aufsichtsbehörde den Antrag stellen. Der Antrag kann nach Erteilung des Bestätigungsvermerks, im Fall einer Nachtragsprüfung nach § 269 Abs. 4 nach Ergänzung des Bestätigungsvermerks, nicht mehr gestellt werden. Wegen eines Verstoßes gegen §§ 271 Abs. 1 bis 5, 271a oder 271b kann weder eine Nichtigkeits- noch eine Anfechtungsklage erhoben werden.

(4) Ist der Abschlußprüfer bis zum Ablauf des Geschäftsjahrs nicht gewählt worden, so hat der für den Sitz des Mutterunternehmens zuständige, zur Ausübung der Gerichtsbarkeit in Handelssachen berufene Gerichtshof erster Instanz im Verfahren außer Streitsachen auf Antrag der gesetzlichen Vertreter, mindestens zweier Mitglieder des Aufsichtsrats oder eines Gesellschafters den Abschlußprüfer zu bestellen. Gleiches gilt, wenn ein gewählter Abschlußprüfer den Abschluss des Prüfungsvertrags abgelehnt hat, weggefallen ist oder am rechtzeitigen Abschluß der Prüfung verhindert ist und ein anderer Abschlußprüfer nicht gewählt worden ist. Die gesetzlichen Vertreter sind verpflichtet, den Antrag zu stellen. Die Bestellung des Abschlußprüfers ist unanfechtbar.

(5) Der vom Gericht bestellte Abschlußprüfer hat Anspruch auf Ersatz der notwendigen baren Auslagen und auf angemessene Entlohnung für seine Tätigkeit.

(6) Der Abschlußprüfer kann den Prüfungsvertrag nur aus wichtigem Grund kündigen. Als wichtiger Grund ist es nicht anzusehen, wenn Meinungsverschiedenheiten zwischen Gesellschaft und Abschlußprüfer bestehen. Die Kündigung bedarf der Schriftform und ist zu begründen. Der Abschlußprüfer hat über das Ergebnis seiner bisherigen Prüfung zu berichten. § 273 ist entsprechend anzuwenden. Die zu prüfende Gesellschaft kann den Prüfungsvertrag nicht kündigen. Liegt auf Seiten des Prüfers ein wichtiger Grund vor, der seine Abberufung rechtfertigt, so ist Abs. 3 entsprechend anzuwenden.

(7) Kündigt der Abschlußprüfer den Prüfungsvertrag gemäß Abs. 6 *oder wird dieser aus anderen Gründen beendet*, so ist ein Abschlußprüfer von den Gesellschaftern unverzüglich zu wählen. Der bisherige Abschlußprüfer hat seinen Bericht unverzüglich dem Vorstand und den Mitgliedern des Aufsichtsrats vorzulegen.

- *ErlRV zu § 270 Abs 3*
  Siehe ErlRV zu § 268 Abs 3.

- *ErlRV zum APRÄG 2016*
  Zu Abs. 1:
  Mit der Ergänzung in § 270 Abs. 1 UGB wird Art. 37 Abs. 3 Abschlussprüfungs-RL umgesetzt. Damit sollen Vertragsklauseln verboten werden, die die Auswahl des Abschlussprüfers beeinflussen könn-

ten. Für Unternehmen von öffentlichem Interesse kommt unmittelbar Art. 16 Abs. 6 Abschlussprüfungs-VO zur Anwendung, der eine ganz ähnlich formulierte parallele Anordnung enthält. Darin wird jede solche mit einem Dritten vereinbarte Vertragsklausel für nichtig erklärt. Die sich darüber hinaus für Unternehmen von öffentlichem Interesse aus Art. 16 Abs. 6 Unterabs. 2 ergebende Meldepflicht von Beeinflussungsversuchen an die zuständige Behörde sollte nicht auf andere Unternehmen ausgedehnt werden. Selbstverständlich können jedoch auch Unternehmen, die nicht in den Anwendungsbereich der Abschlussprüfungs-VO fallen, Meldungen aus eigenem Antrieb erstatten.

Zu Abs. 3:

Die Änderung in § 270 Abs. 3 UGB dient der Umsetzung von Art. 38 Abs. 3 lit. a Abschlussprüfungs-RL, wonach Anteilseignern, die mindestens 5 Prozent der Stimmrechte oder des Grundkapitals halten, das Recht einzuräumen ist, die Abberufung des Abschlussprüfers aus einem triftigen Grund vor dem nationalen Gericht zu beantragen. Diese Regelung wird in die allgemeine Bestimmung des § 270 Abs. 1 UGB eingefügt (vgl. auch § 2 GenRevG). Neu gefasst werden daher lediglich die für einen Gesellschafterantrag bestehenden Voraussetzungen. In Zukunft werden (mit Blick auf Vorzugsaktien) Anteile an Stimmrechten jenen am Nennkapital gleichgesetzt und einer Minderheit von zusammen 5 Prozent das Antragsrecht eingeräumt. Unverändert bleibt die Alternative des Erreichens eines anteiligen Betrages von 350 000 Euro.

Zudem wird in Umsetzung von Art. 38 Abs. 3 lit. c Abschlussprüfungs-RL auch der Abschlussprüferaufsichtsbehörde als Legalpartei (§ 2 Abs. 1 Z 4 AußStrG) dieses Antragsrecht eingeräumt.

Zu Abs. 7:

Unabhängig vom Grund der Beendigung des Prüfungsvertrags ist unverzüglich ein neuer Abschlussprüfer zu wählen und der bisherige Prüfer zur Berichterstattung an Vorstand und Aufsichtsrat verpflichtet.

Höchstlaufzeit der fortlaufenden Bestellung bei Gesellschaften von öffentlichem Interesse

§ 270a.

Sofern bei Gesellschaften im Sinn des § 189a Z 1 lit. a und lit. d die fortlaufende Bestellung des Abschlussprüfers erstmalig für ein Geschäftsjahr erfolgt ist, das zwischen dem 17. Juni 2003 und dem 15. Juni 2014 begonnen hat, so verlängert sich die Höchstlaufzeit seiner fortlaufenden Bestellung gemäß Art. 17 Abs. 1 Unterabs. 2 der Verordnung (EU) Nr. 537/2014,

1. *auf 20 Jahre, wenn der Wahl für das erste nach dem 16. Juni 2016 beginnende zu prüfende Geschäftsjahr, mit dem die Höchstlaufzeit des Art. 17 Abs. 1 Unterabs. 2 der Verordnung (EU) Nr. 537/2014 überschritten ist, ein im Einklang mit Art. 16 Abs. 2 bis 5 dieser Verordnung durchgeführtes öffentliches Ausschreibungsverfahren vorausgeht;*

2. *auf 24 Jahre, wenn ab dem ersten nach dem 16. Juni 2016 beginnenden zu prüfenden Geschäftsjahr, mit welchem die Höchstlaufzeit des Art. 17 Abs. 1 Unterabs. 2 der Verordnung (EU) Nr. 537/2014 überschritten ist, mehrere Abschlussprüfer gemeinsam bestellt werden.*

- *ErlRV zum AbRÄG 2016*

  Art. 17 Abs. 1 bis 6 Abschlussprüfungs-VO limitiert die Höchstlaufzeit von Prüfungsmandaten für Abschlussprüfer und Prüfungsgesellschaften von Unternehmen von öffentlichem Interesse (sog. externe Rotation). Externe Rotation bedeutet, dass nach einer bestimmten Zeit der Abschlussprüfer gewechselt werden muss; ist eine Wirtschaftsprüfungsgesellschaft Abschlussprüfer, so ist die Gesellschaft von der Prüfung ausgeschlossen. Wenn in der Folge entsprechend der Terminologie des UGB nur „der Abschlussprüfer" genannt wird, sind damit auch Prüfungsgesellschaften umfasst, die in der Praxis wohl fast alle PIE-Prüfungen durchführen.

  Nach Art. 17 Abs. 1 der Abschlussprüfungs-VO gilt das erste Mandat für ein Jahr und kann verlängert werden, insgesamt darf jedoch eine Höchstlaufzeit von zehn Jahren nicht überschritten werden. Die Dauer des Prüfungsmandats berechnet sich vom ersten Geschäftsjahr an, das im Auftragsschreiben umfasst ist, in dem der Abschlussprüfer erstmals für die Durchführung von aufeinander folgenden Abschlussprüfungen bei demselben Unternehmen von öffentlichem Interesse bestellt wurde (Art. 17 Abs. 8 Abschlussprüfungs-VO). Es ist daher von einer Höchstlaufzeit von zehn Geschäftsjahren auszugehen, was nicht zwingend auch zehn Kalenderjahre bedeutet.

  Nach Erreichen der Höchstlaufzeit dürfen weder der Abschlussprüfer (die Prüfungsgesellschaft) noch gegebenenfalls Mitglieder des Netzwerkes innerhalb der EU für die Dauer von vier Jahren („cooling-off-period") Abschlussprüfungen bei demselben Unternehmen von öffentlichem Interesse durchführen (Art. 17 Abs. 3 Abschlussprüfungs-VO).

Die Mitgliedstaaten könnten nach Art. 17 Abs. 2 lit. a Abschlussprüfungs-VO vorsehen, dass das erste Mandat eine Laufzeit von mehr als einem Jahr hat. Die Bestellung des Abschlussprüfers gilt nach geltender Rechtslage für ein Geschäftsjahr einschließlich allfälliger auf dieses bezogene Nachtragsprüfungen; eine längere Bestellung ist qua § 270 Abs. 1 Satz 4 jedoch unzulässig (*Völkl* in *Straube*, UGB UGB II/RLG³ § 270 Rz 16 mwN). In diese Rechtslage soll nicht eingegriffen werden, zumal nur eine zwingende Mandatsverlängerung möglich wäre. Die Abschlussprüfungs-VO erlaubt es nicht, eine mehrjährige Bestellung vertraglich zu vereinbaren.

Zur Beurteilung der Frage, ob und in welche Richtung die Rotationsfrist modifiziert werden sollte, kann neben der umfangreichen Fachliteratur zu diesem Thema auch auf das (schon im Vorfeld zum GesRÄG 2005) auf Einladung des Bundesministeriums für Justiz durchgeführte Expertenhearing zu den Vor- und Nachteilen der externen Rotation zurückgegriffen werden, an dem Vertreter der Lehre und Praxis in Österreich und Deutschland teilnahmen. Das Hearing bestätigte einerseits das aus der Literatur bekannte Argument, wonach für die externe Rotation die Unbefangenheit eines neuen Abschlussprüfers und die geringere wirtschaftliche Abhängigkeit des Prüfers (der sein Mandat nach einer bestimmten Zeit ohnehin abgeben muss) spricht. Zudem führt die externe Rotation dazu, dass der neue Abschlussprüfer in gewisser Weise die Arbeit des alten Prüfers kontrolliert. Als Argument gegen die externe Rotation wurde aber andererseits der erhöhte Arbeitsaufwand bei der Übernahme eines neuen Mandats genannt, die zu einem großen Kostenaufwand für das geprüfte Unternehmen führt. Durch die Notwendigkeit zur Einarbeitung des neuen Abschlussprüfers wird Arbeitskraft im Unternehmen für die notwendigerweise intensivere Zusammenarbeit und den verstärkten Informationsaustausch mit dem neuen Abschlussprüfer gebunden. Weiters weisen Untersuchungen auf eine erhöhte Fehleranfälligkeit der Abschlussprüfung in den ersten Jahren nach Übernahme des Mandates hin. Im Konzern kann sich der Standort für Tochterunternehmen verteuern, wenn aufgrund der externen Rotation in einem Land eine andere Abschlussprüfungsgesellschaft als die der Konzernmutter gewählt werden muss (ErläutRV 927 BlgNR 22. GP 16).

Die externe Rotation ist einer von mehreren Faktoren zur Sicherung der Unabhängigkeit des Abschlussprüfers. Die Abschlussprüfungs-VO sieht auch zahlreiche weitere Maßnahmen vor, die das Ziel verfolgen, die Unabhängigkeit des Abschlussprüfers zu stärken und die Qualität und Zuverlässigkeit der Abschlussprüfung zu sichern. Hier sind insbesondere die Beschränkung der Prüfungshonorare nach Art. 4 Abschlussprüfungs-VO und das weitreichende Verbot der Erbringung von Nichtprüfungsleistungen nach Art. 5 Abschlussprüfungs-VO zu nennen, aber auch die verstärkte Zusammenarbeit des Abschlussprüfers mit dem Prüfungsausschuss, etwa durch den in Art. 11 Abschlussprüfungs-VO vorgesehenen zusätzlichen Bericht an den Prüfungsausschuss.

Art. 41 Abschlussprüfungs-VO enthält in drei Absätzen Übergangsregelungen für die externe Rotation. Es wird daran angeknüpft, wie lange im Zeitpunkt des Inkrafttretens der Abschlussprüfungs-VO bereits ein ununterbrochenes Prüfungsmandat eines bestimmten Abschlussprüfers, also in aller Regel einer bestimmten Prüfungsgesellschaft, bestanden hat. Daraus wird abgeleitet, wie lange das Prüfungsmandat noch erneuert werden darf. Art. 41 differenziert nach drei Kategorien:

War am 16. Juni 2014 bereits seit 20 oder mehr Jahren ununterbrochen ein bestimmter Abschlussprüfer bestellt, so darf dieser ab dem 17. Juni 2020 nicht mehr neuerlich bestellt werden (Abs. 1). Die Übergangsbestimmung umfasst damit ununterbrochene Prüfungsmandate, die am 16. Juni 1994 oder früher begonnen haben. Für Wiederbestellungen bis zum 17. Juni 2020 bestehen keine besonderen Voraussetzungen nach Art. 17 Abschlussprüfungs-VO.

War am 16. Juni 2014 bereits seit mehr als elf Jahren, aber weniger als seit 20 Jahren ununterbrochen ein bestimmter Abschlussprüfer bestellt, so darf dieser ab dem 17. Juni 2023 nicht mehr bestellt werden (Abs. 2). Davon umfasst sind also ununterbrochene Prüfungsmandate, die zwischen dem 17. Juni 1994 und dem 16. Juni 2003 begonnen haben.

Problematisch ist die Übergangsregelung des Art. 41 Abs. 3 der Abschlussprüfungs-VO:

Wurde ein Prüfungsmandat vor dem 16. Juni 2014 erteilt und besteht es noch am 17. Juni 2016, dann kann dieses (unbeschadet der Abs. 1 und 2) noch bis zum Ablauf der Höchstlaufzeit nach Art. 17 Abs. 1 der Abschlussprüfungs-VO weitergeführt werden. Art. 17 Abs. 4 der Abschlussprüfungs-VO (Verlängerungsmöglichkeit auf 20 bzw. 24 Jahre) findet Anwendung. Diese Übergangsbestimmung bezieht sich also auf Prüfungsmandate, die bei Inkrafttreten der Abschlussprüfungs-VO am 17. Juni 2014 kürzer als 11 Jahre gedauert und zwischen dem 17. Juni 2003 und dem 15. Juni 2014 begonnen haben.

Die Auslegung dieser Übergangsbestimmung ist insoweit schwierig, als aus ihr nicht klar hervorgeht, ab wann die angegebene Periode zu berechnen ist. Es könnte hier am ehesten auf Art. 17 Abs. 8 der Abschlussprüfungs-VO zurückgegriffen werden: Danach wird die Dauer des Prüfungsmandates vom ersten Geschäftsjahr an berechnet, das im Auftragsschreiben erfasst ist, in dem der Abschlussprüfer erstmals für die Durchführung von aufeinanderfolgenden Abschlussprüfungen bei demselben Unternehmen von öffentlichem Interesse bestellt wurde. Berechnet man die in der Übergangsbestimmung in Art. 41 Abs. 3 Abschlussprüfungs-VO angegebene Zeit nun entsprechend Art. 17 Abs. 8 der Abschlussprüfungs-VO, so dürfen Prüfungsmandate, die bei Wirksamwerden der Abschlussprüfungs-VO bereits über zehn Jahre angedauert haben (dh. Prüfungsmandate, die zwischen dem 17. Juni 2003 und dem 16. Juni 2006 begonnen haben), spätestens mit dem 16. Juni 2016 nicht mehr erneuert werden. Legt man eine solche Auslegung zugrunde, so würden diese Prüfungsmandate strenger behandelt als jene, die bereits länger gelaufen und damit von Abs. 1 oder 2 erfasst sind. Im Unterschied zu Abs. 1 und Abs. 2 wird jedoch in Abs. 3 der Art. 17 Abs. 4 der Abschlussprüfungs-VO für anwendbar erklärt. Dort wird das Mitgliedstaatenwahlrecht zur Verlängerung des Prüfungsmandates über die zehnjährige Höchstdauer des Art. 17 Abs. 1 hinaus geregelt.

Vor diesem Hintergrund schlägt der Entwurf zur Vermeidung von Härtefällen mit dem neu eingefügten § 270a UGB vor, auf dieses Wahlrecht zur Verlängerung des Prüfungsmandats in Form einer einmaligen Verlängerungsmöglichkeit zurückzugreifen. Den Gesellschaften von öffentlichem Interesse im Sinn des § 189a Z 1 lit. a und d UGB, die von Art. 41 Abs. 3 Abschlussprüfungs-VO erfasst sind (weil die fortlaufende Bestellung des Abschlussprüfers erstmalig für Geschäftsjahre erfolgt ist, die zwischen dem 17. Juni 2003 und dem 15. Juni 2014 begonnen haben), wird daher einmalig und zeitlich befristet die Möglichkeit eingeräumt, die Höchstdauer des Prüfungsmandats zu verlängern, wenn sie sich entweder für eine öffentliche Ausschreibung entscheiden (die zudem die Voraussetzungen des Art. 16 Abs. 2 bis 5 Abschlussprüfungs-VO erfüllt) oder für eine fortlaufende Bestellung von mehr als einem Abschlussprüfer (sog. joint audit).

Der Zeitpunkt, zu dem eine Ausschreibung notwendig wäre, bestimmt sich nach zwei Voraussetzungen: einerseits sind nur Geschäftsjahre betroffen, die nach Wirksamwerden der Abschlussprüfungs-VO beginnen (dh. nach dem 16. Juni 2016), andererseits muss die in Art. 17 Abs. 1 Abschlussprüfungs-VO vorgesehene Höchstlaufzeit von 10 Jahren überschritten sein. Im Ergebnis bedeutet dies, dass für die Fortsetzung von Prüfungsmandaten, die zwischen dem 17. Juni 2003 und dem 16. Juni 2006 begonnen haben (und damit bei Wirksamwerden der Abschlussprüfungs-VO bereits zehn bis knapp dreizehn Jahre gedauert haben), für das nach dem 16. Juni 2016 beginnende Geschäftsjahr eine Ausschreibung oder ein joint audit notwendig ist.

Kommentierung

Für Unternehmen, deren übertragbare Wertpapiere entsprechend § 189a Z 1 lit a zum Handel an einem geregelten Markt in der EU oder EWR zugelassen sind sowie für Unternehmen, die ungeachtet ihrer Rechtsform entsprechend § 189a Z 1 lit c als Unternehmen von öffentlichem Interesse bezeichnet werden, besteht entsprechend Art 17 Abschlussprüfungs-VO eine zeitliche Limitierung hinsichtlich der Bestellung desselben Abschlussprüfers (für Banken siehe § 60a BWG, für Versicherungsunternehmen § 139 VAG 2016). Nach längstens zehn Jahren hat eine **externe Rotation**, dh eine Bestellung eines anderen Prüfers, zu erfolgen. Mit § 270a wird eine **Übergangsregelung** geschaffen, die eine Verlängerung einer fortlaufenden Bestellung desselben Abschlussprüfers ermöglicht. Voraussetzung dafür ist, dass die erstmalige Bestellung des Abschlussprüfers, der seit damals ununterbrochen bestellt wird, für ein Geschäftsjahr erfolgt ist, das nicht vor dem 17. Juni 2003 begonnen hat. Erfolgte daher zB die erstmalige Bestellung zum Abschlussprüfer im Jahr 2002 für das Geschäftsjahr 1.1.2003 bis 31.12.2003, so ist die Übergangsregelung nicht anwendbar, beginnt das Geschäftsjahr hingegen zB am 1.7.2003, ist die Anwendung der Übergangsregelung möglich. Die Übergangsregelung ist nicht mehr anwendbar, wenn die erstmalige Bestellung für ein Geschäftsjahr erfolgt, das nach dem 15. Juni 2014 begonnen hat, somit zB am 1.7.2014.

Soweit ein ununterbrochen bestellter Abschlussprüfer aufgrund seiner erstmaligen Bestellung in den zeitlichen Anwendungsbereich der Übergangsfrist fällt, kann die Höchstlaufzeit seit erstmaliger Bestellung **längstens 20 Jahre verlängert** werden, wenn der Wahl zum Abschlussprüfer für das erste nach dem 16. Juni 2016 beginnende zu prüfende Geschäftsjahr, mit dem die allgemeine Höchstlaufzeit von zehn Jahren überschritten würde, ein entsprechend dem Art 16 Abs 2 bis 5 Abschlussprüfungs-VO entsprechendes öffentliches Ausschreibungsverfahren vorausgegangen ist. Erfolgte daher die erstmalige Bestellung für das Geschäftsjahr (= Kalenderjahr) 2004, ist die allgemeine Höchstlaufzeit des Art 17 Abschlussprüfungs-VO bereits mit Inkrafttreten des APRÄG 2016 abgelaufen, sodass bereits die Bestellung des Abschlussprüfers für 2017 auf Basis der genannten Ausschreibung erfolgen muss. Die 20-Jahresfrist des § 270a endet jedenfalls mit dem Jahresabschluss 2023. Sollte die erstmalige Bestellung für das Geschäftsjahr (= Kalenderjahr) 2010 erfolgt sein, endet die allgemeine Höchstlaufzeit des Art 17 Abschlussprüfungs-VO im Jahr 2019, sodass für die Abschlussprüfung 2020 als erstes Jahr nach Ablauf der allgemeinen Höchstlaufzeit das öffentliche Ausschreibungsverfahren erfolgen muss. Die 20-Jahrefrist des § 270a endet in diesem Fall mit dem Jahresabschluss 2029.

Eine **Verlängerung auf 24 Jahre** ist möglich, wenn ab dem erstmaligen Überschreiten der allgemeinen Höchstlaufzeit jährlich mehrere Abschlussprüfer (sog joint audit) bestellt werden. Für die zuvor genannten Beispiele bedeutet dies, dass ab 2017 bzw 2020 jährlich ein joint audit bestellt werden muss, damit aus Sicht des ursprünglichen Abschlussprüfers weiterhin eine Bestellung zulässig ist. Das joint audit endet spätestens mit dem Jahresabschluss 2027 bzw 2033.

Befangenheit und Ausgeschlossenheit

§ 271.

(1) Ein Wirtschaftsprüfer darf die Abschlussprüfung nicht durchführen, wenn *während des zu prüfenden Geschäftsjahres oder bis zur Abgabe des Bestätigungsvermerks* Gründe, insbesondere Beziehungen geschäftlicher, finanzieller oder persönlicher Art, vorliegen, nach denen die Besorgnis der Befangenheit besteht.

(2) Ein Wirtschaftsprüfer ist als Abschlussprüfer ausgeschlossen, wenn er *während des zu prüfenden Geschäftsjahres oder bis zur Abgabe des Bestätigungsvermerks*

1. Anteile an der zu prüfenden Gesellschaft oder an einem Unternehmen besitzt, das mit dieser Gesellschaft verbunden ist oder an dieser mindestens 20 von Hundert der Anteile besitzt, oder auf Erwerb, Verwaltung und Veräußerung derartiger Anteile maßgeblichen Einfluss hat;

2. gesetzlicher Vertreter oder Mitglied des Aufsichtsrats oder Arbeitnehmer der zu prüfenden Gesellschaft oder eines Unternehmens ist, das mit dieser Gesellschaft verbunden ist oder an dieser mindestens 20 von Hundert der Anteile besitzt, oder diese Tatbestände innerhalb von 24 Monaten vor dem Beginn des zu prüfenden Geschäftsjahrs erfüllt hat;

3. über keine *Registrierung gemäß § 52 APAG* verfügt;

4. bei der zu prüfenden Gesellschaft oder für die zu prüfende Gesellschaft *[...]*

   a) bei der Führung der Bücher oder der Aufstellung des zu prüfenden Jahresabschlusses über die Prüfungstätigkeit hinaus mitgewirkt hat,

   b) bei der internen Revision mitgewirkt hat,

   c) Managementaufgaben übernommen hat oder in das Treffen von Entscheidungen, insbesondere über die Auswahl der gesetzlichen Vertreter oder der im Bereich der Rechnungslegung leitenden Angestellten, einbezogen war,

   d) Bewertungsleistungen oder versicherungsmathematische Dienstleistungen erbracht hat, die sich auf den zu prüfenden Jahresabschluss nicht nur unwesentlich auswirken;

5. gesetzlicher Vertreter, Mitglied des Aufsichtsrats oder Gesellschafter einer juristischen Person oder einer Personengesellschaft, Arbeitnehmer einer natürlichen oder juristischen Person oder einer Personengesellschaft ist, sofern die natürliche oder juristische Person, die Personengesellschaft oder einer ihrer Gesellschafter gemäß Z 4 nicht Abschlussprüfer der zu prüfenden Gesellschaft sein darf;

6. bei der Prüfung eine Person beschäftigt, die gemäß Z 1, 2, 4 oder 5 nicht Abschlussprüfer sein darf;

7. in den letzten fünf Jahren jeweils mindestens 30 von Hundert der Gesamteinnahmen aus seiner beruflichen Tätigkeit aus der Prüfung und Beratung der zu prüfenden Gesellschaft oder von mit dieser verbundenen Unternehmen oder von Unternehmen, an denen die zu prüfende Gesellschaft mindestens 20 von Hundert der Anteile besitzt, bezogen hat, wenn dies auch im laufenden Geschäftsjahr zu erwarten ist.

(3) Ein Wirtschaftsprüfer ist als Abschlussprüfer ferner ausgeschlossen, wenn er seinen Beruf zusammen mit einer gemäß Abs. 2 Z 1, 2, 4, 5, 6 oder 7 ausgeschlossenen Person ausübt oder gemeinsam mit dieser im Rahmen gemeinsamer Berufsausübung die Voraussetzung des Abs. 2 Z 7 erfüllt.

(4) Eine Wirtschaftsprüfungsgesellschaft gilt bei der Abschlussprüfung als befangen, wenn der den Bestätigungsvermerk unterzeichnende Wirtschaftsprüfer oder eine für ihn tätige Person, die eine maßgeblich leitende Funktion bei der Prüfung ausübt, nach Abs. 1 befangen ist. Eine Wirtschaftsprüfungsgesellschaft ist von der Abschlussprüfung ausgeschlossen, wenn sie selbst, einer ihrer gesetzlichen Vertreter, ein Gesellschafter, ein mit ihr verbundenes Unternehmen oder eine von ihr bei der Prüfung beschäftigte Person nach Abs. 2 Z 1, 2, 4, 5, 6 oder 7 ausgeschlossen ist, oder einer ihrer Gesellschafter an einer ausgeschlossenen Gesellschaft beteiligt ist, oder jemand, der zumindest mittelbar an der Wirtschaftsprüfungsgesellschaft beteiligt ist, auch an einer ausgeschlossenen Gesellschaft mit mehr als fünf von Hundert zumindest mittelbar beteiligt ist. Eine Wirtschaftsprüfungsgesellschaft ist ferner ausgeschlossen, wenn sie über keine *Registrierung gemäß § 52 APAG* verfügt.

(5) Die Abs. 1 bis 4 sind auf den Konzernabschlussprüfer sinngemäß anzuwenden.

(6) Weiß der Abschlussprüfer, dass er ausgeschlossen oder befangen ist, so gebührt ihm für dennoch erbrachte Leistungen kein Entgelt. Dies gilt auch, wenn er seine Ausgeschlossenheit erkennen hätte müssen oder wenn er grob fahrlässig seine Befangenheit nicht erkannt hat.

- *ErlRV zum APRÄG 2016*

  Die Unabhängigkeitsbestimmung des neu gefassten Art. 22 Abschlussprüfungs-RL wird in den §§ 271 und 271a umgesetzt.

  Der grundsätzliche Aufbau der Unabhängigkeitsregeln, wonach der allgemeine Tatbestand der Besorgnis der Befangenheit in § 271 Abs. 1 durch konkrete Ausschlussgründe in § 271 Abs. 2 und § 271a UGB ergänzt wird, wird beibehalten. Aufbauend darauf wird nun auch der Zeitraum definiert, in dem die Unabhängigkeit des Abschlussprüfers gegeben sein muss. Die Unabhängigkeit muss zumindest sowohl in dem Zeitraum vorliegen, auf den sich die zu prüfenden Abschlüsse beziehen, als auch auf die Dauer der Abschlussprüfung (Art. 22 Abs. 1 Unterabs. 2 Abschlussprüfungs-RL) Dabei wird klargestellt, dass die Abschlussprüfung mit der Abgabe des Bestätigungsvermerks endet, also in jenem Zeitpunkt, in dem dieser erstmals die Sphäre des Abschlussprüfers verlässt und dem Vorstand vorgelegt oder an die Aufsichtsratsmitglieder abgesendet wird. Es kommt dabei darauf an, dass der Abschlussprüfer den Bestätigungsvermerk nachweislich an einen Adressaten absendet bzw. übergibt. Unmaßgeblich ist der tatsächliche Zugang, also ob oder wann eine vollständige Zustellung an alle Adressaten erfolgte. Bei Durchführung einer allfälligen Nachtragsprüfung ist neu zu prüfen, ob die Unabhängigkeit nach wie vor gegeben ist.

  Die Abschlussprüfungs-RL dehnt den Kreis der Personen, die bei der Durchführung einer Abschlussprüfung vom geprüften Unternehmen unabhängig sein müssen und nicht in dessen Entscheidungsprozesse eingebunden sein dürfen, auf jede natürliche Person aus, die in der Lage ist, das Ergebnis der Abschlussprüfung direkt oder indirekt zu beeinflussen. Aufgrund der weiten Formulierung des Auffangtatbestandes in § 271 Abs. 1 UGB ist dieser erweiterte Personenkreis von der bestehenden Regelung bereits umfasst.

  Die Abschlussprüfungs-RL zählt zudem beispielhaft Gefahren für die Unabhängigkeit des Abschlussprüfers auf. Nach Art. 1 Unterabs. 4 Abschlussprüfungs-RL darf der Abschlussprüfer oder die Prüfungsgesellschaft die Abschlussprüfung nicht durchführen, wenn eine Gefahr der Selbstüberprüfung, des Eigeninteresses, der Interessenvertretung, der Vertrautheit oder der Einschüchterung aufgrund einer Beziehung finanzieller, persönlicher oder geschäftlicher Art, eines Beschäftigungsverhältnisses oder anderer Beziehungen zwischen

  - dem Abschlussprüfer, der Prüfungsgesellschaft, deren Netzwerk sowie jeder natürlichen Person, die in der Lage ist, das Ergebnis der Abschlussprüfung zu beeinflussen, und
  - dem geprüften Unternehmen

  besteht, sofern bei einem verständigen Dritten selbst unter Anwendung von Schutzmaßnahmen der Eindruck der Befangenheit entstehen würde. § 271 Abs. 1 UGB strebt keine wortgetreue Übernahme der Richtlinienbestimmung an, sondern hält an der Bündelung sämtlicher Kriterien in einer allgemeinen und umfassenden Formulierung fest. In diesem Sinne waren auch bisher schon die nun explizit in der Abschlussprüfungs-RL aufgezählten Fälle von der Generalklausel des § 271 Abs. 1 UGB umfasst. Die Generalklausel soll trotz der vielen Sondertatbestände beibehalten werden.

Kommentierung

Mit der Novelle durch das APRÄG 2016 erfolgt eine Präzisierung des Zeitraums, hinsichtlich dessen die Befangenheits- und Ausschlussgründe vorliegen müssen, nämlich „während des zu prüfenden Geschäftsjahres oder bis zur Abgabe des Bestätigungsvermerks". Somit wären Ausschluss- oder Befangenheitsgründe, die vor Beginn des zu prüfenden Geschäftsjahres wegfallen, kein Hindernis für die Annahme des Prüfungsauftrags.

Die Zertifizierung nach dem A-QSG wird durch die Registrierung nach dem APAG ersetzt, sodass entsprechende Anpassungen im UGB erforderlich sind.

Ausschlussgründe bei fünffach großen Gesellschaften und Gesellschaften von öffentlichem Interesse

§ 271a.

(1) Ein Wirtschaftsprüfer ist als Abschlussprüfer ~~einer Gesellschaft im Sinn des § 221 Abs. 3 zweiter Satz sowie~~ einer großen Gesellschaft, bei der das Fünffache eines der in Euro ausgedrückten Größenmerkmale einer großen Gesellschaft (§ 221 Abs. 3 erster Satz in Verbindung mit Abs. 4 bis 6) überschritten wird, neben den in § 271 Abs. 2 genannten Gründen ausgeschlossen, wenn er

1. in den letzten fünf Jahren jeweils mindestens 15 von Hundert der Gesamteinnahmen aus seiner beruflichen Tätigkeit aus der Prüfung und Beratung der zu prüfenden Gesellschaft oder von mit dieser verbundenen Unternehmen oder von Unternehmen, an denen die zu prüfende Gesellschaft mindestens 20 von Hundert der Anteile besitzt, bezogen hat, wenn dies auch im laufenden Geschäftsjahr zu erwarten ist;

2. in dem zu prüfenden Geschäftsjahr über die Prüfungstätigkeit hinaus für die zu prüfende Gesellschaft Rechts- oder Steuerberatungsleistungen erbracht hat, die über das Aufzeigen von Gestaltungsalternativen hinausgehen und die sich auf den Jahresabschluss nicht nur unwesentlich auswirken;

3. in dem zu prüfenden Geschäftsjahr für die zu prüfende Gesellschaft bei der Entwicklung, Installation und Einführung von Rechnungslegungsinformationssystemen mitgewirkt hat;

4. einen Bestätigungsvermerk gemäß § 274 über die Prüfung des Jahresabschlusses der Gesellschaft bereits in *sieben* Fällen gezeichnet hat; dies gilt nicht nach einer Unterbrechung der Prüfungstätigkeit für zumindest *drei* aufeinander folgende Geschäftsjahre

(2) Ein Wirtschaftsprüfer ist als Abschlussprüfer einer in Abs. 1 genannten Gesellschaft neben den in § 271 Abs. 2 und 3 genannten Gründen ferner ausgeschlossen, wenn er seinen Beruf zusammen mit einer gemäß Abs. 1 Z 2 oder 3 ausgeschlossenen Person ausübt oder gemeinsam mit dieser im Rahmen gemeinsamer Berufsausübung die Voraussetzung des Abs. 1 Z 1 erfüllt.

(3) Eine Wirtschaftsprüfungsgesellschaft ist von der Abschlussprüfung einer in Abs. 1 genannten Gesellschaft neben den in § 271 Abs. 4 genannten Gründen ausgeschlossen, wenn sie selbst, einer ihrer gesetzlichen Vertreter, ein Gesellschafter, ein mit ihr verbundenes Unternehmen oder eine von ihr bei der Prüfung beschäftigte Person nach Abs. 1 ausgeschlossen ist, oder einer ihrer Gesellschafter an einer ausgeschlossenen Gesellschaft beteiligt ist, oder jemand, der zumindest mittelbar an der Wirtschaftsprüfungsgesellschaft beteiligt ist, auch an einer ausgeschlossenen Gesellschaft mit mehr als fünf von Hundert

zumindest mittelbar beteiligt ist. Abs. 1 Z 4 findet dabei mit der Maßgabe Anwendung, dass von der Prüfung der den Bestätigungsvermerk unterzeichnende Wirtschaftsprüfer nach Abs. 1 Z 4 ausgeschlossen wäre; dies gilt sinngemäß für eine für ihn tätige Person, die eine maßgeblich leitende Funktion bei der Prüfung ausübt.

(4) Die Abs. 1 bis 3 sind auf den Konzernabschlussprüfer sinngemäß anzuwenden. Ausgeschlossen sind darüber hinaus Personen, die gemäß Abs. 1 Z 4 von der Prüfung eines bedeutenden verbundenen Unternehmens ausgeschlossen sind, sowie Wirtschaftsprüfungsgesellschaften, die gemäß Abs. 3 in Verbindung mit Abs. 1 Z 4 von der Prüfung eines bedeutenden verbundenen Unternehmens ausgeschlossen sind.

(5) Abweichend von Abs. 1 bis 4 ist ein Wirtschaftsprüfer oder eine Wirtschaftsprüfungsgesellschaft als Abschlussprüfer einer Gesellschaft von öffentlichem Interesse nach den in § 271 Abs. 2 genannten Gründen ausgeschlossen, sofern sich nicht aus der Verordnung (EU) Nr. 537/2014 oder den Abs. 6 bis Abs. 8 anderes ergibt.

(6) Abweichend von Art. 5 Abs. 1 Unterabs. 2 der Verordnung (EU) Nr. 537/2014 darf der Abschlussprüfer in Gesellschaften im Sinn des § 189a Z 1 lit. a und lit. d Steuerberatungsleistungen gemäß Art. 5 Abs. 1 Unterabs. 2 lit. a (i) und (iv) bis (vii) Verordnung (EU) Nr. 537/2014 oder Bewertungsleistungen gemäß Art. 5 Abs. 1 Unterabs. 2 lit. f Verordnung (EU) Nr. 537/2014 erbringen, wenn

1. diese Leistungen in dem Geschäftsjahr, für dessen Schluss der zu prüfende Jahresabschluss aufzustellen ist, einzeln oder zusammen keine direkten oder nur unwesentliche Auswirkungen auf die geprüften Abschlüsse haben,

2. der Prüfungsausschuss diese Leistungen unter Bedachtnahme auf die Unabhängigkeit des Abschlussprüfers und die angewendeten Schutzmaßnahmen genehmigt und

3. der Abschlussprüfer die Auswirkungen dieser Leistungen auf den zu prüfenden Jahresabschluss im zusätzlichen Bericht an den Prüfungsausschuss darstellt und erläutert.

(7) Die Abschlussprüferaufsichtsbehörde kann den Abschlussprüfer einer Gesellschaft im Sinn des § 189a Z 1 lit. a und lit. d auf dessen Antrag ausnahmsweise und unter Bedachtnahme auf seine weiter bestehende Unabhängigkeit von den Anforderungen des Art. 4 Abs. 2 Unterabs. 1 der Verordnung (EU) Nr. 537/2014 für höchstens zwei Geschäftsjahre ausnehmen. Der weitere Zeitraum gemäß Art. 4 Abs. 3 Unterabs. 2 der Verordnung (EU) Nr. 537/2014 darf ein Jahr nicht überschreiten.

(8) Abweichend von Art. 17 Abs. 7 erster und zweiter Satz der Verordnung (EU) Nr. 537/2014 hat der für die Durchführung der Abschlussprüfung verantwortliche Abschlussprüfer seine Teilnahme an der Abschlussprüfung einer Gesellschaft im Sinn des § 189a Z 1 lit. a und lit. d spätestens nach fünf Geschäftsjahren zu beenden.

- *ErlRV zum APRÄG 2016*

  Die Änderungen des § 271a UGB sind dem Umstand geschuldet, dass die Ausschlussgründe für Abschlussprüfer von Unternehmen von öffentlichem Interesse in Zukunft – neben den Unabhängigkeitsregeln der Abschlussprüfungs-RL – durch die unmittelbar anwendbare Abschlussprüfungs-VO geregelt werden. Soweit die Abschlussprüfungs-VO strengere Regeln vorsieht, sollen diese nicht auch auf die anderen Gesellschaften (Unternehmen, die einerseits als große Gesellschaft im Sinn des § 221 Abs. 3 in Verbindung mit Abs. 4 einzuordnen sind und andererseits eines der in EUR angegebenen Größenkriterien um das Fünffache überschreiten) übertragen werden. Abs. 1 soll daher für diese Unternehmen (mit Ausnahme der Änderungen zur Rotation) wie bisher weiter gelten, während die notwendigen Anpassungen für Unternehmen von öffentlichem Interesse in den neu geschaffenen Abs. 5 bis 8 vorgeschlagen werden.

Zu Abs 1 und Abs 8:

Die bisherige Regelung des § 271a Abs. 1 Z 4 UGB legte für Gesellschaften von öffentlichem Interesse und sehr große Gesellschaften eine auf natürliche Personen bezogene Rotationspflicht fest (personenbezogene Prüferrotation). Damit ging der nationale Gesetzgeber insoweit über die Vorgabe der Abschlussprüfungs-RL in Art. 42 Abs. 2 der inzwischen novellierten Richtlinie 2006/43/EG, der Empfehlung der Europäischen Kommission vom 16.5.2002, 2002/590/EG, B.10 Abs. 1 sowie des IFAC Code of Ethics (IFAC Handbook of the Code of Ethics for Professional Accountants, 290.151) hinaus, als sich diese Bestimmungen lediglich auf den Prüfungspartner mit Schlüsselfunktion und einen Zeitraum von sieben Jahren bezogen (vgl. *Völkl/Hirschböck* in *Straube*, UGB II/RLG³ § 271a Rz 16).

Nach der bisherigen Regelung ist als Abschlussprüfer ausgeschlossen, wer einen Bestätigungsvermerk bereits in fünf Fällen gezeichnet hat. Davon soll auch Rumpfgeschäftsjahre umfasst, sodass die betroffene Person nicht notwendigerweise in den letzten fünf Kalenderjahren Abschlussprüfer gewesen sein muss, sondern auch eine kürzere Dauer zur Ausgeschlossenheit führen kann. Betroffen ist der Einzelprüfer, wobei auch Zeiträume einzurechnen sind, in denen der Einzelprüfer für eine Prüfungsgesellschaft gezeichnet hatte (*Völkl/Hirschböck* aaO mwN). Daran soll festgehalten werden.

Die Vorgaben für die „interne Rotation" für die für die Durchführung von Abschlussprüfungen bei Unternehmen von öffentlichem Interesse verantwortlichen Abschlussprüfer finden sich nunmehr in Art. 17 Abs. 7 Abschlussprüfungs-VO. Danach haben die für die Durchführung einer Abschlussprüfung verantwortlichen Prüfungspartner ihre Teilnahme an der Prüfung spätestens sieben Jahre nach dem Datum ihrer Bestellung zu beenden. Sie können frühestens drei Jahre nach dieser Beendigung ihrer Teilnahme wieder an der Abschlussprüfung des geprüften Unternehmens mitwirken. Die Mitgliedstaaten können eine kürzere Rotationsfrist vorsehen; eine Änderung der Abkühlphase ist jedoch nicht möglich. Die Rotation bei Einzelprüfern und der gesamten Prüfungsgesellschaft in jenen Fällen, in denen nur ein Wirtschaftsprüfer tätig ist, bestimmt sich nach der in Art. 17 Abs. 1 bis 6 Abschlussprüfungs-VO vorgegebenen „externen Rotation" (s. Erläuterungen zu § 270a UGB). Diese Bestimmung wird jedoch bei Einzelprüfern kaum praktische Bedeutung entfalten, zumal die Prüfung von Unternehmen öffentlichen Interesses in der Praxis nahezu ausschließlich von Prüfungsgesellschaften durchgeführt wird.

Es erscheint sachgerecht, die Rotationsregelung bei den sehr großen Gesellschaften an die Vorgaben von Art. 17 Abs. 7 Abschlussprüfungs-VO anzulehnen. In Zukunft soll daher auch in den Fällen des § 271a Abs. 1 Z 4 eine dreijährige Karenzzeit gelten, während die Rotationsfrist nach Art. 17 Abs. 7 Abschlussprüfungs-VO auf die national schon bisher geltenden fünf Geschäftsjahre verkürzt wird. Die Übergangsregelung zu Abs. 1 Z 4 und Abs. 8 findet sich in § 906 Abs. 43.

Zu Abs 5:

Die grundsätzlichen Regelungen zur Unabhängigkeit und Unparteilichkeit des Abschlussprüfers finden sich im Kapitel IV der Abschlussprüfungs-RL. Sie sind auf alle Abschlussprüfungen anzuwenden. Darauf aufbauend sieht die Abschlussprüfungs-VO für Abschlussprüfer bei Unternehmen von öffentlichem Interesse zusätzlich strengere Anforderungen vor. Diesem Aufbau folgt der nun vorgeschlagene Abs. 5, der klarstellt, dass die in § 271 Abs. 2 genannten Ausschlussgründe bei Unternehmen von öffentlichem Interesse nur dann zur Anwendung kommen, wenn nicht die Abschlussprüfungs-VO oder Abs. 6 bis 8 eine spezifische Regelung dazu vorsehen.

Zu Abs 6:

Art. 5 Abschlussprüfungs-VO enthält detaillierte Verbote der Erbringung von Nichtprüfungsleistungen durch Abschlussprüfer oder Prüfungsgesellschaften eines Unternehmens von öffentlichem Interesse und durch jedes Mitglied eines Netzwerks, dem der Abschlussprüfer oder die Prüfungsgesellschaft angehört.

Die bisher in § 271a Abs. 1 Z 2 und 3 auch für Unternehmen von öffentlichem Interesse geltenden Ausschlussgründe werden nun direkt durch die Abschlussprüfungs-VO abgedeckt und sind daher für diese nicht mehr relevant.

Der neue Abs. 6 dient der Umsetzung des in Art. 5 Abs. 3 Abschlussprüfungs-VO bestehenden Mitgliedstaatenwahlrechts. Damit soll den Abschlussprüfern von Unternehmen von öffentlichem Interesse die Erbringung von Nichtprüfungsleistungen im weitesten nach der Abschlussprüfungs-VO zulässigen Rahmen gestattet werden. Voraussetzung für die Erbringung der in der Abschlussprüfungs-VO angeführten Steuerberatungs- und Bewertungsleistungen ist jedoch, dass diese Leistungen keine direkten oder unwesentliche Auswirkungen auf die geprüften Abschlüsse haben und zudem die Einschätzung der Auswirkung auf die geprüften Abschlüsse im zusätzlichen Bericht an den Prüfungsausschuss nach Art. 11 der Abschlussprüfungs-VO dokumentiert und erläutert wird. Im Sinne von Erwägungsgrund 9 der Abschlussprüfungs-VO sind Leistungen mit direkten („unmittelbaren"), jedoch bloß unwesentlichen Auswirkungen oder mit indirekten („mittelbaren") Auswirkungen vom Verbot nicht umfasst. Die Voraussetzungen für die Zulässigkeit der Leistungen sind in Art. 5 Abs. 3 Abschlussprüfungs-VO anders formuliert als jene in § 271a Abs. 1 Z 2, inhaltlich jedoch ohne Unterschied, da sich direkte Auswirkungen auf den Abschluss erst ergeben, wenn der Abschlussprüfer über das Aufzeigen von Gestaltungsalternativen hinausgeht und die Entscheidung über die gewählte Alternative nicht mehr vom Unternehmen getroffen wird. Die zusätzlich in Art. 4 Abs. 3 lit. c der Abschlussprüfungs-VO geforderte Einhaltung der Grundsätze der Unabhängigkeit, ergibt sich bereits aus der Generalklausel des § 271 Abs. 1 UGB und muss daher auch im Rahmen dieses Wahlrechtes nicht gesondert umgesetzt werden.

Zur Stärkung der Rolle des Prüfungsausschusses hat dieser die mit Abs. 6 erlaubten Nichtprüfungsleistungen zu genehmigen.

Zu Abs 7:

Künftig enthält Art. 4 Abschlussprüfungs-VO Vorschriften für Honorare, die für die Durchführung von Abschlussprüfungen bei Unternehmen von öffentlichem Interesse bezogen werden.

So sieht Art. 4 Abs. 2 Abschlussprüfungs-VO eine Honorarobergrenze der für Nichtprüfungsleistungen zulässigen Gesamthonorare bei der Abschlussprüfung von Unternehmen von öffentlichem Interesse vor. Mit dem neuen § 271a Abs. 7 UGB soll das in Art. 4 Abs. 2 Unterabs. 3 Abschlussprüfungs-VO vorgesehene Mitgliedstaatenwahlrecht im vollen Umfang ausgeübt und den zuständigen Behörden auf Ersuchen des Abschlussprüfers ausnahmsweise gestattet werden, diese für höchstens zwei Geschäftsjahre von der Honorarobergrenze auszunehmen.

Die in § 271a Abs. 1 Z 1 bisher auch für Unternehmen von öffentlichem Interesse geltende Begrenzung der Umsatzabhängigkeit wird in Zukunft nur noch für fünffachgroße Gesellschaften von Bedeutung sein, da Art. 4 Abs. 3 Abschlussprüfungs-VO dazu eine Regelung trifft, die für Unternehmen von öffentlichem Interesse unmittelbar anzuwenden ist. Die Abschlussprüfungs-VO sieht vor, dass – sofern die vom Unternehmen von öffentlichem Interesse insgesamt gezahlten Honorare in jedem der drei letzten aufeinanderfolgenden Geschäftsjahre über 15 Prozent der vom Abschlussprüfer (Konzernabschlussprüfer), der die Abschlussprüfung in jedem dieser Geschäftsjahre durchgeführt hat, insgesamt vereinnahmten Honorare hinausgehen – der Prüfer den Prüfungsausschuss darüber in Kenntnis setzt und sich mit ihm über die Gefahren für seine Unabhängigkeit wie auch über eingeleitete Schutzmaßnahmen berät. Der Prüfungsausschuss erwägt, ob das Prüfungsmandat vor Erteilung des Bestätigungsvermerks einer auftragsbegleitenden Qualitätssicherungsprüfung durch einen anderen Abschlussprüfer oder eine andere Prüfungsgesellschaft unterzogen werden sollte.

Die Abschlussprüfungs-VO sieht als Konsequenz der Überschreitung des Schwellenwertes demnach nicht (wie in § 271a Abs. 1 Z 1) die sofortige Ausgeschlossenheit des Abschlussprüfers, sondern die Beratung mit dem Prüfungsausschuss und die allfällige Einleitung von Schutzmaßnahmen vor. Erst wenn die gezahlten Honorare weiterhin über dem Schwellenwert liegen, hat der Prüfungsausschuss darüber zu entscheiden, ob das Prüfungsmandat fortgesetzt werden kann. Dabei darf nach Art. 4 Abs. 3 letzter Satz Abschlussprüfungs-VO der weitere Zeitraum zwei Jahre nicht überschreiten. Insgesamt ergäbe sich daher nach dem Text der Abschlussprüfungs-VO ein Durchrechnungszeitraum von sechs Jahren, bis zu dem das Prüfungsmandat trotz Überschreitung der Honorargrenze fortgesetzt werden könnte. Um an den bisherigen Anforderungen an Unternehmen von öffentlichem Interesse festzuhalten und den Gleichklang mit dem für sehr große Gesellschaften weiterhin geltenden Durchrechnungszeitraum herzustellen, erscheint eine Einschränkung (vgl. dazu Art. 4 Abs. 4 Abschlussprüfungs-VO) auf insgesamt fünf Jahre sachgerecht.

Im Ergebnis werden daher Abschlussprüfer (bzw. Prüfungsgesellschaften oder gegebenenfalls Konzernabschlussprüfer) von Unternehmen von öffentlichem Interesse nach dreijähriger Überschreitung der 15-Prozent-Schwelle mit dem Prüfungsausschuss in Beratung treten müssen, während bei fünfjähriger Überschreitung – wie bisher – ein Ausschlussgrund vorliegt.

Kommentierung

Die erweiterten Ausschlussgründe des § 271a kommen nur für eine große Gesellschaft, bei der das Fünffache eines der in Euro ausgedrückten Größenmerkmale einer großen Gesellschaft (§ 221 Abs 3 erster Satz in Verbindung mit Abs 4 bis 6) überschritten wird, zur Anwendung. Sollte daher zB der Umsatzerlös als eines der drei Merkmale des § 221 Abs 3 den Betrag von EUR 200 Mio übersteigen, kommt diese Bestimmung zur Anwendung. Hinsichtlich der konkreten erweiterten Ausschlussgründe ist auf die Änderung in Abs 1 Z 4 zu verweisen, wonach nach siebenmaliger (bisher fünfmaliger) Zeichnung des Bestätigungsvermerks ein Ausschlussgrund vorliegt, sofern nicht eine Unterbrechung von drei (bisher zwei) aufeinander folgende Geschäftsjahre vorliegt.

Die bisher in gleicher Weise geltenden erweiterten Ausschlussgründe für Unternehmen im öffentlichen Interesse (§ 189a Z 1) werden nunmehr eigenständig in § 271a Abs 5 bis 7 geregelt.

Befangenheit und Ausgeschlossenheit im Netzwerk

§ 271b.

(1) Ein Netzwerk liegt vor, wenn Personen bei ihrer Berufsausübung zur Verfolgung gemeinsamer wirtschaftlicher Interessen für eine gewisse Dauer zusammenwirken.

(2) Ein Abschlussprüfer ist befangen, wenn bei einem Mitglied seines Netzwerks die Voraussetzungen des § 271 Abs. 1, Abs. 2 Z 1, 2, 5 oder 6, oder des § 271a Abs. 1 Z 3 vorliegen, sofern nicht durch Schutzmaßnahmen sichergestellt ist, dass das Netzwerkmitglied auf das Ergebnis der Abschlussprüfung keinen Einfluss nehmen kann. Er ist ausgeschlossen, wenn bei einem Mitglied seines Netzwerks die Voraussetzungen des § 271 Abs. 2 Z 4 oder des § 271a Abs. 1 Z 2 vorliegen. Ist das Netzwerkmitglied keine natürliche Person, so sind § 271 Abs. 4 zweiter Satz und § 271a Abs. 3 sinngemäß anzuwenden.

(3) Abs. 2 ist auf den Konzernabschlussprüfer sinngemäß anzuwenden.

Befristetes Tätigkeitsverbot

§ 271c.

(1) Der Abschlussprüfer, der Konzernabschlussprüfer, der Abschlussprüfer eines bedeutenden verbundenen Unternehmens und der den jeweiligen Bestätigungsvermerk unterzeichnende Wirtschaftsprüfer dürfen innerhalb eines Jahres, in einer Gesellschaft von öffentlichem Interesse im Sinn des § 189a Z 1 lit. a und lit. d sowie in einer großen Gesellschaft mit den Merkmalen des § 271a Abs. 1 innerhalb von zwei Jahren nach Zeichnung des Bestätigungsvermerks weder eine Organfunktion noch eine leitende Stellung (§ 80 AktG) einnehmen.

(1a) Mitarbeiter und Mitgesellschafter eines Abschlussprüfers sowie alle anderen natürlichen Personen, deren Leistungen der Abschlussprüfer in Anspruch nehmen oder kontrollieren kann, dürfen dann, wenn sie selbst zugelassene Abschlussprüfer sind, innerhalb eines Jahres nach ihrer unmittelbaren Beteiligung an der Abschlussprüfung einer Gesellschaft weder eine Organfunktion noch eine leitende Stellung (§ 80 AktG) in dieser Gesellschaft einnehmen.

(2) Wenn eine der in Abs. 1 *und Abs. 1a* genannten Personen eine Organfunktion einnimmt, gilt sie als nicht bestellt. Ihr gebührt für dennoch erbrachte Leistungen kein Entgelt; das gilt auch für die Einnahme einer leitenden Stellung.

- *ErlRV zum APRÄG 2016*

  Schon nach Art. 42 Abs. 3 der Richtlinie 2006/43/EG durften Abschlussprüfer oder verantwortliche Prüfungspartner von Unternehmen von öffentlichem Interesse zwei Jahre nach der Beendigung ihrer Tätigkeit keine leitende Stellung in der geprüften Gesellschaft einnehmen (sogenannte Cooling-Off-Period). Damit soll verhindert werden, dass das Verhältnis zwischen geprüfter Gesellschaft und Prüfer bzw. Prüfungsgesellschaft durch die Anstellung früherer Prüfer (Prüfungsleiter) besonders eng wird und „angenehme Prüfer" mit einem hoch dotierten Anstellungsverhältnis belohnt werden (ErläutRV 467 BlgNR 23. GP 4). Diese Bestimmung wurde in § 271c UGB umgesetzt. Der Anwendungsbereich wurde neben Gesellschaften von öffentlichem Interesse auch auf sehr große Gesellschaften erstreckt.

  Mit Art. 22a der geänderten Abschlussprüfungs-RL wird dieses Tätigkeitsverbot nun auf Abschlussprüfer und verantwortliche Prüfungspartner sämtlicher Unternehmen ausgedehnt, wobei für Abschlussprüfer von Unternehmen von öffentlichem Interesse an der zweijährigen Abkühlphase festgehalten werden soll, während diese für Abschlussprüfer anderer Unternehmen ein Jahr beträgt. Zudem wird das Tätigkeitsverbot auch inhaltlich ausgeweitet. In Zukunft soll Abschlussprüfern und verantwortlichen Prüfungspartnern während der Cooling-Off-Period neben der Übernahme einer zentralen Führungsposition im geprüften Unternehmen auch die Tätigkeit im Prüfungsausschuss, als nicht geschäftsführendes Mitglied des Verwaltungsorgans oder im Aufsichtsrat verwehrt sein.

  Auch Mitarbeiter und Mitgesellschafter des Abschlussprüfers (in der englischen Fassung: partners) sowie alle anderen Personen, deren Leistungen der Abschlussprüfer oder die Prüfungsgesellschaft in Anspruch nehmen oder kontrollieren kann, sind – sofern sie jeweils selbst zugelassene Abschlussprüfer sind – vom einjährigen Tätigkeitsverbot umfasst. Die Abschlussprüfungs–RL sieht den Ausschluss des erweiterten Personenkreises für ein Jahr nach Beendigung ihrer unmittelbaren Beteiligung am Prüfungsauftrag vor. Eine „Beteiligung am Prüfungsauftrag" liegt nur dann vor, wenn der Person eine nicht ganz unmaßgebliche und das Ergebnis beeinflussende Rolle bei der Abschlussprüfung zukommt.

  Während der inhaltliche Umfang des Tätigkeitsverbots bereits vom bestehenden § 271c UGB abgedeckt wird, ist dieser an den erweiterten Personenkreis anzupassen. Es soll an der Gleichbehandlung der Unternehmen von öffentlichem Interesse und der fünffach großen Unternehmen festgehalten und auch bei jenen eine zweijährige Cooling-Off-Period vorgesehen werden.

Kommentierung

Die Vorschriften über das Annahmeverbot einer Organfunktion oder leitenden Stellung iSd § 80 AktG werden für den Abschlussprüfer, Konzernabschlussprüfer, Abschlussprüfer eines bedeutenden verbundenen Unternehmens und den Bestätigungsvermerk zeichnenden Wirtschaftsprüfer in Abs 1 insoweit verschärft, als nunmehr allgemein für jedes Prüfmandat eine Cooling-Off-Period von einem Jahr ab Zeichnung des Bestätigungsvermerks vorgesehen ist. Für die Prüfer von Unternehmen im öffentlichen Interesse iSd § 189a Z 1 lit a und d sowie bei den fünffach großen Gesellschaften iSd § 271a Abs 1 verlängert sich diese Frist (wie schon bisher) auf zwei Jahre.

Neu ist weiters der Abs 1a, der berufsbefugte, selbst zugelassene Abschlussprüfer mit einer einjährigen Cooling-Off-Period belegt, wenn diese unmittelbar an der Abschlussprüfung beteiligt waren (aber nicht als formaler Abschlussprüfer) als Mitarbeiter, Mitgesellschafter eines Abschlussprüfers oder andere natürliche Person, deren Leistung der Abschlussprüfer über einen zB Werkvertrag in Anspruch nehmen kann. Die Frist beginnt mit dem Zeitpunkt der Beendigung der nicht ganz unmaßgeblichen Mitwirkung an der Abschlussprüfung.

Vorlagepflicht, Auskunftsrecht

§ 272.

(1) Die gesetzlichen Vertreter der Gesellschaft haben dem Abschlußprüfer den Jahresabschluß und den Lagebericht unverzüglich nach der Aufstellung vorzulegen. Sie haben ihm zu gestatten, die Bücher und Schriften der Gesellschaft sowie die Vermögensgegenstände und Schulden zu prüfen.

(2) Der Abschlußprüfer kann von den gesetzlichen Vertretern alle Aufklärungen und Nachweise verlangen, die er für eine sorgfältige Prüfung als notwendig ansieht. Er hat diese Rechte sowie die gemäß Abs. 1 auch schon vor Aufstellung des Jahresabschlusses. Soweit er es für eine sorgfältige Prüfung als notwendig ansieht, hat der Abschlußprüfer diese Rechte auch gegenüber Mutter- und Tochterunternehmen.

(3) Die gesetzlichen Vertreter einer Gesellschaft, die einen Konzernabschluß aufzustellen hat, haben dem Abschlußprüfer des Konzernabschlusses den Konzernabschluß, den Konzernlagebericht, die Jahresabschlüsse, Lageberichte und, wenn eine Prüfung stattgefunden hat, die Prüfungsberichte des Mutterunternehmens und der Tochterunternehmen vorzulegen. Der Abschlußprüfer hat die Rechte gemäß Abs. 1 und Abs. 2 bei dem Mutterunternehmen und den Tochterunternehmen, die Rechte gemäß Abs. 2 auch gegenüber den Abschlußprüfern des Mutterunternehmens und der Tochterunternehmen.

(4) Ist die Kapitalgesellschaft als Tochterunternehmen in den Konzernabschluss eines Mutterunternehmens einbezogen, das seinen Sitz nicht in einem Mitgliedstaat der Europäischen Union oder in einem anderen Vertragsstaat des Abkommens über den Europäischen Wirtschaftsraum hat, so kann der Prüfer nach Abs. 2 zur Verfügung gestellte Unterlagen an den Abschlussprüfer des Konzernabschlusses weitergeben, soweit diese für die Prüfung des Konzernabschlusses des Mutterunternehmens erforderlich sind.

- *ErlRV zum APRÄG 2016*

  Mit dem neu eingefügter Abs. 4 wird Art. 23 Abs. 5 Abschlussprüfungs-RL umgesetzt und die Zulässigkeit der Übermittlung von Prüfungsunterlagen durch den Abschlussprüfer des Tochterunternehmens an den Abschlussprüfer eines im Drittland ansässigen Mutternehmers geregelt. Damit wird dem Abschlussprüfer die Übermittlungsbefugnis eingeräumt, nicht aber eine Übermittlungspflicht normiert. Durch die Umsetzung als „kann"-Bestimmung wird klargestellt, dass der Abschlussprüfer eine gesetzliche Grundlage für die Weitergabe von (auch personenbezogenen) Daten hat. Wie in der Abschlussprüfungs-RL vorgesehen, wird dadurch aber die Anwendung des DSG 2000 nicht ausgeschlossen.

Prüfungsbericht

§ 273.

(1) Der Abschlussprüfer hat über das Ergebnis der Prüfung schriftlich zu berichten. Im Bericht ist insbesondere festzustellen, ob die Buchführung, der Jahresabschluss, der Lagebericht, der Konzernabschluss und der Konzernlagebericht den gesetzlichen Vorschriften entsprechen und der Corporate Governance-Bericht (§ 243b) *sowie der konsolidierte Corporate-Governance Bericht (§ 267a) aufgestellt worden sind* ~~aufgestellt worden ist~~ **sowie ob die gesetzlichen Vertreter die verlangten Aufklärungen und Nachweise erbracht haben. Im Prüfungsbericht zum Konzernabschluss ist auch festzustellen, ob die für die Übernahme in den Konzernabschluss maßgeblichen Vorschriften beachtet worden sind. Die Posten des Jahresabschlusses sind aufzugliedern und zu erläutern. Nachteilige Veränderungen der Vermögens-, Finanz- und Ertragslage gegenüber dem Vorjahr und Verluste, die das Jahresergebnis nicht unwesentlich beeinflusst haben, sind anzuführen und zu erläutern. Werden Tatsachen nach Abs. 2 und 3 nicht festgestellt, so ist dies im Bericht ausdrücklich festzuhalten.**

(2) Stellt der Abschlussprüfer bei Wahrnehmung seiner Aufgaben Tatsachen fest, die den Bestand des geprüften Unternehmens oder Konzerns gefährden oder seine Entwicklung wesentlich beeinträchtigen können oder die schwerwiegende Verstöße der gesetzlichen Vertreter oder von Arbeitnehmern gegen Gesetz, Gesellschaftsvertrag oder Satzung erkennen lassen, so hat er darüber unverzüglich zu berichten. Darüber hinaus hat er unverzüglich über wesentliche Schwächen bei der internen Kontrolle des Rechnungslegungsprozesses zu berichten.

(3) Der Abschlussprüfer hat auch unverzüglich zu berichten, wenn bei der Prüfung des Jahresabschlusses das Vorliegen der Voraussetzungen für die Vermutung eines Reorganisationsbedarfs (§ 22 Abs. 1 Z 1 URG) festgestellt wird; im Bericht sind in diesem Fall die Eigenmittelquote (§ 23 URG) und die fiktive Schuldentilgungsdauer (§ 24 URG) anzugeben.

(4) Der Abschlussprüfer hat diese Berichte zu unterzeichnen und den gesetzlichen Vertretern sowie den Mitgliedern des Aufsichtsrats vorzulegen. Ist bei einem unbeschränkt haftenden Gesellschafter einer unternehmerisch tätigen eingetragenen Personengesellschaft im Sinn des § 221 Abs. 5 ein Aufsichtsrat eingerichtet, so hat der Abschlussprüfer den Bericht hinsichtlich der Personengesellschaft auch den Mitgliedern dieses Aufsichtsrats vorzulegen.

- *ErlRV zum APRÄG 2016*
  Der Umfang des Prüfungsberichts wird dahin ergänzt, dass der Abschlussprüfer auch darüber zu berichten hat, ob ein konsolidierter Corporate-Governance Bericht (§ 267a) aufgestellt wurde.

Bestätigungsvermerk

§ 274.

(1) Der Abschlussprüfer hat das Ergebnis seiner Prüfung in einem Bestätigungsvermerk zusammenzufassen. Der Bestätigungsvermerk umfasst

1. eine Einleitung, die zumindest das Unternehmen angibt, dessen Jahresabschluss beziehungsweise Konzernabschluss Gegenstand der Abschlussprü-

fung ist, weiters den Abschlussstichtag und den Abschlusszeitraum sowie die Rechnungslegungsgrundsätze, nach denen der Abschluss aufgestellt wurde,

2. eine Beschreibung der Art und des Umfanges der Abschlussprüfung, die zumindest Angaben über die Prüfungsgrundsätze enthält, nach denen die Abschlussprüfung durchgeführt wurde, sowie

3. ein Prüfungsurteil, das entweder ein uneingeschränktes, ein eingeschränktes oder ein negatives ist und zweifelsfrei Auskunft darüber gibt, ob nach Auffassung des Abschlussprüfers der Jahresabschluss oder Konzernabschluss den gesetzlichen Vorschriften entspricht und unter Beachtung der maßgeblichen Rechnungslegungsgrundsätzen ein möglichst getreues Bild der Vermögens-, Finanz- und Ertragslage des Unternehmens oder des Konzerns vermittelt.

(2) Ist der Abschlussprüfer nicht in der Lage, ein Prüfungsurteil abzugeben, so hat er dies im Bestätigungsvermerk anzugeben.

(3) Im Bestätigungsvermerk ist auf alle anderen Umstände zu verweisen, auf die der Abschlussprüfer in besonderer Weise aufmerksam gemacht hat, ohne das Prüfungsurteil einzuschränken.

(4) Der Bestätigungsvermerk muss eine Erklärung zu etwaigen wesentlichen Unsicherheiten in Verbindung mit den Ereignissen oder Gegebenheiten enthalten, die erhebliche Zweifel an der Fähigkeit des Unternehmens zur Fortführung der Unternehmenstätigkeit aufwerfen können.

(5) Der Bestätigungsvermerk umfasst ferner

1. ein Urteil darüber, ob der Lagebericht oder Konzernlagebericht

   a. mit dem Jahresabschluss beziehungsweise Konzernabschluss des betreffenden Geschäftsjahres in Einklang steht,

   b. nach den geltenden rechtlichen Anforderungen aufgestellt wurde und

   c. gegebenenfalls zutreffende Angaben nach § 243a enthält sowie

2. eine Erklärung, ob angesichts der bei der Prüfung gewonnenen Erkenntnisse und des gewonnenen Verständnisses über das Unternehmen und sein Umfeld wesentliche fehlerhafte Angaben im Lagebericht beziehungsweise Konzernlagebericht festgestellt wurden, wobei auf die Art dieser fehlerhaften Angaben einzugehen ist.

(6) Wurde die Abschlussprüfung von mehr als einem Abschlussprüfer durchgeführt, so haben sie sich auf die Ergebnisse der Abschlussprüfung zu einigen und einen gemeinsamen Bestätigungsvermerk und ein gemeinsames Prüfungsurteil zu erteilen. Bei Uneinigkeit hat jeder Abschlussprüfer ein eigenes Urteil in einem gesonderten Absatz des Bestätigungsvermerks abzugeben und die Gründe für die Uneinigkeit darzulegen.

(7) Der Bestätigungsvermerk ist vom Abschlussprüfer unter Angabe des Datums und des Ortes der Niederlassung zu unterzeichnen. Wird eine Abschlussprüfung von einer Prüfungsgesellschaft durchgeführt, so ist der Bestätigungsvermerk zumindest vom verantwortlichen Abschlussprüfer zu unterzeichnen. Sind mehr als ein Abschlussprüfer gleichzeitig beauftragt worden, so ist der Bestätigungsvermerk von allen verantwortlichen Abschlussprüfern zu unterzeichnen, welche die Abschlussprüfung durchgeführt haben.

(8) Der Bestätigungsvermerk ist schriftlich zu verfassen und hat die Ergebnisse der Prüfung deutlich und in übersichtlicher Form darzustellen. Der Bestätigungsvermerk ist auch in den Prüfungsbericht (§ 273) aufzunehmen.

- *ErlRV zu § 274*

  Der durch die Bilanz-Richtlinie geänderte Art. 28 der Abschlussprüfungs-Richtlinie wurde durch eine weitere Änderungs-Richtlinie nochmals neu gefasst und soll nun gleich in der letzten Fassung (vgl. Richtlinie 2014/56/EU vom 16. April 2014) der Umsetzung zugrunde gelegt werden. Für die Verwendung der Begriffe „Prüfungsurteil" und „Urteil" wurde dabei nicht die deutsche Fassung herangezogen, sondern die englische, spanische und italienische, die ebenfalls zwischen dem Prüfungsurteil zum Jahresabschluss und dem Urteil zum Lagebericht differenzieren.

  Auch die deutsche Fassung der Richtlinie bezeichnet den Bestätigungsvermerk nicht als Bestätigungsbericht, obwohl dessen Inhalt und Umfang dies naheliegen würden. Daher soll nicht zuletzt wegen der Kontinuität eines eingebürgerten Begriffs der „Bestätigungsvermerk" beibehalten werden.

  Der neue Text des § 274 hält sich an die europarechtliche Vorgabe, um die Vergleichbarkeit mit Bestätigungsvermerken aus anderen Mitgliedstaaten nicht zu gefährden. Aus diesem Grund und um die Lesbarkeit des § 274 nicht zu beeinträchtigen, werden die geltenden Abs. 2 bis 4 nicht weitergeführt, zumal sich die Kriterien für ein uneingeschränktes, ein eingeschränktes oder ein negatives Prüfungsurteil zum Abschluss aus dem Gesamtzusammenhang ergeben.

  Anders als nach dem geltenden § 274 Abs. 1 Z 3 lit. d und Abs. 4 führt der Umstand, dass der Abschlussprüfer nicht in der Lage ist, ein Prüfungsurteil abzugeben, gemäß Abs. 2 nicht zu einem negativen Prüfungsurteil bzw. zu einer Versagung des Bestätigungsvermerks entsprechend der bisherigen Terminologie. Dieser Umstand ist allerdings im Bestätigungsvermerk nach dem neuen Abs. 8 deutlich darzustellen. Dies entspricht dem Text der Richtlinie (Art. 28 Abs. 2 lit. c letzter Satz, vergleiche auch ISA 705 Para 9, Nichtabgabe eines Prüfungsurteils).

  Entsprechend den Vorgaben der Abschlussprüfungs-Richtlinie muss der Bestätigungsvermerk nun ausdrücklich ein Prüfungsurteil (oder eine Erklärung nach Abs. 2) sowie ein Urteil und eine Erklärung zum Lagebericht enthalten. Jedenfalls dann, wenn einer dieser Bestandteile fehlt, ist der Bestätigungsvermerk als unvollständig anzusehen. Da es in Hinkunft die Begriffe „Einschränkung" oder „Versagung" des Bestätigungsvermerks nicht mehr geben wird, sind alle Bezugnahmen darauf zu streichen oder anzupassen.

  Durch Abs. 8 soll sichergestellt werden, dass der Leser des Bestätigungsvermerks dessen wesentlichen Inhalt leichter erfassen kann.

Kommentierung

I. Inhalt des Bestätigungsvermerks (Abs 1)

Wie auch schon vor dem RÄG 2014 werden die Bestandteile des Bestätigungsvermerks in § 274 Abs 1 aufgezählt. Die Einleitung des Bestätigungsvermerks hat gem § 274 Abs 1 Z 1 zumindest das Unternehmen, dessen Jahresabschluss bzw Konzernabschluss Gegenstand der Abschlussprüfung ist, weiters den Abschlussstichtag und den Abschlusszeitraum sowie die Rechnungslegungsgrundsätze, nach denen der Abschluss aufgestellt wurde, anzugeben. Auch wenn § 274 Abs 1 Z 1 idF vor dem RÄG 2014 das Unternehmen, den Abschlusszeitraum und Abschlussstichtag nicht explizit als Bestandteile der Einleitung des Bestätigungsvermerkes anführte, ergeben sich durch die Neuformulierung keine wesentlichen Neuerungen. Schon nach KFS/PG 3 waren Firma und Sitz der geprüften Gesellschaft sowie das Geschäftsjahr bzw die Periode, für die der Jahresabschluss bzw Konzernabschluss aufgestellt wurde, anzugeben (vgl *Prachner/Szaurer* in *Straube*[3] § 274 Rz 10).

§ 274 Abs 1 Z 2 enthält im Vergleich zum Wortlaut vor dem RÄG 2014 eine begriffliche Änderung. § 274 Abs 1 Z 2 spricht nun von der „gesetzlichen Abschlussprüfung". Materielle Unterschiede im Hinblick auf die im Bestätigungsvermerk vorzunehmenden Angaben ergeben sich dadurch jedoch keine.

Neuerungen enthält hingegen § 274 Abs 1 Z 3 hinsichtlich des Prüfungsurteils. Das Prüfungsurteil ist nun entweder uneingeschränkt, eingeschränkt oder negativ. Darüber hinaus hat das Prüfungsurteil zweifelsfrei Auskunft darüber zu geben, ob nach Auffassung des Abschlussprüfers der Jahresabschluss oder Konzernabschluss den gesetzlichen Vorschriften entspricht und unter Beachtung der maßgeblichen Rechnungslegungsgrundsätzen ein möglichst getreues Bild der Vermögens-, Finanz- und Ertragslage des Unternehmens oder des Konzerns vermittelt.

II. Kein Prüfungsurteil möglich (Abs 2)

§ 274 Abs 2 enthält nun eine Anordnung, wie vorzugehen ist, wenn der Abschlussprüfer nicht in der Lage ist, ein Prüfungsurteil abzugeben. Im Gegensatz zu den Bestimmungen in § 274 Abs 1 Z 3 lit d und Abs 4 idF vor dem RÄG 2014 führt der Umstand, dass der Abschlussprüfer nicht in der Lage ist, ein Prüfungsurteil abzugeben, nach der Neuformulierung in § 274 Abs 2 nun nicht mehr zur Versagung des Bestätigungsvermerks. Der Umstand, dass der Abschlussprüfer nicht in der Lage ist, ein Prüfungsurteil abzugeben, ist im Bestätigungsvermerk anzugeben.

III. Hinweis auf alle anderen Umstände (Abs 3)

Nach § 274 Abs 3 ist im Bestätigungsvermerk nun auf alle anderen Umstände zu verweisen, auf die der Abschlussprüfer in besonderer Weise aufmerksam gemacht hat, ohne das Prüfungsurteil einzuschränken. Wie auch schon nach der Anordnung in § 274 Abs 2 letzter Satz idF vor dem RÄG 2014 wird es sich dabei wohl um Besonderheiten handeln, die sich bei der Prüfung ergeben, aber zu keinen Einwendungen des Abschlussprüfers geführt haben (vgl KFS/ PG 3 Rn 59).

IV. Erklärung zu wesentlichen Unsicherheiten (Abs 4)

Der Bestätigungsvermerk muss eine Erklärung zu etwaigen wesentlichen Unsicherheiten in Verbindung mit Ereignissen oder Gegebenheiten enthalten, die erhebliche Zweifel an der Fähigkeit des Unternehmens zur Fortführungstätigkeit aufwerfen können.

V. Urteil und Erklärung zum Lagebericht (Abs 5)

Der Bericht über die Prüfung des Lageberichts bzw Konzernlageberichts im Bestätigungsvermerk ist nun umfangreich geregelt. Der Bestätigungsvermerk hat ein **Urteil** darüber zu umfassen, ob der Lagebericht bzw Konzernlagebericht mit dem Jahresabschluss bzw Konzernabschluss in Einklang steht, ob der Bericht nach den geltenden rechtlichen Anforderungen erstellt wurde und ob dieser gegebenenfalls zutreffende Angaben nach § 243a enthält. Im Vergleich zur Bestimmung vor dem RÄG 2014 ist neu, dass der Bestätigungsvermerk eine Information darüber zu enthalten hat, ob der Lagebericht bzw Konzernlagebericht nach den geltenden rechtlichen Anforderungen aufgestellt wurde.

Darüber hinaus hat der Bestätigungsvermerk eine **Erklärung** zu enthalten, ob angesichts der bei der Prüfung gewonnenen Erkenntnisse und des gewonnenen Verständnisses über das Unternehmen und sein Umfeld wesentliche fehlerhafte Angaben im Lagebericht bzw Konzernlagebericht festgestellt wurden, wobei auf die Art dieser fehlerhaften Angaben einzugehen ist. Nach KFs/PG 3 wird der Lagebericht bzw Konzernlagebericht unvollständig oder fehlerhaft sein, wenn der Abschlussprüfer eine wesentliche Aussage über die zukünftige Entwicklung der Gesellschaft bzw des Konzerns nicht für plausibel hält, wenn wesentliche Informationen im Lagebericht bzw Konzernlagebericht fehlen bzw nicht zutreffend sind, wenn wesentliche geforderte Angaben und Beschreibungen zu Kapital-, Anteils-, Stimm-, und Kontrollrechten und damit zusammenhängenden Vereinbarungen sowie zu den wesentlichen Merkmalen des internen Kontroll- und des Risikomanagements fehlen oder wenn Informationen über mögliche Bestandsgefährdungen fehlen.

VI. Mehrere Abschlussprüfer (Abs 6)

§ 274 Abs 6 enthält eine Anordnung, wie vorzugehen ist, wenn die Abschlussprüfung von mehr als einem Abschlussprüfer durchgeführt wurde. In diesem Fall haben sich die Abschlussprüfer auf die Ergebnisse der Abschlussprüfung zu einigen und einen gemeinsamen Bestätigungsvermerk und ein gemeinsames Prüfungsurteil zu erteilen. Bei

Uneinigkeit hat jeder Abschlussprüfer ein eigenes Prüfungsurteil in einem gesonderten Absatz des Bestätigungsvermerks abzugeben und die Gründe für die Uneinigkeit darzulegen.

VII. Unterzeichnung (Abs 7)

§ 274 Abs 7 regelt die Unterzeichnungspflicht des Bestätigungsvermerks. Die Bestimmung entspricht in ihren Wesenszügen § 274 Abs 6 idF vor dem RÄG 2014. Wird die Abschlussprüfung von einer Prüfungsgesellschaft durchgeführt, so ist der Bestätigungsvermerk zumindest vom verantwortlichen Abschlussprüfer zu unterzeichnen. Nach der Rechtslage vor der RÄG 2014 war der Bestätigungsvermerk nach den für die Prüfungsgesellschaft vertretungsberechtigten Personen zu unterzeichnen (vgl *Prachner/Szaurer* in *Straube*[3] § 274 Rz 48). Ist mehr als ein Abschlussprüfer gleichzeitig beauftragt worden, so ist der Bestätigungsvermerk von allen verantwortlichen Abschlussprüfern zu unterzeichnen, welche die Abschlussprüfung durchgeführt haben.

VIII. Form des Bestätigungsvermerks (Abs 8)

Der Bestätigungsvermerk ist schriftlich zu verfassen und hat die Ergebnisse der Prüfung deutlich und in übersichtlicher Form darzustellen. Was unter einer deutlichen und übersichtlichen Form zu verstehen ist, bleibt unklar. Zweck der Bestimmung ist, dass der Inhalt des Bestätigungsvermerks besser erfasst werden kann.

Verantwortlichkeit des Abschlußprüfers

§ 275.

(1) Der Abschlussprüfer, seine Gehilfen und die bei der Prüfung mitwirkenden gesetzlichen Vertreter einer Prüfungsgesellschaft sind zur Verschwiegenheit verpflichtet. Sie dürfen nicht unbefugt Geschäfts- und Betriebsgeheimnisse verwerten, die sie bei ihrer Tätigkeit erfahren haben. Wer vorsätzlich oder fahrlässig seine Pflichten verletzt, ist der Gesellschaft und, wenn ein verbundenes Unternehmen geschädigt worden ist, auch diesem zum Ersatz des daraus entstehenden Schadens verpflichtet. Mehrere Personen haften als Gesamtschuldner. Der Abschlussprüfer hat dem nachfolgenden Abschlussprüfer auf schriftliches Verlangen Zugang zu den relevanten Informationen über das geprüfte Unternehmen *und über die zuletzt durchgeführte Abschlussprüfung* zu gewähren.

(2) Der Abschlussprüfer ist zur gewissenhaften und unparteiischen Prüfung verpflichtet. Verletzt er vorsätzlich oder fahrlässig diese Pflicht, so ist er der Gesellschaft und, wenn ein verbundenes Unternehmen geschädigt worden ist, auch diesem zum Ersatz des daraus entstehenden Schadens verpflichtet. Mehrere Abschlussprüfer haften als Gesamtschuldner. Die Ersatzpflicht ist bei Fahrlässigkeit bei der Prüfung einer kleinen oder mittelgroßen Gesellschaft (§ 221 Abs. 2) mit zwei Millionen Euro, bei Prüfung einer großen Gesellschaft (§ 221 Abs. 3) mit vier Millionen Euro, bei Prüfung einer großen Gesellschaft, bei der das Fünffache eines der in Euro ausgedrückten Größenmerkmale einer großen Gesellschaft überschritten wird, mit acht Millionen Euro und bei Prüfung einer großen Gesellschaft, bei der das Zehnfache eines der in Euro ausgedrückten Größenmerkmale einer großen Gesellschaft überschritten wird, mit zwölf Millionen Euro beschränkt; § 221 Abs. 4 bis 6 gilt sinngemäß. Diese Beschränkungen für eine Prüfung gelten auch, wenn an ihr mehrere Abschlussprüfer beteiligt gewesen oder mehrere zum Ersatz verpflichtende Handlungen begangen worden sind, und ohne Rücksicht darauf, ob andere Beteiligte vorsätzlich gehandelt haben. Sie gelten jedoch nicht für den Abschlussprüfer, der in Kenntnis oder in grob fahrlässiger Unkenntnis seiner Befangenheit oder Ausgeschlossenheit gehandelt hat.

(3) Die Verpflichtung zur Verschwiegenheit besteht, wenn eine Prüfungsgesellschaft Abschlußprüfer ist, auch gegenüber dem Aufsichtsrat der Prüfungsgesellschaft und dessen Mitgliedern.

(4) Die Ersatzpflicht nach diesen Vorschriften kann durch Vertrag weder ausgeschlossen noch beschränkt werden.

(5) Die Ansprüche aus diesen Vorschriften verjähren in fünf Jahren.

● *ErlRV zum APRÄG*

   Der Umfang des Prüfungsberichts wird dahin ergänzt, dass der Abschlussprüfer auch darüber zu berichten hat, ob ein konsolidierter Corporate-Governance Bericht (§ 267a) aufgestellt wurde.

Meinungsverschiedenheiten zwischen Gesellschaft und Abschlußprüfer

§ 276.

Bei Meinungsverschiedenheiten zwischen dem Abschlußprüfer und der Gesellschaft über die Auslegung und Anwendung von gesetzlichen Vorschriften sowie von Bestimmungen des Gesellschaftsvertrags oder der Satzung über den Jahresabschluß, Lagebericht, Konzernabschluß oder Konzernlagebericht entscheidet auf Antrag des Abschlußprüfers oder der gesetzlichen Vertreter der Gesellschaft ausschließlich der für den Sitz des Unternehmens zuständige, zur Ausübung der Gerichtsbarkeit in Handelssachen berufene Gerichtshof erster Instanz im Verfahren außer Streitsachen.

Zweiter Titel

Offenlegung, Veröffentlichung und Vervielfältigung, Prüfung durch das Firmenbuchgericht

Offenlegung

§ 277.

(1) Die gesetzlichen Vertreter von Kapitalgesellschaften haben den Jahresabschluss und den Lagebericht sowie gegebenenfalls den Corporate Governance-Bericht und den Bericht über Zahlungen an staatliche Stellen nach seiner Behandlung in der Hauptversammlung (Generalversammlung), jedoch spätestens neun Monate nach dem Bilanzstichtag, mit dem Bestätigungsvermerk beim Firmenbuchgericht des Sitzes der Kapitalgesellschaft einzureichen; innerhalb derselben Frist sind der Bericht des Aufsichtsrats und der Beschluss über die Verwendung des Ergebnisses einzureichen. Werden zur Wahrung dieser Frist der Jahresabschluss und der Lagebericht sowie gegebenenfalls der Corporate Governance-Bericht und der Bericht über Zahlungen an staatliche Stellen ohne die anderen Unterlagen eingereicht, so sind der Bericht des Aufsichtsrats nach seinem Vorliegen, die Beschlüsse nach der Beschlussfassung und der Vermerk nach der Erteilung unverzüglich einzureichen. Wird der Jahresabschluss bei nachträglicher Prüfung oder Feststellung geändert, so ist auch diese Änderung einzureichen.

(2) Der Vorstand einer großen Aktiengesellschaft (§ 221 Abs. 3) hat die Veröffentlichung des Jahresabschlusses unmittelbar nach seiner Behandlung in der Hauptversammlung, jedoch spätestens neun Monate nach dem Bilanzstichtag, mit dem Bestätigungsvermerk ~~oder dem Vermerk über dessen Versagung oder Einschränkung~~ im „Amtsblatt zur Wiener Zeitung" zu veranlassen. Der Nachweis über die Veranlassung dieser Veröffentlichung ist gleichzeitig mit den in Abs. 1 bezeichneten Unterlagen beim Firmenbuchgericht einzureichen. Bei der Veröf-

fentlichung ist das Firmenbuchgericht und die Firmenbuchnummer anzugeben. Dies gilt auch für allfällige Änderungen (Abs. 1 letzter Satz).

(3) In der Offenlegung und der Veröffentlichung können alle Posten in vollen 1 000 Euro angegeben werden, nach Maßgabe der Wesentlichkeit (§ 189a Z 10) auch in größeren Einheiten.

(4) Die gesetzlichen Vertreter von Kapitalgesellschaften haben spätestens mit den Einreichungen gemäß Abs. 1 und 2 oder auf dem Jahresabschluss selbst anzugeben, in welche der Größenklassen des § 221 Abs. 1 bis 3 die Gesellschaft unter Bedachtnahme auf § 221 Abs. 4 im betreffenden Geschäftsjahr einzuordnen ist.

(5) Sonstige Veröffentlichungs- und Informationspflichten bleiben unberührt.

(6) Die Unterlagen nach Abs. 1 sind elektronisch einzureichen, in die Urkundensammlung des Firmenbuchs aufzunehmen und gemäß §§ 33 f. FBG öffentlich zugänglich zu machen. Überschreiten die Umsatzerlöse in den zwölf Monaten vor dem Abschlussstichtag des einzureichenden Jahresabschlusses nicht 70 000 Euro, kann der Jahresabschluss auch in Papierform eingereicht werden. Die Umsatzerlöse sind gleichzeitig mit der Einreichung bekannt zu geben. In Papierform eingereichte Jahresabschlüsse müssen für die Aufnahme in die Datenbank des Firmenbuchs geeignet sein. Der Bundesminister für Justiz kann durch Verordnung nähere Bestimmungen über die äußere Form der Jahresabschlüsse festlegen.

(7) Nach der Aufnahme der Jahresabschlüsse in die Datenbank des Firmenbuchs hat sie das Gericht in elektronischer Form der Wirtschaftskammer Österreich, der Österreichischen Bundesarbeitskammer und der Präsidentenkonferenz der Landwirtschaftskammern Österreichs (Landwirtschaftskammer Österreich – LKÖ) zur Verfügung zu stellen; dies gilt jedoch nicht für die Jahresabschlüsse von kleinen Gesellschaften mit beschränkter Haftung (§ 221 Abs. 1).

(8) Die Oesterreichische Nationalbank ist berechtigt, von der BundesrechenzentrumGmbH die elektronische Übermittlung elektronisch eingereichter Jahresabschlüsse gegen kostendeckendes Entgelt zu verlangen, soweit sie diese Daten zur Erfüllung der ihr gesetzlich oder gemeinschaftsrechtlich zugewiesenen Aufgaben benötigt. Sie ist weiters berechtigt, die Daten an die Bundesanstalt Statistik Österreich weiterzugeben, soweit diese die Daten zur Erfüllung der ihr gesetzlich oder gemeinschaftsrechtlich zugewiesenen Aufgaben benötigt.

- *ErlRV zu § 277*

  Abs. 1 sieht die Erweiterung der Einreichverpflichtung auf den Bericht über Zahlungen an staatliche Stellen vor und den Entfall der Einreichung des Vorschlags zur Verwendung des Ergebnisses, da dies nunmehr eine Anhangangabe bildet.

  Abs. 3 trägt dem Grundsatz der Wesentlichkeit bei Offenlegung und Veröffentlichung Rechnung.

  In Abs. 6 erfolgt eine Klarstellung, dass alle eingereichten Unterlagen (und nicht bloß der „Jahresabschluss") über das Firmenbuch zu veröffentlichen sind.

Kommentierung

Die offenzulegenden Unterlagen umfassten bisher den Jahresabschluss, den Lagebericht und gegebenenfalls den Corporate-Governance-Bericht. Durch das RÄG 2014 wurde die Bestimmung auf den **Bericht über Zahlungen an staatliche Stellen** erweitert. Da der **Ergebnisverwendungsvorschlag** nunmehr eine Anhangangabe darstellt (§ 238 Z 9), ist er automatisch mit dem Jahresabschluss einzureichen und wird im neuen § 277 nicht mehr ausdrücklich angeführt.

Gänzlich neu ist die ausdrückliche Anführung der **Urkundensammlung** (bisher wurde lediglich die Datenbank angeführt) und der §§ 33 f FBG in § 277 Abs 6 erster Satz.

Die durch die Richtlinie nicht gebotene Veröffentlichungspflicht im Amtsblatt zur Wiener Zeitung besteht nach wie vor. Dieser Umstand läuft dem Ziel der Senkung von Informationskosten entgegen, zumal für börsenotierte Unternehmen ohnedies die zusätzlichen Offenlegungspflichten nach dem BörseG gelten.

Die Befreiung für die kleine GmbH in Abs 7 gilt selbstverständlich auch für Kleinstkapitalgesellschaften, die in Form einer GmbH geführt werden.

Offenlegung für kleine Gesellschaften mit beschränkter Haftung

§ 278.

(1) Auf kleine Gesellschaften mit beschränkter Haftung (§ 221 Abs. 1) ist § 277 mit der Maßgabe anzuwenden, dass die gesetzlichen Vertreter nur die Bilanz und den Anhang, bei Kleinstkapitalgesellschaften nur die Bilanz, einzureichen haben. Die offenzulegende Bilanz braucht nur die in § 224 Abs. 2 und 3 mit Buchstaben und römischen Zahlen versehenen Posten zu enthalten, wobei beim Posten nach § 224 Abs. 2 B II alle zusammengefassten Forderungen mit einer Restlaufzeit von mehr als einem Jahr und beim Posten nach § 224 Abs. 3 C alle zusammengefassten Verbindlichkeiten mit einer Restlaufzeit von mehr als einem Jahr gesondert anzugeben sind; die Angaben nach § 229 Abs. 1 erster bis dritter Satz sind zu machen. Ist die Gesellschaft gemäß § 268 Abs. 1 prüfungspflichtig, so ist auch der Bestätigungsvermerk einzureichen.

(2) Der Bundesminister für Justiz hat durch Verordnung ein Formblatt festzulegen, dessen Verwendung zur Erfüllung der Verpflichtung gemäß Abs. 1 ausreichend ist.

- *ErlRV zu § 278*

  Mit dieser Bestimmung wird die Erleichterung gemäß Art. 14 Abs. 1 der Richtlinie an die neue Anforderung angepasst, dass Forderungen und Verbindlichkeiten mit einer Restlaufzeit von mehr als einem Jahr zusammengefasst bei dem entsprechenden Posten anzugeben sind. Gleichzeitig wird klargestellt, dass auch die Aufgliederung des Nennkapitals (Stammkapitals) zur Ersichtlichmachung der nicht eingeforderten ausstehenden Einlagen bei kleinen Gesellschaften erforderlich ist.

Kommentierung

§ 278 Abs 1 wurde um die Kleinstkapitalgesellschaften erweitert. Die gesetzlichen Vertreter von Kleinstgesellschaften haben nur die Bilanz und nicht wie kleine Gesellschaften mit beschränkter Haftung die Bilanz und Anhang einzureichen.

Die Bilanz braucht nur die in § 224 Abs 2 und 3 mit Buchstaben und römischen Zahlen versehenen Posten zu enthalten. Beim Posten nach § 224 Abs 2 B II sind alle zusammengefassten Forderungen mit einer Restlaufzeit von mehr als einem Jahr und beim Posten nach § 224 Abs 3 C alle zusammengefassten Verbindlichkeiten mit einer Restlaufzeit von mehr als einem Jahr gesondert anzugeben. Darüber hinaus ist die Aufgliederung des Nennkapitals bzw Stammkapitals zur Ersichtlichmachung der nicht eingeforderten ausstehenden Einlagen zu machen. Eine nach § 278 Abs 1 verkürzte Bilanz hat wie folgt auszusehen, wobei auf der Aktivseite noch der Posten „D Aktive latente Steuern" dazukommt, sofern das diesbezügliche Aktivierungswahlrecht ausgeübt wird:

Bilanz zum 31.12.X1	
Aktiva	**Passiva**
A. Anlagevermögen	A. Eigenkapital
I. Immaterielle Vermögensgegenstände	I. eingefordertes Stammkapital
	davon eingezahlt
II. Sachanlagen	Stammkapital
III. Finanzanlagen	abzüglich nach § 10b Abs 4 GmbHG derzeit nicht einforderbare Einlagen
B. Umlaufvermögen	abzüglich sonstige nicht eingeforderte ausstehende Einlagen
I. Vorräte	II. Kapitalrücklagen
II. Forderungen und sonstige Vermögensgegenstände	III. Gewinnrücklagen
davon Forderungen mit einer Restlaufzeit von mehr als einem Jahr	IV. Bilanzgewinn (Bilanzverlust)
	davon Gewinnvortrag/Verlustvortrag
III. Wertpapiere und Anteile	B. Rückstellungen
IV. Kassenbestand, Schecks, Guthaben bei Kreditinstituten	C. Verbindlichkeiten
	davon mit einer Restlaufzeit von mehr als einem Jahr
C. Rechnungsabgrenzungsposten	
D. Aktive latente Steuern	D. Rechnungsabgrenzungsposten
Bilanzsumme	Bilanzsumme

Offenlegung für kleine und mittelgroße Aktiengesellschaften und mittelgroße Gesellschaften mit beschränkter Haftung

§ 279.

Für die Offenlegung kleiner und mittelgroßer Aktiengesellschaften (§ 221 Abs. 1 und Abs. 2) und mittelgroßer Gesellschaften mit beschränkter Haftung (§ 221 Abs. 2) gilt Folgendes:

1. **Die offenzulegende Bilanz braucht nur die in § 224 Abs. 2 und 3 mit Buchstaben und römischen Zahlen bezeichneten, zusätzlich jedoch die folgenden Posten zu enthalten: auf der Aktivseite die Posten A I 2, A II 1, 2, 3 und 4, A III 1, 2, 3 und 4, B II 2 und 3, B III 1, auf der Passivseite die Posten B 1 und 2 und C 1, 2, 6 und 7. Forderungen mit einer Restlaufzeit von mehr als einem Jahr sind bei den Posten nach § 224 Abs. 2 B II 2 und 3 gesondert auszuweisen, ebenso Verbindlichkeiten mit einer Restlaufzeit von mehr als einem Jahr bei den Posten nach § 224 Abs. 3 C 1, 2, 6 und 7. Die Angaben nach § 229 sind zu machen.**

2. **Die Posten des § 231 Abs. 2 Z 1 bis 3 und 5 und Abs. 3 Z 1 bis 3 dürfen zu einem Posten unter der Bezeichnung „Rohergebnis" zusammengefasst werden.**

- *ErlRV zu § 279*

  § 279 setzt Art. 31 Abs. 2 der Richtlinie um. Wie bisher sollen von der Zusammenfassung zum Posten „Rohergebnis" die „sonstigen betrieblichen Erträge" ausgenommen werden. Da es sich um eine Mitgliedstaaten-Option handelt, ist es den Mitgliedstaaten möglich, eine weniger weitgehende Variante der Erleichterung zu wählen.

Kommentierung

Wie bisher können auch die kleine und mittelgroße AG sowie die mittelgroße GmbH einen verkürzten Jahresabschluss offenlegen. An den Ausweisvorschriften hinsichtlich der verkürzten Bilanzgliederung hat sich nur insoweit etwas geändert, als die Forderungen und Verbindlichkeiten mit einer Laufzeit von mehr als einem Jahr jeweils gesondert auszuweisen sind. Ausdrücklich wird in Z 1 auch gefordert, dass die Angaben nach § 229 zu machen sind, was bedeutet, dass neben den bereits nach § 278 geforderten Ausweis der nicht eingeforderten Einlage und der aufgrund der Gründungsprivilegierung nicht zu leistenden Einlage ein gesonderter Ausweis einer eingeforderten Einlage zu erfolgen hat sowie das Darstellen des Erwerbs bzw Veräußerung eigener Anteile entsprechend § 229 Abs 1a und 1b.

In der GuV kann wie bisher eine Saldierung beim Gesamtkostenverfahren vor Umsatzerlös, Bestandsveränderung, aktivierter Eigenleistung und Materialaufwand zum „Rohergebnis" erfolgen. Ebenfalls als „Rohergebnis" (anstelle des bisher verwendeten Begriffs „Bruttoergebnis vom Umsatz") kann das Bruttoergebnis vom Umsatz beim Umsatzkostenverfahren ausgewiesen werden.

Eine Einschränkung hinsichtlich der Offenlegung des Anhangs besteht nicht, es ist daher der vollständige Anhang entsprechend §§ 236 und 237 für die kleine AG bzw §§ 236 bis 239 für mittelgroße AG und GmbH und zusätzlich § 241 für die mittelgroße AG offenzulegen. Allerdings müssen AG, die Kleinstkapitalgesellschaften sind, keinen Anhang erstellen und damit auch nicht offenlegen.

Eine nach § 279 Z 1 verkürzte Bilanz hat wie folgt auszusehen, wobei auf der Aktivseite noch der Posten „D Aktive latente Steuern" bei einer mittelgroßen Gesellschaft verpflichtend dazukommt bzw bei der kleinen AG dann, wenn das diesbezügliche Aktivierungswahlrecht ausgeübt wird:

Bilanz zum 31.12.X1	
Aktiva	**Passiva**
A. Anlagevermögen	A. Eigenkapital
I. Immaterielle Vermögensgegenstände	I. eingefordertes Nennkapital
1. Geschäfts(Firmen)Wert	(bei GmbH:) abzüglich nach § 10 Abs 4 GmbHG derzeit nicht einforderbare
II. Sachanlage	Einlage
1. Grundstücke, grundstücksgleiche Rechte und Bauten, einschließlich Bauten auf	abzüglich sonstige nicht eingeforderte ausstehende Einlagen
fremden Grund	(bei AG:) Grundkapital, davon eingezahlte
2. technische Anlagen und Maschinen	abzüglich Nennbetrag eigener Aktien
3. andere Anlagen, Betriebs- und Geräteausstattung	abzüglich sonstige nicht eingeforderte ausstehende Einlagen
4. geleistete Anzahlungen und Anlagen in Bau	II. Kapitalrücklagen
III. Finanzanlage	III. Gewinnrücklagen
1. Anteile an verbundenen Unternehmen	IV. Bilanzgewinn
2. Ausleihungen an verbundene Unternehmen	
3. Beteiligungen	B. Rückstellungen
4. Ausleihungen an Unternehmen, mit denen ein Beteiligungsverhältnis besteht	1. Rückstellungen für Abfertigungen
	2. Rückstellungen für Pensionen
B. Umlaufvermögen	
I. Vorräte	C. Verbindlichkeiten
II. Forderungen und sonstige Vermögensgegenstände	1. Anleihen
1. Forderungen gegenüber verbundenen Unternehmen	davon konvertibel
davon mit einer Restzeit von mehr als einem Jahr	davon mit einer Restlaufzeit von mehr als einem Jahr
2. Forderungen gegenüber Unternehmen, mit denen ein Beteiligungsverhältnis	2. enthaltene Anzahlungen auf Bestellungen
besteht davon mit einer Restlaufzeit von mehr als einem Jahr	davon mit einer Restlaufzeit von mehr als einem Jahr
III. Wertpapiere und Anteile	3. Verbindlichkeiten gegenüber verbundenen Unternehmen
1. Anteile an verbundenen Unternehmen	davon mit einer Restlaufzeit von mehr als einem Jahr
IV. Kassenbestand, Schecks, Guthaben bei Kreditinstituten	4. Verbindlichkeiten gegenüber Unternehmen, mit denen ein Beteiligungs-
	verhältnis besteht davon mit einer Restlaufzeit von mehr als einem Jahr
C. Rechnungsabgrenzungsposten	
	D. Rechnungsabgrenzungsposten

Offenlegung des Konzernabschlusses

§ 280.

(1) Die gesetzlichen Vertreter einer Gesellschaft, die einen Konzernabschluss aufzustellen hat, haben den Konzernabschluss und den Konzernlagebericht sowie gegebenenfalls den konsolidierten Corporate Governance-Bericht und den konsolidierten Bericht über Zahlungen an staatliche Stellen mit dem Bestätigungsvermerk gleichzeitig mit dem Jahresabschluss beim Firmenbuchgericht

des Sitzes der Gesellschaft einzureichen. § 277 Abs. 3 und Abs. 6 erster Satz gelten sinngemäß. § 277 Abs. 2 ist für die Veröffentlichung des Konzernabschlusses sinngemäß anzuwenden, wenn ein Tochterunternehmen eine große Aktiengesellschaft mit Sitz im Inland ist.

(2) Ist ein Tochterunternehmen in einen ausländischen Konzernabschluß mit befreiender Wirkung gemäß § 245 Abs. 1 einbezogen, so hat es diesen in deutscher Sprache oder in einer in internationalen Finanzkreisen gebräuchlichen Sprache bei dem zuständigen Firmenbuchgericht zu hinterlegen; das gleiche gilt, falls eine große Kapitalgesellschaft in einen ausländischen Konzernabschluß einbezogen ist.

(3) (Anm.: aufgehoben durch BGBl. Nr. 304/1996)

(4) (Anm.: aufgehoben durch BGBl. Nr. 304/1996)

- *ErlRV zu § 280*

  Zu Abs. 1:

  An dieser Stelle wird die Einreichverpflichtung des konsolidierten Corporate Governance-Berichts und des konsolidierten Berichts über Zahlungen an staatliche Stellen umgesetzt. Gleichzeitig erfolgt eine Anpassung an die neue Terminologie beim Bestätigungsvermerk.

  Zu Abs. 2:

  Die Übersetzung englischsprachiger Konzernabschlüsse ist nicht nur ressourcenaufwändig, sie kann auch zu Missverständnissen führen, da die korrekte Übersetzung bestimmter Fachbegriffe in Konflikt mit der deutschsprachigen Fachterminologie kommen kann. Da der informierte Durchschnittsleser eines Konzernabschlusses ohnedies die englischsprachige Fachterminologie beherrschen muss, wird vorgeschlagen, bei englischsprachigen Konzernabschlüssen auf die Übersetzung zu verzichten. Zur Formulierung „Sprache, die in internationalen Finanzkreisen gebräuchlich ist", vergleiche § 85 BörseG; darunter ist nur die englische Sprache zu verstehen.

Kommentierung

I. Offenzulegende Unterlagen (Abs 1)

Die offenzulegenden Unterlagen umfassten bisher den Konzernabschluss (Konzernbilanz, Konzern-GuV, Konzernanhang, Konzernkapitalflussrechnung und Eigenkapitalspiegel), den Bestätigungsvermerk und den Konzernlagebericht. Zusätzlich wurde in § 280 Abs 1 die Verpflichtung zur Offenlegung des

- konsolidierten Corporate Governance-Berichts (§ 267a) und des
- konsolidierten Berichts über Zahlungen an staatliche Stellen (§ 267b)

eingeführt.

Nach § 280 Abs 1 ist für die Offenlegung des Konzernabschlusses § 277 Abs 3 sinngemäß anzuwenden, weshalb die Angabe der Posten in vollen EUR 1.000 zulässig ist (vgl dazu Ausführungen in § 277). Sofern nicht gegen den Wesentlichkeitsgrundsatz verstoßen wird, ist die Angabe in größeren Einheiten zulässig.

Schon nach alter Rechtslage waren Konzernabschlüsse für Geschäftsjahre, die spätestens am 31.12.2007 enden, verpflichtend elektronisch einzureichen (vgl *Casey*, SWK 2008, W 137; *Strimitzer* in *Hirschler* § 280 Rz 16). Mit dem Verweis auf § 277 Abs 6 erster Satz wird klargestellt, dass die Einreichung von Konzernabschlüssen samt Beilagen jedenfalls elektronisch zu erfolgen hat.

II. Befreiender Konzernabschluss (Abs 2)

Nach § 280 Abs 2 aF hat ein Tochterunternehmen, welches in einen ausländischen Konzernabschluss mit befreiender Wirkung einbezogen wurde, den befreienden Konzernabschluss in deutscher Sprache beim zuständigen Firmenbuchgericht zu hinterlegen (vgl *Stückler* in *Zib/Dellinger* § 245 Rz 48 f). Diese Vorschrift wurde insoweit gelockert, als neben der Sprache Deutsch auch eine in internationalen Finanzkreisen gebräuchliche

Sprache für die Inanspruchnahme der Befreiung ausreicht (vgl *Köll/Szaurer*, RWZ 2015, 247; *Reinold/Stückler*, RWZ 2015, 240). Nach den ErläutRV zum RÄG 2014 ist darunter ausschließlich die englische Sprache zu verstehen. Die Einreichung muss „unverzüglich" erfolgen, um die befreiende Wirkung zu entfalten (§ 3 Z 2 BefreiungsVO, BGBl 1994/997 wurde mit dem RÄG 2014 in § 245 Abs 2 Z 5 UGB übernommen) (vgl *Zib* in *Zib/Dellinger* § 280 Rz 36 mwN).

Offenlegung der Zweigniederlassungen ausländischer Kapitalgesellschaften

§ 280a.

Bei Zweigniederlassungen von ausländischen Kapitalgesellschaften haben die Vertreter der Zweigniederlassung die Unterlagen der Rechnungslegung, die nach dem für die Hauptniederlassung der Gesellschaft maßgeblichen Recht erstellt, geprüft und offengelegt worden sind, gemäß den §§ 277, 281 und 282 in deutscher Sprache offenzulegen.

Form und Inhalt der Unterlagen bei der Offenlegung, Veröffentlichung und Vervielfältigung

§ 281.

(1) Bei der vollständigen oder teilweisen Offenlegung des Jahresabschlusses und des Konzernabschlusses und bei der Veröffentlichung oder Vervielfältigung in anderer Form auf Grund des Gesellschaftsvertrags oder der Satzung sind der Jahresabschluß und der Konzernabschluß so wiederzugeben, daß sie den für ihre Aufstellung maßgeblichen Vorschriften entsprechen; sie haben in diesem Rahmen vollständig und richtig zu sein. Wurde der Jahresabschluß oder der Konzernabschluß auf Grund gesetzlicher Vorschriften durch einen Abschlußprüfer geprüft, so ist jeweils der vollständige Wortlaut des Bestätigungsvermerks ~~oder des Vermerks über dessen Versagung~~ **wiederzugeben; wird der Jahresabschluß wegen der Inanspruchnahme von Erleichterungen nur teilweise offengelegt und bezieht sich der Bestätigungsvermerk auf den vollständigen Jahresabschluß, so ist hierauf hinzuweisen.**

(2) Werden der Jahresabschluß oder der Konzernabschluß in Veröffentlichungen und Vervielfältigungen, die nicht durch Gesetz, Gesellschaftsvertrag oder Satzung vorgeschrieben sind, nicht in der gemäß Abs. 1 vorgeschriebenen Form wiedergegeben, so ist jeweils in einer Überschrift darauf hinzuweisen, daß es sich nicht um eine der gesetzlichen Form entsprechende Veröffentlichung handelt. Ein Bestätigungsvermerk darf nicht beigefügt werden. Im Fall einer verpflichtenden Abschlussprüfung ist jedoch über den Inhalt des Bestätigungsvermerks zu dem in gesetzlicher Form erstellten Jahresabschluss oder Konzernabschluss einschließlich der Angaben nach § 274 Abs. 3 zu berichten.

(3) In den Dokumenten, die den Jahresabschluss und den Konzernabschluss enthalten, sind die in § 14 Abs. 1 erster Satz vorgeschriebenen Informationen anzugeben.

- *ErlRV zu § 281*
  Zu Abs 1 und 2:
  Auch diese Bestimmungen sind Folgeänderungen des § 274.
  Zu Abs 3:
  Diese Bestimmung setzt Art. 5 der Richtlinie um.

Kommentierung

Bei Verlautbarungen iS des § 281 Abs 2 ist in einer Überschrift darauf hinzuweisen, dass es sich nicht um eine der gesetzlichen Form entsprechende Veröffentlichung handelt (zB Bezeichnung als Geschäftsbericht) (vgl *Strimitzer* in *Hirschler* § 281 Rz 17). Ein Bestätigungsvermerk darf nicht beigefügt werden, um Irreführungen über die Qualität des Abschlusses zu vermeiden. Besteht jedoch eine verpflichtende Abschlussprüfung, ist über den Inhalt des Bestätigungsvermerks einschließlich der Angaben gem § 274 Abs 3 zu dem in gesetzlicher Form erstellten Abschluss zu berichten (vgl *Zib* in *Zib/Dellinger* § 281 Rz 29 f mwN). Die unrichtige Wiedergabe des Bestätigungsvermerks kann zivilrechtliche Unterlassungs- bzw Beseitigungsansprüche des Abschlussprüfers auslösen (vgl *Fölhs/Prillinger* in *Torggler*[2] § 281 Rz 6).

In § 281 Abs 3 wurde Art 5 EU-Bilanzrichtlinie umgesetzt. Demnach sind in den Dokumenten, die den Jahresabschluss oder Konzernabschluss enthalten, der Name des Unternehmens und die nach Art 5 Buchstaben a und b der Richtlinie 2009/101/EG vorgeschriebenen Informationen anzugeben. Diese Richtlinienbestimmung wurde vom österreichischen Gesetzgeber bereits in § 14 umgesetzt. § 281 Abs 3 verweist auf § 14 (vgl dazu auch *Gaggl* in *Straube*[4] § 14 Rz 31 ff).

Dritter Titel

Prüfungspflicht und Zwangsstrafen

Prüfungspflicht des Firmenbuchgerichts

§ 282.

(1) Das Gericht hat zu prüfen, ob die gemäß §§ 277 bis 281 offenzulegenden Unterlagen vollzählig zum Firmenbuch eingereicht und ob, soweit Veröffentlichungen vorgeschrieben sind, diese veranlaßt worden sind.

(2) Gibt die Prüfung gemäß Abs. 1 Anlaß zu der Annahme, daß von der Größe der Gesellschaft abhängige Vorschriften nicht hätten in Anspruch genommen werden dürfen, so kann das Gericht zu seiner Unterrichtung von der Gesellschaft innerhalb einer angemessenen Frist die Mitteilung der Bilanzsumme, der Umsatzerlöse gemäß *§ 189a Z 5* und der durchschnittlichen Zahl der Arbeitnehmer gemäß § 221 Abs. 6 verlangen. Unterläßt die Gesellschaft die fristgemäße Mitteilung, so gelten die Vorschriften als zu Unrecht in Anspruch genommen.

(2a) Das Gericht kann eine Gesellschaft zur Erklärung auffordern, ob sie oder eines ihrer Tochterunternehmen im Sinn des § 243c Abs. 2 in der mineralgewinnenden Industrie oder auf dem Gebiet des Holzeinschlags in Primärwäldern tätig ist, und eine angemessene Frist setzen. Die Aufforderung ist zu begründen. Gibt die Gesellschaft innerhalb der Frist keine Erklärung ab, wird vermutet, dass die Gesellschaft in den Anwendungsbereich des § 243c beziehungsweise des § 267b fällt.

(3) Ist eine gebotene Veröffentlichung unterblieben, so hat das Gericht diese Tatsache ohne Durchführung eines Verbesserungsverfahrens auf Kosten der Gesellschaft bekanntzumachen, wenn dies ein Gesellschafter, Gläubiger, Betriebsrat (Zentralbetriebsrat) oder eine gesetzliche Interessenvertretung beantragt. Die Antragsberechtigung ist glaubhaft zu machen. Ein späterer Wegfall der Antragsberechtigung ist unschädlich. Der Antrag kann nicht zurückgenommen werden.

- *ErlRV zu § 282 Abs 2a*
  Damit das Firmenbuchgericht der unionsrechtlichen Pflicht zur Durchsetzung der Offenlegung des Berichts über Zahlungen an staatliche Stellen nachkommen kann, soll es die Möglichkeit erhalten, zur Stellungnahme dazu binnen einer angemessenen Frist aufzufordern. Der Vorschlag orientiert sich am Vorschlag zur Änderung des deutschen Handelsgesetzbuchs, § 341y Abs. 4 des Referentenentwurfs eines Bilanzrichtlinie-Umsetzungsgesetzes (BilRUG).

Kommentierung

Art 41 ff EU-Bilanzrichtlinie sieht für große Unternehmen sowie für Unternehmen von öffentlichem Interesse, die in der mineralgewinnenden Industrie oder auf dem Gebiet des Holzeinschlags in Primärwäldern tätig sind, eine gesonderte Berichtspflicht vor (vgl dazu § 243c und § 267b). In diesem Zusammenhang hat gem § 282 Abs 2a das Firmenbuchgericht die Befugnis, unter Setzung einer angemessener Frist Auskunft darüber zu verlangen, ob das Unternehmen oder ein Tochterunternehmen in der mineralgewinnenden Industrie oder auf dem Gebiet des Holzeinschlags in Primärwäldern tätig und somit zur Berichtserstellung verpflichtet ist. Das Firmenbuchgericht hat seine Aufforderung zu begründen, damit das betroffene Unternehmen sachgerecht auf die Aufforderung reagieren kann (vgl *Aschauer/Fida* in *Torggler*[2] § 282 Rz 10). Gibt das aufgeforderte Unternehmen innerhalb der vom Firmenbuchgericht festgesetzten Frist keine Stellungnahme ab, wird vermutet, dass das Unternehmen in einer dieser Branchen tätig ist.

Die Verhängung einer Zwangsstrafe nach § 283 Abs 1 bzw § 284 kommt bei Unterlassen der Mitteilungspflicht mangels Nennung des § 282 in den beiden Zwangsstraftatbeständen nicht in Betracht. Aufgrund der Vermutungsregel des § 282 Abs 2a ist jedoch das betreffende Unternehmen bei Unterlassen der Mitteilungspflicht zur Aufstellung und Offenlegung der Berichte nach den §§ 243c bzw § 267b verpflichtet. Unterbleibt die rechtzeitige Offenlegung, kann das Firmenbuchgericht gem § 283 iVm § 277 und § 280 Zwangsstrafen verhängen, obwohl das Unternehmen lediglich aufgrund der Vermutung die Berichte nach den §§ 243c bzw 267b zu erstellen und offenzulegen hat, auch wenn das Unternehmen tatsächlich nicht in der mineralgewinnenden Industrie oder auf dem Gebiet des Holzeinschlags in Primärwäldern tätig ist (so auch *Köll/Szaurer*, RWZ 2015, 245 f). Allerdings ist es für solche Unternehmen unmöglich, Berichte nach den §§ 243c bzw 267b zu erstellen und offenzulegen. Daher entfällt die bereits verhängte Zwangsstrafe, wenn das betroffene Unternehmen im Einspruch oder im Rekursverfahren ihrer Mitteilungspflicht nach § 282 Abs 2a nachkommt und dadurch beweist, nicht in der mineralgewinnenden Industrie oder auf dem Gebiet des Holzeinschlags in Primärwäldern tätig zu sein (so auch *Aschauer/Fida* in *Torggler*[2] § 282 Rz 11).

Die Verhängung einer Zwangsstrafe nach § 24 FBG kommt bei Unterbleiben der Mitteilungspflicht nach § 282 Abs 2a uE nicht in Betracht (so auch *Zib* in *Zib/Dellinger* § 282 Rz 24). Die Rechtsfolge bei Unterlassen der Mitteilungspflicht besteht in der Vermutung der gesonderten Berichtspflicht. Die Verhängung einer Zwangsstrafe nach § 24 FBG ist nicht zweckmäßig, weil die Vermutungsregel des § 282 Abs 2a die Rechtsfolge, dass ein Unternehmen in der mineralgewinnenden Industrie oder auf dem Gebiet des Holzeinschlags in Primärwäldern tätig ist, bereits hinreichend präzisiert. In dieser Hinsicht unterscheidet sich § 282 Abs 2a von § 282 Abs 2 (vgl *Strimitzer* in *Hirschler* § 282 Rz 11, wonach die Verhängung einer Zwangsstrafe nach § 24 FBG bei nicht fristgerechter Mitteilung nach § 282 Abs 2 in Betracht kommt). Weiters ordnet § 282 Abs 2 letzter Satz im Gegensatz zu § 282 Abs 2a an, dass bei Unterlassen der fristgerechten Mitteilung die Vorschrift als zu Unrecht in Anspruch genommen gilt.

Zwangsstrafen

§ 283.

(1) Die gesetzlichen Vertreter der Gesellschaft sind, unbeschadet der allgemeinen unternehmensrechtlichen Vorschriften, zur zeitgerechten Befolgung der §§ 277 und 280 vom Gericht durch Zwangsstrafen von 700 Euro bis 3 600 Euro, bei Kleinstkapitalgesellschaften (§ 221 Abs. 1a) von 350 Euro bis 1 800 Euro anzuhalten. Die Zwangsstrafe ist nach Ablauf der Offenlegungsfrist zu verhängen. Sie ist wiederholt zu verhängen, soweit die genannten Organe ihren Pflichten

nach je weiteren zwei Monaten noch nicht nachgekommen sind. Eine Gesellschaft ist als Kleinstkapitalgesellschaft im Sinn dieser Bestimmung anzusehen, wenn sie die gesetzlichen Vertreter zuletzt in plausibler Weise als solche eingestuft haben (§ 277 Abs. 4), es sei denn, es liegen Hinweise vor, dass die Schwellenwerte mittlerweile überschritten wurden. Ansonsten wird eine Kleinstkapitalgesellschaft nur über rechtzeitigen Einwand der Partei als solche behandelt, wobei § 282 Abs. 2 anzuwenden ist.

(2) Ist die Offenlegung nach Abs. 1 nicht bis zum letzten Tag der Offenlegungsfrist erfolgt, so ist – sofern die Offenlegung nicht bis zum Tag vor Erlassung der Zwangsstrafverfügung bei Gericht eingelangt ist – ohne vorausgehendes Verfahren durch Strafverfügung eine Zwangsstrafe von 700 Euro, bei Kleinstkapitalgesellschaften (§ 221 Abs. 1a) von 350 Euro zu verhängen. Von der Verhängung einer Zwangsstrafverfügung kann abgesehen werden, wenn das in Abs. 1 genannte Organ offenkundig durch ein unvorhergesehenes oder unabwendbares Ereignis an der fristgerechten Offenlegung gehindert war. In diesem Fall kann – soweit bis dahin noch keine Offenlegung erfolgt ist – mit der Verhängung der Zwangsstrafverfügung bis zum Ablauf von vier Wochen nach Wegfall des Hindernisses, welches der Offenlegung entgegenstand, zugewartet werden. Zwangsstrafverfügungen sind wie Klagen zuzustellen. Gegen die Zwangsstrafverfügung kann das jeweilige Organ binnen 14 Tagen Einspruch erheben, andernfalls erwächst die Zwangsstrafverfügung in Rechtskraft. Im Einspruch sind die Gründe für die Nichtbefolgung der in Abs. 1 genannten Pflichten anzuführen. Gegen die Versäumung der Einspruchsfrist kann Wiedereinsetzung in den vorigen Stand bewilligt werden (§ 21 AußStrG). Ist der Einspruch verspätet oder fehlt ihm jegliche Begründung, so ist er mit Beschluss zurückzuweisen.

(3) Mit der rechtzeitigen Erhebung des begründeten Einspruchs tritt die Zwangsstrafverfügung außer Kraft. Über die Verhängung der Zwangsstrafe ist im ordentlichen Verfahren mit Beschluss zu entscheiden. Ist nicht mit Einstellung des Zwangsstrafverfahrens vorzugehen, so kann – ohne vorherige Androhung – eine Zwangsstrafe von 700 Euro bis 3 600 Euro, bei Kleinstkapitalgesellschaften (§ 221 Abs. 1a) von 350 Euro bis 1 800 Euro verhängt werden. Gegen die Verhängung einer Zwangsstrafe im ordentlichen Verfahren steht dem jeweiligen Organ ein Rechtsmittel zu (§§ 45 ff. AußStrG).

(4) Ist die Offenlegung innerhalb von zwei Monaten nach Ablauf des letzten Tages der Offenlegungsfrist noch immer nicht erfolgt, so ist durch Strafverfügung eine weitere Zwangsstrafe von 700 Euro, bei Kleinstkapitalgesellschaften (§ 221 Abs. 1a) von 350 Euro zu verhängen. Das Gleiche gilt bei Unterbleiben der Offenlegung für jeweils weitere zwei Monate; wird gegen eine solche Zwangsstrafverfügung Einspruch erhoben, so ist der Beschluss über die verhängte Zwangsstrafe zu veröffentlichen. Zwischen dem Tag der Erlassung einer Zwangsstrafverfügung nach diesem Absatz und dem Tag der Erlassung einer vorangegangenen Zwangsstrafverfügung, die denselben Adressaten und denselben Bilanzstichtag betrifft, müssen mindestens sechs Wochen liegen.

(5) Richtet sich die Zwangsstrafverfügung gemäß Abs. 4 gegen ein in Abs. 1 genanntes Organ einer mittelgroßen (§ 221 Abs. 2) Kapitalgesellschaft, so erhöhen sich die damit zu verhängenden Zwangsstrafen sowie die in Abs. 1 und 3 angedrohten Zwangsstrafen im ordentlichen Verfahren jeweils auf das Dreifache. Wird das Zwangsstrafverfahren gegen ein in Abs. 1 genanntes Organ einer großen (§ 221 Abs. 3) Kapitalgesellschaft geführt, so erhöhen sich diese Beträge jeweils auf das Sechsfache. Als Grundlage für die Größenklasse kann der zuletzt vorgelegte Jahresabschluss herangezogen werden.

(6) Die Zwangsstrafen sind auch dann zu vollstrecken, wenn die Bestraften ihrer Pflicht nachkommen oder deren Erfüllung unmöglich geworden ist

(7) Die den gesetzlichen Vertretern in den §§ 277 und 280 auferlegten Pflichten treffen auch die Gesellschaft. Kommt die Gesellschaft diesen Pflichten durch ihre Organe nicht nach, so ist gleichzeitig auch mit der Verhängung von Zwangsstrafen unter sinngemäßer Anwendung der Abs. 1 bis 6 auch gegen die Gesellschaft vorzugehen.

- *ErlRV zu § 283*

Zu Abs. 1:

Abs. 1 verwies bisher auf die §§ 244, 245, 247, 270, 272 und 277 bis 280 sowie 283a. Die folgenden Absätze widmen sich aber ausschließlich dem Zwangsstrafverfahren zur Durchsetzung der Pflicht zur Offenlegung der Jahres- und Konzernabschlüsse nach § 277 und § 280. Um Missverständnisse zu vermeiden, werden jene Pflichten, die nicht nach dem Abs. 2 bis 5, sondern nach § 24 FBG durchzusetzen sind, in einer eigenen Bestimmung zusammengefasst (siehe § 284).

Weiters wird vorgeschlagen, die Strafhöhe für Kleinstkapitalgesellschaften um die Hälfte zu senken. Die abgemilderte Strafdrohung kommt von Amts wegen nur dann zum Tragen, wenn die Gesellschaft zuletzt – etwa bei der Vorlage des Vorjahresabschlusses – von ihren gesetzlichen Vertretern als Kleinstkapitalgesellschaft eingestuft wurde. Ist eine Kleinstkapitalgesellschaft in dem Geschäftsjahr, für das die Vorlage des Jahresabschlusses unterblieben ist, erstmals als Kleinstkapitalgesellschaft einzustufen, so liegt beim Firmenbuch noch kein Hinweis vor, dass der Gesellschaft die verminderte Strafdrohung zu Gute käme; es ist dann eine Zwangsstrafverfügung im Betrag von 700 Euro zu erlassen. Hier kann dann die Gesellschaft bei erster Gelegenheit – dies wird in der Regel der Einspruch gegen die Zwangsstrafverfügung sein – einwenden, dass sie in diesem Geschäftsjahr bereits als Kleinstkapitalgesellschaft einzustufen wäre. Über Aufforderung des Gerichts sind die Einstufungskriterien zu bescheinigen (§ 282 Abs. 2).

Zu Abs. 4:

Der angefügte letzte Satz soll klarstellen, dass es unzulässig ist, längere Zeit keine Zwangsstrafverfügung für eine Folgeperiode zu erlassen und dann gleichzeitig mehrere Zwangsstrafverfügungen für verschieden Folgeperioden zu erlassen. In Zukunft soll, damit der Beugezweck der Folgeverfügungen optimal zur Geltung kommt, mindestens ein Zeitraum von sechs Wochen zwischen den Beschlussdaten der Zwangsstrafverfügungen liegen. Es wird auf das Datum der Strafverfügungen und nicht auf die Zustellung abgestellt, damit ein Unternehmer, der sich der Zustellung entzieht, nicht besser gestellt ist als ein Unternehmer, dem ordnungsgemäß zugestellt werden kann. Außerdem kommt es nicht darauf an, ob die Zwangsstrafverfügung rechtskräftig wird. Wenn etwa die Erstverhängung beeinsprucht wird und die Unterlagen immer noch nicht offengelegt wurden, dann kann eine Zwangsstrafverfügung für die Folgeperiode ergehen, auch wenn die Zwangsstrafe für die erste Periode im ordentlichen Verfahren womöglich erst danach verhängt wird.

Kommentierung

§ 283 Abs 1 aF wurde in § 284 und § 283 Abs 1 nF aufgespalten. In § 283 Abs 1 nF verblieb die Anhaltung der gesetzlichen Vertreter der Gesellschaft zur Offenlegung ihrer Jahres- und Konzernabschlüsse (§§ 277 und 280). In § 284 wird die Sanktionierung der Nichtbefolgung anderer unternehmensrechtlicher Vorschriften geregelt (vgl § 234).

Nach § 277 Abs 1 haben die gesetzlichen Vertreter von Kapitalgesellschaften den Jahresabschluss und allfällige weitere Berichte spätestens neun Monate nach dem Bilanzstichtag beim Firmenbuchgericht einzureichen. § 280 Abs 1 normiert die Offenlegungsverpflichtung der gesetzlichen Vertreter für den Konzernabschluss und allfälliger weiterer Berichte. Die Einreichung hat innerhalb von neun Monate nach dem Bilanzstichtag beim Firmenbuchgericht zu erfolgen. Sofern die gesetzlichen Vertreter der Gesellschaft ihrer Offenlegungsverpflichtung nicht innerhalb der Frist von neun Monaten nach dem Bilanzstichtag nachkommen, sind vom Firmenbuchgericht Zwangsstrafen in Höhe von EUR 700 bis EUR 3.600 zu verhängen.

Der Strafrahmen reduziert sich für **Kleinstkapitalgesellschaften** iSd § 221 Abs 1a auf EUR 350 bis EUR 1.800. Der niedrige Strafrahmen ist von Amts wegen vom Firmenbuchgericht anzuwenden. Ist eine Gesellschaft im offenzulegenden Geschäftsjahr erstmals als Kleinstkapitalgesellschaft einzustufen, dann hat das Firmenbuchgericht bei verspäteter Offenlegung im Zeitpunkt der Verhängung der Zwangsstrafe keine Kenntnis darüber, dass es sich um eine Kleinstkapitalgesellschaft handelt. Daher wird das Firmenbuchgericht mangels besseren Wissens trotz Vorliegens der Kleinstkapitalgesellschaftseigenschaft eine Zwangsstrafverfügung mit erhöhtem Strafrahmen erlassen. Ein Einspruch gegen die Zwangsstrafverfügung gem § 283 Abs 1 ist jedoch zulässig.

Die Strafen sind wiederholt zu verhängen, soweit die gesetzlichen Vertreter der Gesellschaft der Offenlegungspflicht nach je weiteren zwei Monaten nicht nachkommen. § 283 Abs 4 letzter Satz stellt klar, dass es unzulässig ist, dass das Firmenbuchgericht mehrere Zwangsstrafverfügungen, die denselben Adressat und Bilanzstichtag betreffen, gleichzeitig erlässt (zu den Hintergründen für die Einführung dieser Regelung vgl *Köll/Szaurer*, RWZ 2015, 247 f). Daher muss zwischen der Zwangsstrafverfügung und der vorangegangenen Zwangsstrafverfügung mindestens ein **Zeitraum von sechs Wochen** liegen. Nach den ErläutRV zum RÄG 2014 ist nicht auf das Zustelldatum, sondern auf das Datum der Zwangsstrafverfügung abzustellen. Außerdem kommt es nicht darauf an, ob die Zwangsstrafverfügung rechtskräftig wird, denn das eingeleitete ordentliche Verfahren hindert das Firmenbuchgericht nicht daran, nach Ablauf der sechswöchigen Sperrfrist bei Unterlassung der Offenlegung eine weitere Zwangsstrafe zu verhängen. Unerheblich ist der Zeitpunkt der Festsetzung der Zwangsstrafe.

- *Beispiel*
  Die A-GmbH hat den Jahresabschluss 2016 nicht bis zum 30.9.2016 offengelegt. Die erste Zwangsstrafe gem § 283 Abs 1 wird am 8.10.2016 (28.10.2016) verhängt. Die nach § 283 Abs 4 verhängbare weitere Zwangsstrafe kann frühestens nach zwei Monaten nach Ablauf des letzten Tages der Offenlegungsfrist, somit frühestens am 1.12.2016 verhängt werden, wobei aber zu beachten ist, dass zwischen der Erlassung einer Zwangsstrafverfügung nach Abs 4 und einer anderen Zwangsstrafverfügung, die denselben Adressaten und denselben Bilanzstichtag betrifft, mindestens sechs Wochen liegen müssen. Die Sechs-Wochen-Frist ist bei Erlassung der Zwangsstrafverfügung nach Abs 1 am 19.11.2016 (19.11.2016) vorüber gewesen, sodass die Zwangsstrafe nach Abs 4 theoretisch ab 1.12.2016 verhängt werden kann, bei Erlassung der Zwangsstrafverfügung nach Abs 1 am 28.10.2016 endet die Sechswochenfrist am 9.12.2016, sodass ab 10.12.2016 eine solche nach Abs 4 gegen die Person verhängt werden kann, die auch Adressat der Zwangsstrafverfügung des Abs 1 war.

§ 284.

Die gesetzlichen Vertreter der Gesellschaft und die Gesellschaft selbst sind, unbeschadet der allgemeinen unternehmensrechtlichen Vorschriften, zur Befolgung der §§ 222 Abs. 1, 244, 245, 247, 270, 272, 281 und 283, die Aufsichtsratsmitglieder zur Befolgung des § 270 und im Fall einer inländischen Zweigniederlassung einer ausländischen Kapitalgesellschaft die für diese im Inland vertretungsbefugten Personen zur Befolgung des § 280a vom Gericht durch Zwangsstrafen bis zu 3 600 Euro anzuhalten. § 24 Abs. 2 bis 5 FBG ist anzuwenden.

- *ErlRV zu § 284*
  Diese Bestimmung fasst jene Pflichten zusammen, die nach § 24 FBG durchzusehen sind. Gleichzeitig wird der dislozierte Verweis auf § 222 Abs. 1 und § 281 UGB im bisherigen § 258 AktG und § 125 GmbHG in das UGB aufgenommen, alleine schon um den richtlinienrechtlichen Verpflichtungen nachzukommen, die Durchsetzung auch für kapitalistische Personengesellschaften sicherzustellen

Kommentierung

§ 284 ordnet an, das über Vertreter der Gesellschaft, die Gesellschaft, Aufsichtsratsmitglieder und Vertreter inländischer Zweigniederlassungen einer ausländischen Kapitalgesellschaft eine Zwangsstrafe in Höhe von bis zu EUR 3.600 verhängt werden kann, wenn bestimmte Vorschriften des UGB nicht eingehalten werden. Zuvor war die Regelung in § 283 Abs 1 aF angesiedelt, wurde jedoch mit dem RÄG 2014 großteils unverändert in § 284 übernommen. Die Anführung des § 283 kann als Redaktionsversehen gewertet werden, weil diese Bestimmung keine Pflicht, sondern die zwangsweise Durchsetzung von Pflichten zum Inhalt hat (vgl *Dokalik* in *Torggler*[2] § 284 Rz 2). Aus dem Adressatenkreis der Regelung sind Abwickler, die auch Personen sein können, die nicht Organe von Kapita gesellschaft sind (vgl *Strimitzer* in *Hirschler* § 283 Rz 5), ausgeschieden, weshalb die Verhängung von Zwangsstrafen über diese Personen unzulässig ist. Die Aufzählung der einzuhaltenden Bestimmungen ist taxativ. Dazu zählen folgende Vorschriften, wobei innerhalb des Adressatenkreises zu unterscheiden ist:

Vorschrift	Vertreter der Gesellschaft	Aufsichtsrat der Gesellschaft	Vertreter einer in ändischen Zweigniederlassur g einer ausländischen Kapitagese lschaft
§ 222 Abs 1	x		
§ 244	x		
§ 245	x		
§ 247	x		
§ 270	x	x	
§ 272	x		
§ 280a			x
§ 281	x		

Die amtswegige Erzwingung jener Pflichten, die Bedingung für die Erstellung eines vollständigen Jahres- oder Konzernabschlusses sind, hat wenig praktische Bedeutung. Wird dieser nicht fristgerecht vorgelegt, wird rechtskonformes Verhalten im Verfahren nach § 283 erzwungen, gleichgültig, was der Grund für die verspätete Vorlage war (vgl *Dokalik* in *Torggler*[2] § 284 Rz 4). Der Verstoß gegen die §§ 244, 245, 247, 270, 272 wird daher regelmäßig von Gesellschaftsorganen beim Firmenbuchgericht angezeigt werden, die damit die fristgerechte Fertigstellung des Jahresabschlusses sicherstellen wollen. Außer den Mitgliedern des Aufsichtsrates wird nämlich sonst niemand wissen, ob zB der Jahresabschluss rechtzeitig innerhalb von fünf Monaten aufgestel t wurde (§ 222 Abs 1) oder ob ein Teilkonzernabschluss aufzustellen war, weil ein entsprechendes Verlangen nach § 245 Abs 1 Z 1 lit c gestellt wurde (vgl *Dokalik* in *Torggle*[2] § 284 Rz 4). Die amtswegige Erzwingung der Vollständigkeit und Richtigkeit (§ 281) hat allerdings eine gewisse praktische Bedeutung, etwa wenn die Vorjahreszahlen im vorgelegten Jahresabschluss nicht angeführt wurden (vgl OGH 19.11.2014, 6 Ob 185/14w).

Die Zwangsstrafe kann für jedes einzelne Organmitglied bzw Gesellschaft, die gegen eine Vorschrift verstößt, verhängt werden. Die Höhe der verhängten Zwangsstrafe kann bis zur EUR 3.600 betragen. Die Festsetzung liegt im Ermessen des Firmenbuchgerichts.

Grundsätzlich sind vor Verhängung der ersten Zwangsstrafe die betroffenen Organmitglieder bzw die Gesellschaft gem § 24 Abs 3 FBG aufzufordern, die Verpflichtung zu erfüllen oder darzutun, dass die Verpflichtung nicht besteht. Gleichzeitig ist vom Firmenbuchgericht im Fall der Nichtbefolgung eine Zwangsstrafe anzudrohen. An stelle der Androhung der Zwangsstrafe kann das Firmenbuchgericht gemäß § 24 Abs 4 FBG iVm § 283 Abs 3 mit Zwangsstrafverfügung im Bereich des für den Pflichtverstoß vorgesehenen Strafrahmes vorgehen, wenn der Pflichtverstoß anhand der Umstände naheliegt (vgl *Dokalik* in *Torggler*[2] § 284 Rz 5).

Kommt das betroffene Organmitglied oder die Gesellschaft der gerichtlichen Aufforderung nicht nach, so ist nach Eintritt der Rechtskraft des Beschlusses über die Verhängung der Zwangsstrafe eine Zwangsstrafe in Höhe von EUR 3.600 zu verhängen. Der dritte Beschluss über die verhänge Zwangsstrafe ist vom Firmenbuchgericht zu veröffentlichen. Die wiederholte Verhängung von Zwangsstrafen ist zulässig, wobei sich der Höchstbetrag für die Zwangsstrafe mit der Größe der Gesellschaft erhöht. Nach § 24 Abs 5 FBG beträgt bei mittelgroßen Kapitalgesellschaft der Höchstbetrag das Dreifache, bei einer großen Kapitalgesellschaft das Sechsfache von EUR 3.600. Als Grundlage für die Ermittlung der Größenklasse und somit des Höchstbetrages kann der letzte Jahresabschluss herangezogen werden.

Ausnahmen, Stundung und Nachlass

§ 285.

(1) Während der Dauer eines Insolvenzverfahrens mit Ausnahme eines Sanierungsverfahrens mit Eigenverwaltung sind keine Zwangsstrafverfügungen nach § 283 zu erlassen. Rechte von Gesellschaftern und Dritten, die Offenlegung einzufordern, bleiben unberührt.

(2) Auf Antrag des Adressaten einer Zwangsstrafe kann das Firmenbuchgericht den Zeitpunkt der Entrichtung einer Zwangsstrafe auch über mehr als sechs Monate hinausschieben (Stundung) oder die Entrichtung in Raten bewilligen, wenn die sofortige oder die sofortige volle Entrichtung der Strafe für den Antragsteller mit besonderer Härte verbunden wäre und die Einbringlichkeit der Zwangsstrafe durch den Aufschub nicht gefährdet wird. Die Entrichtung in Raten darf nur mit der Maßgabe gestattet werden, dass alle noch aushaftenden Teilbeträge sofort fällig werden, wenn der Zahlungspflichtige mit mindestens zwei Raten in Verzug ist.

(3) Auf Antrag des Adressaten einer Zwangsstrafe kann das Firmenbuchgericht bis zur vollständigen Entrichtung eine Zwangsstrafe ganz oder teilweise nachlassen, wenn alle folgenden Voraussetzungen vorliegen:

1. die Einbringung ist für den Antragsteller mit besonderer Härte verbunden,

2. alle Offenlegungspflichten sind inzwischen erfüllt oder ihre Erfüllung ist für den Antragsteller nicht mehr möglich,

3. dem Antragsteller oder seinen vertretungsbefugten Organen ist nur ein geringes Verschulden an dem Verstoß zur Last zu legen, und

4. es bedarf der Einbringung nicht oder nicht in voller Höhe, um den Adressaten oder andere Unternehmen zur künftigen zeitgerechten Offenlegung anzuhalten.

- *ErlRV zu § 285*
  Zu Abs. 1:
  Die Offenlegung nach der Bilanz-Richtlinie bezweckt den Schutz von Gesellschaftern und Dritten; der letzteren insbesondere wegen des Fehlens von Sicherheiten über das Nettovermögen hinaus (Erwägungsgrund 3). Sobald ein Insolvenzverfahren eröffnet wird, wird eine zentrale Funktion der Offenlegung, nämlich rechtzeitig sowohl den Unternehmer wie auch den Gläubiger und Dritte vor einer Verschlechterung der Vermögenslage zu warnen, gegenstandslos. Obwohl die Offenlegung kaum Bedeutung hat, werden zur Erzwingung der Offenlegung auch gegen den Masseverwalter Zwangsstrafen verhängt, der sich dann von der Bestrafung nur befreien kann, wenn er die Unmöglichkeit der Offenlegung darlegen kann. Die Beurteilung, ob die Erstellung der ausständigen Jahresabschlüsse für die Zwecke der Offenlegung auch wirtschaftlich sinnvoll ist, bleibt nach der derzeitigen Rechtslage letztlich der Rechtsprechung überlassen, was für den Masseverwalter wenig Rechtssicherheit bietet. Der Entwurf schlägt daher vor, für die Dauer eines Insolvenzverfahrens von der Verhängung von Zwangsstrafverfügungen gegen den Masseverwalter und die Insolvenzmasse abzusehen. Nur im Sanierungsverfahren mit Eigenverwaltung kann – da hier das Unternehmen von den bisher tätigen Organen fortgeführt wird – die Offenlegung auch im Insolvenzverfahren erzwungen werden.
  Über die Pflichten zur Aufstellung des Jahresabschlusses auch während des Insolvenzverfahrens wird keine Aussage getroffen; die Pflicht zur Aufstellung des Jahresabschlusses kann sich aus § 81a Abs. 2 IO oder aus abgabenrechtlichen Vorschriften ergeben. Der Anspruch der Gesellschafter, einen

Jahresabschluss zu verlangen (§ 22 Abs. 2 GmbHG), bleibt unberührt, besteht jedoch bei Unmöglichkeit der Erstellung nicht (6 Ob 33/97i). Wird ein Jahresabschluss beim Firmenbuchgericht eingereicht, ist er auch zu veröffentlichen; lediglich die Erzwingung der Offenlegung wird während der Dauer des Insolvenzverfahrens sistiert. Wird das Unternehmen nach Aufhebung des Insolvenzverfahrens fortgeführt, lebt die Offenlegungsverpflichtung wieder auf, nicht jedoch, wenn das Insolvenzverfahren zur Abwicklung und letztendlich zur Löschung des Unternehmens führt.

Zu Abs. 2:

Die Stundung wird nach dem Vorbild des § 409a StPO, § 9 GEG und § 212 BAO geregelt.

Zu Abs. 3:

In besonderen Ausnahmefällen soll auch der teilweise oder gänzliche Nachlass einer Zwangsstrafe möglich sein. Dazu ist zunächst erforderlich, dass die Einbringung mit einer besonderer Härte verbunden ist, was bei größeren Gesellschaften mit angemessener Kapitalausstattung regelmäßig nicht der Fall sein wird. Weiters soll Voraussetzung sein, dass allen Offenlegungspflichten vollständig nachgekommen wurde. Zusätzlich darf dem Antragsteller nur ein geringes Verschulden zur Last liegen, was bei beharrlicher und lang andauernder Verweigerung der Offenlegung nicht der Fall wäre. Und schließlich soll die Strafe nur so weit nachgelassen werden können, als der Beugezweck nicht gefährdet wäre. Könnte nämlich jeder Adressat mit bescheidenen wirtschaftlichen Verhältnissen darauf vertrauen, dass eine zunächst verhängte Zwangsstrafe später nachgelassen wird, würde dies den Beugezweck beträchtlich vermindern. Ein mehrmaliger Nachlass von Zwangsstrafen wird daher nur bei besonders außergewöhnlichen Umständen in Betracht kommen.

Kommentierung

I. Ausnahmen (Abs 1)

Nach bisheriger Rechtslage ergaben sich in der Praxis Probleme, weil Zwangsstrafen gegen Masseverwalter und die insolvente Gesellschaft verhängt wurden, obwohl die Offenlegung der Unterlagen nach Maßgabe von § 277 in diesen Fällen kaum Bedeutung hat (vgl OGH 14.9.2011, 6 Ob 134/11s, EvBl 2012/25). Mit dem RÄG 2014 wurde dieses Problem insoweit gelöst, als nach § 285 Abs 1 während der Dauer eines Insolvenzverfahrens die Verhängung von Zwangsstrafverfügungen iSd § 283 unzulässig sind (vgl *Köll/Szaurer*, RWZ 2015 248; *Moser*, GES 2015, 117). Die Regelung erfasst auch Zwangsstrafen für unterbliebene Offenlegung über Zeiträume vor dem Insolvenzverfahren (vgl *Zib* in *Zib/Dellinger* § 285 Rz 2). Eine Ausnahme von dieser Ausnahme besteht nur bei einem Sanierungsverfahren mit Eigenverwaltung. Ebenfalls nicht erfasst ist die Nichteröffnung eines Insolvenzverfahrens mangels Masse (vgl *Zib* in *Zib/Dellinger* § 285 Rz 4).

Nach Ende des Insolvenzverfahrens können – sofern der Rechtsträger fortbesteht (zB Sanierung) – wieder Zwangsstrafverfügungen gegen die Organvertreter verhängt werden, und zwar auch zur Erzwingung der Offenlegung über Zeiträume während des Insolvenzverfahrens (vgl *Zib* in *Zib/Dellinger* § 285 Rz 5 mHa OGH 20.3.2013, 6 Ob 1/13k; so auch *Isola* in *Bertl/Mandl* § 285 Rz 5). Die Aufstellung eines Jahresabschlusses während des Insolvenzverfahrens wird durch § 285 Abs 1 nicht aufgehoben (vgl *Isola* in *Bertl/Mandl* § 285 Rz 6 ff mwN). Infolge des Fortbestehens der Buchführungs- und Bilanzierungspflicht sieht § 285 Abs 1 vor, dass die Rechte von Gesellschaftern und Dritten, die Offenlegung einzufordern, unberührt zu bleiben haben. Daraus folgt, dass auch die Pflicht zur Offenlegung während des Insolvenzverfahrens grundsätzlich unverändert fortbesteht (vgl *Isola* in *Bertl/Mandl* § 285 Rz 11).

Nach § 285 Abs 1 werden nur Zwangsstrafen nach § 283, nicht solche nach § 284 ausgesetzt. Nach *Zib* wird bei einer Insolvenz einer ausländischen Gesellschaft mit einer österreichischen Zweigniederlassung (§ 284 iVm § 280a) § 285 Abs 1 analog anzuwenden sein (vgl *Zib* in *Zib/Dellinger* § 285 Rz 9).

II. Stundung (Abs 2)

§ 285 Abs 2 enthält eine Härteklausel. Das Firmenbuchgericht kann auf Antrag den Zeitpunkt der Entrichtung der Zwangsstrafe über mehr als sechs Monate hinausschieben

(Stundung). Die Entrichtung der Zwangsstrafe in Raten ist ebenso möglich. Voraussetzung dafür ist, dass die sofortige Entrichtung der Strafe für den Antragsteller mit besonderen Härten verbunden wäre und die Einbringlichkeit der Zwangsstrafe durch den Aufschub nicht gefährdet ist. Die Entrichtung in Raten darf nur unter der Bedingung gestattet werden, dass bei Verzug von mindestens zwei Raten alle noch aushaftenden Teilbeträge sofort fällig werden.

Die Stundung und Ratenzahlung sind sowohl bei Zwangsstrafen nach § 283 als auch bei solchen nach § 284 möglich (§ 906 Abs 37).

III. Nachlass (Abs 3)

Nach § 285 Abs 3 kann das Firmenbuchgericht die vorgeschriebene Zwangsstrafe teilweise oder zur Gänze nachsehen, sofern nachfolgende Voraussetzungen kumulativ vorliegen:

1. Die Einbringung ist für den Antragsteller mit besonderer Härte verbunden. Bei größeren Gesellschaften mit angemessener Kapitalausstattung ist das regelmäßig nicht der Fall. Eine Prüfung im Einzelfall ist geboten.

2. Die Offenlegungspflichten sind inzwischen erfüllt oder ihre Erfüllung ist für den Antragsteller nicht mehr möglich.

3. Der Antragsteller oder seine vertretungsbefugten Organe haben gegen die Offenlegungspflicht nur in leicht fahrlässiger Weise verstoßen. Wird der gesetzliche Vertreter nicht selbst tätig, ist diesem das Verschulden seiner Hilfspersonen zuzurechnen. Darüber hinaus trifft den gesetzlichen Vertreter eine Überwachungspflicht für Hilfspersonen (*Werdnik*, RWZ 2013, 285 mwN).

4. Als weitere Voraussetzung darf der Beugezweck der verhängten Zwangsstrafe nicht beeinträchtigt werden. Ein mehrmaliger Nachlass von Zwangsstrafen kommt nur bei außergewöhnlichen Umständen in Betracht.

Der Nachlass der Zwangsstrafe ist sowohl bei Zwangsstrafen nach § 283 als auch bei solchen nach § 284 möglich (§ 906 Abs 37).

§ 906.

(1) bis (27) ...

(28) § 189 Abs. 1, 2 und 4, § 189a, § 196a, § 198 Abs. 1 und 7 bis 10, § 201 Abs. 2 und 3, § 203 Abs. 3 bis 5, § 204 Abs. 1a und 2, § 206 Abs. 3, § 207, § 208 Abs. 2, § 209 Abs. 1, § 211, § 212 Abs. 1, § 216, § 221 Abs. 1 bis 5 und 7, § 222 Abs. 1 und 3, § 223 Abs. 3 und 4, § 224 Abs. 2 und 3, § 225 Abs. 3 bis 7, § 226 Abs. 1, 3 und 5, § 227, § 229 Abs. 1 bis 1b, 3, 4 und 6, § 231 Abs. 2 bis 5, § 232 Abs. 2 und 3, §§ 234 bis 238, § 239 Abs. 1 und 2, § 240 bis 242, § 243 Abs. 3, § 243a Abs. 2, § 243c, § 244 Abs. 1, 3, 4 und 7, § 245, § 245a Abs. 1, § 246 Abs. 1 und 3, § 249, § 250 Abs. 3, § 251 Abs. 1 und 2,§ 253 Abs. 1 und 2, § 254 Abs. 1 und 3, § 255 Abs. 2, § 256 Abs. 2, § 257 Abs. 2, § 258, § 259 Abs. 1, § 260 Abs. 2, § 261 Abs. 1 und 2, § 263 Abs. 1 und 2, § 264, § 265 Abs. 1 und 2, § 266, § 267 Abs. 3 und 3b, § 267a, § 267b, § 269, § 270 Abs. 3, § 274, § 277 Abs. 1 bis 3 und 6, § 278 Abs. 1, § 279, § 280, § 281, § 282 Abs. 2a, § 283, § 284 und § 285 in der Fassung des Bundesgesetzes BGBl. I Nr. 22/2015 treten mit 20. Juli 2015 in Kraft. Sie sind, soweit im Folgenden nichts Abweichendes angeordnet wird, erstmalig auf Unterlagen der Rechnungslegung für Geschäftsjahre anzuwenden, die nach dem 31. Dezember 2015 beginnen. § 205, § 208 Abs. 3, § 226 Abs. 2, § 228, § 230, § 232 Abs. 1 und 4, § 233, § 244 Abs. 6, § 253 Abs. 3 und § 268 Abs. 3 treten mit 20. Juli 2015 außer Kraft. Auf Unterlagen der Rechnungslegung für Geschäftsjahre, die vor dem 1. Jänner 2016 begonnen haben, sind die Bestimmungen in der Fassung vor dem Bundesgesetzes BGBl. I Nr. 22/2015 weiterhin anzuwenden. Unternehmen nach § 243c oder § 267b können einen Bericht oder einen konsolidierten Bericht über

Zahlungen an staatliche Stellen bereits für jene Geschäftsjahre erstellen, die nach dem 31. Dezember 2014 beginnen; in diesem Fall wenden sie § 243c oder § 267b in der Fassung des Bundesgesetzes BGBl. I Nr. 22/2015 an.

(29) Für den Eintritt der Rechtsfolgen des § 221 Abs. 1, 1a und 2 sowie des § 246 Abs. 1 sind die geänderten Größenmerkmale auch für Beobachtungszeiträume nach § 221 Abs. 4 und § 246 Abs. 2 anzuwenden, die vor dem 1. Jänner 2016 liegen.

(30) Wurde ein Disagio nach § 198 Abs. 7 in der Fassung vor dem Bundesgesetz BGBl. I Nr. 22/2015 nicht als aktiver Rechnungsabgrenzungsposten bilanziert, so unterbleibt die Bildung eines aktiven Rechnungsabgrenzungsposten für diese Verbindlichkeit, bis diese nicht mehr ausgewiesen wird. § 203 Abs. 3 findet erstmals auf Herstellungsvorgänge Anwendung, die in Geschäftsjahren begonnen wurden, die nach dem 31. Dezember 2015 beginnen. Auf Herstellungsvorgänge, die vor dem 1. Jänner 2016 begonnen wurden, ist § 203 Abs. 3 in der bisherigen Fassung anzuwenden. § 203 Abs. 5 und § 261 Abs. 1 in der Fassung des Bundesgesetzes BGBl. I Nr. 22/2015 sind nur auf Geschäfts(Firmen)werte anzuwenden, die nach dem 31. Dezember 2015 gebildet werden. Auf Geschäfts(Firmen)werte, die vor dem 1. Jänner 2016 gebildet wurden, sind diese Bestimmungen in der bisherigen Fassung anzuwenden.

(31) Unversteuerte Rücklagen, die nach § 205 in der Fassung vor dem Bundesgesetz BGBl. I Nr. 22/2015 gebildet wurden, sind, soweit die darin enthaltenen passiven latenten Steuern nicht den Rückstellungen zuzuführen sind, im Geschäftsjahr, das nach dem 31. Dezember 2015 beginnt, unmittelbar in die Gewinnrücklagen einzustellen. Aufwendungen und Erträge aus der erstmaligen Anwendung des § 198 Abs. 9 und 10 und § 258 in der Fassung des Bundesgesetzes BGBl. I Nr. 22/2015 sind unmittelbar mit den Gewinnrücklagen oder mit dem Bilanzgewinn (Bilanzverlust) zu verrechnen.

(32) Ist bei einem Vermögensgegenstand eine Abschreibung gemäß § 204 Abs. 2 oder § 207 vorgenommen worden und wurde von der Zuschreibung aufgrund des § 208 Abs. 2 in der Fassung vor dem Bundesgesetz BGBl. I Nr. 22/2015 bisher abgesehen, so ist, wenn die Gründe für die Abschreibung nicht mehr bestehen, im Geschäftsjahr, das nach dem 31. Dezember 2015 beginnt, eine Zuschreibung vorzunehmen. Wird nach § 124b Z 270 des Einkommensteuergesetzes 1988 steuerlich eine Zuschreibungsrücklage gebildet, kann der in dieser Rücklage erfasste Betrag in der Bilanz unter den passiven Rechnungsabgrenzungsposten gesondert ausgewiesen und entsprechend den Vorgaben des § 124b Z 270 des Einkommensteuergesetzes 1988 aufgelöst werden.

(33) Soweit auf Grund der geänderten Bewertung von langfristigen Verpflichtungen, die die Bildung einer Rückstellung erforderlich machen, und auf Grund des Ansatzes von latenten Steuern aus der erstmaligen Anwendung des § 198 Abs. 9 und 10 und § 258 in der Fassung des Bundesgesetzes BGBl. I Nr. 22/2015 eine Zuführung zu den Rückstellungen erforderlich ist, ist dieser Betrag, beginnend mit dem Jahr der Zuführung, über längstens fünf Jahre gleichmäßig verteilt nachzuholen. *Der Unterschiedsbetrag ermittelt sich als Differenzbetrag zwischen dem bei der erstmaligen Anwendung zu Beginn des Geschäftsjahres sich ergebenden Betrag und dem im vorausgegangenen Abschluss ausgewiesenen Betrag. Es ist* zulässig, die gebotene Rückstellung in Abschlüssen für Geschäftsjahre, die nach dem 31. Dezember 2015 beginnen, voll in die Bilanz einzustellen. In diesem Fall kann in der Bilanz unter den aktiven Rechnungsabgrenzungsposten der sich gegenüber der nach dem ersten Satz gebotenen Rückstellung in den einzelnen Jahren ergebende Unterschiedsbetrag gesondert ausgewiesen werden. *Latente Steuern aus der erstmaligen Anwendung des § 198 Abs. 10 Z 2 und § 254 in Ver-*

bindung mit § 258 sind nicht über die Gewinn- und Verlustrechnung nachzuerfassen.

(34) Soweit die erstmalige Anwendung des § 211 in der Fassung des Bundesgesetzes BGBl. I Nr. 22/2015 eine Auflösung der Rückstellungen erforderlich macht oder auf Grund der erstmaligen Anwendung des § 198 Abs. 9 und 10 und § 258 in der Fassung des Bundesgesetzes BGBl. I Nr. 22/2015 der Ansatz aktiver latenter Steuern erforderlich ist, ist dieser Betrag, beginnend mit dem Jahr der erstmaligen Anwendung dieser Bestimmungen, über längstens fünf Jahre gleichmäßig zu verteilen. *Der Unterschiedsbetrag ermittelt sich als Differenzbetrag zwischen dem bei der erstmaligen Anwendung zu Beginn des Geschäftsjahres sich ergebenden Betrag und dem im vorausgegangenen Abschluss ausgewiesenen Betrag.* Es ist zulässig, den gebotenen Betrag in Abschlüssen für Geschäftsjahre, die nach dem 31. Dezember 2015 beginnen, in vollem Umfang zu bilanzieren. In diesem Fall kann eine Verteilung über längstens fünf Jahre erfolgen, indem der Unterschiedsbetrag zwischen dem vollen Umfang des Betrags und dem nach dem ersten Satz zumindest zu berücksichtigenden Betrag unter den passiven Rechnungsabgrenzungsposten gesondert ausgewiesen wird. *Latente Steuern aus der erstmaligen Anwendung des § 254 in Verbindung mit § 258 sind nicht über die Gewinn- und Verlustrechnung nachzuerfassen.*

(35) Gesellschaften, die in Konzernabschlüssen für Geschäftsjahre, die vor dem 1. Jänner 2016 begonnen haben, die Kapitalkonsolidierung nach § 254 Abs. 1 Z 1 in der Fassung vor dem Bundesgesetz BGBl. I Nr. 22/2015 durchgeführt haben, können diese Methode beibehalten; diesfalls ist § 254 Abs. 1, 2 und 3 in der bisherigen Fassung weiterhin anzuwenden. Der Wechsel auf die Konsolidierungsmethode nach § 254 Abs. 1 in der Fassung des Bundesgesetzes BGBl. I Nr. 22/2015 ist im Sinn des § 250 Abs. 3 dritter Satz gerechtfertigt; die Auswirkungen auf die Vermögens-, Finanz- und Ertragslage sind im Konzernanhang darzustellen.

(36) Ändern sich bei der erstmaligen Anwendung der Bestimmungen nach dem Bundesgesetz BGBl. I Nr. 22/2015 die bisherige Form der Darstellung oder die bisher angewandten Bewertungsmethoden, so sind § 201 Abs. 2 Z 1 und § 223 Abs. 1 bei der erstmaligen Aufstellung eines Jahres- oder Konzernabschlusses nach den geänderten Vorschriften nicht anzuwenden. Sind bei der erstmaligen Anwendung der Bestimmungen nach dem Bundesgesetz BGBl. I Nr. 22/2015 im Vergleich *zum Jahresabschluss des Vorjahres* Angaben einem anderen Posten zuzuordnen als bisher, so sind die Vorjahresbeträge (§ 223 Abs. 2) so zu berechnen, als wären die Bestimmungen nach der neuen Rechtslage schon im Vorjahr angewandt worden, *soweit das im Einzelfall zur Herstellung der im § 222 Abs. 2 genannten Zielsetzung erforderlich und praktikabel* ist. Soweit die Beträge nicht vergleichbar sind, sind die entsprechenden Anhangangaben zu machen.

(37) §§ 283, 284 und 285 sind auf Verstöße gegen die in § 283 Abs. 1 und § 284 genannten Pflichten anzuwenden, die nach dem 19. Juli 2015 gesetzt werden oder fortdauern. Anträge auf Stundung und Nachlass können ab dem 20. Juli 2015 bei allen Zwangsstrafen gestellt werden; auf bereits anhängige Anträge auf Stundung und Nachlass ist § 285 in der Fassung des Bundesgesetzes BGBl. I Nr. 22/2015 sinngemäß anzuwenden.

(38) § 269, § 270 Abs. 3 und § 274 sind in der Fassung des Bundesgesetzes BGBl. I Nr. 22/2015 auf die Abschlussprüfung von Geschäftsjahren anzuwenden, die nach dem 31. Dezember 2015 beginnen. § 268 Abs. 3 tritt mit 20. Juli 2015 außer Kraft; auf die Abschlussprüfung von Geschäftsjahren, die vor dem 1. Jänner 2016 begonnen haben, sind die Bestimmungen in der Fassung vor dem Bundesgesetzes BGBl. I Nr. 22/2015 weiterhin anzuwenden.

(39) Durch die §§ 189 Abs. 1 Z 1 und 2, 189a, 195 Abs. 2, 196, 198, 201, 203 bis 211, 221 bis 227, 231 bis 269, 274 und 277 bis 284 in der Fassung des Bundesgesetzes BGBl. I Nr. 22/2015 wird die Richtlinie 2013/34/EU über den Jahresabschluss, den konsolidierten Abschluss und damit verbundene Berichte von Unternehmen bestimmter Rechtsformen und zur Änderung der Richtlinie 2006/43/EG des Europäischen Parlaments und des Rates und zur Aufhebung der Richtlinien 78/660/EWG und 83/349/EWG, ABl. Nr. L 182 vom 29.06.2013 S. 19, zuletzt geändert durch die Richtlinie 2014/102/EU, ABl. Nr. L 334 vom 21.11.2014 S. 86, umgesetzt.

(40) § 131 in der Fassung des Bundesgesetzes BGBl. I Nr. 22/2015 tritt mit 1. Jänner 2015 in Kraft.

(41) § 235 Abs. 1 in der Fassung des Bundesgesetzes BGBl. I Nr. 163/2015 tritt mit 1. Jänner 2016 in Kraft. § 235 Abs. 1 Z 2 und 3 in der Fassung des Bundesgesetzes BGBl. I Nr. 163/2015 sind auf nach dem 31. Mai 2015 beschlossene Umgründungsvorgänge anzuwenden und gelten für Ausschüttungsbeschlüsse nach dem 31. Dezember 2015. § 235 Abs. 1 in der Fassung des Bundesgesetzes BGBl. I Nr. 163/2015 ist auf nach dem 31. Mai 2015 stattfindende Übergänge des Gesellschaftsvermögens gemäß § 142 anzuwenden und gilt für Ausschüttungsbeschlüsse nach dem 31. Dezember 2015.

(42) § 189 Abs. 1 Z 2, § 221 Abs. 5, § 224 Abs. 3, § 229 Abs. 1 bis 1b, § 238 Abs. 1 Z 8, § 242 Abs. 2, § 244 Abs. 7, § 253 Abs. 2, § 254 Abs. 4, § 259 Abs. 1, § 266 Z 1 und 2, § 282 Abs. 2 und § 906 Abs. 33, 34 und 36 in der Fassung des Bundesgesetzes BGBl. I Nr. 43/2016 treten mit 20. Juli 2015 in Kraft; die Anwendbarkeit richtet sich nach Abs. 28.

(43) § 269 Abs. 1a, Abs. 2 und Abs. 5, § 270 Abs. 1, Abs. 1a, Abs. 3 und Abs. 7, § 270a, § 271 Abs. 1 und Abs. 2 mit Ausnahme der Z 3, § 271a Abs.1 erster Satz und Abs. 5 bis 7, § 271c, § 272 Abs. 4, § 273 Abs. 1 und § 275 Abs. 1 in der Fassung des Bundesgesetzes BGBl. I 43/2016 treten mit 17. Juni 2016 in Kraft. § 271 Abs. 2 Z 3 und Abs. 4 in der Fassung des Bundesgesetzes BGBl. I 43/2016 treten mit 1. Oktober 2016 in Kraft. §§ 269 Abs. 2, 271c und 275 Abs. 1 sind erstmals auf die Abschlussprüfung von Geschäftsjahren anzuwenden, die nach dem 16. Juni 2016 beginnen. § 271a Abs. 1 Z 4 in der Fassung des Bundesgesetzes BGBl. I 43/2016 ist erstmals auf die Abschlussprüfung von Geschäftsjahren anzuwenden, die nach dem 16. Juni 2016 beginnen; wurde vor dessen Anwendbarkeit die Prüfungstätigkeit für zumindest zwei Geschäftsjahre unterbrochen, so ist diese Unterbrechung einer dreijährigen gleichzuhalten.

- *ErlRV zu § 906 (RV RÄG 2014)*

  Zu Abs. 28:

  Prinzipiell sollen die Bestimmungen mit 20. Juli 2015 in Kraft treten, aber erst anlässlich der Erstellung der Unterlagen für die Rechnungslegung für Geschäftsjahre, die nach dem 31. Dezember 2015 beginnen, zur Anwendung kommen. Dies lässt Art. 53 Abs. 1 zweiter Unterabsatz der Richtlinie ausdrücklich zu. Die Legisvakanz ist auch erforderlich, damit die Unternehmen und Hersteller diverser Buchhaltungs-Softwares bereits Rechtssicherheit für die Umstellung haben. Für die Jahresabschlüsse für Geschäftsjahre, die vor dem 1. Jänner 2016 beginnen, sind die Bestimmungen in der bisherigen Fassung anzuwenden. Berichte über Zahlungen an staatliche Stellen können bereits für Geschäftsjahre, die ab dem 1. Jänner 2015 beginnen, nach den neuen Regelungen erstellt werden.

  Zu Abs. 29:

  Die geänderten Schwellenwerte sollen für die Jahresabschlüsse der Geschäftsjahre 2016 bereits angewendet werden können. Wenn etwa ein Unternehmen bereits in den Geschäftsjahren 2014 und 2015 eine Kleinstkapitalgesellschaft war, dann kann sie bei der Erstellung des Jahresabschlusses für das Geschäftsjahr 2016 schon die Begünstigungen für Kleinstkapitalgesellschaften in Anspruch nehmen.

  Zu Abs. 30:

  Diese Übergangsvorschrift fasst Besonderheiten bei der Bilanzierung eines Disagios nach § 198 Abs. 7, bei den Herstellungskosten (§ 203 Abs. 3) und bei der zehnjährigen Abschreibung des Geschäfts(Firmen)werts (§ 203 Abs. 5 und § 261 Abs. 1) zusammen.

Zu Abs. 31:

Diese Übergangsvorschrift behandelt die Auflösung der bestehenden unversteuerten Rücklagen: der Anteil an passiven latenten Steuern ist den Rückstellungen zuzuführen, der Rest in eine Gewinnrücklage einzustellen. Aufwendungen und Erträge aus der erstmaligen Anwendung der Bestimmungen über die latenten Steuern (§ 198 Abs. 9 und 10 und § 258) sind unmittelbar mit der Gewinnrücklage oder mit dem Bilanzgewinn (Bilanzverlust) zu verrechnen. Ist aufgrund des Wechsels auf den bilanzorientierten Ansatz eine Zuführung zu den Rückstellungen vorzunehmen, ist insofern Abs. 33 anzuwenden.

Zu Abs. 32:

Es soll ein Wahlrecht geschaffen werden, die aufgrund der steuerlichen Übergangsvorschrift gebildeten Zuschreibungsrücklagen auch im unternehmensrechtlichen Jahresabschluss auszuweisen. Die Auflösung der Zuschreibungsrücklagen richtet sich in der Folge grundsätzlich nach den steuerlichen Vorschriften des § 124b Z 270 des Einkommensteuergesetzes 1988, kann aber wahlweise auch früher, vor dem Ausscheiden des betreffenden Vermögensgegenstandes, erfolgen.

Zu Abs. 33:

Wird aufgrund der geänderten Bewertung von langfristigen Rückstellungen (§ 211, insbesondere Pensionsrückstellungen) oder aufgrund des Wechsels der latenten Steuern auf den bilanzorientierten Ansatz eine Zuführung zu den Rückstellungen notwendig, so ermöglicht diese Regelung, den Betrag über fünf Jahre verteilt zuzuführen. Alternativ kann der Betrag auch voll in die Rückstellungen eingestellt werden und über einen aktiven Rechnungsabgrenzungsposten in Bezug auf das Ergebnis derselbe Effekt erzielt werden.

Zu Abs. 34:

Da es aufgrund des vorgeschlagenen § 211 zu einer Abwertung der Rückstellungen wegen der zu berücksichtigenden Abzinsung kommen kann, ermöglicht diese Bestimmung spiegelbildlich zu Abs. 33 eine Aufteilung auf fünf Jahre.

Zu Abs. 35:

Diese Bestimmung erlaubt die Beibehaltung der Kapitalkonsolidierung nach der Buchwertmethode für Mutterunternehmen, die bisher nach dieser Methode konsolidiert haben. Ein Wechsel auf die Neubewertungsmethode bedeutet keinen Verstoß gegen den Grundsatz der Stetigkeit (§ 250 Abs. 3 dritter Satz), wie ausdrücklich festgehalten werden soll.

Zu Abs. 36:

Der erste Satz dieser Bestimmung ordnet bei umstellungsbedingten Änderungen der Form der Darstellung und der Bewertung eine Ausnahme vom Stetigkeitsgrundsatz für die Bewertung (§ 201 Abs. 1 Z 1) und Darstellung (§ 223 Abs. 1) an. Nicht ausgenommen ist die Erläuterungspflicht im Anhang, soweit die Änderung der Bewertung zu nicht vergleichbaren Vorjahresbeträgen führt (§ 223 Abs. 2).

Im Vergleich zur bisherigen Rechtslage entfallen zum Teil Posten (wie z. B. die unversteuerten Rücklagen) oder Vermögensgegenstände sind anders auszuweisen (wie z. B. eigene Aktien). Die Übergangsbestimmung ordnet an, dass die Vorjahresbeträge so zu berechnen und auszuweisen sind, als wären sie schon im Vorjahr nach den neuen Bestimmungen berechnet worden.

Beispiel: Im Jahresabschluss zum 31.12.2015 sind unversteuerte Rücklagen in Höhe von 100.000 Euro ausgewiesen. Bei einer Körperschaftssteuer von 25% ist davon auszugehen, dass darin 25.000 Euro latente Steuern enthalten sind. Im Jahresabschluss zum 31.12.2016 fehlt die Position „unversteuerte Rücklagen" auf der Passivseite. Als Vorjahresbeträge sind 75.000 Euro bei den Gewinnrücklagen, und 25.000 bei der Rückstellung für passive latente Steuern auszuweisen.

Zu Abs. 37:

Da die Bestimmungen über das Zwangsstrafregime von den Gerichten ab einem bestimmten Stichtag einheitlich gehandhabt werden sollten, wird – abweichend von der Grundregel des Abs. 28 – zunächst angeordnet, dass sie vereinfacht gesagt bereits ab 20. 7. 2015 anzuwenden sind. Das bedeutet, dass all jene Pflichten, die in § 284 in der Fassung des Entwurfs aufgenommen wurden, unabhängig davon, für welches Geschäftsjahr der Jahres- oder Konzernabschluss erstellt wurde, im Verfahren nach § 24 FBG abzuhandeln sind. Da das Zwangsstrafverfahren nach § 283 in diesen Fällen schon bisher nicht sinnvoll anwendbar war, sodass auf § 24 FBG zurückgegriffen wurde, sollte das keine Probleme in der Praxis verursachen, sondern nur eine Klarstellung sein. Da die Erleichterungen für Kleinstkapitalgesellschaften frühestens mit dem Geschäftsjahr ab 1. 1. 2016 greifen (siehe Abs. 28 iVm Abs. 29), bedeutet de facto, dass sie erst bei einer Offenlegung im Jahr 2017 geltend gemacht werden können. Dem steht aber ein früheres Inkrafttreten der Bestimmungen nicht entgegen.

Damit bedarf es – anders als dies noch im Begutachtungsentwurf vorgesehen war – weder einer besonderen Übergangsregel für § 283 Abs. 4 noch für § 285. Der in § 283 Abs. 4 letzter Satz in der Fassung dieses Entwurfs genannten Anforderung haben Zwangsstrafverfügungen zu genügen, die nach dem 19. Juli 2015 erlassen werden. Zwangsstrafverfügungen wegen Verstoßes gegen Pflichten, die nach dem 19. Juli 2015 gesetzt werden oder fortdauern, sind im Falle der Eröffnung eines Insolvenzverfahrens (außer bei einem Sanierungsverfahren mit Eigenverwaltung) nicht mehr zu erlassen (§ 285 Abs. 1 idF des Entwurfs). Am 20. Juli 2015 bereits anhängige ordentliche Verfahren (nach Erhebung eines Einspruchs) sind nach bisherigem Recht zu beenden. Nur in Verfahren, in denen die Zwangsstrafverfügung vor dem 19. Juli 2015 erlassen wurde und die Einspruchsfrist mit 20. Juli 2015 noch nicht abgelaufen ist, kann im Einspruch auf die nunmehr geltende Regel des § 285 Abs. 1 hingewiesen werden. Anträge auf Stundung und Nachlass sind ab 20. Juli 2015 nach den neuen Regeln (§ 285 Abs. 2 und 3) zu beurteilen.

- **Begründungen JA**

Zu Z 3 (§ 906 Abs. 32):

Der Aufholungsbetrag aufgrund des neuen Zuschreibungsgebotes soll nicht durch die Bildung einer Zuschreibungsrücklage, deren Ausweis in der Gewinn- und Verlustrechnung unklar ist, verteilt werden, sondern besser durch den Ansatz eines passiven Rechnungsabgrenzungspostens.

Zu Z 4 (§ 906 Abs. 33):

Es soll klargestellt werden, dass die Auflösung des Abgrenzungspostens bereits mit dem Übergangsjahr 2016 zu beginnen hat.

Zu Z 5 (§ 906 Abs. 34):

Die Möglichkeit zur Verteilung ergebniserhöhender Aufholungsbeträge über längstens fünf Jahre soll nicht nur für die Auflösung von Rückstellungen, sondern auch für den Ansatz von aktiven latenten Steuern aus der erstmaligen Anwendung des § 198 Abs. 9 und 10 und § 258 gelten.

Es soll klargestellt werden, dass die Auflösung des Abgrenzungspostens bereits mit dem Übergangsjahr 2016 zu beginnen hat.

- **ErlRV zum APRÄG 2016**

Zu Z 45 und 47 (§ 906 Abs. 33 und 34 zweiter Satz):

In der literarischen Aufarbeitung des § 906 Abs. 33 und 34 hat sich die Frage ergeben, ob man den Unterschiedsbetrag mit 1. 1. 2016 oder erst per 31. 12. 2016 ermitteln soll. Da für diese Übergangsbestimmung Art. X Abs. 3 Rechnungslegungsgesetz BGBl. Nr. 475/1990 Pate gestanden hat, wird sie so zu verstehen sein, dass der Unterschiedsbetrag zu Beginn des ersten Geschäftsjahres, in dem die neuen Vorschriften angewendet werden, zu ermitteln ist. Wie die Ausführungen in der jüngsten Literatur (vgl. etwa *Müller*, RWZ 2015/58, 231 mwN) zeigen, tendiert die Lehre jedoch dazu, den Unterschiedsbetrag per 31. 12. 2016 zu ermitteln. Bei dieser Lösung tritt allerdings das Problem auf, dass zufällige Veränderungen des Jahres 2016, die nicht auf die Umstellung im Gefolge des RÄG 2014 zurückgehen, in sachlich nicht gerechtfertigter Weise im Unterschiedsbetrag enthalten sind, und dass Unternehmen, die Quartals-/Monats-/Zwischenberichte aufzustellen haben, keine endgültigen Werte zum Unterschiedsbetrag haben. Um diese Schwächen zu beseitigen, wird vorgeschlagen, § 906 Abs. 33 und 34 durch Einfügung eines neuen zweiten Satzes im Sinn des Art. X Abs. 3 RLG authentisch zu interpretieren.

Zu Z 46 und 48 (§ 906 Abs. 33 und 34 letzter Satz):

Wenn latente Steuern aus einem Umgründungsvorgang oder Betriebserwerb im Sinn des § 198 Abs. 10 Z 2 oder bei Kapitalkonsolidierungen (§ 254 in Verbindung mit § 258) wegen des vor dem RÄG 2014 vorherrschenden „timing concept" nicht erfasst wurden, müssten sie bei der erstmaligen Anwendung des RÄG 2014 nach den vorgesehenen Übergangsbestimmungen ergebniswirksam nachgeholt werden. Da solche latente Steuern bei deren Entstehung jedoch grundsätzlich unter Verrechnung mit einem Geschäfts-/Firmenwert (als Residualgröße, vgl etwa *Grottel/Larenz*, Beck'scher Bilanz- Kommentar[10] § 274 Rz 10 mwN) und somit erfolgsneutral erfasst werden, ergibt sich hierdurch ein Widerspruch. Es wird daher vorgeschlagen, für diese Fälle vorzusehen, dass die solcherart entstehenden latenten Steuern nicht über die Gewinn- und Verlustrechnung nachzuerfassen sind. Daher soll es möglich sein, solche latenten Steuern unter direkter Verrechnung mit dem Eigenkapital zu bilden oder wahlweise im Firmenwert zu berücksichtigen.

Zu Z 49 (§ 906 Abs. 36):

§ 906 Abs. 36 ordnet an, was mit den Vorjahreszahlen zu geschehen hat, wenn mit dem In-Krafttreten des RÄG 2014 ein Posten entfällt (etwa die unversteuerten Rücklagen). Diese Frage stellt sich aber nicht nur in der Bilanz, sondern auch in der Gewinn- und Verlustrechnung, weshalb statt „Vorjahresbilanz" der weitere Begriff „Jahresabschluss des Vorjahres" gewählt werden sollte. Diese Umgliederungen betreffen ausschließlich die Darstellung im Abschluss des laufenden Geschäftsjahres und führen zu keiner Änderung des für das Vorjahr aufgestellten Abschlusses.

Die Anfügung eines Halbsatzes am zweiten Satz soll sicherstellen, dass die Unternehmen nicht nur wegen der Darstellung der Vorjahreszahlen Umstellungsproblemen ausgesetzt sind, die nicht im Verhältnis zum Ergebnis stehen. In einigen Fällen kann die rückwirkende Umgliederung der Posten des Jahresabschlusses wegen der Umgliederung der Konten sinnvoll sein, in anderen Fällen eher zur Verwirrung führen. Es soll daher klargestellt werden, dass die Umgliederung für die Zwecke der Darstellung nur vorgenommen werden muss, wenn sie zur Vermittlung eines möglichst getreuen Bildes der Vermögens-, Finanz- und Ertragslage erforderlich ist und im Einzelfall nicht unpraktikabel ist. Sollte sich die Umgliederung als unpraktikabel erweisen, kann mit Erläuterungen im Anhang das Auslangen gefunden werden. Da es sich bei den Umgliederungen um reine Darstellungsfragen handelt, ist eine Anpassung ohnedies nur bei Wesentlichkeit vorzunehmen (§ 196a Abs. 2 UGB).

Zu Z 51 (§ 906 Abs. 43):

Gemäß Art. 2 Abs. 1 der Richtlinie 2014/56/EU erlassen und veröffentlichen die Mitgliedstaaten bis zum 17. Juni 2016 die erforderlichen Vorschriften, um der Abschlussprüfungs-RL nachzukommen. Sie setzen die Kommission unverzüglich davon in Kenntnis. Die Mitgliedstaaten wenden die neuen und novellierten Vorschriften ab dem 17. Juni 2016 an.

Es müssen daher nicht nur die notwendigen Gesetzesänderungen bis spätestens 17. Juni 2016 in Kraft treten, sondern auch ab diesem Zeitpunkt Anwendung finden; damit wird den Mitgliedstaaten die Möglichkeit genommen, einen späteren Anwendungszeitpunkt festzulegen. Das bedeutet jedoch nicht, dass in Übergangsbestimmungen nicht eine zeitliche Konkretisierung und Begrenzung der Sachverhalte, auf die neuen Bestimmungen anzuwenden sind, vorgenommen werden kann, insbesondere um rückwirkende Effekte zu vermeiden. Die Europäische Kommission vertritt die Auffassung (s. Homepage der Europäischen Kommission: http://ec.europa.eu/finance/auditing/docs/reform/140903-questions-answers_en.pdf), dass die neuen Regelungen auf die Prüfung des ersten nach dem 16. Juni 2016 beginnenden Geschäftsjahr, anzuwenden sind. Endet daher beispielsweise das Geschäftsjahr eines Unternehmens von öffentlichem Interesse am 30. Juni 2016, so sind die neuen Bestimmungen erstmals für die Prüfung des am 1. Juli 2016 beginnenden Geschäftsjahrs anzuwenden. Dies wird durch die Übergangsbestimmung des § 906 Abs. 43 zweiter Satz für § 269 Abs. 2, § 271c und § 275 Abs. 1 klargestellt.

Der letzte Satz des Abs. 3 betrifft die interne Rotation: schon derzeit besteht für Unternehmen von öffentlichem Interesse und für fünffach große Gesellschaften eine interne Rotationspflicht nach fünf Geschäftsjahren mit einer zweijährigen Unterbrechungspflicht. Mit dem letzten Satz des Abs. 43 wird klargestellt, dass rückblickend auch nach einer nur zweijährigen Unterbrechung vor der Anwendbarkeit der neuen Regelungen eine neue fünfjährige Mandatsdauer anschließen kann.

Die Abschlussprüfungs-VO ist unmittelbar anwendbar. Es gibt keine Möglichkeit, den Geltungsbeginn der Bestimmungen der Abschlussprüfungs-VO durch nationales Recht zu beeinflussen. Nach Art. 44 Abschlussprüfungs-VO tritt diese am zwanzigsten Tag nach ihrer Veröffentlichung im Amtsblatt der Europäischen Union in Kraft (das war der 27. Mai 2014). Sie gilt sohin ab dem 17. Juni 2016.

Der nationale Gesetzgeber hat eine unmittelbar geltende Verordnung nicht zu erläutern. Lediglich informativ sei auch hier auf die oben zur Abschlussprüfungs-RL dargestellte inoffizielle Ansicht der Kommission verwiesen, wonach die neuen Bestimmungen nicht in eine bereits laufende Abschlussprüfung eingreifen sollen. Als Beginn der Abschlussprüfung scheint die Europäische Kommission dabei schon das Auswahl- und Bestellungsverfahren zu sehen, bei dem die neuen verschärften Unabhängigkeitsbestimmungen der Abschlussprüfungs-RL und der Abschlussprüfungs-VO schon zu beachten sind.

Kommentierung

I. Allgemeines (Abs 28)

Die neuen Bestimmungen des UGB treten, mit Ausnahme des § 131, mit 20. Juli 2015 in Kraft. Allerdings sind sie nicht sofort ab diesem Tag anwendbar. Die tatsächliche Anwendung erfolgt erst auf Unterlagen der Rechnungslegung, worunter insbesondere auch die gesamte Buchhaltung fällt, für Geschäftsjahre, die nach 31.12.2015 beginnen. Dementsprechend sind daher der Jahresabschluss zum 31.12.2015, aber auch jeder Jahresabschluss eines „schiefen" Geschäftsjahres, das 2015 begonnen hat und während des Jahres 2016 endet, noch ausschließlich nach den Bestimmungen des UGB vor RÄG 2014 aufzustellen. Ein freiwilliges vorzeitiges Anwenden des RÄG 2014 ist aufgrund dieser Inkrafttretensregelung nicht möglich. Einzig die Bestimmungen der §§ 243c und 267b können bereits für Geschäftsjahre erstellt werden, die nach dem 31.12.2014 beginnen.

II. Größenmerkmale (Abs 29)

Die neuen, leicht erhöhten Größenmerkmale sind rückwirkend anzuwenden, sodass im Einzelfall eine Rechnungslegungspflicht, die nach den Vorschriften des UGB idF vor dem RÄG 2014 im Jahr 2016 eingetreten wäre, aufgrund der erhöhten Größenmerkmale nicht eintritt.

- *Beispiel*

  Die bis einschließlich 2015 „kleine" A-GmbH hat folgende Schwellenwerte erreicht:

Jahr	Bilanzsumme	Umsatzerlöse	Arbeitnehmer
2014	EUR 4,9 Mio	EUR 8 Mio	51
2015	EUR 4,9 Mio	EUR 9 Mio	60

Nach der Rechtslage vor RÄG 2014 wäre die A-GmbH ab 2016 eine mittelgroße GmbH, da sie in den Jahren 2014 und 2015 zwei Kriterien des § 221 Abs 1 überschritten hat. Aufgrund der Anhebung der Schwellenwerte Bilanzsumme und Umsatzerlöse durch das RÄG 2014 hat die A-GmbH letztlich in den Jahren 2014 und 2015 jeweils nur ein Kriterium des § 221 Abs 1 überschritten, sodass sie auch 2016 unverändert eine kleine GmbH ist.

Für eine Kleinstkapitalgesellschaft iSd § 221 Abs 1a wurde in der Literatur die Frage aufgeworfen, ob die Anwendung dieser neuen Größenkriterien den Bestand dieser Gesellschaft vor 2015 voraussetzt, sie daher die beiden letzten Geschäftsjahre vor erstmaliger Anwendung des RÄG 2014 bereits die Kriterien der Kleinstkapitalgesellschaft erfüllen muss (vgl *Müller*, RWZ 2015, 228 f). Da diese Rechtsform erst mit dem RÄG 2014 geschaffen wurde, ist uE die Zweijahresfrist nicht zu beachten, sodass bei Vorliegen der Voraussetzungen des § 221 Abs 1a wie im Falle einer Neugründung im 2016 bereits 2016 eine Kleinstkapitalgesellschaft vorliegt.

III. Disagio, Firmenwert, Herstellungskosten (Abs 30)

Hinsichtlich Disagio und Geschäfts(Firmen)wert wird klargestellt, dass die vor Inkrafttreten des RÄG 2014 gewählten Bilanzierungs- und Bewertungsmethoden unverändert angewendet werden können. Somit sind vor Inkrafttreten des RÄG 2014 nicht aktivierte Disagios unverändert nicht bilanzierungspflichtig und Geschäfts(Firmen)werte, die vor dem RÄG 2010 nicht aktiviert wurden, unverändert nicht aktivierungspflichtig sowie aktivierte Geschäfts(Firmen)werte, die über weniger als 10 Jahre pauschal abgeschrieben werden, nicht über einen Gesamtzeitraum von 10 Jahren abzuschreiben. Insoweit besteht daher kein Anpassungsbedarf an die neuen Bestimmungen des RÄG 2014, diese gelten nur für Disagios und Geschäfts(Firmen)werte, die ab erstmaliger Anwendung des RÄG 2014 vereinbart bzw erworben werden. Bemerkenswert ist, dass gemäß Abs 30 letzter Satz auf Geschäfts(Firmen)werte, die vor dem 1.1.2016 gebildet wurden, die bisherigen Bestimmungen weiter anzuwenden sind. Bedenkt man, dass es auch vom Kalenderjahr abweichende Geschäftsjahre gibt, stellt sich die Frage, welche Rechtslage auf Firmenwerte anzuwenden ist, die nach dem 1.1.2016, aber noch nach der Rechtslage vor RÄG 2014 gebildet wurden. In diesem Fall wird uE unabhängig vom Wortlaut des § 906 Abs 30 letzter Satz ebenfalls die „alte Rechtslage" weiterhin anzuwenden sein und nicht nach einmaliger Anwendung der alten Rechtslage der Abschreibungsplan geändert werden müssen und die neue Rechtlage anzuwenden sein.

Hinsichtlich der Herstellungskosten unterscheidet Abs 30 zwischen Herstellungsvorgängen, die vor dem 1.1.2016 begonnen wurden und jenen, die in Geschäftsjahren begonnen wurden, die nach dem 31.12.2015 beginnen. Für Herstellungsvorgänge, die erst in dem Geschäftsjahr begonnen werden, für das erstmals das RÄG 2014 anwendbar ist, sind zwingend entsprechend der Neuregelung des § 203 Abs 3 UGB zu bewerten, dh mindestens mit den Einzelkosten einschließlich fixer und variabler Fertigungs- und Materialgemeinkosten. Sollte bereits vor dem 1.1.2016 ein Herstellungsvorgang begonnen worden sein, dessen Bewertung nicht dem neuen Mindestansatz des § 203 Abs 3 idF RÄG 2014 entspricht, ist auf diesen im Zeitpunkt der erstmaligen Anwendung des RÄG 2014 laufenden Herstellungsvorgang unverändert die vor dem RÄG 2014 angewendete Bewertungsmethode anzuwenden. Sollte daher ein derartiger Vermögensgegenstand auch noch im ersten Jahresabschluss nach Inkrafttreten des RÄG 2014 in der Bilanz als unfertiges Erzeugnis, nicht abrechenbare Leistung oder Fertigerzeugnis ausgewiesen werden müssen, gäbe es zwei Bewertungsmethoden für hergestellte Vermögensgegenstände, worauf auch im Anhang hinzuweisen wäre.

Keine gesonderte Inkrafttretensregelung gibt es für die langfristige Auftragsfertigung iSd § 206 Abs 3. Daraus könnte geschlossen werden, dass nicht nur ab dem Inkrafttreten des RÄG 2014 neu begonnene langfristige Auftragsfertigungen unter die Neuregelung fallen, sondern auch bereits vor RÄG 2014 begonnene Auftragsfertigungen, sodass die bisher aktivierten Verwaltungs- und Vertriebsgemeinkosten im Jahr der Erstanwendung des RÄG 2014 grundsätzlich deaktiviert werden müssten. Fraglich ist, ob diese Maßnahme nicht überschießend ist, zumal für sonstige Herstellungsvorgänge, die vor dem 1.1.2016 begonnen wurden, ebenfalls die „alte Rechtslage" beibehalten werden kann, sodass insoweit eine planwidrige Lücke vorliegen könnte.

IV. Unversteuerte Rücklagen (Abs 31)

Durch die Abschaffung des § 205 UGB gibt es ab erstmaliger Anwendung des RÄG 2014 keinen Ausweis unversteuerter Rücklagen mehr. Die letztmalig im Jahresabschluss vor Inkrafttreten des RÄG 2014 gebildeten unversteuerten Rücklagen sind erfolgsneutral aufzulösen und grundsätzlich unmittelbar, dh ohne Berührung der GuV, in die Gewinnrücklagen einzustellen. Ob diese Umbuchung in eine gebundene oder freie Gewinnrücklage erfolgt, liegt im Ermessen der für die Aufstellung des Jahresabschlusses verantwortlichen Organe. Soweit das rechnungslegungspflichtige Unternehmen keine Bilanzgliederung mit Gewinnrücklagen kennt, wie insbes ein rechnungslegungspflichtiger Einzelunternehmer, erfolgt die Umgliederung in das Eigenkapital. Sollte die Auflösung der unversteuerten Rücklage bei einer Körperschaft erfolgen, sind die Auswirkungen auf die latente Steuer zu beachten, sodass nicht immer vollständig in die Gewinnrücklage umgebucht werden kann. Soweit nämlich in der unversteuerten Rücklage eine passive latente Steuer enthalten ist (was bei Vorliegen von steuerlichen Verlustvorträgen insoweit wirtschaftlich nicht der Fall wäre), wird der dieser latenten Steuer entsprechende Teil der unversteuerten Rücklage ebenfalls erfolgsneutral den Rückstellungen zuzuführen sein. Diese Umbuchung sollte methodisch zu Beginn des Geschäftsjahres erfolgen, in dem das RÄG 2014 erstmals angewendet wird. Gleiches gilt für den Fall, dass eine aktive latente Steuer bilanziert wird, dann kommt es zur entsprechenden Kürzung der aktiven latenten Steuer (vgl *Müller*, RWZ 2015, 229 f).

V. Zuschreibungen (Abs 32)

Aufgrund der Abschaffung des bisherigen § 208 Abs 2 und der damit verbundenen Möglichkeit, Zuschreibungen zu unterlassen, wenn dies steuerlich ebenfalls zulässig ist, wird über Abs 32 eine Nachholung aller bisher unterlassenen Zuschreibungen angeordnet. Es liegt daher in dem Geschäftsjahr, in dem erstmals das RÄG 2014 anzuwenden ist, insoweit ein aperiodischer Ertrag aus diesen Zuschreibungen vor. Für diesen Zuschreibungsertrag gibt es keine Ausschüttungssperre, da die bisherige Bestimmung des § 235 Z 1 UGB zukünftig nicht mehr besteht. Sollte im Steuerrecht von der Möglichkeit der Bildung der Zuschreibungsrücklage nach § 124b Z 270 EStG Gebrauch gemacht werden, besteht das Wahlrecht, maximal in Höhe dieser Zuschreibungsrücklage, soweit auch unternehmensrechtlich in dieser Höhe eine Zuschreibung erfolgt ist, eine passive Rechnungsabgrenzung zu bilden, wobei dieser Betrag gesondert in der Bilanz im Rahmen der passiven Rechnungsabgrenzung auszuweisen ist. Die Auflösung dieser passiven Rechnungsabgrenzung erfolgt parallel zur Auflösung der steuerlichen Zuschreibungsrücklage (vgl dazu die Ausführungen zu § 124b Z 270 EStG). Sollte von der Möglichkeit der Bildung der passiven Rechnungsabgrenzung nicht oder nicht vollständig Gebrauch gemacht werden (eine teilweise Bildung der passiven Rechnungsabgrenzung ist vom Wortlaut nicht ausgeschlossen), allerdings die steuerliche Zuschreibungsrücklage in einem Umfang gebildet werden, der die passive Rechnungsabgrenzung betraglich übersteigt, liegt bei Kapitalgesellschaften ein Sachverhalt für eine **passive latente Steuer** vor.

VI. Rückstellungen, latente Steuern

A. Verlängerung der Passivseite (Abs 33)

Durch die Änderung der Bewertungsvorschriften von langfristigen Rückstellungen, insbesondere das Präzisieren des Erfüllungsbetrages einerseits sowie die Neuberechnung des Betrages latenter Steuern und damit verbunden die erstmalige Bildung oder die Erhöhung einer Rückstellung für passive latente Steuern andererseits, kann es im Jahresabschluss der erstmaligen Anwendung des RÄG 2014 insgesamt zu einer Erhöhung der Rückstellungen kommen. Die auf diese beiden Effekte des Abs 33 zurückzuführende Erhöhung ist grundsätzlich ergebniswirksam, kann aber, unabhängig davon, ob diese Erhöhung wesentlich ist iSd § 189a Z 10, über einen Zeitraum von längstens fünf Jahren, beginnend mit dem Jahr der Erhöhung, gleichmäßig verteilt werden. Es kann daher die Erhöhung zur Gänze im Jahr der erstmaligen Anwendung des RÄG 2014 aufwandswirksam erfasst werden, aber auch über zwei, drei, vier oder fünf Jahre gleichmäßig, dh linear, verteilt werden. Rückstellungserhöhungen aus anderen Gründen als denen des Abs 33 dürfen nicht über mehrere Jahre verteilt werden. Entschließt man sich für eine Verteilung von zumindest zwei Jahren, kann dies derart erfolgen, dass der anteilige Betrag der Erhöhung ratierlich über die Jahre erfolgswirksam eingebucht wird, sodass die Rückstellungen erst nach Ablauf der Verteilungsfrist betraglich in der zutreffenden Höhe ausgewiesen werden. Ein besonderer Ausweis des Fehlbetrages wird in Abs 33 nicht gefordert, sollte aber zumindest im Anhang im Rahmen der Erläuterung der Bewertungsmethoden angegeben werden.

Alternativ zulässig ist eine vollständige Dotierung der Rückstellung entsprechend den neuen Bewertungsvorschriften, wobei der Erhöhungsbetrag unter den aktiven Rechnungsabgrenzungsposten gesondert ausgewiesen wird, soweit von dem Verteilungswahlrecht über längstens fünf Jahre Gebrauch gemacht wird und diese aktive Rechnungsabgrenzung wird letztlich ratierlich aufwandswirksam abgeschrieben. Insoweit entspricht diese Regelung, abgesehen vom Ausweis unter der Bilanz, den Vorschriften zum Fehlbetrag zu Abfertigungs- und Pensionsrückstellung aus der Einführung des RLG 1990. Die ratierliche Auflösung der ARA erfolgt unabhängig von der weiteren Entwicklung der betreffenden Rückstellungen.

Mit dem APRÄG 2016 wird rückwirkend zum 20.7.2015 klargestellt, dass sich der Unterschiedsbetrag ergibt aus dem zu Beginn des Geschäftsjahres, für das die Vorschriften des RÄG 2014 erstmals anzuwenden ist, zu ermittelnden Rückstellungsbetrag und dem des unmittelbar zuvor endenden letzten Geschäftsjahres vor Anwendung des RÄG 2014. Konkret heißt das daher bezogen auf ein Geschäftsjahr = Kalenderjahr, dass sich der Unterschiedsbetrag ergibt aus dem Bilanzansatz der Rückstellungen im Jahresabschluss 31.12.2015 und dem Vergleichswert zum 1.1.2016.

Hinsichtlich der nachzuholenden Rückstellung für latente Steuern wurde mit dem APRÄG 2016 ebenfalls rückwirkend zum 20.7.2015 normiert, dass latente Steuern aus der erstmaligen Anwendung des § 198 Abs 10 Z 2 (und § 254 iVm § 258) nicht über die GuV nachzuerfassen sind. Dies ist sachlich korrekt, da diese Nachholung erfolgsneutrale Sachverhalte betrifft, wie insbesondere als Einlage erfasste Umgründungen unter Ansatz des beizulegenden Werts nach § 202 Abs 1 oder eines Umgründungsmehrwertes nach § 202 Abs 2 Z 1. Soweit der Geschäftsfall, der eine latente Steuer auslöst, erfolgsneutral ist, soll auch die Nacherfassung der latenten Steuer erfolgsneutral sein. Die erfolgsneutrale Erfassung hat zur Folge, dass der nachzuholende Betrag direkt mit dem Eigenkapital (insbesondere Bilanzgewinn) verrechnet werden soll. Soweit im Rahmen der Umgründung ein Firmenwert aktiviert wurde, ist es zulässig, den nachzuholenden Rückstellungsbetrag auf den noch vorhandenen Restbuchwert des Firmenwerts mit jenem Betrag zu aktivieren, der bei ursprünglicher Aktivierung im Zeitpunkt der Erfassung der Umgründung noch im Rahmen des Firmenwerts ausgewiesen werden könnte (vgl dazu ausführlich *Haselsteiner/Reinold/Stückler*, RWZ 2016, 242).

B. Verlängerung der Aktivseite, Verkürzung der Passivseite (Abs 34)

Vergleichbar mit Abs 33 wird auch im Abs 34 eine Verteilungsregelung über längstens fünf Jahre für folgende Fälle eingeführt:

- Auflösung von Rückstellungen wegen der neuen Bewertungsvorschriften des § 211, insbesondere der verpflichtenden Abzinsung langfristiger Rückstellungen.

- Aufgrund der Neuregelung der latenten Steuern ist der Ansatz aktiver latenter Steuern erforderlich; dies ist dann der Fall, wenn mittelgroße oder große Gesellschaften bisher aktive latente Steuern nicht aktiviert haben und nunmehr müssen.

Die in diesem Fall entstehenden Erträge sind grundsätzlich im Geschäftsjahr der erstmaligen Anwendung des RÄG 2014 ertragswirksam. Aufgrund des Abs 34 kann aber der vollständig realisierte Ertrag einer passiven Rechnungsabgrenzung zugeführt und gesondert ausgewiesen werden, wobei dieser Posten, beginnend mit dem Geschäftsjahr der erstmaligen Anwendung des RÄG 2014 über längstens fünf Jahre aufzulösen ist. Ebenso ist es zulässig, die ertragswirksame Realisierung selbst über längstens fünf Jahre gleichmäßig verteilt vorzunehmen. Auch hier ist daher der zutreffende Betrag der Rückstellung bzw aktiven Steuerabgrenzung erst nach Ablauf der Verteilungsfrist in der Bilanz ausgewiesen, sodass zumindest im Anhang der zutreffende Betrag angegeben werden sollte.

Mit dem APRÄG 2016 wird rückwirkend zum 20.7.2015 klargestellt, dass sich der Unterschiedsbetrag ergibt aus dem zu Beginn des Geschäftsjahres, für das die Vorschriften des RÄG 2014 erstmals anzuwenden ist, zu ermittelnden Rückstellungsbetrag und dem des unmittelbar zuvor endenden letzten Geschäftsjahres vor Anwendung des RÄG 2014. Konkret heißt das daher bezogen auf ein Geschäftsjahr = Kalenderjahr, dass sich der Unterschiedsbetrag ergibt aus dem Bilanzansatz der Rückstellungen im Jahresabschluss 31.12.2015 und dem Vergleichswert zum 1.1.2016.

Auch hier wird durch das APRÄG 2016 ergänzt, dass latente Steuern aus der erstmaligen Anwendung des § 254 iVm § 258 im Konzernabschluss erfolgsneutral nachzuholen sind.

VII. Konsolidierung (Abs 35)

Entsprechend dieser Vorschrift kann bei bisheriger Anwendung der Buchwertmethode diese entweder beibehalten werden oder anlässlich der erstmaligen Anwendung des RÄG 2014 auf die zukünftig ausschließlich zulässige Neubewertungsmethode umgestiegen werden. Sollte auf die Neubewertungsmethode gewechselt werden, ist das kein Verstoß gegen das Stetigkeitsgebot, es sind aber die sich daraus ergebenden Auswirkungen auf die Vermögens-, Finanz- und Ertragslage zahlenmäßig im Konzernanhang darzustellen. Derartige Auswirkungen sind dann vorstellbar, wenn es sich um keine 100%ige Tochtergesellschaft handelt, in deren Vermögen stille Reserven enthalten sind. Die Beibehaltung der Buchwertmethode ist allerdings nur für jene Tochtergesellschaften möglich, die bei Inkrafttreten bereits konsolidiert werden und damit Bestandteil des Konzernabschlusses sind. Bei Erstkonsolidierung von Tochtergesellschaften ab Inkrafttreten des RÄG 2014 ist jedenfalls nur mehr die Neubewertungsmethode anwendbar, unabhängig davon, ob die Buchwertmethode zuvor auf andere Erstkonsolidierungen angewendet wurde.

VIII. Bewertungsmethoden, Bilanzposten (Abs 36)

Durch das RÄG 2014 werden einzelne Bewertungsmethoden, zB Herstellungskosten, verändert. Ebenso verschwinden einzelne Bilanzposten, wie inbes unversteuerte Rücklagen. Die damit zusammenhängenden Veränderungen stellen klarerweise keine Verletzung des Stetigkeitsprinzips nach § 201 bzw der Darstellungsstetigkeit nach § 223 dar. Wesentlich an der Bestimmung ist vor allem der zweite Satz. Soweit nämlich durch die erstmalige Anwendung des RÄG 2014 im Vergleich zur Vorjahresbilanz Angaben einem anderen Bilanz- oder GuV-Posten zuzuordnen sind, so sind die Vorjahresbeträge so zu berechnen, als wären die Bestimmungen nach der neuen Rechtslage schon im Vorjahr angewandt worden. Dies bedeutet hinsichtlich der unversteuerten Rücklagen, dass es zB im Jahresabschluss 2016 keinen Posten „unversteuerte Rücklagen" mehr gibt und selbst, wenn ein solcher im Vorjahresabschluss 2015 noch vorhanden gewesen wäre, auch ein Vorjahreswert für die unversteuerte Rücklagen als eigener Posten nicht mehr anzugeben ist. Dafür erhöht sich der Vorjahreswert zB der Gewinnrücklage um den Eigenkapitalanteil der unversteuerten Rücklage 2015 und die latente Steuerrückstellung um den Rest bzw mindert sich die letztjährige aktive latente Steuer um den Rest. Gleiches gilt in der GuV hinsichtlich des außerordentlichen Ergebnisses aus 2015 sowie der sonstigen betrieblichen Erträge, die ab 2016 als Umsatzerlös zu erfassen sind. Für die erwähnten GuV-Posten konnte vor dem APRÄG 2016 argumentiert werden, dass Abs 36 nicht anwendbar sei, da wörtlich von „Vorjahresbilanz" die Rede war. Mit dem APRÄG 2016 wird klargestellt, dass auch die GuV von Abs 36 erfasst ist, da von „Jahresabschluss" die Rede ist.

Die Neuberechnung für 2015 hat aber keine Auswirkungen auf die Rechtsgültigkeit des Jahresabschlusses 2015, sodass es sich dabei um keinerlei Bilanzänderung bzw -berichtigung handelt, weshalb auch keinerlei nachträgliche Abschlussprüfung oder Ergänzung des Bestätigungsvermerks erforderlich ist. Auch die für 2015 ermittelte Eigenmittelquote gem § 23 URG wird durch Abs 36 nicht berührt.

Die Neuberechnung und Änderung der Darstellung stellt einen nicht unerheblichen Aufwand und damit Kostenfaktor für die Unternehmen dar. Eingedenk dieser Tatsache stellte sich die Frage, ob Abs 36 Satz 2 auf wesentliche Änderungen des Jahresabschlusses durch die Neugliederung der Posten eingeschränkt werden kann. Diesem Gedanken ist der Gesetzgeber mit dem APRÄG 2016 nachgekommen, indem er die Beachtung der Vorgaben des Abs 36 Satz 2 nur fordert, soweit dies im Einzelfall zur Herstellung der im § 222 Abs 2 genannten Zielsetzung erforderlich und praktikabel ist. Somit ist nur dann, wenn das möglichst getreue Bild der Vermögens-, Finanz- und Ertragslage aufgrund der Wesentlichkeit der Postenänderungen nicht gewährleistet ist, eine Darstellung auch der geänderten Vorjahreswerte erforderlich, wobei zusätzlich noch die „Praktikabilität" der Änderung gegeben sein muss. Praktikabilität wird insbesondere dann nicht vorliegen, wenn die Anpassung der Vorjahresbeträge geeignet ist einen im Einzelfall unverhältnismäßig hohen Mehraufwand für das Unternehmen zu erzeugen (vgl *Haselsteiner/Reinold/Stückler*, Auswirkungen des APRÄG 2016 auf den Einzel- und Konzernabschluss, RWZ 2016/56).

IX. Strafbestimmungen (Abs 37)

Die genannten Strafbestimmungen treten mit 20. Juli 2015 in Kraft und sind auf alle ab diesem Tag verwirklichten Sachverhalte anzuwenden. Sollte bereits vor dem 20. Juli 2015 ein Verstoß gegen die bisher in § 283 Abs 1 normierten Pflichten gesetzt worden sein und diese Pflichtverletzung fortdauern, ist auf das Fortdauern bereits die Neuregelung anzuwenden. Praktisch bedeutet dies zB, dass auf die Verletzung der Offenlegungspflicht des Jahresabschlusses 2014 (Bilanzstichtag 31.12.2014) bereits die Neuregelungen zur Anwendung kommen. Die Neuregelungen des § 285 hinsichtlich Nachlass und Stundung sind auf alle offenen Verfahren anzuwenden.

X. Abschlussprüfung (Abs 38)

Hinsichtlich der Abschlussprüfung wird klargestellt, dass die Änderungen erst für Prüfungen von Jahresabschlüssen gelten, die unter den Anwendungsbereich des RÄG 2014 fallen, sodass alle Prüfungen von Jahresabschlüssen vor erstmaliger Anwendung des RÄG 2014 auch entsprechend den Vorschriften vor Inkrafttreten des RÄG 2014 erfolgen.

XI. Ausschüttungssperre (Abs 41)

Die neuen Ausschüttungssperrbestimmungen des § 235 Abs 1 Z 2 und 3 sind aufgrund der Verzahnung mit den steuerlichen Vorschriften des § 4 Abs 12 EStG zwar bereits für Umgründungen anzuwenden, die nach dem 31.5.2015 beschlossen wurden, allerdings ist die Ausschüttungssperre eines derartigen Gewinns erst für Ausschüttungsbeschlüsse wirksam, die nach dem 31.12. 2015 gefasst werden. Ausschüttungsbeschlüsse von unter Z 2 und 3 fallenden Umgründungen bis einschließlich 31.12.2015 sind daher nicht ausschüttungsgesperrt. Gleiches gilt für Gewinne aus Anwachsungen iSd § 142.

XII. Technische Korrekturen (Abs 42)

Die sog technischen Korrekturen, dh Klarstellungen und Verdeutlichungen der Bestimmungen des RÄG 2014, treten rückwirkend zum 20.7. 2015 in Kraft, damit gewährleistet ist, dass sie jedenfalls für alle bereits bei Veröffentlichung des APRÄG 2016 im Bundesgesetzblatt laufenden Geschäftsjahre, die unter den erstmaligen Anwendungsbereich des RÄG 2014 fallen, auch Anwendung finden.

XIII. Abschlussprüfung (Abs 43)

Die Neuregelungen des UGB hinsichtlich der Abschlussprüfung treten entsprechend den EU-rechtlichen Vorgaben grundsätzlich mit 17.6. 2016 in Kraft. Mit 1.10. 2016 tritt die Änderung der Zertifizierungsregelungen, dh der Ersatz der §-15-A-QSG-Bescheinigung durch § 52 APAG, in Kraft. Die neuen Verantwortlichkeiten des Abschlussprüfers nach § 269 Abs 2, die neuen Cooling-Off-Regelungen des § 271c und die Verpflichtungen zur Informationsgewährung an den neuen Abschlussprüfer nach § 275 Abs 1 sind erstmals auf Abschlussprüfungen anzuwenden für Geschäftsjahren, die nach dem 16.6.2016 beginnen, daher frühestens für mit 1.7.2016 beginnende Geschäftsjahre. Die Verlängerung der Frist des § 271a Abs 1 Z 4 auf drei Jahre gilt für die Abschlussprüfung von Geschäftsjahren, die nach dem 16.6.2016 beginnen. Wurde vor Beginn dieses Geschäftsjahres die Prüfungstätigkeit bereits für zwei Geschäftsjahre unterbrochen, gilt dies als Erfüllung des dreijährigen Zeitraums. Hat daher zB bei einem Geschäftsjahr (= Kalenderjahr) die Cooling-Off-Period 2015 und 2016 bestanden, darf ab 2017 bereits wieder geprüft werden. Wurde die Cooling-Off-Period 2016 begonnen, dauert diese bis einschließlich 2018.

Bundesgesetz vom 7. Juli 1988 über die Besteuerung des Einkommens natürlicher Personen (Einkommensteuergesetz 1988 – EStG 1988)

Bewertung

§ 6

Für die Bewertung der einzelnen Wirtschaftsgüter des Betriebsvermögens gilt folgendes:

1. Abnutzbares Anlagevermögen ist mit den Anschaffungs- oder Herstellungskosten, vermindert um die Absetzung für Abnutzung nach den §§ 7 und 8, anzusetzen. Bei Land- und Forstwirten und bei Gewerbetreibender gilt der Firmenwert als abnutzbares Anlagevermögen. Ist der Teilwert niedriger, so kann dieser angesetzt werden. Teilwert ist der Betrag, den der Erwerber des ganzen Betriebes im Rahmen des Gesamtkaufpreises für das einzelne Wirtschaftsgut ansetzen würde; dabei ist davon auszugehen, daß der Erwerber den Betrieb fortführt. Bei Wirtschaftsgütern, die bereits am Schluß des vorangegangenen Wirtschaftsjahres zum Anlagevermögen gehört haben, darf der Bilanzansatz, abgesehen von den Fällen der Z 13, nicht über den letzten Bilanzansatz hinausgehen.

2. a) Nicht abnutzbares Anlagevermögen und Umlaufvermögen sind mit den Anschaffungs- oder Herstellungskosten anzusetzen. Ist der Teilwert niedriger, so kann dieser angesetzt werden. Bei Wirtschaftsgütern, die bereits am Schluß des vorangegangenen Wirtschaftsjahres zum Betriebsvermögen gehört haben, kann der Steuerpflichtige in den folgenden Wirtschaftsjahren den Teilwert auch dann ansetzen, wenn er höher ist als der letzte Bilanzansatz; es dürfen jedoch höchstens die Anschaffungs- oder Herstellungskosten angesetzt werden. Eine pauschale Wertberichtigung für Forderungen ist nicht zulässig. Zu den Herstellungskosten gehören auch angemessene Teile der Materialgemeinkosten und der Fertigungsgemeinkosten. Z 13 vorletzter und letzter Satz sind zu beachten.

    b) Bei land- und forstwirtschaftlichen Betrieben ist für die Wirtschaftsgüter mit biologischem Wachstum auch der Ansatz des über den Anschaffungs- oder Herstellungskosten liegenden Teilwertes zulässig.

    c) Abschreibungen auf den niedrigeren Teilwert (lit a) und Verluste aus der Veräußerung, Einlösung und sonstigen Abschichtung von Wirtschaftsgütern und Derivaten im Sinne des § 27 Abs. 3 und 4, auf deren Erträge der besondere Steuersatz gemäß § 27a Abs. 1 anwendbar ist, sind vorrangig mit positiven Einkünften aus realisierten Wertsteigerungen von solchen Wirtschaftsgütern und Derivaten sowie mit Zuschreibungen derartiger Wirtschaftsgüter desselben Betriebes zu verrechnen. Ein verbleibender negativer Überhang darf nur zur Hälfte ausgeglichen werden.

    d) Abschreibungen auf den niedrigeren Teilwert (lit. a) und Verluste aus der Veräußerung von Grundstücken im Sinne des § 30 Abs. 1, auf deren Wertsteigerungen der besondere Steuersatz gemäß § 30a Abs. 1 anwendbar ist, sind vorrangig mit positiven Einkünften aus der Veräußerung oder Zuschreibung solcher Grundstücke desselben Betriebes zu verrechnen. Ein verbleibender negativer Überhang darf nur zur Hälfte ausgeglichen werden.

3. Verbindlichkeiten sind gemäß Z 2 lit. a zu bewerten. Im Jahr der Aufnahme einer Verbindlichkeit ist ein Aktivposten anzusetzen

- in Höhe des Unterschiedsbetrages zwischen Rückzahlungsbetrag und aufgenommenem Betrag und
- in Höhe der mit der Verbindlichkeit unmittelbar zusammenhängenden Geldbeschaffungskosten.

Der Aktivposten ist zwingend auf die gesamte Laufzeit der Verbindlichkeit zu verteilen. Die Verteilung kann gleichmäßig oder entsprechend abweichenden unternehmensrechtlichen Grundsätze ordnungsmäßiger Buchführung vorgenommen werden.

4. Entnahmen sind mit dem Teilwert im Zeitpunkt der Entnahme anzusetzen. Grund und Boden ist mit dem Buchwert im Zeitpunkt der Entnahme anzusetzen, sofern nicht eine Ausnahme vom besonderen Steuersatz gemäß § 30a Abs. 3 vorliegt. Der Entnahmewert tritt für nachfolgende steuerrelevante Sachverhalte an die Stelle der Anschaffungs- oder Herstellungskosten.

5. Einlagen sind wie folgt zu bewerten:

   a) Wirtschaftsgüter und Derivate im Sinne des § 27 Abs. 3 und 4 sind mit den Anschaffungskosten anzusetzen, es sei denn, der Teilwert zum Zeitpunkt der Zuführung ist niedriger.

   Grundstücke im Sinne des § 30 Abs. 1 sind mit den Anschaffungs- oder Herstellungskosten anzusetzen. Sie sind um Herstellungsaufwendungen zu erhöhen, soweit diese nicht bei der Ermittlung von Einkünften zu berücksichtigen waren. Sie sind um Absetzungen für Abnutzungen, soweit diese bei der Ermittlung der Einkünfte abgezogen worden sind, sowie um die in § 28 Abs. 6 genannten steuerfreien Beträge zu vermindern. Ist der Teilwert zum Zeitpunkt der Zuführung niedriger, ist dieser anzusetzen.

   Abweichend von lit. b sind Gebäude und grundstücksgleiche Rechte im Sinne des § 30 Abs. 1, die zum 31. März 2012 nicht steuerverfangen waren, stets mit dem Teilwert zum Zeitpunkt der Zuführung anzusetzen.

   In allen übrigen Fällen ist der Teilwert im Zeitpunkt der Zuführung anzusetzen.

6. a) Werden Wirtschaftsgüter eines im Inland gelegenen Betriebes (Betriebsstätte) ins Ausland in einen anderen Betrieb (Betriebsstätte) überführt oder werden im Inland gelegene Betriebe (Betriebsstätten) ins Ausland verlegt, sind die ins Ausland überführten Wirtschaftsgüter mit den Werten anzusetzen, die im Falle einer Lieferung an einen vom Steuerpflichtigen völlig unabhängigen Betrieb angesetzt worden wären, wenn

   - der ausländische Betrieb demselben Steuerpflichtigen gehört,
   - der Steuerpflichtige Mitunternehmer des ausländischen und/oder des inländischen Betriebes ist,
   - der Steuerpflichtige an der ausländischen Kapitalgesellschaft oder die ausländische Kapitalgesellschaft am Steuerpflichtigen wesentlich, das ist zu mehr als 25 % beteiligt ist oder
   - bei beiden Betrieben dieselben Personen die Geschäftsleitung oder die Kontrolle ausüben oder darauf Einfluss haben.

   Dies gilt sinngemäß für sonstige Leistungen.

   b) *Treten sonstige Umstände ein, die zu einer Einschränkung des Besteuerungsrechts der Republik Österreich im Verhältnis zu anderen Staaten führen, sind Wirtschaftsgüter ebenfalls mit den nach lit. a maßgebenden Werten anzusetzen.*

   c) *Die Abgabenschuld gemäß lit. a und b ist auf Grund eines in der Steuererklärung gestellten Antrages in folgenden Fällen in Raten zu entrichten:*

> – *bei Überführung von Wirtschaftsgütern innerhalb eines Betriebes desselben Steuerpflichtigen oder Verlegung von Betrieben oder Betriebsstätten im Sinne der lit. a in einen EU/EWR-Staat mit umfassender Amts- und Vollstreckungshilfe;*
>
> – *bei einer Einschränkung des Besteuerungsrechts der Republik Österreich im Sinne der lit. b gegenüber einem EU/EWR-Staat mit umfassender Amts- und Vollstreckungshilfe.*

d) *Die Raten gemäß lit. c sind für Wirtschaftsgüter des Anlagevermögens gleichmäßig über einen Zeitraum von sieben Jahren zu entrichten, wobei die erste Rate mit Ablauf eines Monats nach Bekanntgabe des Abgabenbescheides und die weiteren Raten jeweils am 30. September der Folgejahre fällig werden. Davon abweichend sind offene Raten insoweit fällig zu stellen, als Wirtschaftsgüter, Betriebe oder Betriebsstätten*

> – *veräußert werden,*
>
> – *auf sonstige Art ausscheiden oder*
>
> – *in einen Staat überführt oder verlegt werden, der von lit. c nicht erfasst ist.*

Der Eintritt dieser Umstände ist der zuständigen Abgabenbehörde binnen drei Monaten ab Eintritt anzuzeigen.

e) *Die Raten gemäß lit. c sind für Wirtschaftsgüter des Umlaufvermögens gleichmäßig über einen Zeitraum von zwei Jahren zu entrichten, wobei die erste Rate mit Ablauf eines Monats nach Bekanntgabe des Abgabenbescheides und die zweite Rate am 30. September des Folgejahres fällig wird.*

f) *Werden im Sinne der lit. a Wirtschaftsgüter oder Betriebe (Betriebsstätten) aus dem Ausland ins Inland überführt oder verlegt, sind die Werte anzusetzen, die im Falle einer Lieferung an einen vom Steuerpflichtigen völlig unabhängigen Betrieb angesetzt worden wären. Dies gilt sinngemäß für sonstige Leistungen.*

g) *Treten sonstige Umstände im Sinne der lit. b ein, die zu einer Entstehung des Besteuerungsrechts der Republik Österreich im Verhältnis zu anderen Staaten führen, sind Wirtschaftsgüter ebenfalls mit den nach lit. f maßgebenden Werten anzusetzen.*

h) *Abweichend von lit. f und g sind bei Wirtschaftsgütern, für die die Abgabenschuld nicht festgesetzt worden ist, die fortgeschriebenen Buchwerte anzusetzen; § 27 Abs. 6 Z 1 lit. e ist sinngemäß anzuwenden.*

7. (Anm.: aufgehoben durch BGBl. Nr. 201/1996)

8. a) Bei Eröffnung eines Betriebes sind die Wirtschaftsgüter mit den Anschaffungs- oder Herstellungskosten anzusetzen. Einlagen sind gemäß Z 5 zu bewerten.

   b) Bei entgeltlichem Erwerb eines Betriebes sind die Wirtschaftsgüter mit den Anschaffungskosten anzusetzen.

9. a) Wird ein Betrieb, ein Teilbetrieb oder der Anteil eines Gesellschafters, der als Unternehmer (Mitunternehmer) eines Betriebes anzusehen ist, unentgeltlich übernommen, so hat der Rechtsnachfolger die Buchwerte des bisherigen Betriebsinhabers (Anteilsinhabers) zu übernehmen (Buchwertfortführung).

   b) Werden aus betrieblichem Anlaß einzelne Wirtschaftsgüter unentgeltlich in das Betriebsvermögen eines anderen Steuerpflichtigen übertragen, so gilt für den Empfänger als Anschaffungskosten der Betrag, den er für das einzelne Wirtschaftsgut im Zeitpunkt des Empfanges hätte aufwenden müssen (fiktive Anschaffungskosten). Liegt ein betrieblicher Anlaß nicht vor, dann gilt dies als Einlage (Z 5).

10. Bei Wirtschaftsgütern, die unter Verwendung von entsprechend gewidmeten steuerfreien Subventionen aus öffentlichen Mitteln (§ 3 Abs. 1 Z 3, § 3 Abs. 1 Z 5 lit. d und e, § 3 Abs. 1 Z 6) oder Zuwendungen im Sinne des § 3 Abs. 1 Z 16 angeschafft oder hergestellt wurden, gelten als Anschaffungs- oder Herstellungskosten nur die vom Empfänger der Zuwendungen aus anderen Mitteln geleisteten Aufwendungen.

11. Soweit die Vorsteuer abgezogen werden kann (§ 12 Abs. 1 und Artikel 12 des Umsatzsteuergesetzes 1994), gehört sie nicht zu den Anschaffungs- oder Herstellungskosten des Wirtschaftsgutes, auf dessen Anschaffung oder Herstellung sie entfällt, und ist als Forderung auszuweisen. Soweit die Vorsteuer nicht abgezogen werden kann, gehört sie zu den Anschaffungs- oder Herstellungskosten.

12. Wird die Vorsteuer berichtigt, so sind auch die Anschaffungs- oder Herstellungskosten zu berichtigen. Dies gilt nicht, wenn die Vorsteuer nach § 12 Abs. 10 und 11 des Umsatzsteuergesetzes 1994 berichtigt wird; in diesem Fall sind die Mehrbeträge als Betriebseinnahmen und die Minderbeträge als Betriebsausgaben zu behandeln.

13. Werden nach Maßgabe der unternehmensrechtlichen Grundsätze ordnungsmäßiger Buchführung im unternehmensrechtlichen Jahresabschluss eines späteren Wirtschaftsjahres Anlagegüter aufgewertet (Zuschreibung), sind diese Zuschreibungen auch für den steuerlichen Wertansatz maßgebend und erhöhen den steuerlichen Gewinn dieses Jahres.

14. a) Beim Tausch von Wirtschaftsgütern liegt jeweils eine Anschaffung und eine Veräußerung vor. Als Veräußerungspreis des hingegebenen Wirtschaftsgutes und als Anschaffungskosten des erworbenen Wirtschaftsgutes sind jeweils der gemeine Wert des hingegebenen Wirtschaftsgutes anzusetzen.

b) Die Einlage oder die Einbringung von Wirtschaftsgütern und sonstigem Vermögen in eine Körperschaft (§ 1 des Körperschaftsteuergesetzes 1988) gilt als Tausch im Sinne der lit. a, wenn sie nicht unter das Umgründungssteuergesetz fällt oder das Umgründungssteuergesetz dies vorsieht. Die Einbringung von (Teil)Betrieben, Mitunternehmer- und Kapitalanteilen im Sinne des § 12 Abs. 2 des Umgründungssteuergesetzes ist auf den nach dem Umgründungssteuergesetz maßgeblichen Einbringungsstichtag zu beziehen.

15. Bei einer Kapitalerhöhung aus Gesellschaftsmitteln (§ 3 Abs. 1 Z 29) sind für die Anteilsrechte und Freianteile jene Beträge anzusetzen, die sich bei Verteilung des bisherigen Buchwertes entsprechend dem Verhältnis der Nennwerte der Anteilsrechte und Freianteile ergeben.

16. Liegt der Unternehmensschwerpunkt eines Betriebes in der Vermietung von Wirtschaftsgütern, kann der Unterschiedsbetrag zwischen dem Buchwert sämtlicher vermieteter Wirtschaftsgüter und dem Teilwert sämtlicher Forderungen aus der Vermietung als aktiver oder passiver Ausgleichsposten angesetzt werden. Als Teilwert der Forderungen ist dabei der Barwert der diskontierten Forderungen aus der Vermietung anzusetzen. Der Unterschiedsbetrag darf nur dann angesetzt werden, wenn er bereits bei der Gewinnermittlung für das Wirtschaftsjahr der Eröffnung des Betriebes und in den folgenden Wirtschaftsjahren angesetzt worden ist. Wird der Unterschiedsbetrag angesetzt, so ist er bei der Gewinnermittlung für die folgenden Wirtschaftsjahre ebenfalls anzusetzen.

- *ErlRV zu § 6 Z 2 lit a und Z 13*

  Die bisher in § 208 Abs. 2 UGB verankerte Ausnahme von dem in § 208 Abs. 1 UGE geregelten Wertaufholungsgebot soll im Einklang mit dem Steuerrecht aufgegeben werden. Somit sollen Zuschreibungen in Jahresabschlüssen für Wirtschaftsjahre, die nach dem 31. Dezember 2015 enden, generell verpflichtend vorzunehmen und auch für steuerliche Zwecke maßgeblich sein; die entsprechenden steuerlichen Bestimmungen können daher entfallen.

Kommentierung

Fallen Gründe für die außerplanmäßige Abschreibung in Geschäftsjahren weg, die bereits unter den Anwendungsbereich des RÄG 2014 fallen (somit in Geschäftsjahren, die nach dem 31.12.2015 beginnen), besteht nach § 6 Z 13 EStG idF RÄG 2014 eine Zuschreibungsverpflichtung für Anlagegüter, wenn eine solche Zuschreibung im unternehmensrechtlichen Jahresabschluss nach Maßgabe der unternehmensrechtlichen Grundsätze ordnungsmäßiger Buchführung erfolgt. Es ändert sich somit nichts am bisherigen Verständnis, dass eine Zuschreibung im Steuerrecht nur dann entsprechend § 6 Z 13 EStG vorzunehmen ist, wenn eine solche aufgrund der unternehmensrechtlichen GoB vorzunehmen ist. Insoweit besteht daher jedenfalls eine Maßgeblichkeit dem Grunde nach. Die Zuschreibungspflicht des § 6 Z 13 EStG beschränkt sich vom Wortlaut wie bisher auf „Anlagegüter", sodass für Umlaufvermögen dem Wortlaut nach kein Zuschreibungszwang nach § 6 Z 13 EStG besteht. Aufgrund des sich aus § 6 Z 2 EStG ergebenden uneingeschränkten Wertzusammenhangs verbunden mit dem Maßgeblichkeitsprinzip besteht aber letztlich auch für Umlaufvermögen eine Zuschreibungsverpflichtung, sofern eine solche Zuschreibung unternehmensrechtlich vorgenommen wird. Hinsichtlich dieser ab Anwendbarkeit des RÄG 2014 anfallenden Zuschreibungen sieht das Steuerrecht keine Zuschreibungsrücklage vor, sodass die Zuschreibung sofort steuerwirksam ist.

Für sämtliche vor erstmaliger Anwendung des RÄG 2014 unterlassenen Zuschreibungen kann hingegen von der Zuschreibungsrücklage iSd § 124b Z 270 EStG Gebrauch gemacht werden, sodass gerade für den Jahresabschluss 2015 bzw 2015/2016 zu prüfen ist, ob die Gründe für die außerplanmäßige Abschreibung weggefallen sind und eine Zuschreibung gemäß § 208 Abs 2 UGB idF vor RÄG 2014 unterlassen wird.

Sonderformen der Absetzung für Abnutzung

§ 8.

(1) Von den Anschaffungs- oder Herstellungskosten der Gebäude beträgt die Absetzung für Abnutzung ohne Nachweis der Nutzungsdauer

- **bis zu 3 % soweit diese unmittelbar der Betriebsausübung eines Land- und Forstwirtes oder Gewerbetreibenden dienen und bis zu 2,5 %oder 2 % soweit diese den in der Folge genannten Zwecken dienen; dient ein Gebäude zu mindestens 80 %unmittelbar der Betriebsausübung, dann beträgt die Absetzung für Abnutzung für das ganze Gebäude bis zu 3 %der Anschaffungs- oder Herstellungskosten**
- **bis zu 2,5 % soweit diese unmittelbar dem Betrieb des Bank- und Versicherungswesens sowie unmittelbar dem Betrieb ähnlicher Dienstleistungen (zB der Kreditvermittlung) dienen; dient ein solches Gebäude zu mindestens 80 % dem Kundenverkehr, dann beträgt die Absetzung für Abnutzung für das ganze Gebäude bis zu 3 %der Anschaffungs- oder Herstellungskosten**
- **bis zu 2 % soweit diese anderen betrieblichen Zwecken dienen.**

(2) Anschaffungs- oder Herstellungskosten, die für denkmalgeschützte Betriebsgebäude im Interesse der Denkmalpflege aufgewendet werden, können statt mit den Sätzen des Abs. 1 gleichmäßig auf zehn Jahre verteilt abgeschrieben werden. Dies

I

kann unabhängig von der Behandlung im unternehmensrechtlichen Jahresabschluss erfolgen und ist im Anlageverzeichnis auszuweisen. Daß die Aufwendungen im Interesse der Denkmalpflege liegen, muß vom Bundesdenkmalamt bescheinigt sein. Die Anschaffung des Gebäudes gilt nicht als Maßnahme im Interesse der Denkmalpflege. Die Abschreibung auf zehn Jahre ist ausgeschlossen,

- wenn für die Anschaffungs- oder Herstellungskosten ein Investitionsfreibetrag oder

- soweit für die Anschaffungs- oder Herstellungskosten Förderungen aus öffentlichen Mitteln

in Anspruch genommen werden.

(3) Die Anschaffungskosten eines Firmenwertes bei land- und forstwirtschaftlichen Betrieben und bei Gewerbebetrieben sind gleichmäßig verteilt auf fünfzehn Jahre abzusetzen.

(4) Absetzungen für außergewöhnliche technische oder wirtschaftliche Abnutzung sind zulässig.

(5) Bei Bergbauunternehmen, Steinbrüchen und anderen Betrieben, die einen Verbrauch der Substanz mit sich bringen, sind Absetzungen für Substanzverringerung vorzunehmen.

(6). 1. Bei Personenkraftwagen und Kombinationskraftwagen, die vor der Zuführung zum Anlagevermögen noch nicht in Nutzung standen (Neufahrzeuge), ausgenommen Fahrschulkraftfahrzeuge sowie Kraftfahrzeuge, die zu mindestens 80 %der gewerblichen Personenbeförderung dienen, ist der Bemessung der Absetzung für Abnutzung eine Nutzungsdauer von mindestens acht Jahren zugrunde zu legen. Bei Kraftfahrzeugen im Sinne des vorstehenden Satzes, die bereits vor der Zuführung zum Anlagevermögen in Nutzung standen (Gebrauchtfahrzeuge), muß die Gesamtnutzungsdauer mindestens acht Jahre betragen. Eine höhere Absetzung ist nur bei Ausscheiden des Fahrzeuges zulässig. Der Bundesminister für Finanzen kann durch Verordnung die Begriffe Personenkraftwagen und Kombinationskraftwagen näher bestimmen. Die Verordnung kann mit Wirkung ab dem Veranlagungsjahr 1996 erlassen werden.

2. Wird dem Steuerpflichtigen ein Personenkraftwagen oder Kombinationskraftwagen im Sinne der Z 1 entgeltlich überlassen, gilt folgendes: Übersteigen die auf die Anschaffungs- oder Herstellungskosten entfallenden Teile des Nutzungsentgelts die sich nach den Verhältnissen des Mieters ergebende Absetzung für Abnutzung des Vermieters (Z 1), hat der Steuerpflichtige für den Unterschiedsbetrag einen Aktivposten anzusetzen. Der Aktivposten ist so abzuschreiben, daß der auf die Anschaffungs- oder Herstellungskosten entfallende Gesamtbetrag der Aufwendungen jeweils den sich aus der Z 1 ergebenden Abschreibungssätzen entspricht.

- *ErlRV zu § 8 Abs 2*

  Die Änderungen stehen in Zusammenhang mit dem Entfall der für unversteuerte Rücklagen vorgesehenen Bestimmung des § 205 UGB. Es soll künftig sichergestellt werden, dass bei der Gewinnermittlung gemäß § 5 Abs. 1 EStG 1988 die steuerlichen Sondervorschriften (§ 8 Abs. 2 § 12 Abs. 1 und Abs. 8 sowie § 13 EStG 1988) – unabhängig von der Behandlung im unternehmensrechtlichen Jahresabschluss – geltend gemacht werden können. Darüber hinaus wird eine geeignete Evidenzhaltung für steuerliche Zwecke geregelt.

Kommentierung

Zur Kommentierung siehe die Ausführungen zu § 12 EStG.

Übertragung stiller Reserven, Übertragungsrücklage und steuerfreier Betrag

§ 12.

(1) Natürliche Personen können stille Reserven (Abs. 2), die bei der Veräußerung von Anlagevermögen aufgedeckt werden, von den Anschaffungs- oder Herstellungskosten oder den Teilbeträgen der Anschaffungs- oder Herstellungskosten des im Wirtschaftsjahr der Veräußerung angeschafften oder hergestellten Anlagevermögens absetzen. Die Absetzung kann unabhängig von der Behandlung im unternehmensrechtlichen Jahresabschluss erfolgen und ist im Anlageverzeichnis auszuweisen.

(2) Stille Reserven sind die Unterschiedsbeträge zwischen den Veräußerungserlösen und den Buchwerten der veräußerten Wirtschaftsgüter.

(3) Eine Übertragung ist nur zulässig, wenn

1. das veräußerte Wirtschaftsgut im Zeitpunkt der Veräußerung mindestens sieben Jahre zum Anlagevermögen dieses Betriebes gehört hat und

2. das Wirtschaftsgut, auf das stille Reserven übertragen werden sollen, in einer inländischen Betriebsstätte verwendet wird. Dabei gelten Wirtschaftsgüter, die auf Grund einer entgeltlichen Überlassung überwiegend im Ausland eingesetzt werden, nicht als in einer inländischen Betriebsstätte verwendet.

Die in Z 1 genannte Frist beträgt 15 Jahre für Grundstücke, auf die stille Reserven übertragen worden sind, und für Gebäude, die nach § 8 Abs. 2 beschleunigt abgeschrieben worden sind.

(4) Eine Übertragung stiller Reserven ist zulässig auf die Anschaffungs- oder Herstellungskosten (Teilbeträge der Anschaffungs- oder Herstellungskosten) von

1. Grund und Boden, wenn auch die stillen Reserven aus der Veräußerung von Grund und Boden stammt,

2. Gebäuden, wenn die stillen Reserven aus der Veräußerung von Gebäuden oder Grund und Boden stammen,

3. Sonstigen körperlichen Wirtschaftsgütern, wenn auch die stillen Reserven aus der Veräußerung von sonstigen körperlichen Wirtschaftsgütern stammen,

4. Unkörperlichen Wirtschaftsgütern, wenn auch die stillen Reserven aus der Veräußerung von unkörperlichen Wirtschaftsgütern stammen.

Nicht zulässig ist die Übertragung stiller Reserven auf die Anschaffungskosten von (Teil-)Betrieben, von Beteiligungen an Personengesellschaften und von Finanzanlagen sowie die Übertragung stiller Reserven, die aus der Veräußerung von (Teil-)Betrieben oder von Beteiligungen an Personengesellschaften stammen.

(5) Die Abs. 1 bis 4 gelten auch, wenn Anlagevermögen infolge höherer Gewalt, durch behördlichen Eingriff oder zur Vermeidung eines solchen nachweisbar unmittelbar drohenden Eingriffes aus dem Betriebsvermögen ausscheidet. Die Fristen des Abs. 3 gelten jedoch nicht.

(6) Als Anschaffungs- oder Herstellungskosten gelten sodann die um die übertragenen stillen Reserven gekürzten Beträge.

(7) Die Hälfte der Einkünfte aus Waldnutzungen infolge höherer Gewalt (insbesondere Eis-, Schnee-, Windbruch, Insektenfraß, Hochwasser oder Brand) kann gemäß Abs. 1 bis 6 verwendet oder nach Abs. 8 einer Übertragungsrücklage (einem steuerfreien Betrag) zugeführt werden.

(8) Stille Reserven können im Jahr der Aufdeckung einer steuerfreien Rücklage (Übertragungsrücklage) zugeführt werden, soweit eine Übertragung im selben Wirtschaftsjahr nicht erfolgt. Dies kann unabhängig von der Behandlung im unter-

nehmensrechtlichen Jahresabschluss erfolgen. **Diese Rücklage ist entsprechend zu bezeichnen und für steuerliche Zwecke in Evidenz zu halten.** Bei Gewinnermittlung nach § 4 Abs. 3 kann ein Betrag in dieser Höhe steuerfrei belassen werden. Dieser Betrag ist in einem Verzeichnis auszuweisen, aus dem seine Verwendung ersichtlich ist.

(9) Die Rücklage (der steuerfreie Betrag) kann

- im Falle des Abs. 5 innerhalb von 24 Monaten ab dem Ausscheiden des Wirtschaftsgutes,

- sonst innerhalb von zwölf Monaten ab dem Ausscheiden des Wirtschaftsgutes

nach den vorstehenden Bestimmungen auf die Anschaffungs- oder Herstellungskosten (Teilbeträge) von Anlagevermögen übertragen werden. Die Frist verlängert sich auf 24 Monate, wenn Rücklagen (steuerfreie Beträge) auf Herstellungskosten (Teilbeträge) von Gebäuden übertragen werden sollen und mit der tatsächlichen Bauausführung innerhalb der Frist von zwölf Monaten begonnen worden ist. Auf welche Wirtschaftsgüter die Rücklagen (die steuerfreien Beträge) übertragen werden können, richtet sich nach den Abs. 3 und 4.

(10) Die Rücklagen (steuerfreien Beträge) sind im betreffenden Wirtschaftsjahr gewinnerhöhend aufzulösen, wenn sie

- nicht bis zum Ablauf der Verwendungsfrist (Abs. 9) übertragen worden sind,

- nach einer Umgründung nach dem Umgründungssteuergesetz ganz oder teilweise einer Körperschaft zuzurechnen wären.

- *ErlRV zu § 12 Abs 1 und Abs 8*
  Siehe ErlRV zu § 8 Abs 2.

Kommentierung

Aufgrund der Aufhebung des § 205 UGB durch das RÄG 2014 besteht unternehmensrechtlich keine Verpflichtung zur Abbildung steuerlicher Sonderabschreibungen und sonstiger unversteuerter Rücklagen im Jahresabschluss. Bei Einzelunternehmen und Personengesellschaften führt der Wegfall zur Erfassung derartiger steuerlicher Effekte zu einem betraglich entsprechend höheren unternehmensrechtlichen Gewinn, der mangels anderer Vorschriften entnahmefähig ist. Kapitalgesellschaften sind verpflichtet, die sich aus den steuerlichen Vorschriften ergebende Differenz im Rahmen der Ermittlung latenter Steuerabgrenzungen zu berücksichtigen, der über die Steuerabgrenzung hinausgehende Teil führt ebenfalls zu einem entsprechend höheren unternehmensrechtlichen Gewinn, der mangels anderer Vorschriften ausschüttungsfähig ist.

Steuerrechtlich ist die Inanspruchnahme zahlreicher Investitionsbegünstigungen an die Bildung eines entsprechenden Sonderpostens im UGB-Jahresabschluss geknüpft, sodass insoweit die sog „umgekehrte Maßgeblichkeit" besteht (vgl dazu zB *Fraberger/Petritz* in *Hirschler* § 205 Rz 4 mwN). Betroffen von dieser umgekehrten Maßgeblichkeit sind aktuell die §§ 8 Abs 2 (Sonderabschreibung für Anschaffungs- oder Herstellungskosten, die für denkmalgeschützte Betriebsgebäude im Interesse der Denkmalpflege aufgewendet werden, wobei die Anschaffung eines derartigen Gebäudes als solches nicht als Maßnahme im Interesse der Denkmalpflege gilt) und 12 (Übertragung stille Reserve sowie Übertragungsrücklage) EStG. Dementsprechend wurde in diesen genannten §§ durch das RÄG 2014 jeweils eine Formulierung aufgenommen, dass deren Geltendmachung nicht eine Erfassung im unternehmensrechtlichen Jahresabschluss voraussetzt. Für die Begünstigung des § 8 Abs 2 EStG wird vielmehr gefordert, dass dies im Anlageverzeichnis auszuweisen ist, wobei das „dies" wohl die jährliche Inanspruchnahme der begünstigten 1/10-Abschreibung ist. Im Zusammenhang mit § 2 Abs 1 EStG ist die Absetzung der übertragenen stillen Reserve von den steuerlichen Anschaffungs- oder Herstellungskosten im Anlageverzeichnis auszuweisen, sodass sich insoweit (wie bereits bisher) rechnerisch modifizierte Anschaffungs- oder Herstellungskosten ergeben, die als Basis für die laufende AfA dienen. Steuerrechtlich mindern die Sonderabschreibungen bzw übertragenen stillen Reserven den steuerlichen Buchwert der einzelnen Wirtschaftsgüter, sodass insoweit ein Unterschied zwischen dem unternehmens- und steuerrechtlichen Buchwert besteht, der seinerseits bei Kapitalgesellschaften die Erfassung latenter Steuern bewirkt.

Auch für die Übertragungsrücklage iSd § 12 Abs 8 EStG ist gem Satz 2 und 3 ausdrücklich kein verpflichtender Ausweis im UGB-Jahresabschluss mehr vorgesehen, der Betrag der noch nicht bestimmungsgemäß verwendeten stillen Reserven ist für steuerliche Zwecke „in Evidenz zu halten". In Verbindung mit dem unverändert gebliebenen § 12 Abs 8 Satz 1 EStG, wonach die stille Reserven im Jahr ihrer Aufdeckung einer steuerfreien Rücklage (Übertragungsrücklage) zugeführt werden können, soweit eine Übertragung im selben Wirtschaftsjahr nicht erfolgt, stellt sich die Frage, ob diese Übertragungsrücklage in der Steuerbilanz gesondert auszuweisen ist oder steuerlich außerbilanziell zu erfassen ist. Da unverändert eine Übertragungsrücklage in Satz 1 gefordert wird, und damit ein Begriff des Rechnungswesens verwendet wird, scheint die buchhalterisch einfachste Evidenthaltung über einen gesonderten Ausweis in der Steuerbilanz, wie dies bereits bisher in den Steuerbilanzen entsprechend den §§ 4 Abs 1 und 5 EStG erfolgt (vgl dazu Sulz/Hirschler, SWK 2010, 721). Würde eine Evidenthaltung außerhalb der Steuerbilanz genügen, wäre das steuerliche Eigenkapital um diesen Betrag höher.

Ergänzt wird der Katalog der Änderungen des EStG noch durch eine Klarstellung in § 13 EStG, wonach die Geltendmachung der Sofortabschreibung geringwertiger Wirtschaftsgüter in keiner Weise von einer unternehmensrechtlichen Behandlung als Sonderabschreibung des Steuerrechts im Jahresabschluss abhängt.

Diese Neuregelungen der §§ 8 Abs 2, 12 und 13 EStG sind erstmals auf Wirtschaftsjahre anzuwenden, die nach dem 31.12.2015 beginnen, bis dahin gilt jedenfalls noch die sog „umgekehrte Maßgeblichkeit".

Geringwertige Wirtschaftsgüter

§ 13.

Die Anschaffungs- oder Herstellungskosten von abnutzbaren Anlagegütern können als Betriebsausgaben abgesetzt werden, wenn diese Kosten für das einzelne Anlagegut 400 Euro nicht übersteigen (geringwertige Wirtschaftsgüter). Dies kann unabhängig von der Behandlung im unternehmensrechtlichen Jahresabschluss erfolgen. Bei Gewinnermittlung gemäß § 4 Abs. 3 kann dieser Betrag im Jahr der Verausgabung voll abgesetzt werden. Wirtschaftsgüter, die aus Teilen bestehen, sind als Einheit aufzufassen, wenn sie nach ihrem wirtschaftlichen Zweck oder nach der Verkehrsauffassung eine Einheit bilden. Die vorstehenden Sätze gelten nicht für Wirtschaftsgüter, die zur entgeltlichen Überlassung bestimmt sind.

- *ErlRV zu § 13*
  Siehe ErlRV zu § 8 Abs 2.

Kommentierung

Zur Kommentierung siehe die Ausführungen zu § 12 EStG.

§ 124b.

1.

...

269. *a)* § 6 Z 2 lit. a und § 6 Z 13 jeweils in der Fassung des Rechnungslegungs-Änderungsgesetzes 2014, BGBl. I Nr. 22/2015, sind erstmalig für Wirtschaftsjahre anzuwenden, die nach dem 31. Dezember 2015 beginnen.

b) *§ 4 Abs. 4 Z 2 lit. a, § 14 Abs. 7 Z 1, § 18 Abs. 1 Z 2, § 25 Abs. 1 Z 2 lit. a, § 26 Z 7 lit. a, § 27 Abs. 2 Z 2, § 47 Abs. 4, § 108a Abs. 1 und 5, § 108h Abs. 3 und § 124 in der Fassung des Bundesgesetzes BGBl. I Nr. 34/2015 treten mit 1. Jänner 2016 in Kraft.*

270. a) Soweit im ersten Wirtschaftsjahr, das nach dem 31.12.2015 beginnt, aufgrund einer bereits vor diesem Wirtschaftsjahr eingetretenen Wertaufholung eine Zuschreibung gemäß § 208 des Unternehmensgesetzbuches in der Fassung des Bundesgesetzes BGBl. I Nr. 22/2015 vorgenommen werden muss, ist diese Zuschreibung auch für steuerliche Zwecke maßgeblich und steuerwirksam. Der Zuschreibungsbetrag für das betreffende Wirtschaftsgut kann jedoch auf Grund eines in der Steuererklärung (Feststellungserklärung) gestellten Antrages einer Zuschreibungsrücklage zugeführt werden. Die Zuschreibungsrücklage ist insoweit steuerwirksam aufzulösen, als der Teilwert des betreffenden Wirtschaftsgutes den für die Bildung der Zuschreibungsrücklage maßgeblichen Teilwert unterschreitet oder eine Absetzung für Abnutzung im Sinne der §§ 7 und 8 vorgenommen wird. Die Zuschreibungsrücklage ist spätestens im Zeitpunkt des Ausscheidens des betreffenden Wirtschaftsgutes aus dem Betriebsvermögen steuerwirksam aufzulösen.

b) Wirtschaftsgüter, für die eine Zuschreibungsrücklage gemäß lit. a gebildet wurde, sind in einem Verzeichnis auszuweisen. In diesem Verzeichnis sind der steuerliche Bilanzansatz des betreffenden Wirtschaftsgutes sowie die Zuschreibungsrücklage bis zum Ausscheiden des Wirtschaftsgutes aus dem Betriebsvermögen jährlich evident zu halten.

271. § 8 Abs. 2 EStG 1988, § 12 Abs. 1 und Abs. 8 EStG 1988 sowie § 13 EStG 1988, jeweils in der Fassung des Rechnungslegungs-Änderungsgesetzes 2014, BGBl. Nr. 22/2015, sind erstmals für Wirtschaftsjahre anzuwenden, die nach dem 31. Dezember 2015 beginnen. Bestehende unversteuerte Rücklagen (einschließlich Bewertungsreserven) im Sinne des § 906 Abs. 31 UGB können unabhängig vom unternehmensrechtlichen Jahresabschluss als steuerliche Rücklagen weitergeführt werden; auf diese sind § 205 UGB und § 6 Z 13 erster Satz EStG 1988, jeweils in der Fassung vor dem Rechnungslegungs-Änderungsgesetz 2014, BGBl. I Nr. 22/2015, sinngemäß weiter anzuwenden.

- *ErlRV zu § 124b*

  Zu Z 269 und Z 270:

  Anlässlich der Einführung eines uneingeschränkten Wertaufholungsgebots sollen Zuschreibungen aufgrund von Wertaufholungen aus früheren Geschäftsjahren, bei denen vormals von der Ausnahme der Wertaufholungsverpflichtung gemäß § 208 Abs. 2 UGB in der bisher geltenden Fassung Gebrauch gemacht wurde, nachträglich vorgenommen werden müssen. Diese nachträgliche Vornahme von vormals unterlassenen Zuschreibungen hat somit im ersten Wirtschaftsjahr zu erfolgen, das nach dem 31. Dezember 2015 beginnt. Diese nachgeholte Zuschreibung ist aufgrund von § 208 UGB iVm § 6 Z 2 lit. a EStG in der Fassung des Entwurfs bzw. aufgrund von § 208 UGB iVm § 6 Z 13 EStG in der Fassung des Entwurfs auch für das Steuerrecht maßgeblich und steuerwirksam vorzunehmen. Für steuerliche Zwecke kann der nachgeholte Zuschreibungsbetrag für das jeweilige Wirtschaftsgut jedoch einer Zuschreibungsrücklage zugeführt und dadurch vorerst steuerneutral gehalten werden. Ein entsprechender Antrag auf Zuführung des Zuschreibungsbetrages zu einer solchen

Rücklage ist in der Steuererklärung für das betreffende Wirtschaftsjahr zu stellen. Die betroffenen Wirtschaftsgüter sind in einem Verzeichnis auszuweisen. Darin sind der steuerliche Bilanzansatz des betreffenden Wirtschaftsgutes sowie die Zuschreibungsrücklage bis zum Ausscheiden des Wirtschaftsgutes aus dem Betriebsvermögen jährlich auszuweisen, sodass die Wertentwicklung des Wirtschaftsgutes und der Zuschreibungsrücklage nachvollziehbar sind. Das Verzeichnis ist in geeigneter Form der jährlichen Steuererklärung anzuschließen.

Insoweit in Wirtschaftsjahren, die nach dem 31. Dezember 2015 enden, wiederum eine Abschreibung auf einen niedrigeren Teilwert als den für die Bildung der Zuschreibungsrücklage maßgeblichen vorgenommen wird, ist die Zuschreibungsrücklage steuerwirksam aufzulösen. Später erneut vorzunehmende Zuschreibungen berühren die Zuschreibungsrücklage jedoch nicht. Eine steuerwirksame Auflösung der Zuschreibungsrücklage erfolgt spätestens anlässlich des Ausscheidens des Wirtschaftsgutes aus dem Betriebsvermögen. Wird vom unternehmensrechtlichen Wahlrecht Gebrauch gemacht, die steuerliche Zuschreibungsrücklage auch im unternehmensrechtlichen Jahresabschluss auszuweisen, wäre eine im Jahresabschluss vorgenommene frühzeitige Auflösung der Zuschreibungsrücklage allerdings auch steuerlich maßgeblich.

Beispiel:

Im Jahr 2010 wurde ein 10 %-Kapitalanteil um 1.000.000 Euro angeschafft; seiner sind folgende Wertveränderungen eingetreten: Zum Bilanzstichtag 31.12.2013 sinkt der beizulegende Wert (= Teilwert) auf 500 000 Euro. Zum 31.12.2015 steigt der beizulegende Wert (= Teilwert) auf 800.000 Euro. Aufgrund von § 208 Abs. 2 UGB iVm § 6 Z 13 Satz 2 und 3 EStG idF vor dem RÄG 2014 wurde von der Vornahme einer Zuschreibung unternehmens- wie steuerrechtlich abgesehen.

Zum 31.12.2016 beträgt der beizulegende Wert (= Teilwert) 900.000 Euro. Unternehmens- wie steuerrechtlich sind die vormals unterlassenen Zuschreibungen im Ausmaß von 300.000 Euro nachzuholen sowie die aktuelle Zuschreibung im Ausmaß von 100.000 Euro vorzunehmen. Für steuerliche Zwecke kann jedoch der nachzuholende Zuschreibungsbetrag von 300.000 Euro auf Antrag einer Rücklage ("Zuschreibungsrücklage") zugeführt werden. In die Zuschreibungsrücklage kann somit ein Betrag in der Höhe von 300.000 Euro aufwandswirksam eingestellt werden, wodurch die nachgeholte Zuschreibung steuerneutral gehalten wird. Der steuerliche wie unternehmensrechtliche Bilanzansatz zum 31.12.2016 beträgt 900.000 Euro.

Am 31.12.2017 sinkt der beizulegende Wert (= Teilwert) wieder auf 800.000 Euro. Die unternehmensrechtliche außerplanmäßige Abschreibung im Ausmaß von 100.000 Euro ist auch steuerlich maßgeblich. Die gebildete „Zuschreibungsrücklage" bleibt unverändert und beträgt daher nach wie vor 300.000 Euro. Der steuerliche wie unternehmensrechtliche Bilanzansatz zum 31.12.2017 beträgt somit 800.000 Euro.

Am 31.12.2018 sinkt der beizulegende Wert (= Teilwert) auf 700.000 Euro. Die unternehmensrechtliche außerplanmäßige Abschreibung im Ausmaß von 100.000 Euro ist auch steuerlich maßgeblich. Da jedoch der Teilwert (700.000 Euro) unter den für die Bildung der Zuschreibungsrücklage maßgeblichen Teilwert (800.000 Euro) sinkt, ist gleichzeitig die Zuschreibungsrücklage in Höhe von 100.000 Euro steuerwirksam aufzulösen. Somit ergibt sich insgesamt keine steuerliche Auswirkung.

Am 31.12.2019 steigt der beizulegende Wert (= Teilwert) wieder auf 1.000.000 Euro. Die unternehmensrechtliche Zuschreibung im Ausmaß von 300.000 Euro ist auch steuerlich maßgeblich. Der steuerliche wie unternehmensrechtliche Bilanzansatz zum 31.12.2018 beträgt somit 1.000.000 Euro. Die gebildete Zuschreibungsrücklage beträgt unverändert 200.000 Euro und kann durch die erneute Zuschreibung auch nicht erhöht werden.

Am 28.5.2020 wird die Beteiligung um 1.200.000 Euro veräußert. Unternehmens- wie steuerrechtlich beträgt der Veräußerungsgewinn 200.000 Euro. Zusätzlich ist anlässlich des Ausscheidens der Beteiligung aus dem Betriebsvermögen die Zuschreibungsrücklage in Höhe von 200.000 Euro steuerwirksam aufzulösen, sodass sich insgesamt ein zu versteuernder Betrag in Höhe von 400.000 Euro ergibt.

Zu Z 271:

Für gemäß § 205 UGB in der bisher geltenden Fassung bereits gebildete Rücklagen wird vorgesehen, dass diese für steuerliche Zwecke unabhängig vom unternehmensrechtlichen Jahresabschluss weitergeführt werden können; hinsichtlich ihrer weiteren Behandlung soll § 205 UGB in der bisherigen Fassung sinngemäß angewendet werden. Dadurch soll sichergestellt werden, dass die unversteuerten Rücklagen (einschließlich Bewertungsreserven) für steuerliche Zwecke nicht dauerhaft weiter geführt werden können; vielmehr sind sie entsprechend der bisherigen Rechtslage zu behandeln und allenfalls mit steuerlicher Wirkung aufzulösen (z. B. Auflösung über die Restnutzungsdauer des abnutzbaren Anlagevermögens, für das eine Bewertungsreserve gebildet wurde).

Kommentierung

I. Nachholung von unterlassenen Zuschreibungen

Das RÄG 2014 ordnet für bis einschließlich 2015 unterlassene Zuschreibungen eine Zuschreibungsverpflichtung im Geschäftsjahr, das nach dem 31.12.2015 beginnt, an. Diese unternehmensrechtliche Zuschreibungsverpflichtung ist gem § 124b Z 270

EStG idF RÄG 2014 auch steuerlich wirksam. Allerdings kann steuerlich der Zuschreibungsbetrag für das betreffende Wirtschaftsgut aufgrund eines in der Steuererklärung (Feststellungserklärung) gestellten Antrags einer Zuschreibungsrücklage zugeführt werden, wodurch die Steuerpflicht nicht sofort eintritt. Entsprechend der Formulierung „für das betreffende Wirtschaftsgut" kann die Zuschreibungsrücklage für jedes einzelne Wirtschaftsgut gebildet werden, sodass Teile der unterlassenen Zuschreibung sofort und der Rest später über die Auflösung der Zuschreibungsrücklage versteuert werden können.

Der Antrag auf Bildung der Zuschreibungsrücklage ist in der Steuererklärung des betreffenden Unternehmers bzw – sofern eine Mitunternehmerschaft vorliegt – in der Feststellungserklärung zu stellen. Das Erfordernis der Antragstellung könnte dafür sprechen, dass es sich bei der Zuschreibungsrücklage um keine in der Steuerbilanz auszuweisende unversteuerte Rücklage handelt, sondern dass diese steuerlich außerbilanziell zu erfassen ist. Dagegen spricht die Verwendung des Begriffs „Zuschreibungsrücklage", da mit einer Rücklage ein bilanzielles Verständnis verbunden ist, andernfalls es „steuerfreier Betrag" heißen würde. Wirtschaftsgüter, für die eine Zuschreibungsrücklage gebildet wurde, sind in einem Verzeichnis auszuweisen, in dem der steuerliche Bilanzansatz des betreffenden Wirtschaftsgutes sowie die Zuschreibungsrücklage bis zum Ausscheiden des Wirtschaftsgutes aus dem Betriebsvermögen jährlich evident zu halten sind. Das Erfordernis, dieses Verzeichnis der jährlichen Steuererklärung anzuschließen, fand sich noch im Begutachtungsentwurf zum RÄG 2014, wurde aber schließlich im Gesetzestext beseitigt. Dass der entsprechende Hinweis darauf in den Erläuterungen nicht entfernt wurde, kann als Redaktionsversehen gewertet werden.

Die Zuschreibungsrücklage ist in weiterer Folge zwingend aufzulösen, wenn der Teilwert des betreffenden Wirtschaftsgutes den für die Bildung der Zuschreibungsrücklage maßgeblichen Teilwert unterschreitet. Ein Unterschreiten alleine wird allerdings für die Verpflichtung der Auflösung aus teleologischer Sicht nicht ausreichen; wesentlich ist, dass eine steuerwirksame Teilwertabschreibung erfolgt. Durch die Verpflichtung zur Auflösung der Zuschreibungsrücklage wird die steuerwirksame Teilwertabschreibung betraglich kompensiert, sodass die Betriebsausgabe aus der Teilwertabschreibung soweit möglich durch die Betriebseinnahme aus der Auflösung der Zuschreibungsrücklage ausgeglichen wird. Sollte es sich um eine unter § 12 Abs 3 Z 2 KStG fallende 1/7-Teilwertabschreibung handeln, stellt sich die Frage, ob trotz der 7-Jahres-Verteilung der Teilwertabschreibung die Zuschreibungsrücklage für diesen Kapitalanteil sofort aufzulösen ist (vgl *Marchgraber* in Bilanzrechtstage 2015, 165 f). Dies ist wiederum aus teleologischen Gründen zu verneinen, insbesondere kann auch überlegt werden, von der Anwendung der 1/7-Verteilung insoweit abzusehen, als es eine Zuschreibungsrücklage gibt und in diesem Ausmaß die Teilwertabschreibung sofort steuerwirksam zuzulassen und damit § 12 Abs 3 Z 2 erster Teilstrich KStG anzuwenden.

Soweit in den Folgejahren nach Bildung der Zuschreibungsrücklage eine laufende Absetzung für Abnutzung für das betreffende Wirtschaftsgut erfolgt, kommt es zu einer ratierlichen Auflösung des betreffenden Teils der Zuschreibungsrücklage, da in diesem Fall durch die Aktivierung der stillen Reserve eine höhere AfA-Basis entstand, deren Steuerwirksamkeit durch die Auflösung der Zuschreibungsrücklage ausgeglichen wird (vgl *Fritz-Schmied*, taxlex 2015, 399; *Marchgraber* in Bilanzrechtstage 2015, 160 ff). Diese Auflösung wird bereits im Jahr der Bildung der Zuschreibungsrücklage erstmalig erfolgen, sofern die Nachholung der unterlassenen Zuschreibung methodisch vor Ermittlung der Jahresabschreibung des betreffenden Vermögensgenstands (Wirtschaftsguts) erfolgt (vgl dazu *Eberhartinger/Plassak* in Hirschler § 208 Rz 28 ff mwN). Die Zuschreibungsrücklage ist spätestens im Zeitpunkt des Ausscheidens des betreffenden Wirtschaftsgutes aus dem Betriebsvermögen aufzulösen, ein freiwilliges früheres Auflösen ist aufgrund der Formulierung „spätestens" möglich (so auch *Fritz-Schmied*, taxlex 2015, 400).

A. Beispiel zur Nachholung einer unterlassenen Zuschreibung und Folgethemen

- *Angabe*

    Im Jahr 2005 wurde ein 12-%-Kapitalanteil um EUR 100.000 angeschafft. Seither sind folgende Wertveränderungen eingetreten:

    31.12.2008   be zulegender Wert (= Teilwert) EUR 50.000, daher außerplanmäßige Abschreibung iHv EUR 50.000

    31.12.2013   be zulegender Wert (= Teilwert) EUR 80.000

    Es wurde sowohl unternehmens- als auch steuerrechtlich von der Vornahme einer Zuschreibung abgesehen (§ 208 Abs 2 UGB iVm § 6 Z 13 Satz 2 und 3 EStG idF vor RÄG 2014)

    31.12.2015   be zulegender Wert (= Teilwert) unverändert EUR 80.000

    31.12.2016   be zulegender Wert (= Teilwert) EUR 95.000

- *Lösung*

    Die vormals unterlassene Zuschreibung iHv EUR 30.000 sowie die aktuelle Zuschreibung iHv EUR 15.000 wird sowohl unternehmens- als auch steuerrechtlich vorzunehmen sein.
    Für steuerliche Zwecke kann der nachzuholende Zuschreibungsbetrag iHv EUR 30.000 auf Antrag einer Rücklage („Zuschreibungsrücklage") zugeführt werden. In die Zuschreibungsrücklage kann somit ein Betrag iHv EUR 30.000 außerbilanziell aufwandswirksam eingestellt werden, wodurch die nachgeholte Zuschreibung steuerneutral gehalten wird. Der steuerliche sowie unternehmensrechtliche Bilanzansatz zum 31.12.2016 beträgt EUR 95.000.

- *Angabe (Fortsetzung Beispiel)*

    31.12.2017   be zulegender Wert (= Teilwert) EUR 85.000, wobei von einer dauerhaften Wertminderung auszugehen ist

- *Lösung*

    Es hat unternehmensrechtlich eine außerplanmäßige Abschreibung (steuerrechtliche Teilwertabschreibung) im Ausmaß von EUR 10.000 zu erfolgen. Die gebildete Zuschreibungsrücklage bleibt unverändert und beträgt nach wie vor EUR 30.000. Der steuerliche sowie unternehmensrechtliche Bilanzansatz zum 31.12.2017 beträgt EUR 85.000.

- *Angabe*

    31.12.2018   be zulegender Wert (= Teilwert) EUR 70.000

- *Lösung*

    Die unternehmensrechtliche außerplanmäßige Abschreibung im Ausmaß von EUR 15.000 ist auch steuerlich maßgebend. Da jedoch der Teilwert unter den für die Bildung der Zuschreibungsrücklage maßgeblichen Teilwert (iHv EUR 80.000) sinkt, ist gleichzeitig die Zuschreibungsrücklage iHv EUR 10.000 steuerwirksam aufzulösen. Somit ergibt sich insgesamt eine steuerliche Auswirkung von EUR −5.000.

- *Angabe*

    31.12.2019   be zulegender Wert (= Teilwert) EUR 105.000

- *Lösung*

    Die unternehmensrechtliche Zuschreibung im Ausmaß von EUR 30.000 (auf den historischen Anschaffungskostenbetrag von EUR 100.000) ist auch steuerlich maßgebend. Der steuerliche sowie unternehmensrechtliche Bilanzansatz beträgt EUR 100.000. Die gebildete Zuschreibungsrücklage beträgt weiterhin EUR 20.000 und kann durch die erneute Zuschreibung auch nicht erhöht werden.

- *Angabe*

  30.6.2020   Veräußerung des 12%igen Kapitalanteils um EUR 120.000

- *Lösung*

  Der Veräußerungsgewinn beträgt unternehmens- sowie steuerrechtlich EUR 20.000. Zusätzlich ist anlässlich des Ausscheidens der Beteiligung aus dem Betriebsvermögen die Zuschreibungsrücklage iHv EUR 20.000 steuerwirksam aufzulösen, sodass sich insgesamt ein zu versteuernder Betrag iHv EUR 40.000 ergibt.

Gemäß § 124b Z 270 lit b EStG sind jene Wirtschaftsgüter, für die eine Zuschreibungsrücklage gebildet wurde, in einem eigenen Verzeichnis auszuweisen. In diesem Verzeichnis ist der steuerliche Bilanzansatz des betreffenden Wirtschaftsgutes sowie die (dieses Wirtschaftsgut anteilig betreffende) Zuschreibungsrücklage bis zum Ausscheiden des Wirtschaftsgutes aus dem Betriebsvermögen jährlich evident zu halten. Es sind somit in diesem Verzeichnis allfällige Veränderungen der Zuschreibungsrücklage genauso zu erfassen wie sich ergebende Veränderungen des Bilanzansatzes des betreffenden Wirtschaftsgutes.

Die Bildung der steuerlichen Zuschreibungsrücklage ist Voraussetzung für die Bildung der passiven Rechnungsabgrenzung gem § 906 Abs 32 (zu den Details dieser PRA siehe dort).

II. Auflösung unversteuerte Rücklagen aus Jahresabschlüssen bis Inkrafttreten des RÄG 2014

Gemäß § 205 Abs 1 Satz 1 aF UGB waren bisher Sonderabschreibungen von Vermögensgegenständen des Anlagevermögens, die auf Grund steuerlicher Vorschriften vorgenommen worden sind (Bewertungsreserve), und sonstige unversteuerte Rücklagen unter Angabe der Vorschriften, nach denen sie gebildet worden sind, auf der Passivseite auszuweisen. Entsprechend dieser Bestimmung wurden insbesondere die nach § 12 EStG übertragenen stillen Reserven sowie die Sonderabschreibungen des § 8 Abs 2 EStG als Bewertungsreserve und die noch nicht bestimmungsgemäß verwendeten stillen Reserven des § 12 EStG gesondert als sonstige unversteuerte Rücklage ausgewiesen. Gemäß § 205 Abs 1 Satz 2 aF UGB wurde auch im Einzelfall eine Bewertungsreserve für geringwertige Vermögensgegenstände des Anlagevermögens gebildet. Durch das RÄG 2014 wird § 205 UGB ersatzlos aufgehoben. Infolge der Aufhebung des § 205 UGB sind die unversteuerten Rücklagen, die im Jahresabschluss zum 31.12.2015 bilanziert sind, aufzulösen, wobei entsprechend § 906 Abs 31 UGB die bereits bilanzierten unversteuerten Rücklagen, abgesehen von den seitens der Kapitalgesellschaften zu berücksichtigenden, darin enthaltenen passiven latenten Steuern, unmittelbar in die Gewinnrücklagen einzustellen sind. Es kommt somit im ersten nach den Vorschriften des RÄG 2014 aufzustellenden Jahresabschluss zu einer gänzlichen Umbuchung außerhalb der Gewinn- und Verlustrechnung der unversteuerten Rücklagen ins unternehmensrechtliche Eigenkapital bei rechnungslegungspflichtigen Einzelunternehmen und Personengesellschaften, bei Kapitalgesellschaften im nach Berücksichtigung der latenten Steuer verbleibenden Ausmaß.

Da die **Auflösung von unversteuerten Rücklagen** grundsätzlich steuerwirksam ist, bedarf es einer steuerlichen Begleitmaßnahme zur Verhinderung dieses Effekts. Das geschieht durch § 124b Z 271 EStG idF RÄG 2014, wonach bestehende unversteuerte Rücklagen (einschließlich Bewertungsreserven) iSd § 906 Abs 31 UGB unabhängig vom unternehmensrechtlichen Jahresabschluss als steuerliche Rücklagen weitergeführt werden können. Es handelt sich somit um ein Fortführungswahlrecht, das dadurch ausgeübt wird, dass in der Steuerbilanz wie bisher die unversteuerten Rücklagen weitergeführt werden. Auf diese (freiwillig) weitergeführten unversteuerten Rücklagen sind § 205 UGB und § 6 Z 13 erster Satz EStG jeweils in der Fassung vor dem RÄG 2014 sinngemäß weiter anzuwenden. Damit wird vor allem die weitere verpflichtende Auflösung einer Bewertungsreserve gem § 205 Abs 2 UGB idF vor RÄG 2014 entsprechend der unternehmensrechtlichen Nutzungsdauer des Vermögensgegenstands angesprochen, ebenso aber auch die Möglichkeit der jederzeitigen freiwilligen (steuerpflichtigen) Auflösung der gebildeten unversteuerten Rücklage nach § 6 Z 13 erster Satz EStG idF vor RÄG 2014. Durch die Auflösung der unversteuerten Rücklage vermindert sich gleichzeitig auch der Bedarf einer zukünftigen Steuervorsorge in Gestalt einer latenten Steuer.

Sollte von dem Fortführungswahlrecht nicht Gebrauch gemacht werden stellt sich die Frage, ob die Umbuchung ins Eigenkapital gem § 906 Abs 31 UGB steuerwirksam oder steuerneutral erfolgt. Da mit der Auflösung der Bewertungsreserve steuerlich jedenfalls eine Erhöhung der steuerlichen Anschaffungs- oder Herstellungskosten verbunden ist, die mangels Einlage ertragswirksam ist, liegt insoweit ein steuerwirksamer Vorgang vor. Sollte im letzten Jahresabschluss vor Inkrafttreten des RÄG 2014 eine sonstige unversteuerte Rücklage iSc § 12 Abs 8 EStG bestehen und diese in der Folge im Geltungsbereich des RÄG 2014 bestimmungsgemäß verwendet werden, kommt es durch die bestimmungsgemäße Verwendung zu keiner Nichtfortführung der unversteuerten Rücklage. Sollte hingegen keine bestimmungsgemäße Verwendung erfolgen, greift die Vorschrift des § 12 Abs 10 EStG, die eine gewinnerhöhende Auflösung vorsieht und insoweit der unternehmensrechtlichen Übergangsbestimmung des § 906 Abs 31 UGB vorgeht.

III. Zukünftige Inanspruchnahme steuerlicher Begünstigungen

Traditionell war die Inanspruchnahme von steuerlichen Investitionsbegünstigungen wie insbes des § 12 EStG davon abhängig, dass diese Begünstigung auch durch Ausweis in der UGB-Bilanz zum Ausdruck kommt. Durch die Abschaffung des § 205 entfällt ab dem RÄG 2014 diese Ausweismöglichkeit. Dementsprechend sehen die §§ 8 Abs 2, 12 Abs 1 und 8 sowie 12 EStG vor, dass ab Inkrafttreten des RÄG 2014 die Inanspruchnahme der entsprechenden Begünstigungen ein gesonderter Ausweis derselben im UGB-Jahresabschluss nicht erforderlich ist.

Anhang I: Bilanz-Richtlinie

2013L0034 — DE — 11.12.2014 — 002.001 — 1

▶**B**   RICHTLINIE 2013/34/EU DES EUROPÄISCHEN PARLAMENTS UND DES RATES

vom 26. Juni 2013

über den Jahresabschluss, den konsolidierten Abschluss und damit verbundene Berichte von Unternehmen bestimmter Rechtsformen und zur Änderung der Richtlinie 2006/43/EG des Europäischen Parlaments und des Rates und zur Aufhebung der Richtlinien 78/660/EWG und 83/349/EWG des Rates

(Text von Bedeutung für den EWR)

(ABl. L 182 vom 29.6.2013, S. 19)

Geändert durch:

		Amtsblatt		
		Nr.	Seite	Datum
▶**M1**	Richtlinie 2014/95/EU des Europäischen Parlaments und des Rates vom 22. Oktober 2014	L 330	1	15.11.2014
▶**M2**	Richtlinie 2014/102/EU des Rates vom 7. November 2014	L 334	86	21.11.2014

Berichtigt durch:

▶**C1**   Berichtigung, ABl. L 369 vom 24.12.2014, S. 79 (2014/95/EU)

▼B

RICHTLINIE 2013/34/EU DES EUROPÄISCHEN PARLAMENTS UND DES RATES

vom 26. Juni 2013

über den Jahresabschluss, den konsolidierten Abschluss und damit verbundene Berichte von Unternehmen bestimmter Rechtsformen und zur Änderung der Richtlinie 2006/43/EG des Europäischen Parlaments und des Rates und zur Aufhebung der Richtlinien 78/660/EWG und 83/349/EWG des Rates

(Text von Bedeutung für den EWR)

DAS EUROPÄISCHE PARLAMENT UND DER RAT DER EUROPÄISCHEN UNION –

gestützt auf den Vertrag über die Arbeitsweise der Europäischen Union, insbesondere auf Artikel 50 Absatz 1,

auf Vorschlag der Europäischen Kommission,

nach Zuleitung des Entwurfs des Gesetzgebungsakts an die nationalen Parlamente,

nach Stellungnahme des Europäischen Wirtschafts- und Sozialausschusses ([1]),

gemäß dem ordentlichen Gesetzgebungsverfahren ([2]),

in Erwägung nachstehender Gründe:

(1) Diese Richtlinie trägt dem Programm der Kommission für eine bessere Rechtsetzung und insbesondere der Mitteilung „Intelligente Regulierung in der Europäischen Union" vom Oktober 2010 Rechnung, die das Ziel formuliert, Vorschriften zu konzipieren und zu erarbeiter, die den Grundsätzen der Subsidiarität und Verhältnismäßigkeit entsprechen und die höchstmögliche Qualität aufweisen, und gleichzeitig sicherzustellen, dass die Verwaltungslasten in angemessenem Verhältnis zum erzielten Nutzen stehen. In der Mitteilung der Kommission „Vorfahrt für KMU in Europa – Der ‚Small Business Act' für Europa", die im Juni 2008 angenommen und im Februar 2011 überarbeitet wurde, wird die zentrale Rolle der kleinen und mittleren Unternehmen (KMU) für die Wirtschaft der Union anerkannt und das Ziel festgelegt, das Gesamtkonzept für das Unternehmertum zu verbessern und das Prinzip „Vorfahrt für KMU" („think small first") von der Rechtsetzung bis hin zu den öffentlichen Diensten fest in der Politik zu verankern. Der Europäische Rat begrüßte auf seiner Tagung am 24./25. März 2011 die Absicht der Kommission, die Binnenmarktakte vorzustellen, deren Maßnahmen Wachstum und Arbeitsplätze schaffen und den Bürgern und Unternehmen greifbare Ergebnisse bringen sollen.

In der von der Kommission im April 2011 angenommenen Mitteilung „Binnenmarktakte" werden eine Vereinfachung der Vierten Richtlinie 78/660/EWG des Rates vom 25. Juli 1978 aufgrund

---

([1]) ABl. C 181 vom 21.6.2012, S. 84.
([2]) Standpunkt des Europäischen Parlaments vom 12. Juni 2013 (noch nicht im Amtsblatt veröffentlicht) und Beschluss des Rates vom 20. Juni 2013.

▼B

von Artikel 54 Absatz 3 Buchstabe g des Vertrages über den Jahresabschluss von Gesellschaften bestimmter Rechtsformen ([1]) und der Siebten Richtlinie 83/349/EWG des Rates vom 13. Juni 1983 aufgrund von Artikel 54 Absatz 3 Buchstabe g des Vertrages über den konsolidierten Abschluss ([2]) (die Rechnungslegungsrichtlinien) in Bezug auf die Finanzberichterstattungspflichten und eine Verringerung des Verwaltungsaufwands, insbesondere für KMU, vorgeschlagen. Die Strategie Europa 2020 für intelligentes, nachhaltiges und integratives Wachstum zielt darauf ab, die Verwaltungslasten zu verringern, das Umfeld für Unternehmen und insbesondere KMU zu verbessern und die Internationalisierung von KMU zu fördern. Der Europäische Rat forderte auf seiner Tagung vom 24. und 25. März 2011 zudem, den Regelungsaufwand insgesamt – insbesondere für KMU – auf Unionsebene und auf einzelstaatlicher Ebene zu verringern, und regte Maßnahmen zur Steigerung der Produktivität an, wie etwa den Abbau übertriebener Bürokratie und die Verbesserung des Regelungsrahmens für KMU.

(2) Das Europäische Parlament hat am 18. Dezember 2008 eine nichtlegislative Entschließung zu den Rechnungslegungsvorschriften für kleine und mittlere Unternehmen und insbesondere Kleinstbetriebe ([3]) angenommen und dabei festgestellt, dass die Anforderungen der Rechnungslegungsrichtlinien kleine und mittlere Unternehmen und insbesondere Kleinstbetriebe oft stark belasten, und die Kommission aufgefordert, mit der Überprüfung der beiden Richtlinien fortzufahren.

(3) Der Koordinierung der einzelstaatlichen Vorschriften über die Gliederung und den Inhalt des Abschlusses und des Lageberichts, die heranzuziehenden Bewertungsgrundlagen und die Offenlegung dieser Informationen, insbesondere für bestimmte Rechtsformen von Unternehmen mit beschränkter Haftung, kommt im Hinblick auf den Schutz von Aktionären, Gesellschaftern und Dritten besondere Bedeutung zu. In den genannten Bereichen ist für die entsprechenden Rechtsformen von Unternehmen eine zeitgleiche Koordinierung erforderlich, da zum einen bestimmte Unternehmen in mehr als einem Mitgliedstaat tätig sind und da sie zum anderen über ihr Nettovermögen hinaus Dritten keinerlei Sicherheiten bieten.

(4) Mit Jahresabschlüssen werden verschiedene Ziele verfolgt, und sie bieten nicht lediglich Informationen für Anleger in Kapitalmärkten, sondern enthalten auch Angaben über frühere Geschäfte und unterstützen die gute Unternehmensführung. Bei den Rechnungslegungsvorschriften der Union ist ein angemessenes Gleichgewicht zwischen den Interessen der Adressaten von Abschlüssen und dem Interesse von Unternehmen daran, nicht über Gebühr mit Berichtspflichten belastet zu werden, zu finden.

(5) Der Anwendungsbereich dieser Richtlinie sollte bestimmte Unternehmen mit beschränkter Haftung einschließen, wie etwa Aktiengesellschaften oder Gesellschaften mit beschränkter Haftung. Darüber hinaus gibt es eine beträchtliche Anzahl von offenen Handelsgesellschaften oder Kommanditgesellschaften, bei denen jeweils sämtliche voll haftenden Gesellschafter Aktiengesellschaften oder Gesellschaften mit beschränkter Haftung sind, und die daher den in dieser Richtlinie vorgesehenen Koordinierungsmaßnahmen unterliegen sollten. Mit dieser Richtlinie sollte außerdem sichergestellt werden, dass Personengesellschaften in ihren Anwendungsbereich fallen, wenn ihre Gesellschafter keine Aktiengesellschaften oder Gesellschaften mit beschränkter Haftung

---

([1]) ABl. L 222 vom 14.8.1978, S. 11.
([2]) ABl. L 193 vom 18.7.1983, S. 1.
([3]) ABl. C 45 E vom 23.2.2010, S. 58.

▼B

sind, aber dennoch beschränkt für die Verpflichtungen dieser Personengesellschaft haften, da ihre Haftung durch andere von dieser Richtlinie erfasste Unternehmen beschränkt wird. Die Ausnahme von Einrichtungen ohne Erwerbszweck vom Anwendungsbereich dieser Richtlinie steht im Einklang mit Artikel 50 Absatz 2 Buchstabe g des Vertrags über die Arbeitsweise der Europäischen Union (AEUV).

(6) Der Anwendungsbereich dieser Richtlinie sollte auf bestimmten Grundsätzen beruhen und gewährleisten, dass sich ein Unternehmen nicht selbst aus diesem Anwendungsbereich ausnehmen kann, indem es eine vielschichtige Gruppenstruktur schafft, die innerhalb und außerhalb der Union ansässige Unternehmen auf verschiedenen Ebenen umfasst.

(7) Die Bestimmungen dieser Richtlinie sollten nur insofern gelten, als sie im Einklang mit oder nicht im Widerspruch zu den Rechnungslegungsvorschriften für Unternehmen bestimmter Rechtsformen oder mit den Bestimmungen über die Verteilung des Gesellschaftsvermögens eines Unternehmens gemäß den geltenden, von einem oder mehreren Organen der Union erlassenen Gesetzgebungsakten stehen.

(8) Außerdem ist es erforderlich, in Bezug auf den Umfang der Finanzinformationen, die von miteinander im Wettbewerb stehenden Unternehmen zu veröffentlichen sind, auf Unionsebene gleichwertige rechtliche Mindestanforderungen festzulegen.

(9) Der Jahresabschluss sollte unter Beachtung des Vorsichtsprinzips erstellt werden und ein den tatsächlichen Verhältnissen entsprechendes Bild der Vermögens-, Finanz- und Ertragslage eines Unternehmens vermitteln. Es ist in Ausnahmefällen möglich, dass ein Jahresabschluss kein solches, den tatsächlichen Verhältnissen entsprechendes Bild vermittelt, wenn Bestimmungen dieser Richtlinie zur Anwendung kommen. In diesen Fällen sollte das Unternehmen von diesen Bestimmungen abweichen, um ein den tatsächlichen Verhältnissen entsprechendes Bild zu vermitteln. Es sollte den Mitgliedstaaten gestattet sein, solche Ausnahmefälle zu definieren und die einschlägigen Ausnahmeregelungen für derartige Fälle festzulegen. Diese Ausnahmen sollten nur für äußerst ungewöhnliche Geschäfte und ungewöhnliche Umstände gelten und sollten beispielsweise nicht bestimmte Wirtschaftszweige insgesamt betreffen.

(10) Mit dieser Richtlinie sollte dafür gesorgt werden, dass die Anforderungen für kleine Unternehmen innerhalb der Union weitgehend harmonisiert werden. Diese Richtlinie basiert auf dem Prinzip „Vorfahrt für KMU". Um einen unverhältnismäßigen Verwaltungsaufwand für diese Unternehmen zu vermeiden, sollte es den Mitgliedstaaten lediglich gestattet sein, im Wege von Anhangangaben ergänzend zu den in den Anhängen zu den Abschlüssen zwingend vorgeschriebenen Angaben einige wenige Informationen zu verlangen. Im Falle eines einheitlichen Einreichungssystems können die Mitgliedstaaten jedoch in bestimmten Fällen in beschränktem Umfang zusätzliche Angaben verlangen, sofern diese nach dem jeweiligen einzelstaatlichen Steuerrecht ausdrücklich vorgeschrieben und für die Zwecke der Steuererhebung unbedingt erforderlich sind. Es sollte den Mitgliedstaaten möglich sein, über die in dieser Richtlinie vorgesehenen Mindestanforderungen hinausgehende Anforderungen für mittlere und große Unternehmen vorzuschreiben.

▼B

(11) Ist es den Mitgliedstaaten nach dieser Richtlinie beispielsweise gestattet, für kleine Unternehmen zusätzliche Anforderungen vorzuschreiben, so bedeutet dies, dass ein Mitgliedstaat von dieser Möglichkeit vollständig oder teilweise Gebrauch machen kann, indem er geringere Anforderungen stellt, als nach dieser Möglichkeit gestattet wäre. Ist es den Mitgliedstaaten nach dieser Richtlinie beispielsweise gestattet, in Bezug auf kleine Unternehmen eine Ausnahmeregelung anzuwenden, so gilt entsprechend, dass der jeweilige Mitgliedstaat diese Unternehmen vollständig oder teilweise ausnehmen kann.

(12) Kleine, mittlere und große Unternehmen sollten unter Bezugnahme auf Bilanzsumme, Nettoumsatzerlöse und durchschnittliche Zahl der während des Geschäftsjahres Beschäftigten definiert und voneinander unterschieden werden, da diese Kriterien in der Regel objektiven Aufschluss über die Größe eines Unternehmens geben. Legt jedoch das Mutterunternehmen keinen konsolidierten Abschluss für die Gruppe vor, so sollten die Mitgliedstaaten die von ihnen als erforderlich erachteten Maßnahmen ergreifen dürfen, um vorzuschreiben, dass ein solches Unternehmen als ein größeres Unternehmen eingestuft wird, indem seine Größe und daraus resultierende Kategorie auf konsolidierter oder aggregierter Grundlage bestimmt werden. Wendet ein Mitgliedstaat eine oder mehrere der fakultativen Ausnahmeregelungen für Kleinstunternehmen an, so sollten Kleinstunternehmen auch unter Bezugnahme auf Bilanzsumme, Nettoumsatzerlöse und durchschnittliche Zahl der während des Geschäftsjahres Beschäftigten definiert werden. Die Mitgliedstaaten sollten nicht verpflichtet sein, in ihren einzelstaatlichen Rechtsvorschriften gesonderte Kategorien für mittlere und große Unternehmen vorzusehen, wenn für mittlere Unternehmen dieselben Anforderungen wie für große Unternehmen gelten.

(13) Kleinstunternehmen verfügen nur über begrenzte Mittel, um anspruchsvollen gesetzlichen Anforderungen nachzukommen. Gibt es keine speziellen Vorschriften für Kleinstunternehmen, so finden die für kleine Unternehmen geltenden Vorschriften auch auf Kleinstunternehmen Anwendung. Dadurch sehen sie sich mit einem in Bezug auf ihre Größe unverhältnismäßigen Verwaltungsaufwand konfrontiert, der für die kleinsten Unternehmen im Vergleich zu anderen kleinen Unternehmen belastender ist. Deshalb sollte es den Mitgliedstaaten möglich sein, Kleinstunternehmen von bestimmten für kleine Unternehmen geltenden Pflichten, die ihnen einen übermäßigen Verwaltungsaufwand auferlegen würden, auszunehmen. Allerdings sollten Kleinstunternehmen weiterhin etwaigen einzelstaatlichen Pflichten zur Führung von Aufzeichnungen unterliegen, aus denen ihre Geschäftstätigkeit und ihre finanzielle Lage hervorgehen, unterliegen. Darüber hinaus sollten Investmentunternehmen und Beteiligungsgesellschaften von den Vorteilen der für Kleinstunternehmen geltenden Vereinfachungen ausgenommen werden.

(14) Die Mitgliedstaaten sollten die besonderen Gegebenheiten und Bedürfnisse ihres eigenen Marktes berücksichtigen, wenn sie beschließen, ob oder wie eine spezifische Regelung für Kleinstunternehmen im Rahmen dieser Richtlinie angewandt werden soll.

(15) Die Offenlegung von Abschlüssen kann für Kleinstunternehmen aufwendig sein. Gleichzeitig müssen die Mitgliedstaaten die Einhaltung dieser Richtlinie sicherstellen. Dementsprechend sollte es Mitgliedstaaten, die von den in dieser Richtlinie enthaltenen Ausnahmeregelungen für Kleinstunternehmen Gebrauch machen, gestattet sein, Kleinstunternehmen von einer allgemeinen Offenlegungspflicht zu befreien, sofern die Informationen aus der Bilanz im Einklang mit den einzelstaatlichen Rechtsvorschriften bei mindestens einer benannten zuständigen Behörde ordnungsgemäß hinterlegt und an das Unternehmensregister übermittelt werden,

▼B

so dass auf Antrag eine Abschrift erhältlich ist. In solchen Fällen findet die in dieser Richtlinie festgelegte Pflicht zur Offenlegung von Rechnungslegungsunterlagen gemäß Artikel 3 Absatz 5 der Richtlinie 2009/101/EG des Europäischen Parlaments und des Rates vom 16. September 2009 zur Koordinierung der Schutzbestimmungen, die in den Mitgliedstaaten den Gesellschaften im Sinne des Artikels 48 Absatz 2 des Vertrags im Interesse der Gesellschafter sowie Dritter vorgeschrieben sind, um diese Bestimmungen gleichwertig zu gestalten (¹), keine Anwendung.

(16) Um zu gewährleisten, dass vergleichbare und gleichwertige Informationen angegeben werden, sollten die bei Ansatz und Bewertung zugrunde gelegten Grundsätze den Aspekt der Unternehmensfortführung, das Vorsichtsprinzip und das Konzept der Periodenabgrenzung einschließen. Eine Verrechnung zwischen Aktiv- und Passivposten sowie zwischen Aufwands- und Ertragsposten sollte nicht zulässig sein, und die Aktiv- und Passivposten sollten einzeln bewertet werden. In besonderen Fällen sollte es den Mitgliedstaaten allerdings gestattet sein, den Unternehmen die Verrechnung zwischen Aktiv- und Passivposten sowie zwischen Aufwands- und Ertragsposten zu erlauben oder vorzuschreiben. Bei der Darstellung der einzelnen Posten im Abschluss sollte der wirtschaftlichen Realität bzw. dem wirtschaftlichen Gehalt des zugrunde liegenden Geschäftsvorfalls oder der zugrunde liegenden Vereinbarung Rechnung getragen werden. Es sollte den Mitgliedstaaten allerdings gestattet sein, Unternehmen von der Anwendung dieses Grundsatzes zu befreien.

(17) Für Ansatz, Bewertung, Darstellung, Offenlegung und Konsolidierung im Abschluss sollte der Grundsatz der Wesentlichkeit gelten. Nach dem Grundsatz der Wesentlichkeit können Angaben, die als unwesentlich betrachtet werden, im Abschluss beispielsweise aggregiert werden. Während ein einzelner Posten möglicherweise als unwesentlich angesehen werden kann, können mehrere unwesentliche gleichartige Posten zusammen jedoch durchaus als wesentlich gelten. Es sollte den Mitgliedstaaten gestattet sein, die verbindliche Anwendung des Grundsatzes der Wesentlichkeit auf Darstellung und Offenlegung zu beschränken. Der Grundsatz der Wesentlichkeit sollte eine etwaige Pflicht nach einzelstaatlichen Rechtsvorschriften zur Führung vollständiger Aufzeichnungen, aus denen ihre Geschäftstätigkeit und die finanzielle Lage hervorgehen, nicht berühren.

(18) Zur Gewährleistung der Zuverlässigkeit der im Abschluss enthaltenen Informationen sollten die im Abschluss angesetzten Posten auf der Basis des Anschaffungs- oder des Herstellungskostenprinzips bewertet werden. Die Mitgliedstaaten sollten jedoch befugt sein, den Unternehmen eine Neubewertung des Anlagevermögens zu erlauben oder vorzuschreiben, damit den Abschlussnutzern aussagekräftigere Informationen zur Verfügung gestellt werden können.

(19) Der Bedarf nach einer unionsweiten Vergleichbarkeit der Finanzinformationen macht es erforderlich, die Mitgliedstaaten zu verpflichten, für bestimmte Finanzinstrumente eine Rechnungslegung zum beizulegenden Zeitwert zuzulassen. Im Übrigen stellen Systeme einer Rechnungslegung zum beizulegenden Zeitwert Informationen bereit, die für die Nutzer von Abschlüssen von größerer Relevanz sein können als Informationen, die auf den Anschaffungs- oder den Herstellungskosten basieren. Entsprechend

---

(¹) ABl. L 258 vom 1.10.2009, S. 11.

▼B

sollten die Mitgliedstaaten die Einführung einer Rechnungslegung zum beizulegenden Zeitwert durch alle Unternehmen bzw. Kategorien von Unternehmen – mit Ausnahme der Kleinstunternehmen, die von der in dieser Richtlinie enthaltenen Ausnahmeregelung Gebrauch machen – gestatten, und zwar sowohl in Bezug auf Jahresabschlüsse und konsolidierte Abschlüsse. als auch – je nach Wahl des Mitgliedstaats – nur in Bezug auf konsolidierte Abschlüsse. Darüber hinaus sollte es den Mitgliedstaaten gestattet sein, eine Rechnungslegung zum beizulegenden Zeitwert für Vermögensgegenstände, die keine Finanzinstrumente sind, zuzulassen oder zu verlangen.

(20) Es ist erforderlich, die Anzahl der Gliederungsformen für Bilanzen zu beschränken, um es den Nutzern von Abschlüssen zu ermöglichen, die finanzielle Lage von Unternehmen innerhalb der Union besser zu vergleichen. Die Mitgliedstaaten sollten die Anwendung einer Gliederungsform für die Bilanz vorschreiben, und es sollte ihnen gestattet sein, eine Auswahl von erlaubten Gliederungen anzubieten. Es sollte den Mitgliedstaaten jedoch möglich sein, den Unternehmen zu erlauben oder vorzuschreiben, die Gliederung zu ändern und eine Bilanz vorzulegen, die zwischen kurz- und langfristigen Posten unterscheidet. Es sollte sowohl eine Gliederung der Gewinn- und Verlustrechnung nach Eigenart der Aufwendungen als auch eine Gewinn- und Verlustrechnung nach Funktion der Aufwendungen zulässig sein. Die Mitgliedstaaten sollten die Anwendung einer Gliederungsform für die Gewinn- und Verlustrechnung vorschreiben, und es sollte ihnen gestattet sein, die Auswahl von mehreren erlaubten Gliederungen anzubieten. Die Mitgliedstaaten sollten es Unternehmen ferner gestatten können, anstelle einer Gewinn- und Verlustrechnung, die entsprechend einer der zulässigen Gliederungen erstellt wird, eine Ergebnisrechnung („statement of performance") vorzulegen. Für kleine und mittlere Unternehmen kann eine vereinfachte Fassung der vorgeschriebenen Gliederungsschemata zur Verfügung gestellt werden. Es sollte den Mitgliedstaaten allerdings gestattet sein, die Gliederungsformen der Bilanz und der Gewinn- und Verlustrechnung zu beschränken, sofern dies für die elektronische Einreichung von Abschlüssen erforderlich ist.

(21) Im Interesse der Vergleichbarkeit sollte ein gemeinsamer Rahmen für Ansatz, Bewertung und Darstellung unter anderem von Wertberichtigungen, Geschäfts- oder Firmenwert, Rückstellungen, Vorratsvermögen und beweglichen Vermögensgegenständen sowie Ertrags- oder Aufwandsposten in außerordentlicher Größenordnung oder mit außerordentlichem Stellenwert vorgegeben werden.

(22) Ansatz und Bewertung einiger Posten des Abschlusses beruhen nicht auf präzisen Darstellungen sondern vielmehr auf Schätzungen, Bewertungen und Modellen. Als Ergebnis der mit Geschäftstätigkeiten verbundenen Ungewissheiten können bestimmte Posten in den Abschlüssen nicht präzise bewertet, sondern nur geschätzt werden. Schätzungen umfassen Bewertungen anhand der jüngsten verfügbaren zuverlässigen Angaben. Schätzungen sind ein wesentlicher Bestandteil der Aufstellung von Abschlüssen. Dies gilt insbesondere im Falle von Rückstellungen, die naturgemäß unsicherer sind, als die meisten anderen Bilanzposten. Die Schätzungen sollten auf einer vorsichtigen Bewertung der Unternehmensleitung beruhen sowie auf einer objektiven Grundlage

▼B

berechnet werden, ergänzt um Erfahrungen aus ähnlichen Geschäftsvorfällen sowie in einigen Fällen sogar um Berichte von unabhängigen Experten. Die berücksichtigten Nachweise sollten alle zusätzlichen Hinweise umfassen, die sich aufgrund von Ereignissen nach dem Bilanzstichtag ergeben.

(23) Die in der Bilanz und in der Gewinn- und Verlustrechnung dargestellten Informationen sollten durch Angaben im Anhang zum Abschluss ergänzt werden. Die Nutzer von Abschlüssen haben üblicherweise lediglich begrenzten Bedarf an zusätzlichen Informationen kleiner Unternehmen, und für kleine Unternehmen kann es kostspielig sein, diese zusätzlichen Informationen zusammenzustellen. Eine spezielle Regelung für kleine Unternehmen, die lediglich eine begrenzte Offenlegungspflicht vorsieht, ist somit gerechtfertigt. Ist ein Kleinstunternehmen oder ein kleines Unternehmen allerdings der Auffassung, dass die Bereitstellung zusätzlicher Informationen der Art, wie sie von mittleren und großen Unternehmen verlangt wird, oder anderer in dieser Richtlinie nicht vorgesehener Informationen nützlich wäre, so sollte es nicht daran gehindert werden.

(24) Die Angabe zu den Rechnungslegungsmethoden ist eines der Schlüsselelemente des Anhangs zum Abschluss. Diese Angaben sollten insbesondere die Bewertungsgrundlage für die verschiedenen Posten, eine Angabe zur Übereinstimmung dieser Rechnungslegungsmethoden mit dem Konzept der Unternehmensfortführung und wesentliche Änderungen der Rechnungslegungsmethoden umfassen.

(25) Nutzer der von mittleren und großen Unternehmen erstellten Abschlüsse haben in der Regel anspruchsvollere Bedürfnisse. Daher sollte in bestimmten Bereichen die Angabe weiterer Informationen vorgesehen werden. Ausnahmen von bestimmten Berichtspflichten sind gerechtfertigt, wenn bestimmten Personen oder dem Unternehmen aus dieser Angabe ein Nachteil erwachsen würde.

(26) Der Lagebericht und der konsolidierte Lagebericht sind wichtige Elemente der Finanzberichterstattung. Es sollte ein den tatsächlichen Verhältnissen entsprechendes Bild des Geschäftsverlaufs und des Geschäftsergebnisses vermittelt werden, und zwar in einer Weise, die Umfang und Komplexität der Geschäfte entspricht. Die Informationen sollten sich nicht auf die finanziellen Aspekte der Geschäfte des Unternehmens beschränken, sondern auch die ökologischen und sozialen Aspekte seiner Geschäftstätigkeit, die für das Verständnis des Geschäftsverlaufs, des Geschäftsergebnisses oder der Lage des Unternehmens erforderlich ist, sollten analysiert werden. In den Fällen, in denen der konsolidierte Lagebericht und der Lagebericht des Mutterunternehmens als ein einziger Bericht vorgelegt werden, kann es angemessen sein, in besonderer Weise auf die Umstände einzugehen, die für die Gesamtheit der in die Konsolidierung einbezogenen Unternehmen von Bedeutung sind. Mit Blick auf die potenzielle Belastung für kleine und mittlere Unternehmen ist es jedoch angezeigt, die Möglichkeit für die Mitgliedstaaten vorzusehen, eine Ausnahme von der Verpflichtung zur Bereitstellung von Nichtfinanzinformationen im Lagebericht solcher Unternehmen zu gewähren.

▼**B**

(27) Die Mitgliedstaaten sollten über die Möglichkeit verfügen, kleine Unternehmen von der Pflicht zur Erstellung eines Lageberichts zu befreien, sofern diese Unternehmen im Anhang zu ihrem Abschluss im Einklang mit Artikel 24 Absatz 2 der Richtlinie 2012/30/EU des Europäischen Parlaments und des Rates vom 25. Oktober 2012 zur Koordinierung der Schutzbestimmungen, die in den Mitgliedstaaten den Gesellschaften im Sinne des Artikels 54 Absatz 2 des Vertrages über die Arbeitsweise der Europäischen Union im Interesse der Gesellschafter sowie Dritter für die Gründung der Aktiengesellschaft sowie für die Erhaltung und Änderung ihres Kapitals vorgeschrieben sind, um diese Bestimmungen gleichwertig zu gestalten (¹), die Daten zum Erwerb eigener Aktien angeben.

(28) Da börsennotierte Unternehmen in den Volkswirtschaften, in denen sie operieren, eine herausragende Rolle spielen können, sollten die Bestimmungen dieser Richtlinie, die die Erklärung zur Unternehmensführung betreffen, für Unternehmen gelten, deren übertragbare Wertpapiere zum Handel auf einem geregelten Markt zugelassen sind.

(29) Zahlreichen Unternehmen gehören andere Unternehmen; durch die Koordinierung der Rechtsvorschriften über konsolidierte Abschlüsse sollen die Interessen geschützt werden, die gegenüber Kapitalgesellschaften bestehen. Damit Finanzinformationen über derartige Unternehmen zur Kenntnis der Gesellschafter und Dritter gebracht werden können, sollte ein konsolidierter Abschluss erstellt werden. Daher wäre eine Koordinierung der einzelstaatlichen Rechtsvorschriften über den konsolidierten Abschluss angebracht, damit Vergleichbarkeit und Gleichwertigkeit der von Unternehmen in der Union zu veröffentlichenden Informationen gewährleistet werden. Aufgrund des Fehlens eines Transaktionspreises zu Marktbedingungen sollte es den Mitgliedstaaten gestattet sein, die Bilanzierung von gruppeninternen Beteiligungsübertragungen – sogenannte Geschäftsvorfälle zwischen Unternehmen unter einheitlicher Leitung – unter Anwendung der Interessenzusammenführungsmethode zuzulassen, bei der der Buchwert von Anteilen an einem in die Konsolidierung einbezogenen Unternehmen lediglich mit dem entsprechenden Anteil am Gesellschaftskapital verrechnet wird.

(30) Die Richtlinie 83/349/EWG enthielt eine Vorschrift, wonach ein konsolidierter Abschluss für Gruppen zu erstellen ist, wenn entweder das Mutterunternehmen oder ein oder mehrere Tochterunternehmen eine der in den Anhängen I oder II dieser Richtlinie genannten Rechtsformen hat. Die Mitgliedstaaten hatten die Möglichkeit, Mutterunternehmen von der Anforderung, einen konsolidierten Abschluss zu erstellen, zu befreien, sofern das Mutterunternehmen nicht eine der in den Anhängen I oder II genannten Rechtsformen hatte. Gemäß der vorliegenden Richtlinie sind lediglich Mutterunternehmen einer der in Anhang I oder, unter bestimmten Umständen, der in Anhang II genannten Rechtsform verpflichtet, konsolidierte Abschlüsse zu erstellen; allerdings werden die Mitgliedstaaten nicht daran gehindert, den Anwendungsbereich dieser Richtlinie auszudehnen, so dass er sich auch auf andere Situationen erstreckt. Demnach hat sich die Richtlinie inhaltlich nicht geändert, da es weiterhin den Mitgliedstaaten obliegt, zu entscheiden, ob Unternehmen, die nicht in den Anwendungsbereich dieser Richtlinie fallen, verpflichtet sind, einen konsolidierten Abschluss zu erstellen.

(¹) ABl. L 315 vom 14.11.2012, S. 74.

▼**B**

(31) Konsolidierte Abschlüsse sollten die Tätigkeiten eines Mutterunternehmens und seiner Tochterunternehmen als die einer einzigen wirtschaftlichen Einheit (einer Gruppe) darstellen. Vom Mutterunternehmen kontrollierte Unternehmen sollten als Tochterunternehmen betrachtet werden. Die Kontrolle sollte darin bestehen, dass eine Mehrheit der Stimmrechte gehalten wird; eine Kontrolle kann aber auch gegeben sein, wenn entsprechende Vereinbarungen mit anderen Mitaktionären oder Mitgesellschaftern geschlossen wurden. Unter bestimmten Bedingungen kann eine tatsächliche Kontrolle ausgeübt werden, auch wenn das Mutterunternehmen nur eine Minderheitsbeteiligung oder keine Beteiligung am Tochterunternehmen hält. Die Mitgliedstaaten sollten befugt sein vorzuschreiben, dass Unternehmen, die nicht der Kontrolle unterliegen, die aber unter einheitlicher Leitung stehen oder ein gemeinsames Verwaltungs-, Leitungs- oder Aufsichtsorgan haben, in den konsolidierten Abschluss einbezogen werden.

(32) Ein Tochterunternehmen, das selbst Mutterunternehmen ist, sollte einen konsolidierten Abschluss erstellen. Nichtsdestoweniger sollten die Mitgliedstaaten befugt sein, ein solches Mutterunternehmen unter bestimmten Umständen von der Pflicht zur Erstellung eines konsolidierten Abschlusses zu befreien, sofern die Gesellschafter des Unternehmens und Dritte hinreichend geschützt sind.

(33) Kleine Gruppen sollten von der Pflicht zur Erstellung eines konsolidierten Abschlusses befreit werden, da die Nutzer der Abschlüsse kleiner Unternehmen keinen spezifischen Informationsbedarf haben und es kostspielig sein kann, zusätzlich zum Jahresabschluss des Mutterunternehmens und des Tochterunternehmens noch einen konsolidierten Abschluss zu erstellen. Die Mitgliedstaaten sollten mittlere Unternehmen aus denselben Kosten-Nutzen-Erwägungen von der Pflicht zur Erstellung eines konsolidierten Abschlusses befreien können, es sei denn, bei einem verbundenen Unternehmen handelt es sich um ein Unternehmen von öffentlichem Interesse.

(34) Eine Konsolidierung erfordert die vollständige Berücksichtigung der Aktiva und Passiva sowie der Erträge und Aufwendungen der Unternehmen der Gruppe und die gesonderte Angabe der nicht beherrschenden Anteile in der konsolidierten Bilanz unter „Eigenkapital" sowie die gesonderte Angabe der nicht beherrschenden Anteile unter „Ergebnis der Gruppe" in der konsolidierten Gewinn- und Verlustrechnung. Es sollten jedoch die erforderlichen Berichtigungen vorgenommen werden, um die Auswirkungen finanzieller Beziehungen zwischen den konsolidierten Unternehmen zu beseitigen.

(35) Die für die Erstellung der Jahresabschlüsse geltenden Grundsätze in Bezug auf Ansatz und Bewertung sollten auch für die Erstellung konsolidierter Abschlüsse gelten. Es sollte den Mitgliedstaaten allerdings gestattet sein zuzulassen, dass die in dieser Richtlinie festgelegten allgemeinen Bestimmungen und Grundsätze bei Jahresabschlüssen anders angewendet werden als bei konsolidierten Abschlüssen.

(36) Assoziierte Unternehmen sollten mittels der Equity-Methode in den konsolidierten Abschluss einbezogen werden. Die Bestimmungen zur Bewertung von assoziierten Unternehmen sollten gegenüber denen der Richtlinie 83/349/EWG inhaltlich unverändert bleiben, und die nach jener Richtlinie zulässigen Verfahren können weiterhin angewendet werden. Die Mitgliedstaaten sollten

▼**B**

zudem gestatten oder vorschreiben können, dass ein gemeinsam geführtes Unternehmen im Rahmen des konsolidierten Abschlusses anteilig konsolidiert wird.

(37) Konsolidierte Abschlüsse sollten alle Angaben zu der Gesamtheit der in die Konsolidierung einbezogenen Unternehmen in der Form von Anhangangaben zum Abschluss enthalten. Name, Sitz und Gruppenbeteiligung am Kapital der Unternehmen sollten auch in Bezug auf Tochterunternehmen, assoziierte Unternehmen, gemeinsam geführte Unternehmen und Beteiligungen angegeben werden.

(38) Die Jahresabschlüsse sämtlicher Unternehmen, auf die diese Richtlinie anwendbar ist, sollten gemäß der Richtlinie 2009/101/EG offengelegt werden. Es ist jedoch angebracht, in diesem Bereich gewisse Ausnahmeregelungen für kleine und mittlere Unternehmen vorzusehen.

(39) Die Mitgliedstaaten sind dringend aufgefordert, elektronische Systeme zur Offenlegung zu entwickeln, die es Unternehmen ermöglichen, Rechnungslegungsdaten, einschließlich verpflichtender Abschlüsse, lediglich einmal einzureichen, und zwar in einer Form, die es einer Vielzahl von Nutzern ermöglicht, ohne Probleme auf die Daten zuzugreifen und sie zu verwenden. Im Hinblick auf die Berichterstattung über Abschlüsse wird der Kommission empfohlen, die Möglichkeiten für ein harmonisiertes elektronisches Format zu erkunden. Entsprechende Systeme sollten jedoch keine Belastung für kleine und mittlere Unternehmen darstellen.

(40) Mitglieder der Verwaltungs-, Leitungs- und Aufsichtsorgane eines Unternehmens sollten der Mindestanforderung genügen, dass sie dem Unternehmen gegenüber gemeinsam für die Erstellung und Veröffentlichung von Jahresabschlüssen und Lageberichten verantwortlich sind. Der gleiche Grundsatz sollte auch für Mitglieder der Verwaltungs-, Leitungs- und Aufsichtsorgane von Unternehmen gelten, die einen konsolidierten Abschluss erstellen. Diese Organe handeln im Rahmen der ihnen durch die einzelstaatlichen Rechtsvorschriften übertragenen Zuständigkeiten. Für die Mitgliedstaaten sollte die Möglichkeit bestehen, darüber hinauszugehen und eine unmittelbare Rechenschaftspflicht gegenüber Aktionären, Gesellschaftern oder anderen Beteiligten einzuführen.

(41) Die Haftung für die Erstellung und Veröffentlichung der Jahresabschlüsse und der konsolidierten Abschlüsse sowie der Lageberichte und der konsolidierten Lageberichte unterliegt einzelstaatlichen Rechtsvorschriften. Angemessene Haftungsregelungen, wie sie von jedem Mitgliedstaat nach den jeweiligen einzelstaatlichen Rechtsvorschriften festgelegt werden, sollten für die Mitglieder der Verwaltungs-, Leitungs- und Aufsichtsorgane eines Unternehmens gelten. Den Mitgliedstaaten sollte es gestattet sein, den Haftungsumfang festzulegen.

(42) Zur Förderung glaubwürdiger Rechnungslegungsprozesse in der gesamten Union sollten die Mitglieder desjenigen Organs eines Unternehmens, das für die Ausarbeitung des Abschlusses eines Unternehmens verantwortlich ist, sicherstellen, dass die im Jahresabschluss und die im konsolidierten Abschluss einer Gruppe enthaltenen Finanzinformationen ein den tatsächlichen Verhältnissen entsprechendes Bild vermitteln.

▼B

(43) Jahresabschlüsse und konsolidierte Abschlüsse sollten einer Abschlussprüfung unterzogen werden. Die Anforderung, dass in einem Prüfungsurteil festgestellt werden sollte, ob der Jahresabschluss bzw. der konsolidierte Abschluss im Einklang mit den einschlägigen Rechnungslegungsgrundsätzen ein den tatsächlichen Verhältnissen entsprechendes Bild vermittelt, sollte nicht als Einschränkung der Geltung des Bestätigungsvermerks verstanden werden, sondern als Präzisierung zu dem Kontext, innerhalb dessen er erteilt wird. Für den Jahresabschluss kleiner Unternehmen sollte keine Prüfungspflicht bestehen, da eine solche Prüfung mit einem erheblichen Verwaltungsaufwand für diese Kategorie von Unternehmen verbunden sein kann, denn in vielen kleinen Unternehmen sind ein und dieselben Personen sowohl Anteilseigner als auch Mitglieder der Unternehmensleitung, weshalb die Notwendigkeit einer Bestätigung ihres Abschlusses durch Dritte begrenzt ist. Allerdings sollte diese Richtlinie die Mitgliedstaaten nicht daran hindern, unter Berücksichtigung der besonderen Gegebenheiten und Bedürfnisse kleiner Unternehmen sowie der Nutzer der Abschlüsse solcher Unternehmen, eine Abschlussprüfung für kleine Unternehmen vorzuschreiben. Außerdem ist es angemessener, den Inhalt des Bestätigungsvermerks in Richtlinie 2006/43/EG des Europäischen Parlaments und des Rates vom 17. May 2006 über Abschlussprüfungen von Jahresabschlüssen und konsolidierten Abschlüssen (¹) festzulegen. Daher sollte jene Richtlinie entsprechend geändert werden.

(44) Im Interesse einer größeren Transparenz hinsichtlich der an staatliche Stellen geleisteten Zahlungen sollten große Unternehmen und Unternehmen von öffentlichem Interesse, die in der mineralgewinnenden Industrie oder im Holzeinschlag in Primärwäldern (²) tätig sind, in einem separaten jährlichen Bericht offenlegen, welche wesentlichen Zahlungen sie an staatliche Stellen in den Ländern geleistet haben, in denen sie ihrer Tätigkeit nachgehen. Solche Unternehmen sind in Ländern tätig, die reich an natürlichen Ressourcen, insbesondere Erdöl, Erdgas und Primärwäldern, sind. In dem Bericht sollten Zahlungen aufgeführt werden, die mit denen vergleichbar sind, die von den an der Initiative für Transparenz in der Rohstoffwirtschaft (EITI) beteiligten Unternehmen offengelegt werden. Diese Initiative ergänzt den Aktionsplan „Rechtsdurchsetzung, Politikgestaltung und Handel im Forstsektor" der Europäischen Union („Forest Law Enforcement, Governance and Trade", FLEGT) und die Bestimmungen der Verordnung (EU) Nr. 995/2010 des Europäischen Parlaments und des Rates vom 20. Oktober 2010 über die Verpflichtungen von Marktteilnehmern, die Holz und Holzerzeugnisse in Verkehr bringen (³), die von Holzhändlern verlangt, alle gebotene Sorgfalt walten zu lassen, um zu verhindern, dass Holz aus illegalem Einschlag auf den Markt der Union gelangt.

(45) Zweck der Berichte sollte es sein, den Regierungen ressourcenreicher Länder dabei zu helfen, die EITI-Grundsätze und -Kriterien umzusetzen und ihren Bürgern Rechenschaft über die Zahlungen abzulegen, die sie von den in ihrem Hoheitsgebiet tätigen Unternehmen der mineralgewinnenden Industrie und der Industrie des Holzeinschlags in Primärwäldern erhalten. Der Bericht sollte Angaben nach Ländern und Projekten enthalten. Der Begriff „Projekt" sollte definiert werden als die operativen Tätigkeiten,

---

(¹) ABl. L 157 vom 9.6.2006, S. 87
(²) Definiert in Richtlinie 2009/28/EG als „natürlich regenerierte Wälder mit einheimischen Arten, in denen es keine deutlich sichtbaren Anzeichen für menschliche Eingriffe gibt und die ökologischen Prozesse nicht wesentlich gestört sind"..".
(³) ABl. L 295 vom 12.11.2010, S. 23.

▼B

die sich nach einem einzigen Vertrag, einer Lizenz, einem Miet-vertrag, einer Konzession oder ähnlichen rechtlichen Verein-barungen richten und die Grundlage für Zahlungsverpflichtungen gegenüber einer staatlichen Stelle bilden. Falls allerdings mehrere solche Vereinbarungen wesentlich miteinander verbunden sind, sollten diese als Projekte betrachtet werden. „Materiell miteinan-der verbundene" rechtliche Vereinbarungen sollte verstanden wer-den als ein Komplex von mit der staatlichen Stelle geschlossenen, operativ und geografisch verflochtenen Verträgen, Lizenzen, Mit-verträgen oder Konzessionen oder damit verbundenen Verein-barungen mit im Wesentlichen ähnlichen Bedingungen, der be-stimmte Zahlungsverpflichtungen begründet. Diese Vereinbarun-gen können durch einen einzigen Vertrag, eine Vereinbarung über ein gemeinsames Unternehmen, eine Vereinbarung über die ge-meinsame Produktion oder andere übergeordnete rechtliche Ver-einbarungen geregelt sein.

(46) Zahlungen sind unabhängig davon, ob sie als Einmalzahlungen oder als eine Reihe verbundener Zahlungen geleistet werden, nicht in dem Bericht zu berücksichtigen, wenn sie im Laufe des Geschäftsjahres unter 100 000 EUR liegen. Dies bedeutet, dass das Unternehmen im Falle einer bestehenden Vereinbarung über regelmäßige Zahlungen oder Raten (z.B. Mietgebühren) den Gesamtbetrag der verbundenen regelmäßigen Zahlungen oder der Raten der verbundenen Zahlungen berücksichtigt, um festzustel-len, ob die Schwelle für diese Reihe von Zahlungen erreicht ist und ob dementsprechend eine Offenlegung erforderlich ist.

(47) Unternehmen, die in der mineralgewinnenden Industrie oder auf dem Gebiet des Holzeinschlags in Primärwäldern tätig sind, soll-ten nicht dazu verpflichtet werden, Zahlungen, die zur Erfüllung von Verpflichtungen auf der Ebene des Unternehmens und nicht auf der Ebene einzelner Projekte vorgenommen werden, nach Projekten aufzuschlüsseln oder einzelnen Projekten zuzuweisen. Falls beispielsweise ein Unternehmen über mehr als ein Projekt in einem Aufnahmeland verfügt und die staatlichen Stellen dieses Landes bei dem Unternehmen Körperschaftsteuern in Bezug auf seine gesamten Erträge in dem Land und nicht in Bezug auf ein bestimmtes Projekt oder einen bestimmten Vorgang innerhalb des Landes erheben, wäre das Unternehmen berechtigt, die entspre-chend(en) Körperschaftsteuerzahlung(en) anzugeben, ohne dabei ein mit der betreffenden Zahlung verbundenes bestimmtes Projekt anzugeben.

(48) Ein Unternehmen, das in der mineralgewinnenden Industrie oder auf dem Gebiet des Holzeinschlags in Primärwäldern tätig ist, braucht im Allgemeinen die an eine staatliche Stelle als Stamm-aktionär dieses Unternehmens gezahlten Dividenden nicht offen-zulegen, solange die Dividenden unter denselben Bedingungen an die staatliche Stelle wie an die anderen Aktionäre gezahlt werden. Allerdings hat das Unternehmen alle anstelle von Produktions-rechten oder Nutzungsentgelten gezahlten Dividenden offenzule-gen.

(49) Um einer möglichen Umgehung von Offenlegungsanforderungen entgegenzuwirken, sollte diese Richtlinie präzisieren, dass Zah-lungen in Bezug auf den Inhalt der Tätigkeit oder der betreffen-den Zahlung offenzulegen sind. So sollte das Unternehmen die Offenlegung beispielsweise nicht dadurch umgehen können, dass es eine Tätigkeit, die sonst durch diese Richtlinie erfasst würde, neu umschreibt. Außerdem sollten Zahlungen oder Tätigkeiten nicht künstlich mit dem Ziel aufgeteilt oder zusammengefasst werden, diese Offenlegungsanforderungen zu umgehen.

(50) Um zu bestimmen, unter welchen Umständen die Unternehmen von den Berichtspflichten nach Kapitel 10 ausgenommen werden sollten, sollte der Kommission die Befugnis übertragen werden, gemäß Artikel 290 AEUV delegierte Rechtsakte zur Festlegung

▼B

der Kriterien zu erlassen, anhand deren bewertet wird, ob die Berichtspflichten von Drittländern den Anforderungen des genannten Kapitels entsprechen. Es ist von besonderer Bedeutung, dass die Kommission im Zuge ihrer Vorbereitungsarbeit angemessene Konsultationen, auch auf der Ebene von Sachverständigen, durchführt. Bei der Vorbereitung und Ausarbeitung delegierter Kommissions sollte die Kommission gewährleisten, dass die einschlägigen Dokumente dem Europäischen Parlament und dem Rat gleichzeitig, rechtzeitig und auf angemessene Weise übermittelt werden.

(51) Zur Gewährleistung einer einheitlichen Anwendung des Artikels 46 Absatz 1 sollten der Kommission Durchführungsbefugnisse übertragen werden. Diese Befugnisse sollten gemäß der Verordnung (EU) Nr. 182/2011 des Europäischen Parlaments und des Rates vom 16. Februar 2011 zur Festlegung der allgemeinen Regeln und Grundsätze, nach denen die Mitgliedstaaten die Wahrnehmung der Durchführungsbefugnisse durch die Kommission kontrollieren (¹), ausgeübt werden.

(52) Innerhalb von drei Jahren nach Ablauf der Frist für die Umsetzung dieser Richtlinie durch die Mitgliedstaaten sollte die Kommission das Berichterstattungssystem überprüfen und einen Bericht vorlegen. Bei der Überprüfung sollte die Wirksamkeit der Regelung analysiert und internationalen Entwicklungen, einschließlich Fragen der Wettbewerbsfähigkeit und der Energieversorgungssicherheit, Rechnung getragen werden. Bei der Überprüfung sollte auch auf die Frage einer Ausdehnung der Berichtspflichten auf zusätzliche Wirtschaftszweige sowie auf die Frage eingegangen werden, ob der Bericht geprüft werden sollte. Darüber hinaus sollten bei der Überprüfung die Erfahrungen von Erstellern und Nutzern der Zahlungsinformationen berücksichtigt und Überlegungen dazu angestellt werden, ob es sinnvoll wäre, zusätzliche Zahlungsinformationen, etwa zu den effektiven Steuersätzen, und nähere Angaben zum Empfänger, etwa Angaben zu seiner Bankverbindung, mit aufzunehmen.

(53) Im Einklang mit den Schlussfolgerungen des G8-Gipfels in Deauville vom Mai 2011 sollte die Kommission mit Blick auf die Schaffung einheitlicher internationaler Wettbewerbsbedingungen weiterhin bei allen internationalen Partnern darauf hinwirken, dass sie ähnliche Anforderungen betreffend der Berichterstattung über Zahlungen an staatliche Stellen einführen. Von besonderer Bedeutung ist in diesem Zusammenhang die Fortführung der Arbeiten am entsprechenden internationalen Rechnungslegungsstandard.

(54) Damit sie künftigen Änderungen der für die verschiedene Unternehmenskategorien geltenden Rechtsvorschriften der Mitgliedstaaten und der Union Rechnung tragen kann, sollte der Kommission die Befugnis übertragen werden, gemäß Artikel 290 AEUV delegierte Rechtsakte zur Aktualisierung der Listen der Unternehmenskategorien in den Anhängen I und II zu erlassen. Der Rückgriff auf delegierte Rechtsakte ist auch erforderlich, um die Kriterien für die Bestimmung der Unternehmensgröße anzupassen, da der Realwert eines Unternehmens im Laufe der Zeit aufgrund der Inflation schrumpft. Es ist von besonderer Bedeutung, dass die Kommission im Zuge ihrer Vorbereitungsarbeit angemessene Konsultationen, auch auf der Ebene von Sachverständigen, durchführt. Bei der Vorbereitung und Ausarbeitung delegierter Rechtsakte sollte die Kommission gewährleisten, dass die einschlägigen Dokumente dem Europäischen Parlament und dem Rat gleichzeitig, rechtzeitig und auf angemessene Weise übermittelt werden.

(¹) ABl. L 55 vom 28.2.2011, S. 13.

▼B

(55) Da die Ziele dieser Richtlinie, nämlich die Erleichterung grenzüberschreitender Investitionen und die Verbesserung der unionsweiten Vergleichbarkeit und des öffentlichen Vertrauens in Abschlüsse und Berichte durch umfassendere und kohärentere spezifische Angaben auf Ebene der Mitgliedstaaten nicht ausreichend verwirklicht werden können und daher wegen des Umfangs und der Wirkungen dieser Richtlinie besser auf Unionsebene zu verwirklichen sind, kann die Union im Einklang mit dem in Artikel 5 des Vertrags über die Europäische Union niedergelegten Subsidiaritätsprinzip tätig werden. Entsprechend dem in demselben Artikel genannten Grundsatz der Verhältnismäßigkeit geht diese Richtlinie nicht über das zur Erreichung dieser Ziele erforderliche Maß hinaus.

(56) Diese Richtlinie ersetzt die Richtlinien 78/660/EWG und 83/349/EWG. Daher sollten jene Richtlinien aufgehoben werden.

(57) Diese Richtlinie steht im Einklang mit den Grundrechten und Grundsätzen, die insbesondere mit der Charta der Grundrechte der Europäischen Union anerkannt wurden.

(58) Gemäß der Gemeinsamen Politischen Erklärung der Mitgliedstaaten und der Kommission zu erläuternden Dokumenten vom 28. September 2011 haben sich die Mitgliedstaaten verpflichtet, in begründeten Fällen zusätzlich zur Mitteilung ihrer Umsetzungsmaßnahmen ein oder mehrere Dokumente zu übermitteln, in dem bzw. denen der Zusammenhang zwischen den Bestandteilen einer Richtlinie und den entsprechenden Teilen einzelstaatlicher Umsetzungsinstrumente erläutert wird. In Bezug auf diese Richtlinie hält der Gesetzgeber die Übermittlung von Entsprechungstabellen für gerechtfertigt —

HABEN FOLGENDE RICHTLINIE ERLASSEN:

KAPITEL 1

ANWENDUNGSBEREICH, BEGRIFFSBESTIMMUNGEN UND RECHTSFORMEN VON UNTERNEHMEN UND GRUPPEN

Artikel 1

Anwendungsbereich

(1) Die durch diese Richtlinie vorgeschriebenen Koordinierungsmaßnahmen gelten für die Rechts- und Verwaltungsvorschriften der Mitgliedstaaten für die Rechtsformen von Unternehmen,

a) die in Anhang I genannt sind;

b) die in Anhang II genannt sind und bei denen alle unmittelbaren oder mittelbaren Gesellschafter des Unternehmens mit ansonsten unbeschränkter Haftung tatsächlich nur beschränkt haftbar sind, weil diese Gesellschafter

i) über eine in Anhang I aufgeführte Rechtsform verfügen oder

ii) nicht den Rechtsvorschriften eines Mitgliedstaats unterliegen, aber über eine Rechtsform verfügen, die einer in Anhang I genannten vergleichbar ist.

▼B

(2)   Die Mitgliedstaaten unterrichten die Kommission innerhalb einer angemessenen Zeitspanne über Änderungen bei den Rechtsformen von Unternehmen in ihren einzelstaatlichen Rechtsvorschriften, die die Richtigkeit des Anhangs I oder des Anhangs II beeinträchtigen könnten. In diesem Fall ist die Kommission befugt, die Verzeichnisse der Rechtsformen von Unternehmen in den Anhängen I und II mittels delegierter Rechtsakte im Einklang mit Artikel 49 anzupassen.

Artikel 2

Begriffsbestimmungen

Im Sinne dieser Richtlinie bezeichnet der Ausdruck

1. „Unternehmen von öffentlichem Interesse" Unternehmen im Anwendungsbereich des Artikels 1,

    a) die unter das Recht eines Mitgliedstaats fallen und deren übertragbare Wertpapiere zum Handel an einem geregelten Markt eines Mitgliedstaats im Sinne des Artikels 4 Absatz 1 Nummer 14 der Richtlinie 2004/39/EG des Europäischen Parlaments und des Rates vom 21. April 2004 über Märkte für Finanzinstrumente (¹) zugelassen sind.

    b) die Kreditinstitute im Sinne des Artikels 4 Nummer 1 der Richtlinie 2006/48/EG des Europäischen Parlaments und des Rates vom 14. Juni 2006 über die Aufnahme und Ausübung der Tätigkeit der Kreditinstitute (²) – mit Ausnahme der in Artikel 2 jener Richtlinie genannten Kreditinstitute – sind,

    c) die Versicherungsunternehmen im Sinne des Artikels 2 Absatz 1 der Richtlinie 91/674/EWG des Rates vom 19. Dezember 1991 über den Jahresabschluss und den konsolidierten Abschluss von Versicherungsunternehmen (³) sind oder

    d) die von den Mitgliedstaaten als Unternehmen von öffentlichem Interesse bestimmt werden, beispielsweise Unternehmen, die aufgrund der Art ihrer Tätigkeit, ihrer Größe oder der Zahl ihrer Beschäftigten von erheblicher öffentlicher Bedeutung sind.

2. „Beteiligung" Anteile an anderen Unternehmen, die dazu bestimmt sind, dem eigenen Geschäftsbetrieb durch Herstellung einer dauernden Verbindung zu jenen Unternehmen zu dienen. Dabei ist es gleichgültig, ob die Anteile in Wertpapieren verbrieft sind oder nicht. Es wird eine Beteiligung an einem anderen Unternehmen vermutet, wenn der Anteil am Gesellschaftskapital über einem prozentualen Schwellenwert liegt, der von den Mitgliedstaaten auf höchstens 20 % festgesetzt werden darf;

3. „nahestehende Unternehmen und Personen" Unternehmen und Personen im Sinne der gemäß der Verordnung (EG) Nr. 1606/2002 des Europäischen Parlaments und des Rates vom 19. Juli 2002 betreffend die Anwendung internationaler Rechnungslegungsstandards (⁴) übernommenen Internationalen Rechnungslegungsstandards;

_____
(¹) ABl. L 145 vom 30.4.2004, S. 1
(²) ABl. L 177 vom 30.6.2006, S. 1
(³) ABl. L 374 vom 31.12.1991, S. 7.
(⁴) ABl. L 243 vom 11.9.2002, S. 1

▼B

4. „Anlagevermögen" diejenigen Vermögensgegenstände, die dazu bestimmt sind, dauernd dem Geschäftsbetrieb zu dienen;

5. „Nettoumsatzerlöse" die Beträge, die sich aus dem Verkauf von Produkten und der Erbringung von Dienstleistungen nach Abzug von Erlösschmälerungen und der Mehrwertsteuer sowie sonstigen direkt mit dem Umsatz verbundenen Steuern ergeben;

6. „Anschaffungskosten" den Einkaufpreis samt Nebenkosten, vermindert um alle zurechenbaren Anschaffungspreisminderungen;

7. „Herstellungskosten" die Anschaffungskosten der Rohstoffe, Hilfs- und Betriebsstoffe und die sonstigen dem einzelnen Erzeugnis unmittelbar zurechenbaren Kosten. Die Mitgliedstaaten gestatten oder schreiben vor, dass angemessene Teile dem einzelnen Erzeugnis nur mittelbar zurechenbarer fixer oder variabler Gemeinkosten in dem Maße berücksichtigt werden, wie sie auf den Zeitraum der Herstellung entfallen. Vertriebskosten sind nicht zu berücksichtigen;

8. „Wertberichtigung" alle Wertanpassungen von Vermögensgegenständen, die zur Berücksichtigung am Bilanzstichtag festgestellter, endgültiger oder nicht endgültiger Wertänderungen dienen;

9. „Mutterunternehmen" ein Unternehmen, das ein oder mehrere Tochterunternehmen kontrolliert;

10. „Tochterunternehmen" ein von einem Mutterunternehmen kontrolliertes Unternehmen, einschließlich jedes mittelbar kontrollierten Tochterunternehmens eines Mutterunternehmens;

11. „Gruppe" ein Mutterunternehmen und alle Tochterunternehmen;

12. „verbundene Unternehmen" zwei oder mehrere Unternehmen innerhalb einer Gruppe;

13. „assoziiertes Unternehmen" ein Unternehmen, an dem ein anderes Unternehmen eine Beteiligung hält und dessen Geschäfts- und Finanzpolitik durch dieses andere Unternehmen maßgeblich beeinflusst wird. Es wird vermutet, dass ein Unternehmen einen maßgeblichen Einfluss auf ein anderes Unternehmen ausübt, sofern es 20 % oder mehr der Stimmrechte der Aktionäre oder Gesellschafter dieses anderen Unternehmens besitzt;

14. „Investmentunternehmen"

a) Unternehmen, deren einziger Zweck darin besteht, ihre Mittel in Wertpapieren oder Immobilien verschiedener Art oder in anderen Werten anzulegen mit dem einzigen Ziel, das Risiko der Investitionen zu verteilen und ihre Aktionäre oder Gesellschafter an dem Gewinn aus der Verwaltung ihres Vermögens zu beteiligen;

b) Unternehmen, die mit Investmentunternehmen verbunden sind, die ein festes Kapital haben, sofern der einzige Zweck dieser verbundenen Unternehmen darin besteht, voll eingezahlte Anteile, die von diesen Investmentunternehmen ausgegeben worden sind, zu erwerben, unbeschadet des Artikels 22 Absatz 1 Buchstabe h der Richtlinie 2012/30/EU;

▼B

15. „Beteiligungsgesellschaft" Unternehmen, deren einziger Zweck darin besteht, Beteiligungen an anderen Unternehmen zu erwerben sowie die Verwaltung und Verwertung dieser Beteiligungen wahrzunehmen, ohne dass sie unmittelbar oder mittelbar in die Verwaltung dieser Unternehmen eingreifen, unbeschadet der Rechte, die ihnen in ihrer Eigenschaft als Aktionäre oder Gesellschafter zustehen.

16. „wesentlich" den Status von Informationen, wenn vernünftigerweise zu erwarten ist, dass ihre Auslassung oder fehlerhafte Angabe Entscheidungen beeinflusst, die Nutzer auf der Grundlage des Abschlusses des Unternehmens treffen. Die Wesentlichkeit einzelner Posten wird im Zusammenhang mit anderen ähnlichen Posten bewertet;

Artikel 3

Kategorien von Unternehmen und Gruppen

(1) Mitgliedstaaten, die von einer oder mehreren der Möglichkeiten in Artikel 36 Gebrauch machen, definieren Kleinstunternehmen als Unternehmen, die am Bilanzstichtag die Grenzen von mindestens zwei der drei folgenden Größenmerkmale nicht überschreiten:

a) Bilanzsumme: 350 000 EUR;

b) Nettoumsatzerlöse: 700 000 EUR;

c) durchschnittliche Zahl der während des Geschäftsjahres Beschäftigten: 10.

(2) Kleine Unternehmer sind Unternehmen, die am Bilanzstichtag die Grenzen von mindestens zwei der drei folgenden Größenmerkmale nicht überschreiten:

a) Bilanzsumme: 4 000 000 EUR;

b) Nettoumsatzerlöse: 8 000 000 EUR;

c) durchschnittliche Zahl der während des Geschäftsjahres Beschäftigten: 50.

Die Mitgliedstaaten können Schwellenwerte festlegen, die über die Schwellenwerte in Unterabsatz 1 Buchstaben a und b hinausgehen. Diese Schwellenwerte dürfen jedoch 6 000 000 EUR für die Bilanzsumme und 12 000 000 EUR für die Nettoumsatzerlöse nicht überschreiten.

(3) Mittlere Unternehmen sind Unternehmen, bei denen es sich nicht um Kleinstunternehmen oder kleine Unternehmen handelt und die am Bilanzstichtag die Grenzen von mindestens zwei der drei folgenden Größenmerkmale nicht überschreiten:

a) Bilanzsumme: 20 000 000 EUR;

b) Nettoumsatzerlöse: 40 000 000 EUR;

c) durchschnittliche Zahl der während des Geschäftsjahres Beschäftigten: 250.

(4) Große Unternehmen sind Unternehmen, die am Bilanzstichtag mindestens zwei der drei folgenden Größenmerkmale überschreiten:

2013L0034 — DE — 11.12.2014 — 002.001 — 19

▼ B

a) Bilanzsumme: 20 000 000 EUR;

b) Nettoumsatzerlöse: 40 000 000 EUR;

c) durchschnittliche Zahl der während des Geschäftsjahres Beschäftigten: 250.

(5)   Kleine Gruppen sind Gruppen, die aus Mutter- und Tochterunternehmen bestehen, welche in eine Konsolidierung einzubeziehen sind, und die auf konsolidierter Basis am Bilanzstichtag des Mutterunternehmens die Grenzen von mindestens zwei der drei folgenden Größenmerkmale nicht überschreiten:

a) Bilanzsumme: 4 000 000 EUR;

b) Nettoumsatzerlöse: 8 000 000 EUR;

c) durchschnittliche Zahl der während des Geschäftsjahres Beschäftigten: 50.

Die Mitgliedstaaten können Schwellenwerte festlegen, die über die Schwellenwerte in Unterabsatz 1 Buchstaben a und b hinausgehen. Diese Schwellenwerte dürfen jedoch 6 000 000 EUR für die Bilanzsumme und 12 000 000 EUR für die Nettoumsatzerlöse nicht überschreiten.

(6)   Mittlere Gruppen sind Gruppen, die keine kleinen Gruppen sind und die aus Mutter- und Tochterunternehmen bestehen, welche in eine Konsolidierung einzubeziehen sind, und die auf konsolidierter Basis am Bilanzstichtag des Mutterunternehmens die Grenzen von mindestens zwei der drei folgenden Größenmerkmale nicht überschreiten:

a) Bilanzsumme: 20 000 000 EUR;

b) Nettoumsatzerlöse: 40 000 000 EUR;

c) durchschnittliche Zahl der während des Geschäftsjahres Beschäftigten: 250.

(7)   Große Gruppen sind Gruppen, die aus Mutter- und Tochterunternehmen bestehen, welche in eine Konsolidierung einzubeziehen sind, und die auf konsolidierter Basis am Bilanzstichtag des Mutterunternehmens die Grenzen von mindestens zwei der drei folgenden Größenmerkmale überschreiten:

a) Bilanzsumme: 20 000 000 EUR;

b) Nettoumsatzerlöse: 40 000 000 EUR;

c) durchschnittliche Zahl der während des Geschäftsjahres Beschäftigten: 250.

(8)   Die Mitgliedstaaten gestatten, dass bei der Berechnung der in den Absätzen 5 bis 7 genannten Größenmerkmale weder die Verrechnung nach Artikel 24 Absatz 3 vorgenommen wird noch infolge der Anwendung des Artikels 24 Absatz 7 Posten herausgenommen werden. In diesen Fällen werden die Größenmerkmale in Bezug auf die Bilanzsumme und die Nettoumsatzerlöse um 20 % erhöht.

(9)   Für jene Mitgliedstaaten, die den Euro nicht eingeführt haben, wird der Betrag in nationaler Währung, der an in den Absätzen 1 bis 7 genannten Beträgen gleichwertig ist, durch die Anwendung des Umrechnungskurses ermittelt, der gemäß der Veröffentlichung im *Amtsblatt der Europäischen Union* am Tag des Inkrafttretens einer Richtlinie gilt, die diese Beträge festsetzt.

▼B

Bei der Umrechnung in die nationalen Währungen der Mitgliedstaaten, die den Euro nicht eingeführt haben, dürfen die in den Absätzen 1, 3,4,6 und 7 in Euro genannten Beträge um höchstens 5 % erhöht oder vermindert werden, so dass sich abgerundete Beträge in den nationalen Währungen ergeben.

(10)   Überschreitet ein Unternehmen oder eine Gruppe zum Bilanzstichtag die Grenzen von zwei der drei in den Absätzen 1 bis 7 genannten Größenmerkmale oder überschreitet es diese nicht mehr, so wirken sich diese Umstände auf die Anwendung der in dieser Richtlinie vorgesehenen Ausnahmen nur dann aus, wenn sie während zwei aufeinanderfolgenden Geschäftsjahren fortbestanden haben.

(11)   Die Bilanzsumme im Sinne der Absätze 1 bis 7 setzt sich bei der Gliederung in Anhang III aus dem Gesamtwert der Posten A bis E unter „Aktiva" oder bei der Gliederung in Anhang IV aus dem Gesamtwert der Posten A bis E zusammen.

(12)   Bei der Berechnung der Schwellenwerte in den Absätzen 1 bis 7 können die Mitgliedstaaten für Unternehmen, für die das Konzept der „Nettoumsatzerlöse" nicht einschlägig ist, die Einbeziehung von Einkommen aus anderen Quellen vorschreiben. Die Mitgliedstaaten können Mutterunternehmen vorschreiben, ihre Schwellenwerte auf konsolidierter statt auf individueller Basis zu berechnen. Die Mitgliedstaaten können zudem verbundenen Unternehmen vorschreiben, ihre Schwellenwerte auf konsolidierter oder aggregierter Basis zu berechnen, wenn diese Unternehmen ausschließlich zur Vermeidung der Berichterstattung über bestimmte Informationen gegründet worden sind.

(13)   Um eine inflationsbedingte Bereinigung vorzunehmen, überprüft die Kommission mindestens alle fünf Jahre die in den Absätzen 1 bis 7 dieses Artikels genannten Schwellenwerte unter Berücksichtigung der im *Amtsblatt der Europäischen Union* veröffentlichten Inflationsmaßnahmen und ändert sie gegebenenfalls mittels delegierter Rechtsakte im Einklang mit Artikel 49.

KAPITEL 2

ALLGEMEINE BESTIMMUNGEN UND GRUNDSÄTZE

Artikel 4

Allgemeine Bestimmungen

(1)   Der Jahresabschluss ist als eine Einheit anzusehen und enthält für Unternehmen zumindest die Bilanz, die Gewinn- und Verlustrechnung und den Anhang.

Die Mitgliedstaaten können Unternehmen, bei denen es sich nicht um kleine Unternehmen handelt, vorschreiben, dass der Jahresabschluss zusätzlich zu den in Unterabsatz 1 genannten Unterlagen weitere Bestandteile umfasst.

(2)   Der Jahresabschluss ist klar und übersichtlich aufzustellen; er hat dieser Richtlinie zu entsprechen.

▼B

(3)   Der Jahresabschluss hat ein den tatsächlichen Verhältnissen entsprechendes Bild der Vermögens-, Finanz- und Ertragslage des Unternehmens zu vermitteln. Reicht die Anwendung dieser Richtlinie nicht aus, um ein den tatsächlichen Verhältnissen entsprechendes Bild der Vermögens-, Finanz- und Ertragslage des Unternehmens zu vermitteln, so sind im Anhang zum Abschluss alle zusätzlichen Angaben zu machen, die erforderlich sind, um dieser Anforderung nachzukommen.

(4)   Ist in Ausnahmefällen die Anwendung einer Bestimmung dieser Richtlinie mit der Anforderung nach Absatz 3 unvereinbar, so wird die betreffende Bestimmung nicht angewandt, um sicherzustellen, dass ein den tatsächlichen Verhältnissen entsprechendes Bild der Vermögens-, Finanz- und Ertragslage des Unternehmens vermittelt wird. Die Nichtanwendung einer Bestimmung ist im Anhang anzugeben und zu begründen und ihr Einfluss auf die Vermögens-, Finanz- und Ertragslage des Unternehmens darzulegen.

Die Mitgliedstaaten können die Ausnahmefälle festlegen und die entsprechenden Ausnahmeregelungen vorgeben, die in diesen Fällen zur Anwendung kommen.

(5)   Die Mitgliedstaaten können Unternehmen, die keine kleinen Unternehmen sind, vorschreiben, dass sie in ihrem Jahresabschluss Angaben zu machen haben, die über die gemäß dieser Richtlinie geforderten hinausgehen.

(6)   Abweichend von Absatz 5 können die Mitgliedstaaten vorschreiben, dass kleine Unternehmen Informationen erstellen, im Abschluss angeben und offenlegen, die über die Anforderungen dieser Richtlinie hinausgehen, sofern diese Angaben im Rahmen eines einheitlichen Einreichungssystems erfasst werden und die Angabepflicht im nationalen Steuerrecht ausschließlich für Zwecke der Steuererhebung vorgesehen ist. Die nach diesem Absatz geforderten Angaben werden in den betreffenden Teil des Abschlusses aufgenommen.

(7)   Bei der Umsetzung dieser Richtlinie und wenn neue Anforderungen im Einklang mit Absatz 6 in den einzelstaatlichen Rechtsvorschriften festgelegt werden, unterrichten die Mitgliedstaaten die Kommission über die im Einklang mit Absatz 6 geforderten zusätzlichen Angaben.

(8)   Mitgliedstaaten, die für die Einreichung und Offenlegung der Jahresabschlüsse elektronische Lösungen nutzen, stellen sicher, dass kleine Unternehmen nicht verpflichtet sind, die zusätzlichen nach Absatz 6 aufgrund des nationalen Steuerrechts geforderten Angaben gemäß Kapitel 7 zu veröffentlichen.

Artikel 5

Allgemeine Angaben

In dem Dokument, das den Abschluss enthält, sind der Name des Unternehmens und die nach Artikel 5 Buchstaben a und b der Richtlinie 2009/101/EG vorgeschriebenen Informationen anzugeben.

▼B

Artikel 6

Allgemeine Grundsätze für die Rechnungslegung

(1)   Die im Jahresabschluss und im konsolidierten Abschluss ausgewiesenen Posten werden gemäß folgenden allgemeinen Grundsätzen angesetzt und bewertet:

a) Es wird eine Fortsetzung der Unternehmenstätigkeit unterstellt.

b) Rechnungslegungsmethoden und Bewertungsgrundlagen sind von einem Geschäftsjahr zum nächsten stetig anzuwenden.

c) Bei Ansatz und Bewertung ist der Grundsatz der Vorsicht in jedem Fall zu beachten; das bedeutet insbesondere:

   i) Nur die am Bilanzstichtag realisierten Gewinne werden ausgewiesen.

   ii) Es müssen alle Risiken berücksichtigt werden, die im Laufe des betreffenden Geschäftsjahres oder eines früheren Geschäftsjahres entstanden sind, selbst wenn diese Risiken erst zwischen dem Bilanzstichtag und dem Tag der Aufstellung der Bilanz bekannt geworden sind.

   iii) Wertminderungen sind unabhängig davon zu berücksichtigen, ob das Geschäftsjahr mit einem Gewinn oder einem Verlust abschließt.

d) In der Bilanz und in der Gewinn- und Verlustrechnung angesetzte Beträge werden nach dem Prinzip der Periodenabgrenzung berechnet.

e) Die Eröffnungsbilanz eines Geschäftsjahres muss mit der Schlussbilanz des vorhergehenden Geschäftsjahres übereinstimmen.

f) Die in den Aktiv- und Passivposten enthaltenen Vermögensgegenstände und Schulden sind einzeln zu bewerten.

g) Eine Verrechnung zwischen Aktiv- und Passivposten sowie zwischen Aufwands- und Ertragsposten ist unzulässig.

h) Posten der Gewinn- und Verlustrechnung sowie der Bilanz werden unter Berücksichtigung des wirtschaftlichen Gehalts des betreffenden Geschäftsvorfalls oder der betreffenden Vereinbarung bilanziert und dargestellt.

i) Posten im Abschluss werden gemäß dem Anschaffungs- oder dem Herstellungskostenprinzip bewertet.

j) Die Anforderungen in dieser Richtlinie in Bezug auf Ansatz, Bewertung, Darstellung, Offenlegung und Konsolidierung müssen nicht erfüllt werden, wenn die Wirkung ihrer Einhaltung unwesentlich ist.

(2)   Ungeachtet von Absatz 1 Buchstabe g können die Mitgliedstaaten Unternehmen in besonderen Fällen eine Verrechnung zwischen Aktiv- und Passivposten sowie zwischen Aufwands- und Ertragsposten gestatten oder vorschreiben, sofern die verrechneten Beträge im Anhang zum Abschluss als Bruttobeträge angegeben sind.

▼__B__

(3)   Die Mitgliedstaaten können Unternehmen von den Anforderungen des Absatzes 1 Buchstabe h ausnehmen.

(4)   Die Mitgliedstaaten können den Anwendungsbereich von Absatz 1 Buchstabe j auf Darstellung und Offenlegung begrenzen.

(5)   Zusätzlich zu den nach Absatz 1 Buchstabe c Ziffer ii angesetzten Beträgen können die Mitgliedstaaten gestatten oder vorschreiben, dass alle voraussehbaren Verbindlichkeiten und potenziellen Verluste angesetzt werden, die im Laufe des betreffenden Geschäftsjahres oder eines früheren Geschäftsjahres entstanden sind, selbst wenn diese Verbindlichkeiten oder Verluste erst zwischen dem Bilanzstichtag und dem Tag der Aufstellung der Bilanz bekannt geworden sind.

Artikel 7

Alternative   Bewertungsgrundlage   für   Anlagevermögen   zu Neubewertungsbeträgen

(1)   Abweichend von Artikel 6 Absatz 1 Buchstabe i können die Mitgliedstaaten für alle Unternehmen oder Unternehmenskategorien die Bewertung des Anlagevermögens zu Neubewertungsbeträgen gestatten oder vorschreiben. Sehen die einzelstaatlichen Rechtsvorschriften eine Bewertung auf Neubewertungsbasis vor, so sind der Inhalt, die Beschränkungen und der Anwendungsbereich festzulegen.

(2)   Findet Absatz 1 Anwendung, ist der Unterschiedsbetrag zwischen der Bewertung zu den Anschaffungs- oder den Herstellungskosten und der Bewertung auf Neubewertungsbasis der Neubewertungsrücklage in der Bilanz unter „Eigenkapital" zuzuführen.

Die Neubewertungsrücklage kann jederzeit ganz oder teilweise aktiviert werden.

Die Neubewertungsrücklage ist zu verringern, soweit die auf diese Rücklage übertragenen Beträge nicht mehr für die Anwendung der Neubewertungsmethode erforderlich sind. Die Mitgliedstaaten können Vorschriften über die Verwendung der Neubewertungsrücklage vorsehen, sofern Übertragungen aus der Neubewertungsrücklage auf die Gewinn- und Verlustrechnung nur insoweit vorgenommen werden dürfen, als die übertragenen Beträge als Aufwand in der Gewinn- und Verlustrechnung verbucht worden sind oder tatsächlich realisierte Wertsteigerungen darstellen. Die Neubewertungsrücklage darf, außer wenn sie einen tatsächlich realisierten Gewinn darstellt, weder unmittelbar noch mittelbar und auch nicht zum Teil ausgeschüttet werden.

Vorbehaltlich der Unterabsätze 2 und 3 dieses Absatzes darf die Neubewertungsrücklage nicht verringert werden.

(3)   Wertberichtigungen sind jedes Jahr auf der Grundlage des neu bewerteten Betrags vorzunehmen. Die Mitgliedstaaten können jedoch in Abweichung von den Artikeln 9 und 13 gestatten oder vorschreiben, dass nur der sich aus den Wertberichtigungen infolge der Bewertung zu den Anschaffungs- oder den Herstellungskosten ergebende Betrag unter den betreffenden Posten in den Gliederungen in den Anhängen V und VI ausgewiesen wird und dass die Differenz, die sich aus der nach diesem Artikel vorgenommenen Neubewertung ergibt, in den Gliederungen gesondert ausgewiesen wird.

▼__B__

Artikel 8

Alternative Bewertungsgrundlage des beizulegenden Zeitwerts

(1)   Abweichend von Artikel 6 Absatz 1 Buchstabe i und vorbehaltlich der Bedingungen dieses Artikels

a) gestatten oder schreiben die Mitgliedstaaten für alle Unternehmen oder einzelne Unternehmenskategorien die Bewertung von Finanzinstrumenten, einschließlich derivativer Finanzinstrumente, zum beizulegenden Zeitwert vor und

b) können die Mitgliedstaaten gestatten oder vorschreiben, dass alle Unternehmen oder einzelne Unternehmenskategorien bestimmte Arten von Vermögensgegenständen, die keine Finanzinstrumenten sind, auf der Grundlage des beizulegenden Zeitwerts bewerten.

Eine solche Genehmigung oder Vorschrift kann auf konsolidierte Abschlüsse beschränkt werden.

(2)   Für die Zwecke dieser Richtlinie gelten Warenkontrakte, bei denen jede der Vertragsparteien zur Abgeltung in bar oder durch ein anderes Finanzinstrument berechtigt ist, als derivative Finanzinstrumente, es sei denn, diese Kontrakte

a) wurden geschlossen, um zum Zeitpunkt ihres Abschlusses und in der Folge den für den Kauf, Verkauf oder die eigene Verwendung erwarteten Bedarf des Unternehmens abzusichern, und dienen weiterhin dazu;

b) waren von Anfang an als Warenkontrakte konzipiert und

c) gelten mit der Lieferung der Ware als abgegolten.

(3)   Absatz 1 Buchstabe a gilt nur für folgende Verbindlichkeiten:

a) als Teil eines Handelsbestands gehaltene Verbindlichkeiten und

b) derivative Finanzinstrumente

(4)   Die Bewertung gemäß Absatz 1 Buchstabe a wird nicht angewandt auf:

a) bis zur Fälligkeit gehaltene nicht derivative Finanzinstrumente;

b) vom Unternehmen vergebene Darlehen und von ihm begründete Forderungen, die nicht für Handelszwecke gehalten werden, und

c) Anteile an Tochterunternehmen, assoziierten Unternehmen und Gemeinschaftsunternehmen, vom Unternehmen ausgegebene Eigenkapitalinstrumente, Verträge über eventuelle Gegenleistungen bei einem Unternehmenszusammenschluss sowie andere Finanzinstrumente, die solch spezifische Merkmale aufweisen, dass sie nach gängiger Auffassung bilanzmäßig in anderer Form als andere Finanzinstrumente erfasst werden sollten.

▼B

(5)   Abweichend von Artikel 6 Absatz 1 Buchstabe i können die Mitgliedstaaten gestatten, dass Aktiv- oder Passivposten, die im Rahmen der Bilanzierung zum beizulegenden Zeitwert von Sicherungsgeschäften als gesichertes Grundgeschäft gelten, oder ein bestimmter Anteil an solchen Aktiv- oder Passivposten mit dem nach diesem System vorgeschriebenen spezifischen Wert angesetzt werden.

(6)   Abweichend von den Absätzen 3 und 4 können die Mitgliedstaaten den Ansatz, die Bewertung und die Offenlegung von Finanzinstrumenten im Einklang mit den gemäß der Verordnung (EG) Nr. 1606/2002 übernommenen internationalen Rechnungslegungsstandards gestatten oder vorschreiben.

(7)   Der beizulegende Zeitwert im Sinne dieses Artikels ermittelt sich unter Zugrundelegung eines der folgenden Werte:

a) Im Fall von Finanzinstrumenten, für die sich ein verlässlicher Markt ohne weiteres ermitteln lässt, entspricht er dem Marktwert. Lässt sich der Marktwert für das Finanzinstrument als Ganzes nicht ohne weiteres bestimmen, wohl aber für seine einzelnen Bestandteile oder für ein gleichartiges Finanzinstrument, so kann der Marktwert des Instruments aus den jeweiligen Marktwerten seiner Bestandteile oder dem Marktwert des gleichartigen Finanzinstruments abgeleitet werden.

b) Im Fall der Finanzinstrumente, für die sich ein verlässlicher Markt nicht ohne weiteres ermitteln lässt, wird der Wert mit Hilfe allgemein anerkannter Bewertungsmodelle und -methoden bestimmt, sofern diese Modelle und Methoden eine angemessene Annäherung an den Marktwert gewährleisten.

Finanzinstrumente, die sich nach keiner der unter Unterabsatz 1 Buchstabe a und b beschriebenen Methoden verlässlich bewerten lassen, werden zu den Anschaffungs- oder den Herstellungskosten bewertet, soweit eine Bewertung auf dieser Grundlage möglich ist.

(8)   Wird ein Finanzinstrument zum beizulegenden Zeitwert bewertet, so ist ungeachtet des Artikels 6 Absatz 1 Buchstabe c eine Wertänderung in der Gewinn- und Verlustrechnung auszuweisen, ausgenommen in folgenden Fällen, in denen die Wertänderung direkt in einer Zeitwert-Rücklage zu erfassen ist:

a) Das Finanzinstrument stellt ein Sicherungsinstrument dar und wird im Rahmen einer Bilanzierung von Sicherungsgeschäften erfasst, bei der eine Wertänderung nicht oder nur teilweise in der Gewinn- und Verlustrechnung ausgewiesen wird, oder

b) die Wertänderung ist auf eine Wechselkursdifferenz zurückzuführen, von der ein monetärer Posten betroffen ist, der Teil der Nettobeteiligung eines Unternehmens an einer wirtschaftlich selbstständigen ausländischen Teileinheit ist.

Die Mitgliedstaaten können gestatten oder vorschreiben, dass eine Wertänderung einer zur Veräußerung verfügbaren Finanzanlage, die kein derivatives Finanzinstrument ist, direkt in einer Zeitwert-Rücklage erfasst wird. Die Zeitwert-Rücklage ist anzupassen, wenn die darin ausgewiesenen Beträge nicht mehr für die Anwendung des Unterabsatzes 1 Buchstaben a und b erforderlich sind.

Anhang I

2013L0034 — DE — 11.12.2014 — 002.001 — 26

▼B

(9) Ungeachtet Artikel 6 Absatz 1 Buchstabe c können die Mitgliedstaaten gestatten oder vorschreiben, dass alle Unternehmen oder einzelne Unternehmenskategorien im Fall der Bewertung von Vermögensgegenständen, die keine Finanzinstrumente sind, zum beizulegenden Zeitwert eine Wertänderung in der Gewinn- und Verlustrechnung ausweisen.

KAPITEL 3

BILANZ UND GEWINN- UND VERLUSTRECHNUNG

Artikel 9

Allgemeine Vorschriften für die Bilanz und die Gewinn- und Verlustrechnung

(1)   Bei der Gliederung aufeinanderfolgender Bilanzen und Gewinn- und Verlustrechnungen ist Stetigkeit zu wahren. Abweichungen von diesem Grundsatz sind jedoch in Ausnahmefällen zulässig, um sicherzustellen, dass ein den tatsächlichen Verhältnissen entsprechendes Bild der Vermögens-, Finanz- und Ertragslage des Unternehmens vermittelt wird. Diese Abweichungen und die Gründe dafür sind im Anhang anzugeben.

(2)   In der Bilanz sowie in der Gewinn- und Verlustrechnung sind die in den Anhängen III bis VI genannten Posten, einzeln und in der angegebenen Reihenfolge auszuweisen. Die Mitgliedstaaten gestatten eine weitere Untergliederung dieser Posten, sofern die Gliederung der Schemata beachtet wird. Die Mitgliedstaaten gestatten das Hinzufügen neuer Zwischensummen und neuer Posten, soweit ihr Inhalt nicht von einem der in den Schemata vorgesehenen Posten abgedeckt wird. Die Mitgliedstaaten können eine solche weitere Untergliederung oder die Hinzufügung von Zwischensummen oder neuen Posten vorschreiben.

(3)   Die Gliederung, Nomenklatur und Terminologie bei mit arabischen Zahlen versehenen Posten der Bilanz und der Gewinn- und Verlustrechung wird angepasst, wenn dies aufgrund der Besonderheit des Unternehmens erforderlich ist. Die Mitgliedstaaten können solche Anpassungen für Unternehmen fordern, die in einem bestimmten Wirtschaftszweig tätig sind.

Die Mitgliedstaaten können gestatten oder verlangen, dass die mit arabischen Zahlen versehenen Posten der Bilanz und der Gewinn- und Verlustrechnung zusammengefasst ausgewiesen werden, wenn sie in Bezug auf die Zielsetzung ein den tatsächlichen Verhältnissen entsprechendes Bild der Vermögens-, Finanz- und Ertragslage des Unternehmens zu vermitteln einen unwesentlichen Betrag darstellen oder wenn dadurch die Klarheit vergrößert wird; die zusammengefassten Posten müssen jedoch gesondert im Anhang ausgewiesen werden.

(4)   Abweichend von Absatz 2 und 3 dieses Artikels können die Mitgliedstaaten die Möglichkeiten des Unternehmens, von den in den Anhängen III bis VI festgelegten Gliederungen abzuweichen, soweit einschränken, wie dies für eine elektronische Hinterlegung der Abschlüsse erforderlich ist.

(5)   In der Bilanz sowie in der Gewinn- und Verlustrechnung wird zu jedem Posten die Zahl für das Geschäftsjahr, auf das sich die Bilanz und die Gewinn- und Verlustrechnung beziehen, und die entsprechende Zahl des vorhergehenden Geschäftsjahres angegeben. Die Mitgliedstaaten können vorschreiben, dass die Zahl des vorhergehenden Geschäftsjahres anzupassen ist, wenn diese Zahlen nicht vergleichbar sind. Besteht diese Vergleichbarkeit nicht und werden die Zahlen gegebenenfalls angepasst, so ist dies im Anhang anzugeben und zu erläutern.

▼B

(6)   Die Mitgliedstaaten können gestatten oder vorschreiben, dass die Gliederung der Bilanz und der Gewinn- und Verlustrechnung für den Ausweis der Verwendung der Ergebnisse angepasst werden kann.

(7)   In Bezug auf die Behandlung von Beteiligungen in Jahresabschlüssen gilt Folgendes:

a) Die Mitgliedstaaten können gestatten oder vorschreiben, dass Beteiligungen unter Zugrundelegung der Equity-Methode gemäß Artikel 27 bilanziert werden, wobei den wesentlichen Anpassungen Rechnung zu tragen ist, die sich aus den Besonderheiten des Jahresabschlusses im Vergleich zum konsolidierten Abschluss ergeben;

b) die Mitgliedstaaten können gestatten oder vorschreiben, dass der auf Beteiligungen entfallende Teil des Ergebnisses in der Gewinn- und Verlustrechnung nur ausgewiesen wird, soweit er Dividenden entspricht, die bereits eingegangen sind oder auf deren Zahlung ein Anspruch besteht; und

c) übersteigt der auf die Beteiligung entfallende Teil des Ergebnisses in der Gewinn- und Verlustrechnung die Beträge, die als Dividenden bereits eingegangen sind oder auf deren Zahlung ein Anspruch besteht, so ist der Unterschied in eine Rücklage einzustellen, die nicht an die Aktionäre ausgeschüttet werden darf.

Artikel 10

Aufstellung der Bilanz

Für die Aufstellung der Bilanz schreiben die Mitgliedstaaten eine oder beide der in den Anhängen III und IV festgelegten Gliederungen vor. Schreibt ein Mitgliedstaat beide Gliederungen vor, so gestattet er es den Unternehmen, sich für eine der beiden Gliederungen zu entscheiden.

Artikel 11

Alternative Darstellung der Bilanz

Die Mitgliedstaaten können Unternehmen oder bestimmten Unternehmenskategorien gestatten oder vorschreiben, bei der Gliederung anders als in den Anhängen III und IV festgelegt zwischen kurz- und langfristigen Posten zu unterscheiden, sofern der vermittelte Informationsgehalt dem nach den Anhängen III und IV abzubildenden mindestens gleichwertig ist.

Artikel 12

Besondere Vorschriften zu einzelnen Posten der Bilanz

(1)   Fällt ein Vermögensgegenstand auf der Aktiv- oder Passivseite unter mehrere Posten des Gliederungsschemas, so ist die Mitzugehörigkeit zu den anderen Posten bei dem Posten, unter dem er ausgewiesen wird, oder im Anhang zu vermerken.

▼**B**

(2)   Eigene Aktien und Anteile sowie Anteile an verbundenen Unternehmen werden nur unter den dafür vorgesehenen Posten ausgewiesen.

(3)   Für die Zuordnung der Vermögensgegenstände zum Anlage- oder Umlaufvermögen ist ihre Zweckbestimmung maßgebend.

(4)   Unter dem Posten „Grundstücke und Bauten" sind Rechte an Grundstücken sowie grundstücksgleiche Rechte auszuweisen, wie sie die einzelstaatlichen Rechtsvorschriften festlegen.

(5)   Bei den Gegenständen des Anlagevermögens, deren wirtschaftliche Nutzung zeitlich begrenzt ist werden die Anschaffungs- oder Herstellungskosten oder, sofern Artikel 7 Absatz 1 Anwendung findet, der Neubewertungsbetrag um Wertberichtigungen vermindert, die so berechnet sind, dass der Wert des Vermögensgegenstandes während dieser Nutzungszeit planmäßig zur Abschreibung gelangt.

(6)   Für Wertberichtigungen bei Gegenständen des Anlagevermögens müssen folgende Voraussetzungen erfüllt sein:

a) Die Mitgliedstaaten können gestatten oder vorschreiben, dass Wertberichtigungen bei Finanzanlagen vorgenommen werden, um sie mit dem niedrigeren Wert anzusetzen, der ihnen am Bilanzstichtag beizulegen ist.

b) Bei einem Gegenstand des Anlagevermögens sind ohne Rücksicht darauf, ob seine Nutzung zeitlich begrenzt ist, Wertberichtigungen vorzunehmen, um ihn mit dem niedrigeren Wert anzusetzen, der ihm am Bilanzstichtag beizulegen ist, wenn es sich voraussichtlich um eine dauernde Wertminderung handelt.

c) Die unter den Buchstaben a und b genannten Wertberichtigungen sind in der Gewinn- und Verlustrechnung aufzuführen und gesondert im Anhang anzugeben, wenn sie nicht gesondert in der Gewinn- und Verlustrechnung ausgewiesen sind.

d) Der niedrigere Wertansatz nach den Buchstaben a und b darf nicht beibehalten werden, wenn die Gründe der Wertberichtigungen nicht mehr bestehen; diese Bestimmung gilt nicht bei Wertberichtigungen in Bezug auf den Geschäfts- oder Firmenwert.

(7)   Bei Gegenständen des Umlaufvermögens sind Wertberichtigungen vorzunehmen, um diese Gegenstände mit dem niedrigeren Marktpreis oder in Sonderfällen mit einem anderen niedrigeren Wert anzusetzen, der ihnen am Bilanzstichtag beizulegen ist.

Der niedrigere Wertansatz im Sinne von Unterabsatz 1 darf nicht beibehalten werden, wenn die Gründe der Wertberichtigungen nicht mehr bestehen.

(8)   Die Mitgliedstaaten können gestatten oder vorschreiben, dass Zinsen für Fremdkapital, das zur Finanzierung der Herstellung von Gegenständen des Anlage- oder des Umlaufvermögens gebraucht wird, in die Herstellungskosten einbezogen werden, sofern sie auf den Zeitraum der Herstellung entfallen. Die Anwendung dieser Bestimmung ist im Anhang zu erwähnen.

▼__B__

(9)   Die Mitgliedstaaten können zulassen, dass die Anschaffungs-
oder Herstellungskosten gleichartiger Gegenstände des Vorratsvermögens sowie alle beweglichen Vermögensgegenstände einschließlich
der Wertpapiere nach den gewogenen Durchschnittswerten oder aufgrund des „First in — First out (FIFO)"- oder „Last in — First out
(LIFO)"-Verfahrens oder eines Verfahrens, das allgemein anerkannten
bewährten Verfahren entspricht, berechnet werden.

(10)   Ist der Rückzahlungsbetrag von Verbindlichkeiten höher als der
erhaltene Betrag, so können die Mitgliedstaaten gestatten oder vorschreiben, dass der Unterschiedsbetrag aktiviert wird. Er ist gesondert
in der Bilanz oder im Anhang auszuweisen. Dieser Betrag ist jährlich
mit einem angemessenen Betrag und spätestens bis zum Zeitpunkt der
Rückzahlung der Verbindlichkeiten abzuschreiben.

(11)   Immaterielle Anlagewerte werden während ihrer Nutzungsdauer
des jeweiligen immateriellen Anlagewerts abgeschrieben.

In Ausnahmefällen, in denen die Nutzungsdauer des Geschäfts- oder
Firmenwerts oder von Entwicklungskosten nicht verlässlich geschätzt
werden kann, werden diese Werte innerhalb eines von dem Mitgliedstaat festzusetzenden höchstzulässigen Zeitraums abgeschrieben. Die
Dauer dieses höchstzulässigen Zeitraums beträgt nicht weniger als
fünf und nicht mehr als zehn Jahre. Im Anhang wird der Zeitraum
erläutert, über den der Geschäfts- oder Firmenwert abgeschrieben wird.

Soweit die einzelstaatlichen Rechtsvorschriften eine Aktivierung der
Entwicklungskosten gestatten und diese Entwicklungskosten nicht vollständig abgeschrieben sind, schreiben die Mitgliedstaaten vor, dass
keine Ausschüttung von Gewinnen stattfindet, es sei denn, dass die
dafür verfügbaren Rücklagen und der Gewinnvortrag mindestens so
hoch wie der nicht abgeschriebene Teil dieser Aufwendungen sind.

Soweit die einzelstaatlichen Rechtsvorschriften eine Aktivierung der
Aufwendungen für die Errichtung und Erweiterung des Unternehmens
gestatten, müssen sie spätestens nach fünf Jahren abgeschrieben sein. In
diesem Fall schreiben die Mitgliedstaaten vor, dass Unterabsatz 3 auf
die Aufwendungen für die Errichtung und Erweiterung des Unternehmens entsprechend Anwendung findet.

Die Mitgliedstaaten können jedoch für Ausnahmefälle Abweichungen
von den Unterabsätzen 3 und 4 gestatten. Diese Abweichungen sind
im Anhang zu erwähnen und hinreichend zu begründen.

(12)   Als Rückstellungen werden ihrem Wesen nach genau umschriebene Verbindlichkeiten ausgewiesen, die am Bilanzstichtag wahrscheinlich oder sicher, aber hinsichtlich ihrer Höhe oder des Zeitpunkts ihres
Eintritts unbestimmt sind.

Die Mitgliedstaaten können außerdem die Bildung von Rückstellungen
für ihrer Eigenart nach genau umschriebene, dem Geschäftsjahr oder
einem früheren Geschäftsjahr zuzuordnende Aufwendungen zulassen,
die am Bilanzstichtag als wahrscheinlich oder sicher, aber hinsichtlich
ihrer Höhe oder dem Zeitpunkt ihres Eintritts unbestimmt sind.

Am Bilanzstichtag stellt eine Rückstellung den besten Schätzwert von
Aufwendungen dar, die wahrscheinlich eintreten werden, bzw. im Falle
einer Verbindlichkeit den Betrag, der zu ihrer Abgeltung erforderlich ist.
Rückstellungen dürfen keine Wertberichtigungen zu Aktivposten darstellen.

▼**B**

Artikel 13

Aufstellung der Gewinn- und Verlustrechnung

(1)   Für die Aufstellung der Gewinn- und Verlustrechnung schreiben die Mitgliedstaaten eine oder beide der in den Anhängen V und VI festgelegten Gliederungen vor. Schreibt ein Mitgliedstaat beide Gliederungen vor, so kann er den Unternehmen die Wahl überlassen, welche der vorgeschriebenen Gliederungen sie nutzen.

(2)   Abweichend von Artikel 4 Absatz 1 können die Mitgliedstaaten allen Unternehmen oder einzelnen Unternehmenskategorien gestatten oder vorschreiben, anstelle der Gliederung der Posten der Gewinn- und Verlustrechnung nach den Anhängen V und VI eine Ergebnisrechnung („statement of performance") aufzustellen, sofern der vermittelte Informationsgehalt dem nach den Anhängen V und VI geforderten mindestens gleichwertig ist.

Artikel 14

Vereinfachungen für kleine und mittlere Unternehmen

(1)   Die Mitgliedstaaten können kleinen Unternehmen gestatten, eine verkürzte Bilanz aufstellen, in die nur die in den Anhängen III und IV mit Buchstaben und römischen Zahlen versehenen Posten aufgenommen werden, wobei folgende Angaben gesondert zu machen sind:

a) die in Anhang III bei dem Posten D.II der Aktiva und dem Posten C der Passiva in Klammern verlangten Angaben, jedoch zusammengefasst für alle betreffenden Posten, oder

b) die in Anhang IV bei dem Posten D.II in Klammern verlangten Angaben.

(2)   Die Mitgliedstaaten können kleinen und mittleren Unternehmen die Aufstellung einer verkürzten Gewinn- und Verlustrechnung unter Beachtung folgender Beschränkungen gestatten:

a) in Anhang V: Zusammenfassung der Posten 1 bis 5 zu einem Posten unter der Bezeichnung „Rohergebnis";

b) in Anhang VI: Zusammenfassung der Posten 1, 2, 3 und 6 zu einem Posten unter der Bezeichnung „Rohergebnis".

KAPITEL 4

ANHANG

Artikel 15

Allgemeine Bestimmungen über den Anhang

Wird der Anhang zur Bilanz und zur Gewinn- und Verlustrechnung im Sinne dieses Kapitels dargestellt, sind die Anhangangaben in der Reihenfolge der Darstellung der Posten in der Bilanz und in der Gewinn- und Verlustrechnung darzustellen.

▼__B__

Artikel 16

Inhalt des für alle Unternehmen geltenden Anhangs

(1)   Die Unternehmen machen im Anhang zusätzlich zu den aufgrund anderer Bestimmungen dieser Richtlinie vorgeschriebenen Angaben folgende Angaben:

a) die angewandten Bewertungsmethoden;

b) bei Bewertung des Anlagevermögens zu neu bewerteten Beträgen eine Aufstellung, aus der

   i) die Bewegungen in der Neubewertungsrücklage im Geschäftsjahr hervorgehen, einschließlich einer Erläuterung der steuerlichen Behandlung der dort aufgelisteten Posten, und

   ii) der Buchwert in der Bilanz hervorgeht, ausgewiesen worden wäre, wenn das Anlagevermögen nicht neu bewertet worden wäre;

c) bei Bewertung von Finanzinstrumenten und/oder anderen Vermögenswerten, die keine Finanzinstrumente sind, zum beizulegenden Zeitwert:

   i) die zentralen Annahmen, die den Bewertungsmodellen und -methoden bei einer Bestimmung des beizulegenden Zeitwerts nach Artikel 8 Absatz 7 Buchstabe b zugrunde gelegt wurden;

   ii) für jede Gruppe von Finanzinstrumenten oder anderen Vermögenswerten, die keine Finanzinstrumente sind, der beizulegende Zeitwert selbst, die direkt in der Gewinn- und Verlustrechnung ausgewiesenen Wertänderungen sowie die in den Zeitwert-Rücklagen erfassten Änderungen;

   iii) für jede Kategorie derivativer Finanzinstrumente Angaben zum Umfang und zur Art der Instrumente, einschließlich der wesentlichen Bedingungen, die Höhe, Zeitpunkt und Sicherheit künftiger Zahlungsströme beeinflussen können, und

   iv) eine Übersicht über die Bewegungen innerhalb der Zeitwert-Rücklagen im Verlauf des Geschäftsjahres;

d) den Gesamtbetrag etwaiger finanzieller Verpflichtungen, Garantien oder Eventualverbindlichkeiten, die nicht Gegenstand der Bilanz sind, sowie Angaben zur Wesensart und Form jeder gewährten dinglichen Sicherheit; etwaige Verpflichtungen betreffend Altersversorgung und Verpflichtungen gegenüber verbundenen oder assoziierten Unternehmen sind gesondert zu vermerken;

e) die Beträge der den Mitgliedern der Verwaltungs- und Geschäftsführungs- oder Aufsichtsorgane gewährten Vorschüsse und Kredite unter Angabe der Zinsen, der wesentlichen Bedingungen und der gegebenenfalls zurückgezahlten oder erlassenen Beträge sowie die Garantieverpflichtungen zugunsten dieser Personen. Diese Angaben sind zusammengefasst für jede dieser Personengruppen zu machen;

f) den Betrag und die Wesensart der einzelnen Ertrags- oder Aufwandsposten von außerordentlicher Größenordnung oder von außerordentlicher Bedeutung;

▼B

g) die Höhe der Verbindlichkeiten des Unternehmens mit einer Restlaufzeit von mehr als fünf Jahren sowie die Höhe aller Verbindlichkeiten des Unternehmens, die dinglich gesichert sind, unter Angabe ihrer Art und Form, und

h) die durchschnittliche Zahl der während des Geschäftsjahres Beschäftigten.

(2)   Die Mitgliedstaaten können im Wege der entsprechenden Anwendung verlangen, dass kleine Unternehmen die in Artikel 17 Absatz 1 Buchstaben a, m, p, q und r verlangten Angaben machen.

Bei der Anwendung von Unterabsatz 1 werden die nach Artikel 17 Absatz 1 Buchstabe p erforderlichen Angaben auf Angaben zu Art und Zweck der unter diesem Buchstaben genannten Geschäfte begrenzt.

Bei der Anwendung von Unterabsatz 1 werden die nach Artikel 17 Absatz 1 Buchstabe r erforderlichen Angaben auf Angaben zu Geschäften mit den genannten Parteien begrenzt, die in Unterabsatz 4 diese Buchstaben genannt sind.

(3)   Die Mitgliedstaaten verlangen von kleinen Unternehmen keine Angaben, die über die in diesem Artikel verlangten oder gestatteten Angaben hinausgehen.

Artikel 17

Zusätzliche Angaben für mittlere und große Unternehmen und Unternehmen von öffentlichem Interesse

(1)   Mittlere und große Unternehmen sowie Unternehmen von öffentlichem Interesse machen im Anhang folgende Angaben zusätzlich zu den nach Artikel 16 und aufgrund anderer Bestimmungen dieser Richtlinie vorgeschriebenen Angaben:

a) für die verschiedenen Posten des Anlagevermögens:

   i) Anschaffungs- oder Herstellungskosten oder, falls eine alternative Bewertungsgrundlage gewählt wurde, den beizulegenden Zeitwert oder den Neubewertungsbetrag zu Beginn und Ende des Geschäftsjahrs;

   ii) Zu- und Abgänge sowie Umbuchungen im Laufe des Geschäftsjahres;

   iii) akkumulierte Wertberichtigungen zu Beginn und Ende des Geschäftsjahres;

   iv) im Laufe des Geschäftsjahres berechnete Wertberichtigungen;

   v) Bewegungen in den akkumulierten Wertberichtigungen im Zusammenhang mit Zu- und Abgängen sowie Umbuchungen im Laufe des Geschäftsjahres und

   vi) den im Laufe des Geschäftsjahrs aktivierten Betrag, wenn Zinsen gemäß Artikel 12 Absatz 8 aktiviert werden;

b) wenn bei einem Gegenstand des Anlage- oder des Umlaufvermögens Wertberichtigungen allein für die Anwendung von Steuervorschriften vorgenommen werden, den Betrag dieser Wertberichtigungen und die Gründe dafür;

▼B

c) bei Bewertung der Finanzinstrumente zu den Anschaffungs- oder Herstellungskosten:

i) für jede Kategorie derivativer Finanzinstrumente:

— den beizulegenden Zeitwert der betreffenden Finanzinstrumente, soweit sich dieser nach einer der Methoden gemäß Artikel 8 Absatz 7 Buchstabe a ermitteln lässt, und

— Angaben über Umfang und Art der Instrumente;

ii) für Finanzanlagen, die mit einem höheren Betrag als ihrem beizulegenden Zeitwert ausgewiesen werden:

— den Buchwert und beizulegenden Zeitwert der einzelnen Vermögensgegenstände oder angemessener Gruppierungen dieser einzelnen Vermögensgegenstände und

— die Gründe für die Nichtherabsetzung des Buchwerts einschließlich der Natur der zugrundeliegenden Erkenntnisse, für die Annahme, dass der Buchwert wieder erreicht wird;

d) die den Mitgliedern von Verwaltungs-, Geschäftsführungs- oder Aufsichtsorganen für ihre Tätigkeit im Geschäftsjahr gewährten Bezüge sowie die gegenüber früheren Mitgliedern der genannten Organe entstandene oder eingegangenen Verpflichtungen betreffend Altersversorgung. Diese Angaben sind zusammengefasst für jede Kategorie dieser Organe zu machen.

Die Mitgliedstaaten können zulassen, dass diese Angaben nicht gemacht werden, wenn sich anhand der Angaben der finanzielle Status eines bestimmten Mitglieds dieser Organe feststellen ließe;

e) die durchschnittliche Zahl der Beschäftigten während des Geschäftsjahres getrennt nach Gruppen, sowie, falls er nicht gesondert in der Gewinn- und Verlustrechnung erscheint, den gesamten in dem Geschäftsjahr entstandenen Personalaufwand, aufgeschlüsselt nach Löhnen und Gehältern, Kosten der sozialen Sicherheit und Kosten der Altersversorgung;

f) wenn latente Steuerschulden in der Bilanz angesetzt werden, die latenten Steuersalden am Ende des Geschäftsjahres und die in den Bilanzen im Laufe des Geschäftsjahres erfolgten Bewegungen dieser Salden;

g) Name und Sitz der Unternehmen, an denen das Unternehmen entweder selbst oder durch eine im eigenen Namen, aber für Rechnung des Unternehmens handelnde Person eine Beteiligung hält, unter Angabe des Anteils am Kapital, der Höhe des Eigenkapitals und des Ergebnisses des letzten Geschäftsjahres, für das das betreffende Unternehmen einen Abschluss festgestellt hat; die Angaben zu Eigenkapital und Ergebnis können unterbleiben, wenn das betreffende Unternehmen seine Bilanz nicht offenlegt und es nicht von dem Unternehmen kontrolliert wird.

Die Mitgliedstaaten können gestatten, dass die Angaben gemäß Unterabsatz 1 dieses Buchstaben in einer Aufstellung gemacht werden, die gemäß Artikel 3 Absätze 1 und 3 der Richtlinie 2009/101/EG eingereicht wird; die Einreichung einer solchen Aufstellung ist im Anhang zu erwähnen. Die Mitgliedstaaten können zudem gestatten,

▼**B**

dass auf die Angaben verzichtet werden kann, soweit sie geeignet sind, einem Unternehmen einen erheblichen Nachteil zuzufügen. Die Mitgliedstaaten können dazu die vorherige Zustimmung einer Verwaltungsbehörde oder eines Gerichts verlangen. Das Weglassen dieser Angaben wird im Anhang erwähnt;

h) Zahl und Nennbetrag oder, wenn ein Nennbetrag nicht vorhanden ist, den rechnerischen Wert der während des Geschäftsjahres im Rahmen des genehmigten Kapitals gezeichneter Aktien, unbeschadet der Bestimmungen des Artikels 2 Buchstabe e der Richtlinie 2009/101/EG und des Artikels 2 Buchstaben c und d der Richtlinie 2012/30/EU über den Betrag dieses Kapitals;

i) sofern es mehrere Gattungen von Aktien gibt, Zahl und Nennbetrag oder, falls ein Nennbetrag nicht vorhanden ist, den rechnerischen Wert für jede von ihnen;

j) Bestehen von Genussscheinen, Wandelschuldverschreibungen, Optionsscheinen, Optionen oder vergleichbaren Wertpapieren oder Rechten, unter Angabe der Zahl und der Rechte, die sie verbriefen;

k) Name, Sitz und Rechtsform der Unternehmen, deren unbeschränkt haftender Gesellschafter das Unternehmen ist;

l) Name und Sitz des Unternehmens, das den konsolidierten Abschluss für den größten Kreis von Unternehmen aufstellt, dem das Unternehmen als Tochterunternehmen angehört;

m) Name und Sitz des Unternehmens, das den konsolidierten Abschluss für den kleinsten Kreis von Unternehmen aufstellt, der auch in den unter Buchstabe l bezeichneten Kreis von Unternehmen einbezogen ist und dem das Unternehmen als Tochterunternehmen angehört;

n) den Ort, wo Kopien des unter den Buchstaben l und m genannten konsolidierten Abschlusses erhältlich sind, es sei denn, dass sie nicht zur Verfügung stehen;

o) den Vorschlag zur Verwendung des Ergebnisses oder gegebenenfalls Verwendung des Ergebnisses;

p) die Art und Zweck der Geschäfte des Unternehmens, die nicht in der Bilanz enthalten sind und ihre finanziellen Auswirkungen auf das Unternehmen, vorausgesetzt, dass die Risiken und Vorteile, die aus solchen Geschäften entstehen, wesentlich sind, und sofern die Offenlegung derartiger Risiken und Vorteile zum Zwecke der Beurteilung der finanzielle Lage des Unternehmens erforderlich ist;

q) die Art und finanzielle Auswirkung wesentlicher Ereignisse nach dem Bilanzstichtag, die weder in der Gewinn- und Verlustrechnung noch in der Bilanz berücksichtigt sind, und

r) Geschäfte des Unternehmens mit nahestehenden Unternehmen und Personen, einschließlich Angaben zu deren Wert, zur Art der Beziehung zu den nahestehenden Unternehmen und Personen sowie weitere Angaben zu den Geschäften, die für die Beurteilung der finanzielle Lage des Unternehmens erforderlich sind. Angaben zu Einzelgeschäften können nach Geschäftsarten zusammengefasst werden, sofern keine getrennten Angaben für die Beurteilung der Auswirkungen von Geschäften mit nahestehenden Unternehmen und Personen auf die finanzielle Lage des Unternehmens benötigt werden.

▼B

Die Mitgliedstaaten können gestatten oder vorschreiben, dass nur Geschäfte mit nahestehenden Unternehmen und Personen, die unter marktunüblichen Bedingungen zustande gekommen sind, angegeben werden.

Die Mitgliedstaaten können Geschäfte zwischen zwei oder mehr Mitgliedern derselben Unternehmensgruppe ausnehmen, sofern die an dem Geschäft beteiligten Tochtergesellschaften hundertprozentige Tochtergesellschaften sind.

Die Mitgliedstaaten können gestatten, dass mittlere Unternehmen die Angaben zu Geschäften mit nahestehenden Unternehmen und Personen auf Geschäfte beschränken, die getätigt wurden mit

i) Eigentümern, die eine Beteiligung an dem Unternehmen halten,

ii) Unternehmen, an denen das Unternehmen selbst eine Beteiligung hält, und

iii) Mitgliedern der Verwaltungs-, Geschäftsführungs- oder Aufsichtsorgane eines Unternehmens.

(2)   Die Mitgliedstaaten sind in den folgenden Fällen nicht gehalten, Absatz 1 Buchstabe g auf ein Unternehmen anzuwenden, das ein unter ihre einzelstaatlichen Rechtsvorschriften fallendes Mutterunternehmen ist:

a) das Unternehmen, an dem das Mutterunternehmen eine Beteiligung für die Zwecke von Absatz 1 Buchstabe g hält, ist in den vom Mutterunternehmen erstellten konsolidierten Abschluss oder in den konsolidierten Abschluss eines größeren Kreises von Unternehmen nach Artikel 23 Absatz 4 einbezogen;

b) diese Beteiligung wird entweder im Jahresabschluss des Mutterunternehmens gemäß Artikel 9 Absatz 7 oder in dem konsolidierten Abschluss des Mutterunternehmens nach Artikel 27 Absätze 1 bis 8 behandelt.

Artikel 18

Zusätzliche Angaben für große Unternehmen und Unternehmen von öffentlichem Interesse

(1)   Große Unternehmen sowie Unternehmen von öffentlichem Interesse machen im Anhang zusätzlich zu den nach den Artikeln 16 und 17 und den anderen Bestimmungen dieser Richtlinie vorgeschriebenen Angaben folgende Angaben:

a) die Aufgliederung der Nettoumsatzerlöse nach Tätigkeitsbereichen sowie nach geografisch bestimmten Märkten, soweit sich – unter Berücksichtigung der Organisation des Verkaufs und der Erbringung von Dienstleistungen – die Tätigkeitsbereiche und geografisch bestimmten Märkte untereinander erheblich unterscheiden, und

b) die Gesamthonorare für das Geschäftsjahr, die von jedem Abschlussprüfer oder jeder Prüfungsgesellschaft für die Prüfung des Jahresabschlusses berechnet wurden, und die von jedem Abschlussprüfer oder jeder Prüfungsgesellschaft berechneten Gesamthonorarsumme für andere Bestätigungsleistungen, die Gesamthonorarsumme für Steuerberatungsleistungen und die Gesamthonorarsumme für sonstige Leistungen.

▼**B**

(2)   Die Mitgliedstaaten können gestatten, dass die Angaben nach Absatz 1 Buchstabe a nicht gemacht zu werden brauchen, soweit sie geeignet sind, dem Unternehmen einen erheblichen Nachteil zuzufügen. Die Mitgliedstaaten können dazu die vorherige Zustimmung einer Verwaltungsbehörde oder eines Gerichts verlangen. Das Unterlassen dieser Angaben ist im Anhang zu erwähnen.

(3)   Die Mitgliedstaaten können festlegen, dass Absatz 1 Buchstabe b nicht auf den Jahresabschluss eines Unternehmens angewandt wird, wenn dieses Unternehmen in den konsolidierten Abschluss einbezogen wird, der gemäß Artikel 22 zu erstellen ist, vorausgesetzt, eine derartige Information ist im Anhang zum konsolidierten Abschluss enthalten.

KAPITEL 5

LAGEBERICHT

Artikel 19

Inhalt des Lageberichts

(1)   Der Lagebericht stellt den Geschäftsverlauf, das Geschäftsergebnis und die Lage des Unternehmens so dar, dass ein den tatsächlichen Verhältnissen entsprechendes Bild entsteht, und beschreibt die wesentlichen Risiken und Ungewissheiten, denen es ausgesetzt ist.

Der Lagebericht besteht in einer ausgewogenen und umfassenden Analyse des Geschäftsverlaufs, des Geschäftsergebnisses und der Lage des Unternehmens, die dem Umfang und der Komplexität der Geschäftstätigkeit angemessen ist.

Soweit dies für das Verständnis des Geschäftsverlaufs, des Geschäftsergebnisses oder der Lage des Unternehmens erforderlich ist, umfasst die Analyse die wichtigsten finanziellen und - soweit angebracht - nichtfinanziellen Leistungsindikatoren, die für die betreffende Geschäftstätigkeit von Bedeutung sind, einschließlich Informationen in Bezug auf Umwelt- und Arbeitnehmerbelange. Im Rahmen der Analyse enthält der Lagebericht – soweit angebracht – auch Hinweise auf im Jahresabschluss ausgewiesene Beträge und zusätzliche Erläuterungen dazu.

(2)   Der Lagebericht enthält außerdem Angaben zu Folgendem:

a) voraussichtliche Entwicklung des Unternehmens;

b) Tätigkeiten im Bereich Forschung und Entwicklung;

c) Informationen nach Artikel 24 Absatz 2 der Richtlinie 2012/30/EU betreffend den Erwerb eigener Aktien;

d) bestehende Zweigniederlassungen des Unternehmens und

e) in Bezug auf die Verwendung von Finanzinstrumenten durch das Unternehmen, sofern dies für die Beurteilung der Vermögens-, Finanz- und Ertragslage von Belang ist:

▼__B__

    i) die Risikomanagementziele und -methoden des Unternehmens, einschließlich seiner Methoden zur Absicherung aller wichtigen Arten geplanter Geschäfte, die im Rahmen der Bilanzierung von Sicherungsgeschäften verbucht werden, und

    ii) die Preisänderungs-, Ausfall-, Liquiditäts- und Cashflowrisiken, denen das Unternehmen ausgesetzt ist.

(3)   Die Mitgliedstaaten können gestatten, dass die kleinen Unternehmen nicht zur Erstellung eines Lageberichts verpflichtet sind, sofern sie vorschreiben, dass die Angaben nach Artikel 24 Absatz 2 der Richtlinie 2012/30/EU betreffend den Erwerb eigener Aktien im Anhang zu machen sind.

(4)   Die Mitgliedstaaten können kleine und mittlere Unternehmen von der Verpflichtung gemäß Absatz 1 Unterabsatz 3 ausnehmen, soweit sie nichtfinanzielle Informationen betrifft.

▼__M1__

Artikel 19a

Nichtfinanzielle Erklärung

►__C1__ (1)   Große Unternehmen, die Unternehmen von öffentlichem Interesse sind und an den Bilanzstichtagen das Kriterium erfüllen, ◄ im Durchschnitt des Geschäftsjahres mehr als 500 Mitarbeiter zu beschäftigen, nehmen in den Lagebericht eine nichtfinanzielle Erklärung auf, die diejenigen Angaben enthält, die für das Verständnis des Geschäftsverlaufs, des Geschäftsergebnisses, der Lage des Unternehmens sowie der Auswirkungen seiner Tätigkeit erforderlich sind und sich mindestens auf Umwelt-, Sozial-, und Arbeitnehmerbelange, auf die Achtung der Menschenrechte und auf die Bekämpfung von Korruption und Bestechung beziehen, einschließlich

a) einer kurzen Beschreibung des Geschäftsmodells des Unternehmens;

b) einer Beschreibung der von dem Unternehmen in Bezug auf diese Belange verfolgten Konzepte, einschließlich der angewandten Due-Diligence-Prozesse;

c) der Ergebnisse dieser Konzepte;

d) der wesentlichen Risiken im Zusammenhang mit diesen Belangen, die mit der Geschäftstätigkeit des Unternehmens — einschließlich, wenn dies relevant und verhältnismäßig ist, seiner Geschäftsbeziehungen, seiner Erzeugnisse oder seiner Dienstleistungen — verknüpft sind und die wahrscheinlich negative Auswirkungen auf diese Bereiche haben werden, sowie der Handhabung dieser Risiken durch das Unternehmen;

e) der wichtigsten nichtfinanziellen Leistungsindikatoren, die für die betreffende Geschäftstätigkeit von Bedeutung sind.

Verfolgt das Unternehmen in Bezug auf einen oder mehrere dieser Belange kein Konzept, enthält die nichtfinanzielle Erklärung eine klare und begründete Erläuterung, warum dies der Fall ist.

▼__M1__

Die in Unterabsatz 1 genannte nichtfinanzielle Erklärung enthält — wenn angebracht — auch Hinweise auf im Jahresabschluss ausgewiesene Beträge und zusätzliche Erläuterungen dazu.

Die Mitgliedstaaten können gestatten, dass Informationen über künftige Entwicklungen oder Belange, über die Verhandlungen geführt werden, in Ausnahmefällen weggelassen werden, wenn eine solche Angabe nach der ordnungsgemäß begründeten Einschätzung der Mitglieder der Verwaltungs-, Leitungs- und Aufsichtsorgane, die im Rahmen der ihnen durch einzelstaatliche Rechtsvorschriften übertragenen Zuständigkeiten handeln und gemeinsam für diese Einschätzung zuständig sind, der Geschäftslage des Unternehmens ernsthaft schaden würde, sofern eine solche Nichtaufnahme ein den tatsächlichen Verhältnissen entsprechendes und ausgewogenes Verständnis des Geschäftsverlaufs, des Geschäftsergebnisses, der Lage des Unternehmens sowie der Auswirkungen seiner Tätigkeit nicht verhindert.

Beim Erlass der Vorschriften zur Angabe der Informationen gemäß Unterabsatz 1 sehen die Mitgliedstaaten vor, dass sich die Unternehmen auf nationale, unionsbasierte oder internationale Rahmenwerke stützen können; wenn sie hiervon Gebrauch machen, haben die Unternehmen anzugeben, auf welche Rahmenwerke sie sich gestützt haben.

(2)   Wenn Unternehmen die Pflicht nach Absatz 1 erfüllen, wird davon ausgegangen, dass sie die Pflicht im Zusammenhang mit der Analyse nichtfinanzieller Informationen nach Artikel 19 Absatz 1 Unterabsatz 3 erfüllt haben.

(3)   Ein Unternehmen, das ein Tochterunternehmen ist, wird von der in Absatz 1 festgelegten Pflicht befreit, wenn dieses Unternehmen und seine Tochterunternehmen in den konsolidierten Lagebericht oder gesonderten Bericht eines anderen Unternehmens einbezogen werden und dieser konsolidierte Lagebericht oder gesonderte Bericht gemäß Artikel 29 und diesem Artikel erstellt wird.

►__C1__ (4)   Erstellt ein Unternehmen für dasselbe Geschäftsjahr einen gesonderten Bericht, können die Mitgliedstaaten unabhängig davon, ob der Bericht sich auf nationale, unionsbasierte oder internationale Rahmenwerke stützt, und sofern der Bericht die in Absatz 1 vorgeschriebenen Informationen der nichtfinanziellen Erklärung umfasst ◄ dieses Unternehmen von der gemäß Absatz 1 festgelegten Pflicht zur Abgabe der nichtfinanziellen Erklärung befreien, sofern dieser gesonderte Bericht

a) zusammen mit dem Lagebericht gemäß Artikel 30 veröffentlicht wird oder

b) innerhalb einer angemessenen Frist, die sechs Monate nach dem Bilanzstichtag nicht überschreiten darf, auf der Website des Unternehmens öffentlich zugänglich gemacht wird und der Lagebericht darauf Bezug nimmt.

Absatz 2 ist entsprechend auf Unternehmen anzuwenden, die einen gesonderten Bericht gemäß Unterabsatz 1 dieses Absatzes vorbereiten.

(5)   Die Mitgliedstaaten stellen sicher, dass der Abschlussprüfer oder die Prüfungsgesellschaft überprüft, ob die nichtfinanzielle Erklärung gemäß Absatz 1 oder der gesonderte Bericht gemäß Absatz 4 vorgelegt wurde.

▼M1

(6)   Die Mitgliedstaaten können vorschreiben, dass die in der nicht-finanziellen Erklärung gemäß Absatz 1 oder dem gesonderten Bericht gemäß Absatz 4 enthaltenen Informationen von einem unabhängigen Erbringer von Bestätigungsleistungen überprüft werden.

▼B

Artikel 20

Erklärung zur Unternehmensführung

(1)   Ein Unternehmen nach Artikel 2 Absatz 1 Buchstabe a nimmt eine Erklärung zur Unternehmensführung in seinen Lagebericht auf. Diese Erklärung bildet einen gesonderten Abschnitt im Lagebericht und enthält zumindest die folgenden Angaben:

a) soweit zutreffend einen Verweis auf:

   i) den Unternehmensführungskodex, dem das Unternehmen unterliegt,

   ii) den Unternehmensführungskodex, den es gegebenenfalls freiwillig anzuwenden beschlossen hat,

   iii) alle relevanten Angaben zu Unternehmensführungspraktiken, die es über die Anforderungen der einzelstaatlichen Rechtsvorschriften hinaus anwendet.

   Wird auf einen Unternehmensführungskodex nach Ziffer i oder ii Bezug genommen, gibt das Unternehmen auch an, wo die entsprechenden Dokumente öffentlich zugänglich sind. Wird auf die Angaben nach Ziffer iii Bezug genommen, macht das Unternehmen Einzelheiten seiner Unternehmensführungspraktiken öffentlich zugänglich;

b) soweit ein Unternehmen im Einklang mit den einzelstaatlichen Rechtsvorschriften von einem Unternehmensführungskodex im Sinne des Buchstabens a Ziffer i oder ii abweicht, eine Erklärung, in welchen Punkten und aus welchen Gründen es von dem Kodex abweicht; hat das Unternehmen beschlossen, nicht auf einen Unternehmensführungskodex im Sinne des Buchstabens a Ziffer i oder ii Bezug zu nehmen, so legt es die Gründe hierfür dar;

c) eine Beschreibung der wichtigsten Merkmale des internen Kontroll- und des Risikomanagementsystems des Unternehmens im Hinblick auf den Rechnungslegungsprozess;

d) die gemäß Artikel 10 Absatz 1 Buchstaben c, d, f, h und i der Richtlinie 2004/25/EG des Europäischen Parlaments und des Rates vom 21. April 2004 betreffend Übernahmeangebote ([1]) geforderten Angaben, sofern das Unternehmen unter diese Richtlinie fällt;

e) eine Beschreibung der Art und Weise der Durchführung der Hauptversammlung und deren wesentliche Befugnisse sowie eine Beschreibung der Aktionärsrechte und der Möglichkeiten ihrer Ausübung, sofern diese Angaben nicht bereits vollständig in den einzelstaatlichen Rechtsvorschriften enthalten sind;

f) die Zusammensetzung und Arbeitsweise der Verwaltungs-, Leitungs- und Aufsichtsorgane und ihrer Ausschüsse, und

---

([1]) ABl. L 142 vom 30.04.2004, S. 12.

▼**M1**

►**C1** g) eine Beschreibung des Diversitätskonzepts, das im Zusammenhang mit den Verwaltungs-, Leitungs- und Aufsichtsorganen des Unternehmens in Bezug auf Aspekte wie beispielsweise Alter, Geschlecht, oder Bildungs- und Berufshintergrund verfolgt wird, ◄ der Ziele dieses Diversitätskonzepts sowie der Art und Weise der Umsetzung dieses Konzepts und der Ergebnisse im Berichtszeitraum. Wird ein derartiges Konzept nicht angewendet, wird in der Erklärung erläutert, warum dies der Fall ist.

▼**B**

(2) Die Mitgliedstaaten können gestatten, dass die Angaben nach Absatz 1 in

a) einem gesonderten Bericht, der gemäß Artikel 30 zusammen mit dem Lagebericht offengelegt wird, oder

b) einem auf den Internetseiten des Unternehmens öffentlich zugänglichen Dokument, auf das im Lagebericht Bezug genommen wird, enthalten sind.

In dem gesonderten Bericht nach Buchstabe a oder in dem Dokument nach Buchstabe b kann auf den Lagebericht verwiesen werden, sofern die nach Absatz 1 Buchstabe d erforderlichen Angaben in dem Lagebericht enthalten sind.

▼**M1**

(3) Der Abschlussprüfer oder die Prüfungsgesellschaft gibt gemäß Artikel 34 Absatz 1 Unterabsatz 2 ein Urteil hinsichtlich der nach Absatz 1 Buchstaben c und d geforderten Angaben ab und überprüft, ob die in Absatz 1 Buchstaben a, b, e, f und g genannten Angaben gemacht wurden.

(4) Die Mitgliedstaaten können Unternehmen nach Absatz 1, die ausschließlich andere Wertpapiere als zum Handel an einem geregelten Markt im Sinne des Artikels 4 Absatz 1 Nummer 14 der Richtlinie 2004/39/EG zugelassene Aktien emittiert haben, von der Anwendung des Absatzes 1 Buchstaben a, b, e, f und g dieses Artikels ausnehmen, es sei denn, dass diese Unternehmen Aktien emittiert haben, die über ein multilaterales Handelssystem im Sinne des Artikels 4 Absatz 1 Nummer 15 der Richtlinie 2004/39/EG gehandelt werden.

(5) Ungeachtet des Artikels 40 gilt Absatz 1 Buchstabe g nicht für kleine und mittlere Unternehmen.

▼**B**

KAPITEL 6

KONSOLIDIERTE ABSCHLÜSSE UND BERICHTE

Artikel 21

Anwendungsbereich für die konsolidierten Abschlüsse und Berichte

Ein Mutterunternehmen und alle seine Tochterunternehmen sind zu konsolidierende Unternehmen im Sinne dieses Kapitels, wenn das Mutterunternehmen ein Unternehmen ist auf das die Koordinierungsmaßnahmen dieser Richtlinie kraft Artikel 1 Absatz 1 Anwendung finden.

▼B

Artikel 22

Pflicht zur Aufstellung konsolidierter Abschlüsse

(1)   Ein Mitgliedstaat schreibt einem seinem Recht unterliegenden Unternehmen vor, einen konsolidierten Abschluss und einen konsolidierten Lagebericht zu erstellen, wenn dieses Unternehmen (Mutterunternehmen):

a) die Mehrheit der Stimmrechte der Aktionäre oder Gesellschafter eines anderen Unternehmens (Tochterunternehmens) hält;

b) das Recht hat, die Mehrheit der Mitglieder des Verwaltungs-, Leitungs- oder Aufsichtsorgans eines anderen Unternehmens (Tochterunternehmens) zu bestellen oder abzuberufen und gleichzeitig Aktionär oder Gesellschafter dieses Unternehmens ist;

c) das Recht hat, auf ein Unternehmen (Tochterunternehmen), dessen Aktionär oder Gesellschafter es ist, einen beherrschenden Einfluss aufgrund eines mit diesem Unternehmen geschlossenen Vertrags oder aufgrund einer Satzungsbestimmung dieses Unternehmens auszuüben, sofern das Recht, dem dieses Tochterunternehmen unterliegt, es zulässt, dass dieses solchen Verträgen oder Satzungsbestimmungen unterworfen wird.

Die Mitgliedstaaten brauchen nicht vorzuschreiben, dass das Mutterunternehmen Aktionär oder Gesellschafter des Tochterunternehmens sein muss. Mitgliedstaaten, deren Recht derartige Verträge oder Satzungsbestimmungen nicht vorsieht, sind nicht gehalten, diese Bestimmungen anzuwenden; oder

d) Aktionär oder Gesellschafter eines Unternehmens ist und

   i) allein durch die Ausübung seiner Stimmrechte die Mehrheit der Mitglieder des Verwaltungs-, Leitungs- oder Aufsichtsorgans dieses Unternehmens (Tochterunternehmens), die während des Geschäftsjahres sowie des vorhergehenden Geschäftsjahres bis zur Erstellung des konsolidierten Abschlusses im Amt sind, bestellt worden sind, oder

   ii) aufgrund einer Vereinbarung mit anderen Aktionären oder Gesellschaftern dieses Unternehmens (Tochterunternehmens) allein über die Mehrheit der Stimmrechte der Aktionäre oder Gesellschafter dieses Unternehmens verfügt. Die Mitgliedstaaten können nähere Bestimmungen über Form und Inhalt einer solchen Vereinbarung treffen.

Die Mitgliedstaaten schreiben mindestens die unter Ziffer ii angeführte Regelung vor. Sie können die Anwendung von Ziffer i davon abhängig machen, dass die Beteiligungen mindestens 20 % der gesamten Stimmrechte ausmachen.

Ziffer i findet jedoch keine Anwendung, wenn ein Dritter gegenüber diesem Unternehmen die Rechte im Sinne der Buchstaben a, b oder c hat.

(2)   Zusätzlich zu den in Absatz 1 bezeichneten Fällen können die Mitgliedstaaten jedem ihrem Recht unterliegenden Unternehmen die Aufstellung eines konsolidierten Abschlusses und eines konsolidierten Lageberichts vorschreiben, wenn

▼__B__

a) dieses Unternehmen (Mutterunternehmen) einen beherrschenden Einfluss auf oder die Kontrolle über ein anderes Unternehmen (Tochterunternehmen) ausüben kann oder tatsächlich ausübt oder

b) dieses Unternehmen (Mutterunternehmen) und ein anderes Unternehmen (Tochterunternehmen) unter einheitlicher Leitung des Mutterunternehmens stehen.

(3)   Bei der Anwendung von Absatz 1 Buchstaben a, b und d sind den Stimm-, Bestellungs- oder Abberufungsrechten des Mutterunternehmens die Rechte eines anderen Tochterunternehmens oder einer Person, die in eigenem Namen, aber für Rechnung des Mutterunternehmens oder eines anderen Tochterunternehmens handelt, hinzuzurechnen.

(4)   Bei der Anwendung von Absatz 1 Buchstaben a, b und d sind von den in Absatz 3 bezeichneten Rechten die Rechte abzuziehen,

a) die mit Aktien oder Anteilen verbunden sind, die für Rechnung einer anderen Person als das Mutterunternehmen oder ein Tochterunternehmen dieses Mutterunternehmens gehalten werden, oder

b) die mit Aktien oder Anteilen verbunden sind,

i) die als Sicherheit gehalten werden, sofern diese Rechte nach erhaltenen Weisungen ausgeübt werden, oder

ii) deren Besitz für das haltende Unternehmen ein laufendes Geschäft im Zusammenhang mit der Gewährung von Darlehen darstellt, sofern die Stimmrechte im Interesse des Sicherungsgebers ausgeübt werden.

(5)   Für die Anwendung von Absatz 1 Buchstaben a und d sind von der Gesamtheit der Stimmrechte der Aktionäre oder Gesellschafter eines Tochterunternehmens die Stimmrechte abzuziehen, die mit Aktien oder Anteilen verbunden sind, die von diesem Unternehmen selbst, von einem seiner Tochterunternehmen oder von einer im eigenen Namen, aber für Rechnung dieser Unternehmen handelnden Person gehalten werden.

(6)   Das Mutterunternehmen sowie alle seine Tochterunternehmen sind ohne Rücksicht auf deren Sitz zu konsolidieren; Artikel 23 Absatz 9 bleibt unberührt.

(7)   Unbeschadet dieses Artikels sowie der Artikel 21 bis 23 können die Mitgliedstaaten jedem ihrem Recht unterliegenden Unternehmen vorschreiben, einen konsolidierten Abschluss und einen konsolidierten Lagebericht aufzustellen, wenn

a) dieses Unternehmen sowie ein oder mehrere andere Unternehmen, die untereinander nicht in der in Absatz 1 oder Absatz 2 bezeichneten Beziehung stehen, aufgrund

i) eines mit diesem Unternehmen geschlossenen Vertrages oder

ii) der Satzungsbestimmungen dieser anderen Unternehmen einer einheitlichen Leitung unterstehen oder

▼B

b) das Verwaltungs-, Leitungs- oder Aufsichtsorgan dieses Unternehmens sowie dasjenige eines oder mehrerer Unternehmen, die miteinander nicht in der in Absatz 1 oder Absatz 2 bezeichneten Beziehung stehen, sich mehrheitlich aus denselben Personen zusammensetzen, die während des Geschäftsjahres und bis zur Aufstellung des konsolidierten Abschlusses im Amt sind.

(8) Nimmt ein Mitgliedstaat die Möglichkeit nach Absatz 7 wahr, sind die in diesem Absatz beschriebenen Unternehmen sowie alle ihre Tochterunternehmen zu konsolidierende Unternehmen, sofern eines oder mehrere dieser Unternehmen eine der in Anhang I oder Anhang II genannten Rechtsformen haben.

(9) Absatz 6 des vorliegenden Artikels, Artikel 23 Absätze 1, 2, 9 und 10 sowie die Artikel 25 bis 29 finden auf den konsolidierten Abschluss und den konsolidierten Lagebericht nach Absatz 7 des vorliegenden Artikels mit folgenden Änderungen Anwendung:

a) Bezugnahmen auf Mutterunternehmen sind als Bezugnahmen auf alle in Absatz 7 des vorliegenden Artikels bezeichneten Unternehmen zu verstehen, und

b) die in den konsolidierten Abschluss einzubeziehenden Posten „Kapital", „Agio", „Neubewertungsrücklage", „Rücklagen", „Ergebnisvortrag" und „Jahresergebnis" sind unbeschadet des Artikels 24 Absatz 3 die addierten Beträge der jeweiligen Posten sämtlicher in Absatz 7 des vorliegenden Artikels bezeichneter Unternehmen.

Artikel 23

Ausnahmen von der Konsolidierung

(1) Kleine Gruppen sind von der Verpflichtung zur Erstellung eines konsolidierten Abschlusses und eines konsolidierten Lageberichts ausgenommen, es sei denn, eines der verbundenen Unternehmen ist ein Unternehmen von öffentlichem Interesse.

(2) Die Mitgliedstaaten können mittlere Gruppen von der Verpflichtung zur Erstellung eines konsolidierten Abschlusses und eines konsolidierten Lageberichts befreien, es sei denn, eines der verbundenen Unternehmen ist ein Unternehmen von öffentlichem Interesse.

(3) Ungeachtet der Absätze 1 und 2 befreien die Mitgliedstaaten in den folgenden Fällen jedes ihrem Recht unterliegende Mutterunternehmen (befreites Unternehmen), das gleichzeitig Tochterunternehmen ist, einschließlich eines Unternehmens von öffentlichem Interesse, das nicht unter Artikel 2 Absatz 1 Buchstabe a fällt, von der Verpflichtung zur Erstellung eines konsolidierten Abschlusses und eines konsolidierten Lageberichts, sofern dessen Mutterunternehmen dem Recht eines Mitgliedstaats unterliegt und

a) das Mutterunternehmen des befreiten Unternehmens sämtliche Aktien oder Anteile des befreiten Unternehmens besitzt. Die Aktien oder Anteile des befreiten Unternehmens, die aufgrund einer gesetzlichen oder satzungsmäßigen Verpflichtung von Mitgliedern des Verwaltungs-, Leitungs- oder Aufsichtsorgans gehalten werden, werden nicht berücksichtigt, oder

▼B

b) das Mutterunternehmen des befreiten Unternehmens 90 % oder mehr der Aktien oder Anteile des befreiten Unternehmens besitzt und die anderen Aktionäre oder Gesellschafter des befreiten Unternehmens der Befreiung zugestimmt haben.

(4)   Die Ausnahmen nach Absatz 3 werden nur gewährt, wenn sämtliche nachfolgend genannte Bedingungen erfüllt sind:

a) Das befreite Unternehmen sowie alle seine Tochterunternehmen sind unbeschadet Absatz 9 in den konsolidierten Abschluss eines größeren Kreises von Unternehmen einbezogen, dessen Mutterunternehmen dem Recht eines Mitgliedstaats unterliegt;

b) der konsolidierte Abschluss nach Buchstabe a und der konsolidierte Lagebericht des größeren Kreises von Unternehmen sind von dem Mutterunternehmen dieses Kreises von Unternehmen nach dem Recht des Mitgliedstaats, dem das Mutterunternehmen unterliegt, im Einklang mit dieser Richtlinie oder mit gemäß der Verordnung (EG) Nr. 1606/2002 angenommenen internationalen Rechnungslegungsstandards erstellt;

c) bezüglich des befreiten Unternehmens werden folgende Unterlagen nach dem Recht des Mitgliedstaats, dem das befreite Unternehmen unterliegt, im Einklang mit Artikel 30 veröffentlicht:

   i) der konsolidierte Abschluss nach Buchstabe a und der konsolidierte Lagebericht nach Buchstabe b,

   ii) der Bestätigungsvermerk und

   iii) gegebenenfalls die in Artikel 6 bezeichneten Unterlagen.

Der betreffende Mitgliedstaat kann vorschreiben, dass die unter den Ziffern i, ii und iii genannten Unterlagen in seiner Amtssprache offengelegt werden und die Übersetzung dieser Unterlagen beglaubigt wird;

d) im Anhang zum Jahresabschluss des befreiten Unternehmens werden folgende Angaben gemacht:

   i) Name und Sitz des Mutterunternehmens, das den konsolidierten Abschluss nach Buchstabe a aufstellt, und

   ii) Hinweis auf die Befreiung von der Verpflichtung zur Erstellung eines konsolidierten Abschlusses und eines konsolidierten Lageberichts.

(5)   Die Mitgliedstaaten können in den von Absatz 3 nicht erfassten Fällen unbeschadet der Absätze 1, 2 und 3 jedes ihrem Recht unterliegende Mutterunternehmen (das befreite Unternehmen), das gleichzeitig Tochterunternehmen ist, einschließlich eines Unternehmens von öffentlichem Interesse, das nicht unter Artikel 2 Absatz 1 Buchstabe a fällt, dessen eigenes Mutterunternehmen dem Recht eines Mitgliedstaats unterliegt, von der Verpflichtung zur Erstellung eines konsolidierten Abschlusses und eines konsolidierten Lageberichts ausnehmen, wenn alle in Absatz 4 genannten Voraussetzungen erfüllt sind und wenn

▼**B**

a) die Aktionäre oder Gesellschafter des befreiten Unternehmens, die einen Mindestprozentsatz des gezeichneten Kapitals dieses Unternehmens besitzen, nicht spätestens sechs Monate vor dem Ablauf des Geschäftsjahres die Aufstellung eines konsolidierten Abschlusses verlangt haben;

b) der Mindestprozentsatz nach Buchstabe a folgende Grenzen nicht überschreitet:

   i) 10 % des gezeichneten Kapitals im Falle von Aktiengesellschaften und Kommanditgesellschaften auf Aktien und

   ii) 20 % des gezeichneten Kapitals im Falle von Unternehmen anderer Rechtsformen;

c) der Mitgliedstaat die Befreiung nicht davon abhängig macht, dass

   i) das Mutterunternehmen, das den konsolidierten Abschluss nach Absatz 4 Buchstabe a aufgestellt hat, dem Recht des die Befreiung gewährenden Mitgliedstaats unterliegt, oder

   ii) Bedingungen bezüglich der Aufstellung und Prüfung dieses Abschlusses erfüllt werden.

(6)   Die Mitgliedstaaten können die Befreiung nach den Absätzen 3 und 5 davon abhängig machen, dass in dem konsolidierten Abschluss nach Absatz 4 Buchstabe a oder in einer als Anhang beigefügten Unterlage zusätzliche Angaben im Einklang mit dieser Richtlinie gemacht werden, sofern diese Angaben auch von den dem Recht dieses Mitgliedstaats unterliegenden Unternehmen, die zur Aufstellung eines konsolidierten Abschlusses verpflichtet sind und sich in derselben Lage befinden, verlangt werden.

(7)   Die Absätze 3 bis 6 gelten unbeschadet der Rechtsvorschriften der Mitgliedstaaten über die Aufstellung eines konsolidierten Abschlusses oder eines konsolidierten Lageberichts, sofern diese Unterlagen

a) zur Unterrichtung der Arbeitnehmer oder ihrer Vertreter verlangt werden oder

b) von einer Verwaltungsbehörde oder einem Gericht für deren Zwecke angefordert werden.

(8)   Unbeschadet der Absätze 1, 2, 3 und 5 kann ein Mitgliedstaat, der Befreiungen nach den Absätzen 3 und 5 gewährt, auch jedes seinem Recht unterliegende Mutterunternehmen (das befreite Unternehmen), das gleichzeitig Tochterunternehmen eines nicht dem Recht eines Mitgliedstaats unterliegenden Mutterunternehmens ist, einschließlich eines Unternehmens von öffentlichem Interesse, das nicht unter Artikel 2 Absatz 1 Buchstabe a fällt, von der Verpflichtung zur Erstellung eines konsolidierten Abschlusses und eines konsolidierten Lageberichts ausnehmen, wenn alle folgenden Voraussetzungen erfüllt sind:

▼B

a) Das befreite Unternehmen sowie alle seine Tochterunternehmen werden unbeschadet Absatz 9 in den konsolidierten Abschluss eines größeren Kreises von Unternehmen einbezogen;

b) der unter Buchstabe a bezeichnete konsolidierte Abschluss und gegebenenfalls der konsolidierte Lagebericht werden wie folgt erstellt:

  i) im Einklang mit dieser Richtlinie oder

  ii) im Einklang mit gemäß der Verordnung (EG) Nr. 1606/2002 angenommen internationalen Rechnungslegungsstandards,

  iii) derart, dass sie einem nach dieser Richtlinie erstellten konsolidierten Abschluss und konsolidierten Lagebericht gleichwertig sind,

  iv) derart, dass sie internationalen Rechnungslegungsstandards, die gemäß der Verordnung (EG) Nr. 1569/2007 der Kommission vom 21. Dezember 2007 über die Einrichtung eines Mechanismus zur Festlegung der Gleichwertigkeit der von Drittstaatemittenten angewandten Rechnungslegungsgrundsätze gemäß den Richtlinien 2003/71/EG und 2004/109/EG des Europäischen Parlaments und des Rates ([1]) festgelegt wurden, gleichwertig sind;

c) der unter Buchstabe a bezeichnete konsolidierte Abschluss ist von einem oder mehreren Abschlussprüfern oder einer oder mehreren Prüfungsgesellschaften geprüft worden, die aufgrund der einzelstaatlichen Rechtsvorschriften denen das Unternehmen unterliegt, das diesen Abschluss aufgestellt hat, zur Prüfung von Jahresabschlüssen zugelassen sind.

Absatz 4 Buchstaben c und d sowie die Absätze 5, 6 und 7 finden Anwendung.

(9) Ein Unternehmen, einschließlich eines Unternehmens von öffentlichem Interesse, braucht nicht in den konsolidierten Abschluss einbezogen werden, wenn zumindest eine der nachfolgend genannten Bedingungen erfüllt ist:

a) Es liegt der äußerst seltene Fall vor, dass die für die Aufstellung eines konsolidierten Abschlusses nach dieser Richtlinie erforderlichen Angaben nicht ohne unverhältnismäßig hohe Kosten oder ungebührliche Verzögerungen zu erhalten sind;

b) die Anteile oder Aktien dieses Unternehmens werden ausschließlich zum Zwecke ihrer Weiterveräußerung gehalten oder

c) erhebliche und andauernde Beschränkungen behindern nachhaltig

  i) die Ausübung der Rechte des Mutterunternehmens in Bezug auf Vermögen oder Geschäftsführung dieses Unternehmens oder

  ii) die Ausübung der einheitlichen Leitung dieses Unternehmens, wenn es in einer der in Artikel 22 Absatz 7 bezeichneten Beziehungen steht.

([1]) ABl. L 340 vom 22.12.2007, S. 66.

▼B

(10)   Unbeschadet des Artikels 6 Absatz 1 Buchstabe b, des Artikels 21 und der Absätze 1 und 2 dieses Artikels wird jedes Mutterunternehmen, einschließlich eines Unternehmens von öffentlichem Interesse, von der Pflicht nach Artikel 22 befreit, wenn

a) alle seine Tochterunternehmen sowohl einzeln als auch insgesamt von untergeordneter Bedeutung sind oder

b) aufgrund von Absatz 9 dieses Artikels keines seiner Tochterunternehmen in den konsolidierten Abschluss einbezogen zu werden braucht.

Artikel 24

Aufstellung des konsolidierten Abschlusses

(1)   Die Kapitel 2 und 3 gelten für konsolidierte Abschlüsse unter Berücksichtigung der wesentlichen Anpassungen, die sich aus den besonderen Merkmalen eines konsolidierten Abschlusses im Vergleich zum Jahresabschluss zwangsläufig ergeben.

(2)   Die Gegenstände des Aktiv- und Passivvermögens der in die Konsolidierung einbezogenen Unternehmen werden vollständig in die konsolidierte Bilanz übernommen.

(3)   Die Buchwerte der Anteile oder Aktien am Kapital der in die Konsolidierung einbezogenen Unternehmen werden mit dem auf sie entfallenden Teil des Eigenkapitals der in die Konsolidierung einbezogenen Unternehmen verrechnet, wobei Folgendes zu berücksichtigen ist:

a) Mit Ausnahme der Anteile oder Aktien am Kapital des Mutterunternehmens, die entweder sich im Besitz dieses Unternehmens selbst oder eines anderen in die Konsolidierung einbezogenen Unternehmens befinden und die gemäß Kapitel 3 als eigene Anteile oder Aktien betrachtet werden, erfolgt die Verrechnung auf der Grundlage der Buchwerte zu dem Zeitpunkt, zu dem diese Unternehmen erstmalig in die Konsolidierung einbezogen werden. Die sich bei der Verrechnung ergebenden Unterschiedsbeträge werden, soweit möglich, unmittelbar unter den Posten der konsolidierten Bilanz verbucht, deren Wert höher oder niedriger ist als ihr Buchwert.

b) Die Mitgliedstaaten können gestatten oder vorschreiben, dass die Verrechnung auf der Grundlage der Werte der feststellbaren Aktiva und Passiva zum Zeitpunkt des Erwerbs der Anteile oder Aktien erfolgt oder, beim Erwerb zu verschiedenen Zeitpunkten, zu dem Zeitpunkt, zu dem das Unternehmen Tochterunternehmen geworden ist.

c) Ein nach Buchstabe a verbleibender oder nach Buchstabe b entstehender Unterschiedsbetrag ist in der konsolidierten Bilanz unter dem Posten „Geschäfts- oder Firmenwert" auszuweisen.

d) Die Methoden zur Berechnung des Geschäfts- oder Firmenwerts und wesentliche Wertänderungen gegenüber dem Vorjahr sind im Anhang zu erläutern.

e) Lässt ein Mitgliedstaat eine Verrechnung von positivem mit negativem Geschäfts- oder Firmenwert zu, so hat der Anhang eine Analyse dieses Werts zu enthalten.

▼B

f) Ein negativer Geschäfts- oder Firmenwert kann auf die konsolidierte Gewinn- und Verlustrechnung übertragen werden, sofern ein solches Vorgehen den Grundsätzen des Kapitels 2 entspricht.

(4) Befinden sich Anteile oder Aktien an konsolidierten Tochterunternehmen im Besitz von anderen Personen als diesen Unternehmen, so werden die Beträge, die diesen Anteilen oder Aktien entsprechen, in der konsolidierten Bilanz gesondert als nicht beherrschende Anteile ausgewiesen.

(5) Die Erträge und Aufwendungen der in die Konsolidierung einbezogenen Unternehmen werden vollständig in die konsolidierte Gewinn- und Verlustrechnung übernommen.

(6) Die den Aktien oder Anteilen nach Absatz 4 zurechenbaren Gewinn- oder Verlustbeträge werden in der konsolidierten Gewinn- und Verlustrechnung gesondert als nicht beherrschende Anteile ausgewiesen.

(7) Im konsolidierten Abschluss sind Vermögens-, Finanz- und Ertragslage der in die Konsolidierung einbezogenen Unternehmen so auszuweisen, als ob sie ein einziges Unternehmen wären. Insbesondere wird Folgendes im konsolidierten Abschluss weggelassen:

a) Verbindlichkeiten und Forderungen zwischen den Unternehmen;

b) Erträge und Aufwendungen aus Geschäften zwischen den Unternehmen und

c) Gewinne und Verluste aus Geschäften zwischen den Unternehmen, die in den Buchwert der Aktiva eingehen.

(8) Der konsolidierte Abschluss wird zum selben Stichtag wie der Jahresabschluss des Mutterunternehmens aufgestellt.

Jedoch können die Mitgliedstaaten mit Rücksicht auf den Bilanzstichtag der Mehrzahl oder der bedeutendsten der konsolidierten Unternehmen gestatten oder vorschreiben, dass der konsolidierte Abschluss zu einem anderen Zeitpunkt aufgestellt wird, sofern

a) dies im Anhang zum konsolidierten Abschluss angegeben und hinreichend begründet wird;

b) Vorgänge von besonderer Bedeutung für die Vermögens-, Finanz- und Ertragslage eines konsolidierten Unternehmens, die zwischen dem Bilanzstichtag dieses Unternehmens und dem Stichtag des konsolidierten Abschlusses eingetreten sind, berücksichtigt oder angegeben werden und

c) der Bilanzstichtag eines Unternehmens um mehr als drei Monate vor oder nach dem Stichtag des konsolidierten Abschlusses liegt und dieses Unternehmen aufgrund eines auf den Stichtag des konsolidierten Abschlusses aufgestellten Zwischenabschlusses konsolidiert wird.

▼B

(9)   Hat sich die Zusammensetzung aller in die Konsolidierung einbezogenen Unternehmen im Laufe des Geschäftsjahres erheblich geändert, so sind in den konsolidierten Abschluss Angaben aufzunehmen, die es ermöglichen, die aufeinanderfolgenden konsolidierten Abschlüsse sinnvoll zu vergleichen. Dieser Verpflichtung kann nachgekommen werden, indem eine geänderte vergleichende Bilanz und eine geänderte vergleichende Gewinn- und Verlustrechnung aufgestellt werden.

(10)   In den konsolidierten Abschluss einbezogene Aktiva und Passiva werden einheitlich im Einklang mit Kapitel 2 bewertet.

(11)   Ein Unternehmen, das einen konsolidierten Abschluss erstellt, wendet die gleichen Bewertungsgrundlagen wie in seinem Jahresabschluss an. Allerdings können die Mitgliedstaaten gestatten oder vorschreiben, dass im konsolidierten Abschluss andere Bewertungsgrundlagen im Einklang mit Kapitel 2 verwendet werden. Wird von diesen Abweichungen Gebrauch gemacht, so sind sie im Anhang des konsolidierten Abschlusses anzugeben und hinreichend zu begründen.

(12)   Sofern in die Konsolidierung einbezogene Gegenstände des Aktiv- und Passivvermögens von in die Konsolidierung einbezogenen Unternehmen nach Methoden bewertet worden sind, die sich von den zu Zwecken der Konsolidierung angewandten Methoden unterscheiden, sind diese Vermögensgegenstände nach den letzteren Methoden neu zu bewerten. Abweichungen von dieser Vorschrift sind in Ausnahmefällen zulässig. Sie sind im Anhang zum konsolidierten Abschluss anzugeben und hinreichend zu begründen.

(13)   Latente Steuersalden werden bei der Konsolidierung ausgewiesen, soweit sich daraus wahrscheinlich für eines der konsolidierten Unternehmen in absehbarer Zukunft ein Aufwand ergibt.

(14)   Sofern bei einem in die Konsolidierung einbezogenen Gegenstand des Aktivvermögens eine Wertberichtigung allein für die Anwendung steuerlicher Vorschriften vorgenommen worden ist, darf dieser Vermögensgegenstand erst nach Wegfall dieser Berichtigung in den konsolidierten Abschluss übernommen werden.

Artikel 25

Unternehmenszusammenschlüsse innerhalb einer Gruppe

(1)   Die Mitgliedstaaten können gestatten oder vorschreiben, dass die Buchwerte von Aktien oder Anteilen am Kapital eines in die Konsolidierung einbezogenen Unternehmens lediglich mit dem entsprechenden Anteil am Kapital verrechnet werden, sofern die am Unternehmenszusammenschluss beteiligten Unternehmen letztlich vor und nach dem Unternehmenszusammenschluss von derselben Partei kontrolliert werden und diese Kontrolle nicht vorübergehender Natur ist.

(2)   Ein nach Absatz 1 entstehender Unterschiedsbetrag wird je nach Lage des Falles den konsolidierten Rücklagen zugerechnet oder von ihnen abgezogen.

(3)   Die Anwendung der Methode nach Absatz 1, die sich daraus ergebenden Veränderungen der Rücklagen sowie der Name und Sitz der betreffenden Unternehmen sind im Anhang zum konsolidierten Abschluss anzugeben.

▼**B**

Artikel 26

Quotenkonsolidierung

(1)   Die Mitgliedstaaten können gestatten oder vorschreiben, dass, sofern ein in die Konsolidierung einbezogenes Unternehmen gemeinsam mit einem oder mehreren nicht in die Konsolidierung einbezogenen Unternehmen ein anderes Unternehmen leitet, dieses entsprechend dem Anteil der Rechte, die das in die Konsolidierung einbezogene Unternehmen an seinem Kapital hält, in den konsolidierten Abschluss einbezogen wird.

(2)   Artikel 23 Absätze 9 und 10 sowie Artikel 24 finden sinngemäß auf die in Absatz 1 bezeichnete Quotenkonsolidierung Anwendung.

Artikel 27

Rechnungslegung   nach   der   Equity-Methode   für   assoziierte Unternehmen

(1)   Hat ein in die Konsolidierung einbezogenes Unternehmen ein assoziiertes Unternehmen, ist dieses assoziierte Unternehmen in der konsolidierten Bilanz als gesonderter Posten mit entsprechender Bezeichnung auszuweisen.

(2)   Bei der erstmaligen Anwendung dieses Artikels auf ein assoziiertes Unternehmen wird das assoziierte Unternehmen in der konsolidierten Bilanz ausgewiesen

a) entweder mit dem Buchwert im Einklang mit den Bewertungsregeln nach den Kapiteln 2 und 3. Dabei wird der Unterschiedsbetrag zwischen diesem Wert und dem Betrag, der dem auf diese Beteiligung an dem assoziierten Unternehmen entfallenden Teil des Eigenkapitals entspricht, in der konsolidierten Bilanz oder im Anhang zum konsolidierten Abschluss gesondert ausgewiesen. Dieser Unterschiedsbetrag wird zu dem Zeitpunkt berechnet, zu dem die Methode erstmalig angewendet wird; oder

b) mit dem Betrag, der dem auf die Beteiligung an dem assoziierten Unternehmen entfallenden Teil des Eigenkapitals des assoziierten Unternehmens entspricht. Der Unterschiedsbetrag zwischen diesem Wert und dem nach den Bewertungsregeln der Kapitel 2 und 3 ermittelten Buchwert wird in der konsolidierten Bilanz oder im Anhang zum konsolidierten Abschluss gesondert ausgewiesen. Dieser Unterschiedsbetrag wird zu dem Zeitpunkt berechnet, zu dem die Methode erstmalig angewendet wird.

Die Mitgliedstaaten können die Anwendung nur einer der in den Buchstaben a und b enthaltenen Möglichkeiten vorschreiben. In einem derartigen Fall ist in der konsolidierten Bilanz oder im Anhang des konsolidierten Abschlusses anzugeben, von welcher der Möglichkeiten Gebrauch gemacht worden ist.

Ferner können die Mitgliedstaaten für die Anwendung der Buchstaben a und b gestatten oder vorschreiben, dass die Berechnung des Unterschiedsbetrags zum Zeitpunkt des Erwerbs der Anteile oder Aktien erfolgt oder, beim Erwerb zu verschiedenen Zeitpunkten, zu dem Zeitpunkt, zu dem das Unternehmen ein assoziiertes Unternehmen geworden ist.

(3)   Sind Gegenstände des Aktiv- oder Passivvermögens des assoziierten Unternehmens nach Methoden bewertet worden, die sich von den auf die Konsolidierung nach Artikel 24 Absatz 11 angewendeten Methoden unterscheiden, so können diese Vermögenswerte für die Berechnung des Unterschiedsbetrags nach Absatz 2 Buchstabe a oder Buchstabe b nach den für die Konsolidierung angewendeten Methoden neu

▼B

bewertet werden. Wurde eine solche Neubewertung nicht vorgenommen, so ist dies im Anhang zum konsolidierten Abschluss zu erwähnen. Die Mitgliedstaaten können eine solche Neubewertung vorschreiben.

(4)   Der Buchwert nach Absatz 2 Buchstabe a oder der Betrag, der dem auf die Beteiligung entfallenden Teil des Eigenkapitals des assoziierten Unternehmens nach Absatz 2 Buchstabe b entspricht, wird um die während des Geschäftsjahres eingetretene Änderung des auf die Beteiligung entfallenden Teils des Eigenkapitals des assoziierten Unternehmens erhöht oder vermindert; er vermindert sich um den Betrag der auf die Beteiligung entfallenden Dividenden.

(5)   Kann ein positiver Unterschiedsbetrag nach Absatz 2 Buchstabe a und b nicht einer bestimmten Kategorie von Gegenständen des Aktiv- oder Passivvermögens zugerechnet werden, wird dieser Betrag nach den Vorschriften für den Posten, „Geschäfts- oder Firmenwert" gemäß Artikel 12 Absatz 6 Buchstabe d, Artikel 12 Absatz 11 Unterabsatz 1, Artikel 24 Absatz 3 Buchstabe c und Anhang III und Anhang IV behandelt.

(6)   Der auf die Beteiligungen an solchen assoziierten Unternehmen entfallende Teil des Ergebnisses der assoziierten Unternehmen wird unter einem gesonderten Posten mit entsprechender Bezeichnung in der konsolidierten Gewinn- und Verlustrechnung ausgewiesen.

(7)   Die Weglassungen nach Artikel 24 Absatz 7 werden nur insoweit vorgenommen, als die Tatbestände bekannt sind oder bestätigt werden können.

(8)   Stellt das assoziierte Unternehmen einen konsolidierten Abschluss auf, so werden die Absätze 1 bis 7 auf das in diesem konsolidierten Abschluss ausgewiesene Eigenkapital angewandt.

(9)   Auf die Anwendung dieses Artikels kann verzichtet werden, wenn die Beteiligung am Kapital des assoziierten Unternehmens nur von untergeordneter Bedeutung sind.

Artikel 28

Anhang zum konsolidierten Abschluss

(1)   Im Anhang zum konsolidierten Abschluss werden die nach den Artikeln 16, 17 und 18 geforderten Informationen dargelegt; dies erfolgt zusätzlich zu den nach anderen Bestimmungen dieser Richtlinie geforderten Informationen in einer Weise, die die Bewertung der finanzielle Lage der Gesamtheit der in die Konsolidierung einbezogenen Unternehmen erleichtert, wobei den wesentlichen Berichtigungen Rechnung zu tragen ist, die sich aus den Besonderheiten des konsolidierten Abschlusses im Vergleich zum Jahresabschluss ergeben, einschließlich dem Folgenden:

a) Bei der Angabe von Geschäften zwischen in eine Konsolidierung einbezogenen nahestehenden Unternehmen und Personen werden Geschäfte zwischen diesen, die bei der Konsolidierung weggelassen werden, nicht einbezogen,

b) bei der Angabe der durchschnittlichen Zahl der Beschäftigten während des Geschäftsjahrs wird die durchschnittliche Zahl der Beschäftigten von Unternehmen, die nach der Quotenkonsolidierung bilanziert werden, gesondert angegeben, und

▼B

c) bei der Angabe der Höhe der Vergütungen sowie der Vorschüsse und Kredite, die den Mitgliedern des Verwaltungs-, Leitungs- oder Aufsichtsorgans gewährt worden sind, ist lediglich die Höhe der Beträge anzugeben, die das Mutterunternehmen und seine Tochterunternehmen den Mitgliedern des Verwaltungs-, Leitungs- oder Aufsichtsorgans des Mutterunternehmens gewährt haben.

(2)   Im Anhang zum konsolidierten Abschluss werden zusätzlich zu den nach Absatz 1 geforderten Informationen folgende Informationen veröffentlicht:

a) bezüglich der in die Konsolidierung einbezogenen Unternehmen:

   i) Name und Sitz dieser Unternehmen,

   ii) der Anteil am Kapital dieser Unternehmen – außer dem Mutterunternehmen –, den die in die Konsolidierung einbezogenen Unternehmen oder in eigenem Namen, aber für Rechnung dieser Unternehmen handelnde Personen halten, sowie

   iii) die Voraussetzungen nach Artikel 22 Absätze 1, 2 und 7 nach der Anwendung von Artikel 22 Absätze 3 bis 5, aufgrund deren die Konsolidierung erfolgt ist. Diese Angabe braucht jedoch nicht gemacht zu werden, wenn die Konsolidierung aufgrund von Artikel 22 Absatz 1 Buchstabe a erfolgt ist und außerdem Kapitalanteil und Anteil an den Stimmrechten übereinstimmen.

   Die gleichen Angaben sind für die Unternehmen zu machen, die nach Artikel 6 Absatz 1 Buchstabe j und Artikel 23 Absatz 10 wegen ihrer untergeordneten Bedeutung nicht in die Konsolidierung einbezogen worden sind; der Ausschluss der in Artikel 23 Absatz 9 bezeichneten Unternehmen ist zu begründen;

b) Name und Sitz assoziierter Unternehmen, die in die Konsolidierung gemäß Artikel 27 Absatz 1 einbezogen sind, sowie der Anteil an ihrem Kapital, den die in die Konsolidierung einbezogene Unternehmen selbst oder in eigenem Namen, aber für Rechnung dieser Unternehmen handelnde Personen halten;

c) Name und Sitz der Unternehmen, die Gegenstand einer Quotenkonsolidierung nach Artikel 26 sind, die Tatbestände, aus denen sich die gemeinsame Leitung dieser Unternehmen ergibt, sowie der Anteil am Kapital dieser Unternehmen, den in die Konsolidierung einbezogene Unternehmen selbst oder in eigenem Namen aber für Rechnung dieser Unternehmen handelnde Person halten, und

d) bezüglich jedes nicht unter den Buchstaben a, b und c bezeichneten Unternehmens, an dem in die Konsolidierung einbezogene Unternehmen entweder selbst oder in eigenem Namen, aber für Rechnung dieser Unternehmen handelnde Personen eine Beteiligung halten:

   i) Name und Sitz dieser Unternehmen,

   ii) der am Kapital gehaltene Anteil,

▼__B__

iii) die Höhe des Eigenkapitals und das Ergebnis des letzten Geschäftsjahres des Unternehmens, für das ein Abschluss festgestellt wurde.

Eine Angabe des Eigenkapitals und des Ergebnisses kann ebenfalls unterbleiben, wenn das betreffende Unternehmen seine Bilanz nicht offenlegt.

(3)   Die Mitgliedstaaten können gestatten, dass die Angaben gemäß Absatz 2 Buchstaben a bis d in einer Aufstellung gemacht werden, die gemäß Artikel 3 Absatz 3 der Richtlinie 2009/101/EG eingereicht wird. Die Einreichung einer solchen Aufstellung wird im Anhang zum konsolidierten Abschluss angegeben. Die Mitgliedstaaten können zudem gestatten, dass auf die Angaben verzichtet werden kann, wenn ihre Angabe einem Unternehmen einen erheblichen Nachteil zufügen würde. Die Mitgliedstaaten können dazu die vorherige Zustimmung einer Verwaltungsbehörde oder eines Gerichts verlangen. Das Unterlassen dieser Angaben wird im Anhang zum konsolidierten Abschluss erwähnt.

Artikel 29

Konsolidierter Lagebericht

(1)   Der konsolidierte Lagebericht enthält zusätzlich zu den nach anderen Bestimmungen dieser Richtlinie geforderten Informationen zumindest die nach den Artikeln 19 und 20 geforderten Informationen, wobei den wesentlichen Anpassungen, die sich aus den Besonderheiten des konsolidierten Lageberichts im Vergleich zu einem Lagebericht ergeben, dergestalt Rechnung zu tragen ist, dass die Bewertung der Lage der insgesamt in die Konsolidierung einbezogenen Unternehmen erleichtert wird.

(2)   Es gelten folgende Berichtigungen zu den nach den Artikeln 19 und 20 geforderten Informationen:

a) Bei der Berichterstattung über erworbene eigene Anteile oder Aktien sind im Lagebericht die Zahl und der Nennbetrag oder, wenn ein Nennbetrag nicht vorhanden ist, der rechnerische Wert aller Anteile oder Aktien des Mutterunternehmens, die entweder von diesem Mutterunternehmen, von Tochterunternehmen dieses Mutterunternehmens oder in eigenem Namen, aber für Rechnung eines dieser Unternehmen handelnden Person gehalten werden, anzugeben. Die Mitgliedstaaten können gestatten oder vorschreiben, dass diese Angaben im Anhang zum konsolidierten Abschluss gemacht werden.

b) Bei der Berichterstattung über die internen Kontroll- und Risikomanagementsysteme wird in der Erklärung zur Unternehmensführung auf die wesentlichen Merkmale dieser Systeme für die in die gesamte Konsolidierung einbezogenen Unternehmen Bezug genommen.

(3)   Ist zusätzlich zu einem Lagebericht ein konsolidierter Lagebericht vorgeschrieben, so können diese beiden Berichte in Form eines einheitlichen Berichts vorgelegt werden.

▼M1

Artikel 29a

Konsolidierte nichtfinanzielle Erklärung

►C1 (1)   Unternehmen von öffentlichem Interesse, die Mutterunternehmen einer großen Gruppe sind und an den Bilanzstichtagen das Kriterium erfüllen, ◄ im Durchschnitt des Geschäftsjahres auf konsolidierter Basis mehr als 500 Mitarbeiter zu beschäftigen, nehmen in den konsolidierten Lagebericht eine konsolidierte nichtfinanzielle Erklärung auf, die diejenigen Angaben enthält, die für das Verständnis des Geschäftsverlaufs, des Geschäftsergebnisses, der Lage der Gruppe sowie der Auswirkungen ihrer Tätigkeit erforderlich sind und sich mindestens auf Umwelt-, Sozial-, und Arbeitnehmerbelange, auf die Achtung der Menschenrechte und auf die Bekämpfung von Korruption und Bestechung beziehen, einschließlich

a) einer kurzen Beschreibung des Geschäftsmodells der Gruppe;

b) einer Beschreibung der von der Gruppe in Bezug auf diese Belange verfolgten Konzepte, einschließlich der angewandten Due-Diligence-Prozesse;

c) der Ergebnisse dieser Konzepte;

d) der wesentlichen Risiken im Zusammenhang mit diesen Belangen, die mit der Geschäftstätigkeit der Gruppe — einschließlich, wenn dies relevant und verhältnismäßig ist, ihrer Geschäftsbeziehungen, ihrer Erzeugnisse oder ihrer Dienstleistungen — verknüpft sind und wahrscheinlich negative Auswirkungen auf diese Bereiche haben werden, sowie der Handhabung dieser Risiken durch die Gruppe;

e) der wichtigsten nichtfinanziellen Leistungsindikatoren, die für die betreffende Geschäftstätigkeit von Bedeutung sind.

Verfolgt die Gruppe in Bezug auf einen oder mehrere dieser Belange kein Konzept, enthält die konsolidierte nichtfinanzielle Erklärung eine klare und begründete Erläuterung, warum dies der Fall ist.

Die in Unterabsatz 1 genannte konsolidierte nichtfinanzielle Erklärung enthält — wenn angebracht — auch Hinweise auf im konsolidierten Abschluss ausgewiesene Beträge und zusätzliche Erläuterungen dazu.

Die Mitgliedstaaten können gestatten, dass Informationen über künftige Entwicklungen oder Belange, über die Verhandlungen geführt werden, in Ausnahmefällen weggelassen werden, wenn nach der ordnungsgemäß begründeten Einschätzung der Mitglieder der Verwaltungs-, Leitungs- und Aufsichtsorgane, die im Rahmen der ihnen durch einzelstaatliche Rechtsvorschriften übertragenen Zuständigkeiten handeln und die gemeinsam für diese Einschätzung zuständig sind, eine solche Angabe der Geschäftslage der Gruppe ernsthaft schaden würde, sofern eine solche Nichtaufnahme ein den tatsächlichen Verhältnissen entsprechendes und ausgewogenes Verständnis des Geschäftsverlaufs, des Geschäftsergebnisses, der Lage der Gruppe sowie der Auswirkungen ihrer Tätigkeit nicht verhindert.

Beim Erlass der Vorschriften zur Angabe der Informationen gemäß Unterabsatz 1 sehen die Mitgliedstaaten vor, dass sich das Mutterunternehmen auf nationale, unionsbasierte oder internationale Rahmenwerke stützen kann; wenn es hiervon Gebrauch macht, hat das Mutterunternehmen anzugeben, auf welche Rahmenwerke es sich gestützt hat.

▼__M1__

(2)   Wenn ein Unternehmen die Pflicht nach Absatz 1 erfüllt, wird davon ausgegangen, dass es die Pflicht im Zusammenhang mit der Analyse nichtfinanzieller Informationen nach Artikel 19 Absatz 1 Unterabsatz 3 und Artikel 29 erfüllt hat.

(3)   Ein Mutterunternehmen, das auch Tochterunternehmen ist, wird von der in Absatz 1 festgelegten Pflicht befreit, wenn dieses befreite Mutterunternehmen und seine Tochterunternehmen in den konsolidierten Lagebericht oder gesonderten Bericht eines anderen Unternehmens einbezogen werden und dieser konsolidierte Lagebericht oder gesonderte Bericht gemäß Artikel 29 und diesem Artikel erstellt wird.

►__C1__ (4)   Erstellt ein Mutterunternehmen für dasselbe Geschäftsjahr einen gesonderten Bericht, der sich auf die Gruppe in ihrer Gesamtheit bezieht, können die Mitgliedstaaten unabhängig davon, ob der Bericht sich auf nationale, unionsbasierte oder internationale Rahmenwerke stützt, und sofern der Bericht die in Absatz 1 vorgesehenen vorgeschriebenen Informationen der konsolidierten nichtfinanziellen Erklärung umfasst, ◄ dieses Mutterunternehmen von der gemäß Absatz 1 festgelegten Pflicht zur Abgabe der konsolidierten nichtfinanziellen Erklärung befreien, sofern dieser gesonderte Bericht

a) zusammen mit dem konsolidierten Lagebericht gemäß Artikel 30 veröffentlicht wird oder

b) innerhalb einer angemessenen Frist, die sechs Monate nach dem Bilanzstichtag nicht überschreiten darf, auf der Website des Mutterunternehmens öffentlich zugänglich gemacht wird und der konsolidierte Lagebericht darauf Bezug nimmt.

Absatz 2 ist entsprechend auf Unternehmen anzuwenden, die einen gesonderten Bericht gemäß Unterabsatz 1 dieses Absatzes vorbereiten.

(5)   Die Mitgliedstaaten stellen sicher, dass der Abschlussprüfer oder die Prüfungsgesellschaft überprüft, ob die konsolidierte nichtfinanzielle Erklärung gemäß Absatz 1 oder der gesonderte Bericht gemäß Absatz 4 vorgelegt wurde.

(6)   Die Mitgliedstaaten können vorschreiben, dass die in der konsolidierten nichtfinanziellen Erklärung gemäß Absatz 1 oder dem gesonderten Bericht gemäß Absatz 4 enthaltenen Informationen von einem unabhängigen Erbringer von Bestätigungsleistungen überprüft werden.

▼__B__

KAPITEL 7

OFFENLEGUNG

Artikel 30

Allgemeine Offenlegungspflicht

(1)   Die Mitgliedstaaten sorgen dafür, dass Unternehmen innerhalb einer angemessenen Frist, die 12 Monate nach dem Bilanzstichtag nicht überschreiten darf, den ordnungsgemäß gebilligten Jahresabschluss und den Lagebericht sowie den Bericht des Abschlussprüfers oder der Prüfungsgesellschaft gemäß Artikel 34 dieser Richtlinie nach den in den Rechtsvorschriften der einzelnen Mitgliedstaaten gemäß Kapitel 2 der Richtlinie 2009/101/EG vorgesehenen Verfahren offenlegen.

▼B

Die Mitgliedstaaten können jedoch Unternehmen von der Pflicht zur Offenlegung eines Lageberichts freistellen, wenn es möglich ist, eine vollständige oder teilweise Ausfertigung dieses Berichts einfach auf Antrag zu einem Entgelt zu erhalten, das die Verwaltungskosten nicht übersteigt.

(2)   Die Mitgliedstaaten können ein in Anhang II genanntes Unternehmen, auf das die durch diese Richtlinie vorgeschriebenen Koordinierungsmaßnahmen aufgrund von Artikel 1 Absatz 1 Buchstabe b Anwendung finden, von der Pflicht zur Offenlegung seines Abschlusses gemäß Artikel 3 der Richtlinie 2009/101/EG freistellen, sofern dieser Abschluss an seinem Sitz erhältlich ist und es sich um folgende Fälle handelt:

a) Alle unbeschränkt haftenden Gesellschafter des betreffenden Unternehmens sind Unternehmen nach Anhang I, die dem Recht eines anderen Mitgliedstaats als dem Mitgliedstaat des betroffenen Unternehmens unterliegen, und keines dieser Unternehmen hat den Abschluss des betreffenden Unternehmens mit seinem eigenen Abschluss veröffentlicht;

b) alle unbeschränkt haftenden Gesellschafter des betreffenden Unternehmens sind Unternehmen, welche nicht dem Recht eines Mitgliedstaats unterliegen, deren Rechtsform jedoch den Rechtsformen im Sinne der Richtlinie 2009/101/EG vergleichbar ist.

Ausfertigungen des Abschlusses müssen auf Antrag erhältlich sein. Das dafür berechnete Entgelt darf die Verwaltungskosten nicht übersteigen.

(3)   Absatz 1 gilt für konsolidierte Abschlüsse und konsolidierte Lageberichte.

Sofern jedoch das Unternehmen, das den konsolidierten Abschluss aufstellt, in einer der in Anhang II genannten Rechtsformen organisiert ist und in Bezug auf die in Absatz 1 genannten Unterlagen nach dem Recht seines Mitgliedstaats nicht verpflichtet ist, diese in derselben Weise, wie in Artikel 3 der Richtlinie 2009/101/EG vorgeschrieben, offenzulegen, muss es diese Unterlagen zumindest an seinem Sitz zur Einsichtnahme für jedermann bereithalten und auf Antrag Ausfertigungen der Unterlagen bereitstellen, wobei das dafür berechnete Entgelt die Verwaltungskosten nicht übersteigen darf.

Artikel 31

Vereinfachungen für kleine und mittlere Unternehmen

(1)   Die Mitgliedstaaten können kleine Unternehmen von der Pflicht zur Offenlegung ihrer Gewinn- und Verlustrechnung sowie ihrer Lageberichte ausnehmen.

(2)   Die Mitgliedstaaten können gestatten, dass mittlere Unternehmen Folgendes offenlegen:

a) einer verkürzten Bilanz, welche nur die in den Anhängen III und IV vorgesehenen mit Buchstaben und römischen Zahlen bezeichneten Posten enthält, wobei entweder in der Bilanz oder im Anhang gesondert anzugeben sind:

2013L0034 — DE — 11.12.2014 — 002.001 — 57

▼__B__

    i) die Posten C. I. 3, C. II. 1, 2, 3 und 4, C. III. 1, 2, 3 und 4, D. II. 2, 3 und 6 und D. III. 1 und 2 unter „Aktiva" und C.1, 2, 6, 7 und 9 unter „Passiva" des Anhangs III,

    ii) die Posten C. I. 3, C.II.1, 2, 3 und 4, C. III. 1, 2, 3 und 4, D. II. 2, 3 und 6, D. III. 1 und 2, F. 1, 2, 6, 7 und 9 sowie I. 1, 2, 6, 7 und 9 des Anhangs IV,

    iii) die bei den Posten D. II unter „Aktiva" und C unter „Passiva" des Anhangs III in Klammern verlangten Angaben, jedoch zusammengefasst für alle betreffenden Posten und gesondert für die Posten D. II. 2 und 3 unter „Aktiva" sowie C. 1, 2, 6, 7 und 9 unter „Passiva",

    iv) die bei dem Posten D. II des Anhangs IV in Klammern verlangten Angaben, jedoch zusammengefasst für alle betreffenden Posten und gesondert für die Posten D. II. 2 und 3;

b) einem verkürzten Anhang zum Abschluss ohne die in Artikel 17 Absatz 1 Buchstaben f und j geforderten Angaben.

Dieser Absatz berührt nicht die Bestimmungen des Artikels 30 Absatz 1 hinsichtlich der Gewinn- und Verlustrechnung, des Lageberichts sowie des Prüfungsurteils des Abschlussprüfers oder der Prüfungsgesellschaft.

Artikel 32

Sonstige Offenlegungspflichten

(1)   Jede vollständige Veröffentlichung des Jahresabschlusses und des Lageberichts wird in der Form und mit dem Wortlaut wiedergegeben, auf deren Grundlage der Abschlussprüfer oder die Prüfungsgesellschaft sein bzw. ihr Prüfungsurteil erstellt hat. Der Bestätigungsvermerk wird im vollen Wortlaut beigefügt.

(2)   Bei nicht vollständiger Veröffentlichung des Jahresabschlusses wird in der verkürzten Fassung dieses Abschlusses, der kein Bestätigungsvermerk beigefügt wird,

a) darauf hingewiesen, dass die offengelegte Fassung verkürzt ist;

b) auf das Register Bezug genommen, bei dem der Abschluss nach Artikel 3 der Richtlinie 2009/101/EG hinterlegt wurde, oder falls der Abschluss noch nicht hinterlegt ist, auf diesen Umstand hingewiesen;

c) angegeben, ob der Abschlussprüfer oder die Prüfungsgesellschaft einen uneingeschränkten oder einen eingeschränkten Bestätigungsvermerk erteilt oder aber ein negatives Prüfungsurteil abgegeben hat oder ob der Abschlussprüfer oder die Prüfungsgesellschaft nicht in der Lage war, ein Prüfungsurteil abzugeben;

d) angegeben, ob der Bestätigungsvermerk auf Umstände verweist, auf die der Abschlussprüfer oder die Prüfungsgesellschaft in besonderer Weise aufmerksam gemacht hat, ohne den Bestätigungsvermerk einzuschränken.

▼ **B**

Artikel 33

Pflicht und Haftung hinsichtlich der Aufstellung und der Offenlegung des Abschlusses und des Lageberichts

▼ **M1**

(1)   Die Mitgliedstaaten sorgen dafür, dass die Mitglieder der Verwaltungs-, Leitungs- und Aufsichtsorgane eines Unternehmens im Rahmen der ihnen durch einzelstaatliche Rechtsvorschriften übertragenen Zuständigkeiten die gemeinsame Aufgabe haben, sicherzustellen, dass

a) der Jahresabschluss, der Lagebericht, die Erklärung zur Unternehmensführung, wenn sie gesondert abgegeben wird, und der Bericht nach Artikel 19a Absatz 4 sowie

b) der konsolidierte Abschluss, der konsolidierte Lagebericht, die konsolidierte Erklärung zur Unternehmensführung, wenn sie gesondert abgegeben wird, und der Bericht nach Artikel 29a Absatz 4

entsprechend den Anforderungen dieser Richtlinie und gegebenenfalls entsprechend den internationalen Rechnungslegungsstandards, die gemäß der Verordnung (EG) Nr. 1606/2002 angenommen wurden, erstellt und offengelegt werden.

▼ **B**

(2)   Die Mitgliedstaaten stellen sicher, dass die Bestimmungen ihrer Rechts- und Verwaltungsvorschriften über die Haftung der Mitglieder der Verwaltungs-, Leitungs- und Aufsichtsorgane der Unternehmen Anwendung finden, zumindest was die Haftung gegenüber dem Unternehmen wegen Verletzung der in Absatz 1 genannten Pflichten betrifft.

KAPITEL 8

ABSCHLUSSPRÜFUNG

Artikel 34

Allgemeine Anforderungen

(1)   Die Mitgliedstaaten sorgen dafür, dass die Abschlüsse von Unternehmen von öffentlichem Interesse, mittleren und großen Unternehmen von einem oder mehreren Abschlussprüfern oder einer oder mehreren Prüfungsgesellschaften geprüft werden, die von den Mitgliedstaaten zur Durchführung von Abschlussprüfungen auf der Grundlage der Richtlinie 2006/43/EG zugelassen worden sind.

Der/die Abschlussprüfer bzw. die Prüfungsgesellschaft(en) hat/haben ferner

a) ein Urteil darüber abzugeben,

i) ob der Lagebericht mit dem Abschluss des betreffenden Geschäftsjahres in Einklang steht und

ii) ob der Lagebericht nach den geltenden rechtlichen Anforderungen aufgestellt wurde und

b) zu erklären, ob im Lichte der bei der Prüfung gewonnenen Erkenntnisse und des gewonnenen Verständnisses über das Unternehmen und sein Umfeld wesentliche fehlerhafte Angaben im Lagebericht festgestellt wurden, wobei auf die Art dieser fehlerhaften Angaben einzugehen ist.

▼B

(2)   Absatz 1 Unterabsatz 1 findet sinngemäß auf konsolidierte Abschlüsse Anwendung. Absatz 1 Unterabsatz 2 findet sinngemäß auf konsolidierte Abschlüsse und konsolidierte Lageberichte Anwendung.

▼M1

(3)   Dieser Artikel gilt nicht für die nichtfinanzielle Erklärung gemäß Artikel 19a Absatz 1 und die konsolidierte nichtfinanzielle Erklärung gemäß Artikel 29a Absatz 1 oder die gesonderten Berichte gemäß Artikel 19a Absatz 4 und Artikel 29a Absatz 4.

▼B

Artikel 35

Änderung   der   Richtlinie   2006/43/EG   hinsichtlich   des Bestätigungsvermerks

Artikel 28 der Richtlinie 2006/43/EG erhält folgende Fassung:

„Artikel 28

Bestätigungsvermerk

(1)   Der Bestätigungsvermerk umfasst:

a) eine Einleitung, die zumindest angibt, welcher Abschluss Gegenstand der gesetzlichen Abschlussprüfung ist und nach welchen Rechnungslegungsgrundsätzen er aufgestellt wurde;

b) eine Beschreibung der Art und des Umfangs der gesetzlichen Abschlussprüfung, die zumindest Angaben über die Prüfungsgrundsätze enthält, nach denen die Prüfung durchgeführt wurde;

c) ein Prüfungsurteil, das entweder als uneingeschränkter oder als eingeschränkter Bestätigungsvermerk oder als negatives Prüfungsurteil erteilt wird und zweifelsfrei Auskunft darüber gibt, ob nach Auffassung des Abschlussprüfers

   i) der Jahresabschluss im Einklang mit den jeweils maßgebenden Rechnungslegungsgrundsätzen ein den tatsächlichen Verhältnissen entsprechendes Bild vermittelt und

   ii) gegebenenfalls, ob er den gesetzlichen Vorschriften entspricht.

Ist der Abschlussprüfer nicht in der Lage, ein Prüfungsurteil abzugeben, wird dieses verweigert;

d) einen Hinweis auf alle Umstände, auf die der Abschlussprüfer in besonderer Weise aufmerksam macht, ohne den Bestätigungsvermerk einzuschränken;

▼B

e) das Urteil und die Erklärung nach Artikel 34 Absatz 1 Unterabsatz 2 der Richtlinie 2013/34/EU des Europäischen Parlaments und des Rates vom 26. Juni 2013 über den Jahresabschluss, den konsolidierten Abschluss und damit verbundene Berichte von Unternehmen bestimmter Rechtsformen und zur Änderung der Richtlinie 2006/43/EG des Europäischen Parlaments und des Rates und zur Aufhebung der Richtlinien 78/660/EWG und 83/349/EWG des Rates (*).

(2)   Der Bestätigungsvermerk ist vom Abschlussprüfer unter Angabe des Datums zu unterzeichnen. Wird eine Abschlussprüfung von einer Prüfungsgesellschaft durchgeführt, so wird der Bestätigungsvermerk zumindest von dem (den) Abschlussprüfer(n), welche(r) die Abschlussprüfung für die Prüfungsgesellschaft durchgeführt hat bzw. haben, unterzeichnet. Unter besonderen Umständen können die Mitgliedstaaten vorsehen, dass diese Unterschrift(en) nicht öffentlich bekannt gemacht zu werden braucht bzw. brauchen, weil eine solche Offenlegung zu einer absehbaren und ernst zu nehmenden Gefahr für die persönliche Sicherheit einer Person führen würde. In jedem Fall müssen die jeweiligen zuständigen Behörden die Namen der beteiligten Personen kennen.

(3)   Der Bestätigungsvermerk zum konsolidierten Abschluss hat den Anforderungen der Absätze 1 und 2 zu genügen. Bei der Beurteilung des Einklangs zwischen dem Lagebericht und dem Abschluss nach Absatz 1 Buchstabe e hat der Abschlussprüfer bzw. die Prüfungsgesellschaft den konsolidierten Abschluss und den konsolidierten Lagebericht zu berücksichtigen. Wird der Jahresabschluss des Mutterunternehmens dem konsolidierten Abschluss beigefügt, so können die nach diesem Artikel erforderlichen Bestätigungsvermerke kombiniert werden."

_____

(*) ABl. L 182 vom 29.6.2013, S. 19.“

KAPITEL 9

VORSCHRIFTEN ÜBER BEFREIUNGEN UND EINSCHRÄNKUNGEN DER BEFREIUNGEN

Artikel 36

Befreiung für Kleinstunternehmen

(1)   Die Mitgliedstaaten können Kleinstunternehmen von einer oder allen der nachstehend aufgeführten Pflichten befreien:

a) Verpflichtung, die Rechnungsabgrenzungsposten auf der Aktivseite und die Rechnungsabgrenzungsposten auf der Passivseite auszuweisen. Macht ein Mitgliedstaat von dieser Möglichkeit Gebrauch, so darf er den betreffenden Unternehmen gestatten, lediglich im Hinblick auf sonstige Aufwendungen gemäß Absatz 2 Buchstabe b Ziffer vi dieses Artikels von Artikel 6 Absatz 1 Buchstabe d hinsichtlich der Berücksichtigung von Rechnungsabgrenzungsposten auf der Aktivseite und Rechnungsabgrenzungsposten auf der Passivseite abzuweichen, sofern dies im Anhang oder gemäß Buchstabe c des vorliegenden Absatzes unter der Bilanz ausgewiesen wird;

b) Verpflichtung, einen Anhang zum Abschluss gemäß Artikel 16 zu erstellen, sofern die nach Artikel 16 Absatz 1 Buchstaben d und e der vorliegenden Richtlinie und Artikel 24 Absatz 2 der Richtlinie 2012/30/EU geforderten Angaben unter der Bilanz ausgewiesen werden;

▼B

c) Verpflichtung, einen Lagebericht gemäß Kapitel 5 zu erstellen, sofern die nach Artikel 24 Absatz 2 der Richtlinie 2012/30/EU geforderten Angaben im Anhang oder gemäß Buchstabe c des vorliegenden Absatzes unter der Bilanz ausgewiesen werden;

d) Verpflichtung, Jahresabschlüsse gemäß Kapitel 7 der vorliegenden Richtlinie offenzulegen, sofern die in der Bilanz enthaltenen Informationen im Einklang mit den einzelstaatlichen Rechtsvorschriften bei mindestens einer von dem betreffenden Mitgliedstaat benannten zuständigen Behörde ordnungsgemäß hinterlegt werden. Handelt es sich bei der zuständigen Behörde nicht um das zentrale Register oder das Handels- oder Gesellschaftsregister nach Artikel 3 Absatz 1 der Richtlinie 2009/101/EG, so hat die zuständige Behörde die bei ihr hinterlegten Informationen dem Register zu übermitteln.

(2)   Die Mitgliedstaaten können Kleinstunternehmen gestatten,

a) nur eine verkürzte Bilanz aufzustellen, in der zumindest die in den Anhängen III oder IV mit Buchstaben bezeichneten Posten, soweit einschlägig, gesondert ausgewiesen werden. Bei Anwendung von Absatz 1 Buchstabe a werden die Posten D der „Aktiva" und E der „Passiva" in Anhang III bzw. die Posten E und K in Anhang IV aus der Bilanz ausgeklammert;

b) nur eine verkürzte Gewinn- und Verlustrechnung zu erstellen, in der zumindest folgende Posten, soweit einschlägig, gesondert ausgewiesen werden:

   i) Nettoumsatzerlös,

   ii) sonstige Erträge,

   iii) Materialaufwand,

   iv) Personalaufwand,

   v) Wertberichtigungen,

   vi) sonstige Aufwendungen,

   vii) Steuern,

   viii) Ergebnis.

(3)   Die Mitgliedstaaten dürfen die Anwendung von Artikel 8 auf Kleinstunternehmen, die Gebrauch von einer Befreiung nach den Absätzen 1 und 2 dieses Artikels machen, weder gestatten noch vorschreiben.

(4)   Bei Kleinstunternehmen wird davon ausgegangen, dass der gemäß den Absätzen 1, 2 und 3 dieses Artikels erstellte Jahresabschluss ein den tatsächlichen Verhältnissen entsprechendes Bild gemäß Artikel 4 Absatz 3 vermittelt; infolgedessen findet Artikel 4 Absatz 4 auf derartige Jahresabschlüsse keine Anwendung.

Anhang I

▼B

(5) Findet Absatz 1 Buchstabe a dieses Artikels Anwendung, so setzt sich die in Artikel 3 Absatz 1 Buchstabe a bezeichnete Bilanzsumme aus dem Wert der Posten A bis D unter „Aktiva" in Anhang III oder der Posten A bis D in Anhang IV zusammen.

(6) Unbeschadet dieses Artikels stellen die Mitgliedstaaten sicher, dass Kleinstunternehmen im Übrigen als kleine Unternehmen angesehen werden.

(7) Die Mitgliedstaaten gewähren die in den Absätzen 1, 2 und 3 dargelegten Ausnahmen weder Investmentgesellschaften noch Beteiligungsgesellschaften.

(8) Die Mitgliedstaaten, die zum 19 Juli 2013 Rechts- und Verwaltungsvorschriften im Einklang mit der Richtlinie 2012/6/EU des Europäischen Parlaments und des Rates vom 14. März 2012 zur Änderung der Richtlinie 78/660/EWG des Rates über den Jahresabschluss von Gesellschaften bestimmter Rechtsformen hinsichtlich Kleinstbetrieben (¹) in Kraft gesetzt haben, können bei der Anwendung von Artikel 53 Absatz 1 Satz 1 von den Anforderungen nach Artikel 3 Absatz 9 hinsichtlich der Umrechnung der Höchstbeträge nach Artikel 3 Absatz 1 a in die nationale Währung ausgenommen werden.

(9) Die Kommission legt dem Europäischen Parlament, dem Rat und dem Europäischen Wirtschafts- und Sozialausschuss spätestens bis 20 Juli 2018 einen Bericht über die Lage der Kleinstunternehmen vor und berücksichtigt dabei vor allem die Lage auf nationaler Ebene im Hinblick auf die Anzahl der Unternehmen, die unter die Größenkriterien fallen, und die Verringerung des Verwaltungsaufwands infolge der Befreiung von der Offenlegungspflicht.

Artikel 37

Befreiung für Tochterunternehmen

Ungeachtet der Richtlinien 2009/101/EG und 2012/30/EU brauchen die Mitgliedstaaten die Bestimmungen der vorliegenden Richtlinie über den Inhalt, die Prüfung und die Offenlegung des Jahresabschlusses sowie den Lagebericht nicht auf Unternehmen anwenden, die ihrem Recht unterliegen und Tochterunternehmen sind, sofern folgende Voraussetzungen erfüllt sind:

(1) das Mutterunternehmen unterliegt dem Recht eines Mitgliedstaats;

(2) alle Aktionäre oder Gesellschafter des Tochterunternehmens haben sich in Bezug auf jedes Geschäftsjahr, in dem die Befreiung Anwendung findet, mit der bezeichneten Befreiung einverstanden erklärt;

(3) das Mutterunternehmen hat sich bereit erklärt, für die von dem Tochterunternehmen eingegangenen Verpflichtungen einzustehen;

(4) die Erklärungen nach den Nummern 2 und 3 dieses Artikels sind nach den in den Rechtsvorschriften der einzelnen Mitgliedstaaten vorgesehenen Verfahren gemäß Kapitel 2 der Richtlinie 2009/101/EWG offenzulegen;

(¹) ABl. L 81 vom 21.3.2012; S. 3.

▼B

(5) das Tochterunternehmen ist in den von dem Mutterunternehmen nach dieser Richtlinie aufgestellten konsolidierten Abschluss einbezogen;

(6) die Befreiung wird im Anhang des vom Mutterunternehmen aufgestellten konsolidierten Abschlusses angegeben, und

(7) der konsolidierte Abschluss nach Nummer 5 dieses Artikels, der konsolidierte Lagebericht sowie der Bestätigungsvermerk sind für das Tochterunternehmen nach den in den Rechtsvorschriften der einzelnen Mitgliedstaaten vorgesehenen Verfahren gemäß Kapitel 2 der Richtlinie 2009/101/EG offenzulegen.

Artikel 38

Unternehmen, die unbeschränkt haftende Gesellschafter anderer Unternehmen sind

(1)   Die Mitgliedstaaten können von in Artikel 1 Absatz 1 Buchstabe a genannten Unternehmen, die unter ihr Recht fallen und unbeschränkt haftende Gesellschafter eines in Artikel 1 Absatz 1 Buchstabe b genannten Unternehmens („betreffendes Unternehmen") sind, verlangen, den Abschluss des betreffenden Unternehmens zusammen mit dem eigenen Abschluss gemäß dieser Richtlinie aufzustellen, zu prüfen und offenzulegen; in diesem Fall gelten die Anforderungen dieser Richtlinie nicht für das betreffende Unternehmen.

(2)   Die Mitgliedstaaten brauchen die Bestimmungen dieser Richtlinie nicht auf das betreffende Unternehmen anzuwenden, sofern

a) der Abschluss des betreffenden Unternehmens gemäß den Bestimmungen dieser Richtlinie von einem Unternehmen aufgestellt, geprüft und offengelegt wird, das

i) unbeschränkt haftender Gesellschafter des betreffenden Unternehmens ist und

ii) dem Recht eines anderen Mitgliedstaats unterliegt;

b) das betreffende Unternehmen in einen konsolidierten Abschluss einbezogen ist, der im Einklang mit dieser Richtlinie aufgestellt, geprüft und offengelegt wird von

i) einem unbeschränkt haftenden Gesellschafter oder

ii) einem Mutterunternehmen, das dem Recht eines Mitgliedstaats unterliegt, sofern das betreffende Unternehmen in den konsolidierten Abschluss einer größeren Gesamtheit von Unternehmen einbezogen ist, der im Einklang mit dieser Richtlinie aufgestellt, geprüft und offengelegt wird. Die Befreiung wird im Anhang zum konsolidierten Abschluss angegeben.

(3)   In den in Absatz 2 genannten Fällen nennt das betreffende Unternehmen auf Anfrage den Namen des den Abschluss offenlegenden Unternehmens.

▼__B__

Artikel 39

Befreiung von der Gewinn- und Verlustrechnung für Mutterunternehmen, die einen konsolidierten Abschluss aufstellen

Die Mitgliedstaaten brauchen die Bestimmungen dieser Richtlinie über die Prüfung und Offenlegung der Gewinn- und Verlustrechnung nicht auf Unternehmen anzuwenden, die ihrem Recht unterliegen und Mutterunternehmen sind, sofern folgende Voraussetzungen erfüllt sind:

1. Das Mutterunternehmen stellt einen konsolidierten Abschluss gemäß dieser Richtlinie auf und ist in den konsolidierten Abschluss einbezogen;

2. die Befreiung wird im Anhang des vom Mutterunternehmen aufgestellten Jahresabschlusses angegeben;

3. die Befreiung wird im Anhang des vom Mutterunternehmen aufgestellten konsolidierten Abschlusses angegeben, und

4. das gemäß dieser Richtlinie ermittelte Ergebnis des Geschäftsjahres des Mutterunternehmens wird seiner Bilanz ausgewiesen.

Artikel 40

Einschränkung der Befreiungen für Unternehmen von öffentlichem Interesse

Sofern in dieser Richtlinie nicht ausdrücklich vorgesehen, gewähren die Mitgliedstaaten Unternehmen von öffentlichem Interesse keine der Vereinfachungen und Befreiungen im Sinne dieser Richtlinie. Ein Unternehmen von öffentlichem Interesse wird unabhängig von seinen Nettoumsatzerlösen, seiner Bilanzsumme oder der durchschnittlichen Zahl der der während des Geschäftsjahrs Beschäftigten als großes Unternehmen behandelt.

KAPITEL 10

BERICHT ÜBER ZAHLUNGEN AN STAATLICHE STELLEN

Artikel 41

Begriffsbestimmungen in Bezug auf die Berichterstattung über Zahlungen an staatliche Stellen

Im Sinne dieses Kapitels bezeichnet der Ausdruck

1. „Unternehmen der mineralgewinnenden Industrie" ein Unternehmen, das auf dem Gebiet der Exploration, Prospektion, Entdeckung, Weiterentwicklung und Gewinnung von Mineralien, Erdöl-, Erdgasvorkommen oder anderen Stoffen in den Wirtschaftszweigen tätig ist, die in Abschnitt B Abteilungen 05 bis 08 von Anhang I der Verordnung (EG) Nr. 1893/2006 des Europäischen Parlaments und des Rates vom 20. Dezember 2006 zur Aufstellung der statistischen Systematik der Wirtschaftszweige NACE Revision 2 (¹) aufgeführt sind;

(¹) ABl. L 393 vom 30.12.2006, S. 1.

▼B

2. „Unternehmen des Holzeinschlags in Primärwäldern" ein Unternehmen, das auf den Zweigen, die in Abschnitt A Abteilung 02 Gruppe 02.2 von Anhang I der Verordnung (EG) Nr. 1893/2006 aufgeführt sind, in Primärwäldern tätig ist;

3. „staatliche Stelle" nationale, regionale oder lokale Behörden eines Mitgliedstaats oder eines Drittlands. Dazu zählen auch von dieser Behörde kontrollierte Abteilungen oder Agenturen bzw. von ihr kontrollierte Unternehmen im Sinne von Artikel 22 Absätze 1 bis 6 dieser Richtlinie;

4. „Projekt" die operativen Tätigkeiten, die sich nach einem einzigen Vertrag, einer Lizenz, einem Mietvertrag, einer Konzession oder ähnlichen rechtlichen Vereinbarungen richten und die Grundlage für Zahlungsverpflichtungen gegenüber einer staatlichen Stelle bilden. Falls allerdings mehrere solche Vereinbarungen materiell miteinander verbunden sind, werden diese als ein Projekt betrachtet.

5. „Zahlung" einen als Geld- oder Sachleistung entrichteten Betrag für folgende Arten von Tätigkeiten im Sinne der Nummern 1 und 2:

a) Produktionszahlungsansprüche,

b) Steuern, die auf die Erträge, die Produktion oder die Gewinne von Unternehmen erhoben werden, ausschließlich Steuern, die auf den Verbrauch erhoben werden, wie etwa Mehrwertsteuern, Einkommensteuern oder Umsatzsteuern,

c) Nutzungsentgelte,

d) Dividenden,

e) Unterzeichnungs-, Entdeckungs- und Produktionsboni,

f) Lizenz-, Miet- und Zugangsgebühren sowie sonstige Gegenleistungen für Lizenzen und/ oder Konzessionen und

g) Zahlungen für die Verbesserung der Infrastruktur.

Artikel 42

Unternehmen, die über Zahlungen an staatliche Stellen zu berichten haben

(1)   Die Mitgliedstaaten schreiben großen Unternehmen und allen Unternehmen von öffentlichem Interesse, die in der mineralgewinnenden Industrie oder auf dem Gebiet des Holzeinschlags in Primärwäldern tätig sind, vor, jährlich einen Bericht über Zahlungen an staatliche Stellen zu erstellen und zu veröffentlichen.

(2)   Diese Pflicht gilt nicht für ein unter die Rechtsvorschriften eines Mitgliedstaats fallendes Unternehmen, das ein Tochter- oder Mutterunternehmen ist, sofern beide nachfolgend genannten Bedingungen erfüllt sind:

a) Das Mutterunternehmen unterliegt dem Recht eines Mitgliedstaats, und

▼B

b) die Zahlungen des Unternehmens an staatliche Stellen sind im konsolidierten Bericht über Zahlungen an staatliche Stellen enthalten, der von dem Mutterunternehmen gemäß Artikel 44 erstellt wird.

Artikel 43

Inhalt des Berichts

(1) Zahlungen müssen unabhängig davon, ob sie als eine Einmalzahlung oder als eine Reihe verbundener Zahlungen geleistet werden, nicht in dem Bericht berücksichtigt werden, wenn sie im Geschäftsjahrs unter 100 000 EUR liegen.

(2) In dem Bericht werden im Zusammenhang mit den Tätigkeiten im Sinne des Artikels 41 Nummern 1 und 2 folgende Angaben zum betreffenden Geschäftsjahr gemacht:

a) der Gesamtbetrag der Zahlungen, die an jede staatliche Stelle geleistet wurden;

b) der Gesamtbetrag je Art der an jede staatliche Stelle geleisteten Zahlung gemäß Artikel 41 Nummer 5 Buchstaben a bis g;

c) wenn diese Zahlungen für ein bestimmtes Projekt getätigt wurden, der Gesamtbetrag je Art der Zahlung gemäß Artikel 41 Nummer 5 Buchstaben a bis g, für jedes Projekt, und der Gesamtbetrag der Zahlungen für jedes Projekt.

Zahlungen des Unternehmens zur Erfüllung von Verpflichtungen, die auf Ebene des Unternehmens auferlegt werden, können auf Ebene des Unternehmens statt auf Projektebene angegeben werden.

(3) Werden Zahlungen an eine staatliche Stelle in Sachleistungen getätigt, so werden sie ihrem Wert und gegebenenfalls ihrem Umfang nach gemeldet. Ergänzende Erläuterungen sind beizufügen, um darzulegen, wie ihr Wert festgelegt worden ist.

(4) Bei der Angabe der Zahlungen gemäß diesem Artikel wird auf den Inhalt der betreffenden Zahlung oder Tätigkeit, und nicht auf deren Form, Bezug genommen. Zahlungen und Tätigkeiten dürfen nicht künstlich mit dem Ziel aufgeteilt oder zusammengefasst werden, die Anwendung dieser Richtlinie zu umgehen.

(5) Für die Mitgliedstaaten, die den Euro nicht eingeführt haben, wird der in Absatz 1 festgelegte Euro-Höchstbetrag in die Landeswährung umgerechnet, indem

a) der Umrechnungskurs angewendet wird, der gemäß der Veröffentlichung im *Amtsblatt der Europäischen Union* am Tag des Inkrafttretens einer Richtlinie gilt, die diesen Höchstbetrag festsetzt, sowie

b) auf die nächste Hunderterstelle auf- oder abgerundet wird.

Artikel 44

Konsolidierter Bericht über Zahlungen an staatliche Stellen

(1) Die Mitgliedstaaten schreiben großen Unternehmen und Unternehmen von öffentlichem Interesse, die in der mineralgewinnenden Industrie oder auf dem Gebiet des Holzeinschlags in Primärwäldern tätig

▼B

sind und unter ihre jeweiligen einzelstaatlichen Rechtsvorschriften fallen, vor, einen konsolidierten Bericht über Zahlungen an staatliche Stellen gemäß den Artikeln 42 und 43 zu erstellen, wenn das Mutterunternehmen einen konsolidierten Abschluss nach Artikel 22 Absätze 1 bis 6 zu erstellen hat.

Ein Mutterunternehmen wird als in der mineralgewinnenden Industrie oder auf dem Gebiet des Holzeinschlags in Primärwäldern tätig angesehen, wenn eines seiner Tochterunternehmen in der mineralgewinnenden Industrie oder auf dem Gebiet des Holzeinschlags in Primärwäldern tätig ist.

Der konsolidierte Bericht erstreckt sich nur auf Zahlungen, die sich aus der Geschäftstätigkeit in der mineralgewinnenden Industrie oder auf dem Gebiet des Holzeinschlags in Primärwäldern ergeben.

(2)   Die Pflicht zur Erstellung eines konsolidierten Berichts gemäß Absatz 1 gilt nicht für:

a) ein Mutterunternehmen einer kleinen Gruppe im Sinne von Artikel 3 Absatz 5, es sei denn, ein verbundenes Unternehmen ist ein Unternehmen von öffentlichem Interesse;

b) ein Mutterunternehmen einer mittleren Gruppe im Sinne von Artikel 3 Absatz 6, es sei denn, ein verbundenes Unternehmen ist ein Unternehmen von öffentlichem Interesse, und

c) ein den Rechtsvorschriften eines Mitgliedstaats unterliegendes Mutterunternehmen, das zugleich ein Tochterunternehmen ist, wenn das eigene Mutterunternehmen dem Recht eines anderen Mitgliedstaats unterliegt.

(3)   Ein Unternehmen, einschließlich eines Unternehmen von öffentlichem Interesse, braucht nicht in einen konsolidierten Bericht über Zahlungen an staatliche Stellen einbezogen werden, wenn zumindest eine der nachfolgend genannten Bedingungen erfüllt ist:

a) Erhebliche und andauernde Beschränkungen behindern das Mutterunternehmen nachhaltig an der Ausübung seiner Rechte in Bezug auf Vermögen oder Geschäftsführung dieses Unternehmens;

b) es liegt der äußerst seltene Fall vor, dass die für die Aufstellung eines konsolidierten Berichts über Zahlungen an staatliche Stellen nach dieser Richtlinie erforderlichen Angaben nicht ohne unverhältnismäßig hohe Kosten oder ungebührliche Verzögerungen zu erhalten sind;

c) die Anteile oder Aktien dieses Unternehmens werden ausschließlich zum Zwecke ihrer Weiterveräußerung gehalten.

Die vorgenannten Ausnahmen gelten nur, wenn sie für die Zwecke des konsolidierten Abschlusses angewandt werden.

Artikel 45

Offenlegung

(1)   Der in Artikel 42 genannte Bericht sowie der konsolidierte Bericht im Sinne von Artikel 44 über Zahlungen an staatliche Stellen werden gemäß den Rechtsvorschriften jedes Mitgliedstaats im Sinne von Kapitel 2 der Richtlinie 2009/101/EG offengelegt.

▼B

(2)   Die Mitgliedstaaten sorgen dafür, dass die Mitglieder der zuständigen Organe eines Unternehmens im Rahmen der ihnen durch einzelstaatliche Rechtsvorschriften übertragenen Zuständigkeiten die Verantwortung haben, zu gewährleisten, dass der Bericht über Zahlungen an staatliche Stellen nach ihrem bestem Wissen und Vermögen entsprechend den Anforderungen dieser Richtlinie erstellt und offengelegt wird.

Artikel 46

Gleichwertigkeitsmechanismus

(1)   Unternehmen nach den Artikeln 42 und 44, die einen Bericht erstellen und offenlegen, der die Berichtspflichten eines Drittlands erfüllt, die gemäß Artikel 47 als mit den Anforderungen dieses Kapitels gleichwertig bewertet wurden, sind von den Anforderungen dieses Kapitels ausgenommen; hiervon ausgenommen ist die Pflicht zur Offenlegung dieses Berichts gemäß den Rechtsvorschriften des jeweiligen Mitgliedstaats im Einklang mit Kapitel 2 der Richtlinie 2009/101/EG.

(2)   Der Kommission wird die Befugnis übertragen, gemäß Artikel 49 delegierte Rechtsakte zu erlassen, um die Kriterien festzulegen, die bei der Bewertung der Gleichwertigkeit der Berichtspflichten eines Drittlands und der Anforderungen dieses Kapitels für die Zwecke des Absatzes 1 dieses Artikels anzuwenden sind.

(3)   Die von der Kommission gemäß Absatz 2 festgelegten Kriterien

a) beinhalten Folgendes:

    i) zu erfassendes Unternehmen,

    ii) zu erfassende Empfänger von Zahlungen,

    iii) erfasste Zahlungen,

    iv) Bestimmung der erfassten Zahlungen,

    v) Aufschlüsselung der erfassten Zahlungen,

    vi) Auslöser für eine Berichterstattung auf konsolidierter Basis,

    vii) Medium der Berichterstattung,

    viii) Häufigkeit der Berichterstattung und

    ix) Maßnahmen zur Bekämpfung der Umgehung

b) und sind ansonsten auf Kriterien beschränkt, die einen direkten Vergleich der Berichtspflichten eines Drittlands mit den Anforderungen dieses Kapitels erleichtern.

Artikel 47

Anwendung von Gleichwertigkeitskriterien

Der Kommission wird die Befugnis übertragen, Durchführungsrechtsakte zu erlassen, um die Berichtspflichten eines Drittlands festzulegen, die sie nach Anwendung der gemäß Artikel 46 festgelegten Gleichwertigkeitskriterien als den Anforderungen dieses Kapitels gleichwertig erachtet. Diese Durchführungsrechtsakte werden nach dem Prüfverfahren gemäß Artikel 50 Absatz 2 erlassen.

▼B

Artikel 48

Überprüfung

Die Kommission überprüft die Anwendung und Wirksamkeit dieses Kapitels, insbesondere im Hinblick auf den Anwendungsbereich und die Einhaltung der jeweiligen Berichtspflichten sowie der Modalitäten des Berichtsverfahrens auf Projektbasis, und erstattet darüber Bericht.

Die Überprüfung trägt internationalen Entwicklungen Rechnung, insbesondere hinsichtlich mehr Transparenz bei Zahlungen an staatliche Stellen, beurteilt die Auswirkungen anderer internationaler Regelungen und berücksichtigt die Folgen für die Wettbewerbsfähigkeit und Sicherheit der Energieversorgung. Die Überprüfung wird spätestens zum 21 Juli 2018 abgeschlossen.

Der Bericht wird dem Europäische Parlament und dem Rat, gegebenenfalls zusammen mit einem Gesetzgebungsvorschlag, vorgelegt. Dieser Bericht geht auf die Frage einer Ausdehnung der Berichtspflichten auf zusätzliche Wirtschaftszweige ein sowie auf die Frage, ob der Bericht über Zahlungen an staatliche Stellen einer Abschlussprüfung unterzogen werden sollte. Der Bericht geht auch auf die Frage der Angabe zusätzlicher Informationen zur durchschnittlichen Zahl der Beschäftigten, zur Einschaltung von Unterauftragnehmern und auf etwaige von einem Land angeordnete Geldbußen ein.

▼M1

In dem Bericht wird unter Berücksichtigung der Entwicklungen in der OECD und der Ergebnisse entsprechender europäischer Initiativen auch die Möglichkeit der Einführung einer Pflicht geprüft, nach der große Unternehmen jährlich einen länderspezifischen Bericht für jeden Mitgliedstaat und jeden Drittstaat, in dem sie tätig sind, mit Angaben mindestens zu den erzielten Gewinnen, den entrichteten Steuern auf die Gewinne und den erhaltenen staatlichen Beihilfen erstellen müssten.

▼B

Außerdem wird im Bericht untersucht, ob es machbar ist, eine Verpflichtung für alle Emittenten aus der Union einzuführen, wonach beim Abbau von Mineralien mit der gebotenen Sorgfalt vorzugehen ist, um sicherzustellen, dass die Lieferketten keine Verbindung zu Konfliktparteien haben und die EITI- und OECD-Empfehlungen über verantwortliches Lieferkettenmanagement einhalten.

KAPITEL 11

SCHLUSSBESTIMMUNGEN

Artikel 49

Ausübung der Befugnisübertragung

(1)   Die Befugnis zum Erlass delegierter Rechtsakte wird der Kommission unter den in diesem Artikel festgelegten Bedingungen übertragen.

(2)   Die Befugnis zum Erlass delegierter Rechtsakte gemäß Artikel 1 Absatz 2, Artikel 3 Absatz 13 und Artikel 46 Absatz 2 wird der Kommission auf unbestimmte Zeit ab dem in Artikel 54 genannten Zeitpunkt übertragen.

(3)   Die Befugnisübertragung gemäß Artikel 1 Absatz 2, Artikel 3 Absatz 13 und Artikel 46 Absatz 2 kann vom Europäischen Parlament oder vom Rat jederzeit widerrufen werden. Der Beschluss über den

▼B

Widerruf beendet die Übertragung der in diesem Beschluss angegebenen Befugnis. Er wird am Tag nach seiner Veröffentlichung im *Amtsblatt der Europäischen Union* oder zu einem im Beschluss über den Widerruf angegebenen späteren Zeitpunkt wirksam. Die Gültigkeit von delegierten Rechtsakten, die bereits in Kraft sind, wird von dem Beschluss über den Widerruf nicht berührt.

(4) Sobald die Kommission einen delegierten Rechtsakt erlässt, übermittelt sie ihn gleichzeitig dem Europäischen Parlament und dem Rat.

(5) Ein delegierter Rechtsakt, der gemäß Artikel 1 Absatz 2, Artikel 3 Absatz 13 oder Artikel 46 Absatz 2 erlassen wurde, tritt nur in Kraft, wenn weder das Europäische Parlament noch der Rat innerhalb einer Frist von zwei Monaten nach Übermittlung dieses Rechtsakts an das Europäische Parlament und den Rat Einwände erhoben haben oder wenn vor Ablauf dieser Frist das Europäische Parlament und der Rat beide der Kommission mitgeteilt haben, dass sie keine Einwände erheben werden. Auf Initiative des Europäischen Parlaments oder des Rats wird diese Frist um zwei Monate verlängert.

Artikel 50

Ausschussverfahren

(1) Die Kommission wird von einem Ausschuss unterstützt. Dieser Ausschuss ist ein Ausschuss im Sinne der Verordnung (EU) Nr. 182/2011.

(2) Wird auf diesen Absatz Bezug genommen, so gilt Artikel 5 der Verordnung (EU) Nr. 182/2011.

Artikel 51

Sanktionen

Die Mitgliedstaaten legen Sanktionen für Verstöße gegen die aufgrund dieser Richtlinie erlassenen einzelstaatlichen Vorschriften fest und treffen alle erforderlichen Maßnahmen, um sicherzustellen, dass die Sanktionen durchgesetzt werden. Die vorgesehenen Sanktionen müssen wirksam, verhältnismäßig und abschreckend sein.

Artikel 52

Aufhebung der Richtlinien 78/660/EWG und 83/349/EWG

Die Richtlinien 78/660/EWG und 83/349/EWG werden aufgehoben.

Bezugnahmen auf die aufgehobenen Richtlinien gelten als Bezugnahmen auf die vorliegende Richtlinie und sind nach Maßgabe der Entsprechungstabelle in Anhang VII zu lesen.

Artikel 53

Umsetzung

(1) Die Mitgliedstaaten setzen die Rechts- und Verwaltungsvorschriften in Kraft, die erforderlich sind, um dieser Richtlinie bis zum 20 Juli 2015 nachzukommen. Sie unterrichten die Kommission unverzüglich darüber.

▼B

Die Mitgliedstaaten können vorsehen, dass die Bestimmungen nach Unterabsatz 1 erstmals auf Abschlüsse für die Geschäftsjahre angewandt werden, die am 1. Januar 2016 oder während des Kalenderjahres 2016 beginnen.

Wenn die Mitgliedstaaten diese Vorschriften erlassen, nehmen sie in den Vorschriften selbst oder durch einen Hinweis bei der amtlichen Veröffentlichung auf diese Richtlinie Bezug. Die Mitgliedstaaten regeln die Einzelheiten der Bezugnahme.

(2)   Die Mitgliedstaaten teilen der Kommission den Wortlaut der wichtigsten innerstaatlichen Rechtsvorschriften mit, die sie auf dem unter diese Richtlinie fallenden Gebiet erlassen.

Artikel 54

Inkrafttreten

Diese Richtlinie tritt am zwanzigsten Tag nach ihrer Veröffentlichung im *Amtsblatt der Europäischen Union* in Kraft.

Artikel 55

Adressaten

Diese Richtlinie ist an die Mitgliedstaaten gerichtet.

▼B

ANHANG I

RECHTSFORMEN VON UNTERNEHMEN GEMÄSS ARTIKEL 1 ABSATZ 1 BUCHSTABE A

— Belgien:

la société anonyme/de naamloze vennootschap, la société en commandite par actions/de commanditaire vennootschap op aandelen, la société privée à responsabilité limitée/de besloten vennootschap met beperkte aansprakelijkheid, la société coopérative à responsabilité limitée/de coöperatieve vennootschap met beperkte aansprakelijkheid;

— Bulgarien:

акционерно дружество, дружество с ограничена отговорност, командитно дружество с акции;

— Tschechische Republik:

společnost s ručením omezeným, akciová společnost;

— Dänemark:

aktieselskaber, kommanditaktieselskaber, anpartsselskaber;

— Deutschland:

die Aktiengesellschaft, die Kommanditgesellschaft auf Aktien, die Gesellschaft mit beschränkter Haftung;

— Estland:

aktsiaselts, osaühing;

— Irland:

public companies limited by shares or by guarantee, private companies limited by shares or by guarantee;

— Griechenland:

η ανώνυμη εταιρία, η εταιρία περιορισμένης ευθύνης, η ετερόρρυθμη κατά μετοχές εταιρία;

— Spanien:

la sociedad anónima, la sociedad comanditaria por acciones, la sociedad de responsabilidad limitada;

— Frankreich:

la société anonyme, la société en commandite par actions, la société à responsabilité limitée, la société par actions simplifiée;

▼M2

— in Kroatien

dioničko društvo, društvo s ograničenom odgovornošću;

▼B

— Italien:

la società per azioni, la società in accomandita per azioni, la società a responsabilità limitata;

— Zypern:

Δημόσιες εταιρείες περιορισμένης ευθύνης με μετοχές ή με εγγύηση, ιδιωτικές εταιρείες περιορισμένης ευθύνης με μετοχές ή με εγγύηση;

— Lettland:

akciju sabiedrība, sabiedrība ar ierobežotu atbildību;

▼B

— Litauen:

akcinės bendrovės, uždarosios akcinės bendrovės;

— Luxemburg:

la société anonyme, la société en commandite par actions, la société à responsabilité limitée;

— Ungarn:

részvénytársaság, korlátolt felelősségű társaság;

— Malta:

kumpanija pubblika —public limited liability company, kumpannija privata —private limited liability company,

soċjeta in akkomandita bil-kapital maqsum f'azzjonijiet —partnership en commandite with the capital divided into shares;

— Niederlande:

de naamloze vennootschap, de besloten vennootschap met beperkte aansprakelijkheid;

— Österreich:

die Aktiengesellschaft, die Gesellschaft mit beschränkter Haftung;

— Polen:

spółka akcyjna, spółka z ograniczoną odpowiedzialnością, spółka komandytowo-akcyjna;

— Portugal:

a sociedade anónima, de responsabilidade limitada, a sociedade em comandita por ações, a sociedade por quotas de responsabilidade limitada;

— Rumänien:

societate pe acțiuni, societate cu răspundere limitată, societate în comandită pe acțiuni.

— Slowenien:

delniška družba, družba z omejeno odgovornostjo, komanditna delniška družba;

— Slowakei:

akciová spoločnosť, spoločnosť s ručením obmedzeným;

— Finnland:

yksityinen osakeyhtiö/privat aktiebolag, julkinen osakeyhtiö/publikt aktiebolag;

— Schweden:

aktiebolag;

— Vereinigtes Königreich:

public companies limited by shares or by guarantee, private companies limited by shares or by guarantee

▼B

ANHANG II

RECHTSFORMEN VON UNTERNEHMEN GEMÄSS ARTIKEL 1 ABSATZ 1 BUCHSTABE B

— Belgien:

la société en nom collectif/de vennootschap onder firma, la société en commandite simple/de gewone commanditaire vennootschap, la société coopérative à responsabilité illimitee/de coöperatieve vennootschap met onbeperkte aansprakelijkheid;

— Bulgarien:

събирателно дружество, командитно дружество;

— Tschechische Republik:

veřejná obchodní společnost, komanditní společnost;

— Dänemark:

interessentskaber, kommanditselskaber;

— Deutschland:

die offene Handelsgesellschaft, die Kommanditgesellschaft;

— Estland:

täisühing, usaldusühing;

— Irland:

partnerships, limited partnerships, unlimited companies;

— Griechenland:

η ομόρρυθμος εταιρία, η ετερόρρυθμος εταιρία;

— Spanien:

sociedad colectiva, sociedad en comandita simple;

— Frankreich:

la société en nom collectif, la société en commandite simple;

▼M2

— in Kroatien:

javno trgovačko društvo, komanditno društvo, gospodarsko interesno udruženje;

▼B

— Italien:

la società in nome collettivo, la società in accomandita semplice;

— Zypern:

Ομόρρυθμες και ετερόρρυθμες εταιρείες (συνεταιρισμοί);

— Lettland:

pilnsabiedrība, komanditsabiedrība;

— Litauen:

tikrosios ūkinės bendrijos, komanditinės ūkinės bendrijos;

— Luxemburg:

la société en nom collectif, la société en commandite simple;

▼B

— Ungarn:

közkereseti társaság, betéti társaság, közös vállalat, egyesülés, egyéni cég;

— Malta:

soċjeta f'isem kollettiv jew soċjeta in akkomandita, bil-kapital li mhux maqsum f'azzjonijiet meta s-soċji kollha li għandhom responsabbilita' llimitata huma soċjetajiet in akkomandita bil-kapital maqsum f'azzjonijiet – partnership en nom collectif or partnership en commandite with capital that is not divided into shares, when all the partners with unlimited liability are partnership en commandite with the capital divided into shares;

— Niederlande:

de vennootschap onder firma, de commanditaire vennootschap;

— Österreich:

die offene Gesellschaft, die Kommanditgesellschaft;

— Polen:

spółka jawna, spółka komandytowa;

— Portugal:

sociedade em nome colectivo, sociedade em comandita simples;

— Rumänien:

societate în nume colectiv, societate în comandită simplă;

— Slowenien:

družba z neomejeno odgovornostjo, komanditna družba;

— Slowakei:

verejná obchodná spoločnosť, komanditná spoločnosť;

— Finnland:

avoin yhtiö/ öppet bolag, kommandiittiyhtiö/kommanditbolag;

— Schweden:

handelsbolag, kommanditbolag;

— Vereinigtes Königreich:

partnerships, limited partnerships, unlimited companies.

▼B

ANHANG III

HORIZONTALE GLIEDERUNG DER BILANZ NACH ARTIKEL 10

Aktiva

A. Ausstehende Einlagen auf das gezeichnete Kapital

davon eingefordert

(sofern nicht die einzelstaatlichen Rechtsvorschriften den Ausweis des eingeforderten Kapitals auf der Passivseite unter „Eigenkapital" vorsehen; in diesem Fall wird derjenige Teil des Kapitals, der eingefordert, aber noch nicht eingezahlt ist, entweder unter dem Posten A oder unter dem Posten D. II. 5 auf der Aktivseite ausgewiesen).

B. Aufwendungen für die Errichtung und Erweiterung des Unternehmens

wie in den entsprechenden einzelstaatlichen Rechtsvorschriften festgelegt und soweit diese eine Aktivierung gestatten. Die einzelstaatlichen Rechtsvorschriften können ebenfalls vorsehen, dass die Aufwendungen für die Errichtung und Erweiterung des Unternehmens als erster Posten unter „Immaterielle Anlagewerte" ausgewiesen werden.

C. Anlagevermögen

I. Immaterielle Anlagewerte

1. Entwicklungskosten, soweit die einzelstaatlichen Rechtsvorschriften eine Aktivierung gestatten.

2. Konzessionen, Patente, Lizenzen, Warenzeichen und ähnliche Rechte und Werte, soweit sie

a) entgeltlich erworben wurden und nicht unter dem Posten C.I.3 auszuweisen sind oder

b) von dem Unternehmen selbst geschaffen wurden, soweit die einzelstaatlichen Rechtsvorschriften eine Aktivierung gestatten.

3. Geschäfts- oder Firmenwert, sofern er entgeltlich erworben wurde.

4. Geleistete Anzahlungen.

II. Sachanlagen

1. Grundstücke und Bauten.

2. Technische Anlagen und Maschinen.

3. Andere Anlagen, Betriebs- und Geschäftsausstattung.

4. Geleistete Anzahlungen und Anlagen im Bau.

III. Finanzanlagen

1. Anteile an verbundenen Unternehmen.

2. Forderungen gegen verbundene Unternehmen.

3. Beteiligungen.

4. Forderungen gegen Unternehmen, mit denen ein Beteiligungsverhältnis besteht.

5. Wertpapiere des Anlagevermögens.

6. Sonstige Ausleihungen.

▼__B__

D. Umlaufvermögen

    I.   Vorräte

        1. Roh-, Hilfs- und Betriebsstoffe.

        2. Unfertige Erzeugnisse.

        3. Fertige Erzeugnisse und Waren.

        4. Geleistete Anzahlungen.

    II. Forderungen

        (Bei den folgenden Posten ist jeweils gesondert anzugeben, in welcher Höhe Forderungen mit einer Restlaufzeit von mehr als einem Jahr enthalten sind.)

        1. Forderungen aus Lieferungen und Leistungen.

        2. Forderungen gegen verbundene Unternehmen.

        3. Forderungen gegen Unternehmen, mit denen ein Beteiligungsverhältnis besteht.

        4. Sonstige Forderungen.

        5. Gezeichnetes Kapital, das eingefordert, aber noch nicht eingezahlt ist (sofern nicht die einzelstaatlichen Rechtsvorschriften den Ausweis des eingeforderten Kapitals unter dem Posten A auf der Aktivseite vorsehen).

        6. Rechnungsabgrenzungsposten (sofern nicht die einzelstaatlichen Rechtsvorschriften den Ausweis der Rechnungsabgrenzungsposten unter dem Posten E auf der Aktivseite vorsehen).

    III. Wertpapiere

        1. Anteile an verbundenen Unternehmen.

        2. Eigene Aktien oder Anteile (unter Angabe ihres Nennbetrages oder, wenn ein Nennbetrag nicht vorhanden ist, ihres rechnerischen Wertes), soweit die einzelstaatlichen Rechtsvorschriften eine Bilanzierung gestatten.

        3. Sonstige Wertpapiere.

    IV. Guthaben bei Kreditinstituten, Postscheckguthaben, Schecks und Kassenbestand.

E. Rechnungsabgrenzungsposten

    (sofern nicht die einzelstaatlichen Rechtsvorschriften den Ausweis der Rechnungsabgrenzungsposten unter den Posten D. II. 6 auf der Aktivseite vorsehen).

Passiva

A. Eigenkapital

    I.   Gezeichnetes Kapital

        (sofern nicht einzelstaatliche Rechtsvorschriften den Ausweis des eingeforderten Kapitals unter diesem Posten vorsehen; in diesem Fall werden das gezeichnete und das eingezahlte Kapital gesondert ausgewiesen).

    II. Agio

    III. Neubewertungsrücklage

    IV. Rücklagen

        1. Gesetzliche Rücklage, soweit einzelstaatliche Rechtsvorschriften die Bildung einer derartigen Rücklage vorschreiben.

▼__B__

    2. Rücklage für eigene Aktien oder Anteile, soweit einzelstaatliche Rechtsvorschriften die Bildung einer derartigen Rücklage vorschreiben, unbeschadet des Artikels 22 Absatz 1 Buchstabe b der Richtlinie 77/91/EWG.

    3. Satzungsmäßige Rücklagen.

    4. Sonstige Rücklagen, einschließlich der Zeitwert-Rücklage.

  V. Ergebnisvortrag.

  VI. Ergebnis des Geschäftsjahres.

B. Rückstellungen

    1. Rückstellungen für Pensionen und ähnliche Verpflichtungen.

    2. Steuerrückstellungen.

    3. Sonstige Rückstellungen.

C. Verbindlichkeiten

(Bei den folgenden Posten wird jeweils gesondert und für diese Posten insgesamt angegeben, in welcher Höhe Verbindlichkeiten mit einer Restlaufzeit von bis zu einem Jahr und Verbindlichkeiten mit einer Restlaufzeit von mehr als einem Jahr enthalten sind.)

    1. Anleihen, davon konvertibel.

    2. Verbindlichkeiten gegenüber Kreditinstituten.

    3. Erhaltene Anzahlungen auf Bestellungen, soweit diese nicht vom Posten „Vorräte" gesondert abgesetzt werden.

    4. Verbindlichkeiten aus Lieferungen und Leistungen.

    5. Verbindlichkeiten aus Wechseln.

    6. Verbindlichkeiten gegenüber verbundenen Unternehmen.

    7. Verbindlichkeiten gegenüber Unternehmen, mit denen ein Beteiligungsverhältnis besteht.

    8. Sonstige Verbindlichkeiten, einschließlich Verbindlichkeiten gegenüber Steuerbehörden und Sozialversicherungsträgern.

    9. Rechnungsabgrenzungsposten (sofern nicht die einzelstaatlichen Rechtsvorschriften den Ausweis der Rechnungsabgrenzungsposten unter dem Posten D unter „Rechnungsabgrenzungsposten" auf der Passivseite vorsehen).

D. Rechnungsabgrenzungsposten

(sofern nicht die einzelstaatlichen Rechtsvorschriften den Ausweis der Rechnungsabgrenzungsposten unter dem Posten C. 9 unter „Verbindlichkeiten" auf der Passivseite vorsehen).

▼B

ANHANG IV

VERTIKALE GLIEDERUNG DER BILANZ NACH ARTIKEL 10

A. Ausstehende Einlagen auf das gezeichnete Kapital

davon eingefordert

(sofern nicht die einzelstaatlichen Rechtsvorschriften den Ausweis des eingeforderten Kapitals unter dem Posten L vorsehen; in diesem Fall wird derjenige Teil des Kapitals, der eingefordert, aber noch nicht eingezahlt ist,
entweder unter dem Posten A oder unter dem Posten D. II. 5 ausgewiesen.)

B. Aufwendungen für die Errichtung und Erweiterung des Unternehmens

wie in den entsprechenden einzelstaatlichen Rechtsvorschriften festgelegt
und soweit diese eine Aktivierung gestatten. Die einzelstaatlichen Rechtsvorschriften können ebenfalls vorsehen, dass die Aufwendungen für die
Errichtung und Erweiterung des Unternehmens als erster Posten unter „Immaterielle Anlagewerte" ausgewiesen werden.

C. Anlagevermögen

   I. Immaterielle Anlagewerte

      1. Entwicklungskosten, soweit die einzelstaatlichen Rechtsvorschriften
         eine Aktivierung gestatten.

      2. Konzessionen, Patente, Lizenzen, Warenzeichen und ähnliche Rechte
         und Werte, soweit sie

         a) entgeltlich erworben wurden und nicht unter dem Posten C.I.3
            auszuweisen sind oder

         b) von dem Unternehmen selbst geschaffen wurden, soweit die ein-
            zelstaatlichen Rechtsvorschriften eine Aktivierung gestatten.

      3. Geschäfts- oder Firmenwert, sofern er entgeltlich erworben wurde.

      4. Geleistete Anzahlungen.

   II. Sachanlagen

      1. Grundstücke und Bauten.

      2. Technische Anlagen und Maschinen.

      3. Andere Anlagen, Betriebs- und Geschäftsausstattung.

      4. Geleistete Anzahlungen und Anlagen im Bau.

   III. Finanzanlagen

      1. Anteile an verbundenen Unternehmen.

      2. Forderungen gegen verbundene Unternehmen.

      3. Beteiligungen.

      4. Forderungen gegen Unternehmen, mit denen ein Beteiligungsverhält-
         nis besteht.

      5. Wertpapiere des Anlagevermögens.

      6. Sonstige Ausleihungen.

D. Umlaufvermögen

   I. Vorräte

      1. Roh-, Hilfs- und Betriebsstoffe.

      2. Unfertige Erzeugnisse.

    3. Fertige Erzeugnisse und Waren.

    4. Geleistete Anzahlungen.

II. Forderungen

(Bei den folgenden Posten ist jeweils gesondert anzugeben, in welcher Höhe Forderungen mit einer Restlaufzeit von mehr als einem Jahr enthalten sind)

    1. Forderungen aus Lieferungen und Leistungen.

    2. Forderungen gegen verbundene Unternehmen.

    3. Forderungen gegen Unternehmen, mit denen ein Beteiligungsverhältnis besteht.

    4. Sonstige Forderungen.

    5. Gezeichnetes Kapital, das eingefordert, aber noch nicht eingezahlt ist (sofern nicht die einzelstaatlichen Rechtsvorschriften den Ausweis des eingeforderten Kapitals als Aktiva unter dem Posten A vorsehen).

    6. Rechnungsabgrenzungsposten (sofern nicht die einzelstaatlichen Rechtsvorschriften den Ausweis der Rechnungsabgrenzungsposten als Aktiva unter dem Posten E vorsehen).

III. Wertpapiere

    1. Anteile an verbundenen Unternehmen.

    2. Eigene Aktien oder Anteile (unter Angabe ihres Nennbetrages oder, wenn ein Nennbetrag nicht vorhanden ist, ihres rechnerischen Wertes), soweit die einzelstaatlichen Rechtsvorschriften eine Bilanzierung gestatten.

    3. Sonstige Wertpapiere.

IV. Guthaben bei Kreditinstituten, Postscheckguthaben, Schecks und Kassenbestand.

E. Rechnungsabgrenzungsposten

(sofern nicht die einzelstaatlichen Rechtsvorschriften den Ausweis der Rechnungsabgrenzungsposten unter dem Posten D. II. 6 vorsehen.)

F. Verbindlichkeiten mit einer Restlaufzeit bis zu einem Jahr

    1. Anleihen, davon konvertibel.

    2. Verbindlichkeiten gegenüber Kreditinstituten.

    3. Erhaltene Anzahlungen auf Bestellungen, soweit diese nicht von dem Posten „Vorräte" gesondert abgesetzt werden.

    4. Verbindlichkeiten aus Lieferungen und Leistungen.

    5. Verbindlichkeiten aus Wechseln.

    6. Verbindlichkeiten gegenüber verbundenen Unternehmen.

    7. Verbindlichkeiten gegenüber Unternehmen, mit denen ein Beteiligungsverhältnis besteht.

    8. Sonstige Verbindlichkeiten, davon Verbindlichkeiten gegenüber Steuerbehörden und Sozialversicherungsträgern.

    9. Rechnungsabgrenzungsposten (sofern nicht die einzelstaatlichen Rechtsvorschriften den Ausweis der Rechnungsabgrenzungsposten unter dem Posten K vorsehen).

▼__B__

G. Umlaufvermögen

(einschließlich der Rechnungsabgrenzungsposten, sofern unter Posten E angegeben und einschließlich der Rechnungsabgrenzungsposten, sofern unter Posten K angegeben).

H. Gesamtbetrag des Vermögens nach Abzug der Verbindlichkeiten

I. Verbindlichkeiten mit einer Restlaufzeit von mehr als einem Jahr.

1. Anleihen, davon konvertibel.

2. Verbindlichkeiten gegenüber Kreditinstituten.

3. Erhaltene Anzahlungen auf Bestellungen, soweit sie nicht von den Vorräten gesondert abgezogen werden.

4. Verbindlichkeiten aus Lieferungen und Leistungen.

5. Verbindlichkeiten aus Wechseln.

6. Verbindlichkeiten gegenüber verbundenen Unternehmen.

7. Verbindlichkeiten gegenüber Unternehmen, mit denen ein Beteiligungsverhältnis besteht.

8. Sonstige Verbindlichkeiten, davon Verbindlichkeiten gegenüber Steuerbehörden und Sozialversicherungsträgern.

9. Rechnungsabgrenzungsposten (sofern nicht die einzelstaatlichen Rechtsvorschriften den Ausweis der Rechnungsabgrenzungsposten unter dem Posten K vorsehen).

J. Rückstellungen

1. Rückstellungen für Pensionen und ähnliche Verpflichtungen.

2. Steuerrückstellungen.

3. Sonstige Rückstellungen.

K. Rechnungsabgrenzungsposten

(Sofern nicht die einzelstaatlichen Rechtsvorschriften den Ausweis der Rechnungsabgrenzungsposten unter dem Posten F. 9 oder I. 9 oder beiden vorsehen.)

L. Eigenkapital

I. Gezeichnetes Kapital

(Sofern nicht einzelstaatliche Rechtsvorschriften den Ausweis des eingeforderten Kapitals unter diesem Posten vorsehen; in diesem Fall müssen das gezeichnete und das eingezahlte Kapital gesondert ausgewiesen werden.)

II. Agio

III. Neubewertungsrücklage

IV. Rücklagen

1. Gesetzliche Rücklage, soweit einzelstaatliche Rechtsvorschriften die Bildung einer derartigen Rücklage vorschreiben.

2. Rücklage für eigene Aktien oder Anteile, soweit einzelstaatliche Rechtsvorschriften die Bildung einer derartigen Rücklage vorschreiben, unbeschadet des Artikels 24 Absatz 1 Buchstabe b der Richtlinie 2012/30/EU.

3. Satzungsmäßige Rücklagen.

4. Sonstige Rücklagen, einschließlich der Zeitwert-Rücklage.

V. Ergebnisvortrag

VI. Ergebnis des Geschäftsjahres

▼B

ANHANG V

GLIEDERUNG DER GEWINN- UND VERLUSTRECHNUNG – NACH EIGENART DER AUFWENDUNG, NACH ARTIKEL 13

1. Nettoumsatzerlöse.

2. Veränderung des Bestandes an fertigen und unfertigen Erzeugnissen.

3. Andere aktivierte Eigenleistungen.

4. Sonstige betriebliche Erträge.

5. a) Roh-, Hilfs- und Betriebsstoffe.

   b) Sonstige externe Aufwendungen

6. Personalaufwand:

   a) Löhne und Gehälter.

   b) Soziale Aufwendungen, davon für Altersversorgung.

7. a) Wertberichtigungen zu Aufwendungen für die Errichtung und Erweiterung des Unternehmens und zu Sachanlagen und immateriellen Anlagewerten.

   b) Wertberichtigungen von Gegenständen des Umlaufvermögens, soweit diese die in den Unternehmen üblichen Wertberichtigungen überschreiten.

8. Sonstige betriebliche Aufwendungen.

9. Erträge aus Beteiligungen, davon aus verbundenen Unternehmen.

10. Erträge aus sonstigen Wertpapieren und Forderungen des Anlagevermögens, davon aus verbundenen Unternehmen.

11. Sonstige Zinsen und ähnliche Erträge, davon aus verbundenen Unternehmen.

12. Wertberichtigungen zu Finanzanlagen und zu Wertpapieren des Umlaufvermögens.

13. Zinsen und ähnliche Aufwendungen, davon an verbundene Unternehmen.

14. Steuern auf das Ergebnis.

15. Ergebnis nach Steuern.

16. Sonstige Steuern, soweit nicht unter den Posten 1-15 enthalten.

17. Ergebnis des Geschäftsjahres.

2013L0034 — DE — 11.12.2014 — 002.001 — 83

▼B

ANHANG VI

GLIEDERUNG DER GEWINN- UND VERLUSTRECHNUNG – NACH FUNKTION DER AUFWENDUNG, NACH ARTIKEL 13

1. Nettoumsatzerlöse.

2. Herstellungskosten der zur Erzielung der Umsatzerlöse erbrachten Leistungen (einschließlich der Wertberichtigungen).

3. Bruttoergebnis vom Umsatz.

4. Vertriebskosten (einschließlich der Wertberichtigungen).

5. Allgemeine Verwaltungskosten (einschließlich der Wertberichtigungen).

6. Sonstige betriebliche Erträge.

7. Erträge aus Beteiligungen, davon aus verbundenen Unternehmen.

8. Erträge aus sonstigen Wertpapieren und Forderungen des Anlagevermögens, davon aus verbundenen Unternehmen.

9. Sonstige Zinsen und ähnliche Erträge, davon aus verbundenen Unternehmen.

10. Wertberichtigungen von Finanzanlagen und Wertpapieren des Umlaufvermögens.

11. Zinsen und ähnliche Aufwendungen, davon an verbundene Unternehmen.

12. Steuern auf das Ergebnis.

13. Ergebnis nach Steuern.

14. Sonstige Steuern, soweit nicht unter den Posten 1-13 enthalten.

15. Ergebnis des Geschäftsjahres.

▼B

ANHANG VII

Entsprechungstabelle

Richtlinie 78/660/EWG	Richtlinie 83/349/EWG	Vorliegende Richtlinie
Artikel 1 Absatz 1 Unterabsatz 1 einleitende Worte	—	Artikel 1 Absatz 1 Buchstabe a
Artikel 1 Absatz 1 Unterabsatz 1 erster bis siebenundzwanzigster Gedankenstrich	—	Anhang I
Artikel 1 Absatz 1 Unterabsatz 2	—	Artikel 1 Absatz 1 Buchstabe b
Artikel 1 Absatz 1 Unterabsatz 2 Buchstaben a bis aa	—	Anhang II
Artikel 1 Absatz 1 Unterabsatz 3	—	—
Artikel 1 Absatz 2	—	—
Artikel 2 Absatz 1	—	Artikel 4 Absatz 1
Artikel 2 Absatz 2	—	Artikel 4 Absatz 2
Artikel 2 Absatz 3	—	Artikel 4 Absatz 3
Artikel 2 Absatz 4	—	Artikel 4 Absatz 3
Artikel 2 Absatz 5	—	Artikel 4 Absatz 4
Artikel 2 Absatz 6	—	Artikel 4 Absatz 5
Artikel 3	—	Artikel 9 Absatz 1
Artikel 4 Absatz 1	—	Artikel 9 Absatz 2
Artikel 4 Absatz 2	—	Artikel 9 Absatz 3
Artikel 4 Absatz 3	—	Artikel 9 Absatz 3-
Artikel 4 Absatz 4	—	Artikel 9 Absatz 5
Artikel 4 Absatz 5	—	—
Artikel 4 Absatz 6	—	Artikel 6 Absatz 1 Buchstabe h und Artikel 6 Absatz 3
Artikel 5 Absatz 1	—	—
Artikel 5 Absatz 2	—	Artikel 2 Nummer 14
Artikel 5 Absatz 3	—	Artikel 2 Nummer 15
Artikel 6		Artikel 9 Absatz 6
Artikel 7	—	Artikel 6 Absatz 1 Buchstabe g
Artikel 8	—	Artikel 10-
Artikel 9 Buchstabe A	—	Anhang III Posten A
Artikel 9 Buchstabe B	—	Anhang.III Posten B-
Artikel 9 Buchstabe C	—	Anhang III Posten C
Artikel 9 Buchstabe D	—	Anhang III Posten D
Artikel 9 Buchstabe E	—	Anhang III Posten E

▼B

Richtlinie 78/660/EWG	Richtlinie 83/349/EWG	Vorliegende Richtlinie
Artikel 9 Buchstabe F	—	—
Passiva Artikel 9 Buchstabe A	—	Passiva Anhang III Posten A
Artikel 9 Buchstabe B	—	Anhang III Posten B
Artikel 9 Buchstabe C	—	Anhang III Posten C
Artikel 9 Buchstabe D	—	Anhang III Posten D
Artikel 9 Buchstabe E	—	—
Artikel 10	—	Anhang IV
Artikel 10a	—	Artikel 11
Artikel 11 Unterabsatz 1	—	Artikel 3 Absatz 2 und Artikel 14 Absatz 1
Artikel 11 Unterabsatz 2	—	—
Artikel 11 Unterabsatz 3	—	Artikel 3 Absatz 9 Unterabsatz 1
Artikel 12 Absatz 1	—	Artikel 3 Absatz 10
Artikel 12 Absatz 2	—	Artikel 3 Absatz 9 Unterabsatz 2
Artikel 12 Absatz 3	—	Artikel 3 Absatz 11
Artikel 13 Absatz 1	—	Artikel 12 Absatz 1
Artikel 13 Absatz 2	—	Artikel 12 Absatz 2
Artikel 14	—	Artikel 16 Absatz 1 Buchstabe d
Artikel 15 Absatz 1	—	Artikel 12 Absatz 3
Artikel 15 Absatz 2	—	Artikel 2 Nummer 4
Artikel 15 Absatz 3 Buchstabe a	—	Artikel 17 Absatz 1 Buchstabe a
Artikel 15 Absatz 3 Buchstabe b	—	—
Artikel 15 Absatz 3 Buchstabe c	—	Artikel 17 Absatz 1 Buchstabe a Ziffer i
Artikel 15 Absatz 4	—	—
Artikel 16	—	Artikel 12 Absatz 4
Artikel 17	—	Artikel 2 Absatz 2
Artikel 18	—	—
Artikel 19	—	Artikel 2 Absatz 8
Artikel 20 Absatz 1	—	Artikel 12 Absatz 12 Unterabsatz 1
Artikel 20 Absatz 2	—	Artikel 12 Absatz 12 Unterabsatz 2
Artikel 20 Absatz 3	—	Artikel 12 Absatz 12 Unterabsatz 3
Artikel 21	—	—
Artikel 22 Unterabsatz 1	—	Artikel 13 Absatz 1
Artikel 22 Unterabsatz 2	—	Artikel 13 Absatz 2
Artikel 23 Ziffern 1 bis 15	—	Anhang V Ziffern 1 bis 15
Artikel 23 Ziffern 16 bis 19	—	—
Artikel 23 Ziffern 20 und 21	—	Anhang V Ziffern 16 und 17

▼__B__

Richtlinie 78/660/EWG	Richtlinie 83/349/EWG	Vorliegende Richtlinie
Artikel 24	—	—
Artikel 25 Ziffern 1 bis 13	—	Anhang VI Ziffern 1 bis 13
Artikel 25 Ziffern 14 bis 17	—	—
Artikel 25 Ziffern 18 und 19	—	Anhang VI Ziffern 14 und 15
Artikel 26	—	—
Artikel 27 Unterabsatz 1 einleitende Worte	—	Artikel 3 Absatz 3
Artikel 27 Unterabsatz 1 Buchstaben a und c	—	Artikel 14 Absatz 2 Buchstaben a und b
Artikel 27 Unterabsatz 1 Buchstaben b und d	—	—
Artikel 27 Unterabsatz 2	—	Artikel 3 Absatz 9 Unterabsatz 1
Artikel 28	—	Artikel 2 Nummer 5
Artikel 29	—	—
Artikel 30	—	—
Artikel 31 Absatz 1	—	Artikel 6 Absatz 1 einleitende Worte und Buchstaben a bis f
Artikel 31 Absatz 1a	—	Artikel 6 Absatz 5
Artikel 31 Absatz 2	—	Artikel 4 Absatz 4
Artikel 32	—	Artikel 6 Absatz 1 Buchstabe i
Artikel 33 Absatz 1 einleitende Worte	—	Artikel 7 Absatz 1
Artikel 33 Absatz 1 Buchstaben a und b und zweiter und dritter Unterabsatz	—	—
Artikel 33 Absatz 1 Buchstabe c	—	Artikel 7 Absatz 1
Artikel 33 Absatz 2 Buchstabe a Unterabsatz 1 und Artikel 33 Absatz 2 Buchstaben b, c und d	—	Artikel 7 Absatz 2
Artikel 33 Absatz 2 Buchstabe a Unterabsatz 2	—	Artikel 16 Absatz 1 Buchstabe b
Artikel 33 Absatz 3	—	Artikel 7 Absatz 3
Artikel 33 Absatz 4	—	Artikel 16 Absatz 1 Buchstabe b Ziffer ii
Artikel 33 Absatz 5	—	—
Artikel 34	—	Artikel 12 Absatz 11 Unterabsatz 4
Artikel 35 Absatz 1 Buchstabe a	—	Artikel 6 Absatz 1 Buchstabe i
Artikel 35 Absatz 1 Buchstaben b	—	Artikel 12 Absatz 5
Artikel 35 Absatz 1 Buchstabe c	—	Artikel 12 Absatz 6
Artikel 35 Absatz 1 Buchstabe d	—	Artikel 17 Absatz 1 Buchstabe b
Artikel 35 Absatz 2	—	Artikel 2 Nummer 5
Artikel 35 Absatz 3	—	Artikel 2 Nummer 7

▼B

Richtlinie 78/660/EWG	Richtlinie 83/349/EWG	Vorliegende Richtlinie
Artikel 35 Absatz 4	—	Artikel 12 Absatz 8 und Artikel 17 Absatz 1 Buchstabe a Ziffer vi
Artikel 36	—	—
Artikel 37 Absatz 1	—	Artikel 12 Absatz 11 Unterabsätze 1, 3 und 5
Artikel 37 Absatz 2	—	Artikel 12 Absatz 11 Unterabsätze 1 und 2
Artikel 38	—	—
Artikel 39 Absatz 1 Buchstabe a	—	Artikel 6 Absatz 1 Buchstabe i
Artikel 39 Absatz 1 Buchstabe b	—	Artikel 2 Absatz 7 Unterabsatz 1
Artikel 39 Absatz 1 Buchstabe c	—	—
Artikel 39 Absatz 1 Buchstabe d	—	Artikel 12 Absatz 7 Unterabsatz 2
Artikel 39 Absatz 1 Buchstabe e	—	Artikel 17 Absatz 1 Buchstabe b
Artikel 39 Absatz 2	—	Artikel 2 Nummer 6
Artikel 40 Absatz 1	—	Artikel 12 Absatz 9
Artikel 40 Absatz 2	—	—
Artikel 41	—	Artikel 12 Absatz 10
Artikel 42 Absatz 1	—	Artikel 12 Absatz 12 Unterabsatz 3
Artikel 42 Absatz 2	—	—
Artikel 42a Absatz 1	—	Artikel 8 Absatz 1 Buchstabe a
Artikel 42a Absatz 2	—	Artikel 8 Absatz 2
Artikel 42a Absatz 3	—	Artikel 8 Absatz 3
Artikel 42a Absatz 4	—	Artikel 8 Absatz 4
Artikel 42a Absatz 5	—	Artikel 8 Absatz 5
Artikel 42a Absatz 5a	—	Artikel 8 Absatz 6
Artikel 42b	—	Artikel 8 Absatz 7
Artikel 42c	—	Artikel 8 Absatz 8
Artikel 42d	—	Artikel 16 Absatz 1 Buchstabe c
Artikel 42e	—	Artikel 8 Absatz 1 Buchstabe b
Artikel 42f	—	Artikel 8 Absatz 9
Artikel 43 Absatz 1 einleitende Worte	—	Artikel 16 Absatz 1 einleitende Worte
Artikel 43 Absatz 1 Nummer 1	—	Artikel 16 Absatz 1 Buchstabe a
Artikel 43 Absatz 1 Nummer 2 Unterabsatz 1	—	Artikel 17 Buchstabe g Unterabsatz 1
Artikel 43 Absatz 1 Nummer 2 Unterabsatz 2	—	Artikel 17 Absatz 1 Buchstabe k
Artikel 43 Absatz 1 Nummer 3	—	Artikel 17 Absatz 1 Buchstabe h
Artikel 43 Absatz 1 Nummer 4	—	Artikel 17 Absatz 1 Buchstabe i

▼B

Richtlinie 78/660/EWG	Richtlinie 83/349/EWG	Vorliegende Richtlinie
Artikel 43 Absatz 1 Nummer 5	—	Artikel 17 Absatz 1 Buchstabe j
Artikel 43 Absatz 1 Nummer 6	—	Artikel 16 Absatz 1 Buchstabe g
Artikel 43 Absatz 1 Nummer 7	—	Artikel 16 Absatz 1 Buchstabe d
Artikel 43 Absatz 1 Nummer 7a	—	Artikel 17 Absatz 1 Buchstabe p
Artikel 43 Absatz 1 Nummer 7b	—	Artikel 2 Absatz 3 und Artikel 17 Absatz 1 Buchstabe r
Artikel 43 Absatz 1 Nummer 8	—	Artikel 18 Absatz 1 Buchstabe a
Artikel 43 Absatz 1 Nummer 9	—	Artikel 17 Absatz 1 Buchstabe f
Artikel 43 Absatz 1 Nummer 10	—	—
Artikel 43 Absatz 1 Nummer 11	—	Artikel 17 Absatz 1 Buchstabe f
Artikel 43 Absatz 1 Nummer 12	—	Artikel 17 Absatz 1 Buchstabe d Unterabsatz 1
Artikel 43 Absatz 1 Nummer 13	—	Artikel 16 Absatz 1 Buchstabe e
Artikel 43 Absatz 1 Nummer 14 Buchstabe a	—	Artikel 17 Absatz 1 Buchstabe c Ziffer i
Artikel 43 Absatz 1 Nummer 14 Buchstabe b	—	Artikel 17 Absatz 1 Buchstabe c Ziffer ii
Artikel 43 Absatz 1 Nummer 15	—	Artikel 18 Absatz 1 Buchstabe b und Artikel 18 Absatz 3
Artikel 43 Absatz 2	—	—
Artikel 43 Absatz 3	—	Artikel 17 Absatz 1 Buchstabe d Unterabsatz 2
Artikel 44	—	—
Artikel 45 Absatz 1	—	Artikel 17 Absatz 1 Buchstabe g Unterabsatz 2 Artikel 28 Absatz 3
Artikel 45 Absatz 2	—	Artikel 18 Absatz 2
Artikel 46	—	Artikel 19
Artikel 46a	—	Artikel 20
Artikel 47 Absätze 1 und 1a	—	Artikel 30(1) und (2)
Artikel 47 Absatz 2	—	Artikel 31 Absatz 1
Artikel 47 Absatz 3	—	Artikel 31 Absatz 2
Artikel 48	—	Artikel 32 Absatz 1
Artikel 49	—	Artikel 32 Absatz 2
Artikel 50	—	Artikel 17 Absatz 1 Buchstabe o
Artikel 50a	—	—
Artikel 50b	—	Artikel 33 Absatz 1 Buchstabe a
Artikel 50c	—	Artikel 33 Absatz 2
Artikel 51 Absatz 1	—	Artikel 34 Absatz 1
Artikel 51 Absatz 2	—	—
Artikel 51 Absatz 3	—	—

2013L0034 — DE — 11.12.2014 — 002.001 — 89

▼B

Richtlinie 78/660/EWG	Richtlinie 83/349/EWG	Vorliegende Richtlinie
Artikel 51a	—	Artikel 35
Artikel 52	—	—
Artikel 53 Absatz 2	—	Artikel 3 Absatz 13
Artikel 53a	—	Artikel 40
Artikel 55	—	—
Artikel 56 Absatz 1	—	—
Artikel 56 Absatz 2	—	Artikel 17 Absatz 1 Buchstaben l, m und n
Artikel 57	—	Artikel 37
Artikel 57a	—	Artikel 38
Artikel 58	—	Artikel 39
Artikel 59 Absatz 1	—	Artikel 9 Absatz 7 Buchstabe a
Artikel 59 Absätze 2 bis 6 Buchstabe a	—	Artikel 9 Absatz 7 Buchstabe a und Artikel 27
Artikel 59 Absatz 6 Buchstaben b und c	—	Artikel 9 Absatz 7 Buchstaben b und c
Artikel 59(7) und (8)	—	Artikel 9 Absatz 7 Buchstabe a und Artikel 27
Artikel 59 Absatz 9	—	—
Artikel 60	—	—
Artikel 60a	—	Artikel 51
Artikel 61	—	Artikel 17 Absatz 2
Artikel 61a	—	—
Artikel 62	—	Artikel 55
—	Artikel 1 Absatz 1	Artikel 22 Absatz 1
—	Artikel 1 Absatz 2	Artikel 23 Absatz 1 Buchstabe f
—	Artikel 1 Absatz 2	Artikel 22 Absatz 2
—	Artikel 2 Absätze 1, 2 und 3	Artikel 23 Absätze 3, 4 und 5
—	Artikel 3 Absatz 1	Artikel 22 Absatz 6
—	Artikel 3 Absatz 2	Artikel 2 Nummer 10
—	Artikel 4 Absatz 1	Artikel 21
—	Artikel 4 Absatz 2	—
—	Artikel 5	—
—	Artikel 6 Absatz 1	Artikel 23 Absatz 2
—	Artikel 6 Absatz 2	Artikel 3 Absatz 8
—	Artikel 6(3)	Artikel 3 Absatz 9 Unterabsatz 2, Artikel 3 Absätze 10 und 11
—	Artikel 6 Absatz 4	Artikel 23 Absatz 2
—	Artikel 7 Absatz 1	Artikel 23 Absatz 3
—	Artikel 7 Absatz 2	Artikel 23 Absatz 4
—	Artikel 7 Absatz 3	Artikel 23 Absatz 3 einleitende Worte

Anhang I

▼B

Richtlinie 78/660/EWG	Richtlinie 83/349/EWG	Vorliegende Richtlinie
—	Artikel 8	Artikel 23 Absatz 5
—	Artikel 9 Absatz 1	Artikel 23 Absatz 6
—	Artikel 9 Absatz 2	—
—	Artikel 10	Artikel 23 Absatz 7
—	Artikel 11	Artikel 23 Absatz 8
—	Artikel 12 Absatz 1	Artikel 22 Absatz 7
—	Artikel 12 Absatz 2	Artikel 22 Absatz 8
	Artikel 12 Absatz 3	Artikel 22 Absatz 9
	Artikel 13 Absätze 1 und 2	Artikel 2, Nummer 16 und Artikel 6 Absatz 1 Buchstabe j
	Artikel 13 Buchstabe 2a	Artikel 23 Absatz 10
—	Artikel 13 Absatz 3	Artikel 23 Absatz 9
—	Artikel 15	—
—	Artikel 16	Artikel 4
—	Artikel 17 Absatz 1	Artikel 24 Absatz 1
—	Artikel 17 Absatz 2	—
—	Artikel 18	Artikel 24 Absatz 2
—	Artikel 19	Artikel 24 Absatz 3 Buchstaben a bis e
—	Artikel 20	—
—	Artikel 21	Artikel 24 Absatz 4
—	Artikel 22	Artikel 24 Absatz 5
—	Artikel 23	Artikel 24 Absatz 6
—	Artikel 24	—
—	Artikel 25 Absatz 1	Artikel 6 Absatz 1 Buchstabe b
—	Artikel 25 Absatz 2	Artikel 4 Absatz 4
—	Artikel 26 Absatz 1	Artikel 24 Absatz 7
—	Artikel 26 Absatz 1	—
—	Artikel 26 Absatz 2	—
—	Artikel 26 Absatz 3	Artikel 6 Absatz Buchstabe j
—	Artikel 27	Artikel 24 Absatz 8
—	Artikel 28	Artikel 24 Absatz 9
—	Artikel 29 Absatz 1	Artikel 24 Absatz 10
—	Artikel 29 Absatz 2	Artikel 24 Absatz 11
—	Artikel 29 Absatz 3	Artikel 24 Absatz 12
—	Artikel 29 Absatz 4	Artikel 24 Absatz 13
—	Artikel 29 Absatz 5	Artikel 24 Absatz 14
—	Artikel 30 Absatz 1	Artikel 24 Absatz 3 Buchstabe c

▼B

Richtlinie 78/660/EWG	Richtlinie 83/349/EWG	Vorliegende Richtlinie
	Artikel 30 Absatz 2	
—	Artikel 31	Artikel 24 Absatz 3 Buchstabe f
—	Artikel 32 Absätze 1 und 2	Artikel 26
—	Artikel 32 Absatz 3	—
—	Artikel 33	Artikel 27
—	Artikel 34 einleitende Worte und Artikel 34 Absatz 1 einleitender Satz	Artikel 16 Absatz 1 Buchstabe a und Artikel 28 Absatz 1
—	Artikel 34 Absatz 1 Satz 2	—
—	Artikel 34 Absatz 2	Artikel 28 Absatz 2 Buchstabe a
—	Artikel 34 Absatz 3 Buchstabe a	Artikel 28 Absatz 2 Buchstabe b
—	Artikel 34 Absatz 3 Buchstabe b	—
—	Artikel 34 Absatz 4	Artikel 28 Absatz 2 Buchstabe c
—	Artikel 34 Absatz 5	Artikel 28 Absatz 2 Buchstabe d
—	Artikel 34 Absatz 6	Artikel 16 Absatz 1 Buchstabe g und Artikel 28 Absatz 1
—	Artikel 34 Absatz 7	Artikel 16 Absatz 1 Buchstabe d und Artikel 28 Absatz 1
—	Artikel 34 Absatz 7a	Artikel 17 Absatz 1 Buchstabe p
—	Artikel 34 Absatz 7b	Artikel 17 Absatz 1 Buchstabe r
—	Artikel 34 Absatz 8	Artikel 18 Absatz 1 Buchstabe a
—	Artikel 34 Absatz 9 Buchstabe a	Artikel 17 Absatz 1 Buchstabe e
—	Artikel 34 Absatz 9 Buchstabe b	Artikel 28 Absatz 1 Buchstabe b
—	Artikel 34 Absatz 10	—
—	Artikel 34 Absatz 11	Artikel 17 Absatz 1 Buchstabe f und Artikel 28 Absatz 1
	Artikel 24 Absätze 12 und 13	Artikel Buchstabe c
	Artikel 34 Absatz 14	Artikel 16 Absatz 1 Buchstabe c und Artikel 28 Absatz 1
—	Artikel 17 Absatz 1 Buchstabe c	Artikel 17 Absatz 1 Buchstabe c und Artikel 28 Absatz 1
—	Artikel 34 Absatz 16	Artikel 18 Absatz 1 Buchstabe b und Artikel 28 Absatz 1
—	Artikel 35 Absatz 1	Artikel 28 Absatz 3
—	Artikel 35 Absatz 2	—
—	Artikel 36 Absatz 1	Artikel 19 Absatz 1 und Artikel 29 Absatz 1
—	Artikel 36 Absatz 2 Buchstabe a	
	Artikel 36 Absatz 2 Buchstaben b und c	Artikel 19 Absatz 2 Buchstaben b und c
—	Artikel 36 Absatz 2 Buchstabe d	Artikel 29 Absatz 2 Buchstabe a

▼B

Richtlinie 78/660/EWG	Richtlinie 83/349/EWG	Vorliegende Richtlinie
—	Artikel 36 Absatz 2 Buchstabe e	Artikel 19 Absatz 2 Buchstabe e und Artikel 29 Absatz 1
—	Artikel 36 Absatz 2 Buchstabe f	Artikel 29 Absatz 2 Buchstabe b
—	Artikel 36 Absatz 3	Artikel 29 Absatz 3
—	Artikel 36a	Artikel 33 Absatz 1 Buchstabe b
—	Artikel 36b	Artikel 33 Absatz 2
—	Artikel 37 Absatz 1	Artikel 34 Absätze 1 und 2
—	Artikel 37 Absatz 2	Artikel 35
—	Artikel 37 Absatz 4	Artikel 35
—	Artikel 38 Absatz 1	Artikel 30 Absatz 1 Unterabsatz 1 und Artikel 30 Absatz 3 Unterabsatz 1
—	Artikel 38 Absatz 2	Artikel 30 Absatz 1 Unterabsatz 2
—	Artikel 38 Absatz 3	—
—	Artikel 38 Absatz 4	Artikel 30 Absatz 3 Unterabsatz 2
—	Artikel 38 Absätze 5 und 6	—
—	Artikel 38 Absatz 7	Artikel 40
—	Artikel 38a	—
—	Artikel 39	—
—	Artikel 40	—
—	Artikel 41 Absatz 1	Artikel 2 Nummer 12
—	Artikel 41 Absatz 1a	Artikel 2 Nummer 3
—	Artikel 41 Absätze 2 bis 5	—
—	Artikel 42	—
—	Artikel 43	—
—	Artikel 44	—
—	Artikel 45	—
—	Artikel 46	—
—	Artikel 47	—
—	Artikel 48	Artikel 51
—	Artikel 49	—
—	Artikel 50	—
—	Artikel 50a	—
—	Artikel 51	Artikel 55

Anhang II: Tabelle jener inhaltlich entsprechenden Bestimmungen, die mit dem RÄG 2014 an unterschiedlicher Stelle im UGB geregelt wurden

UGB alt	UGB neu	Inhalt
§ 189 Abs 1 Z 1	§ 189 Abs 1 Z 1 und 2	Rechnungslegungs-Pflicht für KapitalGes und kapitalistische PersonenGes
§ 189 Abs 1 Z 2	§ 189 Abs 1 Z 3	Rechnungslegungs-Pflicht für sonstige Unternehmen
§ 221 Abs 3	§ 198a Z 1	Definition PIEs
§ 224 Abs 3 C	§ 224 Abs 3 B	Bilanzgliederung: Rückstellungen
§ 224 Abs 3 D	§ 224 Abs 3 C	Bilanzgliederung: Verbindlichkeiten
§ 224 Abs 3 E	§ 224 Abs 3 D	Bilanzgliederung: passive Rechnungsabgrenzungsposten
§ 228 Abs 3	§ 198a Z 6	Definition Mutterunternehmen
§ 228 Abs 3	§ 198a Z 7	Definition Tochterunternehmen
§ 228 Abs 3	§ 198a Z 8	Definition Gruppe
§ 228 Abs 3	§ 198a Z 8	Definition verbundene Unternehmen
§ 228 Abs 1	§ 198a Z 2	Definition Beteiligung
§ 231 Abs 2 Z 21	§ 231 Abs 2 Z 18	Gliederung GuV: Steuern
§ 231 Abs 2 Z 24	§ 231 Abs 2 Z 22	Gliederung GuV: Auflösung Kapitalrücklagen
§ 231 Abs 2 Z 25	§ 231 Abs 2 Z 23	Gliederung GuV: Auflösung Gewinnrücklagen
§ 231 Abs 2 Z 27	§ 231 Abs 2 Z 24	Gliederung GuV: Zuweisung Gewinnrücklagen
§ 231 Abs 2 Z 28	§ 231 Abs 2 Z 25	Gliederung GuV: Gewinn(Verlust)vortrag
§ 231 Abs 2 Z 29	§ 231 Abs 2 Z 26	Gliederung GuV: Bilanzgewinn(verlust)
§ 231 Abs 3 Z 4	§ 231 Abs 3 Z 6	Gliederung GuV: sonstige betriebliche Erträge
§ 231 Abs 3 Z 5	§ 231 Abs 3 Z 4	Gliederung GuV: Vertriebskosten
§ 231 Abs 3 Z 6	§ 231 Abs 3 Z 5	Gliederung GuV: Verwaltungskosten
§ 231 Abs 3 Z 20	§ 231 Abs 3 Z 17	Gliederung GuV: Steuern
§ 231 Abs 3 Z 23	§ 231 Abs 3 Z 21	Gliederung GuV: Auflösung Kapitalrücklagen
§ 231 Abs 3 Z 24	§ 231 Abs 3 Z 22	Gliederung GuV: Auflösung Gewinnrücklagen
§ 231 Abs 3 Z 26	§ 231 Abs 3 Z 23	Gliederung GuV: Zuweisung Gewinnrücklagen
§ 231 Abs 3 Z 27	§ 231 Abs 3 Z 24	Gliederung GuV: Gewinn(Verlust)vortrag
§ 231 Abs 3 Z 28	§ 231 Abs 3 Z 25	Gliederung GuV: Bilanzgewinn(verlust)
§ 232 Abs 1	§ 198a Z 5	Definition Umsatzerlöse
§ 233	§ 237 Abs 1 Z 4	Aufwendungen mit ao Größenordnung/Stellenwert
§ 236 Z 1	§ 237 Abs 1 Z 1	Bilanzierungs- und Bewertungsmethoden
§ 236 Z 1	§ 201 Abs 3	Abweichungen von Bilanzierungs- und Bewertungsmethoden
§ 236 Z 2	§ 203 Abs 4	Aktivierte Fremdkapitalzinsen
§ 236 Z 3	§ 203 Abs 5	Abschreibung des Firmenwerts
§ 236 Z 4	§ 206 Abs 3	aktivierte Verwaltungs- und Vertriebskosten
§ 237 Z 1a	§ 237 Abs 1 Z 5	Verbindlichkeiten > 5 Jahre
§ 237 Z 1b	§ 225 Abs 6 erster Satz	Verbindlichkeiten > 1 Jahr
§ 237 Z 1c	§ 237 Abs 1 Z 5	dinglich gesicherte Verbindlichkeiten
§ 237 Z 2	§ 237 Abs 1 Z 1	Grundlagen für die Euro-Umrechnung
§ 237 Z 3	§ 237 Abs 1 Z 2	Haftungsverhältnisse
§ 237 Z 4	§ 238 Abs 1 Z 13	Personalaufwand bei UK-Verfahren
§ 237 Z 5	entfällt	Wesentliche Verluste aus Abgang von Anlagevermögen
§ 237 Z 6	entfällt	Erläuterung zu Steuern

§ 237 Z 7	§ 238 Abs 1 Z 15	Rückstellungen von erheblichen Umfang
§ 237 Z 8	§ 237 Abs 1 Z 2 und § 238 Abs 1 Z 14	außerbilanzielle finanzielle Verpflichtungen
§ 237 Z 8a	§ 238 Abs 1 Z 10	außerbilanzielle Geschäfte
§ 237 Z 8b	§ 238 Abs 1 Z 12	nahe stehende Unternehmen und Personen
§ 237 Z 9	§ 240	Aufgliederung Umsatzerlöse nach Tätigkeiten/geografisch
§ 237 Z 10	§ 238 Abs 1 Z 16	Einlagen stiller Gesellschafter
§ 237 Z 11	§ 238 Abs 1 Z 17	Abweichungen vom Börsekurs bei Bewertungsvereinfachung
§ 237 Z 12	§ 238 Abs 1 Z 7	Name und Sitz der Konzernspitze
§ 237 Z 12	§ 237 Abs 1 Z 7	Name und Sitz des Mutterunternehmens
§ 237 Z 12	§ 238 Abs 1 Z 8	Ort der Verfügbarkeit von Kopien des Konzernabschlusses
§ 237 Z 13	§ 239 Z 1	Aufwendungen für Abfertigungen
§ 237 Z 14	§ 238 Abs 1 Z 18	Aufwendungen für Abschlussprüfer
§ 237a Abs 1 Z 1	§ 238 Abs 1 Z 1	derivative Finanzinstrumente
§ 237a Abs 1 Z 2	§ 238 Abs 1 Z 2	Unterbleiben der außerplanmäßigen Abschreibung von Finanzinstrumenten
§ 237a Abs 2	§ 238 Abs 2	Definition derivative Finanzinstrumente
§ 237a Abs 3	§ 189a Z 4	Beizulegender Zeitwert: Definition
§ 238 Z 1	§ 238 Abs 1 Z 19	Erwerb immaterieller Vermögensgegenstände von verbundenen U/Gesellschafter
§ 238 Z 2	§ 238 Abs 1 Z 4	20-%-Anteile an anderen Unternehmen: Name und Sitz
§ 238 Z 2	§ 238 Abs 1 Z 6	Unternehmen, deren unbeschränkt haftender Gesellschafter das Unternehmen ist
§ 238 Z 3	§ 238 Abs 1 Z 20	Beziehungen zu verbundenen Unternehmen
§ 238 Z 4	§ 238 Abs 1 Z 21	Aufwendungen aus Gewinngemeinschaften
§ 239 Abs 1 Z 1	§ 237 Abs 1 Z 6	Zahl der Arbeitnehmer
§ 239 Abs 1 Z 2	§ 237 Abs 1 Z 3	Vorschüsse und Kredite an Vorstands- und AR-Mitglieder
§ 240 Z 1	§ 241 Z 1	Grundkapital pro Aktiengattung, Zahl der Aktien
§ 240 Z 2	§ 241 Z 2	Vorratsaktien
§ 240 Z 3	§ 243 Abs 3 Z 3	eigene Aktien
§ 240 Z 4 und 5	§ 241 Z 3 und 4	Zahl und Nennbetrag des ausgeübten genehmigten Kapitals
§ 240 Z 6 und 7	§ 238 Abs 1 Z 5	Genussscheine, Wandelschuldverschreibungen, Optionen
§ 240 Z 8 und 9	§ 241 Z 5 und 6	Nachrangiges Kapital, wechselseitige Beteiligung
§ 241 Abs 2	§ 242 Abs 2	Ausnahme von Beteiligungsspiegel
§ 241 Abs 3	§ 242 Abs 3	Ausnahme von Angabe zu verbundenen Unternehmen
§ 241 Abs 4	§ 242 Abs 4	eingeschränkte Aufschlüsselung bei Bezügen
§ 243 Abs 3 Z 1	§ 238 Abs 1 Z 11 und § 237 Abs 2	wesentliche Ereignisse nach Ende eines Geschäftsjahres
§ 243 Abs 3 Z 2	§ 243 Abs 3 Z 1	Lagebericht: Voraussichtliche Entwicklung
§ 243 Abs 3 Z 3	§ 243 Abs 3 Z 2	Lagebericht: Forschung und Entwicklung
§ 245 Abs 5	§ 245 Abs 3	keine Befreiung von Teilkonzernabschluss für kapitalmarktorientierte Unternehmen
§ 249 Abs. 1 Z 1	§ 249 Abs 1 Z 3	Rechtebeschränkung
§ 249 Abs. 1 Z 2	§ 249 Abs 1 Z 1	Verzicht auf Einbeziehung: keine Information
§ 263 Abs 1	§ 198a Z 9	Definition: assoziiertes Unternehmen
§ 266 Z 1	§§ 266 Z 3, 251 Abs 1, 237 Abs 1 Z 5	Konzernanhang: Verbindlichkeiten
§ 266 Z 2	§§ 251 Abs 1, 237 Abs 1 Z 2	Konzernanhang: außerbilanzielle finanzielle Verpflichtungen

§ 266 Z 2a	§§ 251 Abs 1, 238 Abs 1 Z 10	Konzernanhang: außerbilanzielle Geschäfte
§ 266 Z 2b	§§ 266 Z 5, 251 Abs 1, 238 Abs 1 Z 12	Konzernanhang: Sonderangaben zu nahestehenden Personen
§ 266 Z 3	§§ 251 Abs 1, 240	Konzernanhang: Aufgliederung Umsatzerlöse
§ 266 Z 4	§§ 251 Abs 1, 237 Abs 1 Z 6, 239 Abs 1 Z 1	Konzernanhang: Zahl der Arbeitnehmer
§ 266 Z 4	§§ 251 Abs 1, 238 Abs 1 Z 13	Konzernanhang: Personalaufwand
§ 266 Z 4	§ 266 Z 4	Konzernanhang: gesonderte Angabe von Arbeitnehmern quotenkonsoliderter Unternehmen
§ 266 Z 5	§§ 266 Z 2, 251 Abs 1, 237 Abs 1 Z 3	Konzernanhang: Vorschüsse und Kredite an Vorstand/Aufsichtsrat
§ 266 Z 6	§§ 266 Z 4, 251 Abs 1, 239 Abs 1 Z 3	Konzernanhang: Abfertigungen und Pensionen
§ 266 Z 7	§§ 251 Abs 1, 239 Abs 1 Z 4	Konzernanhang: Bezüge Vorstand/Aufsichtsrat
§ 266 Z 8	§ 267 Abs 3 Z 3	Konzernanhang: eigene Aktien
§ 266 Z 9	§§ 251 Abs 1, 238 Abs 1 Z 1	Konzernanhang: derivative Finanzinstrumente
§ 266 Z 10	§§ 251 Abs 1, 238 Abs 1 Z 2	Konzernanhang: Finanzinstrumente über beizulegendem Zeitwert
§ 266 Z 11	§§ 251 Abs 1, 238 Abs 1 Z 18	Konzernanhang: Aufwendungen für Abschlussprüfer
§ 267 Abs 3 Z 1	§§ 251 Abs 1, 238 Abs 1 Z 11	wesentliche Ereignisse nach Ende eines Geschäftsjahres
§ 267 Abs 3 Z 2	§ 267 Abs 3 Z 1	Konzernlagebericht: voraussichtliche Entwicklung
§ 267 Abs 3 Z 3	§ 267 Abs 3 Z 2	Konzernlagebericht: Forschung/Entwicklung
§ 267 Abs 3 Z 4	§ 267 Abs 3 Z 5	Konzernlagebericht: Finanzinstrumente
§ 268 Abs 1	§ 268 Abs 1, § 274 Abs 5	Prüfung des Lageberichts
§ 268 Abs 2	§ 268 Abs 2, § 274 Abs 5	Prüfung des Konzernabschlusses und Konzernlageberichts
§ 268 Abs 3	§ 269 Abs 4	Änderung nach Prüfung
§ 269 Abs 1 erster Satz	§ 269 Abs 1 zweiter Satz	Einbeziehung der Buchführung
§ 269 Abs 1 zweiter Satz	§ 269 Abs 1 erster Satz	Beachtung Gesetz/Gesellschaftsvertrag
§ 269 Abs 1 dritter und vierter Satz	§ 269 Abs 3	Prüfung des Lageberichts
§ 274 Abs 2 bis 4	§ 274 Abs 2 bis 4	Inhalt des Bestätigungsvermerk (andere Formulierungen)
§ 274 Abs 6 erster Satz	§ 274 Abs 7	Unterzeichnung des Bestätigungsvermerks
§ 274 Abs 6 zweiter Satz	§ 274 Abs 8 zweiter Satz	Aufnahme in den Prüfungsbericht
§ 277 Abs 1	§ 238 Abs 1 Z 8	Gewinnverwendung

Anhang III: Entsprechungstabelle Umsetzung der Bilanz-RL

Bilanz-RL	UGB neu	Inhalt
Art 1 lit a	§ 198 Abs 1 Z 1, Überschrift zweiter und dritter Abschnitt	Anwendungsbereich: Kapitalgesellschaften
Art 1 lit b	§ 198 Abs 1 Z 2, § 221 Abs 5, § 244 Abs 3	Anwendungsbereich: „kapitalistische" Personengesellschaften
Art 2 Abs 1	§ 198a Z 1	Definition PIEs
Art 2 Abs 2	§ 198a Z 2	Definition Beteiligung
Art 2 Abs 3	§ 238 Abs 1 Z 11	Definition nahe stehende Unternehmen und Personen
Art 2 Abs 4	§ 198 Abs 2	Definition Anlagevermögen
Art 2 Abs 5	§ 198a Z 5	Definition Nettoumsatz
Art 2 Abs 6	§ 23 Abs 2	Definition Anschaffungskosten
Art 2 Abs 7	§ 23 Abs 3	Definition Herstellungskosten
Art 2 Abs 8	keine Entsprechung	Definition Wertberichtigung
Art 2 Abs 9	§ 198a Z 6	Definition Mutterunternehmen
Art 2 Abs 10	§ 198a Z 7	Definition Tochterunternehmen
Art 2 Abs 11	§ 198a Z 8	Definition Gruppe
Art 2 Abs 12	§ 198a Z 8	Definition verbundene Unternehmen
Art 2 Abs 13	§ 198a Z 9	Definition assoziiertes Unternehmen
Art 2 Abs 14	§ 198a Z 11	Definition Beteiligungsgesellschaft
Art 2 Abs 15	§ 198a Z 12	Definition Investmentgesellschaft
Art 2 Abs 16	§ 198a Z 10	Definition Wesentlichkeit
Art 3 Abs 1	§ 221 Abs 1a	Schwellenwerte Micros
Art 3 Abs 2	§ 221 Abs 1	Schwellenwerte kleine Unternehmen
Art 3 Abs 3	§ 221 Abs 2	Schwellenwerte mittlere Unternehmen
Art 3 Abs 4	§ 221 Abs 3	Schwellenwerte große Unternehmen
Art 3 Abs 5	nicht umgesetzt	Schwellenwerte kleine Gruppe
Art 3 Abs 6	§ 246 Abs 1 Z 2	Schwellenwerte mittlere Gruppe
Art 3 Abs 7	§ 246 Abs 1 Z 2	Schwellenwerte große Gruppe
Art 3 Abs 8	§ 246 Abs 1 Z 1	Bruttomethode
Art 3 Abs 9	nicht relevant	Euro-Umrechnung
Art 3 Abs 10	§ 221 Abs 4, § 246 Abs 2	Überschreitung in zwei aufeinanderfolgenden Geschäftsjahren
Art 3 Abs 11	nicht explizit erwähnt	Definition Bilanzsumme
Art 3 Abs 12	§ 221 Abs 4a	Ausnahme für Mutterunternehmen
Art 3 Abs 13	§ 221 Abs 7	Inflationsanpassung der Schwellenwerte
Art 4 Abs 1	§ 193 Abs 4, § 222 Abs 1	Bestandteile des Jahresabschlusses
Art 4 Abs 2	§ 195	Klarheit und Übersichtlichkeit
Art 4 Abs 3	§ 195, § 222 Abs 2	true and fair view
Art 4 Abs 4	§ 222 Abs 3	Abweichungen von true and fair view
Art 4 Abs 5	Mitgliedstaaten-Option	Möglichkeit zusätzlicher Angaben für nicht kleine Unternehmen

Art 4 Abs 6	Option; nicht umgesetzt	Möglichkeit zusätzlicher Angaben für kleine Unternehmen
Art 4 Abs 7	nicht relevant	Information an die EK über Angaben nach Abs 6
Art 4 Abs 8	nicht relevant	keine Veröffentlichung von Angaben nach Abs 6
Art 5	§ 281 Abs 3	Allgemeine Offenlegung: Name, Firmenbuch-Nr, Rechtsform, Sitz, in Liquidation
Art 6 Abs 1 lit a	§ 201 Abs 2 Z 2	Fortbestehensprognose
Art 6 Abs 1 lit b	§ 201 Abs 2 Z 1	stetige Anwendung von Rechnungslegungsmethoden
Art 6 Abs 1 lit c	§ 201 Abs 2 Z 4	Vorsichtsgrundsatz
Art 6 Abs 1 lit d	§ 201 Abs 2 Z 5	Periodenwahrheit
Art 6 Abs 1 lit e	§ 201 Abs 2 Z 6	Bilanzstetigkeit
Art 6 Abs 1 lit f	§ 201 Abs 2 Z 3	Einzelbewertung
Art 6 Abs 1 lit g	§ 196 Abs 2	Verrechnungsverbot
Art 6 Abs 1 lit h	§ 196a Abs 1	Wirtschaftlicher Gehalt
Art 6 Abs 1 lit i	§§ 203 Abs 1, 206 Abs 1	Anschaffungs- und Herstellungskosten als Bewertungsobergrenze
Art 6 Abs 1 lit j	§ 196a Abs 2	Wesentlichkeit
Art 6 Abs 2	Option; nicht umgesetzt	Ausnahmen vom Verrechnungsverbot
Art 6 Abs 3	Option; nicht umgesetzt	Ausnahme vom Grundsatz des wirtschaftlichen Gehalts
Art 6 Abs 4	§ 196 Abs 1	Mitgliedstaaten-Option Wesentlichkeit
Art 6 Abs 5	§ 201 Abs 2 Z 4 lit b	Berücksichtigung auch voraussehbarer Verbindlichkeiten und drohender Verluste
Art 7	Option; nicht umgesetzt	Bewertung zu Neubewertungsbeträgen
Art 8 Abs 1	ergibt sich aus § 245a Abs 2	beizulegender Zeitwert für Konzernabschlüsse
Art 8 Abs 2	§ 238 Abs 2	Definition derivative Finanzinstrumente
Art 8 Abs 3	nicht relevant	Einschränkung Abs 1
Art 8 Abs 4	nicht relevant	Einschränkung Abs 1
Art 8 Abs 5	Option; nicht umgesetzt	Bilanzierung von Sicherungsgeschäften
Art 8 Abs 6	nicht relevant	Anwendung IAS/IFRS statt Abs 3 und 4
Art 8 Abs 7	§ 189a Z 4	beizulegender Zeitwert: Definition
Art 8 Abs 8	nicht relevant	Ausweis Wertänderung von Finanzinstrumenten: Pflicht
Art 8 Abs 9	nicht relevant	Ausweis Wertänderung von Finanzinstrumenten: Option
Art 9 Abs 1	§ 223 Abs 1	Abweichungen von der Darstellung
Art 9 Abs 2	§ 223 Abs 4	Untergliederung
Art 9 Abs 3	§ 223 Abs 3	Adaptierung nach Geschäftszweigen
Art 9 Abs 3	§ 223 Abs 3	Gliederung nach dem wirtschaftlich bedeutsamsten Zweig
Art 9 Abs 3	§ 223 Abs 6	Zusammenfassung der Posten
Art 9 Abs 4	Option; nicht umgesetzt	Abweichung von Gliederung für elektronische Einreichung
Art 9 Abs 5	§ 223 Abs 2	Vergleichbarkeit der Posten des Vorjahres

Art 9 Abs 6	§ 231 Abs 2 Z 21 bis 23 und Abs. 3 Z 20 bis 22	Anpassung Bilanz und GuV für Ausweis der Ergebnisverwendung
Art 9 Abs 7 lit a	Option; nicht umgesetzt	Bilanzierung von Beteiligungen at equity
Art 9 Abs 7 lit b	Option; nicht umgesetzt	Ausweis nur von gesicherten Dividenden in GuV
Art 9 Abs 7 lit c	nicht relevant	Ausschüttungssperre von nicht gesicherten Beteiligungserträgen
Art 10	§ 224 Abs 1	Bilanzgliederung nach Anh III und IV
Art 11	nicht umgesetzt	Andere Gliederung durch Unterscheidung zwischen kurz- und langfristigen Posten
Art 12 Abs 1	§ 223 Abs 5	Zugehörigkeit zu mehreren Posten
Art 12 Abs 2	§ 229 Abs 1a	eigene Aktien
Art 12 Abs 3	§ 198 Abs 2 und 4	Abgrenzung Anlage- und Umlaufvermögen
Art 12 Abs 4	§ 224 Abs 2	grundstücksgleiche Rechte
Art 12 Abs 5	§ 205 Abs 1	Abschreibung im Anlagevermögen
Art 12 Abs 6 lit a	§ 238 Abs 1 Z 2	Unterbleiben der außerplanmäßigen Abschreibung von Finanzinstrumenten
Art 12 Abs 6 lit a	§ 204 Abs 2 zweiter Satz	Wahlrecht für Abschreibung von Finanzanlagen (Unternehmens-Wahlrecht)
Art 12 Abs 6 lit b	§ 204 Abs 2 erster Satz	Abschreibung von dauerhafter Wertminderung bei Anlagen
Art 12 Abs 6 lit c	§ 232 Abs 5	Zuordnung zu GuV, Anhangangabe bei nicht separatem Ausweis in GuV
Art 12 Abs 6 lit d	§ 208 Abs 1 und 2	Zuschreibungsgebot
Art 12 Abs 7	§ 207	ao Abschreibungen Umlaufvermögen
Art 12 Abs 8	§ 203 Abs 4	Mitgliedstaaten-Option Zinsen für Fremdkapital -> Anhangangabe
Art 12 Abs 9	§ 209	Bewertungsvereinfachungen
Art 12 Abs 10	§ 198 Abs 7	Mitgliedstaaten-Option Aktivierung Disagio
Art 12 Abs 11	§ 203 Abs 5	Abschreibung des Firmenwerts
Art 12 Abs 12 1. UA	§ 198 Abs 8 Z 1	Verbindlichkeits- und Drohverlustrückstellung
Art 12 Abs 12 2. UA	§ 198 Abs 8 Z 2	Aufwandsrückstellung
Art 12 Abs 12 3. UA	§ 211 Abs 1	Definition Rückstellung
Art 13 Abs 1	§ 231 Abs 1	Wahl der Gliederung GuV
Art 13 Abs 2	Option; nicht umgesetzt	Ergebnisrechnung
Art 14 Abs 1	§ 278 Abs 1 zweiter Satz	verkürzte Bilanz für kleine Unternehmen
Art 14 Abs 2	§ 279 Z 2	verkürzte GuV für kleine und mittlere Unternehmen
Art 15	§ 236	Reihenfolge der Anhangangaben
Art 16 Abs 1 lit a	§ 237 Abs 1 Z 1	Bilanzierungs- und Bewertungsmethoden
Art 16 Abs 1 lit b	nicht relevant	Neubewertung des Anlagevermögens
Art 16 Abs 1 lit c	nicht relevant	Beizulegender Zeitwert außer Finanzinstrumente
Art 16 Abs 1 lit d	§ 237 Abs 1 Z 2	Haftungsverhältnisse
Art 16 Abs 1 lit d	§ 237 Abs 1 Z 2	außerbilanzielle finanzielle Verpflichtungen

Art 16 Abs 1 lit e	§ 237 Abs 1 Z 3	Vorschüsse und Kredite an Vorstands- und Aufsichtsrats-Mitglieder
Art 16 Abs 1 lit f	§ 237 Abs 1 Z 4	Aufwendungen mit ao Größenordnung / Stellenwert
Art 16 Abs 1 lit g	§ 237 Abs 1 Z 5	Verbindlichkeiten > 5 Jahre
Art 16 Abs 1 lit g	§ 237 Abs 1 Z 5	dinglich gesicherte Verbindlichkeiten
Art 16 Abs 1 lit h	§ 237 Abs 1 Z 6	Zahl der Arbeitnehmer
Art 16 Abs 2 UA 1	ausgenützt hins Art 17 Abs 1 lit a und m	zusätzliche Anhangangaben für kleine Unternehmen
Art 16 Abs 2 UA 2	nicht relevant	Angabe von außerbilanziellen Geschäften für kleine Unternehmen
Art 16 Abs 2 UA 3	nicht relevant	Angabe von Geschäften mit nahe stehenden Personen für kleine Unternehmen
Art 16 Abs 3	§ 236	keine Zusatzangaben für kleine Unternehmen
Art 17 Abs 1 lit a	§ 226 Abs 1	Entwicklung des Anlagevermögens
Art 17 Abs 1 lit b	kein Anwendungsbereich	Wertberichtigung für steuerliche Zwecke
Art 17 Abs 1 lit c	§ 238 Abs 1 Z 1	derivative Finanzinstrumente
Art 17 Abs 1 lit d UA 1	§ 239 Abs 1 Z 3 und 4	Bezüge und Altersversorgungsverpflichtungen für Vorstand / Aufsichtsrat
Art 17 Abs 1 lit d UA 2	§ 242 Abs 4	eingeschränkte Aufschlüsselung bei Bezügen und Altersversorgungsverpflichtungen
Art 17 Abs 1 lit e	§ 238 Abs 1 Z 12	Personalaufwand bei UK-Verfahren
Art 17 Abs 1 lit e	§ 239 Abs 1 Z 1	Aufgliederung der Zahl der Arbeitnehmer
Art 17 Abs 1 lit f	§ 238 Abs 1 Z 3	passive latente Steuern – Rückstellung oder Anhangangabe
Art 17 Abs 1 lit g UA 1	§ 238 Abs 1 Z 4	20-%-Anteile an anderen Unternehmen: Name und Sitz
Art 17 Abs 1 lit g UA 2	§ 242 Abs 2	Ausnahme von Beteiligungsspiegel
Art 17 Abs 1 lit h	§ 241 Z 3 und 4	Zahl und Nennbetrag des ausgeübten genehmigten Kapitals
Art 17 Abs 1 lit i	§ 241 Z 1	Zahl und Nennbetrag von mehreren Gattungen
Art 17 Abs 1 lit j	§ 241 Z 5 und 6	Genussscheine, Wandelschuldverschreibungen, Optionen
Art 17 Abs 1 lit k	§ 238 Abs 1 Z 6	Unternehmen, deren unbeschränkt haftender Ges das Unternehmen ist
Art 17 Abs 1 lit l	§ 238 Abs 1 Z 7	Name und Sitz der Konzernspitze
Art 17 Abs 1 lit m	§ 237 Abs 1 Z 7	Name und Sitz des Mutterunternehmens
Art 17 Abs 1 lit n	§ 238 Abs 1 Z 8	Ort der Verfügbarkeit von Kopien des Konzernabschlusses
Art 17 Abs 1 lit o	§ 238 Abs 1 Z 9	Gewinnverwendung
Art 17 Abs 1 lit p	§ 238 Abs 1 Z 10	außerbilanzielle Geschäfte
Art 17 Abs 1 lit q	§ 238 Abs 1 Z 11 und § 237 Abs 2	wesentliche Ereignisse nach Ende eines Geschäftsjahres
Art 17 Abs 1 lit r UA 1 bis 3	§ 238 Abs 1 Z 12	Geschäfte mit nahe stehenden Personen
Art 17 Abs 1 lit r UA 4	§ 238 Abs 3	Einschränkung für mittlere Unternehmen
Art 17 Abs 2	Option; nicht umgesetzt	Ausnahme für Angabe von Beteiligungen
Art 18 Abs 1 lit a	§ 240	Aufgliederung Umsatzerlöse nach Tätigkeiten/geografisch

Art 18 Abs 1 lit b	§ 238 Abs 1 Z 18	Aufwendungen für Abschlussprüfer
Art 18 Abs 2	§ 240 Satz 2	Unterlassen der Angaben bei erheblichem Nachteil
Art 18 Abs 3	Option; nicht umgesetzt	Unterlassen der Angabe nach Abs 1 lit b, wenn im Konzernabschluss vorhanden
Art 19 Abs 1	§ 243 Abs 1	allgemeiner Inhalt des Lageberichts
Art 19 Abs 1 UA 2	§ 243 Abs 2	allgemeiner Inhalt des Lageberichts
Art 19 Abs 2	§ 243 Abs 3	besonderer Inhalt des Lageberichts
Art 19 Abs 3	§ 243 Abs 4	Ausnahme für kleine Unternehmen
Art 19 Abs 4	§ 243 Abs 5	Ausnahme betreffend nichtfinanzielle Informationen
Art 20 Abs 1 lit a UA 1	§ 243b Abs 1 Z 1	Corporate Governance-Erklärung
Art 20 Abs 1 lit a UA 2	§ 243b Abs 1 Z 2	Ort der Verfügbarkeit der Dokumente
Art 20 Abs 1 lit b	§ 243b Abs 1 Z 3 und 4	Erklärung der Abweichung
Art 20 Abs 1 lit c	§ 243a Abs 2	internes Kontroll- und Risikomanagementsystem
Art 20 Abs 1 lit d	§ 243a Abs 1 Z 2, 3, 6 und 7	Angaben betreffend Übernahmeangebote
Art 20 Abs 1 lit e	nicht relevant (im AktG geregelt)	Befugnisse der HV, Aktionärsrechte, soweit nicht im AktG geregelt
Art 20 Abs 1 lit f	§ 243b Abs 2 Z 1	Erklärung über Organe der Ges
Art 20 Abs 2 lit a	§ 243b Abs 1, § 277 Abs 1	Corporate Governance-Erklärung in separatem Bericht
Art 20 Abs 2 lit b	Option; nicht umgesetzt	Corporate Governance-Erklärung im Internet
Art 20 Abs 3	§ 269 Abs 3, § 274 Abs 5 Z 1 lit c	Abschlussprüfung
Art 20 Abs 4	§ 243b Abs 1	Ausnahme von Unternehmen, die keine Aktien emittieren
Art 21	§ 244 Abs 1, Abs 3	Anwendungsbereich Konsolidierung
Art 22 Abs 1 lit a	§ 244 Abs 2 Z 1	Mehrheit der Stimmrechte
Art 22 Abs 1 lit b	§ 244 Abs 2 Z 2	Recht zur Organbestellung
Art 22 Abs 1 lit c	§ 244 Abs 2 Z 3	Recht auf Ausübung eines beherrschenden Einflusses aufgrund Vertrags / der Satzung (ohne Erfordernis der Gesellschafterstellung)
Art 22 Abs 1 lit d sublit. i	Option; nicht umgesetzt	faktische Bestellung der Organe
Art 22 Abs 1 lit d sublit. ii	§ 244 Abs 2 Z 4	Recht zur Organbestellung mit Syndikatsvertrag
Art 22 Abs 2 lit a	§ 244 Abs 2 Z 3	Andere Form des beherrschenden Einflusses oder Kontrolle
Art 22 Abs 2 lit b	§ 244 Abs 1	einheitliche Leitung – Option
Art 22 Abs 3	§ 244 Abs 4 erster Satz	Stimmrechtszurechnung
Art 22 Abs 4	§ 244 Abs 4 zweiter Satz	Stimmrechtsabrechnung
Art 22 Abs 5	§ 244 Abs 5	eigene Anteile des Tochterunternehmens
Art 22 Abs 6	ergibt sich aus § 244 Abs 1	Konsolidierung unabhängig von Sitz
Art 22 Abs 7 lit a	Option; nicht umgesetzt	Gleichordnungskonzern – einheitliche Leitung
Art 22 Abs 7 lit b	Option; nicht umgesetzt	Gleichordnungskonzern – Personenidentität

Art 22 Abs 8	nicht relevant	zu Abs 7
Art 22 Abs 9	nicht relevant	zu Abs 7
Art 23 Abs 1	§ 246 Abs 1 und 3	Ausnahme für kleine Gruppen
Art 23 Abs 2	§ 246 Abs 1 und 3	Ausnahme für mittlere Gruppen
Art 23 Abs 3	§ 245 Abs 1 Z 1 lit a und b	Ausnahme für Teilkonzernabschluss – zwingend; Mutter in EU
Art 23 Abs 4	§ 245 Abs 2	weitere Voraussetzungen für Abs 3
Art 23 Abs 5	§ 245 Abs 1 Z 1 lit c	Ausnahme für Teilkonzernabschluss – optional; Mutter in EU
Art 23 Abs 6	Option; nicht umgesetzt	Zusätzliche Angaben für Befreiung
Art 23 Abs 7	nicht relevant	Unterrichtung für Arbeitnehmer oder Verwaltungsbehörde/ Gericht
Art 23 Abs 8	§ 245 Abs 1 Z 2	Ausnahme für Teilkonzernabschluss – optional; Mutter nicht in EU
Art 23 Abs 9 lit a	§ 249 Abs 1 Z 1	Verzicht auf Einbeziehung: keine Information
Art 23 Abs 9 lit b	§ 249 Abs 1 Z 2	Aktien werden zum Zweck der Weiterveräußerung gehalten
Art 23 Abs 9 lit c	§ 249 Abs 1 Z 3	Rechtebeschränkung
Art 23 Abs 10	§ 249 Abs 2	Ausnahme von Konsolidierungspflicht
Art 24 Abs 1	§ 251 Abs 1	Geltung der Bestimmungen über Jahresabschluss
Art 24 Abs 2	§ 253 Abs 1	Übernahme von Aktiva und Passiva
Art 24 Abs 3	§ 254 Abs 1	Verrechnung Buchwert der Anteile mit Eigenkapital
Art 24 Abs 3 letzter Satz	§ 254 Abs 4	eigene Anteile
Art 24 Abs 3 lit a	Option; nicht umgesetzt	Buchwertmethode
Art 24 Abs 3 lit b	§ 254 Abs 1	Neubewertungsmethode
Art 24 Abs 3 lit b	§ 254 Abs 2	Zeitpunkt der Bewertung
Art 24 Abs 3 lit c	§ 254 Abs 3 erster Satz	Unterschiedsbetrag
Art 24 Abs 3 lit d	§ 254 Abs 3 zweiter Satz	Erläuterung des Unterschiedsbetrags im Anhang
Art 24 Abs 3 lit e	§ 254 Abs 3 dritter Satz	Erläuterung der Verrechnung
Art 24 Abs 3 lit f	§ 261 Abs 2	Übertragung des negativen Geschäfts- und Firmenwerts
Art 24 Abs 4	§ 259 Abs 1	Anteile anderer Gesellschafter Bilanz
Art 24 Abs 5	§ 257 Abs 1	Konsolidierung GuV
Art 24 Abs 6	§ 259 Abs 2	Anteile anderer Gesellschafter GuV
Art 24 Abs 7 lit a	§ 255 Abs 1	Weglassung Verbindlichkeiten und Forderungen
Art 24 Abs 7 lit b	§ 257 Abs 1	Weglassung Erträge und Aufwendungen
Art 24 Abs 7 lit c	§ 256 Abs 1	Gewinne und Verluste, die in den Buchwert eingehen
Art 24 Abs 8	§ 252	Stichtag des Konzernabschlusses
Art 24 Abs 9	§ 247 Abs 2	Änderung der einbezogenen Tochterunternehmen
Art 24 Abs 10	§ 260	einheitliche Bewertung Aktiva und Passiva
Art 24 Abs 11	§ 260 Abs 1	einheitliche Bewertung wie Jahresabschluss
Art 24 Abs 12	§ 260 Abs 2	Neubewertung und Abweichung
Art 24 Abs 13	§ 258	latente Steuern

Art 24 Abs 14	nicht relevant	Wertberichtigung für steuerliche Vorschriften
Art 25	Option; nicht umgesetzt	Unternehmenszusammenschlüsse in der Gruppe
Art 26 Abs 1	§ 262 Abs 1	Quotenkonsolidierung
Art 26 Abs 2	§ 262 Abs 2	sinngemäße Anwendung der Bestimmungen über Vollkonsolidierung
Art 27 Abs 1	§ 263 Abs 1	Equity
Art 27 Abs 2 dritter UA	§ 264 Abs 3	Zeitpunkt der Bewertung
Art 27 Abs 2 lit a	§ 264 Abs 1	Buchwertmethode
Art 27 Abs 2 lit b	Option; nicht umgesetzt	Kapitalanteilsmethode
Art 27 Abs 3	§ 264 Abs 5 erster und zweiter Satz	Neubewertung bei vom Konzernabschluss abweichenden Bewertungsmethoden
Art 27 Abs 4	§ 264 Abs 4 erster Satz	Erhöhung oder Verminderung bei Änderungen der Beteiligung
Art 27 Abs 5	§ 264 Abs 2	Behandlung des Geschäfts- und Firmenwerts
Art 27 Abs 6	§ 264 Abs 4 zweiter Satz	Ausweis in GuV
Art 27 Abs 7	§ 264 Abs 5 dritter Satz	Weglassungen
Art 27 Abs 8	§ 264 Abs 6	Ausgang vom konsolidierten Abschluss des assoziierten Unternehmen
Art 27 Abs 9	§ 263 Abs 2	Verzicht bei mangelnder Wesentlichkeit
Art 28 Abs 1	§ 265 Abs 1	Informationen sollen die Bewertung der finanziellen Lage des Konzerns ermöglichen
Art 28 Abs 1 lit a	§ 266 Z 5	Sonderangaben zu nahestehenden Personen
Art 28 Abs 1 lit b	§ 266 Z 4	gesonderte Angabe von Arbeitnehmern quotenkonsolidierter Unternehmen
Art 28 Abs 1 lit c	§ 266 Z 2	Vorschüsse, Kredite und Bezüge
Art 28 Abs 2 lit a	§ 265 Abs 2 Z 1	konsolidierte Unternehmen
Art 28 Abs 2 lit a zweiter UA	§ 249 Abs 3	Begründung für nicht einbezogene Unternehmen
Art 28 Abs 2 lit b	§ 265 Abs 2 Z 2	at-equity-bilanzierte Unternehmen
Art 28 Abs 2 lit c	§ 265 Abs 2 Z 3	Quotenkonsolidierte Unternehmen
Art 28 Abs 2 lit d	§ 265 Abs 2 Z 4	sonstige Beteiligungen
Art 28 Abs 3	§ 265 Abs 3 und 4	separate Aufstellung für Angaben über Tochterunternehmen, Verzicht bei erheblichem Nachteil
Art 29 Abs 1	§ 267 Abs 1	Konzernlagebericht; Verweis auf Lagebericht
Art 29 Abs 2	§ 267 Abs 2 und 3	Konzernlagebericht, besonderer Inhalt
Art 29 Abs 2 lit a	§ 267 Abs 3 Z 3	eigene Aktien
Art 29 Abs 2 lit b	§ 267 Abs 3b	internes Kontroll- und Risikomanagementsystem
Art 29 Abs 3	§ 267 Abs 4	Zusammenfassung Lagebericht und Konzernlagebericht
Art 30 Abs 1	§ 277 Abs 1	Offenlegung von Jahresabschluss, Lagebericht, Prüfvermerk
Art 30 Abs 2	Option; nicht umgesetzt	Ausnahme für Personengesellschaften
Art 30 Abs 3	§ 277 Abs 1	Offenlegung von Konzernabschluss und Konzernlagebericht

Art 31 Abs 1	§ 278 Abs 1 erster Satz	Ausnahme von GuV und Lagebericht für kleine Unternehmen
Art 31 Abs 2	§ 279 Z 1	Ausnahme für mittlere Unternehmen
Art 32 Abs 1	§ 277 Abs 1, § 281 Abs 1 zweiter Satz	Wiedergabe in der geprüften Form
Art 32 Abs 2 lit a	§ 281 Abs 2 erster Satz	Hinweis auf verkürzte Form
Art 32 Abs 2 lit b	§ 281 Abs 2 vierter Satz	Hinweis auf Handelsregister
Art 32 Abs 2 lit c	§ 281 Abs 2 zweiter und dritter Satz	Hinweis auf Bestätigungsvermerk
Art 32 Abs 2 lit d	§ 281 Abs 2 erster Satz	Hinweis auf besondere Umstände
Art 33 Abs 1	§ 222 Abs 1	Verantwortung der Organe für Erstellung von Jahresabschluss, Lagebericht, CGB
Art 33 Abs 1	§ 277 Abs 1	Verantwortung der Organe für Offenlegung von Jahresabschluss, Lagebericht, CGB
Art 34 Abs 1 UA 1	§ 268 Abs 1	Abschlussprüfung
Art 34 Abs 1 UA 2	§ 269 Abs 3, § 274 Abs 5	Prüfung des Lageberichts
Art 34 Abs 2	§ 269 Abs 3, § 274 Abs 5	Prüfung des Konzernabschlusses und Konzernlageberichts
Art 35	§ 274	Bestätigungsvermerk
Art 36 Abs 1 lit a	Option; nicht umgesetzt	Micros: Befreiung von Rechnungsabgrenzung
Art 36 Abs 1 lit b	242 Abs 1	Micros: Befreiung vom Anhang
Art 36 Abs 1 lit c	Option; nicht umgesetzt	Micros: Befreiung vom Lagebericht
Art 36 Abs 1 lit d	Option; nicht umgesetzt	Micros: Befreiung von der Offenlegung
Art 36 Abs 2	Option; nicht umgesetzt	Micros: verkürzte Bilanz und GuV
Art 36 Abs 3	nicht relevant	Micros: kein fair value-accounting
Art 36 Abs 4	§ 242 Abs 1 zweiter Satz	Micros: true and fair view-Vermutung
Art 36 Abs 5	nicht relevant	Micros: Definition Bilanzsumme
Art 36 Abs 6	§ 221 Abs 1a	Micros: kleine Unternehmen
Art 36 Abs 7	§ 221 Abs 1a	Micros: Ausnahme Investment- und Beteiligungsgesellschaften
Art 36 Abs 8	nicht relevant	Micros: Ausnahme von Währungsumrechnung
Art 36 Abs 9	Adressat EK	Bericht der EK
Art 37	Option; nicht umgesetzt	Befreiung von Tochterunternehmen
Art 38	Option; nicht umgesetzt	Befreiung von KapCoGes, die in Konzernabschluss ihrer Mutter einbezogen sind
Art 39	Option; nicht umgesetzt	Befreiung von GuV für Mutterunternehmen
Art 40	§ 221 Abs 3	Ausnahme der Befreiung für PIEs
Art 41 Z 1	§ 243c Abs 2	Definition mineralgewinnende Industrie

Art 41 Z 2	§ 243c Abs 2	Definition Holzeinschlag
Art 41 Z 3	§ 243c Abs 3	Definition staatliche Stelle
Art 41 Z 4	§ 243c Abs 4	Definition Projekt
Art 41 Z 5	§ 243c Abs 3	Definition Zahlung
Art 42 Abs 1	§ 243c Abs 1	CBCR-Pflicht
Art 42 Abs 2	§ 243c Abs 1	Befreiung
Art 43 Abs 1	§ 243c Abs 5	Bagatellgrenze
Art 43 Abs 2	§ 243c Abs 3	Inhalt des Berichts
Art 43 Abs 3	§ 243c Abs 6	Sachleistungen
Art 43 Abs 4	§ 243c Abs 6	Inhalt vor Form
Art 43 Abs 5	nicht relevant	Nicht-Euro-Staaten
Art 44 Abs 1	§ 267b Abs 1	konsolidierter CBCR: Aufstellung
Art 44 Abs 2	§ 267b Abs 2 erster Satz	Ausnahme von der Aufstellung
Art 44 Abs 3	§ 267b Abs 2 zweiter Satz	Ausnahme von der Einbeziehung
Art 45 Abs 1	§ 277 Abs 1, § 280 Abs 1	Offenlegung von CBCR
Art 45 Abs 2	§ 222 Abs 1	Verantwortung der Organe für Erstellung des CBCR
Art 46 Abs 1	§ 243c Abs 7, § 267b Abs 2 dritter und vierter Satz	Gleichwertigkeit
Art 46 Abs 2	Adressat EK	Delegierte Rechtsakte
Art 46 Abs 3	Adressat EK	Kriterien für Abs 2
Art 47	Adressat EK	Durchführungsrechtsakte
Art 48	Adressat EK	Überprüfung
Art 49	Adressat EK	Ausübung der Befugnisübertragung
Art 50	Adressat EK	Ausschussverfahren
Art 51	§§ 283 ff	Sanktionen

Stichwortverzeichnis

 Oktober 2016

B

C

D

E